科学出版社“十四五”普通高等教育本科规划教材
浙江省“十四五”普通高等教育本科规划教材
生命科学经典教材系列

生物信息学

（第四版）

陈　铭　主编

科学出版社
北京

内 容 简 介

本书由四十余所高校联合编写而成，系统全面地介绍生物信息学的基本概念与内容。全书共 14 章，内容涵盖分子生物学数据库、序列结构与功能分析、基因表达与非编码 RNA 转录分析、蛋白质结构与功能、系统生物学、合成生物学，以及计算生物学等生物信息学中的重点问题。书中配有微课视频等数字资源，方便读者利用移动设备进行学习。

本书可用作高等院校生物信息学课程的教材，也可作为科研院所相关专业学生、研究人员的参考书。

图书在版编目（CIP）数据

生物信息学 / 陈铭主编．—4 版．—北京：科学出版社，2022.3

科学出版社“十四五”普通高等教育本科规划教材　浙江省“十四五”普通高等教育本科规划教材　生命科学经典教材系列

ISBN 978-7-03-071906-5

Ⅰ．①生…　Ⅱ．①陈…　Ⅲ．①生物信息论－高等学校－教材　Ⅳ．① Q811.4

中国版本图书馆CIP数据核字（2022）第043854号

责任编辑：刘　丹 / 责任校对：何艳萍

责任印制：师艳茹 / 封面设计：迷底书装

科学出版社 出版

北京东黄城根北街16号

邮政编码：100717

http://www.sciencep.com

保定市中画美凯印刷有限公司印刷

科学出版社发行　各地新华书店经销

*

2012 年 2 月第　一　版　开本：787×1092　1/16

2022 年 3 月第　四　版　印张：25 1/4

2025 年 12 月第四十一次印刷　字数：682 000

定价：79.80 元

（如有印装质量问题，我社负责调换）

《生物信息学》（第四版）编委会

主　编　陈　铭

副主编　孟宪文　毕夏安

编　者　（按姓氏汉语拼音排序）

白有煌（浙江大学）
毕夏安（湖南师范大学）
蔡　禄（内蒙古科技大学）
陈　铭（浙江大学）
陈　伟（成都中医药大学）
陈迪俊（南京大学）
陈玲玲（广西大学）
陈庆锋（广西大学）
陈宇杰（内蒙古民族大学）
代　琦（浙江理工大学）
杜　海（西南大学）
方兆元（浙江大学）
高　歌（北京大学）
巩　晶（山东大学）
郭锋彪（武汉大学）
韩建明（洛阳师范大学）
何华勤（福建农林大学）
黄　骥（南京农业大学）
纪洪芳（山东理工大学）
纪志梁（厦门大学）
蒋兴鹏（华中师范大学）
焦　雄（太原理工大学）
李　敏（中南大学）
廖明帜（西北农林科技大学）
林　魁（北京师范大学）
凌　毅（中国农业大学）
刘　飞（华南理工大学）
刘笔锋（华中科技大学）
孟宪文（山东农业大学）
冉隆科（重庆医科大学）
沙爱华（长江大学）
邵朝纲（湖州师范学院）
舒坤贤（重庆邮电大学）
宋　凯（天津大学）
苏建忠（温州医科大学）
王茂先（韩山师范学院）
魏冬青（上海交通大学）
魏天迪（山东大学）
吴玉峰（南京农业大学）
夏　瑞（华南农业大学）
徐　程（浙江大学）
徐辰武（扬州大学）
徐德昌（西交利物浦大学）
杨泽峰（扬州大学）
杨志红（湖州师范学院）
姚玉华（海南师范大学）
姚正培（新疆农业大学）
易图永（湖南农业大学）
袁道军（华中农业大学）
袁哲明（湖南农业大学）
曾　贤（复旦大学）
张贵军（浙江工业大学）
张红雨（华中农业大学）
张世华（武汉科技大学）
张文广（内蒙古农业大学）
张子丁（中国农业大学）
周丰丰（吉林大学）

序

生物信息学（bioinformatics）是 20 世纪 80 年代末随着人类基因组计划的启动而兴起的一门新兴交叉学科，体现了生物学、计算机科学、数学、物理学等学科间的渗透与融合。它通过对生物学实验数据的获取、加工、存储、检索与分析，达到揭示数据所蕴含的生物学意义从而解读生命活动规律的目的。

生物信息学不仅是一门科学学科，更是一种重要的研究开发平台与工具。它是今后进行几乎所有生命科学探索，包括生物医药研究开发所必需的重要推手，只有基于生物信息学对大量已有数据资料的分析处理所提供的理论指导，我们才能选择正确的研发方向；同样，只有选择正确的生物信息学分析方法和手段，我们才能正确处理和评价新的实验数据并得到准确的结论。生物信息学已经在生物学、医学、农业、环境科学、信息技术，以及新材料的研究中得到广泛应用，生物信息学的继续发展也必将为这些领域带来持续性发展与学科前沿突破。

21 世纪的科学正呈现出前所未有的技术融合趋势，特别是生物技术与其他高技术的融合，产生了以生物信息为代表的生物技术群。我国也极为重视生物信息学的发展：南、北方人类基因组中心的相继建成，标志着我国生物信息学的研究进入崭新的阶段。国家重点基础研究发展计划（973 计划）、国家高技术研究发展计划（863 计划）特别设立了生物信息技术主题，从国家需求的层面上推动我国生物信息技术的大力发展。我们有理由相信，我国的生物信息学在 21 世纪会有巨大的飞跃。因此，生物信息学人才的培养是当前首要的任务，要加强有关学科间协作和加速培养在数学、物理、信息科学、计算机科学及生物学方面均有造诣的生物信息学“双栖”人才。

为此，编写一本适应 21 世纪人才培养需要且能反映最新进展的生物信息学教材是十分必要的。浙江大学陈铭教授联合各高校青年学者，紧密跟踪学科发展，提炼学科精华，编写完成了这本《生物信息学》。全书涵盖了生物信息学、系统生物学、合成生物学的相关内容，以及应用于第二代测序技术的相关软件和算法。该书内容深入浅出，图文并茂，适合广大生物信息学爱好者和从事生物信息学的研究人员使用。衷心希望《生物信息学》能成为广大青年学生及科技工作者迈向生命科学前沿领域的钥匙和助手，激发年轻学子的求知欲和学习热情，更加崇尚科学、追求创新！

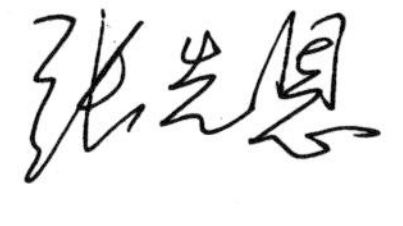

2011 年 7 月 22 日

第四版前言

《生物信息学》前三版出版以来获得了广大读者的信任与喜爱，越来越多的高校订购作为教材，且被评为浙江省优秀教材、浙江大学十佳教材。第四版在修订部分章节的基础上，更新增加了部分章节内容，如复杂网络、深度学习等，并加强了数字化建设，推出了相关内容的学习及实践视频，并且配套了《生物信息学实验》教材。

党的二十大报告指出，必须坚持科技是第一生产力、人才是第一资源、创新是第一动力，深入实施科教兴国战略、人才强国战略、创新驱动发展战略，开辟发展新领域新赛道，不断塑造发展新动能新优势。本教材全面贯彻党的教育方针，坚持把立德树人作为教育的根本任务，践行社会主义核心价值观，助力基础学科、新兴学科、交叉学科建设。坚持创新能力和实践能力培养，既注重生物信息学基础知识、基本方法和基本技能，又注重专业课程核心素养、综合能力、信息素养和数字素养。

感谢所有编委会成员奉献了他们宝贵的时间和精力，为本教材的再版提出了诸多建议与帮助。特别感谢山东农业大学孟宪文、湖南师范大学毕夏安两位老师，以及浙江大学生物信息学实验室的冯聪、李思达、陈俞皓、凌添翼、吴赜旭、谈斌等同学，他们为第四版的修订、整理和视频加工贡献了他们的才华。同时感谢科学出版社刘丹副编审在本教材出版过程中给予的建议与帮助。

随着生物信息学的不断发展，大量新的知识与技术不断涌现，由于作者水平和能力所限，在编写过程中难免有不足和疏漏，再次恳请读者及同仁不吝赐教，以便及时更正改进。

相关课件和勘误表下载，以及了解更多信息可访问 http://bis.zju.edu.cn/binfo/textbook/，也可扫码浏览学习。

编　者

2023 年 8 月

第一版前言

继工业革命和以计算机为基础的信息技术革命之后，一场以基因为基础的生物科学技术革命正在形成并将迅速蔓延，其影响力将丝毫不逊于前两场革命。随着人类基因组计划的顺利实施，生物学的序列数据正呈爆炸式增长，人们惊呼“基于序列的生物学时代已经到来”。我们在挖掘蕴藏在大量序列数据中的生物学规律的同时，逐步完善了“生物信息学”学科的内涵。

近年来，以 Roche 公司的 454 技术、Illumina 公司的 Solexa 技术和 ABI 公司的 SOLiD 技术为标志的第二代测序技术的诞生，极大地促进了生物信息学的发展。生物信息学已广泛应用于基因组研究、蛋白质组研究、药物设计与进化分析等诸多领域。生物信息学的发展离不开人才，正如斯坦福大学的基因学教授大维•波特所讲，“我们需要既懂计算机又懂生物学的人才，就像以前我们需要既懂化学又懂生物学的人才一样”。当前，集二者之优的生物信息学人才已成为最紧缺的人才类型之一。在长期教学与科研实践的过程中，我们逐渐认识到编写一本系统反映生物信息学内涵和前沿研究的教学与科研用书的重要性。

本书相对系统全面地介绍生物信息学的基本概念与内容。首先介绍生物信息学的产生与发展概况；然后由浅及深地分析生物信息学研究的基本内容，从生物学数据库检索与序列比对，到基因组注释、蛋白质结构预测与生物进化分析；之后阐述由生物信息学而引申出的新的前沿学科，包括系统生物学与合成生物学；最后概括介绍第二代高通量测序技术的应用。

本书的编写是由长期从事生物信息学教学与科研工作的一线人员共同完成的。编写队伍主要是我国高等院校生物信息学研究的骨干人员，成员大多具有国外学习经历，其学术视野开阔、专业思想先进。同时感谢初稿整理过程中陈迪俊、焦胤茗、原春晖、白琳、白有煌、张钊、刘丽丽等同学的帮忙。

自 2008 年秋在京酝酿、筹备，到 2011 年夏季定稿，本书先后得到了教育部、科学技术部及相关院校、科研单位专家和领导的大力支持，他们为本书的编写提出了诸多合理建议；张先恩先生为本书作序，在此一并表示诚挚的谢意！

由于作者水平和能力有限，在编写过程中难免存在不足和错漏，恳请同仁不吝赐教，以便及时改正。勘误表及更多信息可访问 http://www.bis.zju.edu.cn/binfo/textbook。

编　者

2011 年 7 月

致学生的信

亲爱的同学，你好！

首先，十分感谢你选用本教材！希望你通过学习本教材，可以对生物信息学建立认识和提高学习兴趣，并且对自己的研究领域有所帮助！同时，在学习过程中，期望你将理论与实践相结合；学习后，期望你能对本教材提出宝贵的意见。我们相信你对本教材的评价一定是最具参考价值的，这样再版的时候我们会加以改进，使其更为完善。

《生物信息学》(第四版)在前三版的基础上进行了修订，加入了部分章节内容，如深度学习等，并进行数字化、思政建设，推出了相关内容的学习以及实践视频，还有配套的《生物信息学实验》教材。为了让你更好地学习本教材，这里想提出几点建议，仅供参考。

1. 提高学习兴趣

从教育心理学的角度来说，学习兴趣是一个人倾向于认识、研究获得某种知识的心理特征，是可以推动人们求知的一种内在力量。人一旦对某一学科有兴趣，就会持续地专心致志地钻研它，从而提高学习效果。学习兴趣是最好的老师，首先我们可以学习某些感兴趣的章节，使自己充满对本学科的好奇与探索之心；其次多与同学交流心得体会，学习方面很多事情都是经过交流后才能够提升；然后多深入研究，很多学问是越深入研究越有趣，我们应该多去研究更深层次的东西；最后尽量树立远大的学习目标，志存高远，这样才能让自己更有兴趣。

2. 扫一扫二维码

在本教材中设置了很多二维码，其中一部分扫描后可以观看教材相关知识点的精讲微课，另一部分扫描后可以得到相应图片的彩版，二维码的设置是为了方便你的学习，希望对你有所帮助。

3. 做一做思考题

本教材每一章的后面都有思考题，提问的都是对应章节的重点内容，通过再次阅读教材、积极思考以及讨论，可以帮助你更加熟悉和了解本章节的重点和难点，加深你对知识点的印象，在知识体系的形成过程中，这一步很有效果。

4. 练一练编程计算

生物信息学中需要处理大量的生物学数据，并且需要用到各种计算方法和软件工具，“纸上得来终觉浅，绝知此事要躬行”，因此动手操作计算实验不可或缺，建议配套《生物信息学实验》教材学习。

5. 看一看实践视频

本教材中给出了一些案例，为了方便你的学习，相配套的视频链接以二维码的形式给出，相信对你有所帮助。

6. 读一读参考文献

在每一章的最后均为本章引用的参考文献，其中不乏经典的论文。当你需要了解某个章节更多的内容时，这些论文就是最好的学习资料。如果你对某些引用的内容没有理解透，去阅读对应的论文，无疑是最好的解决方案。

祝学习顺利，收获愉悦与知识!

编　者

2022 年 2 月

致老师的信

尊敬的老师，您好！

首先，非常感谢您使用本教材！希望本教材能够在您的生物信息学教学过程中有所帮助！同时还特别希望您能提出宝贵的意见，让我们共同将这本教材不断更新、完善，从而能够服务更多的老师和同学，让学生不仅掌握生物信息学的基本知识与分析技能，同时还能对生物信息学这一学科产生浓厚的兴趣。

为了让您能够更好地使用本教材，我们提供以下几点建议，仅供参考。

1. 授课内容

本教材共十四章，内容非常丰富，但是由于课时限制，实际授课中不能把每一处内容都进行全面讲解。同时，对于生物科学、生物技术等生物相关专业的学生，大学期间往往还会开设细胞生物学、分子生物学等课程，这些课程与本教材中部分内容有重叠，如非编码 RNA 可能在分子生物学课上也有相关的介绍，所以需要提前了解学生的学习情况，避免不必要的重复讲解。由于生物信息学涉及众多数据库及软件的使用，需要合理安排理论课与实验课内容，理论课不必过多介绍使用方法，让学生理解软件的用途即可，等实验课再一步一步指导学生操作。

2. 课件使用

在使用 PPT 课件授课时，不能机械地照搬 PPT 内容，这样学生很难学明白，特别是一些分析算法，应该适当地进行板书，带着学生一步一步地推导、计算。利用多媒体技术，在 PPT 中适当嵌入一些视频资料，如测序的原理、组学数据分析等，讲解过程中也要多引入一些典型案例，多角度、多层次地将学生带入课堂内容。

3. 书中二维码

为了方便读者的使用，本教材提供了数字资源二维码。通过这些二维码，读者可以获取重难点及拓展内容的视频讲解资源，还可以随时查看书中有关图片的高清彩图，方便对相关知识点的理解。因此，在使用本教材时，老师可以提前扫描这些二维码，获取拓展内容及图片信息，更新或完善授课的 PPT 内容。

4. 书中思考题

本教材中，我们在每一章的后面都设计了几个回顾性或启发性的思考题，这些思考题与章节内容是相关的。建议老师利用这些思考题在课前或课中对学生进行提问。课前提问可以带着学生一起回顾之前学过的内容，同时也能帮助学生尽快进入听课状态。而课中提问可以增强与学生的互动，活跃课堂氛围，调动学生积极性。

5. 书中参考文献

本教材在每一章后面都有参考文献，这些文献有的是中文，有的是英文，可以有选择性地安排学生阅读，丰富其对教材中某一方面内容的理解，同时让学生阅读之后写一份阅读报告，检查学生的阅读情况。

6. 上机实验内容

生物信息学作为一门交叉学科，在生命科学研究领域已成为不可或缺的一部分。对于学生来说，理论知识的学习要学以致用，而学习生物信息学，更要加强平时的实践，培养学生的分析数据能力，为学生解决今后遇到的实际问题奠定基础。这里建议老师在教授该课程时要适当安排一些上机实验课，让学生亲自动手去检索数据库、使用在线及本地分析工具。针对本教材，我们配套出版了《生物信息学实验》，提供了上机实验内容及操作过程，供教学使用。对于课时数较少的教学方案，建议开展以下系列实验：①常用数据库的检索；②利用 NCBI 在线 BLAST 工具进行序列比对；③ RNA-seq 数据分析；④利用 MEGA 构建系统发育树。通过以上 4 次实验，能够让学生掌握基本的数据查询、软件使用、组学分析及进化树构建，这些技能对学生以后的科研定会有所帮助。

7. 教学研讨

本教材出版以来，越来越多的高校将其作为首选教材。鉴于生物信息学领域发展迅速，在继续做好传统经典内容编写的同时，如何与时俱进提供最新发展成果和新时代教学内容，我们将组织召开相应的教学研讨活动，共同讨论生物信息学教材建设、教学教育等相关内容，届时欢迎您的参与和贡献。敬请关注教材网站信息（http://bis.zju.edu.cn/binfo/textbook/）。

顺致

教安！

编　者

2022 年 2 月

目　录

第一章　生物信息学的概念及发展历史

本章提要　自从 1990 年美国启动人类基因组计划以来，人与模式生物基因组的测序工作进展极为迅速。美国最新公布的 GenBank 数据库版本拥有的 DNA 序列总量已超过 1 万亿个碱基对，与其同步增长的还有氨基酸序列，序列信息像潮水般向人们涌来。因此，有人说，基于序列的生物学时代已经到来。生物学家面临的最主要的一个困难就是处理浩瀚的数据，序列数据并不等于信息和知识，却是信息和知识的源泉，关键在于如何从中挖掘它们，这就催生了一门新兴的交叉科学——生物信息学。21 世纪是生命科学的世纪，离不开生物信息学的发展。生物信息学是将计算机与信息科学技术运用到生命科学，尤其是分子生物学研究中的交叉学科。

第一节　生物信息学的发展历史

微课视频

随着基因组计划的进展，海量的生物学数据必须通过生物信息学的手段进行收集、分析和整理，才能成为有用的信息和知识。人类基因组计划为生物信息学提供了兴盛的契机。目前，生物信息学已经深入生命科学的方方面面。

欧美国家一直非常重视生物信息学的发展，各种专业研究机构和公司如雨后春笋般涌现出来，生物科技公司和制药企业内部的生物信息学部门的数量与日俱增。但由于对生物信息学的需求是如此迅猛，即使是像美国这样的发达国家也面临着人才匮乏、供不应求的局面。

目前，各类生物信息学专业期刊门类繁多，包括纸质期刊和电子期刊两种，如 *Bioinformatics*（前身为 *Applications in the Biosciences*）、*Nucleic Acids Research*、*Briefings in Bioinformatics*、*Genomics*、*Proteomics & Bioinformatics*、*PLoS Computational Biology*、*BMC Bioinformatics*、*Journal of Computational Biology* 及 *Journal of Integrative Bioinformatics* 等。

从网络资源来看，国外互联网上的生物信息学网点繁多，大到代表国家级研究机构，小到代表专业实验室。大型机构的网点一般提供相关新闻、数据库服务和软件在线服务；小型科研机构一般是介绍自己的研究成果，有的还提供自行设计的算法在线服务。总体而言，它们基本都是面向生物信息学专业人士，各种分析方法虽然很全面，但却分散在不同的网点，分析结果也需专业人士来解读。

目前，绝大部分的核酸和蛋白质数据库由美国、欧洲及日本的三家数据库系统产生，它们共同组成了 GenBank/ENA/DDBJ 国际核酸序列数据库，每天交换数据，同步更新。其他一些国家，如德国、法国、意大利、瑞士、澳大利亚、丹麦和以色列等，在分享网络共享资源的同时，也分别建有自己的生物信息学机构、次级或者衍生的具有各自特色的专业数据库及自己的分析技术，服务于本国生物医学研究和开发，有些服务也开放于全世界。

国内对生物信息学领域的研究也越来越重视，自北京大学于 1996 年建立了国内第一个生物信息学网络服务器以来，我国生物信息学的研究得到蓬勃发展。较早开展生物信息学研究的单位主要有：北京大学、清华大学、浙江大学、中国科学院生物物理研究所、中国科学院上海生命科学研究院、中国科学院遗传与发育生物学研究所等。北京大学、天津大学分别于1997年、1998年成立了生物信息学中心，中国科学院上海生命科学研究院也于2000年3月成立了生物信息学中心。如今，生命科学的基础研究与技术开发对生物信息学的科研与人才需求越发迫切，越来越多的高等院校、科研单位开展了生物信息学教育和科研工作，少数如哈尔滨医科大学专门设置了生物信息科学与技术学院，越来越多的生物信息学技术服务机构或公司也提供了相应的科技服务。

表1-1列出了生命科学、计算机科学及生物信息学大事记，从中可以看出其发展进程及中国的贡献。

表1-1 生命科学、计算机科学及生物信息学相关大事记

生命科学	年份	计算机科学
	1642	Blaise Pascal 发明机械计算器
Robert Hooke 在其著作中描述了细胞结构	1665	
John Ray 提出了物种分类	1686	
	1858	电报
达尔文的《物种起源》出版	1859	
孟德尔遗传定律提出	1865	
首次分离得到 DNA	1869	
	1876	电话
Walter Flemming 观察到有丝分裂	1879	
确认孟德尔遗传定律	1900	
疾病可以有序遗传；遗传的染色体理论	1902	
术语“基因”的出现	1909	
染色体理论在果蝇中得到验证	1911	
Alfred H. Sturtevant 绘制了第一张遗传连锁图谱	1913	
“一个基因一个酶”假说	1941	
DNA 的 X 射线衍射	1943	第一台电子管计算机 ENIAC 研发并于 1946 年诞生
DNA 可以改造细胞的特性；跳跃基因的发现	1944	
O. T. Avery 证明 DNA 是遗传物质	1944	
	1945	第一个计算机 Bug
Lederberg 和 Tatum 证实了遗传重组现象	1946	
发现 DNA 配对法则	1952	第一个编译器的发明
Francis Crick、James Watson 和 Maurice Wilkins 发现 DNA 的双螺旋结构	1953	
人类 46 条染色体的确定；DNA 聚合酶的发现；第一个蛋白质序列（牛胰岛素）被测定	1955	
血红蛋白的一个氨基酸改变可以导致镰状细胞贫血	1956	
DNA 的半保留复制	1958	中国第一台电子管计算机诞生
染色体异常致病被发现	1959	
	1960	计算机 COBOL 处理电话交换
mRNA 将信息从细胞核内传递到细胞质	1961	
	1963	美国信息互换标准代码（ASCII）；鼠标

续表

生命科学	年份	计算机科学
mRNA 将信息从细胞核内传递到细胞质	1964	BASIC 语言
中国人工合成牛胰岛素结晶；Margaret Dakley Daghoff 收集蛋白质序列，并在随后一年提出 PAM 模型	1965	
Nirenberg 和 Khorana 破译了遗传密码字典的全部 64 个三联体密码子	1966	美国计算机协会设立图灵奖
发现第一个限制酶	1968	
	1969	UNIX 操作系统
	1970	Needleman-Wunsch 序列比对算法
	1971	个人电脑
第一个重组 DNA	1972	C 语言
第一个动物基因被克隆	1973	文件传输协议（FTP）出现
DNA 测序工作的开启	1975	微软公司成立
第一个遗传工程公司成立	1976	苹果公司成立
Sanger 研究小组完成了第一个噬菌体全基因组的测序；内含子的发现	1977	
	1978	第一个电子布告栏系统（BBS）的出现
	1979	新闻组（Newsgroup）的出现
中国实现酵母丙氨酸转移核糖核酸的人工合成	1981	第一个计算机病毒 Eld Cloner 出现；Smith-Waterman 序列比对算法；MS-DOS 1.0 发布
	1982	Sun 公司推出第一个工作站 Sun 100；英特尔 80286 处理器
	1983	微软 Windows 系统命名
	1984	互联网节点数超过 1000 个
Kary Mullis 创立 PCR 技术；生物信息学专业期刊（CABIOS）创刊；德国生物信息学会议（GCB）举行	1985	Bjarne Stroustrup 创建 C++ 语言
日本核酸序列数据库 DDBJ 诞生；蛋白质数据库 Swiss-Prot 建立；中国开始实施国家高技术研究发展计划（863 计划）	1986	标准通用置标语言（SGML）ISO 标准公布
	1987	Perl 语言
美国国家生物技术信息中心（NCBI）成立	1988	Pearson 实现 FASTA 程序
	1989	英特尔发布 486 处理器
国际人类基因组计划（HGP）启动；第一届国际电泳、超级计算和人类基因组会议在美国佛罗里达州会议中心举行	1990	Altschul 实现 BLAST 程序；HTTP 1.0 标准发布
	1991	Linux 出现；Python 语言发布
欧洲生物信息学研究所（EBI）获准成立；第一届 ISMB 国际会议在美国国家医学图书馆（NLM）举行；HGP 新 5 年计划，中国开始参与人类基因组计划	1993	英特尔发布奔腾处理器
Marc Wilkins 提出蛋白质组（proteome）的概念；细菌基因组计划	1994	雅虎公司成立；Perl 5 发布
人类基因组物理图谱完成；日本信息生物学中心（CIB）成立	1995	Sun 正式发布 Java；Apache HTTP 项目启动；微软发布 Windows 95 系统

续表

生命科学	年份	计算机科学
Affymetrix 生产商用 DNA 芯片；北京大学蛋白质工程和植物遗传学工程国家实验室加入欧洲分子生物学网络（EMBnet）	1996	微软发布 IE 3.0
大肠杆菌基因组测序完成；北京大学生物信息学中心（CBI）成立；中国科学院召开“DNA 芯片的现状与未来”和“生物信息学”香山会议	1997	微软发布 IE 4.0；IBM 深蓝计算机击败国际象棋世界冠军
亚太生物信息学网络（APBioNet）成立；瑞士生物信息学研究所（SIB）成立；美国 Celera 遗传公司成立；线虫基因组测序完成；CABIOS 期刊更名为 *Bioinformatics*；中国人类基因组研究北方中心（北京）和南方中心（上海）成立	1998	W3C 发布可扩展标记语言 XML 1.0；微软发布 Windows 98
人类 22 号染色体序列测定完成；中国获准加入人类基因组计划，成为第 6 个国际人类基因组计划参与国	1999	英特尔发布奔腾Ⅲ处理器
德国、日本等国科学家宣布基本完成人体第 21 对染色体的测序工作；果蝇基因组测序完成；中国科学院上海生命科学研究院生物信息中心（SIBI）成立	2000	微软发布 Windows 2000 和 Windows Me 简单对象访问协议（SOAP）
美国、日本、德国、法国、英国、中国 6 国科学家和美国 Celera 公司联合公布人类基因组图谱及初步分析结果；中国首届全国生物信息学会议（CCB）举行；中国完成籼稻基因组工作框架图	2001	微软发布 Windows XP；Linux 内核 2.4
小鼠基因组测序完成	2002	
HGP 完成；第二代测序技术（NGS）	2003	微软发布 Windows Server 2003；Linux 内核 2.6
蛋白质组学；解码基因组；大鼠和鸡基因组草图完成	2004	
大猩猩和犬全基因组测序完成；人类 HapMap 项目完成	2005	
我国研制出全球首例骨髓分析生物芯片	2006	
世界首份“个人版”基因图谱完成	2007	谷歌和 IBM 合作推动云计算
千人基因组测序计划启动；拟南芥 1001 株系测序启动	2008	英特尔发布酷睿 i7 处理器
黄瓜、高粱和两个玉米品种的基因组测序	2009	
外显子测序	2010	我国“天河一号”成为全球运算速度最快的超级计算机；苹果公司发布 iPad 平板电脑
体细胞重编程技术；“垃圾”DNA 得到正名	2012	
CRISPR 基因编辑技术将成为基因编辑的常用工具	2013	我国“天河二号”超越美国“Titan 号”，再次成为全球运算速度最快的超级计算机
癌症的 CAR-T 疗法和 HIV 的 T 细胞疗法	2014	
Roadmap Epigenomics Program 发布表观基因组图谱	2015	
深圳国家基因库 CNGB 正式运营	2016	基于强化学习的 AlphaGO 程序击败围棋世界冠军；采用国产核心处理器的“神威·太湖之光”超过“天河二号”成为世界上运算速度最快的超级计算机
人类细胞图谱计划启动；首次合成包含两种人工碱基的生命体	2017	光量子计算机诞生
单细胞水平细胞谱系追踪技术；世界首例单条染色体真核细胞出现；小麦基因组图谱历经 13 年绘制完成	2018	我国新一代“天河三号 E 级原型机系统”首次亮相
DNA 显微镜研制成功；新型人造 DNA 结构信息密度可加倍；国家基因组科学数据中心（NGDC）成立；国家生物信息学中心挂牌成立	2019	新型类脑计算芯片——“天机芯”芯片研发成功；中国正式进入 5G 商用元年
首张人类细胞图谱公布；CRISPR 基因编辑技术首次用于临床治疗；mRNA 疫苗首次投入使用	2020	量子计算原型机“九章”实现量子优越性；基于深度学习的 AlphaFold 解决蛋白质折叠难题

第二节　生物信息学的研究领域

虽然生物信息学可以理解为“生物学+信息学（计算机科学及应用）”，但作为一门学科，它有自己的学科体系，而不是简单的叠加。需要强调的是，生物信息学是一门工程技术学科。必须注意到，生物信息学的研究内容与研究对象或客体（应用方面）是不同的概念。很显然，生物信息学的研究对象是生物数据。其中，最“经典”的是分子生物学数据，即基因组技术的产物——DNA 序列。后基因组时代将从系统角度研究生命过程的各个层次，走向探索生命过程的每个环节，包括微观（深入到研究单个分子的结构和运动规律）和宏观（结合宏观生态学，从大的角度来研究生命过程）两个方向，着重于“序列→结构→功能→应用”中的“功能”和“应用”部分。就研究面来说，其涉及并参与生命科学各个领域的研究（陈铭，2004）。

1. 分子生物学与细胞生物学　该领域以 DNA-RNA- 蛋白质为对象，分析编码区和非编码区中信息结构和编码特征，以及相应的信息调节与表达规律等。由于生物功能的主要体现者是蛋白质，研究蛋白质的修饰加工、转运定位、结构变化、相互作用等活动将推动对基因的功能、表达和调控的理解，对细胞活动及器官、系统、整体活动的调控都很关键。

2. 生物物理学　生物物理学其实是物理学的一个分支，研究的是生物的物理形态，涉及生物能学、结构生物学、生物力学、生物控制论、电生理学等。但这方面的生物数据获取和分析也越来越依赖于计算机的应用，如模型的建立、光谱和成像数据的分析等。

3. 脑和神经科学　脑是自然界中最复杂的组织，长期以来，通过神经解剖、神经生理、神经病理和临床医学研究，获得了大量有关脑结构和功能的数据。近年来，神经生物学研究也取得了大量科研成果，但是这些研究大多是在组织、细胞和分子水平进行的，不能很好地在系统和整体水平上反映人脑活动的规律。随着核磁共振成像和正电子发射断层成像的发展，应用计算机技术，我们有可能在系统和整体水平上无创地研究人脑的功能定位、功能区之间的联系及神经递质和神经受体等。由此产生的神经信息学研究，将对我们了解脑、治疗脑和开发脑产生重大的作用。

4. 医药学　人类基因组计划的目的之一就是找到人类基因组中的所有基因。如何筛选分离各疾病的致病基因，获得疾病的表型相关基因信息的工作才刚开始。我们需要在现有的基因测序的工作平台上，强化生物信息学平台的建设，从而加快对突发性疫情、公共卫生的监控，以及对致病源进行快速有效的分析和解决。此外，结合生物芯片数据分析，确定药物作用靶点，再利用计算机技术进行合理的药物设计，将是新药开发的主要途径。

5. 农林牧渔学　基因组计划也加快了农业生物功能基因组的研究，加快了转基因动植物育种所需生物信息学研究的步伐。通过比较基因组学、表达分析和功能基因组分析识别重要基因，为培育转基因动植物、改良动植物的质量和数量性状奠定了基础。通过分析病虫害、寄生生物的信号受体和转录途径组分，进行农业化合物设计，结合化学信息学方法，鉴定可用于杀虫剂和除草剂的潜在化学成分。此外，通过此方法可以进行动植物遗传资源研究，保护生物多样性；还可以对工业发酵菌进行代谢工程的研究，有目的地控制产品的生产。

6. 分子和生态进化　另一个重要的研究对象就是分子和生态进化。通过比较不同生物基因组中各种结构成分的异同，可以大大加深我们对生物进化的认识。从各种基因结构与成分的进化、密码子使用的进化，到进化树的构建，各种理论上和实验上的课题都等待着生物信息学家的研究。

第三节　生物信息学的主要应用

一、生物信息学数据库

生物信息学很大一部分工作体现在生物数据的收集、存储、管理与共享上，包括：建立国际基本生物信息库和生物信息传输的国际联网系统；建立生物信息数据质量的评估与检测系统；生物信息工具开发和在线服务；生物信息可视化和专家系统。

比较著名的与生物有关的数据资源有 NCBI、EMBL、KEGG 等。

（一）数据库建设

生物数据库的建设是进行生物信息学研究的基础，尽管目前已有许多公共数据库可供使用，如 GenBank，且它们还同时集成开发了相应的生物分析软件工具，如 NCBI 的 BLAST 系列工具（http://blast.ncbi.nlm.nih.gov/Blast.cgi）。但我们进行专项研究时，往往需要组建新的数据库。建立自己的数据库，就必须分析数据库的储存形式和复杂程度，选择什么数据库，怎么开发信息交流平台，要不要提供相应的分析程序，甚至要不要将各搜索算法硬件化，实行并行计算、显卡处理器（GPU）计算和先进的内存管理以提高速度等。此外，也需要考虑架设数据库的成本。Oracle（http://www.oracle.com）这类大型数据库的价格较高，而免费的 MySQL（http://www.mysql.com）则可能会有功能上的缺失。目前来看，基于 UNIX 开发的共享数据库 PostgreSQL（http://www.postgresql.org）较为适宜。此外，XML 类数据库亦可提供一些解决方案。

（二）数据库整合和数据挖掘

生物数据库覆盖面广，分布分散且异质。当根据一定的要求将多个数据库整合在一起提供综合服务、提供数据库的一体化和集成环境时，最简单的方法是用超级链接或进行拷贝再整理。但往往简单的链接并不能符合要求，再整理涉及数据下载和更新的问题，而且不是真正意义上的“整合”。目前使用较多的是联合数据库系统，它是 IBM 分布式数据库解决方案的重要组成部分，支持用户或应用程序在同一条 SQL 语句中查询不同数据库甚至不同数据库管理系统中的数据。也有直接基于 Internet 技术而进行远程查询，从而进行文本数据挖掘和再整理的。由于生物的分支学科较多，整合时还需从语义学的角度考虑不同数据库的一致性问题，其实这已经成为了通过标准查询机制来连接数据库的一大阻碍，Ontology 技术可能可以解决这一问题。

二、序列分析

（一）序列比对

生物信息学最基本的操作对象是核酸序列和氨基酸序列。

1955 年桑格（Frederick Sanger）完成了第一个蛋白质——牛胰岛素化学结构的测定。1977 年，他领导的研究小组再一次成功地测定了第一个噬菌体 ΦX174 全基因组 5386 个碱基对的核苷酸序列，并发明了快速测定 DNA 序列的新方法。此后，全世界生物科学研究进入了分子水平。在使用鸟枪法进行 DNA 测序时，完整的 DNA 链被打散为成千上万条长 600～800

个核苷酸的DNA片段，这些DNA片段的两端相互重叠，只有依照正确的顺序组合，才能还原为完整的DNA序列。对于较大的基因组，鸟枪法能够迅速地测定DNA片段的序列，但将它们组装起来的工作则相当复杂。由于现今几乎所有基因序列均由鸟枪法测定，基因重组算法是生物信息学研究的重点课题。

比较序列的目的是发现相似的序列，得到保守的区域，它们可能有结构、功能或进化上的关系。对于一个感兴趣的DNA或蛋白质序列，寻找到与它同源的序列是基本工作。目前已开发了很多的算法，其中BLAST或FASTA都是不错的算法。在此基础上开发的PSI-BLAST和megaBLAST等，针对不同情况有更好的性能。

（二）基因序列注释

越来越多的物种测序工作的开展，迫切需要全基因组的自动注释，这一直都是生物信息学的研究领域。Ensembl是由EBI和Sanger研究院合作的一个项目，利用大型计算机根据已有的蛋白质证据来对DNA序列进行自动注释。自动寻找基因和调控元件的工作通常的步骤包括：翻译起始点和终止点的确定，潜在的阅读框、剪切位点的识别，基因结构的构建，各种反式和顺式调控元件的识别等。除此以外，转录起始位点和可变剪切体的鉴定等工作都可利用计算生物学方法从庞大的基因组数据中提取出生物学信息，把它注释并图形化显示给生物学家。

三、其他主要应用

（一）比较基因组学

各种模式生物基因组测序任务的陆续完成，为从整个基因组的角度来研究分子进化提供了条件。比较基因组学的核心课题是识别和建立不同生物体的基因或其他基因组特征的联系。利用比较基因组学方法可以研究不同物种间的基因组结构的关系和功能。发现基因组中新的非编码功能元件是很有前途的应用。起初，真核生物中基因预测依靠概率模型预测得到，该方法的缺点是会产生很多的假阳性。通过比较不同物种间的同源基因可以大大提高预测的精度和准度。例如，在人类基因预测上，老鼠的基因信息起到了很重要的作用。

（二）基因和蛋白质的表达分析

进入后基因组时代，高通量技术高速发展并得到广泛应用。多种生物学技术可以用于测量基因的表达，如微阵列、表达序列标签、基因表达连续分析、大规模平行信号测序、多元原位杂交法等。这些方法均严重依赖于环境并能产生大量高噪声的数据，而生物信息学致力于发展一套统计学工具，并从中提取有用的信息。

通过蛋白质微阵列技术或高通量质谱分析对生物标本进行测量所获得的数据中，包含大量生物标本内蛋白质的信息，生物信息学被广泛地应用于这些数据的分析。对于前者，生物信息学所面临的问题与RNA微阵列数据分析中遇到的问题相似；对于后者，生物信息学将所获得的大量质谱数据与通过已知蛋白质数据库预测的数据进行比较，并使用复杂的统计学方法进行进一步分析。

（三）生物芯片大规模功能表达谱的分析

生物芯片因为其具有高集成度、高并行处理能力及可自动化分析的优点，可对不同组织来源、不同细胞类型、不同生理状态的基因表达和蛋白质反应进行监测，从而获得功能表达谱。此外，生物芯片还可进行 DNA、蛋白质的快速检测及药物筛选等。由此可见，无论是生物芯片还是蛋白质组技术的发展都更强烈地依赖于生物信息学的理论与工具。鉴于生物芯片固有的缺陷及实验重复性等问题，以及有关表达谱的分析还不很精确，仍需大量的工作来提高对斑点图像处理的能力和系统的分析。

近年来，随着第二代测序技术的使用，人们已普遍运用 RNA-Seq 技术来进行大规模转录组表达谱的分析（第六章）。

（四）蛋白质结构的预测

蛋白质结构的预测是生物信息学最重要的任务之一。蛋白质的一级结构决定其高级结构，而后者又决定着它的生物学功能，目标是通过氨基酸序列来预测出蛋白质的三维空间结构。这方面的用途在医药工业上特别突出，如药物设计、各种特殊用途的酶设计等。对于序列同源性大于 25% 的蛋白质，可以使用比较同源模建的方法预测蛋白质结构，如 SWISS-MODEL 和 Modeller 软件。对于没有合适模板的蛋白质预测可以使用折叠识别方法。折叠识别方法尝试寻找该目标序列可能适合的已知的蛋白质三维结构。如果前两种方法都无效，则要从头预测（*de novo* modeling），它的缺点是计算量大、耗时，而且仅适用于长度为几十个氨基酸的蛋白质片段，因此该方法目前主要作为前两种基于模板预测法的补充。整体来看，蛋白质结构预测领域还有待发展，特别是深度学习技术的成功应用有望推动该领域进入一个新的阶段。

（五）蛋白质与蛋白质相互作用

蛋白质与蛋白质相互作用与识别是当今生命科学研究的前沿和热点。基因的复制与转录、蛋白质的翻译与加工、免疫识别、信号传导等重要细胞生理过程都是通过蛋白质相互作用实现的。能够鉴定特定蛋白质是否相互作用的生物学实验技术有很多种，如免疫共沉淀、酵母双杂交系统、双分子荧光互补等，但这些方法无法反映出蛋白质从空间结构的角度是如何相互作用的。X 射线晶体衍射和核磁共振等结构生物学技术可以高分辨率地展示蛋白质之间在空间上是如何结合的，但实验操作十分困难且昂贵。利用计算机技术有望基于蛋白质的各种性质，如理化性质、初级结构、三维结构等，来对蛋白质互作进行预测。其中，卷积神经网络、循环神经网络等深度学习技术已经大幅提高了蛋白质互作的预测精度，但其对训练集的依赖较大且可解释性仍有待提高。

（六）表型组学

表型组学即通过评估生物体的形态、生理和生化特征，以及与遗传、表观遗传和环境因素的相关性，对表型进行高通量组学分析。近年来，表型组学在植物学研究中应用广泛，且被认为可能是未来粮食安全和第二次绿色革命的关键。植物表型组学是对植物生长发育、性状等的调查分析。植物表型分析则是从图像和传感器数据中提取和分析有关植物结构和功能的定量数据。这种方法可以将基因型与表型差距对应，已普遍用于植物育种、通过遗传标记预测表型等领域。一些高通量的自动化表型分析平台已被用于不同环境条件下的植物表型组学研究，有助于研究人员将多参数表型信息与遗传变异联系起来。其中，植物表型图像的识别与处理是表型组学的重点与难点。一些自动成像分析方法可将图像信息转换为生长、生理特征，以及抗性和产量等表型测量值。基于深度学习的图像识别处理技术将会是一个重要的研究方向。

（七）生物系统模拟

生物体是个复杂的系统，整个系统可以分成多个亚系统。现在的生物学家越来越清楚地认识到网络涉及生物的方方面面，从而兴起了一个新概念——系统生物学。Leroy Hood 认为系统生物学是确定、分析和整合生物系统在遗传或环境的扰动下所有内部元件间相互作用关系的一门学科。模拟生物系统对于更好地理解生命的本质活动至关重要。细胞水平下的代谢网络、信号转导通路、基因调控网络的构建，以及分析和可视化工作都给生物信息学带来了挑战。另外，人工生命或虚拟进化的研究往往致力于通过计算机模拟简单的生命形式来理解进化过程。

（八）代谢网络建模分析

代谢网络涉及生化反应途径、基因调控及信号转导过程（蛋白质间的作用）等。后基因组时代将研究大规模网络的生命过程，又称为“网络生物学”研究。

1. 预测调控网络 尽管目前已有多个代谢网络途径数据库，有些数据可以直接参考使用，而且这些数据库本身除了手工和自动检索文献以补充数据外，也有开发预测工具的，但是都有局限性和准确性的问题，还需要从基因组来预测网络，或有针对性地去整合某些数据，研究其规律，开发算法模型等。已有若干研究小组从事“基因组到代谢网络”的预测。

2. 网络普遍性分析 构建调控网络之后，人们对网络的“图论”方面的属性做了分析，如最短距离、连接度等，试图给出一些重要的结论；也有分析其最小单元的代谢途径等。越来越多的人开始开发专门的软件工具来自动分析大规模网络系统的物理属性，提供路径导航、模式搜索、图形简化等分析手段。

3. 建立模型分析 目前已有若干个比较优秀的代谢网络建模工具，如 Copasi（http://www.copasi.org）、E-cell（http://www.e-cell.org）等，它们大都基于代谢控制分析原理，使用常微分方程来求解反应速率。基于标准化数据输出输入考虑，已经组成了合作组，共同支持 SBML（http://sbml.org）数据交换。其他形式的建模工具也很多，如用随机方法处理的，因为毕竟确切的动态参数目前还很难得到。其他如用 Petri net 进行建模的，由于其强大的数学计算功能和明了的示图形式，也越来越多地引起人们的兴趣。另外，如何自动建立大规模的代谢网络，也是个正在进行中的课题。

与代谢分析直接相关的便是系统生物学研究，它将是后基因组时代最为突出的研究方向。它要求我们看待生命活动过程要用系统的眼光，而不能只盯住一个方面的数据分析而隔离联系。所谓的“Virtual Cell（虚拟细胞）”模型就是基于系统考虑。

（九）计算进化生物学

引入信息学到进化生物学中，使得生物学家可以通过测量 DNA 上的变化来追踪大量生物的进化事件。通过比较全基因组，还可以研究更复杂的进化事件，如基因复制、水平基因转移、物种形成等，为种群进化建立复杂的计算模型，以预测种群随时间的演化。

（十）生物多样性研究

生物多样性数据库集合了物种的各种信息。计算模拟种群动力学过程，或计算人工培育下或濒危情况下的遗传健康状况。生物信息学在这方面一个重要的前景是保存大量物种的遗传信息，可以把自然的遗传信息保存成电子信息，为濒危物种建立基因库，将各物种的基因组信息保存下来，这样即便在将来这些物种灭绝了，人类也可能利用它们的基因组信息重新创造出它们。

（十一）合成生物学

合成生物学这个术语是由波兰遗传学家瓦克罗·斯巴斯基（Waclaw Szybalski）在 1974 年提出的。目前合成生物学仍然没有一个明确的定义，一般认为合成生物学是依据生物学、化学、物理学和工程学等原理设计的优越的或新型的生物系统。合成生物学涉及许多不同的生物学研究领域，如功能基因组学、蛋白质工程、化学生物学、代谢工程、系统生物学和生物信息学，它将自然科学和工程科学结合到一起进行生物学上的研究。由于近几年来在系统生物学和 DNA 合成与测序等新技术上取得了长足的进步，合成生物学逐步形成了自己的研究领域，广泛应用于医药、化学、食品和农业等行业。

（十二）生物医学文本挖掘

近年来，生物医学领域的文献数量迅速增加。这些文献作为科学研究成果的载体，大多以电子格式提供且易于获取。如何从海量的文献中挖掘蕴藏的知识对于生物医学研究和应用至关重要。融合自然语言处理技术的生物医学文本挖掘应运而生。其任务包括生物医学命名实体识别、文本分类、关系抽取、知识图谱构建等。其中，命名实体识别是具有挑战性的关键基础任务。常用于生物医学命名实体识别的模型有基于规则、基于字典、基于机器学习（尤其是深度学习）的方法。目前，命名实体识别面临的问题包括同义词、替换表达、一词多义或歧义、缩写等，因而可能需要大量的人工标注。如何在保持精度的同时减少标注训练集、运用迁移学习和半监督学习等是生物医学文本挖掘的发展方向。

第四节　生物信息学面临的挑战

近年来，生物信息学家已经取得了多项研究成果，获得了海量的生物数据，确定了数千个基因的功能，其中包括搜索碱基对序列匹配的有效方法、统计学工具，利用新的计算机工具组装整个基因组等，但生物信息学的发展面临着新的挑战，迫切需要新的研究手段和研究方法。

生物信息学并不是一个足以乐观的领域，究其原因，它是基于分子生物学与多种学科交叉而成的新学科，现有的形势仍表现为各种学科的简单堆砌，相互之间的联系并不是特别紧密。在处理大规模数据方面，没有行之有效的一般性方法，而对于大规模数据内在的生成机制也没有完全明了，这使得生物信息学的研究短期内很难有突破性的结果。那么，要得到真正的解决，最终不能从计算机科学得到，真正的解决方法可能还是得从生物学自身，从数学上的新思路来获得本质性的动力。毫无疑问，正如 Dulbecco 在 1986 年所说："人类的 DNA 序列是人类的真谛，这个世界上发生的一切事情，都与这一序列息息相关"。然而，要完全破译这一序列及相关的内容，我们还有相当长的路要走。

我们很难预测生物信息学在未来几十年将给生物学的发展带来什么样的根本性突破，但是人类科学研究史表明，科学数据的大量积累将导致重大的科学规律的发现。例如，对数百颗天体运行数据的分析导致开普勒三大定律和万有引力定律的发现；数十种元素和上万种化合物数据的积累导致元素周期表的发现；氢原子光谱学数据的积累促成量子理论的提出，为量子力学的建立奠定了基础。我们有理由认为，今日生物学数据的巨大积累也将导致重大生物学规律的发现。

统计学原理表明，在一定程度上，统计结果的显著性与数据量的对数成正比。因此，随着数据库中数据量的飞速增长，基于数据库的研究工作必将有所突破。可以相信，随着人类基因组计划的完成及蛋白质组学研究的逐步开展，生物信息学在揭示生命的奥秘中会更加成熟和完善，生物信息学科也将随之得到巨大发展。相信生物信息学将发挥越来越大的作用，并推动生物学进入一个全新的境界。

《第三次技术革命》里有这样的描述："一场与工业革命和以计算机为基础的革命有相同影响力的变化正在开始。下一个伟大时代将是基因组革命时代，它现在处于初期阶段"。基因组学的发展已经进入后基因组研究阶段，致力于蛋白质功能研究的蛋白质组学和功能蛋白质组学正在蓬勃发展，在生物信息学发展的带动下，我们必定能够揭示各种生命现象的奥秘，并带动多个学科的跨越式发展。生物信息学的发展将对分子生物学、药物设计、工作流管理和医疗成像等领域产生巨大的影响，极有可能引发新的产业革命。此外，生物信息学所倡导的全球范围的资源共享也将对整个自然科学，乃至人类社会的发展产生深远的影响。

思考题

1. 登陆 GenBank/ENA/DDBJ 三大数据库网站，进行了解学习。
2. 生物信息学的主要应用有哪些？
3. 从表 1-1 中你能总结出生命科学与计算机科学发展的哪些规律？
4. 查阅代谢网络建模分析的最新进展。
5. 有人说，生物将是下一场技术革命的热土，你认为生物信息学对生物的产业化有哪些方面的贡献？

主要参考文献

陈铭．2004．后基因组时代的生物信息学．生物信息学，2（2）：29-34

李霞．2010．生物信息学．北京：人民卫生出版社

孙啸，陆祖宏，谢建明．2005．生物信息学基础．北京：清华大学出版社

张春霆．2000．生物信息学的现状与展望．世界科技研究与发展，22（6）：17-20

Edward D. 2009. *Bioinformatics*. New York: Springer

Lesk A M. 2014. *Introduction to Bioinformatics*. 4th ed. Oxford: Oxford University Press

Mount D W．2003．生物信息学．钟扬，王莉，张亮主译．北京：高等教育出版社

Pevsner J．2006．生物信息学与功能基因组学．孙之荣译．北京：化学工业出版社

微课视频

第二章　生物学数据库及其检索

本章提要

随着生物学的发展及各类组学技术的建立，生物学相关数据的数量也在呈现指数性的增长。在组学的发展过程中，如何有效地建立与使用数据库来实现大批量数据的存储、处理及检索是科学家们首先要解决的问题。因此，开发与分子生物学大规模数据相关的生物学数据库已经成为生物信息学研究中最基本的一项任务。本章主要介绍了生物数据库的类型、内容与结构，以及如何通过综合搜索引擎 Entrez 和 SRS 进行数据库搜索。

第一节　生物学数据库简介

一、什么是数据库

数据库（database）是一类用于存储和管理数据的计算机文档，是统一管理的相关数据的集合，其存储形式有利于数据信息的检索与调用。数据库开发的主要任务就是将数据以结构化记录的形式进行组织，以便于信息的检索。数据库的每一条记录（record），也可以称为条目（entry），包含了多个描述某一类数据特性或属性的字段（field），如基因名、来源物种、序列的创建日期等，这也是数据结构化的基础；值（value）则是指每个记录中某个字段的具体内容。当我们进行数据库记录的检索时，就是利用查询语言在整个数据库中查找符合条件（即对特定字段包含特定内容的限定）的所有记录的过程。例如，我们可以在 GenBank 核酸序列数据库中查找所有来源于人类（organism：*Homo sapiens*）、最近 30 天公布的（published in the last 30 days）、类型为 mRNA（molecular type：mRNA）的核酸序列。

二、数据库的类型

到目前为止，生物学数据库使用了 4 种不同的数据库结构类型：平面文件、关系型数据库、面向对象数据库和基于 Internet 平台的 XML。

最早的数据库是以平面文件的格式（flat file format）进行保存的，这种格式是将多个记录以特殊约定的分隔符（如“/”或“|”）进行区分，而每一个记录内的众多字段也是通过一些特定的分隔符（如“,”或“:”）加以区分。数据库文件就是由这些字段及内容所组成，并不包含什么隐藏的计算机指令。显而易见，这样的数据库就会形成一个很长的文本文件。因此，要想在平面文件格式的数据库中检索某一类信息，计算机必须通读整个文件。当记录逐渐变多或描述记录的字段很复杂时，这种格式的数据库就变得非常难于进行检索。于是，更多的数据库则是使用了包含能够帮助寻找数据记录间隐含关系的计算机操作指令的数据库管理系统（database management system），以便于数据的接入与检索。根据不同的数据结构类型，数据库管理系统可以分为关系型数据库管理系统（relational database management system）和对象型数据库管理系统（object-oriented database management system）。关系型数据库及其管理系

统的具体内容请参见本章第二节及第十三章第三节。

三、生物学数据库

2003 年 4 月，人类基因组计划（human genome project）的主要目标——获取完整、准确、高质量的人类基因组序列终于完成了。这一目标的实现，已经对生物学与生物医学研究的形式与走向产生了深远的影响。为了提高和加快研究水平与速度，在生物信息学者们的努力下，人类基因组序列数据连同其他多种模式生物的序列数据及各自相应的基因结构与功能信息皆可供众多生物学家免费接入与使用，从而为他们更好地设计与解释实验提供丰富的背景知识。

生物学数据库的类型多种多样。根据存放数据类型的不同，可以分为序列（如 GenBank、Swiss-Prot 等）、（三维）结构（如 PDB）、文献（如 NCBI 的 PubMed）、序列特征（如 PROSITE、Pfam 等）、基因组图谱（如 MapViewer、Ensembl 等）、表达谱等多种数据库，每一种还可以进行更细致层次的划分。根据数据库存储的具体内容还可以分为一级数据库和二级数据库（primary and secondary database），以及用户针对性更强的专用数据库（specialized database）。

（一）一级数据库与二级数据库

一级数据库属于档案数据库（archive），库中的主要内容是来源于实验室操作所得到的原始数据结果（如测序得到的序列或经过 X 射线晶体衍射所得到的三维结构数据等），当然也会包含一些基本的说明（如序列所属的物种、类型、序列发表的文献出处等）。例如，核酸序列数据库 GenBank、EMBL、DDBJ 及蛋白质结构数据库 PDB（Protein Data Bank）就是典型的一级数据库。二级数据库则是在一级数据库的信息基础上进行了计算加工处理并增加了许多人为的注释而构成的。例如，NCBI 的 RefSeq 数据库，其 mRNA 序列是综合了 GenBank 中来源于同一物种相同基因的所有 mRNA 序列信息的一致性序列（consensus sequence）；而公共数据库中大多数的蛋白质序列是将核酸序列中的编码序列区域（coding sequence region，CDS）进行蛋白质翻译后，通过后续的一些计算分析（如利用 BLAST 进行序列相似性分析），主观人为地为序列加上蛋白质产物名称及功能注释。也就是说，它们不是通过实验来确定的。以 UniProt 下属的 KnowledgeBase 数据库为例，它是由众多蛋白质专家人工校正注释的高质量 Swiss-Prot 和由计算预测得到各种蛋白质功能信息的 TrEMBL 两部分组成，是目前最大的二级蛋白质序列数据库。

一级数据库的注释信息非常有限，因此二级数据库中的功能与结构注释在分析中的作用便显得十分重要。但必须注意的是，二级数据库中的信息有些时候也会产生误导，特别是一些由程序自动计算得到的结果。

除了一级与二级数据库外，更多的专业数据库被开发出来以满足不同生物学研究团体对特定类型信息的需求。例如，专门研究小 RNA 的数据库或专门存储基因表达谱数据的数据库，以及专门为果蝇、线虫、拟南芥等基因组研究提供各类信息的专业数据库等。这些数据库虽然在序列数据方面与一级数据库有些重叠，但由于各研究领域的专家更注重于为这些专业数据库提供相应的注释，因此它们为公共序列数据库提供了非常有价值的补充。

（二）如何查找与研究相关的生物学资源

生物学数据的快速增加，直接导致数据库种类与数量的大幅增长。这些整合了大量信息与知识的数据库能够以易懂易读的方式为生物科研工作者提供进一步深入实验的依据与洞察力。然而，面对众多的生物学资源，刚刚接触生物信息学的新手常常不知如何开始相关的学习和研究，更不知道如何才能找到与自己研究相关的生物学资源。针对上述问题，常用的方法如下。

1）利用公共搜索引擎。一般来说，数据库在建立时都会在自己的网页代码中设立相关的关键词。因此，我们可以利用与研究相关的关键词在搜索引擎中进行资源的搜索。然而，由于关键词使用的不唯一性及不同公共搜索引擎对多个搜索关键词之间的默认组合关系不同（如对于 alcoholic disease 这样一个双检索词，不同的搜索引擎可能会采取短语、双检索词的交集或并集等不同形式作为其默认的组合形式），使得我们的检索结果与目的要求大相径庭。因此，利用公共引擎进行资源的搜索是最简单也是最容易引起歧义的方法。当然，如果事先了解准确的生物资源名称或简称别名（如利用 National Center for Biotechnology Information 或其简称 NCBI）时，公共搜索引擎则是一个能够快速得到确定生物信息资源网址 URL 的工具。

2）了解重要的生物信息学门户站点。生物信息门户站点包含了大量的公共资源。美国的国家生物技术信息中心（NCBI）、位于英国的欧洲生物信息研究所（European Bioinformatics Institute，EBI），以及由瑞士生物信息研究所（Swiss Institute of Bioinformatics，SIB）维护的专家级蛋白质分析系统 ExPASy（Expert Protein Analysis System）等都是非常重要的生物信息学门户站点。每个站点都提供了种类繁多的数据库、分析工具、生物信息教程等内容，并且链接了大量非自身维护的有用站点与资源。它们是进行分子生物学研究最基础的批量数据来源。

3）利用 *Nucleic Acids Research* 杂志每年的数据库专辑 / 网络服务器专辑。《核酸研究》（*Nucleic Acids Research*，NAR）是分子生物学研究的权威杂志。从 1994 年起，NAR 在其每年的第一辑杂志中都会介绍一些重要数据库的更新情况，提供可访问的各类数据库的网址，并附带着这些数据库的建库目的与主要内容等描述信息。这些信息为实验生物学家查找与使用特定类型的数据资源提供了极大的便利。在这一特刊发行 10 年即 2004 年时，它被正式改名为数据库专辑（Database Issue）。数据库专辑将收集的各类公共数据库分为 15 个大类多个小类（表 2-1），包含的数据库数量也在逐年增加。到 2020 年底，数据库专辑收录的主要分子生物学数据库已经达到了 1906 个。同时，从 2003 年起，NAR 开始在每年的 7 月份发行数据库专辑的补充内容——网络服务器专辑（Web Server Issue），为用户提供基于网络的分子生物学数据分析及可视化软件资源。到 2020 年底，网络服务器专辑收录的链接已经超过 2208 个。它们也像数据库专辑中那样被分为 11 个大类多个小类（表 2-2），但内容组成与数据库有一定区别。

表 2-1　NAR 的数据库分类

英文名	中文名
Nucleotide Sequence Databases	核酸序列数据库
International Nucleotide Sequence Database Collaboration	国际核酸序列数据库合作协会
Coding and non-coding DNA	编码与非编码 DNA（序列）
Gene structure，introns and exons，splice sites	基因结构、内含子、外显子及剪切位点（序列）
Transcriptional regulator sites and transcription factors	转录调控子位点及转录因子（序列）
RNA Sequence Databases	RNA 序列数据库
Coding and non-coding	DNA 编码与非编码 RNA（序列）
Protein Sequence Databases	蛋白质序列数据库
General sequence databases	基本序列数据库

续表

英文名	中文名
Protein properties	蛋白质特性（序列）
Protein localization and targeting	蛋白质定位与定向（序列）
Protein sequence motifs and active sites	蛋白质序列基序与活性位点
Protein domain databases；protein classification	蛋白质结构域数据库；蛋白质分类
Databases of individual protein families	分别独立的蛋白质家族数据库
Structure Databases	结构数据库
Small molecules	小分子（结构）
Carbohydrates	碳水化合物（结构）
Nucleic acid structure	核酸结构
Protein structure	蛋白质结构
Genomics Databases（non-vertebrate）	基因组数据库（非脊椎动物）
Genome annotation terms，ontologies and nomenclature	基因组注释的专用术语、语义及系统命名
Taxonomy and identification	生物分类与定义
General genomics databases	通用基因组学数据库
Viral genome databases	病毒基因组数据库
Prokaryotic genome databases	原核生物基因组数据库
Unicellular eukaryotes genome databases	单细胞真核生物基因组数据库
Fungal genome databases	真菌基因组数据库
Invertebrate genome databases	无脊椎动物基因组数据库
Model organisms，comparative genomics	模型生物，比较基因组学
Metabolic and Signaling Pathways	代谢与信号途径（数据库）
Enzymes and enzyme nomenclature	酶与酶的系统命名
Metabolic pathways	代谢途径
Protein protein interactions	蛋白质－蛋白质互作
Signalling pathways	信号途径
Human and other Vertebrate Genomes	人类及其他脊椎动物基因组（数据库）
Invertebrate genome databases	无脊椎动物基因组数据库
Model organisms，comparative genomics	模式生物，比较基因组学
Human genome databases，maps and viewers	人类基因组数据库，图谱与浏览器
Human ORFs	人类（基因组）可读框
Human Genes and Diseases	人类基因与疾病
General human genetics databases	通用人类遗传学数据库
General polymorphism databases	通用多态性数据库
Cancer gene databases	癌症基因数据库
Gene-，system- or disease-specific databases	特定基因 / 系统 / 疾病数据库

续表

英文名	中文名
Microarray Data and other Gene Expression Databases	微阵列数据及其他基因表达数据库
Proteomics Resources	蛋白质组学资源
Other Molecular Biology Databases	其他生物学数据库
Drugs and drug design	药物与药物设计
Molecular probes and primers	分子探针与引物
Organelle Databases	细胞器数据库
Mitochondrial genes and proteins	线粒体基因与蛋白质
Plant Databases	植物数据库
General plant databases	通用植物数据库
Arabidopsis thaliana	拟南芥（数据库）
Rice	水稻（数据库）
Other plants	其他植物
Immunological Databases	免疫学数据库
Cell Biology	细胞生物学

资料来源：https://www.oxfordjournals.org/nar/database/cap/

表 2-2　NAR 的网络服务器分类

英文	中文
Computer Related	计算机相关
Bio*-Programming Tools	生物编程工具
C/C++	C/C++
Databases	数据库类
Java	Java
Linux/Unix	Linux/Unix（操作系统）
PERL	PERL
PHP	PHP
Statistics	统计学
Web Development	网络开发
Web Services	网络服务
DNA	DNA
Annotations	注释
Gene Prediction	基因预测
Mapping and Assembly	作图及（序列）装配
Phylogeny Reconstruction	重建系统发育关系
Sequence Feature Detection	序列特性检测
Sequence Polymorphisms	序列多态性
Sequence Retrieval and Submission	序列检索与提交
Tools For the Bench	实验室使用的分析工具

续表

英文	中文
Education	教育
Bioinformatics Related News Sources	生物信息学相关新闻资源
Community	社团
Course，Programs and Workshops	课程、项目、专题讨论班
Directories and Portals	（机构）名录及接入口
General	通用
Tutorials and Directed Learning Resources	指南及有指导的学习资源
Expression	（基因）表达
cDNA，EST，SAGE	cDNA、EST、SAGE
Gene Regulation	基因调控
Networks	网络
Protein Expression	蛋白质的表达
Splicing	可变剪切
Human Genome	人类基因组
Annotations	注释
Ethics	伦理学
Genomics	基因组学
Health and Disease	健康与疾病
Other Resources	其他资源
Sequence Polymorphisms	序列多态性
Literature	文献
Goldmines	宝库
Open Access Resources	开放可接入资源
Search Tools	搜索工具
Text Mining	文本挖掘
Model Organisms	模式生物
Fish	鱼
Fly	果蝇
General Resources	通用资源
Microbes	微生物
Mouse and Rat	小鼠与大鼠
Other Organisms	其他生物
Other Vertebrates	其他脊椎动物
Plants	植物
Worm	线虫
Yeast	酵母

续表

英文	中文
Other Molecules	其他分子
Carbohydrates	碳水化合物
Compounds	复合物
Metabolites	代谢物
Small Molecules	小分子
Protein	蛋白质
2D Structure Prediction	二维结构预测
3D Structural Features	三维结构特征
3D Structure Comparison	三维结构比较
3D Structure Prediction	三维结构预测
3D Structure Retrieval/Viewing	三维结构检索与浏览
Biochemical Features	生化（小分子）特性
Do-it-all Tools for Protein	蛋白质全方位预测工具
Domains and Motifs	结构域与基序
Networks & Interactions，Pathways，Enzymes	互作、途径、酶
Location and Targeting	定位与定向
Molecular Dynamics and Docking	分子动力学与分子对接
Phylogeny Reconstruction	重建系统发育
Identification，Presentation and Format	表示方式与格式
Protein Expression	蛋白质的表达
Proteomics	蛋白质组学
Sequence Comparison	序列的比较
Sequence Data	序列数据
Sequence Features	序列特征
Sequence Retrieval	序列的检索
RNA	RNA
Functional RNAs	功能 RNAs
General Resources	通用资源
Motifs	基序
Sequence Retrieval	序列的检索
Structure Prediction，Visualization，and Design	结构预测、可视化、设计
Sequence comparison	序列比较
Alignment Editing and Visualization	比对的编辑与可视化
Analysis of Aligned Sequences	比对序列的分析
Comparative Genomics	比较基因组学
Multiple Sequence Alignments	多序列比对
Other Alignment Tools	其他比对工具
Pairwise Sequence Alignments	双序列比对
Similarity Searching	相似性搜索

由于NAR的数据库专辑及网络服务器专辑收集的数据库及分析工具数量庞大，范围较广，因此它们可作为很好的生物学数据资源及分析工具开发与更新的信息聚集地，为实验学家及生物信息学家提供可靠的信息来源。

四、重要的生物信息站点

（一）NCBI——美国国家生物技术信息中心

NCBI（National Center for Biotechnology Information，http://www.ncbi.nlm.nih.gov）建立于1988年11月4日，隶属于美国国立卫生研究院（National Institutes of Health，NIH）的美国国家医学图书馆（National Library of Medicine，NLM），主要任务是创建公共可接入数据库，引导在计算生物学及基因组数据分析方面的软件开发，同时发布各类生物医学信息。到目前为止，NCBI已经成为世界级的生物信息资源中心，为生物医学及生命科学研究提供了大量的数据和众多的分析工具与平台。例如，PubMed、GenBank、BLAST、MapViewer等都是NCBI中最常用的数据库与分析工具。

NCBI的数据资源主要包括数据库、数据下载、数据提交及分析工具4个部分，另外还有一个How To页面包含了NCBI主要数据库或工具的使用方法说明。NCBI的全部资源及其简介可以从NCBI主页中的All Resources界面（http://www.ncbi.nlm.nih.gov/guide/all）中进行查找和了解（图2-1）。

（二）EBI——欧洲生物信息研究所

EBI（European Bioinformatics Institute，http://www.ebi.ac.uk）是隶属于欧洲分子生物学研究室（EMBL）的一个非营利性的学术机构，专门从事生物信息学方面的研究与服务。EBI的主要任务包括为科研团体免费提供数据及生物信息学服务；从生物信息学的角度为推动特定科研项目的发展做出努力，为各阶层的科研人员提供高级生物信息学培训，以及帮助向工业界发布最新技术等。EBI的网站在数据规模和承担的任务方面都与NCBI相当，而全部资源及工具则显示在其Services A to Z页面（http://www.ebi.ac.uk/services/all）中。

（三）EMBnet——欧洲分子生物学信息网络

EMBnet（European Molecular Biology Network）建立于1988年，由多个位于欧洲及欧洲以外的成员国节点和专业节点组成。除了上面提到的欧洲生物信息学研究所（EMBL-EBI）外，瑞士生物信息研究所（SIB）、澳大利亚国家基因组学信息服务（AGRIS）及中国北京大学的生物信息中心（PKU-CBI）都是EMBnet的成员。它们不仅为本国用户提供生物信息资源及生物计算服务，同时提供用户支持、培训及进行相关的生物信息研究与开发。例如，专业蛋白质分析系统ExPASy就是由SIB开发及维护的，而通用蛋白质资源数据库UniProt（UniProt 2022）则由EMBL-EBI及SIB、PIR共同进行维护。由于EMBnet的成员国节点与专业节点各自包含了大量的公共数据信息及自行开发的数据库和分析工具，因此它可作为生物学数据资源的补充来源，如EMBnet德国节点（http://genome.dkfz-heidelberg.de/biounit/）和北京大学生物信息中心节点（http://www.cbi.pku.edu.cn/）。

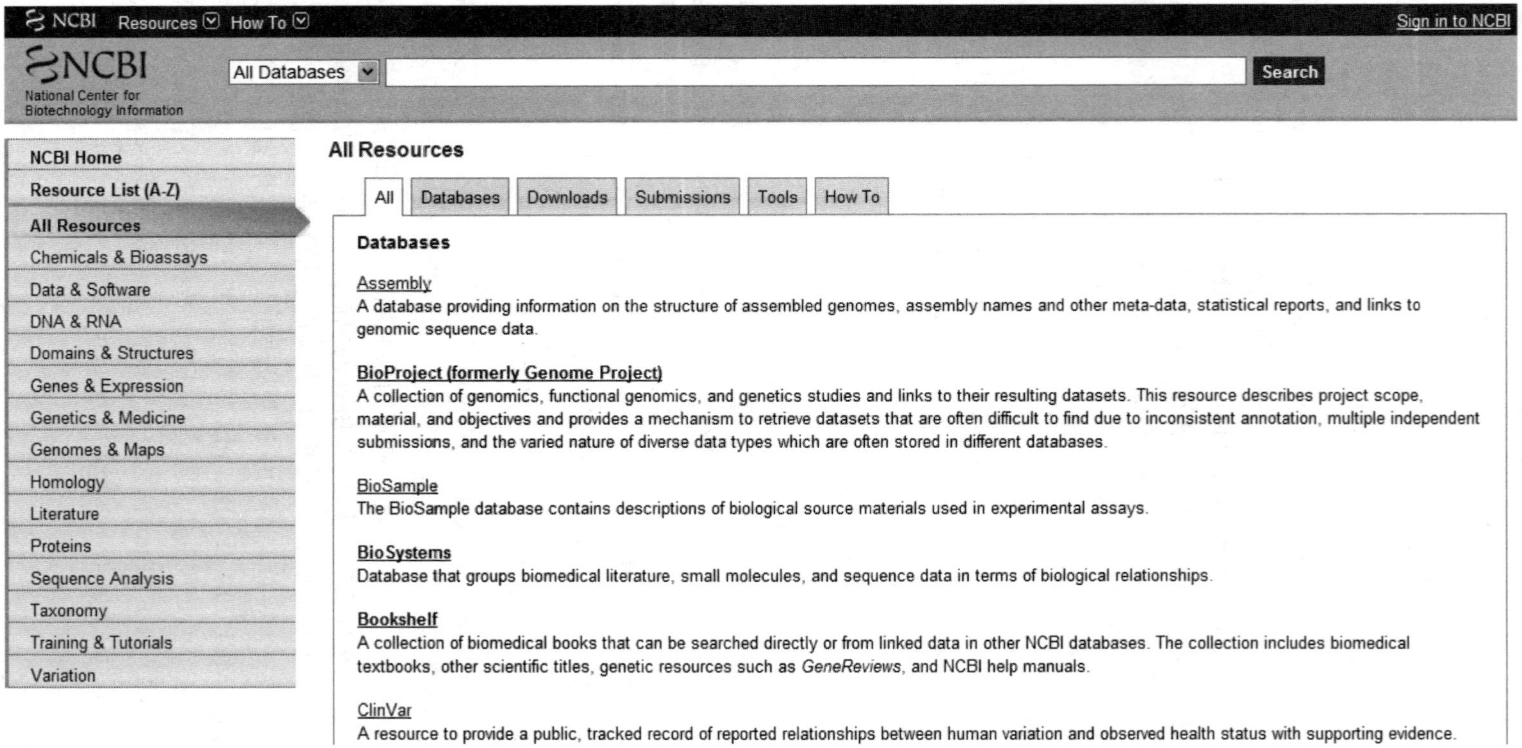

图 2-1 NCBI 的全部资源网络界面

微课视频

第二节　生物学数据库的数据存储格式

在计算机应用中，信息是存储在计算机临时或永久存储器中的一串字节。除了存储空间不同之外，获取信息需要控制两个方面。第一是数据被编译为字节的方式，或者称为数据格式。第二是运用哪些程序能够编码（写）和解码（读）这些数据。这两方面其实是紧密联系的。除非有现成的应用程序能够方便地存储指定格式的数据，否则一个复杂的、全能的数据格式仍旧是没有意义的。同样地，对于一个简单紧凑、能够被大多数简单工具获得和解析的存储格式，其过于简单的数据操作功能也会成为限制其发展和普及的因素。这些问题是当今生物信息学发展所遇到的难题。众多处理和收集生物信息数据的项目建立了若干种格式，其中最常见的包括平面文件格式、XML 格式、JSON 格式和关系型数据库。

一、生物信息学的平面文件格式——Flat File

平面文件格式（Flat File）就是我们平常所说的纯文本文件的另一种说法。Flat File 数据库由包含纯文本的文件构成，这些文本通常使用 ASCII 码集合中的字符，但一些包含 ASCII 码扩展集或 Unicode 集合中的字符的文本也被认为是平面文件。Flat File 格式中的数据通常被结构化为一组数据 Entry，或称记录或条目。Entry 可认为是一组具体数据实体的描述符。举例来说，在通用蛋白质资源数据库 UniProt 中，Entry 包含的数据为单个蛋白质的序列，相对于其他的数据而言，它包括一组描述符，是对于该蛋白质的描述及该蛋白质特征的列表。在 Flat File 数据库中，正文行中每列对应一种明确定义的格式。

Flat File 数据库的 Entry 通常都连续地排列在一份或多份文本中。这些排列并没有一个明确的规则：在一些数据库中所有 Entry 存放在单一文本中，另一些数据库中每个 Entry 有着自己单独的文件。一些较大的数据库则采取两者结合的方式，将 Entry 集合在若干个较大的文件中，以避免计算机文件系统及其相关工具的限制。

Flat File 格式最主要的优势在于它的通用性。绝大多数用于计算的机器都有现成的软件能够读入、显示和查找文本文件。自定义的编写能够对文本文件进行简单操作的程序也相对简单，不需要某一方面的专业知识。

虽然 Flat File 格式最初可以追溯到 UNIX 操作平台用于数据仓库的标准，但它现在可被认为是独立于平台的。Flat File 格式在机器与机器之间的传输中也相对较方便，如通过 FTP，甚至电子邮件。

目前，很多人认为 Flat File 在存储空间的需求上并不存在优势。定义一些其他有效的文件格式是可能的，这些格式至少应该与 Flat File 的空间利用率相当，甚至更小，如关系型数据库中的表格，或是 XML 数据库中的 XML 文件。当数据通过网络进行传输时，传输速度成为数据处理中的一个瓶颈，所以文件格式的紧凑性成为一个重要问题。

由于其通用性，Flat File 能够被很多工具处理。大多数 UNIX 命令行工具的设计思想是对文本文件进行基于行的处理。这些工具被广泛地运用于对生物信息中 Flat File 格式的数据进行有效的处理。同样地，包括 BLAST（Altschul et al.，1990）和 ClustalW（Higgins and Sharp，1988）在内的各种分析工具被设计用于获取 Flat File 格式的数据并从中获益。

图 2-2 展示了从 UniProt 数据库中获取的 CYC_HUMAN（人类细胞色素 c）的 Flat File 格式的 Entry 的一部分。这种格式的 Entry 由一系列文本行组成，这些文本行在有标注“//”时

表示这个 Entry 的结束。

每行开头为一个由两个字符组成的字段标识符。这些标识符用来区分这个 Entry 的不同部分和它们各自的意义。在这个例子中，ID 字段标识符表明在这一行包含一系列唯一的标识。Entry 在这个例子中是 CYC_HUMAN。这一行的其他信息据以描述这个 Entry 的特征及蛋白质序列的长度（由氨基酸残基数定义）。

```
ID   CYC_HUMAN              Reviewed;          105 AA.
AC   P99999; A4D166; B2R4I1; P00001; Q6NUR2; Q6NX69; Q96BV4;
DT   21-JUL-1986, integrated into UniProtKB/Swiss-Prot.
DT   23-JAN-2007, sequence version 2.
DT   27-JUL-2011, entry version 96.
DE   RecName: Full=Cytochrome c;
GN   Name=CYCS; Synonyms=CYC;
OS   Homo sapiens (Human).
OC   Eukaryota; Metazoa; Chordata; Craniata; Vertebrata; Euteleostomi;
OC   Mammalia; Eutheria; Euarchontoglires; Primates; Haplorrhini;
OC   Catarrhini; Hominidae; Homo.
OX   NCBI_TaxID=9606;
RN   [1]
RP   NUCLEOTIDE SEQUENCE [GENOMIC DNA].
RX   MEDLINE=89071748; PubMed=2849112; DOI=10.1073/pnas.85.24.9625;
RA   Evans M.J., Scarpulla R.C.;
RT   "The human somatic cytochrome c gene: two classes of processed
RT   pseudogenes demarcate a period of rapid molecular evolution.";
RL   Proc. Natl. Acad. Sci. U.S.A. 85: 9625-9629(1988).
RN   [2]
[… …]
CC   -!- FUNCTION: Electron carrier protein. The oxidized form of the
CC       cytochrome c heme group can accept an electron from the heme group
CC       of the cytochrome c1 subunit of cytochrome reductase. Cytochrome c
CC       then transfers this electron to the cytochrome oxidase complex,
CC       the final protein carrier in the mitochondrial electron-transport
CC       chain.
CC   -!- FUNCTION: Plays a role in apoptosis. Suppression of the anti-
CC       apoptotic members or activation of the pro-apoptotic members of
CC       the Bcl-2 family leads to altered mitochondrial membrane
CC       permeability resulting in release of cytochrome c into the
CC       cytosol. Binding of cytochrome c to Apaf-1 triggers the activation
CC       of caspase-9, which then accelerates apoptosis by activating other
CC       caspases.
```

```
[… …]
CC   -----------------------------------------------------------------------
CC   Copyrighted by the UniProt Consortium, see http://www.uniprot.org/terms
CC   Distributed under the Creative Commons Attribution-NoDerivs License
CC   -----------------------------------------------------------------------
DR   EMBL; M22877; AAA35732.1;  -; Genomic_DNA.
DR   EMBL; BT006946; AAP35592.1;  -; mRNA.
DR   EMBL; AK3 11836; BAG34778.1;  -; mRNA.
DR   EMBL; AL713681; CAD28485.1;  -; mRNA.
DR   EMBL; AC007487; AAQ96844.1;  -; Genomic_DNA.
DR   EMBL; CH236948; EAL24239.1; -; Genomic_DNA.
DR   EMBL; CH471073; EAW93822.1; -; Genomic_DNA.
DR   EMBL; BC005299; AAH05299.1; -; mRNA.
DR   EMBL; BC008475; AAH08475.1; -; mRNA.
DR   EMBL; BC008477; AAH08477.1; -; mRNA.
[… …]
DR   PROSITE; PS51007; CYTC; 1.
PE   1: Evidence at protein level;
KW   3D-structure; Acetylation; Apoptosis; Complete proteome;
KW   Direct protein sequencing; Disease mutation; Electron transport; Heme;
KW   Iron; Metal-binding; Mitochondrion; Phosphoprotein; Polymorphism;
KW   Respiratory chain; Transport.
FT   INIT_MET     1     1       Removed.
FT   CHAIN        2     105     Cytochrome c.
FT                              /FTId=PRO_0000108218.
[… …]
FT   TURN         16    18
FT   STRAND       23    25
FT   STRAND       28    30
FT   TURN         36    38
FT   HELIX        51    56
FT   HELIX        62    70
FT   HELIX        72    75
FT   HELIX        89    102
SQ   SEQUENCE   105 AA;   11749 MW;   8EE9689E0102506B CRC64;
MGDVEKGKKI FIMKCSQCHT VEKGGKHKTG PNLHGLFGRK TGQAPGYSYT AANKNKGIIW
GEDTLMEYLE NPKKYIPGTK MIFVGIKKKE ERADLIAYLK KATNE
//
```

图 2-2 UniProt 数据库中获取的 CYC_HUMAN（人类细胞色素 c）的 Flat File 格式的 Entry 的一部分

接下来的若干行提供 Entry 的另外一些信息。例如，ID 为 AC 的那一行列出了之前的序列号——这些是这个 Entry 在之前或其他数据库中的唯一标识符；OS 行表明了该蛋白质所属的物种，即该序列来源。在一些实例中，有些信息可能跨越数行，如在 CC 行中就包括了多行注释。有些行的序列可能会重复多次。例如，每个参考文献被编译为 RN、RP、RC、RX、RA、RT 和 RL 行，分别表示编号（reference number）、位置（reference position）、注释（reference comment）、交叉引用（reference cross-reference）、作者（author）、标题（title）和被引用的位置（location）。这些重复的组有时被认为是 Subentry，有时会被单独放在主 Entry 之外。

在有些实例中，单一一行（被定义为特定域描述符）也会包含不同种类的信息并且拥有一组标签来区分它们。例如，FT 行定义了一个序列特征，这些特征由一组特征关键字、一个序列范围或更多注释来描述。同样地，CC 行的一组文本使用了一种由注释模块开始的结构。

对于一个特定的 Flat File 数据库中的 Entry 的分布，数据出版商通常会提供一种具有可读性的格式规范，这样的具体格式规范需要包括在 Flat File 中每一行数据的结构和语义的具体说明。

Flat File 数据可用于解析和索引。语法分析是一种用于定义和提取指定文本特定部分或语法成分的计算手段（Grune and Jacobs，1990）。具体而言，语法分析是用计算机算法实现的，这些算法遵从一系列规则（通常被称为句法或语法）来识别输入文本中的有用部分。语法分析对输入文本与规则进行匹配，如果匹配失败，文本被拒绝接受；反之，该文本通常被分解为几部分。

一种简单并广泛运用的语法解析手段是基于对正则表达式的分析（Aho et al.，1986；Appel，1998；Grune and Jacobs，1990）。正则表达式反映了有限状态自动机的正式概念（Aho et al.，1986）；非正式地说，它们是通过以下几种规则的结合来描述序列文本的：①特殊序列字符；②序列重复；③两个或两个以上的序列替代物。

基于正则表达式的语法分析是通过正则表达式对输入文本进行匹配。如果匹配成功，通过正则表达式的每个单一部分对输入文本进行提取。

正则表达式作为一种普及性概念在今天被大部分编程语言所认可。由于正则表达式相对简单并且易于理解，以上现象是可以理解的。由于基于正则表达式的语法分析在 Flat File 数据中是一种有效而实用的解决方案，在生物信息学中正则表达式得到了更多应用。大多数 Flat File 格式在每行开始时使用一种类似于图 2-2 中展示的 UniProt 的字段标识符。这样的格式通过正则表达式的匹配能够很容易地被分解为几个字段。诸如 Perl 的支持内置正则表达式的 UNIX 外壳命令或脚本语言（Wall et al.，2000）能够被用来解析文本并提取数据，如以下程序（图 2-3）所示。

这个程序通过变量 MYMline 读入输入行。通过使用 Perl 编程语言的正则表达式匹配其构造，这个程序能够区分 ID 行、AC 行和 SQ 行，并且输出其第一检索号（first accession number）及其相应蛋白质的长度。图的第二部分展现的是这个程序的输出结果。为了解析 Flat File 中的整个数据，需要编写更复杂的语法解析程序，并把性能和内存的使用情况考虑在内。如何使用 BioPerl 程序包参见第十三章。

尽管 Flat File 格式解决了跨平台的传递和转换问题，但是从 Flat File 中检索信息仍然是一项复杂的任务。因为目前一些 Flat File 数据库已经发展到上千 GB 文本和超过 1 亿的记录，如 GenBank、EMBL，可以用于大多数系统的基于文本的处理工具难以处理这种规格的文件。用二十几年前的基本的文字处理工具搜索、查找、检索储存在 Flat File 数据库中的信息已经被专门解析和索引的工具取代，如 SRS。

专用的 Flat File 数据分析器可以用来将数据导入数据管理系统。这个系统通常是通过 SQL 来提供搜索和检索设备的关系数据库管理系统（RDBMS）。当用户控制导入过程和确定哪些部分被 RDBMS 引进及再利用时，这种方法有一定灵活性。尽管导入过程最终可能需要大量的时间和资源，但是当操作目前最大的生物信息学数据库时，需要进一步努力来优化和

Perl例程分析：

```
my $newEntry = 1;
while(<STDIN>) {
    my($line) = $_;
    chomp($line);
    if($line =~ /^ID/) {
        # matched ID line
        $newEntry=1;
    }
    if($line =~ /^AC\s*(\w+)/) {
        # matched AC line
        if ($newEntry==1) {
            # print only when at first line
            print "Primary accession " . $1;
        }
        $newEntry=0;
    }
    if($line =~ /^SQ\s*\w*\s*(\w*)/) {
        # match SQ line
        print " sequence length: " . $1 . "\n";
    }
    # ignore other lines
}
```

例程输出：

```
> perl example.pl < UniProt.dat
Primary accession Q4U9M9 sequence length: 893
Primary accession P15711 sequence length: 924
Primary accession Q43495 sequence length: 102
Primary accession P18646 sequence length: 75
Primary accession P13813 sequence length: 296
... ...
```

图 2-3　Perl 例程分析示例图

调整 RDBMS 系统从而获得可接受的性能。

在一段时间内，生物信息学数据不仅在纯粹的数量规模上增长，而且数据也经常会发生格式的改变。随着项目的合并和实施程序的变化，特定数据库 Flat File 格式的精确细节也可能会发生变化。这些变化常常涉及新领域的信息，如增加一个新的域或者新的涉及其他数据库的分隔行等。

有时，域的整个结构和语义可能会改变。当这种改变发生时，所有相关 Flat File 的分析及相关的程序必须相应地更新。随着时间的推移，对每个生物信息数据库的专门解析器的维护成为一个很大的负担。基于这个原因，新的其他的数据库格式（如 XML）被越来越多地应用（详见本节后文）。

大量的生物信息学数据库里面包含蛋白质及核酸序列的详细描述。例如，核酸是由碱基组成的，依据国际理论与应用化学联合会及国际生物化学和分子生物学联合会（IUPAC-IUB）制定的标准，在文本格式中每一个碱基用一个字母表示。这同样适用于蛋白质序列。

尽管序列字母有了标准化，但实际的序列文本格式因数据库的不同而不同、因使用的软件不同而不同。由于序列经常被用户提取和再利用，序列格式对于分析、显示和出版来说十分重要。对于很多生物信息学软件，它们可自动区分和接受不同格式的序列。

序列格式的布局和序列字符在每行的形式上不同，而一些格式同时还提供描述、多种信息和行号等。图 2-4 显示了一些常见的序列格式的例子。

```
Fasta format:
>gi|42560196|sp|P99999.2|CYC_HUMAN RecName: Full=Cytochrome c
MGDVEKGKKIFIMKCSQCHTVEKGGKHKTGPNLHGLFGRKTGQAPGYSYTAANKNKGIIWGEDTLMEYL
ENPKKYIPGTKMIFVGIKKKEERADLIAYLKKATNE

Swissprot format:
SQ   SEQUENCE   105 AA;  11749 MW;  8EE9689E0102506B CRC64;
     MGDVEKGKKI FIMKCSQCHT VEKGGKHKTG PNLHGLFGRK TGQAPGYSYT AANKNKGIIW
     GEDTLMEYLE NPKKYIPGTK MIFVGIKKKE ERADLIAYLK KATNE
//

GenBank format:
ORIGIN
     1mgdvekgkki fimkcsqcht vekggkhktg pnlhglfgrk tgqapgysyt aanknkgiiw
    61 gedtlmeyle npkkyipgtk mifvgikkke eradliaylk katne
//
```

图 2-4　UniProt/P32234 蛋白序列的 3 种序列格式

序列数据库中的条目不只是包含注释消息，其中的一些条目可能没有实际序列内容，取而代之的是指导数据库其他条目中的数据构建序列的指令。例如，EMBL 核苷酸序列数据库包含了 CON（构造的）序列 entries。这些 entries 表示染色体、基因组或者由其他数据库中的 entries 定义的序列组成的长序列。因为特定序列组装全序列需要一个特定的算法，所以使得这种格式难以得到检索结果。

二、生物信息学中的 XML 格式

可扩展标记语言 XML（extensible markup language）是一种在文本文件中组织数据的语言。万维网联盟（http://www.w3c.org/）已经定义并建议将 XML 作为一个通用的独立平台结构化文件。在过去的二十多年中，XML 已经成为在计算机系统与应用程序之间交换数据的首选语言。一个 XML 文件代表一个嵌套的信息树。树中的每一个节点能包含像一串子节点或者一些属性这样的数据，并且一个 XML 文件始于根节点。一个 XML 文件有一个文本，在文本中每一个节点的内容及其子节点被一对相互封闭的标签划定。

XML 作为一种数据格式被广泛地用于生物信息学中。越来越多的生物数据库已经不再是仅仅把 XML 格式的数据作为备选数据格式与 Flat File 格式平行提供给用户，而是彻底基于 XML 文件构建数据库管理系统并使用 XML 的查询语言 XQuery/XPath 进行各种应用程序的编写，如 LRRML 等数据库。

以一个从 NCBI 的 PubMed 数据库下载的 XML 文件作为例子，见图 2-5。此文件包含一个生命科学期刊上的数据。PubMed Article tag 提供了该文件的根节点。子节点用 tags 划分，如标识符 tag（PMID）、一些表示更新和修改的日期的 tags、标识出出版期刊细节的 tags、标题、摘要、作者等。从规范地使用 tags 中能看出数据是如何被组织的。例如，所有期刊的数据都包含在主要期刊 tags 的内部 tags 中。

```
<MedlineCitation Owner="NLM" Status="MEDLINE">
    <PMID Version="1">20378553</PMID>
    [… …]
    <Article PubModel="Print-Electronic">
        <Journal>
            <ISSN IssnType="Electronic">1367-4811</ISSN>
            <JournalIssue CitedMedium="Internet">
                <Volume>26</Volume>
                <Issue>11</Issue>
                <PubDate>
                    <Year>2010</Year>
                    <Month>Jun</Month>
                    <Day>1</Day>
                </PubDate>
            </JournalIssue>
            <Title>Bioinformatics (Oxford, England)</Title>
            <ISOAbbreviation>Bioinformatics</ISOAbbreviation>
        </Journal>
        <ArticleTitle>Small RNAs in angiosperms: sequence characteristics, distribution and generation.</ArticleTitle>
        <Pagination>
            <MedlinePgn>1391-4</MedlinePgn>
        </Pagination>
        <Abstract>
            <AbstractText>
                [… …]
            </AbstractText>

        </Abstract>
        <Affiliation>Department of Bioinformatics, State Key Laboratory of Plant Physiology and Biochemistry, College of Life Sciences and James D. Watson Institute of Genome Sciences, Zhejiang University, Hangzhou 310058, P. R. China.</Affiliation>
        <AuthorList CompleteYN="Y">
            <Author ValidYN="Y">
                <LastName>Chen</LastName>
                <ForeName>Dijun</ForeName>
                <Initials>D</Initials>
            </Author>
            <Author ValidYN="Y">
                <LastName>Meng</LastName>
                <ForeName>Yijun</ForeName>
                <Initials>Y</Initials>
            </Author>
            [… …]
            <Author ValidYN="Y">
                <LastName>Chen</LastName>
```

```
                    <ForeName>Ming</ForeName>
                    <Initials>M</Initials>
                </Author>
            </AuthorList>
            <Language>eng</Language>
            [… …]
        </Article>
        <MedlineJournalInfo>
            <Country>England</Country>
            <MedlineTA>Bioinformatics</MedlineTA>
            <NlmUniqueID>9808944</NlmUniqueID>
            <ISSNLinking>1367-4803</ISSNLinking>
        </MedlineJournalInfo>
        [… …]
        <MeshHeadingList>
            <MeshHeading>
                <DescriptorName MajorTopicYN="N">Angiosperms</DescriptorName>
                <QualifierName MajorTopicYN="Y">genetics</QualifierName>
            </MeshHeading>
            [… …]
            <MeshHeading>
                <DescriptorName   MajorTopicYN="N">Sequence   Analysis,
RNA</DescriptorName>
                <QualifierName MajorTopicYN="N">methods</QualifierName>
            </MeshHeading>
        </MeshHeadingList>
    </MedlineCitation>
```

图 2-5 来自 PubMed 的 XML 例子

XML 文档的结构是根据一种文件类型定义（DTD）组织的，而文档 DTD 是由 XML 文档的作者自行定义的。一个 DTD 定义了一类遵从一系列规则的 XML 文档。这些规则中包括如一个节点中有多少个、怎样类型、怎样组织的子节点。一个 DTD 是通过一个文件类型声明与 XML 文档联系在一起的，这个声明指出了这个 XML 文档是依附于结构由该 DTD 定义的文档类；一个 DTD 是通过 XML 确定其特殊性的，在这个 XML 文档里可能直接包含了关于类型的声明。为了更方便，DTD 是以独立文件的形式进行存储和调用的。

图 2-6 中展示的是 NCBI 中 PubMed XML 文档的 DTD。我们可以通过阅读 DTD 弄清楚图 2-5 中的 XML 文档的结构：引文格式由一个文章 ID 和文章名组成；而一篇文章应该包含期刊的信息，还有可选内容，包括摘要、作者名单。期刊名是由它的 ISSN、卷号、期号及标题表示的；作者名单包括每个作者的姓名等。DTD 同样包括了标签具有怎样类型的值及这些值是多少。

由于 XML 设计依照的是国际标准，所以它具备作为计算机通用语言的主要优点。几乎现在每种编程环境中都包括了读取和存取 XML 格式数据的工具及库。

文档对象模型（DOM）是 XML 文档的一种概念表征。它是一个数据以树状存储于 XML 文档的软件模型。从 XML 文档“翻译”成一个 DOM 的过程是依照标准化程序且容易理解的。许多复杂度、性能、标准支持不同的实现方式都已问世。

```
<!ELEMENT ArticleSet     (Article+)>
<!ELEMENT Article       (Journal, Replaces?,
                          ArticleTitle?, VernacularTitle?,
                          FirstPage?, LastPage?, ELocationID*,
                          Language*, AuthorList?, GroupList?,
                          PublicationType?, ArticleIdList?,
                          History?, Abstract?, OtherAbstract?, CopyrightInformation?,
ObjectList?, ArchiveCopySource? )>
<!ELEMENT Journal        (PublisherName,
                          JournalTitle, Issn,
                          Volume?, Issue?,
                          PubDate)>
<!ELEMENT PublisherName  (#PCDATA)>
<!ELEMENT JournalTitle   (#PCDATA)>
<!ELEMENT Issn           (#PCDATA)>
<!ELEMENT Volume         (#PCDATA)>
<!ELEMENT Issue          (#PCDATA)>
<!ELEMENT PubDate        (Year, Month?, Day?, Season?)>
<!ATTLIST PubDate
      PubStatus          %pub.status;          "ppublish" >
<!ELEMENT Year           (#PCDATA)>
<!ELEMENT Month          (#PCDATA)>
<!ELEMENT Day            (#PCDATA)>
<!ELEMENT Season         (#PCDATA)>
<!-- End of PubDate group   -- >
<!ELEMENT History        (PubDate*)>
<!-- End of Journal group   -- >
<!ELEMENT Replaces       (#PCDATA)>
<!ATTLIST Replaces
    IdType    %art.id.type;   "pubmed" >
<!ELEMENT ArticleTitle    %data;>
<!ELEMENT VernacularTitle %data;>
<!ELEMENT FirstPage      (#PCDATA)>
<!ATTLIST FirstPage
        LZero    (Save|save|delete)  "delete" >
<!ELEMENT LastPage       (#PCDATA)>
<!ELEMENT Language       (#PCDATA)>
<!ELEMENT AuthorList     (Author*)>
<!ELEMENT Author        (((FirstName, MiddleName?, LastName, Suffix?)|
                          CollectiveName),Affiliation?)>
<!ELEMENT FirstName      (#PCDATA)>
<!ATTLIST FirstName
            EmptyYN (Y|N)       "N">
```

```
<!ELEMENT MiddleName     (#PCDATA)>
<!ELEMENT LastName       (#PCDATA)>
<!ELEMENT CollectiveName (#PCDATA)>
<!ELEMENT Suffix         (#PCDATA)>
<!ELEMENT Affiliation    (#PCDATA)>
```

图 2-6 PubMed XML 文件的文件类型定义（DTD）（部分）

与 XML 相似，DOM 是通用的，而且那些对 DOM 对象进行操作的软件归根结底是在处理 XML 数据。一些最常见的软件工具，如网络浏览器，提供了 XML 的无缝整合和 DOM 水平的编程支持。相似地，绝大部分的文档管理系统、搜索引擎都可以以 DOM 兼容的方式从 XML 文件中索引、搜索、回收信息。

XML 作为一种数据格式被广泛地用于生物信息学中。最常用的生物信息学 XML 资源即美国国家医学图书馆提供的 PubMed 和 MeSH（医学主题词表）数据库，尽管并没有特殊地包含生物学或者基因组的序列数据。

截至 2021 年 11 月，PubMed 数据库已收录超过 33 000 000 篇引用文献，并附有其对应的摘要及原文链接。这个数据库在医药学、生物学、遗传学和生物化学研究中成为很多研究及发现的第一手资料。许多现存的基因组及蛋白质组数据库包括了参考文献，这些相关的文献都被链接到 PubMed 的数据库中。PubMed 通过美国国家医学图书馆的网站，以一系列 XML 文件的形式与许多 DTD 联合在一起。与之相联系的 MeSH 数据库包括一个完整的术语分层结构，该数据库用于将文本索引至 PubMed 记录中；反之，可以从不同的术语结构层次搜索文本文档。

XML 也是在软件应用中广泛使用的语言。最经常见到的就是以 XML 为基本格式的简易对象存取（SOAP）协议，该协议用于以网络服务为基础的数据传输。为工作流管理系统开发的工具也是另一个生物信息学应用中使用 XML 格式的例子。

三、生物信息学中的 JSON 格式

JSON（JavaScript Object Notation）是一种开放的标准文件格式和数据交换格式，它使用人类可读的文本来存储和传输由属性 - 值对和数组（或其他可序列化的值）组成的数据对象。JSON 是一种独立于语言的数据格式。它源于 JavaScript，但许多现代编程语言都包含用于生成和解析 JSON 格式数据的代码。JSON 文件名使用扩展名.json。

JSON 的基础数据类型如下。

数字（number）：一个有符号的十进制数，可以包含小数部分，可以使用指数 E 表示法，但不能包括非数字，如 NaN。格式不区分整数和浮点。JavaScript 对所有的数字值都使用双精度浮点格式，但是实现 JSON 的其他语言可能会对数字进行不同的编码。

字符串（string）：由零个或多个 Unicode 字符组成的序列。字符串用双引号分隔，并支持反斜杠转义语法。

布尔值（boolean）：true 或 false 之一。

数组（array）：由零个或多个元素组成的有序列表，每个元素都可以是任何类型。数组使用方括号表示法和逗号分隔的元素。

对象（object）：键为字符串的键 - 值对的集合。对象用于表示关联数组，其中每个键在对象中都是唯一的。对象用花括号分隔，并使用逗号分隔每对对象，而在每对对象中，字符冒号“:”将键与值分隔开来。

null：空值。

JSON 有两种数据格式：对象和数组。

对象：用大括号表示，由键－值对组成，每个键－值对用逗号分隔开。其中，key 必须作为字符串而且是双引号，value 可以是多种数据类型。

数组：用中括号表示，每个元素之间用逗号分隔开。

下面的示例显示了描述一个人的 JSON 文件：

```
{
  "firstName":"John",
  "lastName":"Smith",
  "isAlive":true,
  "age":27,
  "address":{
    "streetAddress":"21 2nd Street",
    "city":"New York",
    "state":"NY",
    "postalCode":"10021-3100"
  },
  "phoneNumbers":[
    {
      "type":"home",
      "number":"212 555-1234"
    },
    {
      "type":"office",
      "number":"646 555-4567"
    }
  ],
  "children":[],
  "spouse":null
}
```

JSON 格式与 Python 格式的对应如表 2-3 所示。

表 2-3　JSON 格式与 Python 格式的对应

Python	JSON	Python	JSON
dict	object	True	true
list，tuple	array	False	false
str	string	None	null
int，float	number		

Python 数据与 Json 数据的相互转换如下。

导入 JSON 模块：import json。

Python 数据转换成 JSON 字符串：json_data=json.dumps（python_data）。

JSON 字符串转换成 Python 对象：python_data=json.loads（json_data）。

JSON 文件下载解析：在 TCGA（https://portal.gdc.cancer.gov/）数据库官网上，筛选条件分别做如下设定："Primary Site" → "bronchus and lung"，"Program" → "TCGA"，"Sample Type" → "ffpe scrolls"，"Available Variation Data" → "ssm"，将筛选后的 5 个 cases 全部选中，点击页面中的"JSON"按钮进行下载，下载文件命名为"test.json"。

使用 Python 可以解析该 JSON 文件：

```
import pandas as pd
import json
from collections import OrderedDict

# 将 JSON 格式转换为 Python 对象。
with open ('test.json','r') as f:
    data=json.load(f)

# 将需要的字段放到列表中。
Ks=[]
for test in data:
    for a,b in test.items():
        #print(a)
        if a=='summary':
            for i in b.keys():
                #print(i)
                Ks.append(i)
        if a=='primary_site':
                Ks.append(a)
                #Ks.append(b.keys())
        if a=='project':
            for i in b.keys():
                Ks.append(i)
                #Ks.append(b.keys())
        if a=='submitter_id':
            Ks.append(a)
            #Ks.append(b.keys())
        if a=='demographic':
            for i in b.keys():
                Ks.append(i)
                #Ks.append(b.keys())

Ks_uniq=list(dict.fromkeys(Ks))
print(Ks_uniq)
```

```
#['file_count','data_categories','primary_site','project_id','submitter_id','gender']

my_dict=OrderedDict()
new_list=[]

for k in Ks_uniq:
    my_dict[k]=[]

#有的字段没有出现嵌套，可以直接加入新的字典。
for k in Ks_uniq:
    for test in data:
        if k not in test.keys():
           new_list.append(k)
        else:
           my_dict[k].append(test [k])

new_list_uniq=list(dict.fromkeys(new_list))
print(new_list_uniq)

#添加嵌套字典中的字段。
for test in data:
    for k in test['summary']:
        if k=='file_count':
           my_dict[k].append(test['summary'][k])
        else:
           category=[]
           for da in test['summary'][k]:
               for da_k in da.keys():
                   if da_k=='data_category':
                      category.append(da['data_category'])
           my_dict[k].append(category)
    for k in test['project']:
        my_dict[k].append(test['project'][k])
    if 'demographic' in test:
        for k in test['demographic']:
            my_dict[k].append(test['demographic'][k])
    else:
        my_dict['gender'].append('Unknow')
#print(my_dict)
```

```
# 将字典转换为数据框。
keggOutput=pd.DataFrame.from_dict(my_dict,orient='columns',dtype=None)
print(keggOutput)

# 将数据框写入 csv 文件中。
keggOutput.to_csv('output.csv')
for k,v in my_dict.items():
    print(k,len(v))
```

结果文件如图 2-7 所示。

	A	B	C	D	E	F	G
1		file_count	data_categories	primary_site	project_id	submitter_id	gender
2	0	83	['Sequencing Reads', 'Clinical', 'Copy Number Variation', 'Biospecimen', 'DNA Methylation', 'Transcriptome Profiling', 'Simple Nucleotide Variation']	Bronchus and lung	TCGA-LUSC	TCGA-92-7340	female
3	1	79	['DNA Methylation', 'Sequencing Reads', 'Simple Nucleotide Variation', 'Transcriptome Profiling', 'Clinical', 'Copy Number Variation', 'Biospecimen']	Bronchus and lung	TCGA-LUAD	TCGA-93-8067	male
4	2	78	['DNA Methylation', 'Sequencing Reads', 'Simple Nucleotide Variation', 'Transcriptome Profiling', 'Clinical', 'Copy Number Variation', 'Biospecimen']	Bronchus and lung	TCGA-LUAD	TCGA-93-A4JP	male
5	3	72	['Sequencing Reads', 'Clinical', 'Copy Number Variation', 'Biospecimen', 'DNA Methylation', 'Transcriptome Profiling', 'Simple Nucleotide Variation']	Bronchus and lung	TCGA-LUSC	TCGA-92-8064	male
6	4	72	['Sequencing Reads', 'Clinical', 'Copy Number Variation', 'Biospecimen', 'DNA Methylation', 'Transcriptome Profiling', 'Simple Nucleotide Variation']	Bronchus and lung	TCGA-LUSC	TCGA-92-8063	male

图 2-7　JSON 转换为 CSV 文件示例

四、生物信息学中的关系型数据库

关系型数据库是由根据特定的关系模型组织的一系列数据。非正式地来讲，关系型数据库的基本组成单位是表：一组行，每行代表一个 Entry；每行又包含相同数量的列；每列代表该 Entry 的一个属性，具有特定的数据类型。正式地来讲，关系型模型以关系来进行数据的组织，作为一组放在 *n*- 元组的元素，每个元素在这个 *n*- 元组中都属于一个特定的集合。

一般来说，很多表都会定义其中的一个列作为每一个 Entry 的唯一标识符（ID）。同时也有一些表把多个列联合起来作为 Entry 的唯一 ID。每张表都应该有这样的 ID 列作为链接索引以提高表中 Entry 被其他表引用的性能。

关系型数据库通常包括许多张表，这些表通过关系和限制连接。这是确保考虑数据一致性的一种手段。举例来说，在一个基因数据库中基因是以物种联系的，一个稳定的约束需要任何一个基因组序列都必须连接到数据库中的某个物种。这样的约束可以使用户避免输入一段序列后没有指出该序列所属的物种（前提是该物种存在于数据库中）。

关系型数据库模型是为包容复杂关系定义和数据联系而设计的。这样的目的是保证数据尽可能真实地反映它记录的域的结构。将数据放入关系型数据库的特定域中的过程叫作数据库建模，它是一个包含着许多权衡的复杂过程。数据库建模的第一步就是定义表和表中每列的格式。在定义关系和数据规范化的过程中包括了更为复杂的步骤。规范化的目的是移除数据库中的所有冗余数据，举例说就是当数据需要复制时，复制是在一张表中进行还是几张表中进行。规范化过程已经存在许多已经定义过的等级，这些等级逐级变得完善，从实践角度规范化的目的就是在冗余和性能中权衡出最佳的情况。最理想的结果一般由数据库系统类型、使用频率和最常用登录数据库方法这几个因素决定。

数据库建模的结果是形成一个数据库结构纲目（database schema），它是表和表在数据库中关系的标记。一个具体的数据库结构纲目定义是数据库中每一张表中的每一列的所有细节。它同样定义了数据库中的表和列之间建立的关系与限制。

实现数据关联的系统常被界定为关系型数据库管理系统（RDBMS）。当前有多个成熟的软件产品，包括商业的和开源版本，提供不同层次的功能。当今数据库服务器单机软件套装的标准是通过常见的网络协议对客户端进行数据服务，使用户通过简单易懂的 SQL 语句进行添加、删除或查询存储的数据。由于开发人员对关系数据库系统开发的成功，已经为用户带来效能上的利益。一系列关系型数据库管理系统（如 Oracle、MySQL、Microsoft SQL Sever 等）在近三十年来一直是各行业计算部门使用的主流数据库系统。其中的 MySQL 是开源的，非常适合中小型生物数据库的搭建。如何使用 MySQL 参见第十三章。

生物信息学关系型数据库的具体实例有 Ensembl 数据库和 Gene Ontology 数据库。Ensembl 数据库是由 EBI 和 Wellcome Trust Sanger Institute 联合开发的基因注释数据库，其中真核生物基因组数据主要集中在脊椎动物。这些数据是可通过直接访问 MySQL 服务器获取的，但由于复杂性和所涉及的大量的 Ensembl 结构纲目，使用者常被建议通过专用 Perl 的 API 访问。Gene Ontology 数据库也是一个基于 MySQL 分布的关系型数据库，该数据库将其所包含基因组术语数据库整理成了本体结构——一种条目之间基于特定标准形成的关系网络。Gene Ontology 数据库结构建立在细胞成分、生物过程和分子功能标准，以及“等价”或“属于”所代表的关系界定等因素之上。Gene Ontology 数据库包含关联基因产物功能的直接信息及存在于其他公共数据库中的信息，如具体序列。

第三节　生物学数据库的检索

开发众多生物学数据库的目的除了存储与管理各类实验数据和结果之外，最重要的是提供有效的、界面友好的用户检索与接入系统。目前最常用的生物学数据库检索系统之一是 Entrez，它可以提供多个数据库的整合检索结果。在这一节中，我们将主要以 Entrez 为例，介绍如何使用数据库快速提取所需要的信息。相应地，也将介绍一些其他数据库的检索手段。

一、NCBI 的 Entrez 系统

Entrez 系统是由 NCBI 开发并提供维护的，它是目前应用最为广泛的生物学数据库检索系统之一。它充分利用了众多公共数据库各个记录之间本身就存在的逻辑关系，从而从多种类型数据的文本信息中找到所需的信息。

图 2-8 显示 NCBI 各数据库相互关系。其中，圆圈表示各种数据库；圆圈的颜色深浅表示数据量的多少。当鼠标点击某个圆圈时，就会显示与其他数据库的链接信息，这种属于硬链接（hard link）。并且，各数据库内部数据间还存在软链接（soft link），又称 neighbor，是指预先运算好的与某记录相似的其他记录。例如，核酸数据库的序列经由 BLAST 预运算，每条记录都有其相关序列（related sequence）。

Entrez 检索

Entrez 提供全局检索（Global Search）（http://www.ncbi.nlm.nih.gov/gquery/），如图 2-9 所示。此页面列举了全部可供查询的 Entrez 数据库。其中第一类（Literature）包括书籍、PubMed 收录的文献、PubMed Central 收录的文献全文、MeSH 和 NLM 书目。用户在页面上方输入框中输入关键词后点击“Search”，该页面将返回查询结果在每个数据库中的数量。在搜索结果页面中，点击特定数据库所在位置即可检索该数据库中的搜索结果。该检索方法可对检索词进行多个数据库的宽泛检索，但检索结果不精确。精确检索须针对特定数据库，采用特殊方法进行查询。

在 NCBI 主页的搜索框旁边同样存在一个下拉菜单，这个下拉菜单可以令用户选择某一个数据库。许多数据库都能够直接链接至 NCBI 主页，这个链接或者能在右上方的“常用资

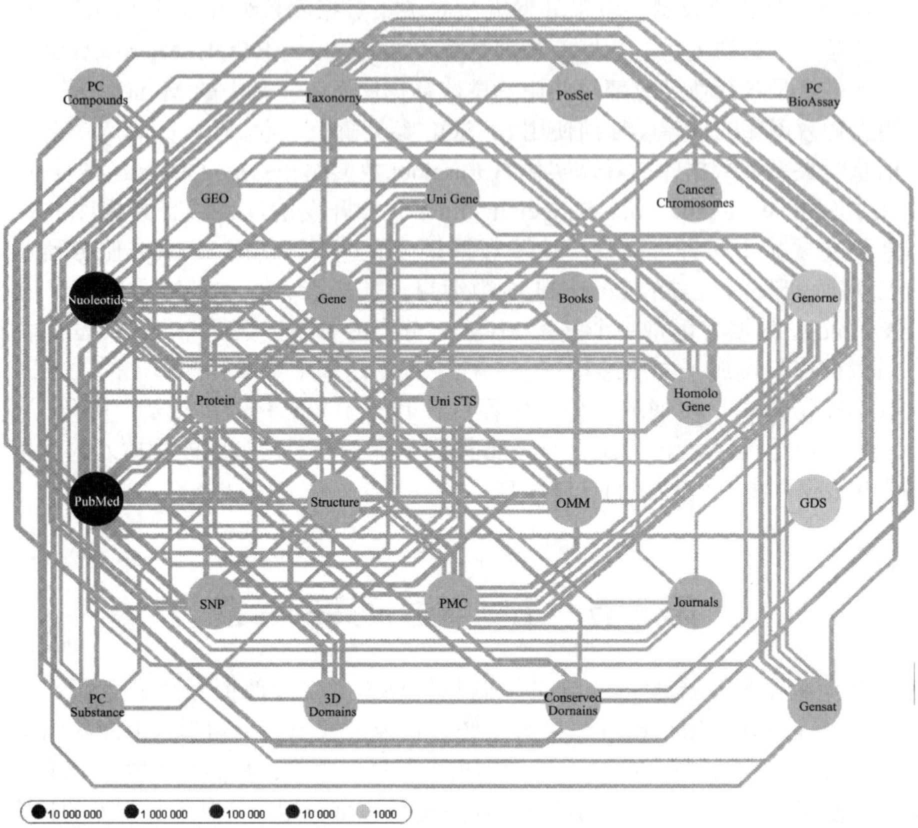

图 2-8　Entrez 数据库模型

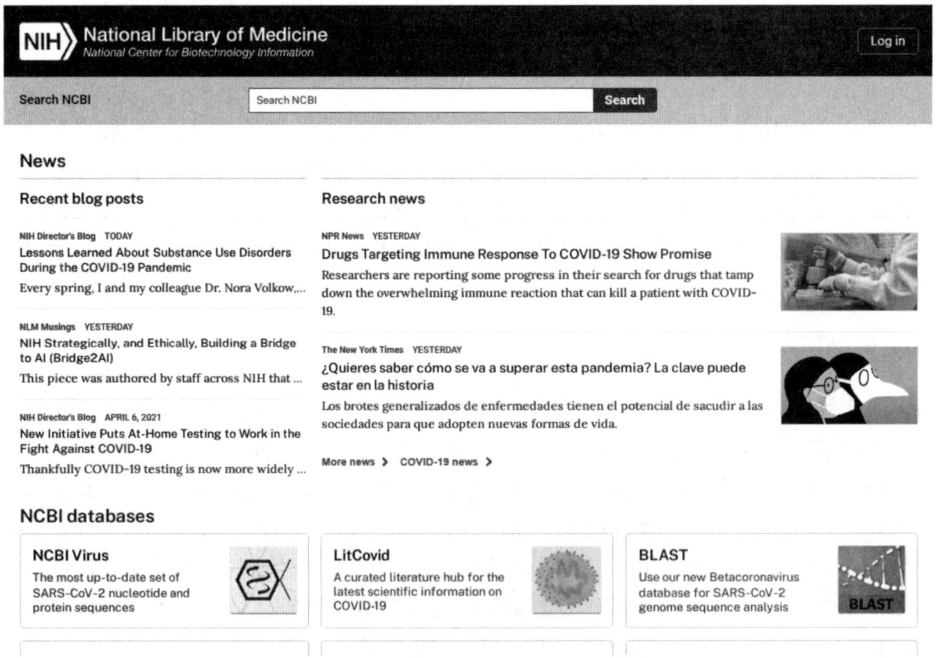

图 2-9　Entrez 的全局检索页面（部分）

源”中找到，或者能在下方的列表中看到。所有 Entrez 中的数据库主页都有到 NCBI 主页的链接。一个链接到子数据库主页的简单方法就是在 NCBI 主页地址后面加上该数据库的名字。例如，Gene 数据库的主页地址就是 http://www.ncbi.nlm.nih.gov/gene。在单个数据库主页进行的搜索都可以相应地使用更为精确的搜索方式，如使用布尔操作符将一个或多个搜索域连接起来达到精确搜索。

Entrez 的查询关键字可以是一个单词，也可以是短语、句子、数据库标识符、基因标记或者名字等几乎所有内容。通常来说，过于简单的搜索会产生不可计数的结果甚至于一个结果也没有。Entrez 中有一些内置的特征可以帮助建立更具效率的搜索，包括布尔操作符、查询语句及数据库包括的所有可用的标签。以上内容在编辑检索式时都可以通过手动输入方式完成，同样也可以在网络界面中通过限制、过滤及高级搜索来建立更加精确的搜索。更多的关于这些方面的特征将在下文中阐述。

Entrez 中的布尔操作符提供了一种精确查询的方法，使用该方法后会产生定义明确的结果集。Entrez 中使用的所有布尔操作符及其用途如下。

AND：找到同时包括操作符两端短语的文档，是两个搜索的交集。

OR：找到包括操作符两端任意一个短语的文档，是两个搜索的并集。

NOT：找到包括操作符左边短语的文档后去掉包括操作符右边短语的文档，是左边短语对右边短语的差集。

Entrez 要求布尔操作符 AND 以大写形式输入。另外两个操作符不做此要求，但是最好 3 种操作符都以大写形式输入，如：

promoters　OR　response elements　NOT　human　AND　mammals

Entrez 将所有布尔操作符视为由左至右的序列。将个别表达式用括号括起来会改变该表达式的优先级。括号中的部分会被当作一个单位优先进行处理，其他部分随后进行处理。例如，下面的搜索语句中，response element 和 promoter 的结合会先产生一个结果集，然后这个结果集与 g1p3 共同取一个交集。

g1p3　AND　（response　element　OR　promoter）

通常来说，用空格连接的单个搜索都被认为是用 AND 操作符将所有单词并列起来的。tp53 mouse 这个查询结果就是 tp53 的查询结果与 mouse 查询结果的交集。每个 Entrez 数据库还有一个专门的索引列表，每当某个短语与列表中的短语相匹配，Entrez 就将使用该短语而非两个或多个独立单词的交集。例如，短语 protein kinase c 就被 Entrez 视为一个短语而非 3 个用 AND 连接的单词。不同的数据库可能会有不同的列表及不同对待列表的方式。在某些地方使用引号将搜索词连接起来会强制使用词组搜索而非不同搜索后的交集。绝大多数 Entrez 数据库对短语 insulin dependent 的搜索结果会根据是否加了引号而发生变化。尽管词组搜索非常实用，但是引号的使用依然需要非常谨慎，因为使用引号以后只能获得文本与引号内容完全匹配的文档。将单词用引号包住可避免将一些固定词组拆开引起麻烦，如 Medical Subject Headings 或者 Organism（Taxonomy）。

为了便于检索，每个 Entrez 数据库都建立了各具特点的索引集，包括了从不同方面提取出的信息，这些方面就是通常所说的域。这些域中有些可以随意书写，但是有些域是控制得相当严格的，如数据库标识符（accession 和 PMID）、MeSH 和 Organism。Entrez 默认使用全局模式进行搜索。这通常会产生大量的搜索结果，同时也会产生不在期望中的结果。例如，在核酸数据库中以 horse 作为关键字进行搜索会产生很多条记录，然而有许多结果甚至与“马”这个动物毫不相关。如果本来的目标是取得与 horse 这个物种相关的记录，将检索句中加入一个特定的域可能会获得更好的效果。Entrez 的数据库中可以在高级搜索的页面上利用查询生成器选择列举出的特定的域。如图 2-10 所示，在所有 Entrez 数据库中，输入框下方都有“高级搜索”选项，点击即可进入高级搜索页面。部分数据库还包括“限制”等选项。

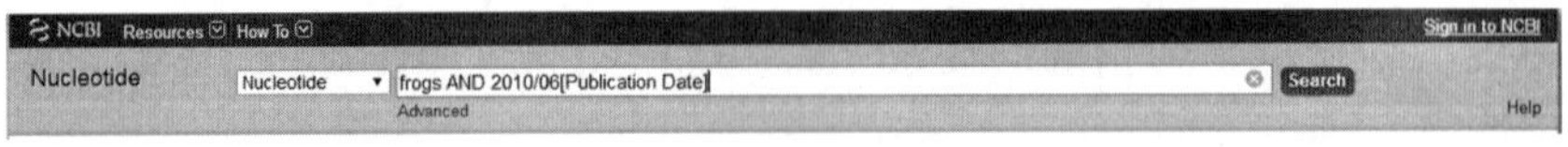

图 2-10　Entrez 数据库检索界面

一次搜索完毕后搜索框中随即会出现一个“保存搜索”的选项，这个选项可以使用户在 My NCBI 的账户中保存这次搜索。My NCBI 提供了自动进行检索的功能，它的功能和特点在帮助手册中有更为详尽的描述（http://www.ncbi.nlm.nih.gov/books/NBK3843/）。

horse[Organism]
neoplasms[MeSHTerms]
prolactin[Protein Name]
srcdb_refseq[Properties]
2010/06[Publication Date]

图 2-11　字段限定

Entrez 的基因高级搜索如图 2-11 所示。Organism 域是被展开的。单词 horse 是被放置在 Organism 选项中的。这项限定之后，就只有以马（*Equus caballus*）为物种的基因才会被显示出来。使用查询构造器可以将域信息添加到查询中，除此之外手动添加方括号“[　]”将域名括起来也可以实现域的添加（图 2-12）。

图 2-12　Books 限制检索页面

一些特定的域可以确定值的范围。常见的例子就是出版日期、修改日期、登记号、分子质量及序列长度。这些例子中下限和上限是用冒号“:”分开的。如

110:500［Sequence Length］

2011/3/1:2011/5/30

在 Entrez 数据库的限制页（Limit）中同样有可以预先选择的常用或实用的选项。图 2-11 显示的就是 Books 数据库的限制页，选择任意一个限制项都会使当前搜索与选定的限制项取交集，从而将搜索限定在一个特定的范围或排除不需要的结果。

在 PubMed 及传统的生物分子数据库中，MeSH 和物种域是占有特殊地位的。MeSH 和物种域中的关键字都是严格的控制性词汇，而且这些关键字在 PubMed 及生物分子数据库中是以层次进行分类的。每个 PubMed 的记录都被分配了一个与该文章主题相关的 MeSH 术语集。

PubChem 数据库记录中的一部分也都加入了 MeSH 的注释。PubMed 的帮助文件中给出了更多关于 MeSH 系统重要性的细节。另外，几乎所有的生物分子数据库记录都会与其所在的物种及其系统分类学信息相关联，也就是说每个记录都会连接到 NCBI Taxonomy（NCBI 分类学）数据库中。由于这两个系统是如此重要，所有查询在可能的情况下都自动地被映射成这两个库中的关键字。搜索词也可能会被拓展出其他词汇或者翻译成另外的表示形式。某些特定的数据库中其他的域也可能会有与上述两个域相同的映射功能。查询 horse dopamine receptor D2（马多巴胺 D2 受体）在 PubMed 和 Entrez Protein 数据库中会被系统转变成如图 2-13 表达。

PubMed：
("horses"[MeSH Terms] OR "horses"[All Fields] OR "horse"[All Fields] OR "equidae"[MeSH Terms] OR "equidae"[All Fields]) AND ("receptors, dopamine d2"[MeSH Terms] OR ("receptors"[All Fields] AND "dopamine"[All Fields] AND "d2"[All Fields]) OR "dopamine d2 receptors"[All Fields] OR ("dopamine"[All Fields] AND "receptor"[All Fields] AND "d2"[All Fields]) OR "dopamine receptor d2"[All Fields])
Entrez Protein：
("Equus caballus"[Organism] OR horse[All Fields]) AND (dopamine receptor D2[Protein Name] OR (dopamine[All Fields] AND receptor[All Fields] AND D2[All Fields]))

图 2-13 Entrez 的 MeSH 和 Taxonomy 自动检索功能

在 Entrez 的表达中还有一些其他的特殊案例。输入作者名时，完整输入作者姓，再写入不加标点的作者名缩写（如 Lipman DJ）就可以自动地被映射到作者名域搜索。输入一个可被某个特定数据库识别的标识符也可以绕过普通索引而直接得到想要的结果。可以这样使用的标识符包括登记号（Accession）、序列标记的 GI 号、PubMed 标识符（PMID）和基因标识符。另外，定冠词或非定冠词、连词和介词等虚词会被 Entrez 搜索自动忽略。这些词也就是所谓的忽略字，在数据库记录内容中频繁出现但是并没有提供有用的信息。标点也是一个典型的被 Entrez 忽略的例子，有时这会引起某些特定搜索词的缺失。而将这些有问题的用词用引号包住会解决上述问题。

Entrez 允许在搜索词结尾添加单个“*”用来代表任意字符，词干与“*”之间不应有空格，这种情况通常被称为模糊查询。例如，Protein 数据库中搜索词 hors* 可以搜索到 hors、hors4、horse、horse’s、horseradish 和 horst 等结果。模糊搜索在所有域中都被支持，这在无法确定单词拼写时尤为实用；而且它也可以用于将一个标识符范围收集到一起。注意，模糊检索仅使用检索词的前 600 个匹配结果。

Entrez 数据库高级搜索页都可以建立起复杂而高度精确的查询语句。图 2-14 显示的是 Entrez Protein 数据库的高级搜索页及其搜索构造器和历史搜索。作为一个独立的搜索界面，这个页面可以组建复杂的搜索式。搜索框中可以同时使用搜索构造器和历史搜索来建立更为复杂的查询。点击历史搜索中的条目可以出现以下几个选项：合并搜索、移除历史条目、载入结果、显示查询，在 My NCBI 中还有保存查询。

搜索构造器第一行左方的下拉菜单显示的是作为搜索限定条件的各个域。从第二行起，新增的下拉菜单包含 3 个布尔操作符，用以连接不同条件。点击最右方的 Show Index List 链接会打开一个按字母排序的列表，列表中是选定的域中所有的名词，每页显示 200 条。若已在框中输入词汇，则点击“Show Index List”时，弹出列表会自动匹配接近的词。每一行输入框的右方有“＋”“－”两个按钮，点击“＋”则会新增一条搜索，点击“－”则会删除当前的搜索。搜索构造器中每一行的输入内容都会自动进入主搜索框内，当设立好所有搜索条件时，点击“Search”进行搜索。

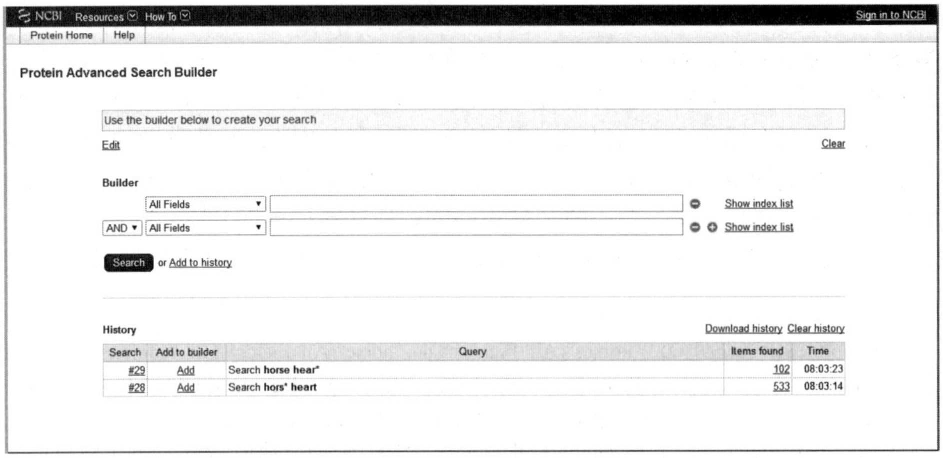

图 2-14　蛋白质数据库高级检索页面

不同的 Entrez 数据库是单独使用历史搜索功能的，而且在浏览器被关闭或者条目被删除之前历史搜索会一直跟踪使用者的每一次搜索行为。在不使用 8h 后，历史搜索中的条目会被自动删除。历史搜索中的条目可以被随意结合到新的搜索中以提高精度。

Entrez 页面左上方和右上方的“Display Settings”及“Send to”菜单可以修改记录的显示和下载选项。“Display Settings”菜单中含有关于格式、每页显示数和排序的选项（这 3 个选项在多个数据库中都取代 Display Settings 单独存在），选项中可用的格式和排序及默认显示方式依据根据不同的数据库有所不同。当搜索结果只有一个的时候默认显示方式因具体数据库而异。每个页面的显示记录数默认为 20 条，排序方式为随机方式。这些选项都可以在“My NCBI”中修改，具体方式在 My NCBI 的帮助手册中有介绍。

“Send to”菜单可以使用户将结果发送到“My NCBI”中的“我的收藏”“NCBI 剪贴板”，或者发送到本地文件。根据特定的数据库可能会有更多选项。当需要将记录发送到本地文件时，记录的格式和排序可以由用户自行指定。缺省形式下“Display Settings”和“Send to”选项都是对所有记录生效的，除非用户在记录左方的复选框中指定个别记录有效。

剪贴板是 NCBI 网站中存储搜索记录的临时性位置。每个 Entrez 数据库的剪贴板都是相互独立的，剪贴板的容量是 500 条记录。在剪贴板中存储的记录将在 8h 后失效。当剪贴板中有内容时，Entrez 数据库中的主页右上角会出现一个连到剪贴板内容的链接。剪贴板的视图与当前数据库的页面相同，也具有相同的“Display Settings”和“Send to”菜单及同数据库中的其他功能。用户可以在剪贴板中通过点击每条记录后面的删除选项来移除不需要的条目，也可以使用记录前面的复选框，然后点击“移除选中条目”选项达到目的，这个选项也可以在未选择任何条目的情况下清空剪贴板。

“我的收藏”是“My NCBI”服务中的一部分，这是一个对记录进行永久存储的空间。

每个 Entrez 数据库都提供了各种过滤器，用以将搜索结果减少至特定的子集。过滤后的搜索结果在 Entrez 页面右侧的栏中顶部“Manage Filters”下方，该功能需要登录才能使用。具体的过滤器因数据库不同而不同。点击一个过滤器的链接后，页面将仅仅显示符合过滤器要求的结果。点击一个过滤器右侧的加号可以将这个过滤器加到搜索框中。将过滤器添加到搜索框后点击“Search”会重新进行搜索，结果将仅包括过滤器过滤后的部分。

此外，Entrez 还提供多个记录的查询方式——Batch Entrez（http://www.ncbi.nlm.nih.gov/

sites/batchentrez）。通过上传包含有核酸或蛋白质数据库的 GI 号或 accession numbers 的文本文件，可一次显示所有查询条目，这为高通量数据的查询提供了便利。

二、使用专门的检索工具

如今，随着高通量测序和功能基因组学方法的不断发展，每年产生的各种生物学数据爆炸性增长，新的数据库及工具也层出不穷。在 NCBI 的 Entrez 系统之外，有众多专门的数据库和工具在不断产生，这些资源库涵盖了序列分析、生物数据处理、系统发生树信息、基因表达信息、蛋白质组学数据等多个领域。由于研究领域的专门性，这些新产生的数据库或工具可能不会作为重要数据库列入 NAR 的 Database Issue，也很难在 Google 等搜索引擎的结果中取得排名优势。但由于资源的时效性，对这些数据库及工具的检索仍是研究者们迫切的需求。

为了满足这些需要，近年来，一些专门用于数据库的检索工具应运而生。它们有一个别称叫作元数据库（meta-database），即“描述数据库的数据库”。最早期的一个此类工具脱胎于 NAR Database Issue 的 MetaBase，现在处于停用状态。下面将介绍两个元数据库，以及如何运用它们来检索所需数据库及工具信息。

（一）Database Commons

Database Commons（https://ngdc.cncb.ac.cn/databasecommons/）是由中国国家基因组科学数据中心 / 中国科学院北京基因组研究所主导汇集的一个生物学相关数据库目录，为用户提供了包含不同数据类型和跨越不同物种的公开可用生物学数据库的综合访问平台（图 2-15）。Database Commons 整合了所有收集到的数据库相关信息（包括数据库名称、URL、基本描述、托管机构、排名、相关出版物、联系信息等），并根据数据类型、组织机构和地理位置等对每个数据库进行分类，从而使用户能够轻松找到感兴趣的特定数据库集合。Database Commons 允许用户根据数据质量及数量、内容组织及呈现和系统可访问性及可靠性来对任何数据库进行评级，从而促进用户群体有效定位感兴趣的目标数据库。目前，Database Commons 中的数据库主要收集自 *Nucleic Acids Research*、*Database*、*Bioinformatics*、*BMC Bioinformatics* 等期刊。

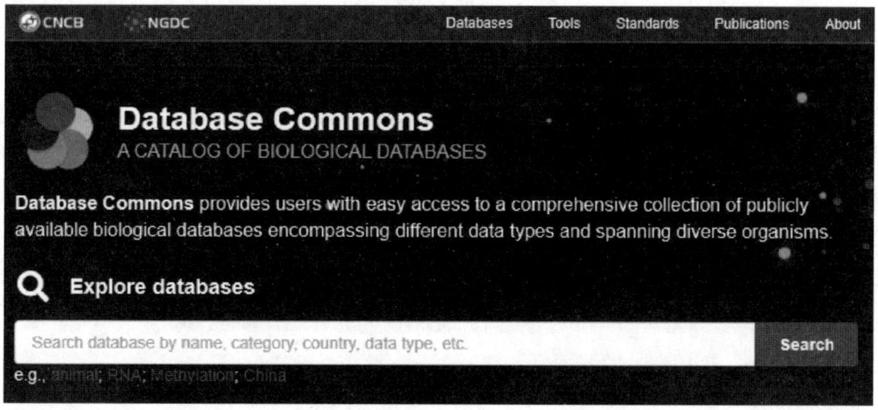

图 2-15　Database Commons 主页

截至 2021 年底，Database Commons 共收录覆盖 70 个国家或地区的生物学数据库共 5437 个。其中包含 1323 个物种、8271 篇相关出版文献、2088 家组织机构及 54 名注册审核人员（图 2-16）。此外，Database Commons 还根据收录信息对数据库所属国家或地区、组织机构、物种、数据

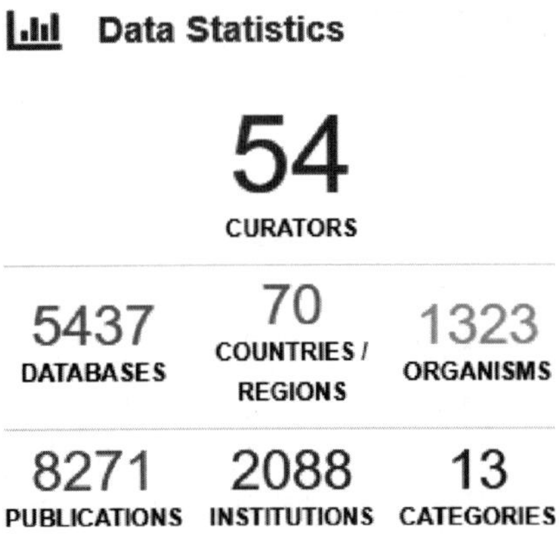

图 2-16　Database Commons 数据统计信息展示

类型、出版物、引用量等进行了多维度的统计排名展示。

（二）DaTo

DaTo（http://bis.zju.edu.cn/dato/）是目前规模最大的生物信息学在线资源查询平台。DaTo 收集了所有在 PubMed 中有记录的数据库、工具及网络服务器，并对名称、描述等信息进行了人工校对，以保证其准确性。用户不需要登录即可访问网站全部内容。由于数据库的快速更新，某一领域的研究者在选择及查询在线资源时，常常无法准确找到集中其所需的信息的数据库或文献资源。如果研究者想要查询目前最新最全面的信息，他们不仅需要遍寻近期最新的相关文献，还要在多个数据库中选择和比对，并花费时间来判断数据的可信性、筛选高质量数据等。为了帮助用户选择，DaTo 提供了在线资源评价功能，更进一步地，DaTo 整合了期刊质量、引用数量、访问情况等信息，以帮助用户做出判断。

DaTo 的主界面如图 2-17 所示。DaTo 提供快速搜索和高级搜索两种模式。快速搜索提供描述、类别等十多个字段检索。在搜索框内输入搜索内容，键盘按下回车按钮，所得内容会即时反馈在下方。高级搜索提供了一个搜索条目构建器，用户可以在其中按条件搜索目标数据库和工具。此外，DaTo 还提供了网络搜索功能，可检索机构、作者和已发表的在线资源之间的关系。

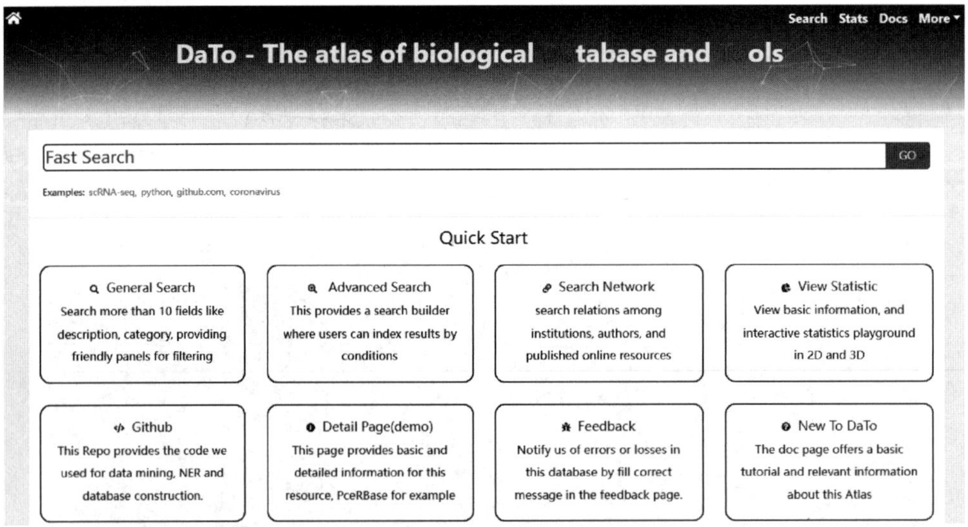

图 2-17　DaTo 主页

截至 2020 年底，DaTo 共收录发表于 1984～2020 年间的在线生物学相关资源共 36 639 个。其中包含 8093 个数据库、23 708 个工具和 8559 个网络服务器（图 2-18）。DaTo 还根据收录信息对在线资源所属国家或地区、出版物、编程语言和细分领域等进行了统计排名。通过点击网页右上方的“Stats”选项卡，并在左侧面板中选择对应项，即可查看相关的统计数据。例如，点击“Ranking”按钮出现动画展示 1997～2019 年开发生物信息学相关在线资源家的组织机构及其影响力的动态发展趋势等。

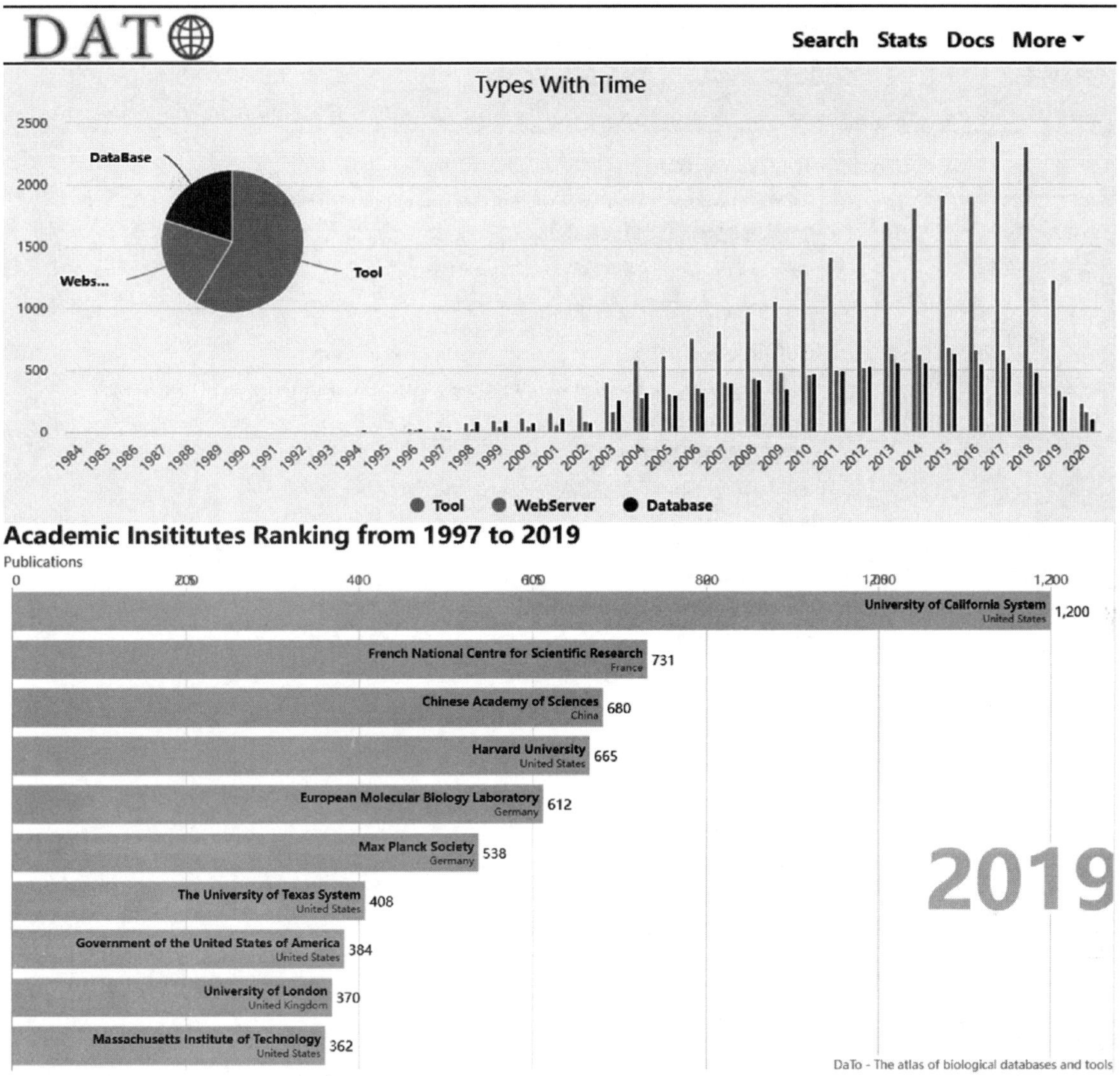

图 2-18　DaTo 在线资源统计信息展示

在搜索结果页面，DaTo 提供了一系列过滤功能，如时间、资源类型或期刊名称。搜索结果默认按“最高分”“最近发布”和“最佳匹配”3 种方式排序。图 2-19 展示了以“RNA-seq”为搜索词的检索页面。用户可切换排序方式选取目标资源，点击进入查看详细信息（包括名称、介绍、URL、出版信息、编程语言及用法、作者及地理位置、类似资源等）。此外，DaTo 还给出了每个在线资源的健康状态，即是否可访问等，方便用户快速、准确定位目标资源。

思考题

1. 一级数据库与二级数据库的区别是什么？
2. 数据库的 Flat File 和 XML 格式各有何特点？
3. Entrez 的检索途径有哪些？

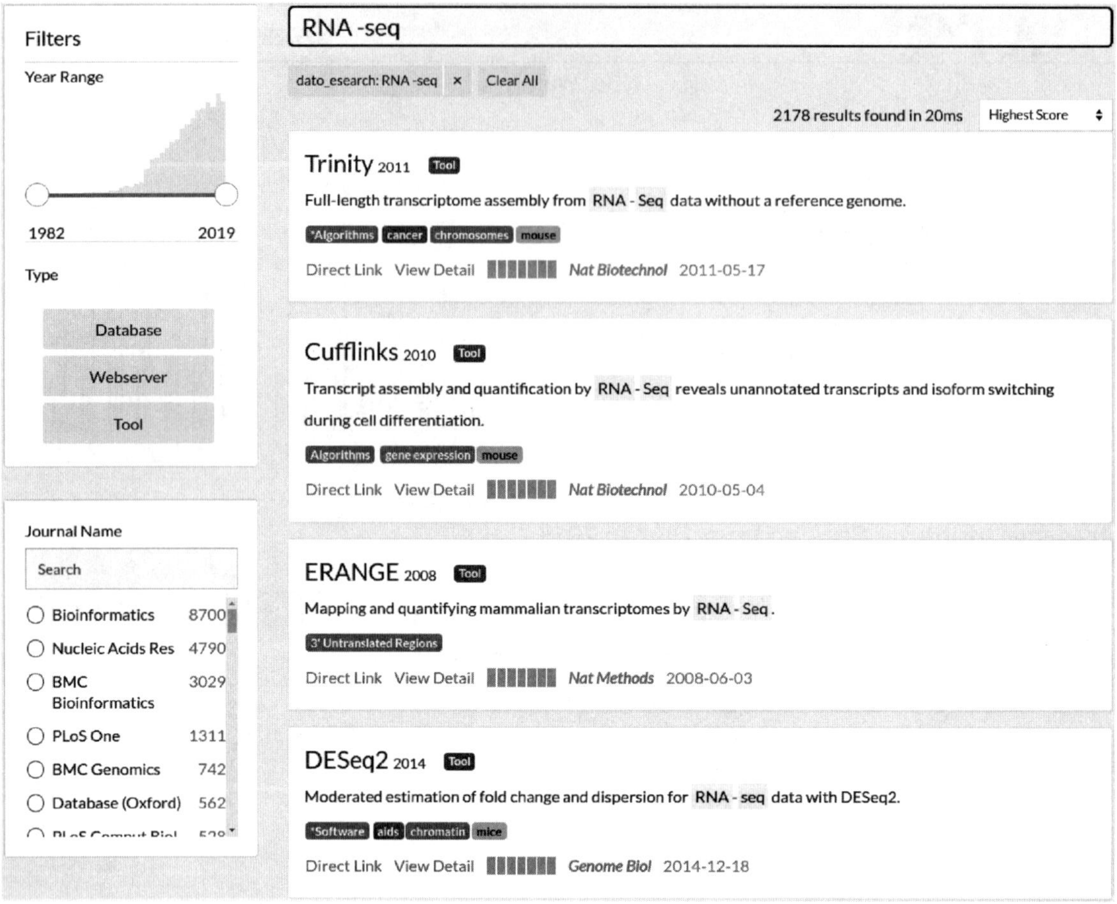

图 2-19　DaTo 的搜索结果展示界面

主要参考文献

Aho A, Sethi R, Ullman J. 1986. *Comilers: Principles, Techniques, and Tools*. Boston: Addison-Wesley Longman Publishing Co. Inc

Altschul S F, Gish W, Miller W, et al. 1990. Basic local alignment search tool. J Mol Biol, 215 (3): 403-410

Appel A. 1998. *Modern Compiler Implementation in C*. New York: Cambridge University Press

Grune D, Jacobs C J H. 1990. *Parsing Techniques-A Practical Guide*. Chichester: Ellis Horwood

Higgins D G, Sharp P M. 1998. CLUSTAL: a package for performing multiple sequence alignment on a microcompter. Gene, 73 (1): 237-244

The UniProt Consortium. 2008. The universal protein resource (UniProt). Nucl Acids Res, 36: D190-D195

Wall L, Christiansen T, Orwant J. 2000. *Programming Perl*. New York: O'Reilly Media Inc

Wei T, Gong J, Jamitzky F, et al. 2008. LRRML: a conformational database and an XML description of leucine-rich repeats (LRRs). BMC Struct Biol, 8: 47

第三章　序列比对原理

本章提要

比较是科学研究中的重要方法，通过将研究对象相互比较来寻找对象可能具备的共有特性。在生物信息学研究中，比对是最常用的研究手段之一。蛋白质序列或核酸序列之间的双序列比对是常见的比对方式，通过比较两个序列之间的相似区域和保守性位点，寻找二者可能的分子进化关系。进一步的比对是将多个蛋白质或核酸同时进行比较，寻找这些有进化关系的序列之间共同的保守区域、位点和模式，从而探索导致它们产生共同功能的序列模式。此外，还可以把蛋白质序列与核酸序列相比较来探索核酸序列可能的表达框架；蛋白质序列与具有三维结构的蛋白质相比较可以获得蛋白质结构和折叠类型的信息。

比对是数据库搜索算法的基础，将查询序列与整个数据库的所有序列进行比较，从数据库中获得与其最相似序列的已有数据，能快速获得有关查询序列的大量有价值的参考信息，对进一步分析其结构和功能都会有很大的帮助。近年来随着生物信息学数据大量积累，通过比对方法可以有效地分析和预测一些新发现基因的功能。

第一节　序列比对相关概念

序列比对（sequence alignment）就是运用某种特定的数学模型或算法，找出两个或多个序列之间的最大匹配碱基或残基数，比对的结果反映了算法在多大程度上提供序列之间的相似性关系及它们的生物学特征。序列比对是序列分析和数据库搜索的基础。

通过比较两条或多条序列之间是否具有足够的相似性，从而判定它们之间是否具有同源性。进行多个蛋白质或核酸序列的比对，可以找出序列中具有保守生物学功能的共同基序，还可以找出新测定序列中对了解其生物学功能有帮助的基序。

一、序列比对类型

生物分子序列比对主要用于发现潜在的同源序列，为所查询序列进行功能预测及三维结构建模奠定基础。从比对的序列数量来说可以分为双序列比对和多序列比对。双序列比对从比对范围来说又可分为全局比对（global alignment）和局部比对（local alignment）。全局比对考虑序列的全局相似性，局部比对考虑序列片段之间的相似性。

观察两条DNA序列：AGCACACA及ACACACTA，表面上看起来这两条序列没有太高相似性，但如果两条序列分别加入一条短横线，就会发现这两条序列有很多相似之处。因为序列的差异是由突变引起的，常见的突变有替换（substitution）、插入（insertion）和删除（deletion），其中后两种情况都可以在比对中引入横线来表示。

```
AGCACAC-A
|  ||||| |
A-CACACTA
```

我们引入字符编辑操作（edit operation）的概念来解决字符插入和删除问题，通过编辑操作将一个序列转化为一个新序列。用字符“-”代表空位（gap），并定义下述字符编辑操作：

Match（a，a）——字符匹配。

Delete（a，-）——从第一条序列删除一个字符 a，或者在第二条序列相应的位置插入空位。

Replace（a，b）——以第二条序列中的字符 b 替换第一条序列中的字符 a，$a \neq b$。

Insert（-，b）——在第一条序列插入空位字符，或删除第二条序列中对应字符 b。

很明显，在比较两条序列 s 和 t 时，在 s 中的一个删除操作等价于在 t 中对应位置上的插入操作，反之亦然。两个空位字符不能匹配，因为这样的操作没有意义。通过编辑操作计算的两条序列的距离称为编辑距离（edit distance）。

（一）双序列比对

双序列比对就是对两条序列进行编辑操作，通过字符匹配和替换，或者插入和删除字符使两条序列长度相同，并且使其编辑距离尽可能小，使尽可能多的字符匹配。图 3-1 所示为序列 s（ATCTACTC）和 t（ACTACATC）的两种比对结果及对应的字符编辑操作。

```
s: ATCTAC-TC          ATC-TACTC
t: A-CTACATC          A-CTACATC
----------------------------------
Match  (A, A)         Match (A, A)
Delete (T, -)         Delete(T, -)
Match  (C, C)         Match (C, C)
Match  (T, T)         Insert(-, T)
Match  (A, A)         Replace(T, A)
Match  (C, C)         Replace(A, C)
Insert (-, A)         Replace(C, A)
Match  (T, T)         Match (T, T)
Match  (C, C)         Match (C, C)
```

图 3-1　序列 ATCTACTC 和 ACTACATC 的两种比对结果及对应的字符编辑操作

就不同类型的编辑操作定义函数 w，表示代价（cost）。

$$\begin{cases} w(a,\ a)=0 \\ w(a,\ b)=1 \quad (a \neq b) \\ w(a,\ -)=w(-,\ b)=1 \end{cases}$$

另外，还可以使用函数 p 来表示得分（score），如下所示：

$$\begin{cases} p(a,\ a)=1 \\ p(a,\ b)=0 \quad (a \neq b) \\ p(a,\ -)=p(-,\ b)=-1 \end{cases}$$

在进行序列比对时，可根据实际情况选用代价函数或得分函数。

1）两条序列 s 和 t 的比对得分（或代价）等于将 s 转化为 t 所用的所有编辑操作的得分（或代价）总和。

2）s 和 t 的最优比对是所有可能的比对中得分最高（或代价最小）的一个比对。

3）s 和 t 的最小编辑距离应该是在得分函数 p 值（或代价函数 w 值）最优时的距离。

进行序列比对的目的是寻找一个得分最高（或代价最小）的比对。

（二）全局序列比对

全局序列比对是对给定序列全长进行比较的方式。在待比较的两个序列中引入空位，使得序列的全长都得到比较。通过全局比对，我们想得到的是一个分数最高的比对。具体算法与最长公共子序列问题很类似。

给定两个序列 $A=a_1a_2\cdots a_n$ 和 $B=b_1b_2\cdots b_m$，$S(i,\ j)$ 表示两个序列所有比对的最好分数。在设定初值后可以用以下递归关系计算：

$$S(i,j)=\max\begin{cases}S(i-1,j-1)+p(a_i,b_j)\\S(i-1,j)+p(a_i,-)\\S(i,j-1)+p(-,b_j)\end{cases}$$

式中，p 代表比对的评分。

运用全局比对的主要优势在于对具有高度同源性的序列进行优化，这在以已知三维结构的同源性序列为基础对未知序列的三维结构进行预测的模型构建过程中是十分有用的。

（三）局部序列比对

在局部序列比对中，仅能获得特定序列在数据库中配对最好的亚区。两条 DNA 长序列可能只在一些局部的区域内具有很高的相似度，或者可能只在很小的区域内（编码区）存在关系；不同家族的蛋白质往往具有功能和结构上相同的一些区域，因此在生物学中局部比对比全局比对更具有实际的意义。

局部比对的具体算法与全局比对几乎一样，给定两个序列 $A=a_1a_2\cdots a_n$ 和 $B=b_1b_2\cdots b_m$，$S(i,j)$ 表示两个序列任何比对的最好分数。在设定初值后可以用以下递归关系计算：

$$S(i,j)=\max\begin{cases}0\\S(i-1,j-1)+p(a_i,b_j)\\S(i-1,j)+p(a_i,-)\\S(i,j-1)+p(-,b_j)\end{cases}$$

式中，p 代表比对的评分。

与全局比对的递归相比，这里的递归关系只多了“0”这一项，原因是全局比对要从序列前端开始排起，而局部比对却是任何一个地方都可能是个起点。如果往前连接分数小于 0，就不再往前追溯，而以此点作为一个起点。局部比对的路径不需要到达搜索图的尽头，如果某种比对的分值不会因为增加比对的数量而增加时，这种联配就是最佳的。

局部比对适合于那些在其全长中具有局部的小同源性片段的序列比较，一般用于特定序列位点、结构域及其他类型重复序列的搜索，同时它在发现数据库中待分析序列的同源序列过程中也具有重要意义。

二、相似、同一与同源

序列比对的目的之一是让人们能够判断两个序列之间是否具有足够的相似性，从而判定二者之间是否具有同源关系。值得注意的是，相似性和同源性在某种程度上具有一致性，但它们是完全不同的两个概念。在序列比对中需要区分以下几个相互区别的基本概念。

（一）相似性、同一性、同源性

相似性（similarity）是指两序列间直接的数量关系，如部分相同、相似的百分比或其他一些合适的度量。同一性（identity）是指两序列在同一位点核苷酸或氨基酸残基完全相同的序列比例。相似性和同一性都是量的概念，一般用百分数表示。同源性（homology）是指从某个共同祖先经趋异进化而形成的不同序列，也就是从一些数据中推断出的两个基因在进化上具有共同祖先的结论，它是质的判断。基因之间要么同源，要么不同源，绝不像相似性那样具有多或少的数量关系。例如，比较家鼠和小龙虾同源的胰蛋白酶的蛋白质序列，发现它们具有 41% 的相似性，切不可说成具有 41% 的同源性。具有很高的相似性并不等于具有同源性。但在大多数情况下相似性可以表明两序列间的同源性。当我们发现两个基因或蛋白质具有很高的序列相似性时，会推测它们之间具有一段共同的进化历程，从而判断它们会具有相似的生物学功能，但是，这个推断在成为结论之前必须经过实验的验证。

（二）直系同源、旁系同源

在考虑序列相似性的时候，还必须认识另外两个概念：直系同源（ortholog）和旁系同源（paralog）。分子进化不仅使不同的物种发生差异，在某个物种的基因组内部也可能发生进化事件。来自共同祖先的基因称为同源基因。直系同源基因（orthologous gene）是指在不同物种中有相同功能的同源基因，它是在物种形成过程中形成的；而旁系同源基因（paralogous gene）是指一个物种内的同源基因。直系同源基因和旁系同源基因统称为同源基因（homolog）（图 3-2）。一般情况下，一个生物物种的基因组中，两个基因或可读框在各自全长的 60% 以上范围内，同一性不少于 30% 时，称为同源基因。研究直系同源基因之间或旁系同源基因之间的功能关系，可以为基因组分析提供很大的帮助。直系同源基因由共同的祖先演化而来，从而具有序列相似性。而旁系同源是种内基因倍增的结果。当序列相似性高时，直系同源可以暗示功能性同源；而旁系同源一般会有相似但并不相同的功能。然而，在实践中区分直系同源和旁系同源单从序列信息出发并不容易，尤其当两个物种有许多旁系同源基因时。

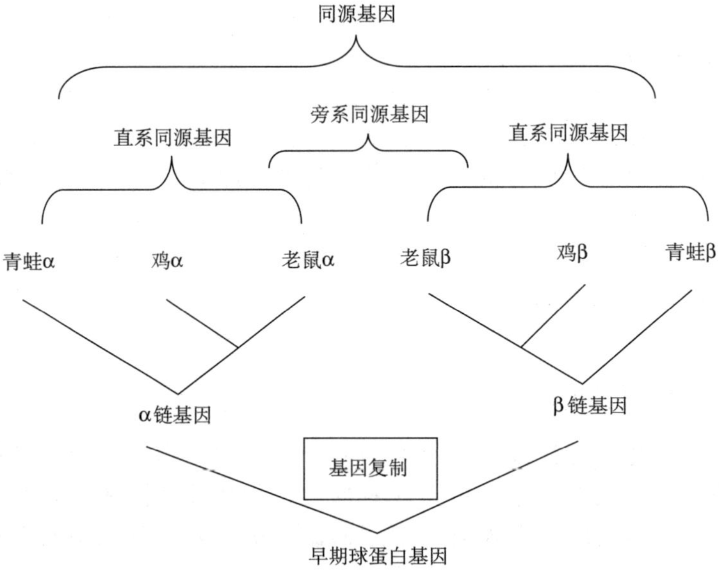

图 3-2 同源基因分类

第二节 序列比对打分方法

一、序列比对打分目的

序列分析的目的是揭示核苷酸或氨基酸序列编码的高级结构或功能信息。对于序列比对的结果，通常用打分矩阵来计算其分值，以得到一个评价优劣的标准。前面公式都是简单相似性评价模型，没有考虑“同类字符”与“非同类字符”替换的差别。实际上，不同类型的字符替换，其代价和得分差别很大，尤其是对于蛋白质序列。某些氨基酸可以很容易地相互取代而不用改变它们的理化性质，通俗地说，保守的替换比随机替换更可能维持蛋白质的功能。因此，理化性质相近的氨基酸残基之间替换应该比理化性质相距甚远的氨基酸残基替换得分高，保守的氨基酸替换得分应该高于非保守的氨基酸替换。这就引出打分矩阵（scoring matrix）的概念。打分矩阵是序列比较的基础，选择不同的打分矩阵将得到不同的比较结果，而了解打分矩阵的理论依据将有助于在实际应用中选择合适的打分矩阵。

二、打分矩阵

序列比对过程中，只考虑残基的同一性，即两个序列之间完全相同的匹配残基数目。可以把这种只考虑残基同一性的矩阵理解为一个打分值为 1 和 0 的打分矩阵（表），即相同残基的打分值为 1、不同残基的分数值为 0。这种矩阵通常称为稀疏（sparse）矩阵，即大多数矩阵单元的值为 0。显然，这种单一的相似性打分矩阵具有很大的局限性。改进打分矩阵的表征性能，找出那些潜在的具有生物学意义的最佳匹配，提高数据库搜索的灵敏度，而又不至于降低信噪比，是序列比对算法的核心。

相似性打分矩阵就是为解决上述问题而产生的。相似性打分矩阵的构建，是基于远距离进化过程中观察到的残基替换率，并用不同的打分值表征不同残基之间相似性程度。恰当选择相似性打分矩阵，可以提高序列比对的敏感度，特别是在两序列之间完全相同的残基数比较少的情况下。必须说明，相似性打分矩阵有其固有的噪声，因为它们在对两个具有一定相似性的不同残基赋予某个相似性分值的同时，也引进了比对过程的噪声。这就意味着随着微弱信号的增强，随机匹配的可能性也会增大。

（一）DNA 打分矩阵

两个核酸序列的比对较为简单。序列中嘌呤被嘧啶替换或反之，称为颠换（transversion），如 A→C、G→T；嘌呤或嘧啶自己互换称为置换（transition），如 A→G、C→T。可对核苷酸的颠换与置换给予不同的评分。如果不考虑字母替换，可以用单位矩阵作打分矩阵或取代矩阵，即令

$$
\begin{array}{c} \\ A \\ C \\ G \\ T \end{array}
\begin{array}{c} \begin{array}{cccc} A & C & G & T \end{array} \\
\begin{bmatrix} 1 & 0 & 0 & 0 \\ 0 & 1 & 0 & 0 \\ 0 & 0 & 1 & 0 \\ 0 & 0 & 0 & 1 \end{bmatrix} \end{array}
$$

即两个序列中相应的核苷酸相同，计 1 分；否则计 0 分。也有用如下的核酸比对打分矩阵的情况：

$$
\begin{array}{c} \\ A \\ C \\ G \\ T \end{array}
\begin{array}{c} \begin{array}{cccc} A & C & G & T \end{array} \\
\begin{bmatrix} 0.99 & 0.0033 & 0.0033 & 0.0033 \\ 0.0033 & 0.99 & 0.0033 & 0.0033 \\ 0.0033 & 0.0033 & 0.99 & 0.0033 \\ 0.0033 & 0.0033 & 0.0033 & 0.99 \end{bmatrix} \end{array}
$$

如果考虑颠换和置换，可采用以下打分矩阵：

$$
\begin{array}{c} \\ A \\ C \\ G \\ T \end{array}
\begin{array}{c}
\begin{array}{cccc} A & C & G & T \end{array} \\
\begin{bmatrix}
0.99 & 0.006 & 0.002 & 0.002 \\
0.002 & 0.99 & 0.006 & 0.002 \\
0.006 & 0.002 & 0.99 & 0.002 \\
0.002 & 0.006 & 0.002 & 0.99
\end{bmatrix}
\end{array}
$$

（二）氨基酸序列打分矩阵

20 种氨基酸彼此之间的替换远比核苷酸复杂。大量研究资料表明，不同氨基酸残基之间的相似性差别很大，蛋白质分子进化历程中，不同残基之间相互替换的概率也迥然不同。根据氨基酸 R 基团的极性、带电性和化学结构等性质，可以将它们划分为不同的相似组。比如，Dayhoff 提出了一种较为简单的处理方案，就是将 20 种氨基酸分为 6 组（第一组包括 C，第二组包括 S、T、P、A、G，第三组包括 N、D、E、Q，第四组包括 H、R、K，第五组包括 M、I、L、V，第六组包括 F、Y、W），同一组的残基一律等量齐观，这样把 20 种符号简化为 6 种，往往在不需要精确分析时能获得理想的结果。另一种更为常用的方法是统计自然界中各种氨基酸残基的相互替换率，常用的有下面介绍的 PAM 矩阵和 BLOSUM 矩阵。

1. PAM 矩阵（Dayhoff 突变数据矩阵） PAM 矩阵是第一个广泛使用的最优矩阵，由 Dayhoff 等在 20 世纪 60 年代后期提出。PAM 矩阵基于进化原理，建立在进化单点可接受突变（point accepted mutation，PAM）模型基础上。Dayhoff 等研究了 71 个相关蛋白质家族的 1572 个突变，发现蛋白质家族中的氨基酸替换并不是随机的。1 个 PAM 是一个进化的变异单位，即每 100 个残基中有 1 个可接受单点突变。这并不意味着经过 100 次 PAM 后，每个氨基酸都发生变化，因为其中一些位置可能会经过多次改变，甚至可能变回原先的氨基酸，另外一些氨基酸则可能不发生改变，也就是说有些变异是互相抵消的。PAM 有一系列的替换矩阵，每个矩阵用于比较具有特定进化距离的两条序列。Dayhoff 等手工比较了当时数目有限的同源蛋白质序列，取实际观察所得的替换频率与随机背景序列的相应频率比值的对数，用统计方法得到对应 PAM 1 的数据，再外插到 PAM 250（图 3-3）。矩阵中值大于 0 的元素所对应的两个残基之间发生突变的可能性较大，小于 0 的元素所对应的两个残基之间发生突变的可能性较小，而等于 0 的元素所对应的两个残基之间发生突变的可能性是随机的。矩阵的对角线是各个残基向其自身突变，所以其值都是正值。除了对角线外，还有一些元素大于 0，说明对应的两种残基可以发生突变。例如，缬氨酸（V）可突变为异亮氨酸（I）、亮氨酸（L）和甲硫氨酸（M），其中突变为异亮氨酸的概率最大。而色氨酸（W）所对应的元素值为−6，这说明缬氨酸最不可能突变为色氨酸。有了这样的矩阵，在寻找两序列最佳比对时就有了精确的度量标准。图 3-3 把理化性质相似的氨基酸按组排列在一起，正值表示进化上的保守替代，值越大，保守性越大。

序列分析的难点是要确定那些仅有 20% 相似性的序列之间是否具有同源关系，因此 PAM 250 突变数据矩阵成为很多序列分析软件的缺省矩阵。因为 PAM 250 突变数据矩阵在 20% 的水平上反映出两个序列之间的相似性。使用与比对序列的实际进化距离更接近的相似性矩阵应该更为有效，但在实际使用中却无法实现，因为这意味着需要事先知道两个序列之间的进化距离，而导致先入为主的错误。因此，在实际进行序列比对时，应该选择各种不同的相似性分数矩阵进行多次比对，并对比对结果进行分析比较，才能得到比较合理的结果。残基差异百分率与进化距离 PAM 值之间对照如表 3-1 所示。实际计算中针对不同的演化距离，使用从 PAM 100 到 PAM 500 不等的打分矩阵。亲缘关系近者用 PAM 100 到 PAM 150，亲缘关系远者用更高值的矩阵，相当于容许更高的噪声背景。

C	12																			
S	0	2																		
T	−2	1	3																	
P	−3	1	0	6																
A	−2	1	1	1	2															
G	−3	1	0	−1	1	5														
N	−4	1	0	1	0	0	2													
D	−5	0	0	−1	0	1	2	4												
E	−5	0	0	−1	0	0	1	3	4											
Q	−5	−1	−1	0	0	−1	1	2	2	4										
H	−3	−1	1	0	−1	−2	2	1	1	3	6									
R	−4	0	−1	0	2	−3	0	−1	−1	1	2	6								
K	−5	0	0	−1	−1	2	1	0	0	1	0	3	5							
M	−5	2	−1	−2	−1	−3	−2	−3	−2	−1	−2	0	0	6						
I	−2	−1	0	−2	−1	−3	−2	−2	−2	−2	−2	−2	−2	2	5					
L	−6	−3	−2	−3	−2	−4	−3	−4	−3	−2	−2	−3	−3	4	2	6				
V	−2	−1	0	−1	0	−1	−2	−2	−2	−2	−2	−2	−2	2	4	2	4			
F	−4	−3	−3	−5	−4	−5	−4	−6	−5	−5	−2	−4	−5	0	1	2	−1	9		
Y	0	−3	−3	−5	−3	−5	−2	−4	−4	−4	0	−4	−4	−2	−1	−1	−2	7	10	
W	−8	−2	−5	−6	−6	−7	−4	−7	−7	−5	−3	−2	−3	−4	−5	−2	−6	0	0	17
	C	S	T	P	A	G	N	D	E	Q	H	R	K	M	I	L	V	F	Y	W

图 3-3　突变数据相似性打分矩阵 PAM 250

表 3-1　残基差异百分率与进化距离 PAM 值之间对照

残基差异 /%	进化距离 /PAM	残基差异 /%	进化距离 /PAM
1	1	50	80
10	11	60	112
20	23	70	159
30	38	80	246
40	56		

2. BLOSUM 矩阵　BLOSUM 矩阵（blocks substitution matrix，模块替换矩阵）可以使用关系较远的序列来获得矩阵元素。突变数据矩阵的产生基于相似性较高（通常为 85% 以上）的序列比对，那些进化距离较远的矩阵（如 PAM 250）是从初始模型中推算出来而不是直接计算得到的，其准确率受到一定限制。而序列分析的关键是检测进化距离较远的序列之间是否具有同源性。因此，突变数据矩阵在实际使用时具有一定的局限性。

为了克服上述弊病，Henikoff 夫妇从蛋白质模块数据库 BLOCKS 中找出一组替换矩阵，用于解决序列的远距离相关。在构建矩阵过程中，通过设置最小相同残基数百分比将序列片段整合在一起，以避免由于同一个残基对被重复计数而引入的潜在偏差。在每一片段中，计算出每个残基位置的平均贡献，使得整个片段可以有效地被看成是单一序列。通过设置不同的百分比，产生了不同矩阵。由此，高于或等于 80% 相同残基的序列组成序列模块可用于产生 BLOSUM 80 矩阵；而大于或等于 62% 的聚合序列则用于构建 BLOSUM 62 矩阵（图 3-4），依此类推，产生其他打分矩阵。Henikoff 夫妇经过试验确认了 BLOSUM 62 的最佳性能，在实践中，BLOSUM 62 矩阵也渐渐成为许多蛋白质比对工具的标准。BLOSUM 矩阵的相似性是根据真实数据产生的，而 PAM 矩阵是通过矩阵自乘外推而来的。

A	4																			
R	−1	5																		
N	−2	0	6																	
D	−2	−2	1	6																
C	0	−3	−3	−3	9															
Q	−1	1	0	0	−3	5														
E	−1	0	0	2	−4	2	5													
G	0	−2	0	−1	−3	−2	−2	6												
H	−2	0	1	−1	−3	0	0	−2	8											
I	−1	−3	−3	−3	−1	−3	−3	−4	−3	4										
L	−1	−2	−3	−4	−1	−2	−3	−4	−3	2	4									
K	−1	2	0	−1	−3	1	1	−2	−1	−3	−2	5								
M	−1	−1	−2	−3	−1	0	−2	−3	−2	1	2	−1	5							
F	−2	−3	−3	−3	−2	−3	−3	−3	−1	0	0	−3	0	6						
P	−1	−2	−2	−1	−3	−1	−1	−2	−2	−3	−3	−1	−2	−4	7					
S	1	−1	1	0	−1	0	0	0	−1	−2	−2	0	−1	−2	−1	4				
T	0	−1	0	−1	−1	−1	−1	−2	−2	−1	−1	−1	−1	−2	−1	1	5			
W	−3	−3	−4	−4	−2	−2	−3	−2	−2	−3	−2	−3	−1	1	−4	−3	−2	11		
Y	−2	−2	−2	−3	−2	−1	−2	−3	2	−1	−1	−2	−1	3	−3	−2	−2	2	7	
V	0	−3	−3	−3	−1	−2	−2	−3	−3	3	1	−2	1	−1	−2	−2	0	−3	−1	4
	A	R	N	D	C	Q	E	G	H	I	L	K	M	F	P	S	T	W	Y	V

图 3-4　BLOSUM 62 矩阵

图 3-5 表示用 PAM 250 和 BLOSUM 62 矩阵进行序列比对的结果。从图 3-5 中可以看出，这两个矩阵对某些氨基酸之间的相似性和可能引起的替换的处理有所不同。例如，PAM 250 矩阵认为赖氨酸（K）和谷氨酸（E）不是相似残基，它们之间不太可能发生替换；而 BLOSUM 62 矩阵则认为 K 和 E 是相似残基，可能发生替换。图 3-5（b）中比对起始部位的 K/E 配对用“+”表示，而末尾的 E/K 配对在图 3-5（a）中没有出现。相反，PAM 250 矩阵认为甘氨酸（G）和丙氨酸（A）是相似残基，可以发生替换，而 BLOSUM 62 矩阵则不把它们作相似残基处理。对于甘氨酸（G）和丝氨酸（S）之间相似关系的处理也是如此。必须说明，尽管这些细微差别在这个例子中对整个序列比对结果影响不大，因为这两个序列高度相似，但在序列比对的朦胧区（twilight zone，两条序列相似性程度在 20% 左右）可能产生显著影响，此时增强微弱信号以探测远距离相关变得十分重要。

```
Identities = 36/52 (69%) , Positives = 47/52 (90%)

Query：214    KMGPGFTKALGHGVDLGHIYGDNLERQYQLRLFKDGKLKYQVLDGEMYPPSV    265
                GP FTK+  HGVDL+HIYG++LERQ+ LRLFKDGK+KYQ+++GEMYPP+V
Sbjct：97     ERGPAFTKGKNHGVDLSHIYGESLERQHKLRLFKDGK+KYQMINGEMYPPTV    148
```

(a)

```
Identities = 36/53 (68%) , Positives = 47/53 (89%)
Query：214    KMGPGFTKALGHGVDLGHIYGDNLERQYQLRLFKDGKLKYQVLDGEMYPPSVE   266
              + GP FTK   HGVDL HIYG++LERQ++LRLFKDGK+KYQ+++GEMYPP+V+
Sbjct：97     ERGPAFTKGKNHGVDLSHIYGESLERQHKLRLFKDGK+KYQMINGEMYPPTVK   149
```

(b)

图 3-5　使用不同打分矩阵进行的双序列比对示例

（a）PAM 250 矩阵；（b）BLOSUM 62 矩阵。Query 表示检测序列；Sbjct 表示目标序列；“+”表示可能发生替换的相似残基；Identities 表示相同残基数目；Positives 表示相同和相似残基的总和

在 BLOSUM 矩阵中，BLOSUM 编号数字越大，序列间的进化关系就越近（与 PAM 矩阵相反）。BLOSUM 矩阵是基于来源比 PAM 矩阵更加丰富的序列局部比对结果建立的。由于保守区域组块的比对含有各种不同进化距离的序列，所以，使用 BLOSUM 矩阵分析高度保守的残基可能会造成结果偏倚。

从图 3-5 中可以看出，两种打分矩阵的比对结果大体接近，但在细节上有所不同。

三、空位罚分

如前所述，序列比对的基本思想是找出所检序列与已知（目标）序列的相似性。比对过程中需要在检测序列或目标序列中引入空位（gap），以表示插入和删除。比对时将两个序列上下排列，如果上下对应的残基相同，则用竖线表示。可以通过插入空位使它们具有最好匹配，即两个序列间所对应的残基最多。但在序列的比对中引入空位就意味着蛋白质序列中氨基酸残基的缺失，这种缺失可能意味着功能的丧失或改变，所以过多空位引入可能使比对失去意义。两个序列比对时，结果并不是唯一的，要从多种不同的比对结果中选取最佳比对，这就需要一个合理的评分标准。通常的评分系统是空位罚分（gap penalty），即每插入一个空位，就在总分值中减去一定分值，用匹配残基的总分值减去空位罚分。

空位罚分包括两部分：空位起始罚分和空位延伸罚分。一般空位起始罚分高，而空位延伸罚分相对较低。所谓起始空位，是指序列比对时，在某一序列中插入一个空位，使两个序列之间有更好的匹配；所谓延伸空位，是指在引入一个或几个空位后，继续引入下一个连续的空位，使两个序列之间有更好的匹配。空位延伸罚分值可以与空位起始罚分值相同，也可以比空位起始罚分值小。因此，序列比对最终结果的分数值是两个序列之间匹配残基的总分值与空位罚分的总和。

（一）线性空位罚分

线性空位罚分（constant gap penalty）是最简单的罚分方式，仅考虑起始空位罚分（如设罚分值为−4），连续的空位不罚分，$w(x,-)=w(-,x)=0$。如图 3-6 所示的序列应罚 8 分。

（二）仿射空位罚分

尽管可以不考虑空位的长度而使用一个固定的罚分值进行打分，但是大多数算法还是使用更为复杂的罚分系统。在这些罚分系统中，有些是罚分与空位的长度成比例，有些是插入空位对应着一个初始罚

```
  −4         −4
C − − − T T A A C T
C G G A T C A − − T
```

图 3-6　线性空位罚分

分，空位的延伸则对应一个相对较低的罚分，即仿射空位罚分（affine gap penalty）。这将导致在计算连续空位罚分时产生一个线性函数，记为

$$g(k)=a+b\times k$$

式中，a 为起始空位罚分；b 为空位延伸罚分；k 为空位数量。

图 3-6 中的序列，如果采用仿射空位罚分，$a=-4$、$b=-3$，则共罚 23 分。

微课视频

第三节　序列比对算法

如何在众多的序列比对结果中获取合适的序列比对结果，即序列比对算法。最早的序列比对算法为 dotplot 算法；最经典、最精确的算法为动态规划算法；目前在大多数数据库搜索工具中使用的序列比对算法为 BLAST 算法。

一、dotplot 算法

dotplot 算法是最古老的一种序列比对算法，该算法通过点阵作图的方法表示，能很直观地看出两条序列之间的相似性。

（一）算法步骤

1. 构建点阵矩阵　在一个矩阵中，将两条序列的碱基（或残基）分别沿 x 轴和 y 轴排列，依次比较两条序列的每个碱基（或残基），如果两个碱基（或残基）相同则在矩阵中填充点，这样就形成一个点阵矩阵。如图 3-7 所示为序列 MVSSGPLAMGEDLTFP 和序列 ASSGPLAMHPSEDLTFDD 构成的点阵矩阵，点阵矩阵中的点表示该点对应的水平方向的碱基（或残基）与垂直方向的碱基（或残基）相同。在线创建点阵矩阵的工具有 Dotlet（http://dotlet.vital-it.ch/）。

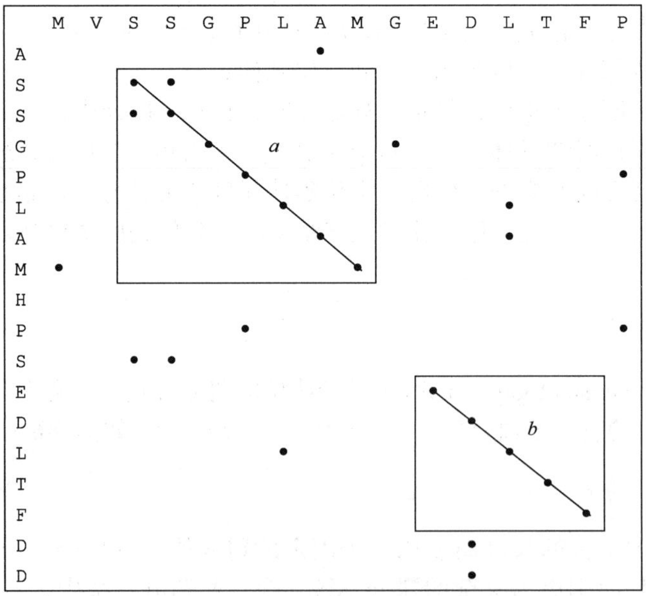

图 3-7　dotplot 算法的点阵矩阵

2. 获得相似性片段　在点阵矩阵中，将位于对角线方向上相邻的点连接起来，这些直线所对应的矩形区域就是这两条序列的相似性片段。如图 3-7 所示，直线 *a* 所代表的相似性片段为 SSGPLAM；直线 *b* 所代表的相似性片段为 EDLTF。

（二）算法特点

由于算法思想所限，dotplot 算法获得的相似性片段实际上是相同片段，而且该算法不能提供相似片段在统计学意义上的相似性。

二、动态规划算法

动态规划算法（dynamic programming algorithm）是最精确的一种序列比对算法，分为全局动态规划算法和局部动态规划算法。经典的全局动态规划算法由 Needleman 和 Wunsch 于 1970 年提出，称为 Needleman-Wunsch 算法，用于发现两条序列的全局水平上的相似性。经典的局部动态规划算法由 Smith 和 Waterman 于 1981 年提出，称为 Smith-Waterman 算法，用于发现两条序列在局部水平上的相似性。

（一）算法步骤

1. 计算得分矩阵　使用迭代方法计算出两个序列的相似分值，存于一个得分矩阵中。在得分矩阵的计算过程中，Needleman-Wunsch 算法与 Smith-Waterman 算法计算方法相同。得分矩阵的元素通过以下公式迭代计算：

$$M_{0,0}=0$$

$$M_{i,j}=\max\begin{cases}M_{i,j-1}+D_{0,t(j)}\\M_{i-1,j-1}+D_{s(i),t(j)}\\M_{i-1,j}+D_{s(i),0}\end{cases}$$

式中，i 是从 1 到 m 的整数；j 是从 1 到 n 的整数；m 是序列 s 的长度；n 是序列 t 的长度。因此，得分矩阵大小为（$m+1$）×（$n+1$）。将 $M_{0,0}$ 设为 0；$M_{i,j}$ 表示当前元素；$M_{i,j-1}$ 表示与当前元素水平方向相邻的元素；$M_{i-1,j}$ 表示与当前元素垂直方向相邻的元素；$D_{s(i),t(j)}$ 表示序列 s 的第 i 个碱基（或残基）与序列 t 的第 j 个碱基（或残基）的分值；$D_{s(i),0}$ 表示序列 s 的第 i 个碱基（或残基）与空位的分值；$D_{0,t(j)}$ 表示空位与序列 t 的第 j 个碱基（或残基）的分值。

该公式的计算方式如图 3-8 所示，图中从 3 个方向可以到达矩阵元素 $M_{i,j}$：对角线方向元素、同一行或同一列的元素。在得分矩阵中，到达位置为（i，j）的某一个元素有 3 种可能的路径：通过位置（$i-1$，$j-1$）的对角方向，没有空位罚分；通过列 j 的垂直方向和通过行 i 的水平方向，空位罚分的值取决于插入空格的个数。

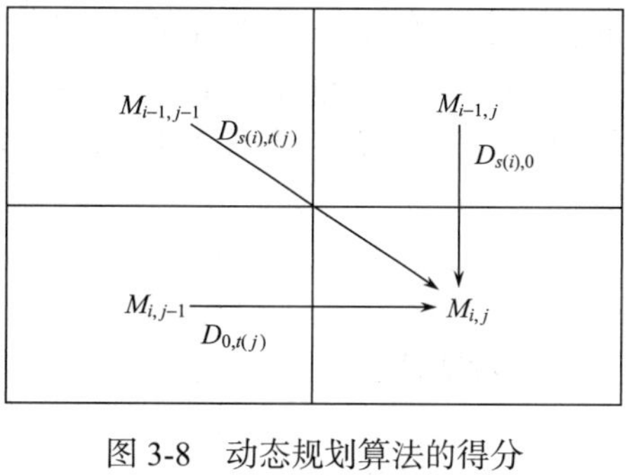

图 3-8　动态规划算法的得分矩阵元素计算示意图

2. 寻找最优的比对序列　根据第 1 步计算获得的得分矩阵，从最佳路径的终点根据上面的得分矩阵元素计算公式，利用回溯法寻找得到的路径就是一条最优路径，该路径代表了两条序列的最优比对结果。在此注意，在全局的动态规划序列比对算法中，最佳路径的终点是在最后一行最后一列的位置；而在局部的动态规划序列比对算法中，最佳路径的终点是在元素值最大的位置。

下面举例说明动态规划算法计算过程。例如，有两个序列 s= “acgctg” 和 t= “catgt”，使用简单的记分函数，即相同为 2、不相同为－1、插入空位为－1，要求计算获得这两条序列的全局比对结果。图 3-9 是利用动态规划方法对序列 s 和 t 进行计算得到的得分矩阵。

j / *i*		0	1 c	2 a	3 t	4 g	5 t
0		0	−1	−2	−3	−4	−5
1	a	−1	−1	1	0	−1	−2
2	c	−2	1	0	0	−1	−2
3	g	−3	0	0	−1	2	1
4	c	−4	−1	−1	−1	1	1
5	t	−5	−2	−2	1	0	3
6	g	−6	−3	−3	0	3	2

图 3-9　动态规划算法的得分矩阵

首先要计算矩阵 M。位置为（0，0）的元素 $M_{0,0}$ 赋值 0，然后根据上述动态规划算法步骤 1 连续求和循环计算矩阵的各个元素。例如，$M_{1,1}$ 的计算为

$$M_{1,1}=\max\begin{cases}M_{1,0}+D_{0,t(1)}\\M_{0,0}+D_{s(1),t(1)}\\M_{0,1}+D_{s(1),0}\end{cases}$$

式中，$D_{0,t(1)}$ 表示空位和 c 之间的分值；$D_{s(1),t(1)}$ 表示 a 和 c 之间的分值；$D_{s(1),0}$ 表示 a 和空位的分值。由于 $M_{1,0}=-1$；$M_{0,1}=-1$；$D_{0,t(1)}=-1$；$D_{s(1),t(1)}=-1$；$D_{s(1),0}=-1$，所以，$M_{1,1}=\max(-2,-1,-2)=-1$。

然后，从矩阵的右下角元素开始根据动态规划算法步骤 2 回溯寻找最优路径。回溯标准：从右下角单元格开始回溯。每一步可选择左方单元格，左上角单元格及上方单元格进行移动。若当前单元格 $s_i=t_j$，则回溯到左上角单元格。若 $s_i \neq t_j$，则回溯到 3 个单元格中值最大的单元格。从图 3-9 可以看出，最终可得到 3 条回溯路径，即 3 个最优比对结果，分别为

比对结果 1：	s:	a	c	g	c	t	g	-
	t:	-	c	-	a	t	g	t
比对结果 2：	s:	a	c	g	c	t	g	-
	t:	-	c	a	-	t	g	t
比对结果 3：	s:	-	a	c	g	c	t	g
	t:	c	a	t	g	-	t	-

（二）算法特点

动态规划算法的优点是比对非常精确；缺点是运行时间长，并不适合于数据量庞大的序列数据库搜索。

三、BLAST 算法

BLAST 算法是由 Altschul 等在 1990 年提出的，其采用了一种短片段匹配算法和一种有效的统计模型来找出目的序列和数据库之间的最佳局部比对效果。它的基本思想是通过产生数量更少但质量更好的增强点来提高速度。

（一）算法步骤

1）编译一个由查询序列生成的长度固定的字段编译列表。
2）在数据库中扫描获得与编译列表中的字段匹配的序列记录。
3）以编译列表中的字段对为中心向两端延伸以寻找超过阈值分数 S 的高分值片段对（high-scoring segment pair，HSP）。

在 BLAST 算法过程中，有一个最重要的统计显著值为期望值（E 值），它描述了在一次数据库搜索中随机条件下期望发生的得分大于 S 的不同比对的数目。该值对 BLAST 搜索中假阳性结果进行估计。E 值的计算公式如下：

$$E=Kmn\mathrm{e}^{-\lambda S}$$

式中，m 为待查序列的长度；n 为整个数据库的长度；S 是比对原始分数；K 和 λ 是 Karlin-Altschul 统计量。

（二）算法特点

BLAST 算法是一种近似算法，特点是速度快且比较精确，因此是一种常用的比对算法。值得注意的是，动态规划算法与 BLAST 算法适用于不同的比对情况，动态规划算法适用于较少量序列之间的比对，而 BLAST 算法适用于从一组大量序列中搜索与查询相似的序列。

第四节　序列比对工具

序列比对工具，即序列比对数据库搜索工具，常用的有 EBI 的 FASTA 工具和 NCBI 的 BLAST 工具，它们是当前两大数据库搜索工具。

一、FASTA 工具

FASTA 是 FAST-ALL 的缩写，与前面介绍的序列储存格式 FASTA 无关，是一种可用于核酸和蛋白质序列的快速序列比对数据库搜索工具。该工具的算法是由 Pearson 与 Lipman 在 1988 年设计的，其程序版本在不断进行更新升级，可以下载使用，也可在线进行比对。英国 EBI 的 FASTA 工具被广泛使用，FASTA 工具是一个程序集合，主要包括 FASTA、FASTX/Y、FASTF、FASTS 和 TFASTX/Y。其用法如表 3-2 所示。

表 3-2 FASTA 程序功能

程序	功能
FASTA	将 DNA 序列与 DNA 序列数据库进行相似性搜索；或者将蛋白质序列与蛋白质序列数据库进行相似性搜索
FASTX/Y	将 DNA 序列正向翻译成 3 种可能的蛋白质序列，然后将 3 个蛋白质序列分别与蛋白质序列数据库进行相似性搜索
FASTF	将混合的无序的多肽片段与蛋白质序列数据库进行相似性搜索
FASTS	将有序的多肽片段与蛋白质序列数据库进行相似性搜索
TFASTX/Y	将 DNA 序列数据库中的每条序列翻译成 6 种可能的蛋白质序列，然后将待搜索的蛋白质序列与翻译后的蛋白质序列数据库进行相似性搜索

随着各生物数据库中序列数量的快速增长，FASTA 工具的搜索速度越来越不能满足用户的要求，因此，它已经逐步被一种速度更快的搜索工具 BLAST 所代替。

二、BLAST 工具

BLAST 工具是一种有效的序列数据库搜索工具，通过 BLAST 序列比对算法，从核酸或蛋白质序列数据库中找出与待检序列具有一定程度相似性的序列。例如，给定一个人类视黄醇结合蛋白 rbp4 序列，可以通过 BLAST 数据库搜索工具，在核酸或蛋白质序列数据库中找出与该序列相似的一系列序列集合。

BLAST 工具实际上是一个程序集合，包括基本 BLAST 工具和高级 BLAST 工具。

（一）基本 BLAST 工具

基本的 BLAST 工具包括 blastn、blastp、blastx、tblastn 和 tblastx 等，其中，blastn 将一个 DNA 查询序列不同方向的两条链与一个 DNA 数据库进行比较；blastp 将一个蛋白质查询序列与一个蛋白质数据库进行比较；blastx 将一个 DNA 序列用所有可能的阅读框翻译成 6 个蛋白质，然后将它们逐一与一个蛋白质数据库进行比较；tblastn 将一个 DNA 数据库中的每一条序列翻译成 6 种可能的蛋白质，然后将要查询的蛋白质序列与翻译的蛋白质逐一进行比较；tblastx 将查询 DNA 及数据库中的 DNA 都翻译成 6 种可能的蛋白质，然后进行 36 次蛋白质 - 蛋白质数据库搜索。以下以 NCBI 的 Quick BLASTP 为例介绍基本 BLAST 工具的比对步骤，并对比对的结果进行解析。比对步骤如下。

1. 输入待检序列 可以输入待检序列的 accession number 或 gi，或者是该序列的 FASTA 格式；也可以接受序列文件上传。

2. 设置程序参数 Database：可以选择 nr、refseq_protein、swissprot、pat、pdb 或 env_nr 数据库。其中，nr 是非冗余蛋白质序列数据库，该数据库包括 GenBank CDS translations、RefSeq Proteins、PDB、Swiss-Prot、PIR 和 PRF 的全体数据库的非冗余数据。

Organism：将搜索限制到指定的物种。

Entrez Query：可以对搜索用条件表达式来限制。

算法参数：

Expect threshold：期望阈值，默认值为 10。

Word size：字长，默认为 3，也可以设置为 2，这样搜索的结果将增加。

Matrix：序列比对的打分矩阵，默认为 BLOSUM 62。

Gap costs：BLAST 采用线性空位罚分方式，为开放罚分和延伸罚分。默认的开放罚分值为 11，延伸罚分值为 1。

3．比对结果解析　　比对结果分为以下 4 个部分。

1）该搜索的详细情况，包括 BLAST 搜索的类型、所搜索的数据库的描述、查询内容和分类连接（taxonomy reporter）。

2）显示的是数据库中与查询序列相匹配的项的简明图形。每一条彩色带表示数据库中与查询序列相匹配的蛋白质或核酸序列区域，不同颜色表示不同高低的得分，如图 3-10 所示。

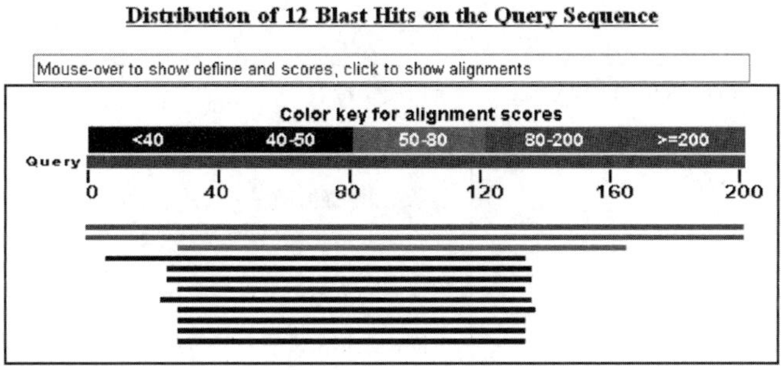

图 3-10　Blast 比对结果的图形化显示

3）与查询序列相匹配的数据库中的序列列表。每一条序列包括其 Score（Bits）、*E*-value 及该条序列在相应数据库中的链接。

4）查询序列与目标序列之间的双序列比对情况。在图 3-11 的比对结果中，Score 为位记分分数；Expect 为期望值；Positives 为相似性分值；Identities 为同一性分值；Gaps 为空位。

```
>pir||S23204  retinol-binding protein 1 - rainbow trout (fragments)
Length=108

 Score =  122 bits (307),  Expect = 1e-26, Method: Compositional matrix adjust.
 Identities = 59/116 (50%), Positives = 75/116 (64%), Gaps = 25/116 (21%)

Query  78   RVRLLNNWDVCADMVGTFTDTEDPAKFKMKYWGVASFLQKGNDDHWIVDTDYDTYAVQYS  137
            RV +LNNW++CA+M GTF DT DPAK    YWG A++LQ GNDDHW++DTDYD YA+ YS
Sbjct  16   RVIILNNWEMCANMFGTFEDTPDPAK----YWGAAAYLQSGNDDHWVIDTDYDNYAIHYS  71

Query  138  CRLLNLDGTCADSYSFVFSRDPNGLPPEAQKIVRQRQEELCLARQYRLIVHNGYCD  193
            CR ++LDGTC D YSF+FSR                  ELC   +   + H G+C+
Sbjct  72   CREVDLDGTCLDGYSFIFSR------------------ELCFLGK---VSHTGFCE  106
```

图 3-11　两序列的比对结果

（二）高级 BLAST 工具

常用的高级 BLAST 工具有 PSI-BLAST、PHI-BLAST 和 MEGABLAST 等。

1．PSI-BLAST　　PSI-BLAST（position specific iterated BLAST）是位点特异性迭代 BLAST，用来寻找远缘相关的蛋白质序列，对于蛋白质的相似序列的寻找比常规 blastp 更敏感。

PSI-BLAST 工具的比对步骤为：①用 blastp 在目标数据库中进行比对搜索；②从第①步获得的结果构建多序列比对，根据多序列比对构建一个位点特异性矩阵 PSSM；③用第②步获得的 PSSM 矩阵再一次搜索目标数据库；④位点特异性反复比对后用缺失比对的参数检验每个匹配的统计显著性；⑤反复执行②～④步，一般要重复 5 次，而当新的结果不再出现或者程序明确指出不会再有新的结果出现时，可以停止比对循环。

NCBI 的 PSI-BLAST 与 blastp 使用同一界面，不同的是，要注意 PSI-BLAST 有一个参数 PSI-BLAST Threshold，在 PSI-BLAST 比对步骤的第②步中，为了构建 PSSM 矩阵，需要选择小于某个期望值的序列进行多序列比对，PSI-BLAST Threshod 就是这个期望值。

2. PHI-BLAST　PHI-BLAST（pattern hit initiated BLAST）叫模式识别 BLAST，PHI-BLAST 能找到与查询序列相似的符合某种模式（pattern）的蛋白质序列。例如，有一个人类视黄醇结合蛋白 rbp4，到数据库中寻找符合模式 GXW［YF］［EA］［IVLM］的相似蛋白质序列。NCBI 对各种模式符号的解释如图 3-12 所示。

PHI-BLAST 支持的模式词汇表	
ABCDEFGHIKLMNPQRSTVWXYZU	蛋白质字母表
ACGT	DNA 字母表
[ ]	表示括号中的任意一个字符，例如［LFYT］表示出现一次 L 或 F 或 Y 或 T
-	用作间隔符号以分隔每个位置
x	在模式末尾出现表示任意残基
(n)	表示前面的残基重复 *n* 次
(m，n)	表示前面的残基重复 *m* 到 *n* 次（$n>m$）
＞	仅在模式的末尾出现，没有特殊含义，一般在句号前
.	可在模式最后使用，没有特殊含义

图 3-12　模式表示符号的意义

3. MEGABLAST　MEGABLAST 是一种快速的局部核酸序列比对工具，适用于基因预测、发现和分析单核苷酸多肽性等方面的工作。MEGABLAST 可以有效地识别相似性比较高的序列，对于相似性达到 95% 以上的序列比对搜索结果，是一种比 blastn 更为快速而准确的比对工具。例如，当 Word size 值设到 16 或以上时，MEGABLAST 比 blastn 快 10 倍，可以接受成批序列的数据库搜索任务。

第五节　多序列比对

一、多序列比对概述

（一）多序列比对目的

多序列比对就是对 3 条以上（包括 3 条）序列进行的比对。进行多序列比对的目的通常是为了发现构成同一基因家族的成组序列之间的共性，发现这些共性对于研究分子结构、功能及进化关系都有着非常重要的作用，在阐明一组相关序列的重要生物学模式方面也起着重要的作用。例如，通过多序列比对，可以发现与结构域或功能相关的保守序列片段；又如，通过多序列比对，可以发现蛋白质序列之间的系统发育关系，从而更好地理解这些蛋白质之间的进化关系。

（二）多序列比对定义

多序列比对就是对多条序列插入空位，使得插入空位后的全局比对结果具有相同的长度，并且比对结果中不能出现一列全为空位。例如，图 3-13（a）是 3 条序列；图 3-13（b）是这 3 条序列的一个比对结果；图 3-13（c）由于箭头所指的一列全为空位，所以不是一个多序列比对结果。

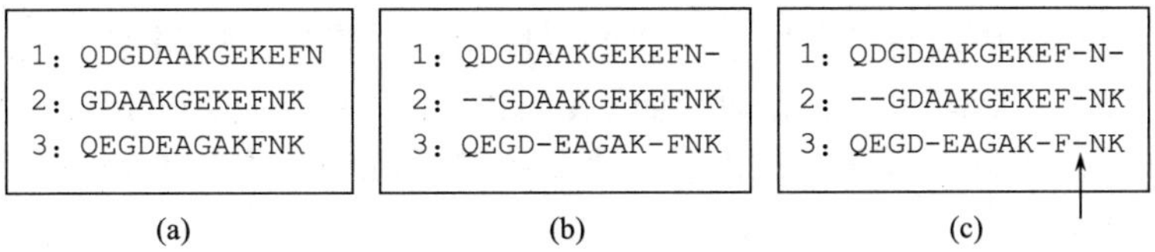

(a)　(b)　(c)

图 3-13　多序列比对实例

（三）多序列比对应用

多序列比对是分子生物学中重要的分析方法，可应用于发现新序列与已知序列家族的同源性，也可应用于蛋白质序列的二级和三级结构预测、发现蛋白之间的系统发生关系，以及蛋白质家族中结构或功能的相似片段获取等。

二、多序列比对算法

（一）动态规划算法

多序列比对的动态规划算法与双序列比对的动态规划算法思想相同，只是将维数由二维改变为多维。算法也是分为两个步骤：首先进行打分矩阵的计算，然后在打分矩阵中回溯寻找获得一条路径，该路径代表多序列比对结果。在该算法中的打分矩阵为多维矩阵。

（二）渐进式算法

渐进式算法是大多数多序列比对工具采用的算法，基本思想是基于相似序列通常具有进化相关性这一假设。该算法中，首先进行双序列比对，先将多个序列两两比对构建距离矩阵；然后进行指导树构建（guide tree，GT），根据距离矩阵计算产生指导树；最后进行渐进式比对，对关系密切的序列进行加权，然后从最紧密的两条序列开始，逐步引入邻近的序列并不断重新构建比对，直到所有序列都被加入为止。

（三）迭代算法

迭代算法的核心是使用比对记分函数反复添加一个附加的序列到已知比对中。具体方法是：首先在所有的双序列比对中找出距离值最小的一组，组成最优比对；然后反复地找出与最优比对距离值最小的序列，与最优比对的表头文件进行匹配，并且根据所得的结果相应地修改最优比对和表头文件。

（四）统计概率算法

常用的统计概率算法是隐马尔可夫模型（hidden Markov model，HMM）。HMM 是描述大量相互联系状态之间发生转换概率的模型，本质上是一条表示匹配、缺失或插入状态的链，当用于多序列比对计算时，可用来检测序列比对结果中的保守区。序列比对结果中的每一个保守残基可以用一个匹配状态来描述，空位的插入可用插入状态描述，残基缺失状态则表示允许在本该匹配的位置发生缺失。因此，应用隐马尔可夫模型进行多序列比对，就是需要把所有的位置都用匹配、插入或者缺失这 3 种状态中的一种表示。

三、多序列比对工具

（一）ClustalX/W 工具

ClustalX 和 ClustalW 是两个使用最广泛的多序列比对工具，均采用渐进式多序列比对算法，不同的是，ClustalX 具有图形界面，而 ClustalW 是文本界面。ClustalX/W 的源代码、程序都可以免费获得，而且很多网站提供基于不同操作系统的版本。本处只介绍 ClustalX 的使用方法。采用 ClustalX 的比对步骤如下。

1. 加载要比对的序列文件　在“File”菜单的“Load Sequences”项加载要比对的序列文件。该序列文件存放的是要进行多序列比对的所有序列，序列格式可以支持 NBRF/PIR、EMBL/Swiss-Prot、FASTA（Pearson，NCBI）、GDE、Clustal、MSF（GCG）和 RSF（GCG）等多种格式。加载后，显示如图 3-14 所示的输入界面。

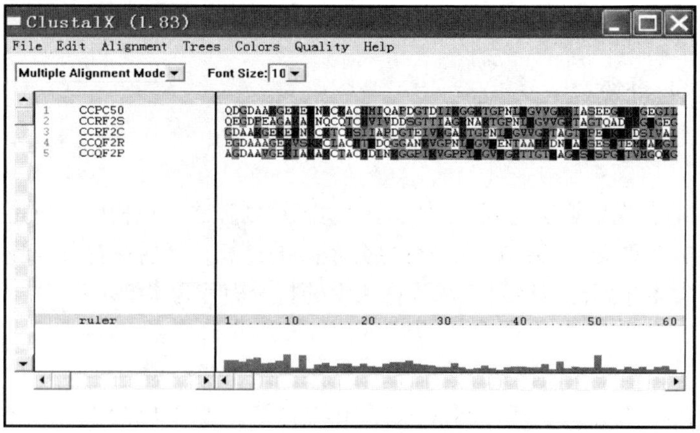

图 3-14　ClustalX 序列输入界面

2. 多序列比对　在“Alignment”菜单下选择“Do Complete Alignment”进行完整的序列比对。此时会出现一个交互式对话框，可以对比对的参数进行修改。该程序的比对也可拆分为两步执行：选择“Alignment”菜单下的“Produce Guide Tree”进行渐进式比对的前两个步骤，即进行双序列比对和构建指导树；选择“Alignment”菜单下的“Do Alignment from Tree”，可根据产生的指导树进行最后一步的渐进式比对。

比对后的结果如图 3-15 所示。

3. 比对结果输出　在“File”菜单下可选择多序列比对结果的输出格式，如图 3-16 所示，可支持的输出格式有 CLUSTAL、NBRF/PIR、GCG/MSF、PHYLIP、GDE、NEXUS、FASTA。

（二）Clustal Omega 工具

Clustal Omega 是 Clustal 家族的最新成员。与 ClustalX/W 相比，Clustal Omega 显著提高了可扩展性，支持多线程运行，可在几小时内比对数十万条序列。此外，根据一系列的评估测试，Clustal Omega 的比对结果优于先前的版本。目前，Clustal Omega 只发行了命令行工具

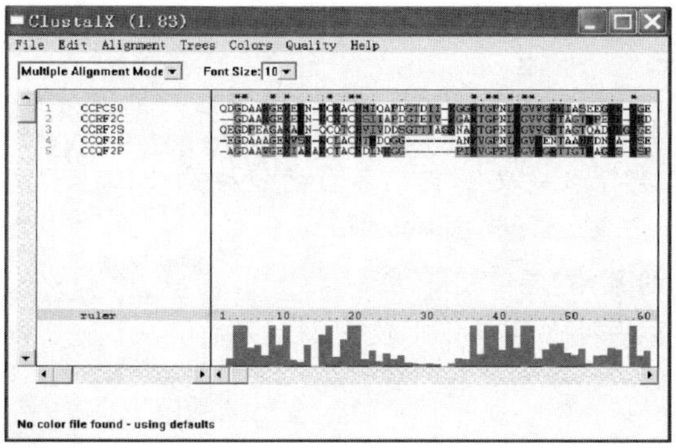

图 3-15　ClustalX 多序列比对结果界面

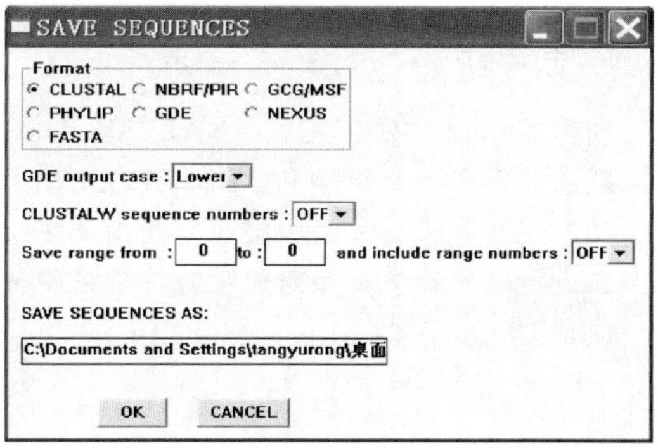

图 3-16　ClustalX 比对结果输出界面

版本，没有图形化界面，但其也提供了网络服务器方便用户在线处理小规模的比对任务。

（三）T-Coffee 工具

T-Coffee 是一种核酸或氨基酸的多序列比对工具，但是它更适合于对蛋白质序列进行对比。其算法由 Jaap Heringa 等于 2000 年设计，过程通常分为生成基本信息库、扩展库、生成指导树、渐进式比对 4 个阶段。与常用的多序列比对工具 Clustal 相比，T-Coffee 增加了序列位置等信息，使用起来更为方便。另外，T-Coffee 是一种比 Clustal 准确率和敏感性更高的多序列比对工具，但是速度较慢。然而，在对相似性较高的相关序列比对中，T-Coffee 如果选择快速模式，可以比 Clustal 的比对速度更快。T-Coffee 官方网站是 http://tcoffee.vital-it.ch/，可以在线进行多序列比对，也可以从该网站下载软件本地使用，并提供 UNIX、LINUX、MacOSX、Microsoft Windows、Cygwin 等运行于多个平台的版本。

（四）MultAlin 工具

MultAlin 是 Florence Corpet 开发的一种核酸和蛋白质多序列比对工具。该工具采用算法的基本思想是启发式聚类（hierarchical clustering），首先将序列进行双序列比对，然后根据双序列比对获得的分值进行分层次的聚类，在聚类的基础上进行多序列比对，最后根据多序列比对中的双序列比对的分值建立指导树。这个过程不断循环直到分值上升，此时多序列比对结束。

MultAlin 可以在 http://multalin.toulouse.inra.fr/multalin/ 上在线执行，可支持多种序列格式，使用起来比较方便，但是该工具运算时间长，并且运算空间要求比较高，所以仅仅适用于序列比较少且序列长度比较短的情况。

（五）MAFFT 工具

MAFFT（multiple alignment using fast fourier transform）是一种非常快速的多序列比对工具，其算法基于快速傅里叶变换，把比对序列表示成向量序列，把序列信息看成信号，用 Fast Fourier Transform 进行“信号处理”，从而得到多序列比对结果。该工具的显著特点是速度快，尤其对于高度保守的序列更为明显，而在准确度方面却与 T-Coffee 工具相当。

MAFFT 工具可以下载使用，目前可支持多种操作系统，如 Windows 和 Linux 等，也支持在线使用，网址为 http://mafft.cbrc.jp/alignment/software/，EBI（http://www.ebi.ac.uk/Tools/msa/mafft/）上也提供了该工具的在线支持。

思考题

1. 利用 dotplot 方法，完成 ANALYSIS 和 NALYZES 两条序列的比对。
2. 氨基酸序列打分矩阵 PAM 和 BLOSUM 中序号有什么意义？它们各自的规律是什么？
3. 动态规划算法的时间和空间复杂度是多少？
4. 在进行实际的多重序列比对时，常采用什么样的策略？
5. 使用 Clustal、T-Coffee、MultAlin 等工具进行多序列比对，并比较它们结果的异同。

主要参考文献

Corpet F. 1998. Multiple sequence alignment with hierarchical clustering. Nucl Acids Res, 16 (22): 10881-10890

Gotoh O. 1982. An improved algorithm for matching biological sequences. J Mol Biol, 162: 705-708

Henikoff J G, Henikoff S. 1996. Blocks database and its applications. Methods Enzymol, 266: 88-105

Henikoff S, Henikoff J G. 1992. Amino acid substitution matrices from protein blocks. Proc Natl Acad Sci USA, 89: 10915-10919

Higgins D G, Sharp P M. 1998. CLUSTAL: a package for performing multiple sequence alignment on a microcompter. Gene, 73 (1): 237-244

Karlin S, Altschul S F. 1990. Methods for assessing the statistical significance of molecular sequence features by using general scoring schemes. Proc Natl Acad Sci USA, 87: 2264-2268

Needleman S B, Wunsch C D. 1970. A general method applicable to the search for similarities in the amino acid sequence of two proteins. J Mol Biol, 48: 443-453

Notredame C, Higgins D G, Heringa J. 2000. T-Coffee: a novel method for fast and accurate multiple sequence alignment. J Mol Biol, 302: 205-217

Reeck G R, de Haën C, Teller D C, et al. 1987. “Homology” in proteins and nucleic acids: a terminology muddle and a way out of it. Cell, 50 (5): 667

Smith T F, Waterman M S, Fitch W M. 1981. Comparative biosequence metrics. J Mol Evol, 18: 38-46

第四章　蛋白质结构预测与分析

本章提要　蛋白质是生命活动的体现者。众所周知，结构决定功能，因此研究蛋白质的结构具有重要意义。本章主要从蛋白质结构的组织层次、结构测定及预测、蛋白质折叠等方面对蛋白质结构相关内容进行阐述。

蛋白质结构决定功能，此即蛋白质科学的首要法则。事实上，没有任何一种其他类型的生物大分子可能完全行使蛋白质分子经过数百万年进化所积累的所有生物学功能。因此，研究分析蛋白质的结构意义重大。研究蛋白质结构，有助于了解蛋白质如何行使其生物功能，认识蛋白质与蛋白质（或其他分子）之间的相互作用，这无论是对于生物学，还是对于医学和药学，都是非常重要的。对于未知功能或者新发现的蛋白质分子，通过结构分析，可以进行功能注释。通过分析蛋白质的结构，确认功能单位或结构域，可以为遗传操作提供目标，为设计新的蛋白质或改造已有蛋白质提供可靠的依据，同时为新的药物分子设计提供合理的靶分子及结构。

目前我们获得的高分辨率（3 埃以下）蛋白质结构有 129 423 个（PDB 数据库中截至 2021 年 12 月 22 日统计数据），远远少于序列的数量。但是随着生物信息学的发展，更多的科学家尝试“预测”的方法，使这些序列条目能在缺少生物化学数据的情况下提供关于蛋白质结构与功能的信息，并且取得了一定的成果。

第一节　蛋白质结构组织层次

蛋白质分子是一类结构极其复杂的生物大分子，其分子结构的多样性和复杂性是功能多样性的基础。丹麦生物化学家 Linderstram 首先将蛋白质结构划分为一级结构、二级结构和三级结构；随后，英国科学家 Bernal 又使用四级结构来描述复杂的蛋白质结构。随着实验技术的发展，在二级结构和三级结构之间又发现了超二级结构和结构域，从而揭示了蛋白质结构丰富的组织层次。

一、蛋白质结构特征

我们从以下几个方面来描述和理解蛋白质的一级结构、二级结构、超二级结构、结构域、三级结构及四级结构。

（一）一级结构

蛋白质的一级结构（primary structure）是指多肽链的氨基酸残基的排列顺序（图 4-1），它是由氨基酸个体通过肽键共价连接而成的。氨基酸是构成蛋白质一级结构的基本单位，天然蛋白质中的常见氨基酸共有 20 种。若两个不同蛋白质的一级结构具有显著相似性，则称它们很可能彼此同源（homology）。一级结构是蛋白质结构层次体系的基础，它是决定更高层结构的主要因素。

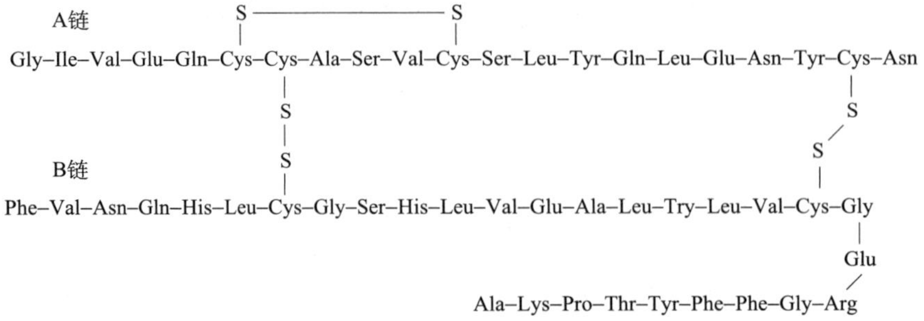

图 4-1 人胰岛素的一级结构

（二）二级结构

蛋白质二级结构（secondary structure）是指多肽链主链原子借助氢键沿一维方向排列成具有周期性的结构构象，是多肽链局部的空间结构（构象），主要有 α 螺旋、β 折叠、β 转角、无规卷曲等形式。

1. α 螺旋 α 螺旋（α-helix）是蛋白质中最常见、最典型、含量最丰富的结构元件，是一种重复性结构（图 4-2）。其结构特征为：①主链骨架围绕中心轴盘绕形成右手螺旋；②螺旋每上升一圈是 3.6 个氨基酸残基，螺距为 0.54nm；③相邻螺旋圈之间形成氢键；④侧链基团位于螺旋的外侧。

不利于 α 螺旋形成的因素主要是：①存在侧链基团较大的氨基酸残基；②连续存在带相同电荷的氨基酸残基；③存在脯氨酸残基。

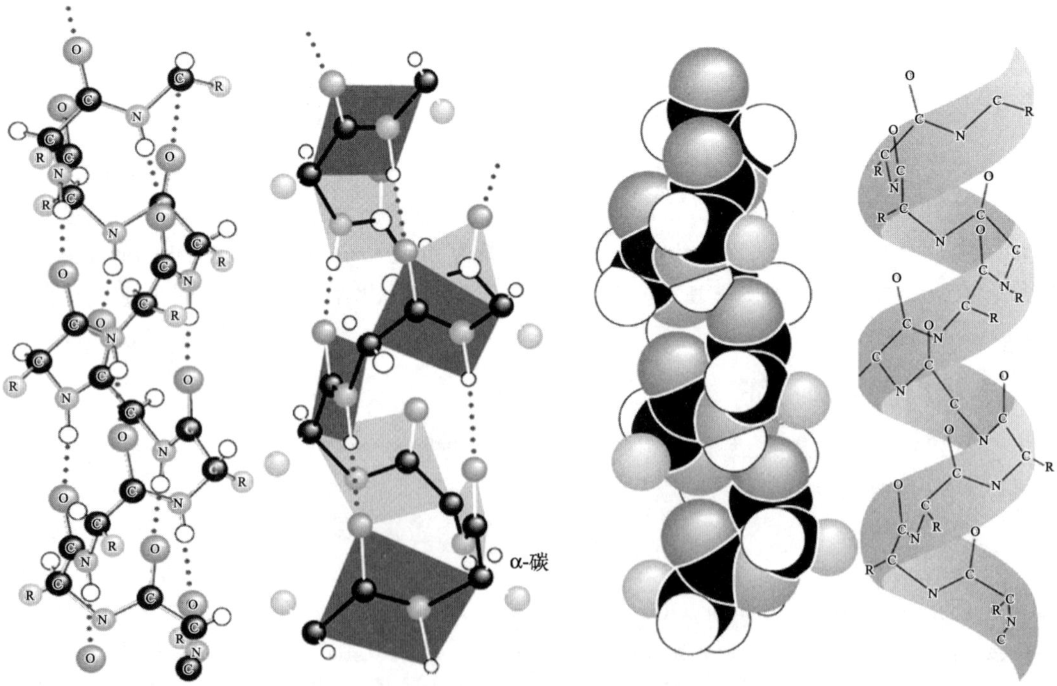

图 4-2 α 螺旋结构示意图

2. β折叠　β折叠（β-pleated sheet）结构是1951年由Pauling等首先提出来的，在许多蛋白质中存在。折叠可以有两种形式，一种是平行式（parallel），另一种是反平行式（antiparallel）。在平行β折叠中，相邻肽链是同向的，如图4-3（a），而在反平行β折叠中，相邻肽链是反向的，如图4-3（b）。β折叠中每条肽链称为β折叠股，可将它设想为一个二重螺旋或二重带，每螺圈含两个残基。其结构特征为：①若干条肽链或肽段平行或反平行排列成片；②所有肽键的C═O和N—H形成链间氢键；③侧链基团分别交替位于片层的上、下方。

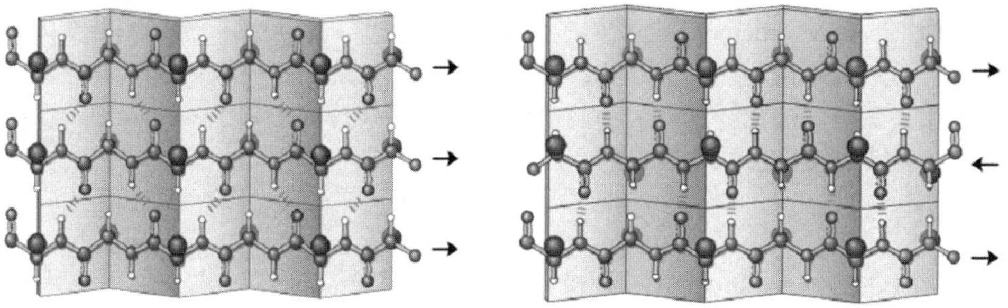

（a）　　（b）

图4-3　两种不同的β折叠结构

3. β转角　β转角（β-turn）常发生于多肽链180°回折时的转角上，通常由4个氨基酸残基构成，借1、4残基之间形成氢键（图4-4），可以形成一个紧密的环，使β转角成为比较稳定的结构。目前发现β转角多数存在于球状蛋白质分子表面，它是一种非重复性结构。

4. 无规卷曲　无规卷曲是主链骨架无规律盘绕的部分，泛指那些不能归入明确的二级结构（如折叠片或螺旋）的多肽区段。无规卷曲常出现在α螺旋与α螺旋、α螺旋与β折叠、β折叠与β折叠之间。它是形成蛋白质三级结构所必需的，酶的功能部位常常处于这种构象区域。

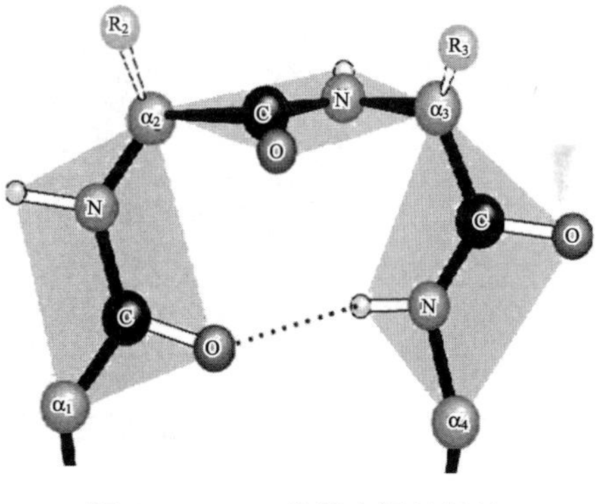

图4-4　1、4残基之间的氢键

（三）超二级结构、结构域

超二级结构（supersecondary structure）和结构域（domain）是介于蛋白质二级结构与三级结构之间的空间结构。

超二级结构是指相邻的二级结构单元组合在一起，彼此相互作用，排列形成规则的、在空间结构上能够辨认的二级结构组合体，同时充当三级结构的构件（building block），其基本形式有αα、ββ和βαβ等（图4-5）。

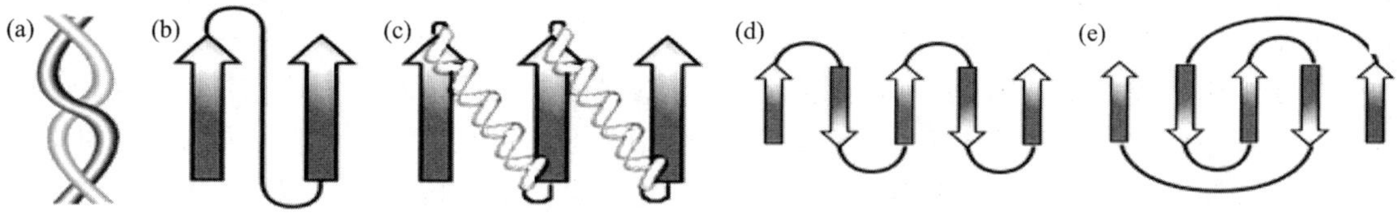

图4-5　蛋白质的超二级结构

（a）αα；（b）ββ；（c）βαβ；（d）β曲折；（e）回形拓扑结

结构域是在超二级结构的基础上形成的三级结构的局部折叠区，它是相对独立的紧密球状实体，通常由 50～300 个氨基酸残基组成，其特点是在三维空间可以明显区分和相对独立，并且具有一定的生物功能。基序（motif）是结构域的亚单位，长度可以从几个氨基酸到几十个氨基酸，通常由 1～3 个二级结构单位组成，一般为 α 螺旋、β 折叠和环（loop）。较大的蛋白质分子一般含有 2 个以上的结构域，其间以柔性的铰链（hinge）相连，以便相对运动。

（四）三级结构

三级结构（tertiary structure）是指整条多肽链的三维结构，包括骨架和侧链在内的所有原子的空间排列。三级结构是在二级结构的基础上进一步盘绕、折叠，通过氨基酸侧链之间的疏水相互作用、氢键、范德瓦耳斯力和静电作用形成并维持的。如果蛋白质分子仅由一条多肽链组成，三级结构就是它的最高结构层次。

（五）四级结构

四级结构（quaternary structure）是指在亚基和亚基之间通过疏水作用等次级键结合成为有序排列的特定的空间结构。亚基（subunit）通常由一条多肽链组成。构成四级结构的每条肽链，称为一个亚基。亚基通常由一条多肽链组成，虽然具有二级、三级结构，但是在单独存在时并没有生物学功能，只有完整的四级结构才具有生物学功能。例如，血红蛋白的四级结构（图 4-6）是由 4 个亚基（多肽链）构成，每个亚基单独存在时一般没有生物活性。

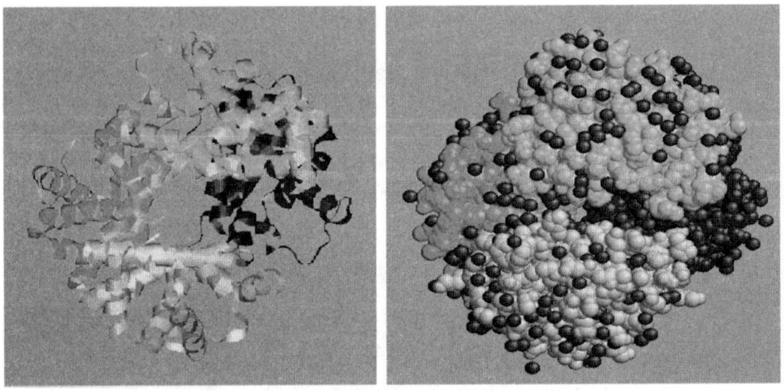

图 4-6　血红蛋白的四级结构

二、蛋白质结构分类系统

蛋白质结构分类是蛋白质结构研究的一个重要方向，是功能分类和功能进化研究的重要依据。近年来，已知蛋白质结构的数量迅速增加，这为蛋白质结构分类提供了新的更加丰富的数据基础。同时，蛋白质结构预测、蛋白质折叠及蛋白质工程研究，需要更加深入和系统的蛋白质结构分类知识。因此，不断发展出了一系列按层次体系对蛋白质结构进行分类的新方法、新程序，并将应用这些方法所获得的分类知识构建成数据库，免费开放使用。蛋白质结构分类数据库是三维结构数据库的重要组成部分。蛋白质结构分类可以包括不同层次，如折叠类型、拓扑结构、家族、超家族、结构域、二级结构、超二级结构等。网络公开的蛋白质分类数据库很多，此处简单介绍两个主要的蛋白质结构分类数据库——SCOP2 和 CATH。

（一）SCOP2 数据库

英国医学研究理事会（Medical Research Council，MRC）的分子生物学实验室和蛋白质工程研究中心于 2014 年 2 月正式发布了蛋白质结构分类数据库 SCOP（structural classification of proteins）的全面升级版 SCOP2。该数据库在搜集、整理、分析 PDB 数据库中已知的蛋白质三维结构的基础上，详细描述了已知结构的蛋白质在结构、进化事件与功能类型 3 个方面的关系。鉴于目前结构自动比较程序尚不能可靠地鉴别所有的结构和进化关系，数据库的构建除了使用计算机程序外，主要依赖于人工验证。由于蛋白质结构种类繁多、大小不一，有的只有一个结构域，有的则有许多结构域，构建结构分类数据库是一项十分复杂的工作。对于某些蛋白质，有时需要同时从单个结构域和多个结构域水平加以考虑。SCOP2 把 SCOP 中仅基于蛋白质结构的树状等级分类系统发展成为同时考虑结构、进化事件与功能类型 3 个方面的单向非循环网状分类系统。在这个网状系统中，两个蛋白质之间存在的多条路径可以表示出二者之间在不同方面的关系。在 SCOP2 数据库里搜索新序列、新结构，可以得到与之相似的已知结构和功能的蛋白质，从而预测新序列、新结构的功能。SCOP2 数据库可以通过主页上的搜索栏和整体数据浏览功能进行数据访问，网址为 http://scop2.mrc-lmb.cam.ac.uk/。

SCOP2 把所有已知三维结构的蛋白质分成 4 个层次，最高层次为结构类型（class），每个结构类型又分为不同的折叠（fold），每个折叠再分为不同超家族（superfamily），最后，每个超家族分为不同家族（family）。不同分类层次，反映不同程度的结构相似性。

家族：SCOP2 数据库的第一个分类层次为家族，其依据为序列同一性程度。通常将序列同一性在 30% 以上的蛋白质归入同一家族，即它们之间有比较明确的进化关系。当然，这一指标也并非绝对。某些情况下，尽管序列的同一性低于这一标准，如某些珠蛋白家族的序列同一性只有 15%，但也可以从结构和功能相似性推断它们来自共同祖先。

超家族：如果序列相似性较低，但其结构和功能特性表明它们有共同的进化起源，则将其视为超家族。

折叠：无论有无共同的进化起源，只要二级结构单元具有相同的排列和拓扑结构，即认为这些蛋白质具有相同的折叠方式。在这些情况下，结构的相似性主要依赖于二级结构单元的排列方式或拓扑结构。

结构类型：包括 α 螺旋结构域、β 折叠结构域、α/β 结构域（主要由“β-α-β”结构单元或平行 β 折叠结构组成）、α＋β 结构域（主要由反平行 β 折叠结构和独立的 α 螺旋结构组成）、多结构域蛋白、细胞膜和细胞表面蛋白，以及多肽（不包括免疫系统的有关蛋白）、“小”蛋白、卷曲螺旋蛋白、已经获得低分辨率蛋白质结构的蛋白质、多肽和多肽片段、人工设计的蛋白质和非天然蛋白序列。

（二）CATH 蛋白质结构分类数据库

CATH 是另一个著名的蛋白质结构分类数据库，与 SCOP2 类似，CATH 也是自上而下把已知蛋白质结构分为 4 个层次：类型（class）、构架（architecture）、拓扑结构（topology）和同源性（homology）。CATH 这个名称也是来源于这 4 个层次名称的首字母，它由英国伦敦大学 UCL 开发和维护。CATH 数据库的构建既使用计算机程序，也进行人工检查，但人工检查内容比重低于 SCOP2。CATH 数据库的分类基础是蛋白质结构域。CATH 的第一个层次把蛋白质分为 4 类，即 α 主类、β 主类、α-β 类（α/β 和 α＋β 类）和低二级结构类。低二级结构类是指二级结构成分含量很低的蛋白质分子。CATH 数据库的第二个层次分类依据为由 α 螺

旋和 β 折叠形成的超二级结构排列方式，而不考虑它们之间的连接关系。形象地说，就是蛋白质分子的构架，如同建筑物的立柱、横梁等主要部件，这一层次的分类主要依靠人工方法。第三个层次为拓扑结构，即二级结构的形状和二级结构间的联系。第四个层次为结构的同源性，它是先通过序列比对，然后再用结构比较来确定的。CATH 数据库的最后一个层次考虑了序列（sequence）水平上的相似性，在这一层次上，只要结构域中的序列同源性大于 35%，就被认为具有高度的结构和功能相似性。对于较大的结构域，则至少要有 60% 与小的结构域相同。

CATH 数据库可以通过 UCL 的生物分子结构和模拟实验室的网络服务器来查询，网址为 http://www.cathdb.info/。通过 UCL 生物分子结构和模拟实验室的网络服务器还可以查询 PDBsum 数据库。PDBsum 数据库提供对 PDB 数据库中所有结构信息的总结和分析。每个总结给出了与 PDB 库中条目相关的简要信息，如分辨率、R 因子、蛋白质主链数目、配体、金属离子、二级结构、折叠图和配体相互作用等。这不但有助于了解 PDB 数据库中包含的结构信息，而且提供了获取一维序列、二维序列模体和三维结构信息的统一的用户界面。随着计算机图形技术的发展，这种图文并茂的网络资源会越来越多，新一代的计算机软件可以使用户更方便地利用这些信息资源。

微课视频

第二节　蛋白质结构的测定与理论预测

一、蛋白质结构的实验测定

根据蛋白质的状态，测定蛋白质三维结构的方法分为三大类：① X 射线晶体衍射图谱法（X-ray crystallography）和中子衍射法测定晶体中的蛋白质分子构象；②核磁共振法（nuclear magnetic resonance，NMR）测定溶液中的蛋白质构象；③电子显微镜二维晶体三维重构（电子晶体学，electron crystallography，EC）。

（一）X 射线晶体衍射图谱法

X 射线衍射可以确定原子精度的结构。对于有机分子和蛋白质，可以给出几百到上万个原子的相对坐标。衍射方法的空间分辨率是由 X 射线源的波长决定的。测得的原子位置的精度还受到晶体衍射能力的限制。蛋白质晶体的特点是晶胞中含有很多水分子，它们是无序的，与水溶液的液体状态类似。它们经常占到晶胞的 50%～70%，这保证了蛋白质的结构与溶液中的结构非常相似。有实验表明，蛋白质在晶体中仍然可以进行正常的催化反应，而且蛋白质晶体非常脆弱，很小的温度升高（几摄氏度）就可以使晶体融化，这说明晶格堆积的能量很小，这样小的能量一般不会使蛋白质的结构产生本质的重大改变。多年的实验结果表明，晶体结构均有很强的生物相关性，非常可靠。到目前为止，尚未发现任何重要的反例。二维核磁共振技术发明以来，同样证明溶液结构与晶体结构有很强的一致性。因此，测定晶体结构是蛋白质结构测定的最重要的手段之一。最近几年，由于结构基因组学的大量投入，蛋白质晶体学的实验方法得到了飞速的发展，自动化程度越来越高，如很多实验室现在配备有结晶机器人。然而，生产足够量的、可溶的、稳定的、有生物功能和活性的蛋白质是晶体学目前最大的难题。

（二）核磁共振法

核磁共振是指核磁矩不为零的核，在外磁场的作用下，核自旋能级发生塞曼分裂（Zeeman

splitting)，共振吸收某一特定频率的射频（radio frequency，RF）辐射的物理过程。

近年来，NMR 法测定小蛋白质的三维结构得到了成功的应用（图 4-7）。NMR 法不需要制备蛋白质晶体的基本过程，但这种方法仅限于分析长度不超过 150 个氨基酸残基的小蛋白质。

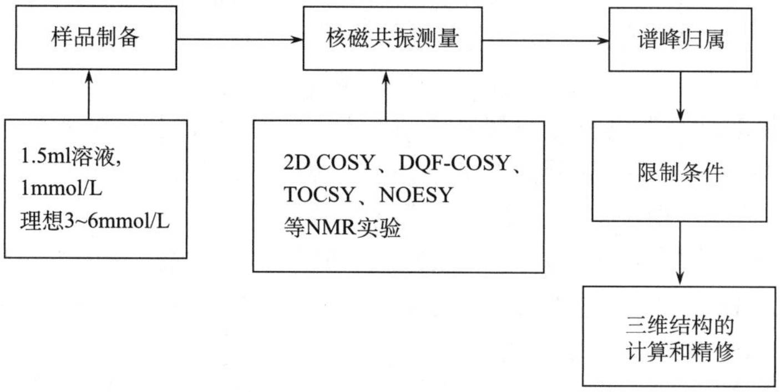

图 4-7　NMR 法测定蛋白质三维结构的基本过程

NMR 法测定蛋白质三维构象的特点是：①可测定溶液中接近于生理状态的蛋白质构象；②可测定小分子和蛋白质作用的动力学过程；③可测定蛋白质可变形的尾部的构象，它往往和蛋白质的活性功能紧密相关；④ NMR 法是一种非损伤性测定法，对样品无破坏作用。

（三）电子显微镜二维晶体三维重构

冷冻电子显微镜技术（cryoelectron microscopy）是 1968 年由 de Rosier 和 Klug 提出的，他们第一次利用此技术对 T4 噬菌体的尾部进行了结构解析，此后经过 10 年的努力，该技术在 20 世纪 80 年代趋于成熟。它的研究对象非常广泛，包括病毒、膜蛋白、肌丝、蛋白质核苷酸复合体、亚细胞器等。电子显微镜在结构生物学中的应用近年来变得越来越重要，成为解析大型蛋白质复合体、病毒乃至细胞器的三维纳米分辨率结构的有力手段；同时，电子显微镜二维晶体学在膜蛋白的三维精细结构解析上也有特殊的优势。尤其是最近几年随着计算机图像处理技术和显微镜设备的不断发展，冷冻电镜三维重构技术已经成为继 X 射线和 NMR 技术后，生物大分子结构研究的另一种重要方法。该技术可以直接获得分子的形貌信息，即使在较低分辨率下，电子显微学也可给出有意义的结构信息。它不仅适于捕捉动态结构变化信息，还适于解析那些不适合应用 X 射线晶体学和核磁共振技术进行分析的样本，如难以结晶的膜蛋白、大分子复合体等。而且，冷冻电镜三维重构技术易与其他技术相结合可得到分子复合体的高分辨率结构信息。同时，电镜图像包含的相位信息使其在相位确定上要比 X 射线晶体学直接和方便。

二、蛋白质结构比对

（一）蛋白质结构比对的目的和意义

结构比对就是对蛋白质三维空间结构的相似性进行比较，它是蛋白质结构分析的重要手段之一。与蛋白质序列比对相比，蛋白质结构比对算法要复杂得多。一个标准的蛋白质结构比对结果包括以下信息：①产生一个参数来衡量蛋白质结构之间的相似性；②产生两个蛋白质的序列比对结果，同一比对位置上的氨基酸意味着它们在空间结构上具有相似性；③产生结构叠加后的蛋白质结构文件（PDB 文件格式），可以根据叠加后的结构文件通过合适的蛋白质结构图形显示软件，具体观测两个蛋白质结构的相似性。

蛋白质结构比对通常可应用于以下几个方面。

1）结构比对可用于探索蛋白质进化及同源关系，特别是那些结构相似而序列不相似的弱同源蛋白，结构比对是分析它们之间进化关系的重要手段之一。

2）结构比对能够改进序列比对的精度。结构比对往往被当作是序列比对的金标准（gold standard）。人们通过对大量结构比对的结果进行分析，有助于开发序列比对的新算法。

3）结构比对能够对蛋白质结构预测提供帮助。目前一些蛋白质结构预测方法，如FUGUE和3D-PSSM等折叠识别方法都是通过结构比对来获得相应模板蛋白质结构上的一些保守信息，并把这些信息应用于折叠识别中衡量待测序列和模板结构的相容性。结构比对也是评价蛋白质结构预测模型优劣的一个主要工具。

4）结构比对为蛋白质结构分类提供依据。例如，CATH数据库是用一种半自动化的方式对蛋白质结构进行分类，分类过程中用到了结构比对算法SSAP。另外，FSSP数据库则是采用结构比对方法DALI对蛋白质结构进行自动分类。

5）蛋白质结构的比对还为一些以结构为基础的蛋白质功能注释方法提供帮助。蛋白质通过其特定的三维结构行使其生物学功能，有相似结构的蛋白质往往具有相似的或进化上有联系的功能。

（二）蛋白质结构比对的基本原理

进行蛋白质结构比对最直接的方法就是通过蛋白质空间结构图形显示软件，采用手动的办法将一个蛋白质结构移到另外一个蛋白质结构上，然后观测两个结构相似的部分。这种方法仅局限于两个结构非常相似的蛋白质，而对那些仅享有部分共同子结构的蛋白质，该方法很难奏效。因此，更实用的结构比对方法往往需要采用一些较复杂的策略。目前，已开发的蛋白质结构比对方法中最常用的策略就是启发式的方法：首先对两个蛋白质结构定义结构相似的部分（equivalent set，或称共同子结构）；然后通过多次迭代策略来调整共同子结构，直到找出优化的结构比对，即找到两个蛋白质空间上最大的重叠部分。一系列方法已被用来定义初始共同子结构，如动态规划法、距离矩阵比较法和最大共同子图检测法等。对初始共同子结构进行优化采用的方法有动态规划法、蒙特卡罗模拟、模拟退火、遗传算法和优化路径的组合扩张方法等（Xiong，2006）。

在共同子结构寻优及评价两个蛋白质最终结构比对的相似性的过程中，都需要一个打分函数来定量衡量两个蛋白质的共同子结构部分的相似性（Koehl，2001）。打分函数主要分为两类：①分子间距离；②分子内距离。分子间距离常用的是分子间均方根偏差（root mean square deviation，RMSD或*c*RMS），它表示的是两个优化叠加的子结构中对应的原子对间的距离差值的平方的平均值，再开方，即

$$c\text{RMS}=\sqrt{\frac{\sum_{i=1}^{N}\left(\|x(i)-y(i)\|^2\right)}{N}}$$

式中，N为蛋白质A和蛋白质B共同子结构中的原子数目；$x(i)$为蛋白质A中的第i个原子经刚体转化后的坐标；$y(i)$为蛋白质B中对应的第i个原子的坐标。

所谓刚体转化，就是将蛋白质A的结构（即待比对蛋白）经过平移（translation）和旋转（rotation）操作，叠加到蛋白质B（即目标蛋白）的结构上，使得*c*RMS最小（即优化叠加）。必须指出的是，比对那些序列相似性很低的蛋白质结构的时候，通常不考虑侧链，因为这些侧链的相似性往往很低。有时为了提高计算效率，很多结构比对算法中只考虑蛋白质骨架上的原子或只考虑C_α。

常用的分子内距离打分函数是分子内均方根距离，它衡量的是两个子结构中对应的距离矩阵的相似性，即

$$d\text{RMS}=\sqrt{\frac{\sum_{i=1}^{N-1}\sum_{j=i+1}^{N}\left(d_{ij}^{\text{A}}-d_{ij}^{\text{B}}\right)^{2}}{N\left(N-1\right)}}$$

式中，d_{ij}^{A} 和 d_{ij}^{B} 分别为 A 与 B 中原子 i 及原子 j 的距离。

此外，文献中开发的算法还采用了其他打分函数，但不外乎以上两种类型，目前还无法判断哪一种方法更具优势。相比较而言，分子内距离打分函数在对共同子结构寻优过程中可绕过分子叠加的过程，但要直观显示最终结构比对的结果，仍然需要用到分子叠加。作为最终衡量两个蛋白质结构相似性的方法，以上两个打分函数的缺陷是统计意义不够明确。例如，*c*RMS 通常与要比较的蛋白质的大小有关，较大的蛋白质倾向于会有更大的 *c*RMS。所以，许多开发的结构比对算法还用一些具有统计意义的显著性参数来衡量两个蛋白质的结构相似性。

为更直观了解结构比对，以 CE 算法为例，图 4-8 中给出了一个具体的实例，包括比对前两个蛋白质的空间结构［图 4-8（a）和图 4-8（b）］、结构比对后两个蛋白质的叠加构象［图 4-8（c）］、与结构比对对应的序列比对［图 4-8（d）］及衡量结构比对的参数。

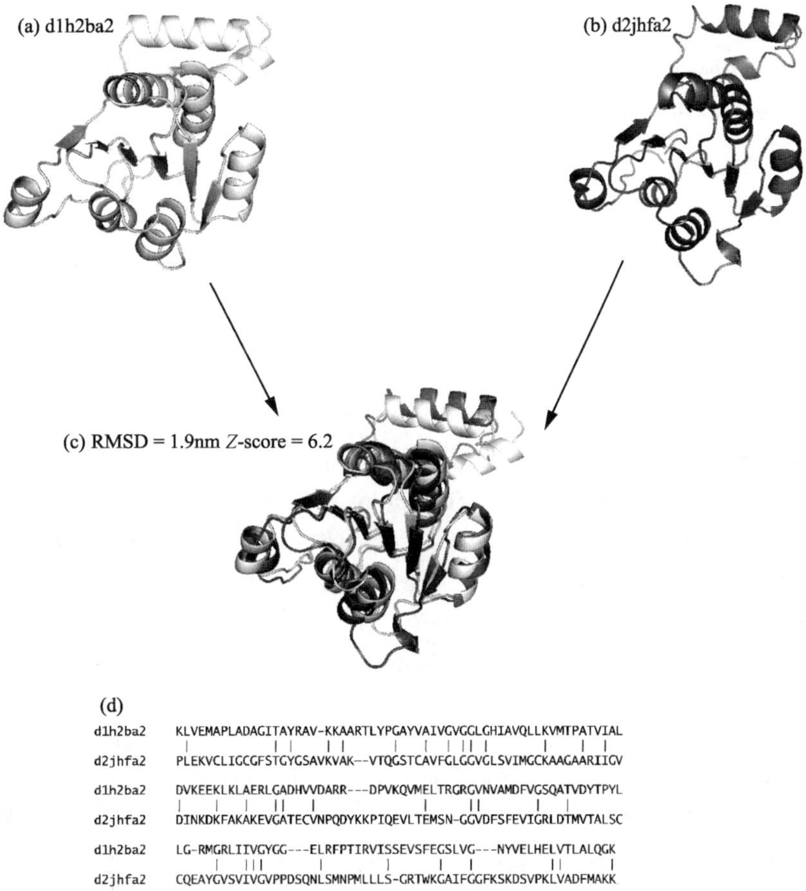

图 4-8　结构比对示意图

进行结构比对的两个结构域 d1h2ba2 和 d2jhfa2 分别为来自嗜热泉生古菌与大肠杆菌的乙醇脱氢酶的 C 端。在 SCOP2 结构分类数据库中，它们属于同一家族（SCOP2 家族号：c.2.1.1），对应的折叠类型为 Rossmann fold

除了双结构比对方法以外，一些多结构比对方法也相继被开发。多结构比对大多采取渐进式的策略，这与一些多序列比对的策略相似。首先，对一组蛋白质中的蛋白质进行两两结构比对，然后，根据两两结构比对的分数构造这一组蛋白质的系统发育树；接着，最相似的两个蛋白质首先被比对上；最后，依据建立的系统发育树，其他蛋白质逐渐被添加到已建立的比对上，直到所有的结构都被添加，进而获得一个多结构比对。

（三）常用结构比对方法

一个好的结构比对方法必须高度自动化，而且具有非常快的运算速度，只有这样才能满足我们对大量蛋白质结构聚类的要求，或搜索结构数据库中与目标蛋白结构相似的蛋白质的需要。迄今为止，已有超过几十种的结构比对方法被相继开发，其中一些优秀的方法（如DALI、TM-align 等方法）已得到了广泛的应用。表 4-1 中列出一些常用的蛋白质结构比对方法及其相应网址。下面将介绍几种常用的结构比对方法，旨在加深读者对结构比对原理的理解。

表 4-1　常用蛋白质结构比对方法及其网址

方法	网址	方法要点
TM-align	http://zhanglab.ccmb.med.umich.edu/TM-align/	类似于分子间距离比较方法动态规划
DALI	http://ekhidna2.biocenter.helsinki.fi/dali/	分子内距离比较方法
K2	https://bu.wenglab.org/k2/	采用遗传算法
SHEBA	http://ccrod.cancer.gov/confluence/display/CCRLEE/SHEBA	分层次的比对
MultiProt	http://bioinfo3d.cs.tau.ac.il/MultiProt/	多结构比对方法
PDBeFold	http://www.ebi.ac.uk/msd-srv/ssm/	基于二级结构单元匹配
STRUCTURAL	http://molmovdb.mbb.yale.edu/align/	基于双动态规划
VAST	http://www.ncbi.nlm.nih.gov/Structure/VAST/vastsearch.html	基于图论的方法
SuperPose	http://wishart.biology.ualberta.ca/SuperPose	基于四元数特征值算法比对

1. DALI 方法　DALI 方法是采用分子内距离的方法，它的主要策略是通过将结构相似的氨基酸片段拼接成一个完整的结构比对（Holm and Sander，1993）。在计算相似性分数时，DALI 采用分子内距离矩阵来计算两个共同子结构的相似性。该方法采用蒙特卡罗模拟来决定如何将结构比对上的氨基酸片段拼接成一个完整的结构比对。最终比对上的两个蛋白质的共同子结构的 *d*RMS 作为 DALI 比对的原始分数。为尽可能获得最优的结构比对，DALI 使用许多初始比对，来搜索分数最高的比对。为直观表征两个蛋白质的结构相似性，DALI 还提供了具有统计意义的 *Z*-score。算法在两个蛋白质之间寻找相似的接触模式，并进行优化后返回最佳的结构比对方案。这种方法允许任意长度的空位，并允许比对片段间互相交替连接，这样就实现了在整体上不相似的不同蛋白质之间寻找相似的特定结构域。DALI 的 Web 界面能对 PDB 数据库中已有的两组坐标进行分析，也可对由用户提交的两个蛋白质的 PDB 文件进行比对。DALI 同时也提供了可供用户下载使用的结构比对软件包。

2. CE 方法　CE 方法也属于分子内距离比较的方法。与 DALI 相似，CE 也是通过结构比对上的氨基酸片段连续地拼接成整个结构比对（Shindyalov and Bourne，1998）。与 DALI 不同的是，CE 中考虑 8 个残基的氨基酸片段，如果 2 个氨基酸片段的 *d*RMS 值小，则认为这

2 个氨基酸片段结构相似。在拼接过程中，CE 允许相邻比对上的氨基酸片段插入不超过 30 的空位。通常情况下，CE 通过选取一个初始的片段进行延长。虽然这种启发式的方法本质上是贪婪的，但它也考虑到了那些不是最佳匹配的氨基酸片段，从而扩大搜索的范围。之后，CE 通过采用动态规划算法及蒙特卡罗算法来优化比对，尽可能使比对上的氨基酸数目长度增加，并保持比对上的两个子结构具有较小的 *d*RMS 值。CE 采用 *Z*-score 来描述结构比对的统计显著性。通常，当 *Z*-score＞4.5 时，意味着两个蛋白质具有同一家族层次的相似性；当 *Z*-score 为 4.0～4.5 时，表示两个蛋白质属于同一超家族层次的相似性，或功能相关的相似性；当 *Z*-score＜3.7 时，两个蛋白质的结构相似性是非常低的。

3. STRUCTURAL 方法　STRUCTURAL 方法采用分子间距离的方法实现两个蛋白质的结构比对。首先，对两个蛋白质结构设置一个初始的共同子结构（即初始比对），根据刚体转化，对这两个子结构进行叠加，然后找到优化的比对。然后，根据新找到的优化比对上对应的两个子结构再进行分子叠加，如此反复，直到最后获得的比对收敛。必须指出的是，不同初始子结构获得的最优比对结果是不一样的，因此，为尽可能获得全局最优，不同的初始比对被采用。STRUCTURAL 中采用的初始比对构造分为 5 种方式：前 3 种方式分别为两个蛋白质的 N 端、C 端和中部（不考虑任何空位）；第 4 种方式是根据两条链的序列全同率；第 5 种方式是根据两条链上残基 C_α 原子的扭转角相似性来定义的。当给定共同子结构、需要刚体转化时，采用最小化 *c*RMS 值来寻找最优的分子叠加。STRUCTURAL 采用双动态规划的方法从分子叠加结果来找优化的比对，并构造 STRUCTURAL 分数来体现两个结构的相似性。

4. SSM 方法　SSM（secondary structure matching）方法也是采用分子间距离的方法来实现两个蛋白质的结构比对。它通过迭代搜索一个刚体转化来叠加两个蛋白质结构，从而找到最优比对。首先，被比对的蛋白质结构按照各自的二级结构单元被分解成若干子结构。根据这些二级结构单元的位置及空间取向，SSM 建立起初始转换来匹配这些子结构。在已有子结构的基础上，SSM 将其邻近的氨基酸也考虑为共同子结构，并通过优化叠加来进一步优化共同子结构。通过迭代的方法，SSM 试图找到最优的共同子结构，最终的共同子结构还会通过进一步的精修，去除一些不合理的比对上的氨基酸对。算法本质上也是贪婪的，它首先考虑匹配上的二级结构单元，并不断地将其邻近的氨基酸进行考虑来扩大共同子结构。为衡量结构比对的相似性，SSM 引入几何参数 *Q*，可综合考虑 *c*RMS、比对上氨基酸长度及两个蛋白质的氨基酸链长度。同时，SSM 还提供具有统计意义的 *P*-value 和 *Z*-score 来衡量两个蛋白质的结构相似性。

5. TM-align 方法　TM-align 方法采用类似于分子间距离的方法来实现两个蛋白质的结构比对，其主要特色是使用 TM-score 来描述两个子结构的相似性。计算 TM-score 时，不同距离的残基对被赋予不同的权重，因此 TM-score 比 *c*RMS 值更为敏感。TM-align 通过 3 种方式来建立初始共同子结构（即初始结构比对）。第一种方式是基于二级结构的比对；第二种方式是不允许空位的结构匹配；第三种方式是动态规划法的序列比对。将以上 3 种方式产生的初始结构比对，经多次启发式的迭代，直到找到具有最高 TM-score 的结构比对。通过对不同的数据集进行比较的结果显示，TM-align 方法得到的结构比对的结果会比一般的方法有更高的准确度及覆盖度。另外，TM-align 程序运行的速度也非常快，比 CE 方法快 4 倍左右，比 DALI 方法快 20 倍左右。两个蛋白质结构用 TM-align 方法比对得分为 0～1，比对的分数越大，代表两个蛋白质结构越相似：比对分数小于 0.2，则表示两个蛋白质结构不具有相似性；比对分数如果大于 0.5，则表示两个蛋白质属于同一个折叠（fold）类型。

除了以上介绍的一些经典的结构比对策略及其代表性方法，针对一些特殊的蛋白质结构，近年来一些新的蛋白质结构比对策略也被提出。例如，Ye 和 Godzik 在 2003 年开发的柔性蛋白质结构比对，通过将被比较的蛋白质之一的结构在铰链点（hinge point）允许进行弯曲，然后再进行刚体比较，这种结构比对方法可能对那些有较大构象变化的蛋白质特别有用。针对蛋白质对结构存在循环置换现象（circular permutation，CP），即两个蛋白质结构相似但从序列层次上看存在N端与C端互换的现象，Lo和Lyu在2008年还开发出CPSARST方法，专门用于这类特殊蛋白质的结构比对。值得一提的是，蛋白质功能位点空间结构的比较已变得越来越重要，其原因是研究表明两个蛋白质结构不相似，但只要它们存在相似的功能位点结构（如相似的活性位点或相似的配基结合口袋），则这两个蛋白质同样具有功能相似性。作为蛋白质结构比对的扩展，一系列蛋白质功能位点的空间结构比较算法已相继被开发。鉴于目前结构基因组研究积累了许多结构已知但功能仍未知的蛋白质，通过这种蛋白质功能位点区域结构相似性的比较，无疑将加快对这些蛋白质的功能注释。

三、蛋白质结构预测

蛋白质结构预测的理论基础是蛋白质的高级结构主要由蛋白质一级序列决定。与通过蛋白质组学和基因组学技术获得的海量蛋白质序列数据相比，实验测定的蛋白质结构数据还远远不能满足人们对蛋白质功能研究的需要。因此，通过生物信息学的手段开展蛋白质结构理论预测具有非常重要的学术意义和实际应用价值。迄今为止，蛋白质结构预测已走过40多年的历程，已取得长足的进步，许多预测方法相继被开发，并被频繁地应用在生命科学研究中的诸多领域。按照预测的任务划分，蛋白质结构预测主要可分为二级结构预测和三级结构预测，先二级结构预测，再三级结构预测。

（一）二级结构预测

蛋白质二级结构指的是蛋白质主链的折叠产生由氢键维系的有规则的构象，包括3种最主要的二级结构元件（secondary structure element）——α螺旋（H）、β折叠（E）和无规卷曲（C）。二级结构预测主要就是要预测一个蛋白质序列中每个氨基酸所处的二级结构元件（即H、E或C），虽然一些二级结构预测方法也对不经常出现的其他二级结构元件进行预测。对经大量实验测定的蛋白质序列与结构的统计分析表明，不同氨基酸及其所处的局部氨基酸片段（sequence context），其形成特定二级结构的倾向性是不同的。二级结构预测的基本原理就是通过对结构已经测定的蛋白质的序列及其二级结构对应关系的统计分析，学习和归纳出一些预测规则，用待测蛋白质的二级结构预测。蛋白质二级结构预测开始于20世纪60年代中期，经过科学家的不懈努力，迄今为止，文献上已报道了几十种不同的预测方法，在预测精度方面也取得了较为满意的结果，目前一些主流的蛋白质二级结构预测方法的预测精度可接近80%。

为方便读者理解，可以将已开发的二级结构预测方法的发展大致分为3代。第一代方法指的是1980年以前开发的方法，主要特点是采用简单的统计方法，基于对单个残基形成不同二级结构的统计，代表性的方法有Chou-Fasman方法，总体上预测准确性不超过60%。第二代方法指的是1980～1992年开发的方法，主要特点是采用更为复杂的统计方法（如信息论的考虑）和预测中对残基所处的周围氨基酸片段的考虑，代表性的方法有GOR Ⅲ，总体精度不超过65%。第三代方法指的是1992年以后开发的预测方法，这代方法的显著特点是采取更为先进的机器学习方法（如神经元网络），将多序列比对作为预测的输入，代表性的方法有PHD和PSIPRED方法，总体上这代方法预测精度大大提高，普遍可超过70%。总体上看，第一代方法和第二代方法总体精度还不够好，比随机预测好得有限；只有到了第三代方法，二级结构预测的精度才令人满意。

目前，随着二级结构预测的日趋成熟，蛋白质二级结构预测进入实用阶段，应用范围进一步扩大。二级结构预测的意义和应用价值在于：①根据二级结构预测的结果，可迅速对预测蛋白可能的空间结构有大致了解，可用于对预测蛋白结构的初步分类、预测蛋白中不同结构域或功能域的界定；②二级结构预测结果还频繁地用于蛋白质序列和结构分析中的其他生物信息学问题，如好的二级结构预测结果有助于提高蛋白质序列比对的精度，好的预测结果还可用来预测蛋白质的功能位点；③二级结构是联系一级结构和三级结构的桥梁，所以二级结构预测可为三级结构预测提供一个很好的起始条件。

1. 蛋白质二级结构预测方法

（1）DPM（*双重预测方法*）　先预测蛋白质的结构分类再预测序列的二级结构，分为4步：从氨基酸组分预测蛋白质结构分类，用简单算法初步预测二级结构，比对两个独立预测，最后优化参数得到二级结构。

（2）DSC *算法*　将二级结构预测分为两步：首先预测基本概念，然后利用简单线性统计方法结合概念预测二级结构，其准确率较高。

（3）PHDsec　基于多序列比对结果，使用神经网络算法预测二级结构，是第一个预测准确率超过 70% 的方法。

（4）SOPMA　采用 GOR、Levin 同源预测方法、DPM、PHD 和 CNRS 的 SOPMA 这 5 种相互独立的方法预测，输出并汇集整理“一致预测结果”。

（5）MLRC *算法*　集 GOR4、SIMPA96 和 SOPMA 为一体，处理蛋白质二级结构预测结果，并估计分类的后验概率。

（6）Jpred　运用 Jnet 神经网络算法预测二级结构。

2. 蛋白质结构域识别方法　结构域对应独立折叠的一段连续氨基酸序列，通常由一个基因外显子编码，并具有特定功能。一般是构成蛋白质亚基的紧密球状区域，在蛋白质中具有相对独立三级结构。在较大的蛋白质中，结构域之间通过较短的多肽柔性区互相连接，形成二级结构与三级结构之间的一个过渡层次。一般每个结构域由 100～200 个氨基酸残基组成，构成独特空间构象，实现特定生物化学功能，是蛋白质工程化设计的基本单位。

结构域识别方法主要包括：根据蛋白质空间结构信息利用机器学习方法获取结构域信息的方法、通过对具有代表性三级结构的蛋白质建立隐马尔可夫模型方法、分析蛋白质序列构象熵值判定结构域边界的方法、运用神经网络从蛋白质序列获取结构域边界方法和基于经验的人工划分方法等。

3. 基于基序的方法　基于基序的方法通过识别功能相关的蛋白质中保守的三维基序，并建立这些保守的基序和保守的蛋白质功能间的映射关系用于预测目标蛋白质的某些生物化学功能。

1）STE 程序和数据库储存了酶活性位点保守基序信息。此数据库用位点匹配程序寻找关键的功能位点残基作为保守残基。但是这些数据分析发现，即使高度同源的蛋白质，有些程序认证的功能位点残基也不保守，即不属于结构基序。因此，需要仔细分析这些信息以寻找新蛋白质的未知功能。

2）TESS 程序。采用了几何散列算法，通过模板研究和重叠，从蛋白质的高级结构中寻找保守的必需残基。

3）模糊功能形态（FFF）。从三维信息角度认证与生物学功能相关位点的保守性。其用主链 α 碳原子坐标进行匹配。

4）SPASM。同时用主链 α 碳原子和侧链基团作为分析对象，并列寻找保守残基，并用于搜寻结构数据库中能匹配的已知功能蛋白。

5）分子识别策略分析，是基于已知功能域四周原子的叠合认证保守性预测蛋白质功能。

6）蛋白质侧链的保守模式分析。类似于前述的 TESS、FFF 和 SPASM，分析重复出现的氨基酸侧链的保守性。这种方法只需新蛋白质的结构数据和与之关联的多重序列比对。

严格来说，二级结构预测还仅仅属于蛋白质结构性质的预测，离三级结构预测的目标尚远。目前，属于这一范畴的其他预测问题还有蛋白质的表面可及性预测、膜蛋白的跨膜区预测、蛋白质序列中氨基酸在空间结构中是否存在接触的预测等。研究发现，许多蛋白质中部分序列片段在生理条件下不能形成固定的二级结构，即不能折叠成稳定的三维构象。这种区域通常称为蛋白质混乱区（disordered region），它对蛋白质的功能具有重要的影响，如蛋白质混乱区经常被用来调控蛋白质－蛋白质相互作用。蛋白质混乱区的预测也属于蛋白质结构性质的预测，是近几年来蛋白质生物信息学中的一个热点课题。

（二）三级结构预测

蛋白质三级结构预测方法主要可分为三类：同源模建、折叠识别和从头计算。同源模建（homology modeling）是发展最为成熟的蛋白质结构预测方法，迄今已有二十余年的历史。其基本原理是基于蛋白质序列和结构的进化关系，即两个蛋白质如果具有足够的序列相似性，则它们具有相似的空间结构。因此，通过寻找与待测序列同源的、结构已测定的蛋白质，并将其作为模板，可实现对待测蛋白质的结构预测。蛋白质折叠识别（fold recognition）又称穿线法（threading method），是过去十几年研究最为活跃的结构预测方法。其主要原理是蛋白质空间结构比序列更为保守，即两个序列相似性很低的蛋白质也有可能存在很高的结构相似性（弱同源性）。因此，可以通过寻找与待测序列弱同源的蛋白质作为结构模板进行结构预测。从头计算法（*ab initio* method）的原理是蛋白质的天然构象对应其能量最低的构象，通过构造合适的能量函数及优化方法，可以实现从蛋白质序列直接预测其三维结构。从头计算法的物理化学意义明晰，不依赖于模板，有可能预测到全新的蛋白质结构，但由于很难找到精准的能量函数，以及多变量优化中存在的大量的局部最小值，因此，从头计算法目前未达到很实用的程度，常作为补充与其他算法综合使用。

1. 同源模建　蛋白质结构同源模建（又称同源模拟、同源建模）的理论基础是相似的蛋白质序列对应相似的蛋白质结构。随着实验测定的蛋白质结构数据的增加，人们发现如果两个蛋白质享有足够的序列相似性，绝大多数情况下它们的三维结构也非常相似，从而进一步印证了这个理论。如果一个蛋白质的空间结构已被实验测定，则可以以该结构为模板来预测另一个序列与之相似的蛋白质的空间结构。经过 20 年左右的努力，不同的同源模建方法相继被开发，而且随着计算机计算能力的提高，同源模建已实现高度自动化。总体上，同源模建一般可分为以下几个步骤：①模板的选择；②待测序列与模板序列的比对；③模型的建立；④模型的评估和循环精修。

（1）模板的选择　模板的选择是同源模建第一个关键步骤。通常，模板的选择是通过 BLAST 对蛋白质结构数据库 PDB 的同源性搜索来实现。一般情况下，当序列和候选模板蛋白具有 30% 以上的序列同一性时，候选模板是较为合理的；一些情况下，序列相似性较高，模板的同一性要求也可降低至 25% 左右。除了序列同一性作为合适的参数来评判序列与模板的匹配程度外，一些统计参数（如 BLAST 中的 *E*-value）也可用来判断序列与模板的匹配程度。模板选择中，如搜索到许多可用的模板，则既可以挑选其中最佳的一个模板（单模板同源模建），也可以选择同一性排名前 3～5 名的蛋白质共同作为模板（多模板同源模建）。至于单模板同源模建与多模板同源模建的质量孰优孰劣，必须根据具体的实例来确定。最简单的判断方法是两者皆尝试，从中选取质量较高的模型。另一模板选择原则是，在可能的情况下，模板的结构实验测定的质量尽量高，如 X 射线衍射法测定的结构分辨率越高越好。

（2）待测序列与模板序列的比对　一旦模板确定后，下一步就是要对待测蛋白及结构模板的全长序列进行序列比对。通常，当待测蛋白与模板享有很高的序列同一性时，不同的序列比对方法总能产生相同的比对。然而，当待测蛋白与模板的序列同一性不够高时，不同的序列比对方法产生的比对会有较大差异，这种情况下往往需要对不同序列比对的结果进行一一尝试，甚至手工局部微调序列比对结果，以便获得质量更高的模型。如果选择了多模板同源模建，则需要做待测蛋白及模板的多序列比对。

（3）模型的建立　同源模型的建立是同源模建的核心部分，这一步一般是由模建软件自动完成，无需用户手动操作，它包括以下几个子步骤：①待测蛋白的主链模建；② loop 区模建；③侧链安装。主链模建非常容易，待测蛋白中比对上的氨基酸的主链可以从模板中相应位置氨基酸的主链拷贝得到。通常，待测蛋白与模板的比对伴随着插入或删除造成的空位，这使得序列中的某些区域在模板中没有与之比对上，主链需要进行调整和修补，即 loop 区模建。loop 区模建常用的方法有数据库搜索方法和系统构象搜索。总体来说，loop 区模建是同源模拟中的一个难题，特别是对于较长氨基酸片段的 loop 区，很难保证模建的结果是可靠的。侧链安装的主要原则是借鉴结构已经测定的蛋白质的侧链构象，或从能量角度和空间位阻角度出发预测目标蛋白中残基的侧链构象。大量实验已测定的蛋白质结构表明，氨基酸往往倾向于某几种的侧链扭转角。对这些侧链构象进行收集，并根据出现频率加以排列，这就是所谓的构象库（rotamer）。实际上目前的侧链构象预测方法主要利用构象库的概念。例如，目前比较流行的侧链安装程序 SCWRL（http://dunbrack.fccc.edu/scwrl4/index.php）就是采用蛋白质骨架相关的侧链构象库。

（4）模型的评估和循环精修　结构建模中获得的初始模型不可避免地含有结构不合理的地方，如不合适的键角和键长、过近的原子接触等。采用合适的能量函数对模型进行能量最小化，能够消除结构中不合理的地方。

对于同源模建获得的模型必须进行必要的模型评估。模型评估并不能评判所建模型与真实结构之间的相近程度，但是可以从几何学、立体化学和能量分布 3 个方面评估一个模型的自身合理性。在前面模板选择和序列比对部分提到的模型质量就是指这里的模型评估结果。最常见的模型评估手段是利用软件自动绘制蛋白质主链二面角的 Ranmachandran 图，判断处于 Ranmachandran 图中许可区域的氨基酸的比例是否高于 85%，检查分子中的键长、键角和过近接触等，通过判断这些立体化学性参数的异常来判断所建模型的好坏。另外一种策略，就是先对实验测定的蛋白质结构进行统计，得到一些打分函数；然后比较预测模型中的打分，实现对预测模型的评估。迄今为止，除了建模软件自带的一些模型评估方法，一系列独立的方法已被开发出来，专门用来做模型评估，如 PROCHECK、Verify3D、ModFold、MetaMQAP、ProQ 等。

通过模型评估发现的存在于模型中的整体或局部的问题，往往需要追溯到选择模板或序列比对步骤去解决。尝试调整模板或序列比对，重新构建模型，重新评估，这样循环操作，直至获得满意的模型。仅对模型骨架和侧链的局部优化（长度小于 20 个氨基酸），可以使用 ModLoop 软件，指定调整区域起始与终止的氨基酸位置，便可得到一系列的优化后的结果。

总体上看，同源模建技术已经相当成熟。文献上已报道了几十种同源模建方法，一些方法开发者提供了可免费下载的版本或界面友好的服务器，极大地方便了用户的使用。为方便读者，表 4-2 列出一些常用的同源模建方法的网站，表 4-3 列出了一些蛋白质二级结构预测与功能数据库。目前，同源模建仍存在着一些瓶颈，如找不到合适的模板、待测序列与模板的序列比对不准确及 loop 区的模建不准确，然而，从本质上来说，还是可用的模板不够多。随着越来越多的蛋白质的空间结构被实验测定，将会为同源模建提供更多的结构模板，完全有理由相信蛋白质同源模建将会发挥更大的作用。

表 4-2　一些常用的蛋白质结构预测方法的网址

方法	预测方法类型	网址
Modeller	同源模建	http://salilab.org/modeller/
Swiss-Model	同源模建	https://swissmodel.expasy.org/interactive
EsyPred3D	同源模建	http://www.unamur.be/sciences/biologie/urbm/bioinfo/esypred/
CPHmodels	同源模建	https://services.healthtech.dtu.dk/service.php?CPHmodels-3.2
RaptorX	同源模建	http://raptorx.uchicago.edu/
HHpred	同源模建	https://toolkit.tuebingen.mpg.de/ # /tools/hhpred
Fugue	折叠识别	http://mizuguchilab.org/fugue/
pGenThreader	折叠识别	http://bioinf.cs.ucl.ac.uk/psipred/
FFAS03	折叠识别	https://ffas.godziklab.org/ffas-cgi/cgi/ffas.pl
Phyre^2	折叠识别	http://www.sbg.bio.ic.ac.uk/~phyre^2/
Robetta	从头计算法	http://robetta.bakerlab.org/
QUARK	从头计算法	http://zhanglab.ccmb.med.umich.edu/QUARK/
I-TASSER	综合法	http://zhanglab.ccmb.med.umich.edu/I-TASSER/
AlphaFold2	从头计算法	https://alphafold.ebi.ac.uk/

表 4-3　蛋白质二级结构预测与功能数据库

方法	预测方法类型	网址
NetSurfP	二级结构预测	https://services.healthtech.dtu.dk/service.php?NetSurfP-2.0
SSpro	二级结构预测	http://scratch.proteomics.ics.uci.edu/
PredictProtein	二级结构预测	http://www.predictprotein.org/
JPred4	二级结构预测	http://www.compbio.dundee.ac.uk/jpred4/index.html
PREDATOR	二级结构预测	https://npsa-prabi.ibcp.fr/cgi-bin/npsa_automat.pl ? page = /NPSA/npsa_predator.html
PSSpred	二级结构预测	http://zhanglab.ccmb.med.umich.edu/PSSpred/
PSIPRED	二级结构预测	http://bioinf.cs.ucl.ac.uk/psipred/
Pfam	结构域	http://pfam.xfam.org/
SMART	结构域	http://smart.embl-heidelberg.de
Interpro	结构域	http://www.ebi.ac.uk/interpro/scan.html
TMHMM	结构域	https://services.healthtech.dtu.dk/service.php?TMHMM-2.0

2. 折叠识别

（1）折叠识别基本原理　蛋白质折叠识别方法，是从蛋白质结构数据库中识别与待测序列具有相似折叠类型，进而实现对待测序列的空间结构预测。自然界中蛋白质折叠类型的数目有限，许多蛋白质虽然享有很低的序列相似性，但它们仍可能具有相同的折叠类型，这就是折叠识别的理论依据。现在普遍认为，折叠类型的总体数目会在几千以内。近年来，虽然许多新蛋白质的结构不断被解析，但折叠类型数目的增长趋于平缓。对于一个待测序列，如果它所对应的折叠类型已被实验测定，如何通过合适的计算方法找出它所对应的折叠类型，就是折叠识别要解决的核心问题。

折叠识别一般可以分为 4 个步骤进行。①建立蛋白质结构模板数据库。蛋白质结构模板数据库通常可以以 PDB 数据库或者 SCOP 数据库中的蛋白质结构数据作为基础，选取具有代表性的一些蛋白质结构，尽量让模板数据库中的结构覆盖目前已测定的绝大部分折叠类型。②设计合适的打分函数来衡量待测序列与模板数据库中结构的相容性。③对打分函数得到的结果进行统计显著性分析。这一步一般需要将序列与结构之间的相容性打分转化为具有统计意义的参数，如 *Z*-score 和 *E*-value 等。④对结构模板数据库中通过计算得到的具有统计显著性的蛋白质结构排序，折叠识别方法一般会给出多个可能具有结构相似性的蛋白质结构模板。一个理想的折叠识别方法还需给出待测序列与模板蛋白的序列比对。一旦模板及比对确定下来，同样采用同源模建的结构模拟步骤实现对待测蛋白的三维结构模建。

（2）*折叠识别方法的发展历史*　折叠识别按其发展过程可以分为两代方法。第一代折叠识别方法通常指的是 2000 年以前开发的方法，更多情况下被称为穿针引线法（threading）。其主要思路是：在计算待测序列与模板序列比对时，考虑待测序列与模板的结构相容性。换句话说，与传统的序列比对相比，模板的结构信息得以考虑，最经典的两个策略是分子平均势能函数被使用及不同氨基酸倾向于出现在不同结构环境。虽然，第一代折叠识别算法在方法学上具有很大突破，但总体上并不实用。例如，在其代表性方法 Threader 中，双动态规划获得的比对精度不一定比传统序列比对方法好，计算时间也偏长。第二代方法是指 2000 年后开发的折叠识别算法，主要特点是：序列之间的进化信息被充分考虑；不同信息通过复杂的数学算法被有效整合成一个杂化的打分函数；许多方法还提供在线服务器；蛋白质折叠数据库被不断更新；打分函数的统计参数意义更加明显。这些特点均使第二代折叠识别方法越来越实用。为便于理解，第二代折叠识别方法可大致归纳为 3 种类型。第一类方法是在构建序列和模板的比对时，除了考虑待测序列的进化信息外，模板的结构信息也得考虑，代表性方法有 3D-PSSM 和 FUGUE。第二类方法是采用机器学习的方法将序列信息和结构信息整合成一个折叠识别系统，代表性的方法有 pGenThreader。第三类方法是基于 profile-profile 比对原理，对待测序列和模板分别构建 profile，然后再进行 profile-profile 比对，原则上能更大程度考虑序列之间的进化信息，代表性的方法有 FFAS03。

蛋白质折叠识别已经成为蛋白质结构预测的主要方法之一，特别是第二代折叠识别算法已经相对成熟。同源模建与折叠识别在预测蛋白质结构上比较类似，被统称为基于模板的结构预测方法。蛋白质折叠识别方法的成熟，大大扩大了同源模建的应用场合，拓展了蛋白质结构预测的实际应用范围。表 4-2 列出一些常用的折叠识别方法及其相应网址。需要指出的是，虽然不同折叠识别方法的原理相似，但实际上的表现还是有较大差别，不同方法往往体现一定的互补性，因此将不同的方法整合到一个预测系统将有可能最大限度地实现对待测蛋白质的折叠识别，如波兰生物信息研究所开发和维护的 Meta Server（http://bioinfo.pl）。

3. 从头计算法　从头计算法的原理是蛋白质的天然构象对应其能量最低的构象，因此通过构造合适的能量函数及优化方法，可以实现从蛋白质序列直接预测其三维结构的目的。由于很难找到精准的能量函数，以及多能量优化过程中存在大量的局部最小值，目前从头计算法还远未像前两种方法那样成熟实用，它一直是蛋白质结构预测中最具挑战性的课题。从头计算法的物理化学意义明晰，不依赖于模板，有可能预测到全新的蛋白质结构，所以一直受到许多研究人员的青睐。最近，从头计算法已取得很大的突破，对一些含氨基酸数量为 100～200 的较小的蛋白质，有可能预测得到高精度的三维结构。所以，当采用同源模建和折叠识别无法实现对待测蛋白的空间结构预测时，可以考虑采用从头计算法来获得结构模型。虽然单纯运用从头计算方法得到的模型还不能可靠地用于分子对接和药物分子设计，但预测得到的一些低分辨率的结构模型结果可用来作蛋白质功能注释，新的算法也增强了我们对蛋白质折叠机制的认识。鉴于从头计算法涉及较多的物理化学原理和数学方法，为便于理解，不对具体的能量函数及能量优化方法展开论述，只是通过介绍一个较为流行的软件来加深读者对从头计算法的理解。

QUARK（http://zhanglab.ccmb.med.umich.edu/QUARK/）是美国密歇根大学 Zhang Yang 课题组开发的一种从头预测结构的预测方法，其主要原理为蛋白质中 1～20 个氨基酸长片段的结构可以从已知结构蛋白的相似氨基酸片段的结构拷贝中得到。待测蛋白的氨基酸片段先通过预测其二级结构及序列相似性比较，从蛋白质氨基酸片段模板结构库中找到其应该采取的构象；然后这些氨基酸片段的构象再在一个原子水平的经验力场系统的指导下，通过复制 - 交换蒙特卡罗模拟（REMC）方法被装备起来，得到一系列非天然构象。最后采用基于统计的能量打分函数对这些构象进行评价，通常能量越低，越应该接近天然构象。QUARK 在第九届和第十届国际蛋白质结构预测竞赛（Critical Assessment of Techniques for Protein Structure Prediction，CASP）的自由建模组中排名第一。

4. 综合法 一些近几年新开发出来的蛋白质结构预测软件不仅限于使用某一种算法，而是综合上述 3 种算法中的同源模建和从头计算，或折叠识别和从头计算，还有一些甚至同时综合了这 3 种算法。这些新方法往往可以在依靠单独一种算法得不到高质量结构模型的情况下发挥出理想的作用。同时，模板的选取也在全长模板的基础上出现了局部多模板拼接算法，即在使用同源模建和折叠识别都无法得到理想的全长模板的情况下，寻找与待测蛋白局部匹配的一组片段模板，每一个片段模板既可以通过同源模建得到也可以通过折叠识别得到，这些片段模板拼接起来可以基本覆盖待测蛋白。而待测蛋白中个别未被模板覆盖的区域则可以使用从头计算法来补充。I-TASSER 就是其中典型的代表。

I-TASSER（http://zhanglab.ccmb.med.umich.edu/I-TASSER/）是美国密歇根大学 Zhang Yang 课题组开发的一种综合了 3 种基本方法的蛋白质结构预测软件，其运行主要分为以下 3 步。第一步，采用 LOMETS 折叠识别方法对目标序列在 PDB 数据库中搜索相似的模板。第二步，根据折叠识别的比对结果，目标序列可分为被比对的区域和无法比对的区域。被比对区域的结构可以从模板中获得，目标序列中无法比对区域的结构则采用基于立体网格模型的从头计算法预测，然后序列全长的结构模型通过复制 - 交换蒙特卡罗模拟（REMC）装备得到。如果 LOMETS 找不到合适的模板，则整个结构采用从头计算法模拟。模拟得到一系列构象后，采用 SPICKER 方法进行聚类，挑选低能量的构象簇。第三步，用 SPICKER 方法进行聚类，对得到低能量的簇中心的构象重新进行片段装备模拟。第三步的主要目的是消除立体碰撞，使簇中心的构象更优化。对第二次模拟中产生的构象再进行聚类，选择能量低的构象，经氢键网络优化后作为 I-TASSER 获得的蛋白质结构的最终全原子模型。I-TASSER 在第七届、第八届、第九届、第十届 CASP 竞赛组中排名第一。

（三）不同蛋白质预测方法的评价与选择

本节介绍的 3 种蛋白质三级结构预测方法及蛋白质二级结构预测方法，基本上反映了目前蛋白质结构预测的总体情况。虽然蛋白质结构预测还远未完善，方法学上仍然需要新的突破，但蛋白质结构预测的应用正日益扩大。例如，基因编码蛋白质的结构预测可加快功能基因组的研究；药物靶标蛋白的结构预测可加快新药的开发。

在实际应用中，为一条蛋白质序列选择具体的蛋白质结构预测方法时，并没有一个绝对的规律来判断究竟哪一个方法最适合。往往需要多尝试几种方法，从中选择较为合适的。这里我们给出一个大致的判断流程（图 4-9）。首先，如果在 PDB 数据库中存在与待测蛋白序列同一性大于等于 30% 的全长模板，就可直接使用同源模建法 Swiss-Model 的全自动模式或序列比对模式建模；如果没有，则考虑折叠识别法，如 pGenThreader。然后，看折叠识别法找出的模板自评估质量是否达到“high”以上，如果达到，则可以使用该模板（单模板或多模板）建模；如果模板质量不高，则须再次判断待测蛋白质序列的长度是否在 200 个氨基酸之内。如果待测蛋白质序列长度小于 200 个氨基酸，则可以使用从头计算法，如 QUARK；反之，则推荐使用综合法 I-TASSER。必须指出的是，并不是所有结构未知的蛋白质序列都可以通过预测得到较理想的结构模型。对于很多序列来说，无论用何种方法都无法预测得到质量较高的结构模型。

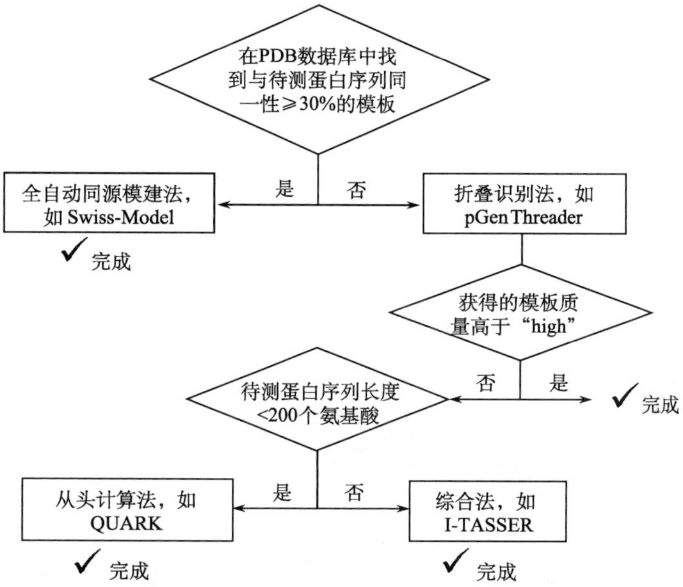

图 4-9　蛋白质预测方法的选择流程

随着不同预测方法的相继开发，非常有必要对不同的方法进行公正的评价。目前学术界存在两种专门用于蛋白质结构预测评价的手段。①蛋白质结构预测 CASP 竞赛。CASP 竞赛是通过与结构生物学家合作来实现的。首先，结构生物学家提供结构已测定但未公开的蛋白质给 CASP 竞赛参加者，CASP 竞赛参加者通过他们各自的方法对蛋白质结构进行预测，然后将结果提交给 CASP 组委会。运用结构比对的方法，将这些预测的结构与实验测定的蛋白质结构进行比较，然后进行评价。CASP 竞赛起始于 1994 年，每两年举行一次，该竞赛极大地促进了蛋白质结构预测的发展。②实时的评价方法。研究人员发现，对不同预测方法的评价不能仅仅依赖于某一测试集，所以实时的评价方法也就应运而生。其主要思路是：将 PDB 数据库中新近公开的蛋白质结构，提交给不同预测服务器，然后搜集具体的预测结果，每隔一段时间对不同的方法进行评价。这种实时评价的方法可以全自动地实现对不同预测方法的连续评价。

在国际蛋白质结构预测竞赛（CASP）上，DeepMind 推出的 AlphaFold 程序在百余支队伍中脱颖而出。CASP 的比赛规则之一是参赛者预测的蛋白质结构必须已经通过实验验证但未公开发表。预测出的结果会通过实验方法进行匿名检验，二者相似度越高，得分也就越高。比赛中，DeepMind 的 AlphaFold 将深度学习与张力控制算法结合，并应用于结构和遗传数据，该深度学习网络利用目前已知的 170 000 种解析完毕的蛋白质结构进行了训练。结合蛋白质折叠的物理结构和几何约束信息，AlphaFold 可以预测出目标蛋白质的序列结构——甚至还包括楔入细胞膜的蛋白质，这是理解许多人类疾病的关键。但 AlphaFold 也不是十全十美的。比赛中，在预测一个由 52 个小重复片段组成的蛋白质结构时，AlphaFold 拿到的分数并不高。目前，DeepMind 已经公布了 AlphaFold 首个版本的详细信息，供其他研究者复制使用。DeepMind 有关研发团队表示，还将继续对 AlphaFold 展开训练，以便解析更复杂的蛋白质结构。

第三节　蛋白质对接

一、蛋白质相互作用

蛋白质相互作用是指在生化作用或静电力作用下，两个或多个蛋白质分子之间产生物理性接触。无论在细胞水平上还是系统水平上，极少有单体蛋白质分子独自行使功能的情况。复杂多样的分子过程都是由分子机器控制和执行的，而分子机器本身就是大量蛋白质分子在相互作用的有序组织下构建而成的。蛋白质相互作用的研究在探寻细胞信号转导途径、复杂蛋白质结构的建模及理解蛋白质在各种生物化学过程中的作用方面都是非常必要的。

蛋白质相互作用有不同的分类原则。从组成复合体的单体类型角度可以分为同源相互作用和异源相互作用。同源复合体中的所有单体都是同一种蛋白质，很多酶、载体蛋白、支架蛋白和转录调控因子都以同源复合体的形式行使功能；异源复合体中包含不同的蛋白质单体，在细胞信号传导通路中最为常见，这种异源相互作用只可能出现在不同蛋白质单体的结构域之间。从相互作用稳定程度的角度可以分为稳固相互作用和瞬时相互作用。同源复合体中各个单体之间的相互作用往往都是稳固相互作用，而信号传导通路中涉及的蛋白质之间往往都是瞬时相互作用，即一个蛋白质短暂地与另一个蛋白质结合，在行使完功能之后再与之分离。从相互作用力的角度可以分为共价相互作用和非共价相互作用。共价相互作用主要是由二硫键和电子共同维持的，较为少见；非共价相互作用可以由氢键、离子键、范德华力或亲疏水作用维护，是蛋白质相互作用的主要形式。

二、蛋白质对接及分析软件

蛋白质相互作用研究方法多种多样。免疫共沉淀和酵母双杂交系统等生化方法仅可以鉴定特定的蛋白质是否相互作用，而不能确定空间上如何相互作用；X 射线晶体衍射和核磁共振等结构生物学技术可以高分辨率地展示蛋白质之间在空间上是如何结合的，但实验操作十分困难且昂贵。这里重点介绍利用计算机预测蛋白质的相互作用模式，即蛋白质对接。蛋白质对接的基本过程是已知两个蛋白质结构，搜索这两个蛋白质理论上可能产生的数百万个结合构象，再利用生物信息学评价标准过滤排除不合理的结构，然后对每一个入围的构象都用精细的能量函数打分，最终确定能量最低的构象。因此，对接的准确程度直接取决于两个因素：搜索结合构象的全面性和能量函数的合理性。搜索结合构象及排除不合理构象主要考虑分子表面几何形状互补性和静电互补性，搜索范围越大对计算资源的要求就越高。能量函数的定义要体现出各类非共价效应、亲疏水效应、溶质熵效应，以及它们各自的权重。

理论上对接可分为刚性对接、半柔性对接和柔性对接 3 类。刚性对接是指在计算过程中，参与对接的分子构象不发生变化，仅改变分子的空间位置与姿态。刚性对接计算量相对较小，适合处理多数蛋白质结合的问题。半柔性对接是指对接过程中仅指定的片段构象允许发生一定程度的变化，如某些氨基酸的骨架和侧链允许任意活动。半柔性对接方法兼顾计算量与模型的预测能力，也是应用比较广泛的对接方法。柔性对接在对接过程中允许整个研究体系的构象发生自由变化，由于变量随着体系的原子数呈几何级数增长，因此柔性对接方法的计算量非常大，消耗计算机时很多，对应软件的开发远远没有达到实用的程度。这里简单介绍4个蛋白质对接及分析软件。必须强调的是，蛋白质对接只能是在已知两个蛋白质有相互作用的前提下，用来预测它们在空间上是如何相互作用，而不能预测两个蛋白质是否有相互作用。

ZDOCK（http://zdock.umassmed.edu）是由美国马萨诸塞州立大学和波士顿大学联合开发的一种刚性对接软件。用户只需在网页上上传两个PDB格式的蛋白质结构文件，或只输入其PDB ID（如果它们是PDB数据库中的结构）。之后可以可视化地在每个结构上选取必须参与结合的氨基酸或不允许参与结合的氨基酸。大约经过十几分钟至数小时不等的时间，对接结果被发送至用户邮箱，用户可以从中提取根据能量函数打分排任意前几名的结果。

GRAMM-X（http://vakser.bioinformatics.ku.edu/resources/gramm/grammx）是由美国堪萨斯大学Vakser课题组开发的一种刚性对接软件。操作过程与ZDOCK十分相似，在网页上上传PDB格式的蛋白质结构文件，或只输入其PDB ID，同时可指定每个结构上必须参与结合的氨基酸，但无法指定不允许参与结合的氨基酸。GRAMM-X除二聚对接以外可以进行同源多聚对接，即只输入一个蛋白质结构和一个自然数n，GRAMM-X可以返回一个由此蛋白质聚合形成的同源n聚体。

HADDOCK（https://wenmr.science.uu.nl/haddock2.4/）是由荷兰乌特勒支大学Bonvin课题组开发的一种半柔性对接软件。不同于绝大多数对接软件，HADDOCK在考虑几何形状互补和能量分布的基础上还着重参考了生物化学和生物物理学实验中得到的相互作用数据，如核磁共振滴定实验中得到的化学位移扰动数据、基因定点突变实验数据等。近几年HADDOCK的功能不断扩增，现在除蛋白质对接以外，还可以执行蛋白质-DNA对接、蛋白质-RNA对接、蛋白质－化合物对接。

PDBePISA（http://www.ebi.ac.uk/pdbe/pisa/）是一个在线的交互式的分子相互作用探测分析工具。对于输入的蛋白质复合体，无论是对接结果还是晶体结构，PDBePISA都可以详细地计算出复合体相互作用面上的原子数及比例、相互作用面上的氨基酸数及比例、相互作用面积及比例、溶剂化自由能、相互作用面上的氢键、二硫键、盐键、共价键的位置及其作用强度。

第四节　蛋白质折叠与疾病

一、蛋白质折叠的意义

在自然界的各种生物体中，蛋白质是构成生物体系的基础，它执行着各种各样的生物功能。正如26个字母可以组成数以万计的英文单词一样，组成蛋白质的20种氨基酸构成了自然界中几乎所有的蛋白质。到目前为止，由于氨基酸组成的数量和排列顺序不同，仅人体中的蛋白质就多达10万种以上。20种氨基酸以肽键的形式连接成肽链，而肽链则会组装或折叠成特定的三维空间结构。其中，有些蛋白质的结构比较复杂，是由多条肽链组成的，每一条肽链称为一个亚基，在亚基之间又存在特定的空间关系，所以蛋白质分子具有非常特定而又复杂的空间结构。对每一种蛋白质分子来说都有自己独特的氨基酸的组成和排列顺序，并由这种氨基酸排列顺序决定它特定的空间结构，这就是众所周知的 Anfinsen 原理。也正是因为蛋白质的一级序列折叠形成正确的三维空间结构才使得蛋白质具有正常的生物学功能。如果这些生物大分子的折叠在体内发生了故障，形成错误的空间结构，不但将丧失其生物学功能，甚至会引起疾病。目前，由蛋白质异常的三维空间结构引发的疾病包括牛海绵状脑病、阿尔茨海默病、囊性纤维病变、家族性高胆固醇症、家族性淀粉样蛋白症、白内障及某些肿瘤等，这类疾病也可以统称为构象病。

二、蛋白质折叠研究的概述

具有完整一级结构的多肽链如何从其伸展状态折叠成具有特定结构的、有活性的蛋白质？这是一直以来困扰科学家的问题。

1963 年，美国科学家 Anfinsen 发现还原变性的牛胰核糖核酸酶在不需其他任何物质帮助的情况下，仅通过去除变性剂和还原剂就可以折叠回原来的天然结构，并且其特有的功能也不会丧失，由此他们提出了蛋白质折叠的“热力学假说”（thermodynamic hypothesis），Anfinsen 也由此获得了 1972 年的诺贝尔化学奖。他们认为，一些小型珠蛋白的天然折叠结构是热力学的稳定态，即通常的自由能全局最小（global minimum）的状态。蛋白质的一级结构序列所提供的全部信息可以完全且唯一地决定分子的天然结构，也就是说，蛋白质的一级结构决定了高级结构。Anfinsen 的“热力学假说”得到了许多体外实验的证明，的确有许多蛋白质在体外可进行可逆的变性和复性，尤其是一些小分子质量的蛋白质。长期以来，这个思想构成了从物理规律出发研究蛋白质折叠问题的基本出发点。但随着对蛋白质折叠研究的广泛开展，人们发现许多蛋白质在体外的变性、复性过程并非完全可逆，有的变性多肽链的复性效率很低，而且多肽链在体外的复性速率大大低于在体内的折叠速率。因此，蛋白质在折叠过程中实际上受到许多因素的限制。

1968 年，美国分子生物学家 Cyrus Levinthal 提出了有关蛋白质折叠的利文索尔悖论（Levinthal’s paradox）：一条蛋白质序列，其空间可能构象有天文数字之多，在这庞大的构象集合中找出其唯一的自然状态将是非常困难的。例如，一个由 100 个氨基酸组成的肽链，假设每个氨基酸仅有 3 种不同构象，其就有 3^{100} 种可能的构象，再假定此蛋白质在寻找总能量最低的构象状态时每尝试一次耗用 10^{-3}s，那么该蛋白质要逐一尝试所有构象去寻找其唯一的天然态所需要的时间就是 3^{33} 年！然而，人们在体外所观测到的蛋白质的折叠时间为数毫秒至数秒——因此，Levinthal 认为蛋白质的折叠必然是按照某一特定的路径，才能在如此短的时间内完成折叠过程，他强调了在蛋白质折叠的过程中动力学控制对于折叠的重要性。

那么如何调和热力学和动力学在折叠过程中的作用呢？ 1995 年，Wolynes 等提出了蛋白质折叠漏斗概念，这一观点认为蛋白质体系有很多复杂的自由度，其自由能作为自由度的函数构成了一个所谓的能量面。他们认为漏斗的顶部代表蛋白质的完全不折叠态，此态的自由能和熵均为最大，漏斗的底部唯一的结构为蛋白质的天然态（折叠态）。蛋白质从非折叠态到天然态的过程即折叠过程中，熵不断减少，从而引起其自由能的升高，并通过能量的降低来补偿，使得折叠过程中自由能也不断地减小，从而到达其最小的状态，即热力学的稳定态。自由能面存在着很多的能垒，即一些自由能局域极小的竞争状态，这些竞争状态不会影响天然态的稳定存在，但会影响折叠的动力学过程，表现为折叠过程中一些亚稳的中间状态。同时，在某一次折叠过程中，蛋白质并不是在能量面上进行随机搜索，它所经历的构象仅占全部构象的很少部分。也就是说，折叠是沿着某一特定的路径进行的，从而保证了折叠动力学上的可及性。与 Levinthal 不同的是，这一路径不是唯一的，而是一系列折叠路径的集合，蛋白质的折叠取决于这个集合的整体因素，而不是特定元素。因此，蛋白质折叠可以说是热力学和动力学因素共同作用、相互协调的结果。

三、蛋白质折叠机制的理论模型

随着对蛋白质折叠问题的进一步研究，人们发现许多相似氨基酸序列的蛋白质具有不同的折叠结构，而另外一些不同氨基酸序列的蛋白质却折叠成相似的空间结构。那么，蛋白质的氨基酸序列究竟是如何确定其空间构象的呢？有关蛋白质折叠机制的研究提出了以下 5 种可能的理论模型（胡红雨和鲁子贤，1994）。

1. 框架模型　框架模型（framework model）认为蛋白质的局部构象依赖于其局部的氨基酸序列。其折叠是分段进行的，即一部分氨基酸序列组成一个单位进行折叠，形成不稳定的二级结构单元，称为“flickering cluster”；随后这些二级结构逐步靠近、接触，从而形成稳定的二级结构框架；最后，二级结构框架相互拼接，肽链逐渐紧缩，形成了蛋白质的三级结构。

2. 疏水塌缩模型　疏水塌缩模型（hydrophobic collapse model）把疏水作用力看成是蛋白质折叠过程中起决定性作用的力的因素。在形成任何二级结构和三级结构之前，首先发生很快的非特异性的疏水塌缩。

3. 扩散－碰撞－黏合机制　扩散－碰撞－黏合机制（diffusion-collision-adhesion model）认为蛋白质的折叠起始于伸展肽链上的几个位点，在这些位点上生成不稳定的二级结构单元或者疏水簇，主要依靠局部序列的近程或中程（3～4 个残基）相互作用来维系。它们以非特异性布朗运动的方式扩散、碰撞、相互黏附，导致大的结构生成并因此增加了稳定性。进一步的碰撞形成具有疏水核心和二级结构的类熔球态中间体的球状结构。球形中间体调整为致密的、无活性的、类似天然结构的高度有序熔球态结构。最后，无活性的高度有序熔球态转变为完整的、有活力的天然态。

4. 成核－凝聚－生长模型　根据成核－凝聚－生长模型（nuclear-condensation-growth model），肽链中的某一区域可以形成“折叠晶核”，以它们为核心，整个肽链继续折叠，进而获得天然构象。所谓“晶核”实际上是由一些特殊的氨基酸残基形成的类似于天然态相互作用的网络结构，这些残基间不是以非特异的疏水作用维系的，而是由特异的相互作用使这些残基形成了紧密堆积，它的形成是折叠起始阶段的限速步骤。

5. 拼版模型　拼版模型（jig-saw puzzle model）的中心思想就是多肽链可以沿多条不同的途径进行折叠，在沿每条途径折叠的过程中都是天然结构越来越多，最终都能形成天然构象；而且沿每条途径的折叠速度都较快，与单一途径折叠方式相比，多肽链速度较快。此外，外界生理生化环境的微小变化或突变等因素可能会给单一折叠途径造成较大的影响，而对具有多条途径的折叠方式而言，这些变化可能给某条折叠途径带来影响，但不会影响另外的折叠途径，因而不会从总体上干扰多肽链的折叠，除非这些因素造成的变化太大，以致从根本上影响多肽链的折叠。

四、分子伴侣与蛋白质折叠

分子伴侣这一概念是 Laskey 等首先开始使用的。1978 年，Laskey 在研究非洲爪蟾核小体形成时发现只有在一种细胞核内的酸性蛋白——核质素（nucleoplasmin）存在时，DNA 与组蛋白才能组装成核小体。在生理离子强度下，体外把 DNA 与组蛋白混合在一起，二者不能自我组装，而是发生沉淀。如果把组蛋白与过量核质素先进行混合，然后再加入 DNA，则可形成核小体结构，而且最终形成的核小体中没有核质素。据此，Laskey 称核质素为“分子伴侣”。因此，分子伴侣是一种能引导蛋白质正确折叠的蛋白质，它能够结合和稳定另外一种蛋白质的不稳定构象，并能通过有控制的结合和释放，促进新生多肽链的折叠、多聚体的装配或降解及细胞器蛋白的跨膜运输等。当蛋白质折叠时，它们能保护蛋白质分子免受其他因素的干扰。分子伴侣是从功能上定义的，凡具有这种功能的蛋白质都是分子伴侣，它们的结构可以完全不同。迄今为止发现的分子伴侣大多属于热激蛋白（heat shock protein，HSP）的范畴，大致可分为 4 类非常保守的蛋白质家族，即核质素家族、HSP60 家族、HSP70 家族、HSP90 家族，广泛存在于动物、植物和微生物中。

五、蛋白质错误折叠与疾病

在体内保证蛋白质正确折叠的过程一般分为两步。首先是识别错误，发现或找到哪些蛋白质受到了损伤；其次是决定错误能否更正，能更正的蛋白质会在分子伴侣的帮助下恢复正常结构，不能更正的则通过蛋白酶降解后清除。如果保证蛋白质正常折叠的这一保护机制发生障碍，就可能出现错误折叠的蛋白质分子，从而引起一些疾病。对于这类疾病，蛋白质分子的氨基酸序列没有改变，即蛋白质多肽链具有正确而完整的一级结构，但在折叠过程中发生了异常或错误，形成了错误的空间构象和三维结构，这就会导致蛋白质分子生物学功能丧失，甚至引起疾病，这类疾病就是所谓的“构象病”或“折叠病”。目前已知的“构象病”包括阿尔茨海默病（Alzheimer’s disease）、帕金森病（Parkinson’s disease）等。这类疾病属于神经退行性疾病（neurodegenerative disease）的范畴，它是神经系统中一类与衰老相关联的退行性疾病。由蛋白质折叠异常所引起的疾病还有囊性纤维病变、家族性高胆固醇症、家族性淀粉样蛋白症、某些肿瘤、白内障等。目前蛋白质错误折叠与疾病的关系已成为分子生物学新的热点研究问题。

（一）蛋白感染因子导致的疾病

蛋白感染因子导致的疾病（prion disease）能引起人和动物之间的可转移性神经退行性疾病，如人的震颤病（Kuru）、克雅氏症（Creutzfeldt-Jacob diseases，CJD）、格斯特曼 - 施特劳斯勒尔 - 沙因克尔（Gerstmann-Straussler-Scheinker，GSS）综合征和致死性家族失眠症（fatal familial insomnia，FFI），以及动物的羊瘙痒病（Scrapie）、牛海绵状脑病（bovine spongiform encephalopathy，BSE，俗称疯牛病）和鹿、猫、水貂等的海绵状脑病。疯牛病是 1985 年最早在英国发现的，它是由一种尚未完全了解其本质的蛋白感染因子——prion（proteinacious infectious particle）所引起的。Prion 一词最早是由美国加州大学 Prusiner 等提出的，它的传播主要是通过细胞中正常的蛋白质分子向致病型蛋白质分子的转化。Prion 的正常形式（the normal or cellular form of prion protein，PrP^{C}）与疾病形式（the pathogenic or scrapie form of prion protein，PrP^{Sc}）具有完全相同的氨基酸顺序和

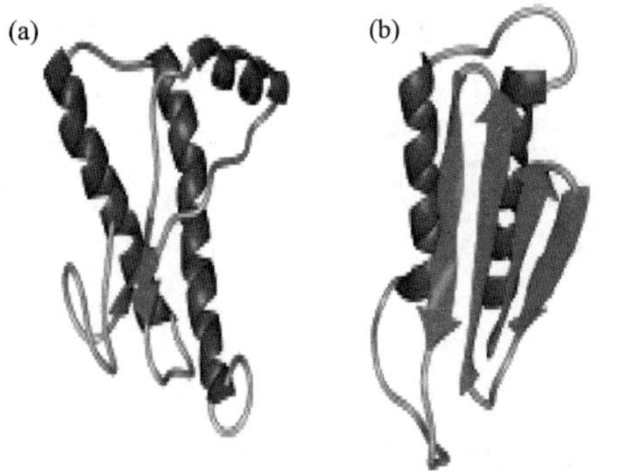

图 4-10　PrP^{C}（a）与 PrP^{Sc}（b）的结构示意图

共价修饰，但三维结构却相差很大，核心是蛋白质内 α 螺旋结构向 β 折叠结构的转化。实验研究表明，前者含 40% 的 α 螺旋，几乎不含 β 折叠；而后者含 43% 的 β 折叠及 30% 的 α 螺旋（图 4-10）。关于 prion 相关蛋白的功能，已发现 PrP^{C} 存在功能的多样性，如铜离子转运、信号转导、抗氧化等。有趣的是，在完全敲除 PrP^{C} 基因状态下的小鼠表现基本正常。因此，PrP^{C} 的功能尚待进一步的研究。

（二）淀粉样蛋白导致的疾病

由淀粉样蛋白导致的疾病（amyloid disease）大致分为两类——阿尔茨海默病和帕金森病。这两类疾病的共同点是正常的蛋白质错误折叠成淀粉样肽，并聚合成不溶性的淀粉样沉积在组织内，称为淀粉样蛋白变性。研究表明，老年痴呆症的发生与淀粉样前体蛋白（amyloid precursor protein，APP）的剪切和结构转换为 β 淀粉样多肽（beta-amyloid，Aβ）并以多肽链间的 β 折叠形成纤维状沉积物有关。在帕金森病患者脑中也有被称为 Lewy 小体的蛋白质沉积物，这些蛋白质沉积物包含有 α-synuclein 蛋白形成的纤维。理解这些蛋白质，如 Aβ、α-synuclein 等为何在脑中会发生错误折叠，可能是治疗这些神经退行性疾病的关键问题。

思考题

1. 为什么说蛋白质的高级结构是由一级结构决定的？
2. 列举蛋白质结构比对的基本原理和方法。
3. 分类介绍蛋白质结构预测的方法并简述其原理。
4. 叙述主要的蛋白质结构预测的评价方法。
5. 简要介绍蛋白质折叠的几种理论模型。

主要参考文献

来鲁华．1993．蛋白质的结构预测与分子设计．北京：北京大学出版社

阎隆飞，孙之荣．1999．蛋白质分子结构．北京：清华大学出版社

赵南明，周海梦．2003．生物物理学．北京：高等教育出版社

Anfisen C B. 1973. Principle that govern the folding of protein chain. Science, 181: 223-230

Carter C Jr. 1999. *Crystallization of Nucleic Acids and Proteins*. 2nd ed. Oxford: Oxford University Press

Dill K A. 1985. Theory for the folding and stability of globular proteins. Biochemistry, 24: 1501-1509

Frishman D, Argos P. 1995. Knowledge-based protein secondary structure assignment. Proteins, 23: 566-579

Hardin C, Eastwood M P, Prentiss M, et al. 2002. Folding funnels: the key to robust protein structure prediction. J Comput Chem, 23: 138-146

Holm L, Sander C. 1993. Protein-structure comparison by alignment of distance matrices. J Mol Biol, 233: 123-138

Onuchic J N, Luthey-Schulten Z, Wolynes P G. 1997. theory of protein folding: The energy landscape perspective. Annu Rev Phys Chem, 48: 545-600

Wei T, Gong J, Jamitzky F, et al. 2009. Homology modeling of human Toll-like receptors TLR7, 8 and 9 ligand-binding domains. Protein Sci, 18 (8): 1684-1691

Xu D, Zhang Y. 2012. *Ab initio* protein structure assembly using continuous structure fragments and optimized knowledge-based force field. Proteins, 80: 1715-1735

第五章　基 因 组 学

本章提要

基因组学是随着20世纪末DNA测序技术的出现和不断发展而产生的一门新兴前沿交叉生物学学科。基因组学的产生和发展引发了生命科学、医学、农业、生物技术、系统生物学等众多领域科学研究的一场技术革命，促进了人们对复杂生命现象、生物系统等的理解。基因组学与转录组学、蛋白质组学、代谢组学等多组学分支共同构成了系统生物学的组学基础，使生命科学的相关研究进入了全面基因组时代。本章主要概述基因组学的基本概率、产生和主要研究进展；重点介绍基因组中蛋白质编码基因、RNA基因、重复序列和假基因的几种常用注释方法，并以黄瓜基因组为例说明基因组注释的整个流程。

20世纪末Sanger测序技术诞生以后，科学家已有能力对单个生物的基因组进行测序，为研究单个生物的全部遗传信息奠定了基础，使生命科学相关学科从研究某个生物的单个基因或一些基因转向研究一个生物的所有基因，即基因组，由此形成了一门现代生命科学领域中的新兴前沿学科——基因组学。随着第二代和第三代高通量测序技术的快速发展，测序能力大大提高，DNA测序成本的减少超过两个数量级，越来越多的生物已完成基因组测序。截至2021年12月，一共有437 531个基因组测序计划，其中327 504个基因组已经完成测序并向公众发布。雄心勃勃的基因组10K计划，更是致力于测序10 000个脊椎动物物种，并覆盖脊椎动物的所有属。因而，全面基因组时代的来临将给生物医学、遗传基因组学、功能基因组学及比较基因组学的研究带来新的契机。

我们知道，准确的基因组注释对于依赖基因组信息的研究工作是至关重要的。基因组注释的目标是尽可能地确定基因组中每一个核苷酸的生化和生物学功能（Brent，2008）。一个完整的注释包括在基因组中鉴定出其各类功能元件，如编码蛋白质的基因、RNA基因、重复序列和假基因等，并确定这些元件所对应的生物学功能（如果存在的话）：①确定蛋白质编码基因及其外显子－内含子结构（也称为基因结构），并推断其生物学功能；②进行RNA基因的预测，并推断其功能和相互作用靶标分子；③确定基因组中重复序列的含量和分类；④进行假基因的识别和分类等。目前，人们的注意力多集中于蛋白质编码基因的注释，并已经开发了各种各样的预测方法。但即使如此，对于大多数真核生物来说，我们仍无法确定每个基因的正确的外显子－内含子结构。同时，随着基因组学相关研究的深入，RNA基因、重复序列、假基因等元件的重要性正被人们日渐重视，新的预测方法也在不断地推出。总体来说，自从分析人类基因组第一份草图以来，基因组注释的研究到目前已经有了很大的进步，特别是通过整合不同的计算和实验方法，已经能够进行比较全面而准确的基因组注释。

第一节 基因组学概述

微课视频

"基因组"（genome）是指生物体的单倍体细胞中所有遗传物质的总和，包括细胞核内的DNA和各种细胞器中的DNA，是生物体内全部遗传信息的集合。基因组学（genomics）由美国科学家Thomas H. Roderick在1986年首先提出，是从整体水平研究生物体全部遗传物质的结构、组成、功能及进化的生命科学前沿学科。按其研究内容，基因组学可分为结构基因组学（structural genomics）、功能基因组学（functional genomics）和比较基因组学（comparative genomics）等。结构基因组学以研究生物全基因组DNA的序列组成和基因数目、功能和分类为目标；功能基因组学以研究全基因组水平的基因表达和调控为目标；比较基因组学则基于结构基因组学和功能基因组学信息，以研究不同物种或群体间基因组变化与进化关系为目标。

一、基因组学的产生

1977年，Sanger等提出链终止法测序方法（又称Sanger测序法），并完成噬菌体ΦX174全基因组测序，这是第一个被测定的基因组。DNA测序技术的发明揭开了基因组学的神秘面纱。随着基因组测序工作的开展，迫切需要对大量基因组数据进行处理和解析，基因组学应运而生。1981年，第一个完整的真核细胞器（人类线粒体的基因组）完成测序；1992年，第一个真核细胞酿酒酵母Ⅲ染色体完成测序；1996年，第一个真核生物酿酒酵母的完整基因组完成测序；2000年，模式植物拟南芥的基因组完成测序；2001年，人类基因组计划（HGP）人类基因组草图公布。在过去30年里，DNA测序技术不断革新和发展，由以Sanger测序法为代表的第一代测序技术发展到了以Illumina Solexa、Roche 454和ABI Solid为代表的第二代高通量测序技术，以及以单分子测序和纳米测序为代表的第三代高通量测序技术。DNA测序片段长度和测序通量不断提高，测序成本显著降低。高通量测序技术的诞生在基因组学研究领域具有里程碑意义，基因组学因此得到迅猛发展。

目前，DNA测序技术已经被广泛应用到生命科学各个领域。根据GOLD数据库（https://gold.jgi.doe.gov/gold.cgi）显示，目前有40多万个生物已经完成或正在进行基因组测序，包括古菌（archaea）4117个、细菌（bacteria）355 614个、真核生物（eukarya）41 110个和病毒（viruses）18 229个等。除了各种基因组测序计划（如人类基因组计划、千人基因组计划）和大规模的全基因组重测序外，还衍生出转录组学（transcriptomics）、蛋白质组学（proteomics）、代谢组学（metabolomics）、表观基因组学（epigenomics）、表型组学（phenomics）等一系列组学研究分支。形形色色的"组学（omics）"研究本质上是强调和聚焦基因组生物学的不同方面，如转录组学以研究生物体基因表达产物RNA为目标，蛋白质组学以研究基因产物蛋白质为目标，代谢组学则聚焦在代谢途径上。显然，基因组学是现代生命科学众多"组学"理论体系和研究方法的核心。

二、基因组学研究的成就

基因研究是20世纪生命科学研究的一条主线，在过去的一个世纪里，生命科学研究取得了迅猛的发展。图5-1中标注了20世纪基因组学和遗传学研究发展历程的里程碑，是

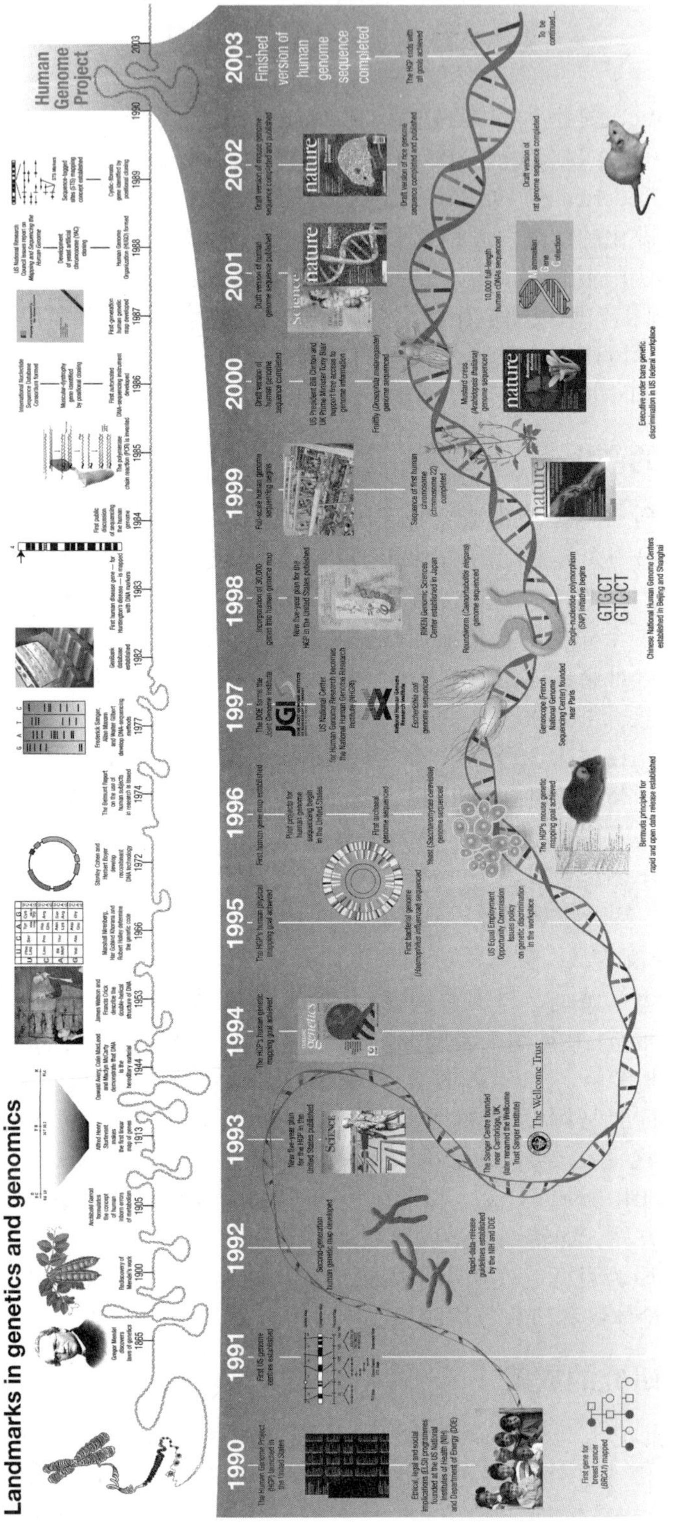

图 5-1　遗传学和基因组学研究的里程碑（Collins et al.，2003）

Nature 杂志为纪念 Waston 与 Crick 提出 DNA 双螺旋结构 50 周年，在 2003 年 4 月 24 日（Vol：422）刊发的基因组研究成就图谱（Collins et al.，2003）。由图 5-1 可知，20 世纪初，生命科学研究是以遗传学为代表：1900 年孟德尔遗传定律确认，1913 年 Alfred Henry Sturtevant 绘制出第一张线式基因图谱，1929 年 Phoebus Levene 提出 DNA 的化学成分和基本结构，1944 年 Oswald Avery、Colin Macleod 和 Maclyn McCarty 指出 DNA 是遗传信息的载体，直至 1953 年 Waston 与 Crick 提出 DNA 的双螺旋结构，生命科学研究走过半个世纪的辉煌。在下半个世纪，生命科学研究以分子生物学为代表：1966 年 Marshall Nirenberg、Har Gobind Khorana 和 Robert Holley 阐明了遗传密码；1972 年 Herbert Boyer 和 Stanley Cohen 提出了重组 DNA 技术，发现改造后的 DNA 分子可在体外细胞中复制；1983 年 Kary Mullis 发明了聚合酶链反应（PCR）技术；1990 年美国正式启动人类基因组计划，使生命科学研究达到了前所未有的深度和广度。

图 5-1 的下半部分是人类基因组计划的里程碑。人类基因组计划是一项规模宏大，跨国跨学科的科学探索工程，被誉为生命科学领域的“阿波罗”计划，是 20 世纪最重要的科技计划之一，是人类生命科学史上最伟大的工程之一，是人类第一次系统、全面地解读和研究人类的遗传物质 DNA。2000 年，国际人类基因组计划的科学家发布了人类基因组的“工作框架图”；2003 年，国际人类基因组计划宣布绘制完成了更加精确的人类基因组序列图；2006 年 5 月 18 日，英国和美国科学家宣布完成了人类 1 号染色体的基因测序图，已经进行了 16 年的人类基因组计划至此画上了圆满的句号。随着人类基因组计划的顺利完成，基因组学的广泛应用和迅猛发展拉开了序幕，随后基因组测序计划在各种生物中相继展开。例如，以拟南芥和水稻基因组计划的完成为标志，植物生物学和遗传学研究进入了基因组学时代。

人类基因组计划的重大研究成果——人类基因组序列图的完成，宣告了生命科学随着新世纪的到来进入了一个新的纪元，即后基因组时代（post-genome era）。功能基因组学成为了基因组学研究的重心，而蛋白质组学则是功能基因组学的核心。2001 年 2 月，*Nature* 和 *Science* 在公布人类基因组序列草图的同时，分别发表了“And now for the proteome”（Abbott，2001）和“Proteomics in genome land”（Field，2001）的述评与展望，对蛋白质组学研究发出了时代性呼唤。自人类基因组计划完成以来，基因组学在农业、医学、生物技术、环境、工业等许多领域都得到了应用，如基因诊断、基因治疗、新药开发、个体化医学、功能基因发掘、环境因子干预等，创造出了巨大的社会和经济价值，造福于人类。

通过全基因组测序，人们可以获得物种的全基因组序列信息，从而为该物种后续的研究和产业化应用奠定基础。近年来，我国科研工作者在动植物基因组测序方面开展了大量工作。如 2013 年先后完成了地山雀和藏猪的基因组测序工作，2014 年发表关于金丝猴基因组的论文，2015 年发表关于四倍体陆地棉基因组的论文。

国宝大熊猫受到全世界人们的喜爱，是中国的象征，它也是世界上最濒危的动物之一。我国科学家在 2010 年首次完成大熊猫基因组测序工作并公布大熊猫基因组数据，在 2021 年对大熊猫进行重测序，获得了两个高质量的大熊猫亚种基因组。通过对该基因组的分析研究，发现大熊猫生殖基因某些元素的丢失和突变，可能是大熊猫这一物种的繁殖力比其他哺乳动物低的重要原因。

狼作为家犬的野生祖先，具有复杂的系统发育和群体历史。为了研究中国南方狼的系统发育地位和群体历史，我国科学家于 2019 年完成了其测序工作。研究人员发现，犬科物种间的基因交流在物种形成过程中扮演了重要的作用，也揭示出古 DNA 的研究方法对动物博物馆馆藏样本有显著的研究意义。

温泉蛇能够适应高海拔的生存环境，是研究变温动物环境适应性的遗传机制的重要材料。我国科学家在2018年完成了世界上生存海拔最高蛇类——温泉蛇的基因组测序工作，利用比较基因组学分析，发现多个与免疫、低氧适应和DNA修复等功能相关的基因突变位点。例如，温泉蛇 *EPAS1* 基因的突变减弱了其调节下游基因红细胞生成素表达的能力，进而导致温泉蛇血红蛋白浓度处于较低水平，是温泉蛇适应高海拔低氧条件的重要原因。这些研究结果将为人类高原病的预防和治疗提供一定的参考价值。

小麦作为全球重要的粮食作物，养活了世界上40%的人口。2018年我国科学家完成了小麦A基因组的测序，不仅为解析小麦基因组进化和驯化提供了高质量的基因组信息，而且对进一步推动栽培小麦的遗传改良具有重要理论意义和实用价值。

玉米是一种重要的粮食作物及经典的遗传模式植物。Mo17自交系是世界上最著名的玉米杂种优势群之一，其衍生材料在我国玉米生产中得到广泛应用。鉴于Mo17基因组的重要性，2018年我国科学家完成了Mo17的基因组测序和组装工作，并从基因组学层面对玉米自交系间能够形成特别显著的杂种优势的原因进行了分析。

在我国，水稻是最重要的粮食作物，国民三分之二的口粮都是水稻。由我国科学家主导的"3000份水稻基因组计划"研究成果于2018年发布，该研究剖析了水稻核心种质资源的基因组遗传多样性，为提升水稻基因组研究和分子育种水平以及加快优质、广适、绿色、高产水稻新品种培育提供了重要资源。

大豆是最重要的油料作物，2018年，我国科学家完成国审大豆品种'中黄13'的基因组测序。2020年，为了研究大豆基因组的多样性，研究人员对26种代表性大豆进行了基因组测序，通过基因组分析，对2898个种质进行了基因分型，将遗传变异与重要性状的候选基因联系起来，促进了大豆的进化和功能基因组学研究，并将有力推进大豆分子设计育种。

2016年，我国科学家利用纳米孔测序技术突破复杂基因组测序，在菊属植物研究中迈出了人类认知的重要一步，完成了高等植物中全基因组测序，并克服了之前在第二代测序技术时代解决不了的高杂合、高重复基因组组装的难题，可极大推动植物基因组，尤其是药用植物基因组研究的发展，是本草基因组学研究的一项重要突破。

睡莲作为早期被子植物类群，具有重要的进化地位和基础研究价值。2019年，我国科学家完成了蓝星睡莲的基因组测序工作，公布了高质量的睡莲基因组序列，通过分析其基因组与转录组发现了早期被子植物的进化特点和特征。睡莲基因组研究成果加深了人们对多倍化的认识，是被子植物演化研究一个重要的标志性工作。

三、基因组学研究的局限

面对庞大的遗传信息，人们开始关注这些序列信息与生命活动之间的直接或间接的联系。基因的功能是什么？它们又是如何发挥这些功能的？此即后基因组计划，又称为功能基因组学研究的内容。完成基因组全长序列的测定只是完成了第一步工作——结构基因组学，接下来要完成第二步工作——功能基因组学。正如美国杜克大学的西蒙·格雷戈里博士在2006年10月公布最后一个人类染色体（1号染色体）基因测序图时所说："我们正迈入下一阶段，那就是弄清楚基因的作用及它们是如何相互影响的。"

尽管已有多个物种的基因组被测序，但在这些基因组中通常有一半以上基因的功能是未知的。而功能基因组研究中所采用的策略，如基因芯片、基因表达分析（serial analysis of gene expression，SAGE）等，都是从细胞中mRNA表达的角度来考虑，其前提是细胞中mRNA的水平反映了蛋白质表达的水平，但事实并不完全如此。

基因→mRNA→蛋白质，三位一体，构成了遗传信息的流程图，这是传统的中心法则。但 mRNA 的表达水平不能完全反映蛋白质的表达水平，原因有 3 个方面。①基因与蛋白质之间并非一一对应关系，一个基因并不只存在一个相应的蛋白质，可能会有几个，甚至几十个。什么情况下会有什么样的蛋白质，这不仅决定于基因，还与机体所处的周围环境及机体本身的生理状态有关，并且，基因也不能直接决定蛋白质的功能。②组织中 mRNA 的表达丰度与蛋白质表达丰度的相关性并不好。在 mRNA 水平上有许多细胞调节过程是难以观察到的，因为许多调节是在蛋白质的结构域中发生的。从基因到 mRNA 再到蛋白质，存在 3 个层次的调控，即转录水平调控（transcriptional control）、翻译水平调控（translational control）和翻译后水平调控（post-translational control）。经过 3 个层次调控的蛋白质还要通过一系列的运输过程，最终到组织细胞内适当的位置才能发挥正常的生理作用。许多蛋白质还要与其他分子结合后才具有活性，基因不能完全决定这样的蛋白质后期加工、修饰及转运定位的全过程。用 mRNA 的表达水平代表蛋白质的表达水平，实际上仅考虑了转录水平调控。研究已经证明，组织中 mRNA 丰度与蛋白质丰度的相关性不高，尤其对于低丰度蛋白质来说，两者的相关性更差。更重要的是，蛋白质复杂的翻译后修饰、蛋白质的亚细胞定位或迁移、蛋白质 - 蛋白质相互作用等则几乎无法从 mRNA 水平来判断。③基因组是静态的，而蛋白质组是动态的，与生物系统所处的状态有关。细胞周期的特定时期、分化的不同阶段、对应的生长和营养状况、温度、应激和病理状态等所对应的蛋白质组是有差异的。

第二节　蛋白质编码基因的注释

微课视频

基因组测序产生海量的 DNA 测序数据，基因组学面对的一个最基本问题是将片段化的测序原始 reads 准确地拼接成完整的基因组（基因组组装），并解密基因组中的遗传信息（基因组注释），该过程需要结合计算机、数学、生物学等交叉学科的知识和技术。从 DNA 测序技术诞生以来，片段组装一直是基因组测序工作的研究重点和热点，其主要依赖于高效的计算机软件和算法。蛋白质在生物体的生命活动中具有十分重要的功能，因此在基因组测序完成后，首先就要对蛋白质编码基因进行注释。一个基因组大部分的生物学功能，主要是通过对预测出的蛋白质编码基因的功能进行推断获得的，这就使预测蛋白质编码基因成为人们（尤其是生物信息学研究者）关注的热点问题。

一、蛋白质编码基因的注释策略

蛋白质编码基因的注释大致可分为 3 种策略（图 5-2）。第一种是基于证据的基因注释，即根据已有的实验证据（如 cDNA）、表达序列标签（EST）和蛋白质序列进行蛋白质编码基因的注释；第二种策略是从头开始的基因预测，即只根据基因组的 DNA 序列对蛋白质编码基因进行预测；第三种策略是重新基因预测，即通过与其他物种的基因组进行比较，从而预测一个新基因组中的蛋白质编码基因。由于不同策略具有各自的优缺点，因此，目前成功的做法是将这 3 种策略的预测结果进行整合，得到比较理想的注释结果。

（一）基于证据的基因注释

基于证据（evidence-based）的基因注释系统，是将已有的 cDNA 序列或者蛋白质序列与

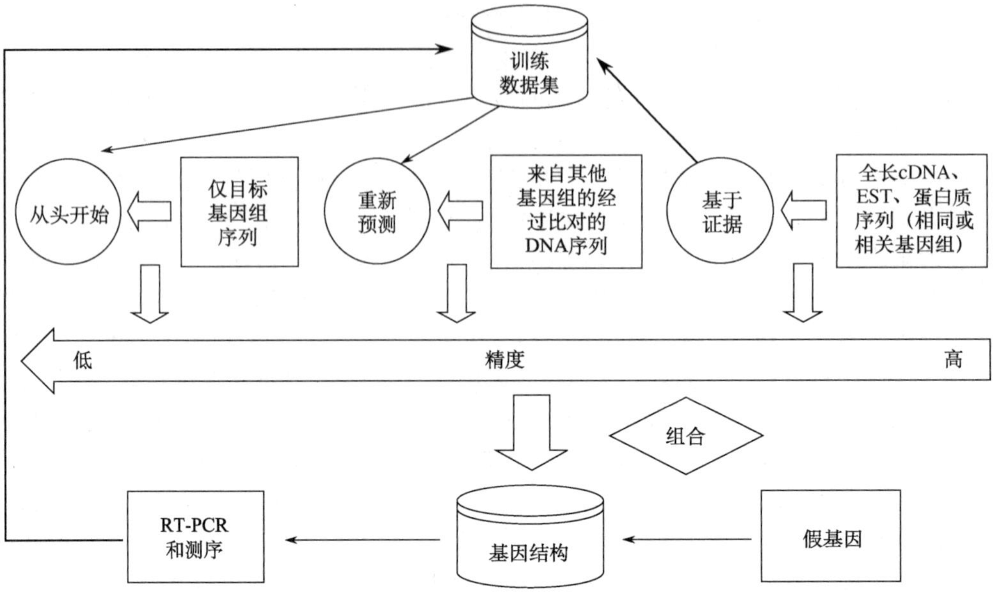

图 5-2　蛋白质编码基因预测流程图

基因组进行比对，从而得到基因结构的一种注释策略。根据 cDNA 或者蛋白质序列是否由一个基因自身转录或者翻译而来，可以将序列比对分为顺式比对（*cis*-alignment）和反式比对（*trans*-alignment）两种方法。

1. 顺式比对　顺式比对是使用被注释基因组的 cDNA 或者蛋白质序列与基因组序列进行比对后得到的最好的比对位点，而这个位点常常被认为就是转录或者翻译形成 cDNA 或者蛋白质的基因。通常，顺式比对是使用全长 cDNA 与基因组进行比对，这也是目前基因注释的黄金标准（Brent，2008）。全长 cDNA 的克隆不仅受不同组织基因表达的特异性及表达量高低的影响，还受到转录产物长度、cDNA 文库构建及测序方法等多种因素的影响，因而真正能够覆盖完整 mRNA 的全长 cDNA 数量是十分有限的。因此，很多 cDNA 测序项目得到的大多数都是表达序列标签（expressed sequence tag，EST），也就是转录产物的片段。由于 cDNA 文库里不同的克隆可能含有同一个转录产物的不同部分，从而得到一个转录产物不同部位的 EST，所以把来自不同克隆的 EST 拼接起来可以弥补全长 cDNA 数量缺少的情况。

常用的顺式比对程序如 AAT、SIM4、Splign、BLAT、GMAP 和 Exonerate 等，不仅能将 cDNA 序列与基因组序列进行顺式比对，而且可以识别出内含子剪切位点。不过这些程序还存在着无法准确地刻画基因的非翻译区（untranslated region，UTR）部分和寻找正确的转录起始及终止密码子等缺点。通过 EST 序列试图阐明基因结构的软件有 Est2genome、PASA 和 TAP 等。其中，PASA 可以将聚类的转录产物片段（全长 cDNA 和 EST）拼接成最大比对片段，从而得到完整的或者部分的基因结构，并获得更多的可变剪切的信息。

2. 反式比对　由于产生可靠的 cDNA 数据有诸多困难，一些基因组测序项目中往往不含有 cDNA 测序项目，因此缺乏相应的全长 cDNA 和 EST 等信息，这时就要采用反式比对的策略进行基因组注释（Brent，2008）。反式比对是使用 cDNA 或者蛋白质序列与基因组进行比对得到同源位点（比对所用的 cDNA 或者蛋白质并不来自这个位点，往往属于同一个基因家族）。cDNA 或者蛋白质序列可以来自本物种内同一基因家族的其他成员，也可以来自近缘物种。由于蛋白质序列相对于 cDNA 序列更加保守，因此往往是使用蛋白质序列或者翻译后的 cDNA 序列与基因组进行比对。Swiss-Prot、PIR 和 Refseq 是基因注释中常用的蛋白质比对数据库，据估计，50% 的基因可以通过与同源蛋白基因有足够的相似性来确定其基因结构。

BLAT、Exonerate 和 GeneWise 是常用的反式比对工具。GeneWise 是目前最主要的反式比对的程序，可以得到比较准确的基因结构，并且能够容忍一些测序错误，它是 Ensembl 自动基因注释系统的核心组成部分，已经完成了许多脊椎动物基因组的初始注释分析。GeneWise 预测结果相对比较保守，虽然会忽略一些真正的外显子，但是大部分预测出来的结果还是十分准确的。

单纯的基于证据的基因注释系统有两个主要的弱点：①许多数据库中的数据质量良莠不齐，会导致错误信息的不断传递；②如果数据库中不含有足够相似程度的序列，那么可能什么结果也得不到。此外，即使有较好的序列相似性比对，比对上的区域（可能的外显子）并不见得十分精确，因此，不能准确地确定其基因结构，同时在这个过程中小的外显子很容易被忽略掉。

（二）从头开始的基因预测

自基因组测序的概念被提出以来，一个明确的目标就是能够准确地进行从头开始（*ab initio*）的基因预测，即只依赖蕴含在 DNA 序列内部的信息来确定基因结构。这种想法来自人们希望能够用计算机模拟生物体内转录和翻译的信号识别过程，从而构建起一个体外的基因识别系统。虽然在原核生物和低等真核生物（如酵母）中确定可读框（open reading frame，ORF）相对比较容易（Brent，2005），但是对含有大量内含子的高等真核生物来说，这个问题还远远没有解决。在高等真核生物的蛋白质编码基因预测过程中，从头开始基因预测软件虽然可以准确地预测高于 90% 的蛋白质编码碱基和 70%～75% 的外显子，但是其预测基因结构的准确性还不到 50%。这主要有两个方面的原因：①现阶段科学家对生物体转录和翻译法则的认识还有待进一步的提高；②现有的计算模型可能无法精确地模拟这个复杂的生物学过程。尽管如此，基因结构的计算模型使人们能够理解基本的生物学过程，并且可以确定出那些明显的基因组信号和特征（有显著统计学意义的），从而在未来合成生物学（见第十章）中对设计和构建新功能的基因提供一定的帮助。

从头开始的基因预测包括两个主要步骤，即蛋白质编码基因特征的识别和基因结构的生成（Brent，2007）。软件识别的蛋白质编码基因的特征大致可以分为组成特征（content sign）和信号特征（signal sign）。蛋白质编码基因的组成特征一般有：高 GC 含量、密码子组成、六联核苷酸（hexamer，6-mer）组成和碱基出现周期等，在这些信号中，六联核苷酸组成被认为是最能区分编码区和非编码区的特征。信号特征一般包括核糖体结合位点、内含子供体和受体剪接位点、内含子分支点、起始密码子和终止密码子、CpG 岛等。蛋白质编码基因特征可以通过多种方法被识别。这些特征被识别后，可以通过动态规划算法（dynamic programming）或者广义隐马尔可夫模型（generalized hidden Markov model，GHMM）来生成基因结构。广义隐马尔可夫模型既可以用于蛋白质编码基因特征的识别，还可以用于基因结构的产生，从而被许多从头开始基因预测软件所采用。1997 年发布的 Genscan 是一款里程碑式的从头预测基因软件，它整合了一系列方法用于蛋白质编码基因特征的识别，并最终使用广义隐马尔可夫模型产生基因结构，其准确性远远超过了同时代其他的从头开始基因预测软件。

（三）重新基因预测

重新（*de novo*）基因预测的策略是利用对照基因组（informant genome）与目标基因组

的比对信息来进行基因预测（Brent，2007）。由于人们对生物体转录和翻译知识的认识有限，还不能完全仅通过基因组序列内的特征来模仿生物的转录和翻译过程，从而对蛋白质编码基因进行准确识别，因此人们考虑整合其他蛋白质编码基因的信息。随着基因组测序项目的不断进行，越来越多的基因组被测序，人们认识到可以利用自然选择所提供的蛋白质编码基因的信号来分析新的基因组。研究表明，两个或多个物种中的直系同源序列的突变频率和模式提供了宝贵的注释信息。蛋白质编码基因由于具有相对比较重要的生物学功能，因此在进化中大多数经受着负选择的作用，这就产生了两个指示编码蛋白质基因的重要信号：①由于沉默突变往往发生在密码子的第3位上，因此序列比对的空缺呈现以3为倍数的模式；②为了保证ORF编码的准确性，插入和缺失的序列长度也是3的倍数，如果有移码突变发生，这个可读框也常常被附近其他的插入和缺失修复，衡量这种现象的一个指标称为读框连贯性（reading frame consistency，RFC）。通过整合从头开始基因预测所识别的特征与基因组比对所得到的自然选择信号，可以识别出较保守的蛋白质编码基因，这就是重新基因预测的主要策略。

Twinscan、SGP2和SLAM是一些利用双基因组比对信息的重新预测软件，Twinscan和SGP2是第一批在性能上超越Genscan的程序。EXONIPHY、N-Scan和CONTRAST是利用多基因组比对信息的重新预测软件。其中，CONTRAST在人类和果蝇基因组分析过程中，通过使用多序列比对获得较大性能的提高，是目前分析人类和果蝇基因组最好的基因预测程序，并且有可能在线虫、植物和真菌基因组分析过程中也获得同样好的结果。

二、蛋白质编码基因注释的整合信息

由于注释所依赖的证据数量有限，从头预测和重新预测的结果可靠性又较低，因此将这些信息整合在一起可以得到更好的注释结果（Brent，2008）。

（一）人工整合

传统的整合方法是将已有的预测结果提交给专家手工完成，这样的人工注释在注释高质量的、已测序完毕的基因组中起着重要的作用。目前，NCBI reference sequences（RefSeq）数据库提供经过人工验证的多物种的高质量转录物，包括植物、病毒、脊椎和无脊椎动物。这些转录物和基因预测结果常常是依赖全长cDNA的可靠验证；同时，RefSeq也包含使用EST和不完整cDNA比对到基因组序列上的预测结果。RefSeq人工验证的预测结果的标识符号以NM开头，非人工验证的以XM开头。另外，目前一个最大的人工注释组是Welcome Trust Sanger的HAVANA。HAVANA整合表达序列的比对、Genscan和FGENESH的基因预测结果于一体。在人类一段30Mb的基因组序列上通过RT-PCR实验，发现HAVANA注释几乎包括了所有的蛋白质编码基因。尽管人工注释十分精确有效，但由于其高成本的限制，目前仅用于几个核心的基因组。

（二）自动整合

自从人类基因组草图发布以后，通过计算的方法（如证据权重和动态规划算法）自动整合不同证据的注释系统开始得到发展，如Ensembl、OTTO和NCBI系统。自动整合的方法很多，最简单的是在每一个位置上选择最好的证据，这种方法需要首先构建一个从最可靠的到最不可靠的证据的等级结构。例如，Pairagon＋N-Scan_EST是最简单的系统，它首先进行cDNA比对，然后用基因预测结果来填补cDNA比对；Ensemble也是基于证据等级结构，已成功应用于注释一些新的脊椎动物基因组。整合系统并不衡量所有可能的注释证据，只考虑其他程序产生的外显子－内含子的结构，包括从头预测或重新预测和基于证据预测系统产生的结构。它们从这些结构中筛选，或者组合来自不同结构的元件（如剪接位点）。整合系统通常使用待整合证据的相对可靠的概率模型，每一种证据的可靠性可以手动设置，也可以通过用已准确注释的结果进行训练。

整合系统策略所使用的原理是基于被多个程序预测出的外显子要比单个程序预测出的更加可靠这一信条。目前常见的整合系统有 GAZE、GLEAN、COMBINER、JIGSAW 和 Genomix，其中，JIGSAW 已在人类的 ENCODE 区域得到了目前最准确的整合结果。EVM 是 TIGR 开发的一套自动化基因注释系统，它通过使用一个非概率模型的权重整合证据系统（考虑了证据的类型和冗余程度）生成基因结构。通过在人类的 ENCODE 区域和水稻上对多个自动整合注释系统的预测结果进行比较，发现 EVM 与 JIGSAW 都具有相当好的特异性和敏感性。

目前人们仍不清楚，为什么整合结果总比多个预测程序预测的好。一种可能性是每一种预测程序都包含有随机错误，而两个不同程序生成相似的随机错误是比较罕见的。另一可能是，不同的程序都会预测出不同的好结果，将这些各自最好的部分整合重组在一起将在整个水平上产生出好的结果。

三、蛋白质编码基因的功能注释

预测出来的蛋白质编码基因包含着大量的未知功能信息。为了更深入全面地了解这些数据的意义，保证基因组数据的一致性和完整性，并推动对未知物种的探索，人们开发了各种生物信息学数据库。这些数据库涉及核酸和蛋白质序列、功能基因组学、蛋白质组学和生物大分子结构等方面的核心信息。生物信息学根据这些已有的证据，利用计算的方法来预测新测序物种的基因，并推测这些基因的功能。对预测的未知功能基因进行高通量功能注释主要是利用已知功能基因等信息来对新基因的功能做出推断（Brent，2008）。目前常用的主要方法是序列相似性比较法，除此之外，进化分析、亚细胞定位、结构基因组的研究与蛋白质组的研究等方法对于未知基因功能的注释也有非常重要的帮助。以上这些计算方法有效地减少了实验材料和时间的消耗，但是最可靠的功能鉴定还是通过实验方法得到的。

序列相似性分析基于“同源＝功能相似”的假设。该方法将功能未知基因与数据库中的已知功能基因进行序列相似性比对，通过设立同源性指标（如 identity、*E*-value 等）寻找具有同源关系的已知基因，从而确定预测基因的功能。常用的数据库主要包括 NCBI 的 NT、NR（非冗余蛋白质序列数据库）、UniProt、InterPro、KEGG、KOG 等。虽然基于序列比较的最大相似法为功能预测解决了很多问题，但同时也存在着大量的错误，这些错误的根源在于相似比较没有有效地解决不同基因间进化关系所带来的问题，如趋同和趋异、重复（duplication）、基因缺失（gene loss）、水平基因转移（horizontal gene transfer, HGT）等。为了减少这类错误，可以通过选择合适或更加严格的同源性阈值（cut-off），并增加同源区长度的比例（coverage）等条件，但是这样的做法无法从根本上解决这个问题。

第三节　RNA 基因的注释

RNA 基因是指不编码蛋白质的基因，又称为非编码基因（non-coding gene，ncRNA），其编码产物为一条功能 RNA 分子（Griffiths-Jones et al.，2005）。最近几年的研究表明，ncRNA

数量众多，是真核生物转录组的主要组成部分；此外，它们在高等生物的多种基因调控过程中发挥着重要作用，如 X 染色体失活、基因组印迹、转录激活过程中的染色质修饰、转录干扰及转录后基因沉默等。因此，注释 RNA 基因已成为基因组注释的一个重要组成部分。

最早发现的 RNA 基因是转运 RNA（transfer RNA，tRNA）和核糖体 RNA（ribosomal RNA，rRNA），这两类 RNA 对蛋白质合成过程至关重要。随后发现的 RNA 家族中，有一些的作用机制已比较清楚，如核内小 RNA（small nuclear RNA，snRNA）可组成剪接体（spliceosome），催化前体 mRNA 的剪接过程；小核仁 RNA（small nucleolar RNA，snoRNA）以碱基配对的方式指导 rRNA 的甲基化和假尿嘧啶化修饰；微 RNA（microRNA，miRNA）通过对特异的目标基因的转录产物进行调控，在发育过程中起到重要的作用（Meyer，2007）。虽然随着实验技术的提高和计算工具的出现，有越来越多的 RNA 类别被发现。近年来，长链非编码 RNA（lncRNA）和环状 RNA（circRNA）也渐渐走入了人们的视线。但为了结果可信，目前基因组水平上的 RNA 基因注释仍局限于寻找如上所述的几类结构已知的 RNA 基因家族的同源物。

与蛋白质编码基因的预测相比，RNA 基因的预测更为困难，原因如下所述。首先，RNA 基因缺少显著的编码结构，如起始和终止密码子、剪接位点等信息。其次，有功能的 RNA 基因的保守性更主要地体现在其二级结构上，使得 RNA 基因的预测不但依赖简单的核苷酸信息，还需要考虑 RNA 的二级结构，增加了计算复杂性。最后，与蛋白质编码基因能够通过其序列基序推断其功能相比，RNA 基因的序列信息并不足以对其功能进行推断。对于完备的 RNA 基因注释，至少要回答两个问题：①鉴定基因组中的 RNA 基因的编码区域；②推断其功能转录本，预测其功能，并寻找其相互作用伙伴。但相对于蛋白质编码基因的注释，RNA 基因的注释还处于起步阶段，对于大的基因组计划，一般只回答了第一个问题的一些子集，即预测作用机制比较清楚的 RNA 家族的同源物。

根据是否需要依赖基因组序列以外的信息，RNA 基因的预测方法分为两类，一类是基于相似性（homology-based）的预测方法，一类是从头开始的预测方法。基于相似性方法的依据是许多 RNA 基因家族在进化中序列和结构上的保守性，通过比较分析的方法可以在新测序基因组中找到这些 RNA 基因的新拷贝（Meyer，2007）；从头开始的 RNA 基因预测只依赖基因组序列本身进行注释，由于 RNA 基因生物学的局限，从头开始的 RNA 基因预测是非常具有挑战性的，目前这种方法仅在一些特殊的基因组中有过一些成功应用，如富含 AT 的超嗜热菌基因组。因而，在已测序基因组的 RNA 基因注释实践中，主要依赖基于相似性的预测方法。

基于相似性的预测方法是依赖已知序列，通过比较基因组学的方法，构建 RNA 家族进化保守的序列和结构特征，进而用于新基因组中家族新成员的预测。只依赖序列相似性的比对方法适用于一些保守的 RNA 基因预测，如 rRNA 基因，使用经典的序列比对软件（如 BLAST、FASTA 等）即可以获得较好的预测结果，且具有较快的计算速度。但是，研究表明，同时考虑序列特征及二级结构的 RNA 基因预测软件（如 INFERNAL、RSEARCH 等）敏感度和特异度更高；缺点是时间复杂度更高，对计算资源的需求量更大。

目前，最全面的 RNA 家族序列和比对信息的数据库之一是 Rfam 数据库。为表征已知 RNA 基因家族的序列和结构特征，Rfam 数据库对已测序基因组中的数百万条 ncRNA 记录进行整合，获得了上千个基因家族的多序列比对结果，进一步对这些结果进行序列和结构特征的建模，获得特定 RNA 家族的协方差模型（covariance model，CM）。目前，Rfam 数据库中含有 2000 多个协方差模型，可以使用 Rfam 数据库提供的 INFERNAL 软件包对这些协方差模型与靶序列进行比对，寻找与特定模型有序列和结构相似性的区域，通过打分、排序和去除阈值以下的匹配，达到了较高的灵敏度和特异度；不足之处是计算复杂度非常高。另外，一些只针对特定类别 RNA 的预测软件，也有较好的表现。例如，tRNAscan-SE 使用 tRNA 的协方差模型进行 tRNA 的预测，已成为新测序基因组中 tRNA 预测的标准软件；Snoscan 使用真核 rRNA 的甲基化位点信息辅助 C/D box snoRNA 的预测，不但能预测 C/D box snoRNA，还能提供甲基化位点信息的注释。

第四节　重复序列的注释

重复序列（repetitive sequence，或称 repeat）在真核生物基因组中广泛存在，不同基因组中所占比例变异很大。例如，在水稻和人类基因组中，重复序列的含量分别约为 25% 和 45%，而在玉米基因组中，重复序列的含量可达 80%。对于新测序基因组来说，重复序列的含量是一个必须要回答的问题。大量重复序列的存在对基因组拼接的效果影响非常大，而且由于一些重复序列中含有编码区，对蛋白质编码基因的预测也造成了干扰，从而使对重复序列进行准确的注释和分类变得十分重要。

重复序列可简单地分为串联重复序列（tandem repeat）和散布的重复序列（dispersed repeat）两种。串联重复序列是指重复单元相邻出现的重复序列，多出现于染色体的着丝粒区和端粒区等（Saha et al.，2008）。根据重复单元的长度大小，可分为微卫星序列（microsatellite）、小卫星序列（minisatellite）和卫星序列（satellite）。散布的重复序列，大多是转座元件（transposable element，TE），是指可以通过转座（transposition）过程在基因组内不同位置间移动的 DNA 片段。根据不同的转座机制，有的转座元件进行“剪切和粘贴”（cut-and-paste），转座之后，原有位置的拷贝转移到新的基因组位置上去；有的进行“复制和粘贴”，在新的基因组位置上复制一份拷贝。这些特性决定了转座元件的进化意义。它们可以影响基因组大小，并成为基因组变异的重要来源。例如，它有生成新基因、新 miRNA 和调控序列的潜能。更重要的是，转座元件的移动可能会打断基因区域，干扰基因表达，造成基因组不同区域间的异位重组，使得基因组结构更加复杂，推动基因组进化。对真核基因组进化更深刻的理解需要关于重复序列的知识，而这又依赖于基因组测序计划中更准确的重复序列的发现和识别。

串联重复序列的结构较简单，相应地，串联重复序列的识别也相对容易。在识别串联重复序列的软件中，Tandem Repeats Finder 应用最为广泛，它可以识别重复单元达 2kb 的串联重复序列，并通过概率模型对候选序列进行评估和打分，达到较高的灵敏度和特异度。根据重复单元的长度大小，被识别出的串联重复序列可直接分类为微卫星、小卫星和卫星序列。

转座元件的识别和分类是一件具有挑战性的工作。首先，转座元件插入基因组之后，新的拷贝经历了不同的进化历程，如累积点突变和插入缺失突变，并经历不同的重组事件，使得转座元件变得片段化和分歧化，难以被目前流行的序列相似性的方法所识别。其次，转座元件有优先插入其他转座元件区域的偏好，从而形成镶嵌型结构（nested structure），这使得确定转座元件的边界变得复杂（Bergman and Quesneville，2007）。最后，在重复序列含量非常高的基因组中，预测转座元件所需的计算资源是非常可观的，时间和内存的耗费都非常大。

根据是否依赖已知 TE 的信息，TE 的鉴定方法分为两种。一种是基于相似性的方法，通过比对输入序列与已知 TE 的相似性，对输入序列进行 TE 识别；另一种是从头开始的方法，依据基因组序列内部的自身重复性，重构出转座元件的祖先序列。用相似性的方法基于先验知识，更有可能发现“真正”的 TE 家族，但它无法检测序列分化很大的家族成员。对于新测序基因组，那些未知 TE 及物种特异的 TE 信息需要依赖从头开始的方法，所以常使用两种方法相结合的方式进行转座元件的注释。

基于相似性的方法依赖已知 TE 的数据库，预测结果比较准确，并且可根据已知 TE 的类别为预测的转座元件分类。目前的 TE 数据库中，Repbase（https://www.girinst.org/repbase/）是比较权威的一个，它收录了多个真核物种超过 9000 条的重复序列，每一条都标注了人工检查后的注释信息，并且代表了一个重复序列家族或亚家族的一致序列（Kapitonov and Jurka，2008）。但 Repbase 比较偏重收集动物的 TE，尤其是哺乳动物；而 TIGR 植物重复序列数据库整合了 GenBank 中 12 个属的植物重复序列，数量非常大，含有超过 21 万条序列，同时附有简单的分类信息。因而，TIGR 植物重复序列数据库非常有助于植物基因组中的转座元件识别。进行已知 TE 的预测时，可直接使用 BLAST 等经典序列比对软件，但更专业的重复序列相似性比较软件是 RepeatMasker（https://www.repeatmasker.org/）。目前 Repbase＋RepeatMasker 的组合被认为是重复序列注释的黄金组合。

从头开始的重复序列预测方法多种多样。按输入序列分类，有的从已拼接的基因组序列出发进行 TE 预测，如 RepeatScout 等，这类软件的优点是时间复杂度低，但会显著受到序列拼接质量的影响；有的从测序片段（read）出发，如 ReAS 和 RECON 等，虽然计算复杂度高，但较少受到拼接错误的影响。若按算法分，则类别非常多样，如自身比对算法（self-comparison），PILER 和 RECON 分别使用 PALS 和 BLAST 进行自身比对，对所得 hit 划分为不同的家族，通过多序列比对获得一致序列。尤其是 PILER 软件，它针对不同类别 TE 的模式特征，设计了对应的多种算法。例如，PILER-TA 用于寻找串联重复序列，而 PILER-DF 则用于寻找散布的转座元件家族等。有些算法在牺牲了一些灵敏度的基础上获得了非常高的特异度，使得结果非常可信。例如，k-mer 扩展算法，其典型软件为 RepeatScout，它将重复序列看作一个出现次数大于 1 的长度为 k 的子字符串，然后对 k-mer 进行扩展，直到整个区域的打分低于阈值为止，获得了较高的准确度和速度。除此之外，还有一些软件只针对某一特定类别的 TE 元件，根据其生物学特征构造算法，也有很好的性能。这种方法较多地应用于寻找全长的 LTR（long terminal repeat）型反转座子，如 LTR_STUCT、LTR_FINDRE 等。比较研究表明，ReAS 和 RepeatScout 分别在测序片段水平上和已拼接基因组序列水平上获得了最佳效果，而 PILER 软件因其具有高准确度，在测序基因组的 TE 预测中经常被使用；LTR_FINDER 软件则非常适合在 LTR 反转座子含量非常高的植物基因组中应用。新测序基因组中，如果已知 TE 信息不足，又无较近缘的测序基因组时，多种软件相结合是进行 TE 注释的最佳选择。

第五节　假基因的注释

假基因是基因组中与真基因序列相似但缺乏功能的 DNA 序列。按照形成机制的不同，假基因可以分为非加工假基因（non-processed pseudogene）和加工假基因（processed pseudogene）两类。非加工假基因又称为复制型假基因（duplicated pseudogene），是通过基因组 DNA 复制或者不平衡交换产生的，多位于其同源功能基因的附近；加工假基因又称反转座假基因，来源于反转座事件，由 mRNA 反转录成 cDNA，然后整合到基因组中。后者缺少内含子，两末端有短的定向重复序列，3′ 端有多聚腺嘌呤（PolyA）尾，根据其形成机制，加工假基因也被认为是一种特殊的反转录转座子（retrotransposon）。一般而言，加工假基因与功能基因序列密切相关，在揭示基因组进化上能提供更令人信服的证据，所以是进化研究的主要对象。在已完全测序的基因组中通常都要进行假基因的鉴定，其鉴定步骤一般如下：获得去除重复序列的基因组序列和蛋白质序列；利用 BLAST（E-value<1×10^{-4}）在基因组序列中搜索与蛋白质相似的序列，去除与已知基因高度重叠的序列；去除冗余和重叠的 BLAST 匹配片段；合并相邻的序列；确定假基因的母基因；对剩余的序列利用 FASTA 与基因组序列重新进行比对；与以前通过实验获得的已知假基因合并；根据两种假基因的特征对假基因进行筛选和分类。假基因的筛选通常有以下几个标准：①与编码已知蛋白质的序列高度相似；②与相似功能基因相比，覆盖其超过 70% 的编码区域。另外，功能缺失特征、PolyA 尾等也可辅助假基因的识别和分类。当然，也有些鉴定假基因的方法在进行同源搜索时使用的检测序列不是蛋白质序列而是核酸序列。

第六节 案例分析：黄瓜基因组的注释

黄瓜是一种重要的园艺作物，具有重要的经济价值，其基因组包含 7 对染色体，大小仅有 300 多 Mb，由于其性别分化模式多样，黄瓜已成为植物性别决定研究的一个主要的模式植物。为了从功能基因组学和分子育种的角度揭示黄瓜主要农艺性状的遗传和分子基础，2007 年 3 月，中国农业科学院（以下简称农科院）蔬菜花卉研究所联合国内外多家合作单位发起了国际黄瓜基因组计划（international cucumber genome initiative，ICuGI），综合使用传统的 Sanger 测序技术和新一代 Illumina GA 测序技术，拼接得到了黄瓜的全基因组序列，覆盖了整个基因组上约 99% 的基因组常染色质区域和约 96% 的基因区域。基于新测序的黄瓜基因组序列，我们构建了一个流程化的真核基因组注释平台。

一、蛋白质编码基因的注释

黄瓜全基因组序列的注释过程，使用 EVM 整合从头开始基因预测和基于证据的预测结果，预测了黄瓜基因组的蛋白质编码基因（注释过程如图 5-3 所示），并使用 InterPro、KEGG、KOG 和 UniProt 等数据库对预测的蛋白质编码基因的功能进行了注释。

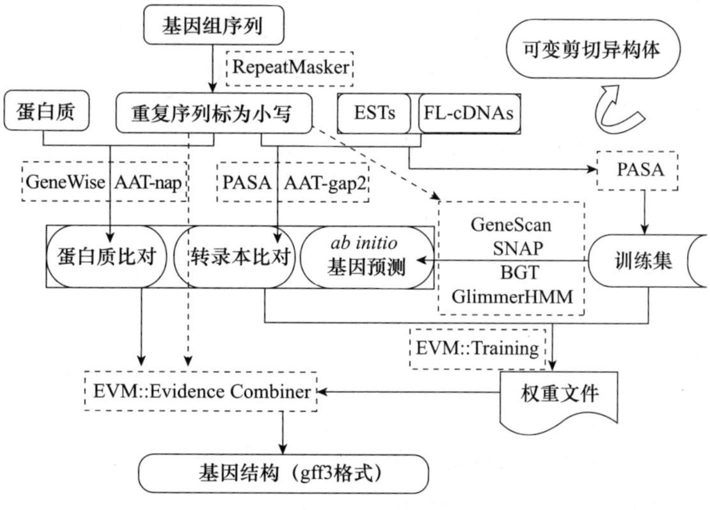

图 5-3 黄瓜基因组基于 EVM 的基因预测流程

（一）基于证据的基因注释

1. 转录本比对　黄瓜基因组使用的转录本数据库有：黄瓜 EST（农科院提供）和 mRNA（NCBI 下载）、甜瓜 EST（来自 MELOGEN 数据库）和 TIGR 植物转录数据库 PlantTA [目前 PlantTA 已关闭，类似数据可从 Plant GDB（http://www.plantgdb.org/prj/ESTCluster/progress.php）植物基因数据库获取]。黄瓜数据库包括 66 680 个 EST singleton、23 627 EST contig 和 260 个 mRNA；甜瓜数据库包括 10 614 个 EST singleton 和 6023 EST contig；TIGR 包含 251 个植物物种的 3 895 049 个 unigene。我们使用的 cDNA/EST 比对软件是 PASA 和 AAT-gap2。由于甜瓜和黄瓜同源性很高，我们将甜瓜和黄瓜的 EST 数据整合在一起作为 PASA 的输入。AAT-gap2 使用 TIGR 植物转录物数据作为输入进行同源比对。

2. 蛋白质比对　黄瓜基因组使用了 UniProt（http://www.uniprot.org/）数据库中蛋白质数据。UniProt 是由欧洲生物信息学研究所（EBI）将两大蛋白质数据库 Swiss-Prot 和 TrEMBL 整合为一体建立的，其中 Swiss-Prot 中的蛋白质经过人工检验，质量比较高，而 TrEMBL 存放着由计算预测的结果。在黄瓜基因组的注释中使用 UniProt 13.2 版本，其中，Swiss-Prot 包含 387 331 个植物蛋白，TrEMBL 包含 515 655 个植物蛋白，因此，一共使用了 902 986 个植物蛋白。比对使用软件 AAT-nap 和 GeneWise 完成。由于 GeneWise 的运行时间相对较长，我们在用 GeneWise 进行蛋白质比对前，先使用 BLASTx（E-value$<1\times10^{-4}$）将蛋白质比对到基因组上，然后将比对上的区域前后扩展 10kb，再使用 GeneWise 对这些区域进行比对。

（二）从头开始的基因预测

基因预测训练集的构建对于从头开始基因预测及 EVM 中权重的训练都是至关重要的。目前已知的黄瓜基因很少，因此从 NCBI 下载完整的 mRNA 共 260 个。另外，使用 BLASTx 将已有的黄瓜和甜瓜的 EST 数据与 Swiss-Prot 数据库进行比对，其中满足 identity≥40%、覆盖度（匹配长度 / 蛋白质长度）=1 且 EST 长度>800bp 的 cDNA 被近似认为是全长 cDNA，这样获得了 3119 个近似的全长 cDNA。之后使用 PASA 寻找包含全长 cDNA 的最长比对片段，并产生完整的或者部分的基因结构，从中挑选具有起始密码子和终止密码子且氨基酸序列长度大于或等于 100 个氨基酸的完整基因结构作为训练集（共 1151 个）。

黄瓜基因组使用了目前 4 个比较常用的从头开始基因预测软件——BGF、GlimmerHMM、SNAP 和 GenScan。其中，BGF、GlimmerHMM 和 SNAP 程序使用 PASA 构建训练集进行参数训练，而 GenScan 则使用程序自带的拟南芥模型进行基因预测。在运行这 4 个程序前，基因组序列中的重复序列被 RepeatMasker 程序过滤掉，即将基因组中的转座元件序列用“N”代替。

另外，由于暂时没有与黄瓜亲缘关系较近的植物基因组可被利用，因此重新基因预测软件并没有在黄瓜基因组蛋白质编码基因的预测过程中被使用。

（三）EVM 基因预测自动整合系统

在黄瓜基因组的预测中使用 EVM 将 4 种从头开始基因预测、蛋白质和转录物的同源比对结果进行整合。EVM 在预测基因之前，根据 PASA 构建的训练集寻找生成最优基因结构模型的证据权重组合，之后根据训练得到的权重，整合多种预测结果，最终得到黄瓜基因组蛋白质编码基因的基因结构。之后对预测的基因进行一系列过滤，删除不完整的基因结构，如含有提前终止密码子的基因结构及与转座元件有显著相似的基因结构，最终得到了 25 344 个编码蛋白质的基因。

（四）基因功能注释

1. 寻找同源基因 使用 BLASTp 在 UniProt 数据库（版本为 13.2）里进行数据库相似性搜索，其中满足条件 E-value<1×10^{-6} 和 identity>35% 的基因比对被认为是黄瓜的同源基因。一共有 76.7%（19 450/25 344）的黄瓜基因在其他基因组上发现具有同源基因。其中，75.2%（19 059/25 344）与其同源基因的覆盖度超过 50%；72.4%（18 349/25 344）的覆盖度超过 70%；64.4%（16 309/25 344）的覆盖度超过 90%。由表 5-1 可得，黄瓜与杨树（*Populus trichocarpa*）的同源基因最多，一共有 19 150 个（75.8%），这与已测序的基因组中杨树与黄瓜具有最近的系统发育关系相一致，此外葡萄、水稻和拟南芥与黄瓜也具有较多同源基因。虽然甜瓜在系统发育上与黄瓜最接近，但是由于在 UniProt 中已知的甜瓜基因很少，所以获得的同源基因结果较少。最后，通过使用 UniProt 数据库中已有蛋白质注释为黄瓜基因的功能进行注释或提供参考。

表 5-1 UniProt 中与黄瓜同源的蛋白质的数量

基因组	基因数目	基因组	基因数目
Populus trichocarpa	19 150	*Vitis vinifera*	18 148
Oryza sativa subsp. Indica	17 259	*Arabidopsis thaliana*	17 919
Carica papaya	18 063	*Zea mays*	4 552
Medicago truncatula	5 750	*Cucumis sativus*	1 315
Cucumis melo	848		

2. 结构域和 GO 注释 使用 InterPro 数据库的 InterproScan 程序对预测基因进行结构域注释，一共有 17 122 个（67.6%）基因至少含有一个结构域，其中 Pfam 结构域注释最多。由于 InterPro 的结构域提供 GO（gene ontology）注释，其中 47.6% 的基因因为含有 InterPro 结构域注释而获得 GO 注释，可用于今后的基因功能分类工作。

3. 代谢通路注释 KEGG（Kyoto Encyclopedia of Genes and Genomes）数据库为代谢通路数据库，由日本京都大学构建并维护（Ogata et al.，1999）。KEGG 由 4 个主要数据库组成：KEGG GENES 存储基因组数据，KEGG LIGAND 存储化学物质的信息，它们由 KEGG PATHWAY 即代谢通路联系起来，而 KEGG BRITE 展示了代谢通路的拓扑结构。其中，KEGG GENES 和 KEGG PATHWAY 为主要的蛋白质功能注释数据库。KEGG PATHWAY 数据库根据 328 条参考通路产生出 69 006 条通路；KEGG GENE 数据库包含了 55 种真核生物和 576 种细菌，以及 49 种古菌的 2 875 769 个基因，分为 10 692 个 KEGG 直系同源组，即 KO（KEGG orthology）。

首先，以黄瓜蛋白质序列为查询序列，以 KEGG GENES 中的所有植物和其他模式物种的蛋白质为数据库作 BLASTp 分析（图 5-4）。进一步筛选符合条件的黄瓜蛋白：① E-value<1×10^{-5}；②比对上的 KEGG GENES 中的蛋白质必须拥有 KO 入口号；③ rank≤5，即与每个黄瓜蛋白所匹配的 KO 入口号的个数小于或等于 5。每个 KO 记录为一组同源基因，根据 KO 系统中各直系同源组所参与的代谢通路确定黄瓜蛋白的功能及其在代谢通路中的定位。我们将已预测的 25 344 个黄瓜蛋白映射到 KEGG 数据库中，40.7%（10 327 个）的蛋白质的功能被注释出来，共参与了 231 个代谢通路反应。

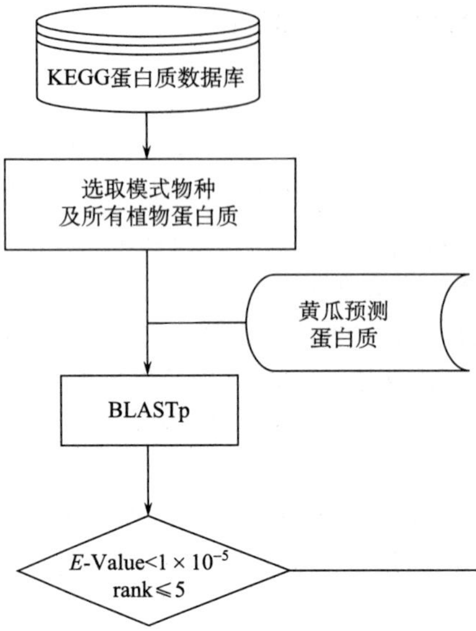

图 5-4　黄瓜基因组代谢通路注释流程图

二、RNA 基因的注释

在黄瓜基因组的 RNA 基因注释中，采用 BLAST 软件进行 rRNA 基因的预测，tRNAscan-SE 软件进行 tRNA 基因的预测，Snoscan 软件用于 C/D box snoRNA 的预测，INFERNAL 软件与 Rfam 数据库（版本日期：20081104，共含 603 个协方差模型）中的 miRNA 模型、snRNA 模型和 H/ACA box snoRNA 模型进行比对，分别进行 miRNA、snRNA 和 H/ACA box snoRNA 的预测，流程如图 5-5 所示。

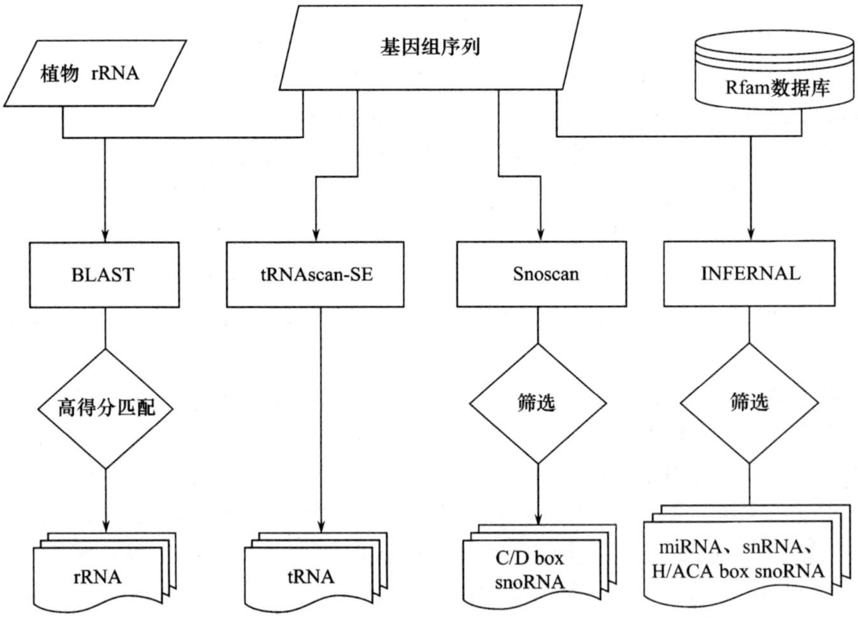

图 5-5　黄瓜基因组中 ncRNA 的预测流程

（一）rRNA 预测

使用BLAST软件预测rRNA基因，由于黄瓜的rRNA序列未知，我们从NCBI下载4条模式植物的rRNA序列作为库，其中，5S rRNA、5.8S rRNA和18S rRNA来自拟南芥（*Arabidopsis thaliana*）基因组，28S rRNA来自小麦（*Triticum aestivum*）基因组。将黄瓜基因组序列与植物rRNA基因库进行BLASTn比对，满足条件E-value≤1×10^{-10}、identity≥90%且matching length≥100bp的匹配（hits）组成了rRNA预测集，共得到292个rRNA基因片段，总长度达112 966bp。

（二）tRNA 预测

tRNA基因使用tRNAscan-SE软件预测，参数设为默认，共预测了681个tRNA基因和18个tRNA假基因。

（三）snoRNA 预测

对于两类snoRNA，使用Snoscan软件进行C/D box snoRNA基因的预测，训练集使用软件自带的酵母rRNA序列和酵母rRNA甲基化位点信息，选取分值大于或等于25且具有甲基化位点注释信息的结果，并根据物理位置进行去冗余，最终得到C/D box snoRNA基因的预测集。H/ACA box snoRNA基因的预测使用INFERNAL软件，将黄瓜基因组序列与Rfam中83个H/ACA box snoRNA相关的协方差模型进行序列和结构比对，满足条件score≥log2（contig length）的结果组成了H/ACA box snoRNA基因的预测集，共预测了157个C/D box snoRNA基因和81个H/ACA box snoRNA基因。

（四）miRNA 和 snRNA 的预测

miRNA基因和snRNA基因的预测方法与H/ACA box snoRNA的预测方法相同，即使用INFERNAL软件，将黄瓜基因组序列与Rfam数据库中该类ncRNA基因相关的协方差模型（miRNA模型46个，snRNA模型10个）进行序列和结构比对，满足条件score≥lg2（contig length）的结果分别组成了miRNA基因和snRNA基因的预测集，得到171个miRNA基因和192个snRNA基因。

三、重复序列的注释

（一）串联重复序列的注释

黄瓜基因组中，使用Tandem Repeats Finder软件进行串联重复序列的预测，除Maximum Period Size设为2000bp外，其他参数默认。根据重复单元的长度对预测集进行简单分类，重复单元为1～6bp的称微卫星序列，重复单元为7～100bp的称为小卫星序列，重复单元大于100bp则称为卫星序列。黄瓜基因组中，共鉴定了72 291个串联重复序列元件，其中包括6244个微卫星序列、59 447个小卫星序列及6600个卫星序列。串联重复序列在拼接好的黄瓜基因组序列中占4.31%。

（二）转座元件的注释

在转座元件注释中，使用了4个各具特点的*de novo*预测软件，构建了一个黄瓜特异的*de novo* TE库，然后对其进行逐级分类，最后，整合已知TE数据库、黄瓜特异的*de novo* TE库和 TE 蛋白库，对全基因组序列进行了 DNA 和蛋白质水平上的 TE 注释。

1. 构建黄瓜特异的 *de novo* TE 库　我们使用了 4 个 TE 预测软件：ReAS、RepeatScout、PILER 和 LTR_FINDER。其中，ReAS 以 Sanger 测序片段为输入序列，重构更为古老的重复序列的祖先序列；PILER 和 RepeatScout 软件使用已拼接的黄瓜基因组序列作为输入序列来预测 TE；LTR_FINDER 专门用来预测全长的 LTR 反转座子。所有预测结果中，挑选重复序列长度大于 100bp 且缺口序列“N”含量小于 5% 的序列，组成初步的黄瓜特异的 *de novo* TE 库。

由于 *de novo* 软件不能很好地区分 TE 序列和其他重要序列，我们对初步的 *de novo* TE 库进行过滤和去冗余。通过 BLASTn 比对，过滤掉与植物 rRNA 序列、黄瓜已知卫星序列或黄瓜细胞器 DNA 的同源序列（满足条件 E-value$\leqslant 1\times10^{-10}$、identity$\geqslant$80%、coverage$\geqslant$50% 并且 matching length$\geqslant$100bp 的匹配）。然后，对剩余序列进行多对多（all-versus-all）BLASTn 比对，若有满足条件（E-value$\leqslant 1\times10^{-10}$、identity$\geqslant$80%、coverage$\geqslant$80% 并且 matching length$\geqslant$100bp）的匹配，则去除两条 TE 序列中的较短一条。之后，假基因和多拷贝基因将在分类步骤中通过与 Swiss-Prot 数据库做 BLASTx 比对去除。在经过人工校正之后，在黄瓜基因组中构建了一个含有 1566 条序列的 *de novo* TE 库。

2. 黄瓜的 *de novo* TE 库的分类　参照 Wicker 等（2007）的 TE 分类系统，我们对黄瓜特异的 *de novo* TE 库中的序列进行分类，逐级分类系统包括以下 6 个步骤：①与 Repbase 数据库进行 BLASTn 比对。②与 TE 蛋白质数据库进行 BLASTx 比对。③与 TIGR 植物重复序列数据库进行 BLASTn 比对。④与 Swiss-Prot 数据库进行 BLASTx 比对。⑤与 Repbase TEs 进行 tBLASTx 比对。⑥与 TIGR 植物重复序列数据库进行 tBLASTx 比对。

在每一个步骤中，若 *de novo* 序列与数据库中的已知 TE 具有满足条件（DNA 水平上为：同时满足 E-value$\leqslant 1\times10^{-10}$、identity$\geqslant$80%、coverage$\geqslant$30% 和 matching length$\geqslant$80bp；蛋白质水平上为：同时满足 E-value$\leqslant 1\times10^{-4}$、identity$\geqslant$30%、coverage$\geqslant$30% 和 matching length$\geqslant$30bp）的匹配，则依照已知 TE 的分类信息为这条 *de novo* TE 序列进行注释，其余的序列进入下一步分析。由 LTR_FINDER 软件预测出的 *de novo* 序列若在分类完毕时仍无注释分类信息，则默认为“未分类的 LTR 型反转座子”。*de novo* TE 的构建和分类流程如图 5-6 所示。在构建的 1566 条序列的 *de novo* TE 库中，有 469 条序列被分类，其余 70% 被标记为“未分类”。

3. 基因组水平上的转座元件的注释　黄瓜基因组水平上的 TE 注释包括 DNA 水平和蛋白质水平的注释结果。DNA 水平上，使用 RepeatMasker 软件，整合 Repbase、TIGR 植物重复序列数据库和构建的黄瓜特异的 *de novo* TE 库，作为自定义库（custom library）与黄瓜基因组序列进行比对；蛋白质水平上，使用 RepeatMasker 软件包自带的 RepeatProteinMask 程序，进行 TE 蛋白质数据库与黄瓜基因组序列的 WuBlastx 比对。最后，整合 DNA 水平和蛋白质水平的识别结果进行物理位置层面上的去冗余，比较冗余记录的权重（已知 TE>已分类的 *de novo* TE>未分类的 *de novo* TE）和局部序列比对得分，去除权重更低、得分更小的冗余记录。重复序列的整体注释流程如图 5-7 所示。整合 DNA 水平和蛋白质水平的注释，一共得到了 232 938 条转座元件，在已拼接好的黄瓜基因组序列中占 24.22%。其中，1.20% 为 DNA 转座子，11.65% 为反转座子，未分类的转座元件为 11.37%（占所有预测集的 46.95%）。LTR 型反转座子在转座元件中是含量最多的，占黄瓜基因组序列的 9.92%，其中，LTR 型反转座子的两大超家族——Copia 和 Gypsy 成为黄瓜基因组中含量最多的 TE 家族，分别占 4.37% 和 3.48%。

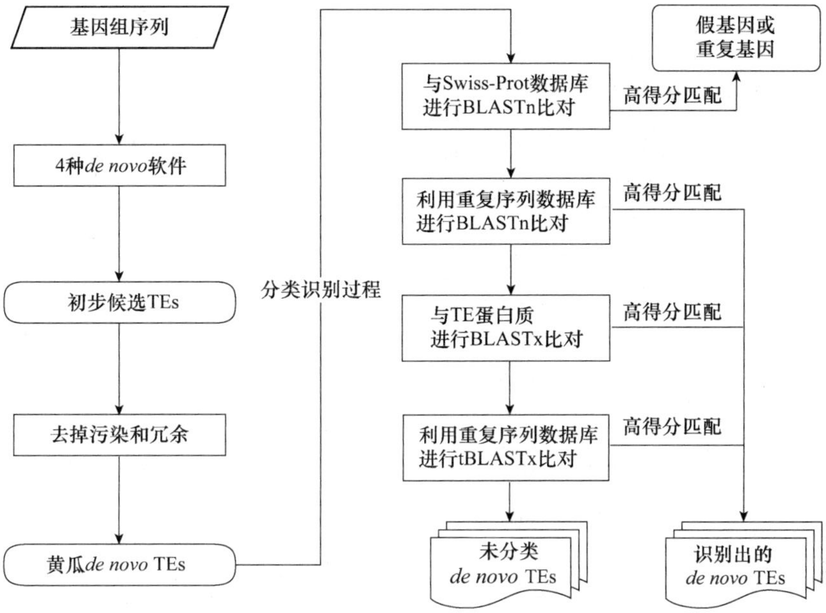

图 5-6　黄瓜基因组中 *de novo* TE 库的构建和分类流程

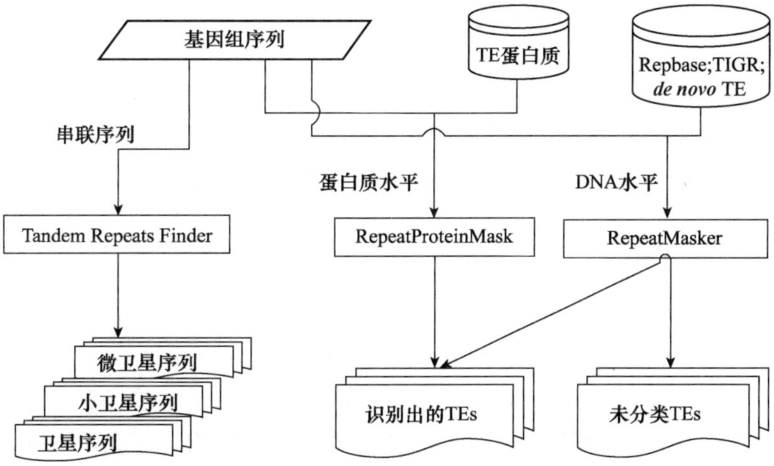

图 5-7　黄瓜基因组中重复序列的整体注释流程

四、假基因的注释

参考 PseudoPipe 有关假基因的分析方法（Zhang et al.，2006），按照图 5-8 所示的流程对黄瓜基因组中的假基因进行识别和分类。

黄瓜基因组中通过同源搜索得到的片段有 609 个被视为功能基因，1709 个基因与其对应蛋白质序列的同一性小于 40% 而被认为是假阳性，将这些去除后共得到 9394 个片段，这些片段是 4403 个蛋白质（占黄瓜基因组所有蛋白质的 17.3%）的同源物，说明绝大多数基因是没有假基因的。而在人和小鼠等哺乳动物中，假基因几乎与基因一样多，人类基因组中目前发现 28 237 个假基因（35 000 个基因）；小鼠基因组中目前发现 15 064 个假基因（22 000 个

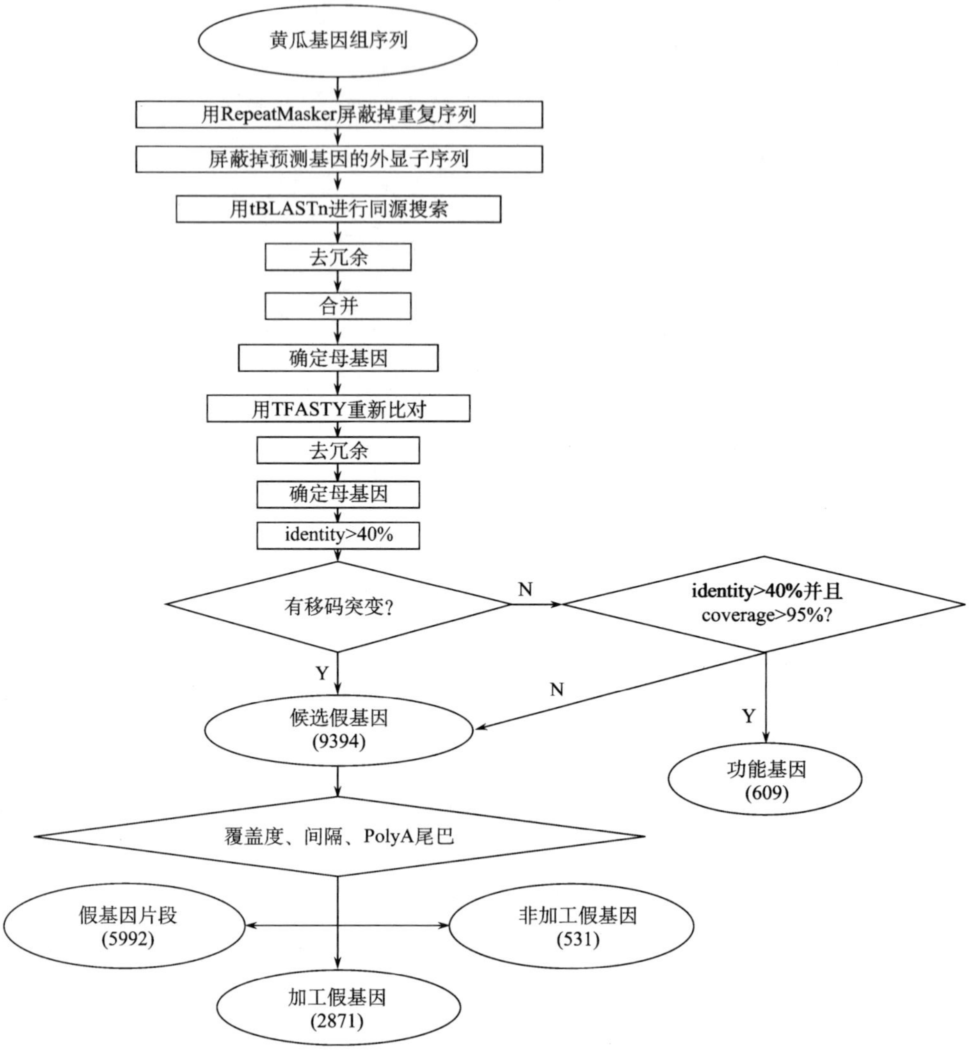

图 5-8　黄瓜基因组中假基因的识别和分类

基因）；作为植物的拟南芥假基因数目则比较少，目前发现 4260 个（25 000 个基因）(Karro et al.，2007)，说明不同物种假基因数目存在很大差别。黄瓜基因组发现的这 9394 个假基因中，加工假基因有 2871 个、非加工假基因有 531 个、假基因片段有 5992 个，可以发现，加工假基因数目远远大于非加工假基因。

思考题

1. 常用的编码蛋白质基因的注释方法有哪些？
2. 如何识别假基因？
3. 简述基因组注释的基本流程。

主要参考文献

Bergman C M, Quesneville H. 2007. Discovering and detecting transposable elements in genome sequences. Briefings in Bioinformatics, 8: 382-392

Brent M R. 2005. Genome annotation past, present, and future: how to define an ORF at each locus. Genome Research, 15 (12): 1777-1786

Brent M R. 2007. How does eukaryotic gene prediction work? Nat Biotech, 25 (8): 883-885

Brent M R. 2008. Steady progress and recent breakthroughs in the accuracy of automated genome annotation. Nat Rev Genet, 9 (1): 62-73

Collins F, Green E, Guttmacher A., et al. 2003. A vision for the future of genomics research. Nature, 422:835-847

Griffiths-Jones S, Moxon S, Marshall M, et al. 2005. Rfam: annotating non-coding RNAs in complete genomes. Nucleic Acids Research, 33: D121-D124

Kapitonov V V, Jurka J. 2008. A universal classification of eukaryotic transposable elements implemented in Repbase. Nature Reviews Genetics, 9 (5): 411-412

Karro J E, Yan Y, Zheng D, et al. 2007. Pseudogene. org: a comprehensive database and comparison platform for pseudogene annotation. Nucleic Acids Res, 35 (Database issue): D55-D60

Meyer I M. 2007. A practical guide to the art of RNA gene prediction. Briefings in Bioinformatics, 8: 396-414

Ogata H, Goto S, Sato K, et al. 1999. KEGG: Kyoto encyclopedia of genes and genomes. Nucleic Acids Res, 27 (1): 29-34

Saha S, Bridges S, Magbanua Z V, et al. 2008. Computational approaches and tools used in identification of dispersed repetitive DNA sequences. Tropical Plant Biology, 1 (1): 85-96

Wicker T, Sabot F, Hua-Van A, et al. 2007. A unified classification system for eukaryotic transposable elements. Nature Reviews Genetics, 8 (12): 973-982

Zhang Z, Carriero N, Zheng D, et al. 2006. PseudoPipe: an automated pseudogene identification pipeline. Bioinformatics, 22 (12): 1437-1439

第六章 转录组学

微课视频

本章提要 中心法则是现代分子生物学的核心，RNA 是遗传信息传递的媒介。而转录组学从 RNA 水平研究基因表达调控机制，阐述从 DNA 到蛋白质的中间过程，探究 RNA 参与的复杂生命活动。本章介绍了转录组学的产生、发展和最新研究策略，从试验设计、测序流程、数据处理和功能分析等角度全面解析了 RNA-seq 的研究过程。其中重点介绍 RNA-seq 数据分析，包括测序数据质控、比对拼接、表达定量、差异表达分析、聚类分析及共表达网络等。同时对 RNA-seq 技术应用于可变剪切、基因融合及多组学分析等方面进行了拓展介绍。最后以拟南芥对脱落酸胁迫响应的基因表达调控为例，对有参基因组 RNA-seq 分析的整体流程进行实践和说明。

第一节 转录组学概述

细胞是生物体生命活动的基本单元。其中 DNA 是细胞遗传信息的载体，细胞分裂期间 DNA 复制并平分至子代细胞，保证了遗传的稳定性。蛋白质作为细胞结构的重要组成之一，是细胞行使正常功能不可或缺的部分。而 RNA 则相当于媒介，将遗传信息准确无误地从 DNA 传递至蛋白质。这个传递过程就是中心法则的主要内容，由 Crick 在 1958 年提出。中心法则在分子生物学领域有着极其重要的地位，是现代生物学研究的基础。遗传信息传输过程中的 DNA、RNA、蛋白质 3 个层次分别衍生出了基因组学、转录组学和蛋白质组学等研究领域（图 6-1）。其中转录组学从 RNA 水平研究基因表达情况，系统性地揭示细胞中基因转录调控规律，对于探究生命活动的相关机制具有重要意义。

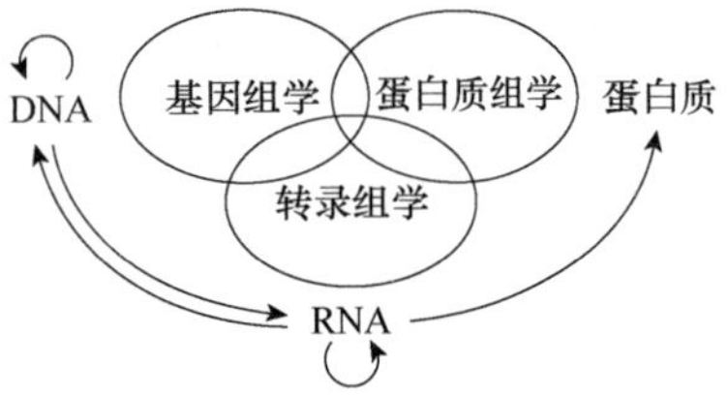

图 6-1 中心法则及相关组学

一、转录组学的产生

自 21 世纪初人类基因组计划完成以来，生命科学领域进入了后基因组时代。随着越来越多的物种基因组测序完成，基因组学的研究不断完善。与此同时，随着人们对生物体生命活动的探索不断深入，基因组学的研究逐渐显示出其局限性。由 4 种脱氧核苷酸编码的序列如何影响最终的生命活动和现象，很难直接从基因组水平进行解释。而蛋白质水平的研究技术仍不够完善，不适合整体水平上的基因表达调控研究。为了系统性研究基因表达调控规律及其对生命活动的影响，转录组学应运而生。

转录组学（transcriptomics）一词最早在 20 世纪 90 年代提出，它的研究对象是全基因组尺度下所有转录本（transcript），又称转录物，即转录组（transcriptome）。1991 年 Adams 等发表的研究报道了人脑组织的部分转录组，共 609 条 mRNA 序列，是转录组研究的首次尝试。随后 Velculescu 等在 1995 年首次得到了酵母的全转录组。2008 年人类的全转录组数据发布，数以百万计的转录本被揭示（Sultan et al.，2008）。转录组学研究不断深入也推动了相关技术的发展，研究范围逐渐扩展到越来越多的领域。

转录本作为联结基因和蛋白质的重要桥梁，一定程度上反映了特定时空下基因的表达情况，对于分子生物学和遗传学研究具有重大意义。广义上，转录组是指细胞中所有 RNA 分子的总和，包括 mRNA、rRNA、tRNA 和 ncRNA 等，但有时也特指 mRNA。本章探讨的转录本无特殊说明则专指 mRNA。

二、转录本测定研究

RNA 测定是转录组学研究的重要内容。单一转录本测定的相关技术在转录组学这一概念出现之前就已存在。最开始基于实验的技术如 Northern blotting 和 RT-PCR，都具有相当高的精准性，但其通量低、价格昂贵，不利于大规模转录组分析。

1980 年之后，低通量的 Sanger 测序技术开始使用 EST（mRNA 反转录而成的 cDNA）文库测定转录本。随后出现的基于 Sanger 测序的技术有所改善，其中包括 SAGE（基因表达系列分析，serial analysis of gene expression）、CAGE（基因表达加帽分析，cap analysis gene expression）、MPSS（大规模平行测序，massively parallel sinature sequencing）。这些技术提供更高通量的结果，并且具备一定程度的转录本定量能力。然而由于第一代测序技术本身的原因，此类 RNA 测定技术价格仍相对较高，并且在读段（reads，又称读长）匹配率和转录本异构体鉴定等方面存在不足。

基于杂交的基因芯片技术，将荧光标记的 cDNA 制成微阵列探针来测定样本中特定转录本的含量。基因芯片技术具有较高的通量和相对不那么高的价格，在 20 世纪 90 年代中后期曾经得到大范围应用。但芯片技术也存在一些公认的缺点：需要参考转录组信息，交叉杂交产生背景噪声，低表达丰度基因检测困难，以及荧光信号动态检测范围有限等。

基于第二代测序技术的 RNA-seq 给转录组学研究带来了历史性的变革。表 6-1 对 RNA-seq 和基因芯片技术进行了多方面比较，可见 RNA-seq 具有诸多优势，包括不依赖于参考基因组，可以直接测定转录本序列和含量，通量极高，且价格成本越来越趋向于大众化。自 2008 年 Nagalakshmi 等首次使用 RNA-seq 技术揭示了酵母基因组的转录概况以来，RNA-seq 在生物学研究中得到日益广泛的应用。

表 6-1 RNA-seq 与基因芯片比较

	通量	最低 RNA 含量	参考基因组	定量精确度	灵敏度	动态范围
基因芯片	较高	约 1μg	必需	约 90%	10^{-3} 依赖于荧光信号	$>10^5$
RNA-seq	高	约 1ng	非必要	约 90%	10^{-6} 依赖于测序深度	10^3～10^4

三、RNA-seq 的应用和最新进展

转录组学研究内容广泛，包括测定和比较基因表达水平，识别可变剪切位点和异构体表达水平，鉴定新转录本等。由于测序技术的进步及测序成本的不断降低，RNA-seq 在生物学上的应用进展迅猛。随着研究的深入，第三代测序和单细胞测序等新技术也推动了转录组研

究的进一步发展。下面列举了一些利用 RNA-seq 技术研究相关生物学问题的最新进展。

（一）差异表达分析

基因表达具有时空特异性，即在不同组织细胞、不同时间下会出现差异。在不同实验条件处理下，基因表达也会有不同的响应模式。差异表达分析的目的是找出不同条件下表达上调、下调或者保持稳定的基因，探究实验条件如何影响基因表达并调控相关生物学过程的机制。差异表达分析在转录组学研究领域应用相当广泛。常见的研究方向包括研究实验处理，野生型与突变型、正常组织与癌变组织、环境刺激响应与免疫应答过程的比较等。Yang 等对油菜进行了全基因组测序，并通过分析 RNA-seq 数据发现在异源多倍体油菜的亚基因组之间存在同源异体表达优势，其中差异表达的基因比中性基因具有更多的选择潜力。研究指出，同源异体表达优势促进了油菜中的硫代葡萄糖苷和脂质代谢基因的选择，十字花科基因组中的这些同源性表达优势有助于预测多倍体作物基因组中自然选择的定向效应。需要注意的是，差异表达分析只是为研究者筛选出部分基因，而这些基因是否真正参与调控过程以及相关的机制仍需要后续的分析。

（二）可变剪切

可变剪切或选择性剪切，是指基因转录后的 mRNA 前体经过不同的 RNA 剪切方式连接外显子形成成熟 mRNA 的过程。由于可变剪切的存在，一个基因可能会产生多条转录本，即异构体（isoform）。异构体大大增加了蛋白质的多样性，但同时也使得探究基因调控机制变得更加复杂。而 RNA-seq 技术可以方便地识别可变剪切位点，鉴定转录本异构体，为研究选择性剪切提供了方法和思路。哺乳动物大脑中的选择性剪切现象十分普遍。为了研究神经发育过程中可变剪切的功能作用，Zhang 等分析了来自发育中的大脑皮层神经祖细胞（NPC）和神经元的 RNA-seq 数据，发现了数百个优先改变关键蛋白质结构域（特别是细胞骨架蛋白）的差异性剪接外显子，并且可以引起致病突变。Ptbp1 和 Rbfox 蛋白相互拮抗调节神经元特异性外显子，控制 NPC 和神经元之间的转换。研究表明，动态可变剪切方式控制着大脑皮质发育中细胞的分化命运。

（三）共表达网络

共表达网络是研究基因之间相互关系的常用手段。一般认为，细胞中具有相同功能的基因往往会呈现出相似的表达模式，共表达网络利用这种规律将基因按照相关性连接起来，以模块网络的方式研究基因功能。Mathias 等系统性地分析了 17 种主要癌症类型的蛋白质编码基因的全转录组，其中 2172 个基因被注释为肿瘤标志物相关基因。为了研究影响患者生存的关键预后基因，他们为每个癌症类型构建了癌症特异性共表达网络，并探究了预后基因与肿瘤标志物相关基因之间的功能关系。

（四）转录调控网络

转录因子（transcription factor）是一类特殊的蛋白质，可以通过结合到基因的特定区域来调控转录过程。转录因子在包括细胞分裂、生长、分化及死亡的整个细胞生命周期中都发挥着重要作用。探究转录因子与基因表达之间的调控机制有助于深入理解转录过程。单一的 RNA-seq 分析无法得到动态的转录因子调控网络，需要借助 ChIP-seq 技术。Song 等使用脱落酸处理拟南芥幼苗来模拟研究转录调控对渗透压胁迫的响应，通过多个时间点的 RNA-seq 数据分析，结合 21 个脱落酸相关的转录因子 ChIP-seq 数据，构建了拟南芥对脱落酸胁迫的转录调控层次网络。该研究揭示了转录因子动态结合和调控网络层次结构的关键因素，阐明了差异基因表达模式与脱落酸反馈调控之间的关系。通过推测观察到的典型脱落酸途径调控特征，他们还确定了一个新的调节脱落酸和盐响应性的转录因子家族，并证明了其在调节植物对渗透压抗逆方面的效用。

第二节　试验设计和测序流程

一、RNA-seq 试验设计

RNA-seq 实验最终的目的是为需要解决的生物学问题提供思路和证据。缜密的试验设计和规范的实验操作是研究取得成功的首要条件。在进行 RNA-seq 实验前需要考虑以下几个问题。

（一）生物学重复

没有生物学重复难以排除随机误差影响，并且会给测序后的数据分析带来困难，使得统计推断的可靠性大大降低。而过多的生物学重复则会增加实验成本，造成浪费。选择合适的生物学重复需要结合具体问题，一般可以为 3～5 个。如果对结果的假阳性控制要求较高，则可以在经费允许范围内适当增加重复个数。

（二）样本提取

样本提取的原则是控制干扰变量及避免人为误差。由于基因表达的时空特异性，在样本提取的时候要注意提取时间和组织细胞的控制，以及提取后样本的妥善保存（及时冷冻等）。

（三）测序深度

测序深度应该根据实验的具体要求而定。对于有参考基因组的情况，如果不进行可变剪切或新转录本的分析和检测，那么一般每个样本最少只需要 5M 的有效 reads 就可以满足要求（ENCODE 推荐）；如果需要鉴定新转录本或者没有参考基因组，那么就需要适当增加测序深度；对于 small RNA 同样要适当提高测序深度，一般需要 30M 以上的有效匹配 reads。

（四）文库构建

构建文库分为链特异性文库和非链特异性文库。非链特异性文库无法区分打碎的片段转录自正义链还是反义链；而链特异性文库在建库时保留了转录本的方向信息用以区分转录本来源，避免互补链干扰。链特异性文库相较于非链特异性文库有诸多优势，如基因表达定量和可变剪切鉴别更准确等，但相对价格也会更高一些。

（五）测序策略

测序策略包括单末端（single-end）或双末端（pair-end）测序。单末端测序只在 cDNA 一侧末端加上接头，引物序列连接到另一端，扩增并测序。而双末端测序则会在 cDNA 片段两端都加上接头和测序引物结合位点，第一轮测序完成后，去掉模板链，然后引导互补链在原位置重新产生并扩增，以获得第二轮测序所需模板，并进行第二轮合成测序。单末端测序通常更快一些，价格比双末端测序低，一般情况下足够对基因表达水平进行定量。双末端测序则会产生成对的 reads，有利于基因注释和转录本异构体的发现。

（六）测序平台

测序平台选择往往依赖于实验及后续分析的需要，考虑如测序读长、最大测序通量、测序准确率等指标。目前常用的一些测序平台见表 6-2。

表 6-2　常用测序平台比较

测序平台	发布时间	测序读长 /bp	单次最大通量 /Gb	reads 准确率 /%	NCBI SRA 数量（2021 年）
454	2005 年	700	0.7	99.9	347 004
Illumina	2006 年	50～300	900	99.9	16 224 281
SOLiD	2008 年	50	320	99.9	32 358
Ion Torrent	2010 年	400	30	98	241 166
PacBio	2011 年	10 000	2	87	292 380

二、RNA-seq 文库制备

RNA 测序简单流程如图 6-2 所示：选择感兴趣的样本提取 RNA，采用合适的策略（PolyA 富集或者 rRNA 移除）分离纯化 RNA，然后随机打碎成短片段并反转录为 cDNA，选择合适长度的片段添加接头构建文库，扩增并测序。其中 cDNA 文库制备的 3 个关键步骤如下。

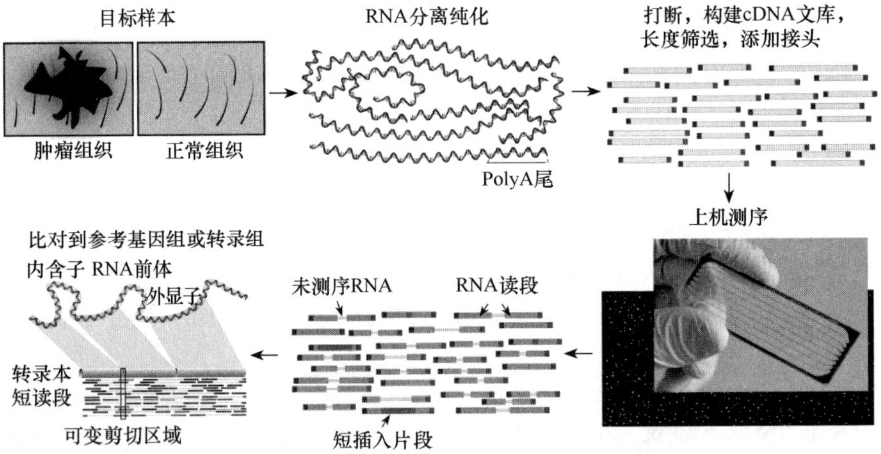

图 6-2　RNA 文库制备流程（Griffith et al.，2015）

（一）总 RNA 提取

将 RNA 从特定组织中分离并与脱氧核糖核酸酶混合，降解样本中的 DNA。然后用凝胶和毛细管电泳检测 RNA 降解量，评估 RNA 样本质量。提取的 RNA 品质会影响随后的文库制备、测序和分析步骤。

（二）RNA 分离纯化

根据实验目的不同，可以采用 PolyA 富集目标片段或者移除 rRNA 的方式。成熟的 mRNA 具有 3′ 端 PolyA 尾，故可以通过将 RNA 与连接到磁珠上的 PolyT 低聚物混合来进行富集。PolyA 富集忽略了非编码 RNA 并且会引入 3′ 偏倚，而使用 rRNA 移除策略可以避免这些问题。rRNA 移除的原理是 rRNA 占细胞中总 RNA 的比例超过 90%，故移除 rRNA 可以将大部分无关的转录本去除，留下感兴趣的目标序列。

（三）cDNA 合成

RNA 无法直接测序，因此分离纯化后的 RNA 需要打碎成片段并反转录为 cDNA。其中打碎过程可以采用酶、超声波处理或喷雾器等方式来进行。RNA 的片段化降低了随机引物反转录的 5′ 偏倚和引物结合位点的影响，缺点是 5′ 端和 3′ 端转化为 DNA 的效率降低。反转录过程会导致方向性缺失，但通过化学标记可以保留原转录本的方向信息（链特异性文库）。对产生的短片段进行末端修复、加接头，然后按照长度排序分类，选择适当长度的序列进行 PCR 扩增纯化，检测文库质量后上机测序。

cDNA 文库制备是 RNA-seq 的前置关键步骤。高质量的 mRNA 是构建 cDNA 文库的首要条件，而 mRNA 极易被 RNA 酶降解，故在进行总 RNA 提取时应注意防止样品引入 RNA 酶污染。许多测序公司都开发了大量专业的试剂盒用于总 RNA 提取，且提供 cDNA 文库制备的详细策略方案。文库制备方式和测序策略会影响 RNA-seq 数据质量和分析结果，是 RNA-seq 实验能否成功的关键。

第三节　转录组数据核心分析

一、测序数据存储格式

第二代测序得到的是长度为 50～250bp 的短片段，称为 reads。通常测序仪输出的原始测序结果以 FASTQ 文件进行存储。FASTQ 格式是一种用于存储生物序列（通常是核苷酸序列）及其相应测序质量得分的文本文件。为了简洁起见，序列字母和质量得分都用单个 ASCII 字符表示。该格式最初由 Wellcome Trust Sanger 研究所开发，用于捆绑 FASTA 序列及其质量数据，但最近已成为存储高通量测序仪输出的实际标准。FASTQ 文件中，一个 reads 通常由 4 行组成：第一行以 @ 开头，之后为序列的标识符及描述信息（与 FASTA 格式的描述行类似）；第二行为 reads 的序列信息；第三行以“+”开头，可以再次添加序列描述信息（可选）；第四行为质量得分信息，与第二行的序列相对应，长度必须与第二行相同。图 6-3 为一个单末端测序 FASTQ 文件。

```
@SRR3418005.1 HAL:1282:D2EWTACXX:8:1101:1602:2136 length=100
GGCAAGATCTGATCTCTCAGCAACTCAATTACAACCATAACCGCGTGTGACTTCTAAGCCCTCATATGACAAGCATTGCTGCTACACCGGTTAATAAGAA
+SRR3418005.1 HAL:1282:D2EWTACXX:8:1101:1602:2136 length=100
;;1DDAD?DDFHFGHII@EIIIGHHHDHGIGDFGHGGEGIIHGBEDHEEGGFIDEEAAEHAGIEAHEHFEEEEBCCCCCCCCCCCCCB?;BBCECCA:>
@SRR3418005.2 HAL:1282:D2EWTACXX:8:1101:1550:2193 length=100
ATCTGATTCAATCATAAATTTTACACAATCAATTTGTCGGTACTCTCCTTTTGGTCATATCCTATAGTAAGAGATGAGAACTAAACCGCCATTTTCATTT
+SRR3418005.2 HAL:1282:D2EWTACXX:8:1101:1550:2193 length=100
<?@BDD:DCDDHHGIBGA<FFF<:FDGGCE9CADHIEG:?DF):BBB9??BGG60?B<B=4B8FCHE=@FFHGG:;=EEHEED>C779A###########
@SRR3418005.3 HAL:1282:D2EWTACXX:8:1101:1632:2205 length=100
AGACGCTCGTACCAAATCCGTTACCGTCTCCGTCGTTACCTCCTCCTTCGCGACGGGAACCGGACCAATCGATGGCGGTGGGGGAAACCACGCTCCTCA
+SRR3418005.3 HAL:1282:D2EWTACXX:8:1101:1632:2205 length=100
==+:A@DDF@F8C<A+CBEFIIFIF@DFFFFFDF(@F=-.=7@FEF).=@A#################################################
@SRR3418005.4 HAL:1282:D2EWTACXX:8:1101:1588:2227 length=100
CTCATTTTTATTACCGCATATATGACATATGATCAATTACATAAAGAAGCAAATCTTAGCGGCTCATGCCGCCAGATCGGAAGAGCACACGTCTGAACTC
+SRR3418005.4 HAL:1282:D2EWTACXX:8:1101:1588:2227 length=100
@@@=DDDAFHFAHEH?FF<EBF9EHDHHG@ACCGICHHCHGIEHG<DFB9DDFHEGFHDGGB@';?=3)7=B>A@5>AB@<@=?23@BCA><A#######
@SRR3418005.5 HAL:1282:D2EWTACXX:8:1101:1991:2113 length=100
CGGAAGCAGCTGAGAAGCCTCATGGTTACCAACAAGAGCATCCTCATCAGTTNCACCATANACTTCATCAGTACTAACATGAATAAACCTCCTAATCTGA
+SRR3418005.5 HAL:1282:D2EWTACXX:8:1101:1991:2113 length=100
@C@FFFDFHHHFGIIGIGIJJJJIJIIIIIIJJJJCEIGIIJHIJEIIJJHI#-<FFHIJ#-5;CEEEHEHFFFFFFEEEEDEEDDDDCDBDDDDDCEC
```

图 6-3　FASTQ 格式

二、测序数据质量控制

测序结果的好坏会影响后续数据分析的可靠性，故在测序完成后需要通过一些指标对原始测序结果进行评估，如 GC 含量、序列重复程度、是否存在接头等。评估 Illumina 测序结果的常用工具为 FastQC（Andrews，2010），另一个工具 NGSQC（Dai et al.，2010）适用于所有测序平台。这里主要介绍 FastQC。FastQC 官网给出了测序结果好坏评判的范例。图 6-4 为一个典型的测序质量评估结果，实际研究中主要关注 Per base sequence quality、Per base sequence content、Per sequence GC content 及 Sequence Duplication Levels 等指标。“√”代表质量达标，“!”代表轻微失常，“×”表示严重失常。根据质量评估的结果来决定是否需要采取相关的手段，如去接头、过滤低质量 reads、截短序列（主要截断序列起始的接头或者低质量 reads）等。常用的工具有 FASTX-Toolkit（Gordon and Hannon，2010）和 Trimmomatic（Bolger et al.，2014）等。如果经过处理之后测序结果评估仍然较差，说明该样本的测序质量较低，应慎重考虑是否用于后续数据分析。

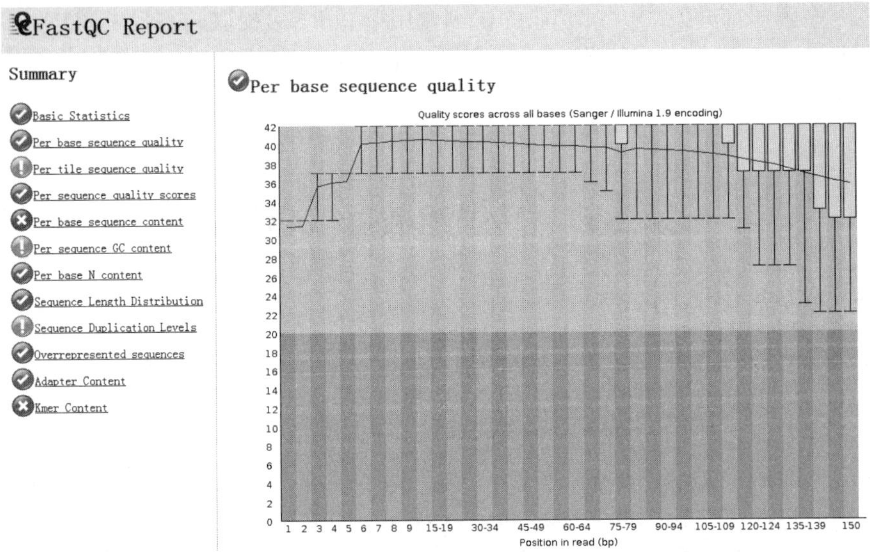

图 6-4　FastQC 评估结果

三、reads 比对

比对指的是将 reads 匹配到参考基因组或转录组的相应位置上，无参考基因组的处理过程将在后文详细描述。根据比对策略的不同，分为非剪接比对（unspliced aligning）和剪接比对（spliced aligning）。

（一）非剪接比对

剪接方式中 reads 比对的区域是连续的，不考虑由于剪接形成的缺口，适用于比对到参考转录组的情况。非剪接比对代表工具有 Bowtie（Langmead and Salzberg，2012）和 BWA（Li and Durbin，2009）等。Bowtie 是一种短序列快速比对程序，使用数据压缩技术 Burrows-Wheeler 变换对参考基因组建立索引。这种存储利用高效的数据结构允许 Bowtie 使用大约 2GB 的存储容量读取哺乳动物整个基因组的 reads。当研究的对象是人、小鼠或拟南芥等注释信息相对完善的物种，或者只关注已知基因或转录本的表达情况，就可以选择非剪接比对方式直接将 reads 匹配到所有转录本异构体上。如果需要研究可变剪切及鉴定新转录本则应选择剪接比对方式。

（二）剪接比对

剪接比对考虑到 reads 匹配的基因区域可能会被内含子隔开而不连续，故在剪接位点附近的 reads 可能会部分比对到剪接点两侧外显子上。剪接比对适用于匹配到参考基因组的情况，常用工具有 TopHat（Trapnell et al.，2009）、STAR（Dobin et al.，2013）和 HISAT（Kim et al.，2015）等。另外有一些工具在剪接比对的基础上专门对鉴定 SNP 进行了优化，如 GSNAP（Wu and Nacu，2010）和 MapSplice（Wang et al.，2010）等。

TopHat 是最初用于剪接比对的工具之一，经过改进现在已经更新至 TopHat2（Kim et al.，2013）。它的工作原理如图 6-5 所示：首先使用 Bowtie 将 reads 匹配到全基因组上，成功匹配 reads 的区域用于建立潜在的剪接体结构，未能匹配的 reads 被收集起来建立索引，然后比对到剪切体区域，寻找可能的剪切位点。2015 年发布的 HISAT 是 TopHat 的优化版。HISAT 使用 BW/FM 方式建立基因组全局索引和大量局部索引，使得程序占用内存更少，且运行速度和比对精度得到大幅提升。

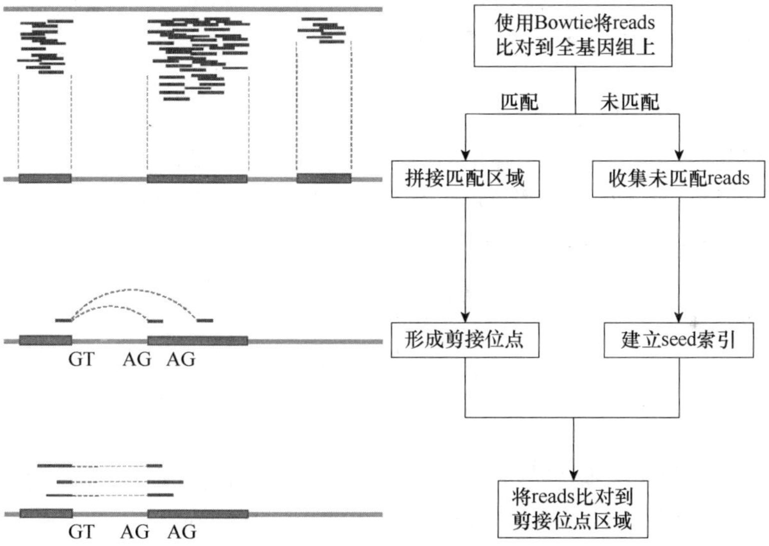

图 6-5 TopHat 工作原理

（三）比对文件格式

reads 比对的结果文件为 SAM（sequence alignment map）文件，SAM 格式由标题和对齐结果组成。标题部分必须处于对齐部分之前，以“@”符号开始，与对齐部分区分开来。对齐结果部分由 11 个必需字段及相应的可选字段组成。SAM 文件的二进制形式是 BAM 文件，相当于压缩的 SAM 文件。SAMtools（Li et al.，2009）软件可以对比对结果文件进行分析和编辑。比对结果的可视化可以使用基因组浏览器 IGV（integrative genomics viewer）（Thorvaldsdóttir et al.，2013）、Genome Maps（Medina et al.，2013）和 Savant（Fiume et al.，2010）等。

（四）比对结果评估

① reads 匹配百分比可以用来评估总测序精确度和 DNA 污染程度。② reads 随机性分

布：以 reads 在参考基因组上的分布来评估 RNA 打断的随机性程度，reads 在参考基因上分布比较均匀说明打断随机性较好。③匹配 reads 的 GC 含量与 PCR 偏差有关。比对结果的评估工具有 RSeQC（Wang et al.，2012）和 Qualimap（Okonechnikov，2015）等。

四、基于第二代测序的转录本定量

相较于基因芯片技术，RNA-seq 技术有诸多优势：通量更高；不依赖已知转录本探针，可以检测全转录组；对于低表达丰度的转录本灵敏度高等。通常 RNA-seq 利用转录本匹配到的 reads 数估算表达，比芯片技术的荧光信号更为精确。

（一）reads 计数

reads 计数根据对多重比对 reads 处理方式的不同分为两种策略：①只选择唯一匹配 reads 计数。这种方式会将多重比对的 reads 舍弃，一般用于估计基因水平的 reads 匹配数。常用的工具有 HTSeq-count（Anders et al.，2015）和 featureCounts（Liao et al.，2013），需要比对结果 SAM 文件和包含基因注释信息的 GTF 文件作为输入。②保留多重匹配的 reads。利用统计模型将多重比对的 reads 定位到对应的转录本异构体上，如 Cufflinks（Roberts et al.，2011）、StringTie（Pertea et al.，2015）和 RSEM（Li and Dewey，2011）等工具。

（二）RNA 定量标准化

reads 数受到基因长度、测序深度和测序误差等影响，需要归一化处理之后才能用于差异表达分析。常用的标准化策略有 RPKM、FPKM 和 TPM 等。RPKM（reads per kilobase of exon model per million reads）即每 100 万 reads 比对到每 1kb 碱基外显子的 reads 数目，其计算公式如下：

$$RPKM_g=\frac{\frac{r_g\times 10^3}{fl_g}}{\frac{R}{10^6}}=\frac{r_g\times 10^9}{fl_g\times R}$$

式中，g 代表基因；r_g 为匹配到该基因区域的 reads 数；fl_g 为该基因长度；R 为该样本总 reads。

FPKM（fragments per kilobase of exon model per million mapped reads）和 TPM（transcripts per million）为 RPKM 的衍生方法。对于单末端测序，RPKM 和 FPKM 是一致的。在双末端测序中，FPKM 更为可靠。TPM 值可以通过 FPKM 换算得到，三者都可以通过 Cufflinks 和 StringTie 等软件进行计算。RPKM 方法校准了基因长度引起的偏差，同时使用样本中总的 reads 数来校正测序深度差异。使用总 reads 数校正的好处是不同处理组得到的表达量值恒定，可以合并分析，缺点是容易受到表达异常值的影响。

另一类来自差异表达分析软件 DESeq（Anders and Huber，2010）和 edgeR（Robinson et al.，2010）的归一化算法考虑了可能出现的异常高表达值的情况。这两种方法的核心思想是表达量居中的基因或者转录本在所有样本中的表达量值都应该是相似的。DESeq 对每个基因计算在样本观测到的 reads 数与所有样本中 reads 数的几何平均数之比，取中位数作为校正因子，保证了大部分表达量居中的基因在样本间的表达值类似。DESeq 的校正因子计算方法如下：

$$\hat{s}_j=median_i\frac{k_{ij}}{\left(\prod_{v=1}^{m}k_{iv}\right)^{1/m}}$$

式中，k_{ij} 为第 i 个基因在第 j 个样本中匹配到的 reads 数；m 为样本总数。

edgeR 采用的 TMM 校正方法，在去除高表达和高差异基因后计算加权系数，使得余下的基因在校正后差异倍数尽可能小。这类算法的校正结果较为稳定，使得差异表达分析的结果更为可靠。缺点是没有校正基因长度的影响，且选取不同样本比较会得到不同表达值，不利于整合分析（如共表达等）。

五、转录组核心分析策略选择

根据实验需求不同，往往需要选择不同的转录组分析策略。根据有无参考信息分为有参分析和无参分析，其中有参分析又分为参考基因组分析和参考转录组分析。下面介绍不同分析策略的适用情境和分析流程。

（一）参考基因组

在可以获得物种参考基因组的情况下，如果需要研究可变剪切事件和识别新转录本，则应将 reads 比对到参考基因组上。比对过程可以选择剪接比对软件如 TopHat、HISAT 及 STAR 等。然后可以使用 Cufflinks 和 Stringtie 等软件进行转录本拼接，与基因组注释 GFF 文件进行比较鉴定新转录本。利用 Blast2GO（Conesa et al.，2005）等工具可以对新转录本进行功能注释。图 6-6（a）给出了基于参考基因组的主要分析流程。

（二）参考转录组

可以获得物种全转录组的情况下，如果只关注已知转录本的表达，则可以将 reads 通过 Bowtie 等非剪接比对软件直接匹配到参考转录组上，然后利用 RSEM、Kallisto（Bray et al.，2015）等工具进行转录本定量。图 6-6（b）给出了基于参考转录组的主要分析流程。

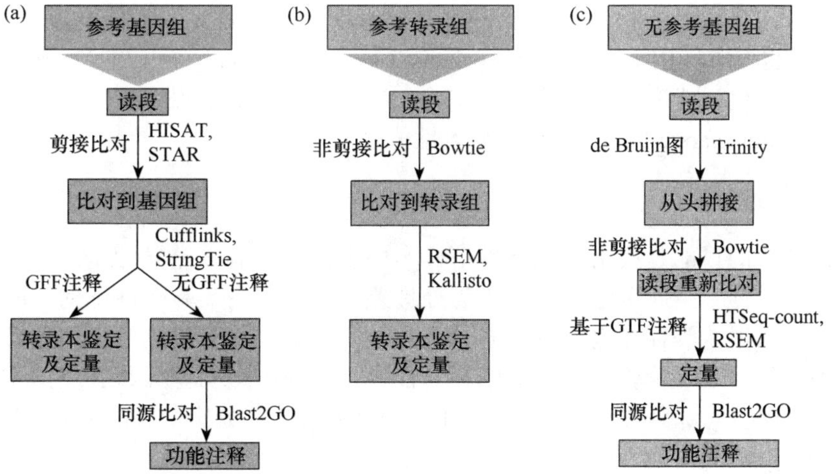

图 6-6 3 种转录组核心分析策略（Conesa et al.，2016）

（三）无参考基因组

在没有参考基因组的情况下，可以使用从头组装的方法处理 RNA-seq 数据。常用的从头组装工具有 SOAPdenovo-Trans（Xie et al.，2014）、Oases（Schulz et al.，2012）、Trans-ABySS（Robertson et al.，2010）及 Trinity（Grabherr et al.，2011）等。其中较为常用的 Trinity 由 3 个模块组成：

Inchworm、Chrysalis 和 Butterfly。其主要工作原理为：利用 Inchworm 将 RNA-seq 的原始 reads 切割为 k-mer（即长度为 *k* bp 的短片段），利用重叠进行延伸组装成 contigs 序列；然后通过 Chrysalis 将生成的 contigs 聚类，并对每个类构建 de Bruijn 图；最后通过 Butterfly 拆分 de Bruijn 图为线性序列，依据图中的 reads 和成对的 reads 来寻找最佳路径，从而得到具有可变剪接的全长转录本。由于第二代测序的读长限制，从头组装转录本可能出现许多问题，所以组装完成后需要对组装质量进行评估。可以从组装完整性、准确性及冗余度等方面进行评估。

将 reads 通过 Bowtie 重新比对到组装成的转录本上，然后利用 HTSeq-count 或 RSEM 等进行 reads 计数估算表达量，同时可以通过 Blast2GO 等对转录本进行功能注释，作为 Unigene 参考注释信息。图 6-6（c）给出了无参考信息的从头组装 RNA-seq 分析流程。

第四节　功 能 分 析

RNA-seq 核心数据分析是对测序结果的初步处理，要挖掘 RNA-seq 数据蕴含的生物学机理，还需要进行后续多层次的功能分析。通常采取的功能分析包括差异表达分析、聚类分析、共表达网络构建、GO 和 Pathway 富集等。此外 RNA-seq 还可以用于可变剪切、基因融合、结合其他组学分析等。

一、差异表达分析

大多数情况下，生物学实验不仅关注转录本的表达丰度，同时还关注在不同条件下不同样本之间的差异表达。差异表达分析指的是基于一些统计学模型，对不同样本处理下的基因表达差异进行分析，区分这种差异源于处理效应还是随机误差。样本的选取对差异表达分析结果影响较大，故当样本齐次性较差或者样本数量较大时，需要先对样本进行相关性分析，剔除异常样本，也可以使用主成分分析（principal component analysis，PCA）选取样本。对选定的样本进行归一化、建模和统计检验是差异表达分析的主要过程。差异表达分析的结果一般用差异倍数（fold change）和统计检验显著性值来描述。

（一）差异来源

差异表达分析的目的是找出不同条件下样本中表达出现显著差异的基因。不同条件可以理解为不同实验处理，由此引起的差异称为处理差异；而同一实验条件下的不同样本之间由于个体差异、技术误差等存在也会有差异，称为组内差异。故直接比较组间差异时包括了组内差异和处理差异。最终检验处理效应的显著性时，应该由组间差异减去组内差异。而计算组内差异需要生物学重复，如果没有重复样本，那么差异表达分析结果的可靠性会下降。

（二）模型选择

一般测序实验的生物学重复和样本数比较小，故难以采用非参数检验直接进行差异分析。而参数检验基于样本总体分布信息，故需要假设一个合适的模型来描述这种分布。

1. 高斯分布　最初使用高斯分布描述表达水平，然而基因表达量不可能是负值，故严格意义上并不符合正态分布。

2. 泊松分布　Marioni 等研究发现，RNA-seq 技术重复条件下的测序方差与泊松分布的方差相吻合。而后 Simon 等发现在生物学重复情况下，低表达基因方差符合泊松分布；而随着表达量升高，实际方差要远大于泊松分布的方差。

3. 负二项分布 Simon 等指出泊松分布模型可能严重低估了个体差异带来的误差。在此基础上提出的负二项分布的方差 $v=\mu+\alpha\mu^2$，可以通过调整散度因子 α 的值来调节模型的离散度，使其符合实际情况中基因表达方差远大于均值的情况。DESeq 和 edgeR 都采用负二项分布来描述 reads 频数分布情况。图 6-7 为拟合真实样本的方差和均值关系图，其中 DESeq 和 edgeR 相对于泊松分布更能反映真实情况。

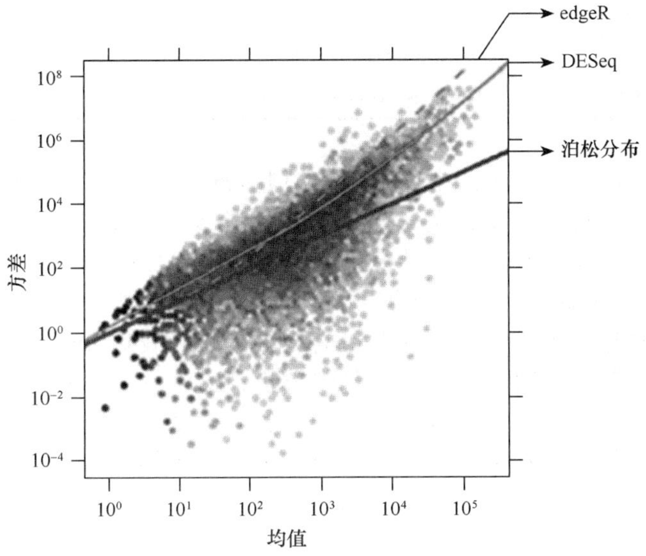

图 6-7 基因表达方差和均值的关系（Anders and Huber.，2010）

4. β 负二项分布 β 二项分布可以拟合比对过程中的多重比对 reads 分配误差，与负二项分布相结合而成 β 负二项分布。Cuffdiff 采用的就是这种分布。

（三）常用工具比较

研究人员已经提出了许多用于分析基因或转录物水平差异表达的统计学方法和工具（表 6-3）。差异表达分析工具的选择与实验设计密切相关，特别是生物学重复很少及基因表达水平较低的情况。limma（Smyth，2005）在大多数实验中表现良好，且运行速度很快。DESeq 和 edgeR 在显著性值排序上与 limma 表现相似，但是对于错误发现率（false discovery rate，FDR）的控制似乎过于宽松。SAMseq（Li and Tibshirani，2013）在 FDR 控制表现良好，但是需要 10 个以上的生物学重复才能达到可接受的检测灵敏度。NOISeq（Tarazona et al.，2012）和 NOISeqBIO 可以有效控制假阳性，同时牺牲了部分灵敏度，但是在不同处理条件生物学重复数不同的情况下表现良好。Cuffdiff 和 Cuffdiff2 可以分析转录本水平的差异表达，但是表现不如人意，这也从侧面反映了转录本水平的 reads 比对分配问题仍然没有得到很好的解决，类似的异构体水平分析工具还有 EBseq（Leng et al.，2013）等。上述提及的分析工具大多只能进行成对比较，而像 Next maSigPro（Nueda et al.，2014）、DyNB（Äijö et al.，2014）、Ballgown（Frazee et al.，2015）和 EBSeq-HMM（Leng et al.，2015）等工具可以分析时间序列的 RNA-seq 数据。

表 6-3　常用差异表达分析工具比较（截至 2021 年 12 月）

工具	版本	标准化方式	模型假设	统计检验
edgeR	3.35.3	TMM/Upper quartile/RLE	负二项分布	Exact test
DESeq2	1.33.5	DESeq sizeFactors	负二项分布	Wald test/LRT
baySeq	2.27.0	quantile/TMM/total	负二项分布	empirical Bayesian
NOIseq	2.37.0	RPKM/TMM/Upper quartile	非参数	Condition vs. null
limma	3.49.5	TMM	voom 转换	Empirical Bayes
Cuffdiff2	2.2.1	Geometric/quartile/FPKM	β 负二项分布	*t*-test
EBSeq	1.33.0	DESeq median normalization	负二项分布	empirical Bayesian

差异表达分析可以初步筛选出由处理条件引起表达差异的基因。根据设置的显著性值和差异倍数阈值不同，得到的差异表达基因也差之甚远。同时考虑到多重检验的问题，差异表达分析得到的显著性 p 值需要通过 BH（Benjamini& Hochberg）方法校正为 q 值。一般以 p 值校正后的 FDR 取 0.05、差异倍数绝对值取 2 为界限，但是如果产生的结果过多或过少，则可以调整这两个阈值来得到期望的结果。差异表达分析得到的结果为相互独立的基因，直接对这些基因单独分析称为单基因分析，这种方法具有许多弊端。单基因分析在差异表达基因较多时工作量会非常大，且由于忽略了基因之间的相互作用关系，揭示具体生物学过程的结果将变得不可靠。如何对差异表达分析得到的基因进行系统性整合挖掘是下游分析的关键。

二、聚类分析

聚类分析将表达模式相似的差异表达基因聚在一起，以基因集的形式进行后续分析。常用的聚类方法有 k 均值算法、层次聚类、SOM（自组织映射）及 FCM（模糊 C 均值）等。在介绍聚类算法之前需要明确距离这一概念。数学上有多种计算距离的方法如欧氏距离、曼哈顿距离、马氏距离、余弦相似度及汉明距离等。在结构性聚类中选择合适的距离计算方式是首要步骤。聚类的原则是最小化类间相似性，最大化类内相似性。

（一）k 均值

k 均值（k-means clustering）是聚类算法中较为经典的方法之一。由于其高效性，故常用于基因表达数据的聚类。假设差异表达分析后筛选得到的基因数量为 n（x_1，x_2，…，x_n），k 均值聚类的目的是根据表达模式（向量）将 n 个基因划分到 k 个基因簇中，使得类内平方和最小。首先随机选择 m_1，m_2，…，m_k 共 k 个基因分别代表每个基因簇的中心，然后计算每个剩下的基因到选定的 k 个基因即中心的距离（通常采用平方误差，也可以使用其他距离），其定义如下：

$$E=\sum_{i=1}^{k}\sum_{p\in s_i}|p-m_i|^2$$

式中，p 为空间中的任意点；m_i 为簇 S_i 的均值。根据计算得到的平方误差总和将基因分配至最近的基因簇。对 k 个基因簇重新计算中心基因，然后重新分配所有剩余基因。不断重复上述过程直至基因簇中心不再发生变化即达到收敛。k-means 聚类收敛速度快，但是对异常值较为敏感，且需要人为提前确定聚类数 k。图 6-8 给出了 k-means 聚类的一个简单流程。

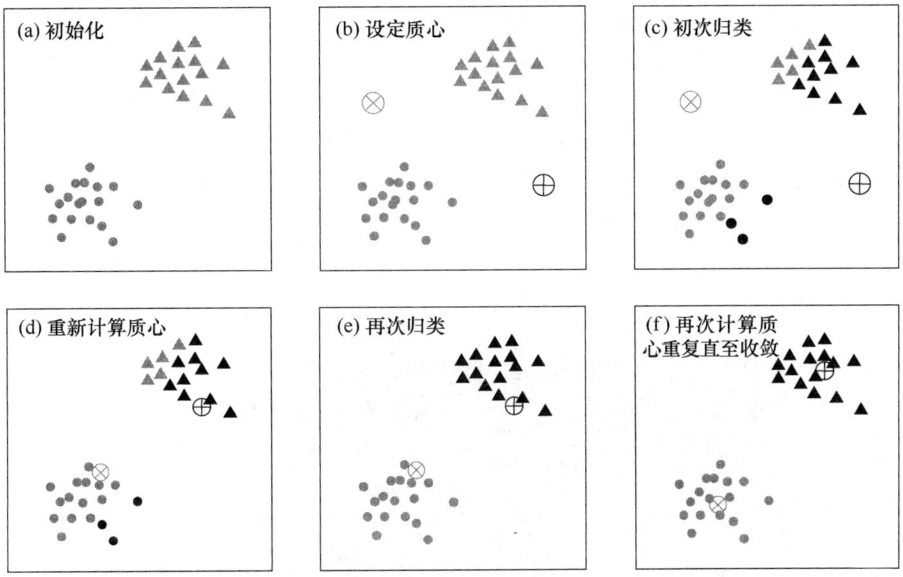

图 6-8 k-means 聚类流程

（二）层次聚类

层次聚类（hierarchical clustering）按照方向不同分为聚集型和分裂型。从子节点开始逐渐汇聚到根节点称为聚集型层次聚类；从根节点开始逐步发散状分裂称为分裂型层次聚类。应用较为广泛的是凝聚型层次聚类。其策略是将每个基因作为一个初始簇，然后成对计算基因之间的距离，将相互距离最小的两个基因合并作为一个新簇，重新计算新簇与所有原始簇之间的距离，不断重复这个过程直至所有基因都包含在一个簇中。图 6-9 为一个典型的基因层次聚类结果，可以根据设定分支长度阈值，将基因聚到不同模块中。

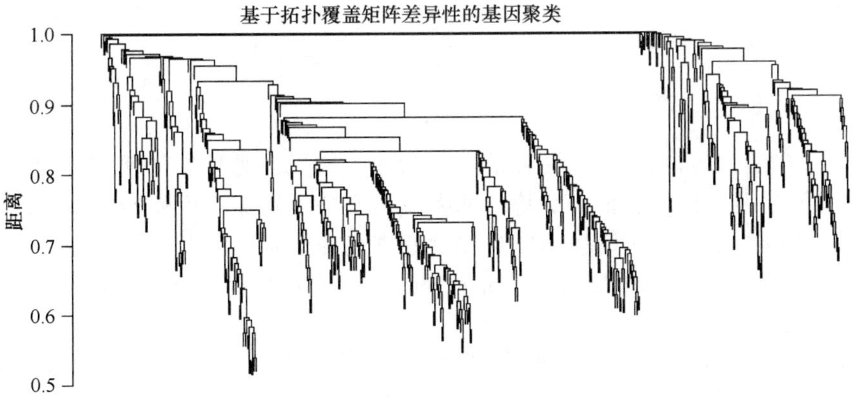

图 6-9 层次聚类树

（三）自组织映射

自组织映射（self-organization mapping，SOM）是一种神经网络聚类算法，可以通过一种无监督式学习将 *n* 维输入空间降维映射到 2 维平面。SOM 的思想来自人脑神经元的自组织排列，即人脑中对特定外界信号敏感的神经元组织形式不是先天形成的，而是后天不断接受外界信息输入后训练而成。SOM 模拟人脑中不同区域神经元对应不同功能的特点，通过最优参考矢量集合来对输入模式进行聚类。SOM 训练通过对网络输入随机选取的训练样本，寻找对输入模式响应最强烈的输出神经元，称为获胜神经元；然后以获胜神经元为中心更新邻近区域神经元权值，再输入随机样本进行训练获胜神经元邻域范围缩小至一定值。

图 6-10 通过 SOM 聚类揭示了细胞类型（GM12878、K562）特异性的反式作用因子结合模式，并对不同区域的作用元件进行 GO 富集以探究其潜在的功能。

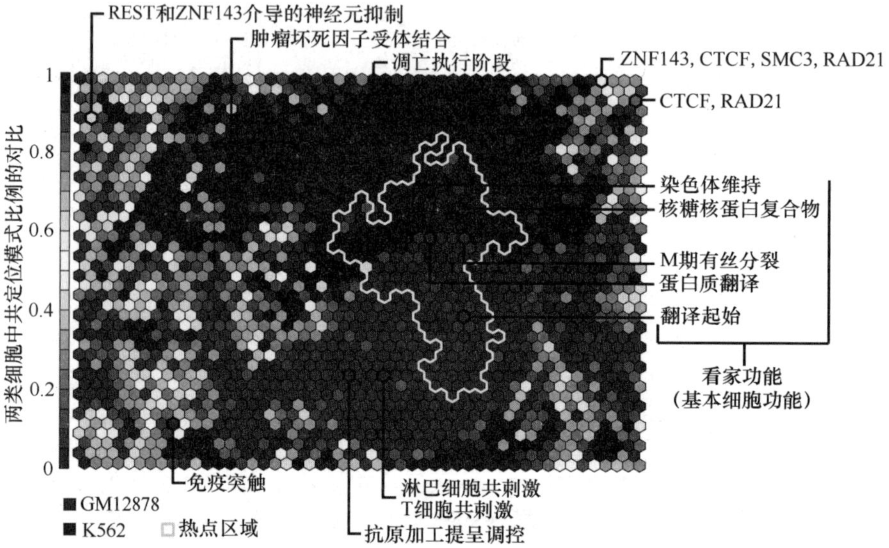

图 6-10　反式作用元件细胞特异性结合模式 SOM 图（Xie et al.，2013）

常用的聚类分析可以使用 R 语言实现。聚类分析将基因划分为不同的基因集合，同一个集合中的基因在表达模式或功能上很有可能具有联系。对这些基因集合进行分析往往可以获得比单基因分析更为可靠的结果。

三、富集分析

富集分析即用已知的基因功能注释信息作为先验知识，对目标基因集进行功能富集。富集分析相较于单基因分析具有很多优势：基因集结合基因功能作为先验知识，使得功能分析更加可靠；将海量的基因表达信息映射到关键的富集功能基因集合，有利于系统揭示生物学问题。常用的基因注释信息数据库有 Gene Ontology（GO）、Kyoto Encyclopedia of Gene and Genomes orthology（KEGG）等。

基因本体数据库（GO）是 GO 组织（GO consortium）在 2000 年构建的一个结构化的标准生物学模型，旨在建立基因及其产物知识的标准词汇体系，涵盖了基因的生物学过程、分子功能和细胞组分 3 个方面，其中每个基因或基因产物都有与之相关的 GO 术语相对应，GO 注释系统已经成为当前应用最广泛的基因注释体系之一，同时也是世界上最大的基因功能信息资源。GO 通过控制注释词汇的层次结构，使研究人员可以从不同层面查询和使用基因注释信息。注释系统中每一个结点都是对基因或蛋白质的一种描述，结点之间具有严格的关系，这些信息是人类可读，机器也可读的，形成了生物学研究中大规模分子生物学和遗传学实验计算分析的基础。

GO数据库最初收录的基因信息来源于3个模式生物数据库：果蝇、酵母和小鼠，随后相继收录了更多数据，其中包括国际上主要的植物、动物和微生物等数据资源。目前，GO术语在多数生物学数据库中可以统一使用，促进了各类数据库对基因描述的一致性。

GO注释系统是一个有向无环图的结构，包含BP、MF和CC 3个分支。注释系统中每一个结点都是对基因或蛋白质的一种描述，结点之间具有严格的关系。因此，一个基因或蛋白质可从3个层面得到注释，即基因或蛋白质参与的生物学过程（BP）、在细胞内的特定组分（CC）以及分子功能（MF）上所扮演的角色。

GO数据库可用关键词检索GO数据库：检索GO数据库通常先进入AmiGo2的首页。在GO数据库中，每条记录都有一个标识号（GO：XXXXXX）和对应的名称。因此检索时需要知道待查基因的标识号或名称，将其直接输入框中检索即可。也可用序列检索GO数据库：在Amigo1.8版本中，对于未知基因名的序列，还可以用序列直接检索GO数据库。

京都基因与基因组百科全书数据库（KEGG）是系统分析基因功能和基因组信息的数据库，它整合了基因组学、生物化学及功能组学的信息，有助于研究者从基因组和分子水平了解生物系统（如细胞、器官和生态系统）的高级功能。KEGG提供的整合代谢途径查询十分出色，包括碳水化合物、核苷酸、氨基酸等代谢及有机物的生物降解，不仅提供了所有可能的代谢途径，还对催化各步反应的酶进行了全面的注解，包括其氨基酸序列和PDB数据库的链接等。KEGG还提供基于Java的图形界面显示基因组图谱、比较基因组图谱和表达图谱，以及进行序列比较、图形比较和通路计算等。

KEGG是生物系统的计算机表示，它将生物系统的零件与线路综合为一，具体而言，其所整合的是基因与蛋白质的遗传部件、小分子及化学反应的化学部件，以及分子互动与反应网络的线路图。其中，KEGG PATHWAY子库包含了手工绘制的代谢通路图，包含多种分子相互作用和反应网络：新陈代谢、遗传信息加工、环境信息加工、细胞过程、生物体系统、人类疾病和药物开发等。图6-11为编号为hsa00010的通路（糖酵解或糖异生通路）。

富集分析作为一项基本的生物信息学分析策略，已经广泛用于转录组大规模基因功能分析和生物网络的模块功能分析等领域。目前，常用的分析方法有基因集富集分析（GSEA）和Fisher精确检验等。

（一）基因集富集分析

基因集富集分析（gene set enrichment analysis，GSEA）（Subramanian et al.，2005）的原理及实现：首先计算基因表达量与样本表型相关性，按照相关性从高到低排序得到基因列表L［图6-12（a）]，然后遍历列表L，如果基因包含于特定功能基因集S中，则富集得分ES增加，反之减少；增加或减少的幅度根据基因表达量与样本表型的相关性大小而定。给样本随机分配标签，打乱样本顺序，计算富集得分并重复此过程，得到富集得分ES的理论分布ES_{null}，以此估计观测值ES（S）的显著性p值。结果显著则说明功能基因集S中的基因在基因列表L中集中分布于顶部，即基因集L显著富集于S所属的特定功能条目［图6-12（b）]。后来研究人员针对GSEA也提出了一些改良的方法如基因富集参数分析PAGE、基因集分析GSA等，这些方法通过修改富集得分的计算方式改进了GSEA。需要注意的一点是，GSEA的方法主要是为芯片数据开发的，应用到RNA-seq分析时需要对基因表达量进行标准化处理。

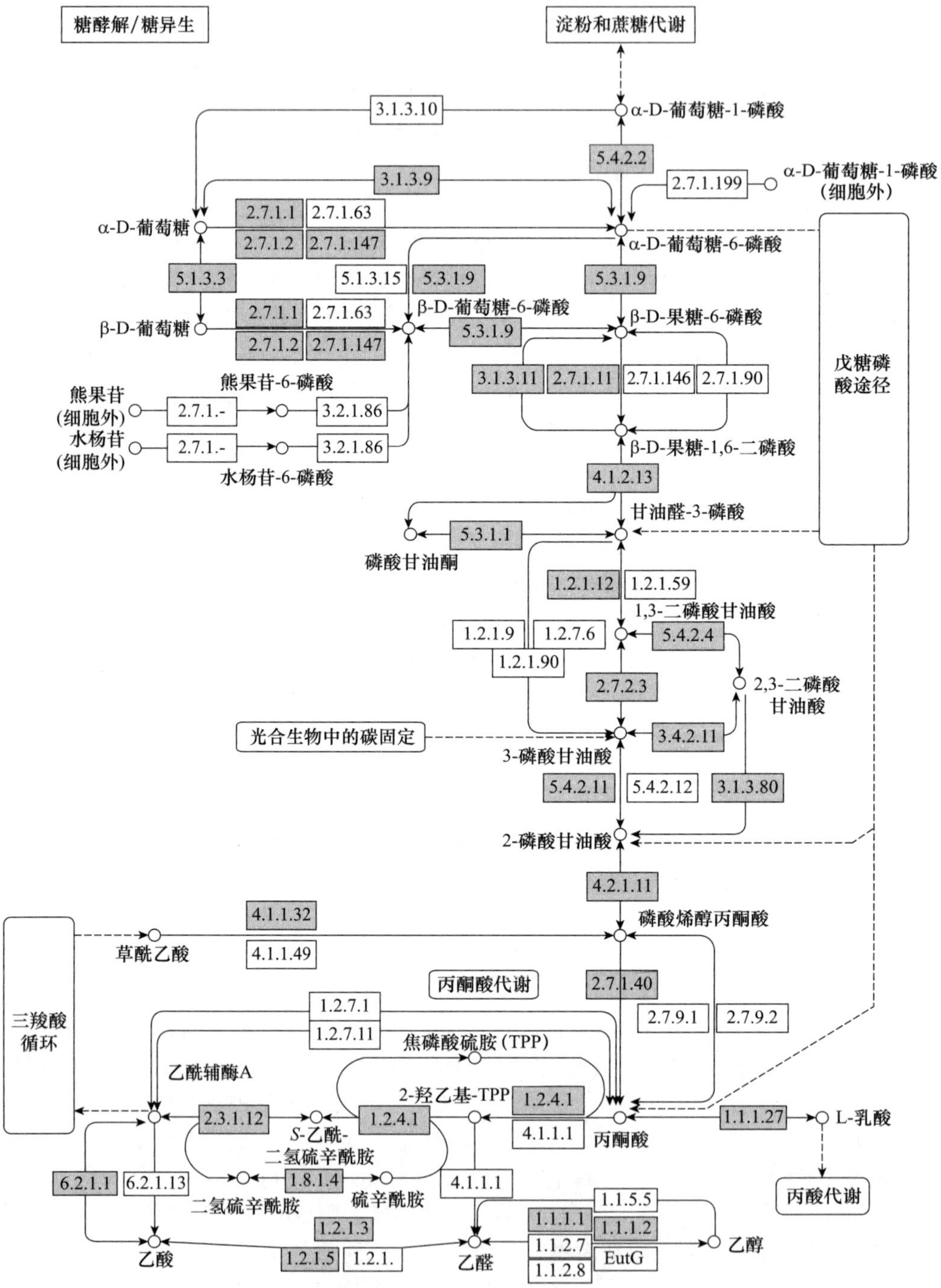

图 6-11　糖酵解或糖异生通路

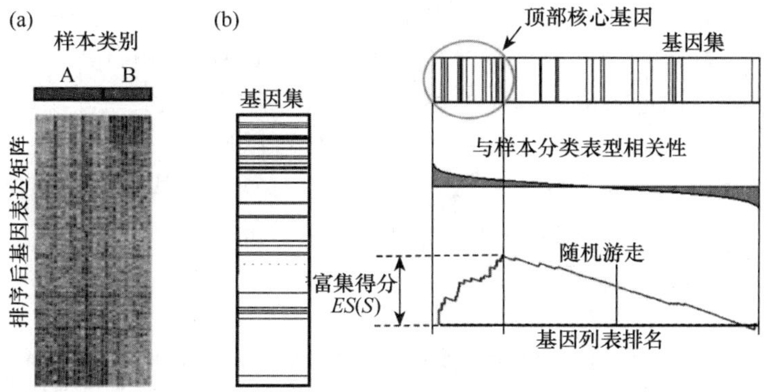

图 6-12　GSEA 原理

（a）根据基因的表达量和表型的相关性对基因进行排序，确定单个基因在基因集中的排序位置；（b）对排好序的基因集中的富集得分进行作图，确定最大富集得分数值和排序优先的基因子集

（二）Fisher 精确检验

Fisher 精确检验也是富集分析常用的方法之一。Fisher 精确检验使用超几何分布，该方法的原理是：首先获取物种全部基因作为富集背景，假设共有 N 个基因，其中有 M 个基因与某一特定功能密切相关；然后选定差异表达基因或者聚类后的模块基因，假设共有 k 个基因，其中 x 个基因属于上述特定功能。利用超几何分布计算概率：

$$P(X=x|N,M,k)=\frac{\binom{M}{x}\binom{N-M}{k-x}}{\binom{N}{k}}$$

其含义是从 N 个基因中随机抽取 k 个基因，其中有 x 个属于特定功能基因集的概率。以此计算 Fisher 精确检验得分：

$$p=1-\sum_{i=0}^{x-1}\frac{\binom{M}{i}\binom{N-M}{k-i}}{\binom{N}{k}}$$

该得分表示 k 个基因中至少有 x 个属于特定功能集的概率。$p<0.05$ 说明随机抽取的情况下 k 个基因中出现 x 个以上的特定功能基因为小概率事件，即筛选得到的差异表达基因显著富集于该特定功能集。

富集分析常用的工具除了 GSEA，还有 DAVID（Sherman and Lempicki，2009）、IPA（Krämer et al.，2013）及 clusterProfiler（Yu et al.，2012）等。富集分析可以研究不同基因集可能蕴含的生物学功能，将由 RNA-seq 产生的大量基因缩小到关键的几个功能和通路范围，从中选取感兴趣的重要功能基因进行后续分析，并通过相关实验进行验证。

四、共表达网络

大样本中，差异表达分析和聚类很难有效探究基因之间相互关系；而基因富集分析依赖于功能注释的先验知识，不利于推测新的相互作用关系。共表达网络为研究基因间相互作用和基因表达的调控关系提供了一种思路。共表达利用生物细胞中功能相关的基因在特定环境下协调表达的特点，即表达模式相似的基因被认为可能具有相似的功能。一般通过计算基因之间的相关系数矩阵，设定阈值筛选相关性，然后以网络的形式展现。图中每个点代表基因，连接两个基因的边代表相关性。相关性系数计算部分可以通过 R 语言实现，主要有皮尔逊相关系数、斯皮尔曼相关系数及偏相关系数等；另外也有复杂的基于网络拓扑重叠结构来衡量相似性的方法如 TOM 等。除了相关性系数，也可以使用距离衡量相似程度。

（一）WGCNA 构建共表达网络

权重基因共表达网络分析（weighted gene co-expression network analysis，WGCNA）（Langfelder and Horvath，2008），是一种基于相关性系数构建共表达网络的方法。WGCNA 的工作原理如下。①样本相关性聚类。根据表达量和表型数据对所有样本聚类，结果如图 6-13（a），检查是否有异常样本。②计算基因两两之间的相关性。图 6-13（b）为不同幂次 β 下的网络拓扑结构变化情况，需要人为选取合适的 β 计算 A 矩阵（一般选取 R^2 大于 0.8 后的最小 β 值）。计算公式如下：

$$a_{ij}=|cor(x_i,x_j)|^{\beta}=\left|\frac{Cov(x_i,\ x_j)}{\sqrt{D(x_i)}\ \sqrt{D(x_j)}}\right|^{\beta}$$

幂处理使得较小的相关性值快速下降，而较大的相关性值下降较慢，最后使得网络中强相关数目少，弱相关数目多，更符合无标度网络的特点。③定义基因间的连通性 $k_i=\sum_j a_{ij}$，表示基因 i 与其他所有基因的相关性系数之和。基于 A 矩阵计算 TOM 值，评估基因间表达模式的相关性。在生物调控网络中，相关性分为直接相关和间接相关。其计算公式如下：

$$TOM_{ij}=\frac{\sum_u a_{iu}a_{uj}+a_{ij}}{\min(k_i,\ k_j)+1-a_{ij}}$$

TOM 值考虑基因 i、j 之间的直接相关性，以及经由基因 u 的间接相关性。④基因层次聚类树及聚类模块。根据计算得到的 TOM 矩阵构建层次聚类树设定阈值剪枝，产生不同模块，每种颜色都代表一个基因模块，灰色表示基因无法聚集到任何模块，结果如图 6-13（c）所示。⑤模块聚类及相关性。计算基因模块的特征值，根据特征向量对基因模块进行聚类，同时计算模块 TOM 相关性，查看各模块间的联系。图 6-13（d）为模块聚类树和 TOM 相关性热图。⑥基因模块 - 表型关系。根据基因模块的特征值和表型数据，求出基因模块与样本表型之间的相关性，如图 6-13（e）所示。选取与特定样本性状相关的基因模块进行后续分析如富集分析等。⑦共表达网络构建。设定阈值，过滤模块内连通性 a_{ij} 并导出网络数据文件，使用可视化工具构建共表达网络。WGCNA 非常适合高维度、多尺度数据的分析，利用 WGCNA 构建共表达网络时，样本总数最好多于 15 个（包括生物学重复）。网络可视化常用的有 VisANT（Hu et al.，2005）、Cytoscape（Shannon et al.，2003）等，图 6-13（f）为使用 Cytoscape 生成的共表达网络图。

（二）网络模块挖掘

研究共表达网络时常常会使用图论中的一些方法定义网络拓扑结构，包括节点、度、度分布、聚集系数、直径、平均路径长度等。基因相互作用网络符合无标度网络分布，即网络中大部分基因只与很少的基因连接，而只有极少数基因会与非常多的基因连接，这些基因称为 hub 即核心基因。WGCNA 可以利用连通性值进行排序，找出最大的前几个基因即核心基

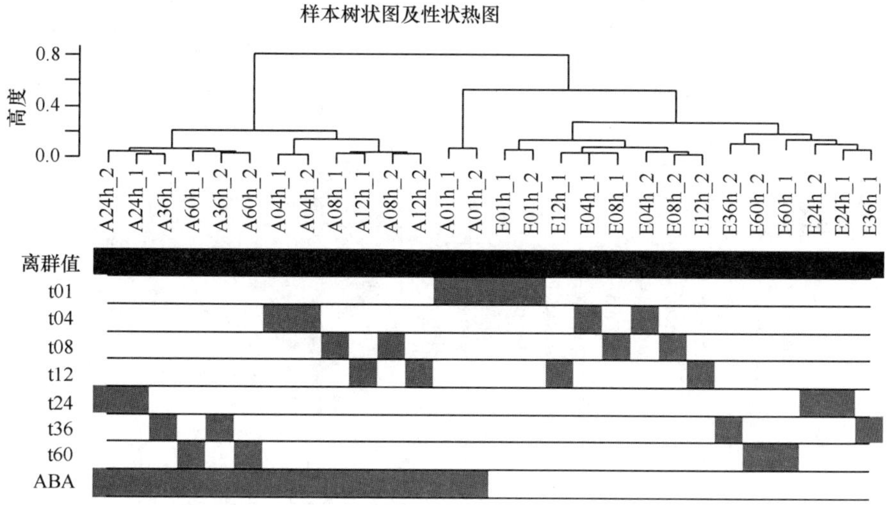
样本树状图及性状热图
高度
0.8
0.4
0.0
A24h_2
A24h_1
A36h_1
A60h_1
A36h_2
A60h_2
A04h_1
A04h_2
A08h_1
A12h_1
A08h_2
A12h_2
A01h_1
A01h_2
E01h_1
E01h_2
E12h_1
E04h_1
E08h_1
E04h_2
E08h_2
E12h_2
E36h_2
E60h_2
E60h_1
E24h_2
E24h_1
E36h_1
离群值
t01
t04
t08
t12
t24
t36
t60
ABA

（a）

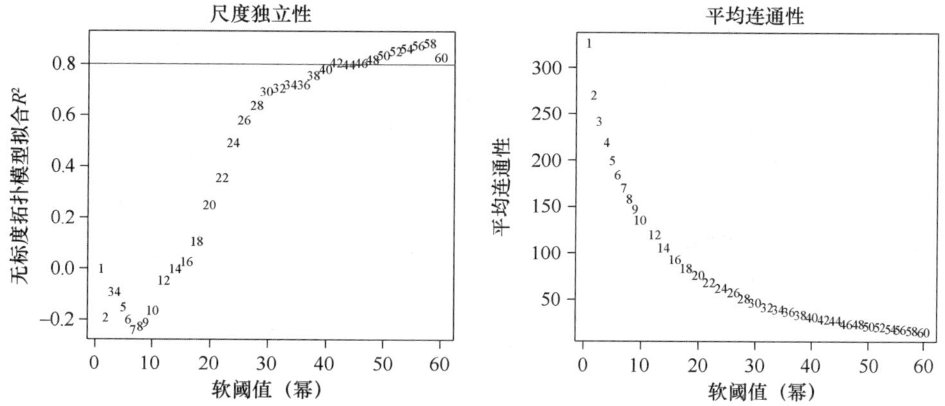
尺度独立性
无标度拓扑模型拟合R^2
软阈值（幂）
平均连通性
平均连通性
软阈值（幂）

（b）

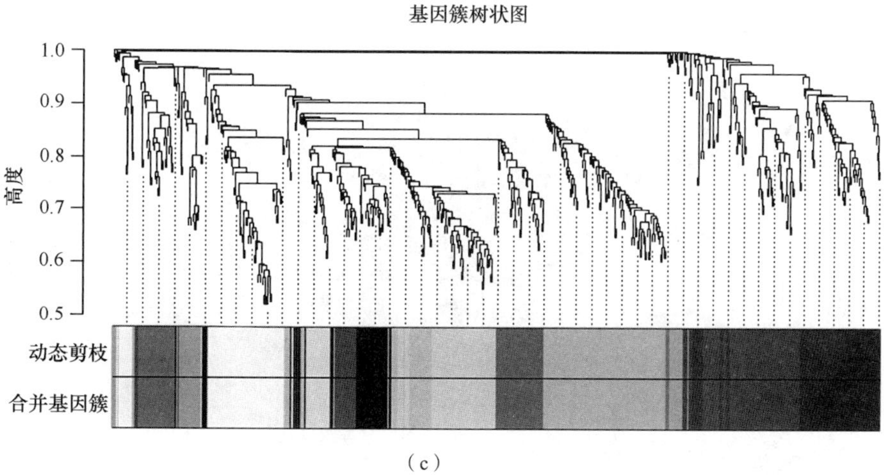
基因簇树状图
高度
1.0
0.9
0.8
0.7
0.6
0.5
动态剪枝
合并基因簇

（c）

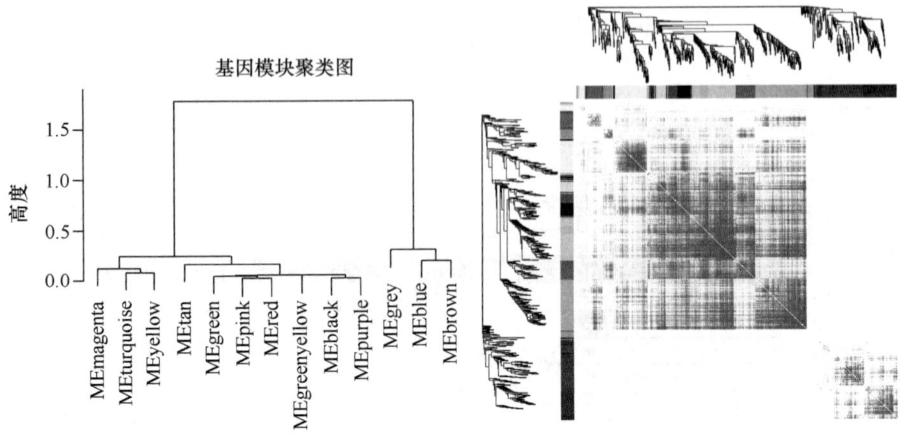

(d)

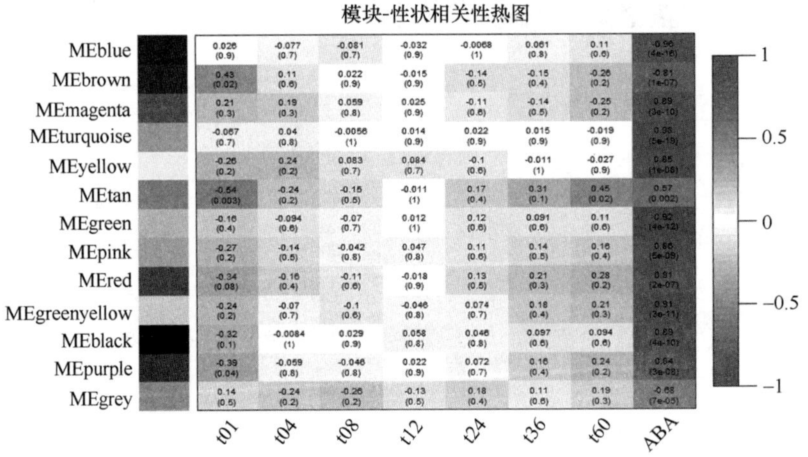

(e)

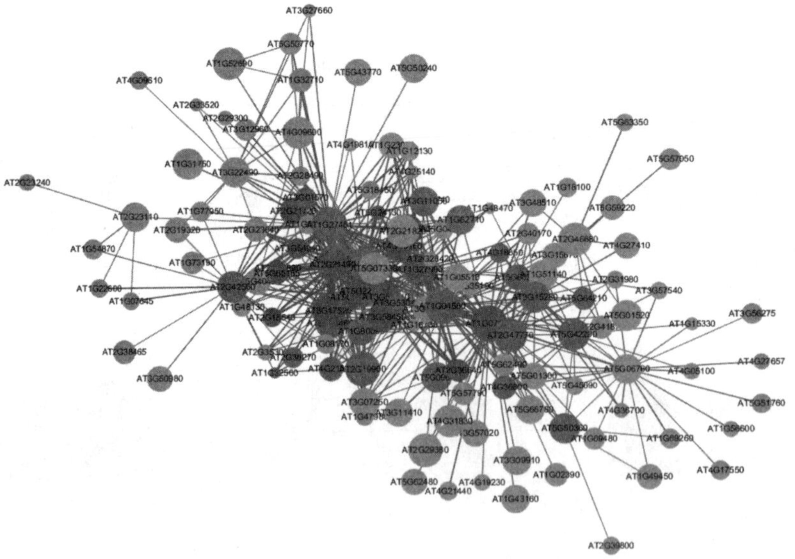

(f)

图 6-13　WGCNA 分析过程

因；也可以根据已知的基因，找出与之相关性较强（TOM 值较大）且自身连通性较高的基因进行分析。另外的模块分析方法如 MCODE（Bader and Hogue，2003）是一种基于图论的网络模块挖掘算法，MCL（Hwang et al.，2006）是模拟网络随机流的无监督聚类方法，Qcut（Ruan and Zhang，2008）是一种无参数基于划分的模块识别算法。

共表达网络有利于探究基因之间的相互关系，通过网络的拓扑结构还可以寻找核心基因、子网络等。然而共表达网络是基于相关性系数构建的，它所能阐述的关系也只是相关性，无法说明因果性。故要构建包含调控关系的复杂生物网络还需结合另外的手段。

五、拓展分析

微课视频

（一）可变剪切

基因转录后形成的前体 RNA 还需要经过一系列转录后修饰如可变剪切等才能成为最终的信使 RNA。由于可变剪切的存在，基因水平的表达与转录本水平的表达水平有差异。同一基因可能会产生不同的转录本异构体，如何计算不同异构体的表达水平和不同样本中的差异是一个难题。早期的 BASIS（Zheng and Chen，2009）在估算异构体表达水平的同时使用分层贝叶斯模型检测转录本异构体的差异表达。CuffDiff2 等软件则先计算得到所有异构体的表达水平，然后分析差异表达情况。另外的转录本异构体表达计算工具还有 FDM（Singh et al.，2011）、rSeqDiff（Shi and Jiang，2013）等。在异构体差异表达分析层面，可以采用的工具还有 DSGSeq（Wang et al.，2009a）、rMATS（Shen et al.，2014）、rDiff（Drewe et al.，2013）和 DiffSplice（Hu et al.，2012）等。可变剪切研究可以更深入地探测基因结构，而异构体水平的表达分析更能反映细胞中的真实转录本表达情况。然而目前不同异构体 reads 分配算法仍然不够完善，所以基因水平的表达研究结果相对而言更为可靠。

（二）基因融合

基因融合是指两个或两个以上不同基因的编码区全部或部分连接在同一套调控序列中而构成的嵌合基因，染色体易位、插入、缺失等都可以引起基因融合。由于基因融合的存在，同一条染色体上的转录本片段也无法完全确定共线性。大量的研究表明，融合基因在肿瘤发生中起重要作用。利用 RNA-seq 可以对基因融合事件进行一定程度的分析。在进行 reads 比对时，大部分 reads 落入一个完整的外显子中，少部分会匹配到已知的剪接位点区域。除了这两部分，对剩余的 reads 再进行分析，确认它们是否匹配到了来自不同基因的外显子连接位置。这个思路可用于初步分析基因融合事件，但是由于第二代测序读长限制，获得的结果会存在很大的噪声。一个替代方案是选择双末端测序的成对 reads 来进行分析。如果大量成对的 reads 匹配到不同基因的外显子，则很有可能发生了基因融合。

（三）多组学数据

RNA-seq 结合其他基因组水平的数据有利于多维度体现基因表达对生物学过程的调控机制。例如，结合全基因组测序数据可以探测 SNP 和 eQTL，用以研究基因型与表达谱之间的关系；结合 DNA 表观修饰数据，可以探究表观修饰对差异表达基因的影响；结合 ChIP-seq 等技术可以有效研究转录因子调节基因表达的动态规律，构建转录调控网络；结合 ncRNA 数据可以构建 mRNA-ncRNA 共表达网络，探究 ncRNA 的功能；结合蛋白质组和代谢组数据，其中 RNA-seq 与蛋白质组学数据的相关性较低，具体应用需要慎重考虑，而 RNA-seq 与代谢组数据结合可以从基因表达和代谢物分子两个水平构建代谢网络。生物学问题的特殊性和复杂性需要这些整合、系统的研究思路，结合多种类型的数据分析揭示相关规律和机理将是转录组学研究的趋势。

第五节 RNA-seq 数据分析案例

一、系统配置和数据预处理

本案例所有数据和软件工具都可以在线下载。为了方便学习和实践，本书还提供了主要命令脚本和操作视频，可登录 http://bis.zju.edu.cn/binfo/textbook/video/RNA-seq/ 获取。同时考虑到内容的简洁性，部分重复代码及 R 语言命令未在书中展示，若需使用请前往上述网址下载。

（一）系统配置

本案例主要分析步骤采用 Linux 和 Windows 7 操作系统。

官网下载 VMware Workstation 12 安装包和 Ubuntu-16.04 镜像文件。按照文档安装 VMware，然后使用 VMware 安装虚拟机。虚拟机具体配置情况：64 位，内存 4GB，硬盘 160GB；Windows 7 配置情况：64 位，内存 16GB，硬盘 1TB。

（二）数据获取

本案例使用的测序数据来自 NCBI GEO，检索号为 GSE80568，测序平台为 HiSeq 2500，单末端测序（SE）。数据集包括拟南芥幼苗的 RNA-seq 和 ChIP-seq 数据，原用于分析构建拟南芥抗渗透压胁迫下的转录调控网络。考虑到运行时间问题，本实验只选取 GSE80565 中的两组数据，每组两个生物学重复。其中实验组为脱落酸（ABA）处理 8h 的拟南芥幼苗，对照组为无水乙醇（EtOH）处理 8h 的拟南芥幼苗。具体样本信息如表 6-4 所示。

表 6-4 案例数据

组别	实验处理	生物学重复	SRA 编号	文件大小 /GB
实验组	ABA，8h	2	SRR3418005	1.8
			SRR3418019	1.7
对照组	EtOH，8h	2	SRR3418006	1.6
			SRR3418020	1.6

基因组数据来自拟南芥数据库 TAIR，包括拟南芥染色体基因组序列和注释文件。将染色体序列合并成一个全基因组序列，使用 Cufflinks 自带的 gffread 工具将 GFF 注释文件转换为 GTF 格式，以便于后续分析。

（三）数据预处理

1. 提取 fastq 文件 使用 fastq-dump 工具从 SRA 文件中提取 fastq 序列文件。

```
$ fastq-dump SRR3418005.sra &
```

对其余 3 个文件执行上述命令，产生的 4 个测序原始数据文件共计 32.4GB（本案例命令均以 SRR3418005 为例，其余文件采取同样操作即可）。

2. 质量评估 使用 FastQC 检测原始测序数据质量。

```
$ fastqc -o../fastqc_results -f fastq SRR3418005.fastq
SRR3418006.fastq SRR3418019.fastq SRR3418020.fastq &
```

参数说明：-o 输出路径，-f 输入数据格式。

以 SRR3418005 为例，根据 FastQC 的结果（图 6-14）显示，关键的 Per base sequence quality 评估为正常，而 Per base sequence content 的结果显示约前 12 位的碱基核酸比例失常。若对测序质量要求较高，可以使用 FastX_Toolkit 进行质量控制。

3. 质量控制 使用 fastx_trimmer 截去 reads 前 12 位碱基。

```
$fastx_trimmer -Q 33 -f 12 -i SRR3418005.fastq -o fastx_results/ SRR3418005_trimmed.fastq &
```

参数说明：-Q 为 Illumina 编码转换，-f 截取起始位置，-i 输入文件，-o 输出文件。

使用 fastq_quality_filter 过滤低质量 reads。

```
$ fastq_quality_filter -Q 33 -q 20 -p 80 -i SRR3418005_trimmed.fastq
-o SRR3418005_filtered.fastq &
```

参数说明：-Q 同上，-q 保留结果所需达到的最低得分，-p 每个 reads 中达到 -q 得分的最小百分数。

对处理后的序列再进行质量评估，结果如图 6-14，显示 Per base sequence content 等指标提升，而 Sequence Duplication Levels 和 Kmer Content 仍然未达标，但是已经可以用于 RNA-seq 分析。

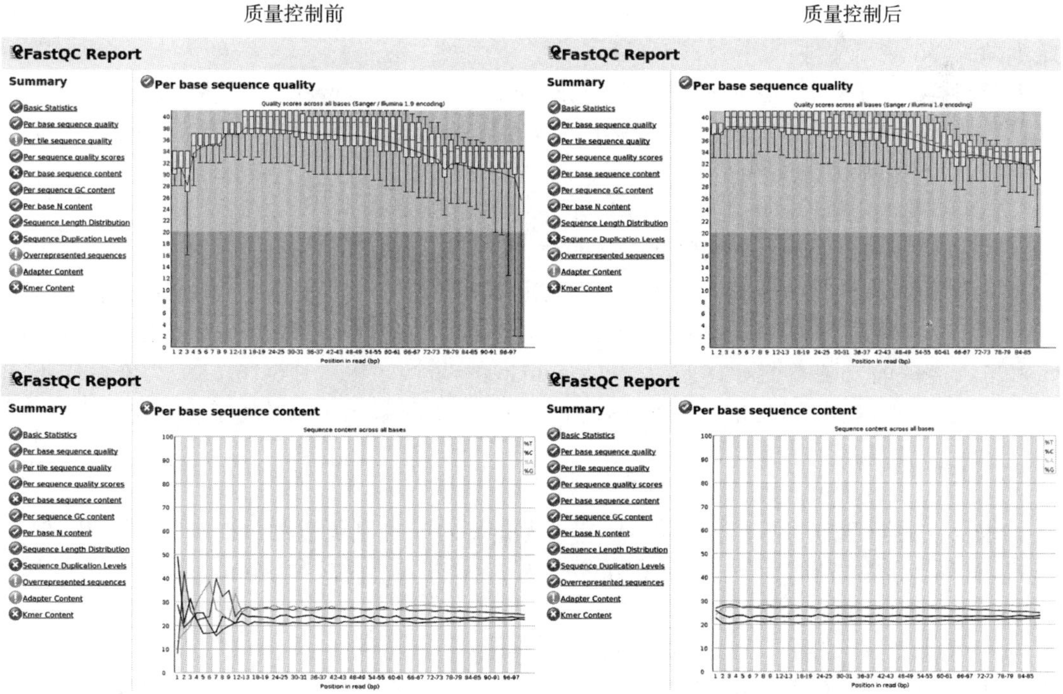

图 6-14 测序质量控制前后 FastQC 结果比较

二、比对和拼接

（一）比对

本案例采用有参基因组策略，使用 HISAT2 将 reads 比对到基因组上。

1. 建立基因组索引　提取可变剪切和外显子信息并建立索引（人和小鼠的索引库可以在 HISAT2 官网下载）。

```
$ hisat2_extract_splice_sites.py tair10.gtf >tair10.ss &
$ hisat2_extract_exons.py tair10.gtf >tair10.exon &
$ hisat2-build --ss../gff/tair10.ss
--exon../gff/tair10.exon../genome/fasta/tair10.fasta tair10 &
```

参数说明：使用 --ss 和 --exon 会消耗大量内存（拟南芥基因组索引可能需要 12G 以上内存，故本案例实际使用时未添加 --ss 和 --exon），tair10 为索引文件前缀。

2. reads 比对　使用 HISAT2 进行 reads 比对，处理 4 个样本大约 10min。

```
$ hisat2 -p 2 --dta -x../data/index/tair10
-U../data/fastx_results/SRR3418005_filtered.fastq -S
SRR3418005.sam &
```

参数说明：-p 线程数，--dta 用于转录本拼接，-x 为 index 库文件前缀，-U 为单端测序文件（双端测序使用 -1，-2），-S 输出文件。

3. SAM 文件处理　使用 samtools 对 SAM 文件排序并转换为 BAM 文件，总共耗时约 45min。

```
$ samtools sort -@2 -m 200M -o SRR3418005.bam SRR3418005.sam &
```

参数说明：-@ 额外线程数，-m 每个线程最大占用内存（根据实际系统内存调整，防止系统崩溃），-o 输出文件。

4. 比对结果可视化　使用 IGV（integrative genomics viewer）工具展示比对结果。IGV 运行依赖 Java 环境，故需要提前安装 JDK。排序后的 BAM 文件才能使用 IGV 展示，且需要输入 index 文件和基因组文件。

BAM 文件可以在上一步获取，使用 samtools 对其建立索引。

```
$ samtools index SRR3418005.bam SRR3418005.bai &
```

IGV 显示结果如图 6-15 所示，包括不同基因区域的覆盖峰及比对上的短片段等。

5. 比对结果质量评估　使用 Qualimap 检测评估比对结果质量。Qualimap 运行依赖 Java 和 R，需提前安装。图 6-16 展示了 Qualimap 的两个结果，图 6-16（a）为染色体不同区域的覆盖度（平均测序深度约 30×）；图 6-16（b）为不同基因区域的覆盖率变化情况。

（二）拼接

如果仅仅关注已知基因表达情况，不需要鉴定新转录本则可以跳过此步骤。

1. 有参转录本拼接　使用 stringtie 进行转录本拼接，耗时约 5min。

```
$ stringtie -p 2 -G../data/genome/gff/tair10.gtf -o SRR3418005.gtf
-l SRR3418005../alignment/SRR3418005.bam &
```

参数说明：-p 线程数，-G 参考基因组注释文件，-o 输出文件，-l 转录本命名前缀。

2. 转录本整合　将 4 个样本的 GTF 文件路径写入文件 gtflist.txt，使 --merge 整合 4 个 GTF 文件。

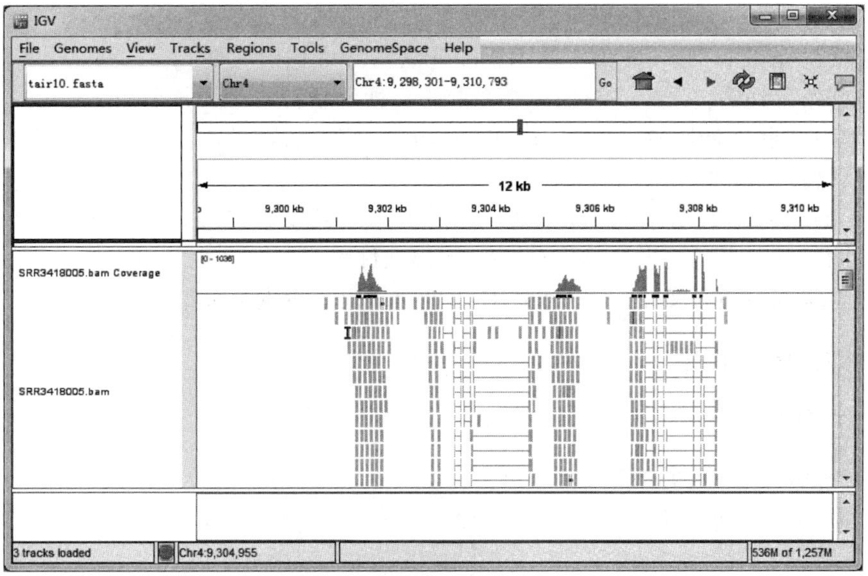

图 6-15 IGV 比对结果可视化

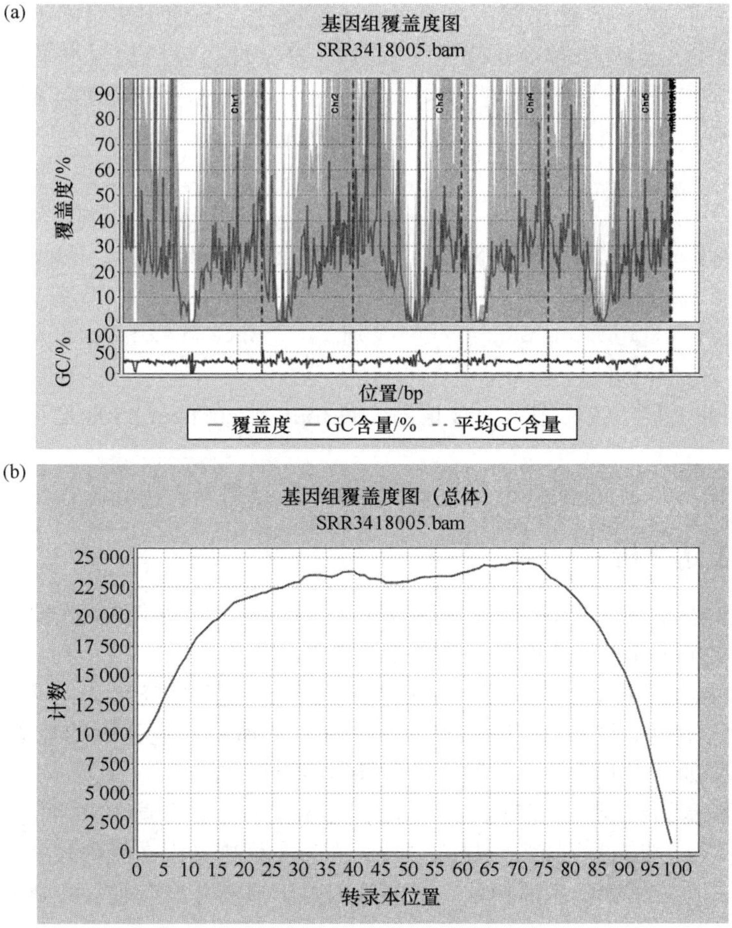

图 6-16 Qualimap 比对结果评估

```
$ stringtie --merge -p 2 -G../data/genome/gff/tair10.gtf -o stringtie_merged.gtf gtflist.txt &
```

参数说明：-p 线程数，-G 参考基因组注释信息，-o 输出文件。

将所有样本得到的转录本注释信息整合起来，便于新转录本的鉴别和定量。

3. 转录本注释文件比较 使用 gffcompare 对整合后转录本注释文件与参考注释比较，获得可能的新转录本信息。

```
$ gffcompare -r../../data/genome/gff/tair10.gtf -G -o merged../stringtie_merged.gtf &
```

参数说明：-r 参考基因组注释信息，-o 输出文件前缀。

需要注意基因组注释文件中的 Gene ID 不能有重复，否则会报错。

三、计算表达丰度

（一）计算 FPKM

使用 stringtie 计算基因和转录本的 FPKM。

```
$ stringtie -e -p 2 -G../../assembly/stringtie_merged.gtf -A
SRR3418005_genes.gtf -o
SRR3418005_transcripts.gtf../../alignment/SRR3418005.bam &
```

参数说明：-G 注释文件（不关注新转录本可以直接使用参考注释文件），-e 只列出已知转录本丰度，-p 线程数，-A 输出基因水平表达丰度文件，-o 输出转录本水平表达丰度文件。

每个 BAM 文件经过计算都会输出两个 GTF 注释文件，包括基因水平和转录本水平，且计算了每个基因或转录本的表达丰度 FPKM 值（对于单端测序 FPKM 与 RPKM 等价）。提取每个 GTF 文件中的 FPKM 值组成最终的基因表达数据矩阵。

（二）reads 计数

使用 HTSeq-count 从比对结果中提取所有基因匹配的 reads 数目，耗时约 20min。

```
$ htseq-count -q -f bam -s no -i
gene_name../../alignment/SRR3418005.bam../../data/genome/gff/tai
r10.gtf > SRR3418005.count &
```

参数说明：-q 不显示进程报告，-f 比对文件格式（sam/bam），-s 是否考虑链特异性，-i 提取属性名。

将 4 个样本输出的 count 文件整合为 1 个，用于后续差异表达分析。

四、差异表达分析

本案例采用 R 语言和 DESeq2 进行差异表达分析。建议安装 RStudio 便于编程操作。具体 R 语言运行命令脚本可在网站获取，网址见本节开头。

1. 计算差异表达基因 DESeq2 计算得到 588 个显著差异表达基因（筛选条件为 $\log_2$FoldChange 绝对值大于 2，校正后 p 值小于 0.01）。所有表达基因的显著性值和差异倍数关系图（火山图）如图 6-17 所示，三角形代表显著差异的基因。

2. 差异显著基因聚类 使用 pheatmap 对 588 个显著差异的基因进行聚类，结果如图 6-18 所示。可以看到有两个较为明显的区块，左边方框中基因在脱落酸处理条件下表达量高于空白对照，而右边方框中的基因相反。这些基因对于拟南芥响应脱落酸胁迫的调控过程可能起到重要作用。

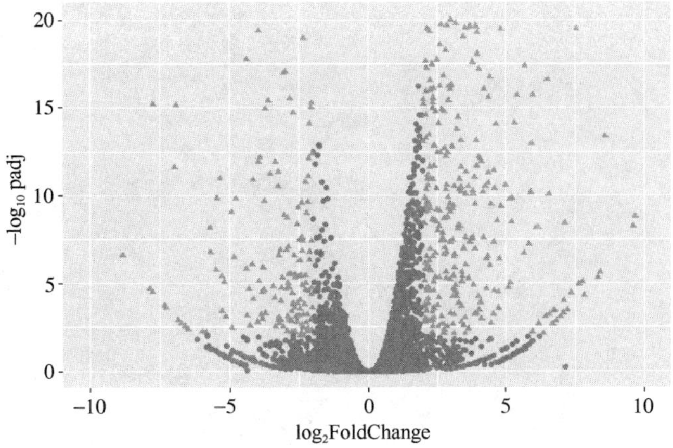

图 6-17　差异表达分析火山图

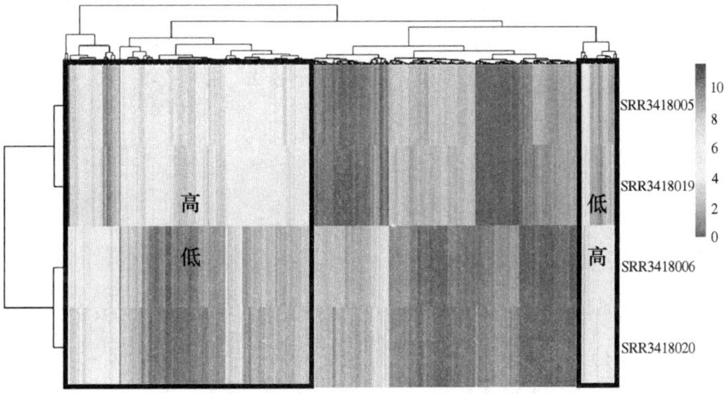

图 6-18　差异表达基因聚类

五、富集分析

对差异显著的基因进行 GO 和 KEGG 富集，探究相关生物学功能和通路。本案例使用 clusterProfiler 进行富集分析，也可以使用 DAVID 在线分析。

（一）GO 富集

使用 clusterProfiler 进行 GO 富集，需要在 R 中安装 org. At. tair. db 拟南芥信息库。由于 clusterProfiler 不识别 TAIR ID，故需要先将基因 ID 转换为 NCBI ENTREZ GENE ID（可以使用 DAVID 在线转换）。

```
> go_result <- enrichGO(gene_id,'org.At.tair.db',ont="BP")
```

富集结果可以转换为 csv 表格文件，通过 WEGO（Ye et al.，2006）、AgriGO（Du et al.，2010）或 REVIGO（Supek et al.，2011）等在线工具进行 GO 富集结果可视化。本例使用 REVIGO 对富集的 GO 条目去冗余，构建 GO 相关性网络。下载 xgmml 网络文件并导入 Cytoscape 进行修改。

GO 富集的结果如图 6-19 所示，其中点的颜色越深代表越富集。可见鉴定到的差异显著基因主要富集于对渗透压（水）等环境压力响应及离子运输等功能。这与实验使用 ABA 模拟渗透压胁迫所带来的影响相吻合。

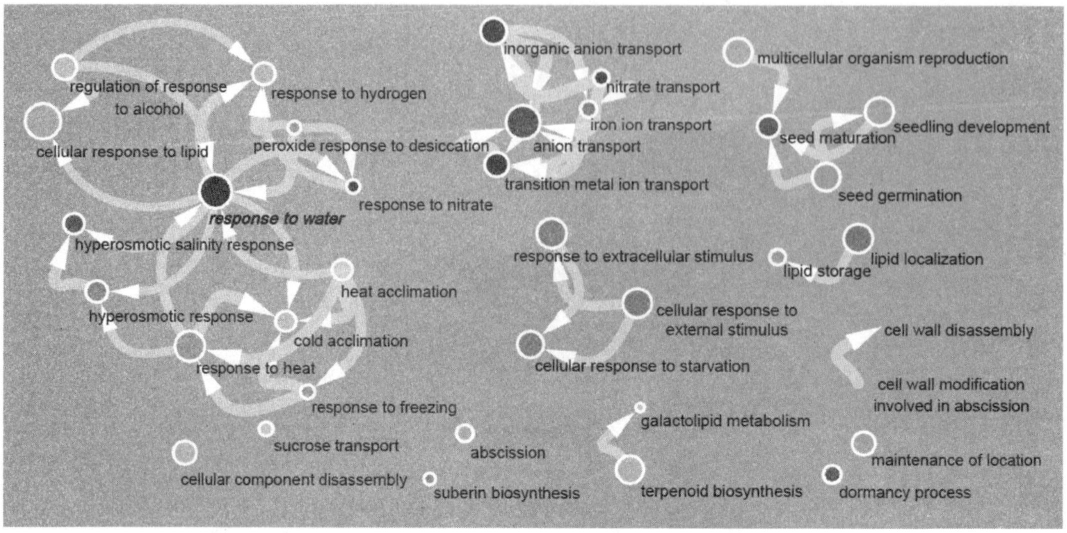

图 6-19　GO 富集结果

（二）KEGG 富集

使用 clusterProfiler 进行 KEGG 通路富集。

```
> kegg_result <- enrichKEGG(gene_id,organism="ath",keyType="ncbi-geneid")
```

KEGG 富集结果如表 6-5 所示，显示差异显著基因主要富集于角质、蜡质合成，植物 MAPK 信号通路和苯丙素生物合成途径。

表 6-5　KEGG 富集结果

通路编号（ID）	描述（Description）	基因比例（GeneRatio）	背景比例（BgRatio）	校准后 p 值（p.adjust）
ath00073	角质、软木脂和蜡的生物合成	9/107	28/4878	2.62E-07
ath04016	植物 MAPK 信号通路	14/107	130/4878	2.14E-05
ath00940	苯丙烷生物合成	15/107	161/4878	3.62E-05

六、共表达网络构建

使用 WGCNA 构建共表达网络，具体命令脚本可在网站下载。为了构建较为可靠的共表达网络，从 GEO 下载已经计算好的基因表达文件（共 28 个样本）进行分析。

提取差异显著基因在所有样本中的 FPKM 值，按照 WGCNA 流程计算加权相关性矩阵和 TOM 连通性，其中幂次选取 56，连通性阈值选取 0.35。最终得到的共表达网络如图 6-20 所示，共包含 130 个基因，点的半径越大代表总连通性越高。经过富集分析发现网络中基因主要富集于对脱落酸响应（GO：0009737）及对脱水作用响应（GO：0009414）等功能。

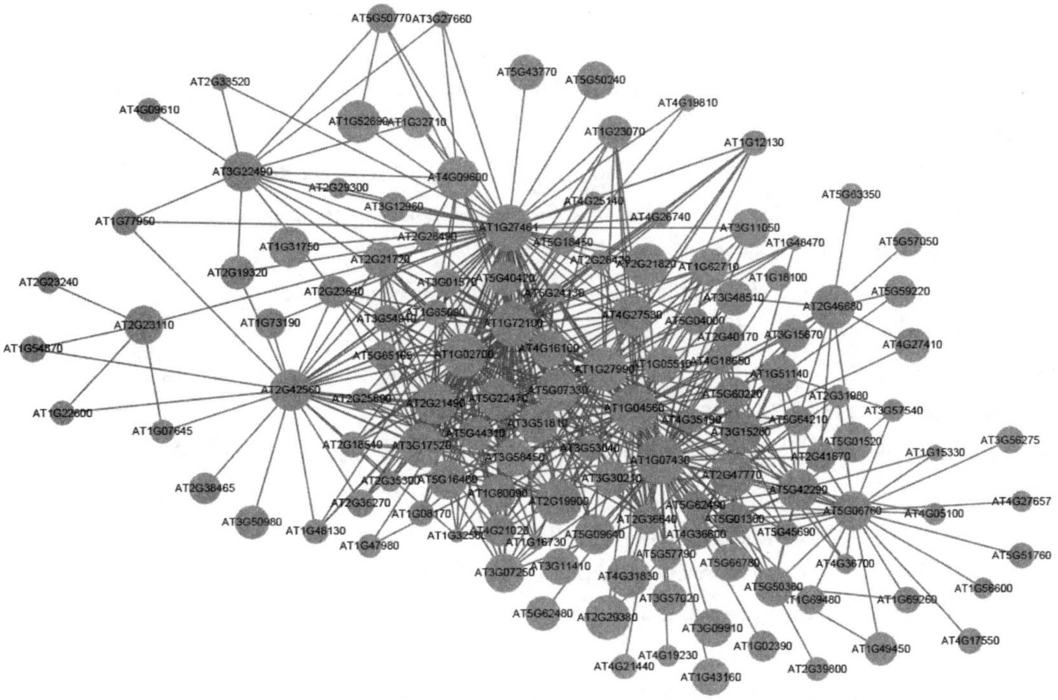

图 6-20 脱落酸处理下拟南芥基因调控共表达网络

思考题

1. 简述转录组学的定义和研究内容。
2. RNA-seq 和基因芯片比较具有哪些优势？
3. 简述转录本测定研究的发展历程。
4. 什么是链特异性文库？
5. 简述 RNA-seq 文库制备过程。
6. 比较 RPKM 和 DESeq 标准化方式的优缺点。
7. 简述无参考基因组 RNA-seq 分析过程。
8. 为什么差异表达分析一般都需要生物学重复？
9. 简述 SOM 聚类过程。
10. 如何利用 RNA-seq 研究基因融合？

主要参考文献

Äijö T, Butty V, Chen Z, et al. 2014. Methods for time series analysis of RNA-seq data with application to human Th17 cell differentiation. Bioinformatics, 30 (12): i113-i120

Adams M D, Kelley J M, Gocayne J D, et al. 1991. Complementary DNA sequencing: expressed sequence tags and human genome project. Science, 252 (5013): 1651-1656

Anders S, Huber W. 2010. Differential expression analysis for sequence count data. Genome Biology, 11 (10): R106

Anders S, Pyl P T, Huber W. 2015. HTSeq—a Python framework to work with high-throughput sequencing data. Bioinformatics, 31 (2): 166-169

Andrews S, Fast Q C A. 2015. A quality control tool for high throughput sequence data. 2010. *Google Scholar*

Bader G D, Hogue C W. 2003. An automated method for finding molecular complexes in large protein interaction networks. BMC Bioinformatics, 4 (1): 2

Baruzzo G, Hayer K E, Kim E J, et al. 2017. Simulation-based comprehensive benchmarking of RNA-seq aligners. Nature Methods, 14 (2): 135-139

Bolger A M, Lohse M, Usadel B. 2014. Trimmomatic: a flexible trimmer for Illumina sequence data. Bioinformatics, 30 (15): 2114-2120

Bray N, Pimentel H, Melsted P, et al. 2015. Near-optimal RNA-seq quantification. arXiv Preprint arXiv: 1505.02710

Conesa A, Götz S, García-Gómez J M, et al. 2005. Blast2GO: a universal tool for annotation, visualization and analysis in functional genomics research. Bioinformatics, 21 (18): 3674-3676

Conesa A, Madrigal P, Tarazona S, et al. 2016. A survey of best practices for RNA-seq data analysis. Genome Biology, 17 (1): 13

Dai M, Thompson R C, Maher C, et al. 2010. NGSQC: cross-platform quality analysis pipeline for deep sequencing data. BMC Genomics, 11 (4): S7

Dillies M A, Rau A, Aubert J, et al. 2013. A comprehensive evaluation of normalization methods for Illumina high-throughput RNA sequencing data analysis. Briefings in Bioinformatics, 14 (6): 671-683

Dobin A, Davis C A, Schlesinger F, et al. 2013. STAR: ultrafast universal RNA-seq aligner. Bioinformatics, 29 (1): 15-21

Drewe P, Stegle O, Hartmann L, et al. 2013. Accurate detection of differential RNA processing. Nucleic Acids Research, 41 (10): 5189-5198

Du Z, Zhou X, Ling Y, et al. 2010. agriGO: a GO analysis toolkit for the agricultural community. Nucleic Acids Research, 38 (suppl_2): W64-W70

Fiume M, Williams V, Brook A, et al. 2010. Savant: genome browser for high-throughput sequencing data. Bioinformatics, 26 (16): 1938-1944

Frazee A C, Pertea G, Jaffe A E, et al. 2015. Ballgown bridges the gap between transcriptome assembly and expression analysis. Nature Biotechnology, 33 (3): 243-246

Gordon A, Hannon G J. 2010. FastX-toolkit. FASTQ/A short-reads preprocessing tools (unpublished) http:// hannonlab. cshl. edu/fastx_toolkit, 5

Grabherr M G, Haas B J, Yassour M, et al. 2011. Full-length transcriptome assembly from RNA-seq data without a reference genome. Nature Biotechnology, 29 (7): 644-652

Griffith M, Walker J R, Spies N C, et al. 2015. Informatics for RNA sequencing: a web resource for analysis on the cloud. PLoS Computational Biology, 11 (8): e1004393

Hu Y, Huang Y, Du Y, et al. 2012. DiffSplice: the genome-wide detection of differential splicing events with RNA-seq. Nucleic Acids Research, 41 (2): e39

Hu Z, Mellor J, Wu J, et al. 2005. VisANT: data-integrating visual framework for biological networks and modules. Nucleic Acids Research, 33 (suppl_2): W352-W357

Hwang W, Cho Y R, Zhang A, et al. 2006. A novel functional module detection algorithm for protein-protein interaction networks. Algorithms for Molecular Biology, 1 (1): 24

Kim D, Langmead B, Salzberg S L. 2015. HISAT: a fast spliced aligner with low memory requirements. Nature Methods, 12 (4): 357-360

Kim D, Pertea G, Trapnell C, et al. 2013. TopHat2: accurate alignment of transcriptomes in the presence of insertions, deletions and gene fusions. Genome Biology, 14 (4): R36

Krämer A, Green J, Pollard Jr J, et al. 2013. Causal analysis approaches in ingenuity pathway analysis. Bioinformatics, 30 (4): 523-530

Langfelder P, Horvath S. 2008. WGCNA: an R package for weighted correlation network analysis. BMC Bioinformatics, 9 (1): 559

Langmead B, Salzberg S L. 2012. Fast gapped-read alignment with Bowtie 2. Nature Methods, 9 (4): 357-359

Leng N, Dawson J A, Thomson J A, et al. 2013. EBSeq: an empirical Bayes hierarchical model for inference in RNA-seq experiments. Bioinformatics, 29 (8): 1035-1043

Leng N, Li Y, McIntosh B E, et al. 2015. EBSeq-HMM: a Bayesian approach for identifying gene-expression changes in ordered RNA-seq experiments. Bioinformatics, 31 (16): 2614-2622

Li B, Dewey C N. 2011. RSEM: accurate transcript quantification from RNA-seq data with or without a reference genome. BMC Bioinformatics, 12 (1): 323

Li H, Durbin R. 2009. Fast and accurate short read alignment with Burrows-Wheeler transform. Bioinformatics, 25 (14): 1754-1760

Li H, Handsaker B, Wysoker A, et al. 2009. The sequence alignment/map format and SAMtools. Bioinformatics, 25 (16): 2078-2079

Li J, Tibshirani R. 2013. Finding consistent patterns: a nonparametric approach for identifying differential expression in RNA-seq data. Statistical Methods in Medical Research, 22 (5): 519-536

Liao Y, Smyth G K, Shi W. 2013. FeatureCounts: an efficient general purpose program for assigning sequence reads to genomic features. Bioinformatics, 30 (7): 923-930

Marioni J C, Mason C E, Mane S M, et al. 2008. RNA-seq: an assessment of technical reproducibility and comparison with gene expression arrays. Genome Research, 18 (9): 1509-1517

McGettigan P A. 2013. Transcriptomics in the RNA-seq era. Current Opinion in Chemical Biology, 17 (1): 4-11

Medina I, Salavert F, Sanchez R, et al. 2013. Genome maps, a new generation genome browser. Nucleic Acids Research, 41 (W1): W41-W46

Mortazavi A, Williams B A, McCue K, et al. 2008. Mapping and quantifying mammalian transcriptomes by RNA-seq. Nature Methods, 5 (7): 621-628

Nueda M J, Tarazona S, Conesa A. 2014. Next maSigPro: updating maSigPro bioconductor package for RNA-seq time series. Bioinformatics, 30 (18): 2598-2602

Okonechnikov K, Conesa A, García-Alcalde F. 2015. Qualimap 2: advanced multi-sample quality control for high-throughput sequencing data. Bioinformatics, 32 (2): 292-294

Pertea M, Kim D, Pertea G M, et al. 2016. Transcript-level expression analysis of RNA-seq experiments with HISAT, StringTie and Ballgown. Nature Protocols, 11 (9): 1650-1667

Pertea M, Pertea G M, Antonescu C M, et al. 2015. StringTie enables improved reconstruction of a transcriptome from RNA-seq reads. Nature Biotechnology, 33 (3): 290-295

Roberts A, Pimentel H, Trapnell C, et al. 2011. Identification of novel transcripts in annotated genomes using

RNA-seq. Bioinformatics, 27 (17): 2325-2329

Robertson G, Schein J, Chiu R, et al. 2010. *De novo* assembly and analysis of RNA-seq data. Nature Methods, 7 (11): 909-912

Robinson M D, McCarthy D J, Smyth G K. 2010. edgeR: a bioconductor package for differential expression analysis of digital gene expression data. Bioinformatics, 26 (1): 139-140

Ruan J, Zhang W. 2008. Identifying network communities with a high resolution. Physical Review E, 77 (1): 016104

Schulz M H, Zerbino D R, Vingron M, et al. 2012. Oases: robust *de novo* RNA-seq assembly across the dynamic range of expression levels. Bioinformatics, 28 (8): 1086-1092

Seyednasrollah F, Laiho A, Elo L L. 2013. Comparison of software packages for detecting differential expression in RNA-seq studies. Briefings in Bioinformatics, 16 (1): 59-70

Shannon P, Markiel A, Ozier O, et al. 2003. Cytoscape: a software environment for integrated models of biomolecular interaction networks. Genome Research, 13 (11): 2498-2504

Shen S, Park J W, Lu Z X, et al. 2014. rMATS: robust and flexible detection of differential alternative splicing from replicate RNA-seq data. Proceedings of the National Academy of Sciences, 111 (51): E5593-E5601

Sherman B T, Lempicki R A. 2009. Systematic and integrative analysis of large gene lists using DAVID bioinformatics resources. Nature Protocols, 4 (1): 44-57

Shi Y, Jiang H. 2013. rSeqDiff: detecting differential isoform expression from RNA-seq data using hierarchical likelihood ratio test. PLoS One, 8 (11): e79448

Singh D, Orellana C F, Hu Y, et al. 2011. FDM: a graph-based statistical method to detect differential transcription using RNA-seq data. Bioinformatics, 27 (19): 2633-2640

Smyth G K. 2005. Limma: linear models for microarray data. *In Bioinformatics and computational biology solutions using R and Bioconductor*. New York: Springer

Song L, Huang S S C, Wise A, et al. 2016. A transcription factor hierarchy defines an environmental stress response network. Science, 354 (6312): aag1550

Subramanian A, Tamayo P, Mootha V K, et al. 2005. Gene set enrichment analysis: a knowledge-based approach for interpreting genome-wide expression profiles. Proceedings of the National Academy of Sciences, 102 (43): 15545-15550

Sultan M, Schulz M H, Richard H, et al. 2008. A global view of gene activity and alternative splicing by deep sequencing of the human transcriptome. Science, 321 (5891): 956-960

Supek F, Bošnjak M, Škunca N, et al. 2011. REVIGO summarizes and visualizes long lists of gene ontology terms. PloS One, 6 (7): e21800

Tarazona S, García F, Ferrer A, et al. 2012. NOIseq: a RNA-seq differential expression method robust for sequencing depth biases. EMBnet Journal, 17 (B): 18

Thorvaldsdóttir H, Robinson J T, Mesirov J P. 2013. Integrative genomics viewer (IGV): high-performance genomics data visualization and exploration. Briefings in Bioinformatics, 14 (2): 178-192

Trapnell C, Pachter L, Salzberg S L. 2009. TopHat: discovering splice junctions with RNA-seq. Bioinformatics, 25 (9): 1105-1111

Trapnell C, Roberts A, Goff L, et al. 2012. Differential gene and transcript expression analysis of RNA-seq experiments with TopHat and Cufflinks. Nature Protocols, 7 (3): 562

Uhlen M, Zhang C, Lee S, et al. 2017. A pathology atlas of the human cancer transcriptome. Science, 357 (6352):

eaan2507

Velculescu V E, Zhang L, Zhou W, et al. 1997. Characterization of the yeast transcriptome. Cell, 88 (2): 243-251

Wang K, Singh D, Zeng Z, et al. 2010. MapSplice: accurate mapping of RNA-seq reads for splice junction discovery. Nucleic Acids Research, 38 (18): e178

Wang L, Feng Z, Wang X, et al. 2009a. DEGseq: an R package for identifying differentially expressed genes from RNA-seq data. Bioinformatics, 26 (1): 136-138

Wang L, Wang S, Li W. 2012. RSeQC: quality control of RNA-seq experiments. Bioinformatics, 28 (16): 2184-2185

Wang Z, Gerstein M, Snyder M. 2009b. RNA-seq: a revolutionary tool for transcriptomics. Nature Reviews Genetics, 10 (1): 57-63

Wu T D, Nacu S. 2010. Fast and SNP-tolerant detection of complex variants and splicing in short reads. Bioinformatics, 26 (7): 873-881

Xie D, Boyle A P, Wu L, et al. 2013. Dynamic trans-acting factor colocalization in human cells. Cell, 155 (3): 713-724

Xie Y, Wu G, Tang J, et al. 2014. SOAPdenovo-Trans: *de novo* transcriptome assembly with short RNA-seq reads. Bioinformatics, 30 (12): 1660-1666

Yang J, Liu D, Wang X, et al. 2016. The genome sequence of allopolyploid *Brassica juncea* and analysis of differential homoeolog gene expression influencing selection. Nature Genetics, 48 (10): 1225-1232

Ye J, Fang L, Zheng H, et al. 2006. WEGO: a web tool for plotting GO annotations. Nucleic Acids Research, 34 (suppl_2): W293-W297

Yu G, Wang L G, Han Y, et al. 2012. clusterProfiler: an R package for comparing biological themes among gene clusters. Omics: a Journal of Integrative Biology, 16 (5): 284-287

Zhang X, Chen M H, Wu X, et al. 2016. Cell-type-specific alternative splicing governs cell fate in the developing cerebral cortex. Cell, 166 (5): 1147-1162

Zheng S, Chen L. 2009. A hierarchical Bayesian model for comparing transcriptomes at the individual transcript isoform level. Nucleic Acids Research, 37 (10): e75

第七章　非编码 RNA

本章提要　除 mRNA 以外，生物体内还存在许多不编码蛋白质的 RNA，直接在 RNA 水平上发挥作用，称为非编码 RNA（non-coding RNA，ncRNA）。细胞中含量最高的是 rRNA 和 tRNA 这两种常见的非编码 RNA，广义上的非编码 RNA 包括这两种研究比较透彻的 RNA，狭义上的非编码 RNA 往往不包括。本章主要以狭义非编码 RNA 进行相关论述。

微课视频

第一节　非编码 RNA 概述

哺乳动物基因组的测序分析结果发现，虽然大部分 DNA 序列可以转录为 RNA，但是其中大多数并不编码蛋白质。在组成人类基因组的 30 亿个碱基对中，蛋白质编码序列仅占 1.5%，75% 的基因组序列都能够被转录成 RNA，其中非编码 RNA 占总 RNA 的 74%。这些非编码 RNA 并非垃圾 RNA。最近研究表明很多非编码 RNA 具有很重要的功能，其中突出和核心的作用是调控。2006 年度诺贝尔生理学或医学奖授予了美国科学家安德鲁 · 法尔和克雷格 · 梅洛，以表彰他们发现了 RNA 干扰（RNA interference，RNAi）现象。

一、非编码 RNA 的特征

非编码 RNA 按照碱基长度一般分为两类（图 7-1）：第一类为短链非编码 RNA（small ncRNA，sncRNA），通称小分子 RNA，长度一般小于 200nt，包括 miRNA、piRNA、siRNA、snRNA、snoRNA 等；第二类为长链 RNA，长度一般大于 200nt，包括长链非编码 RNA（long non-coding RNA，lncRNA）等，环状 RNA（circular RNA，circRNA）也是一类特殊的长链非编码 RNA。

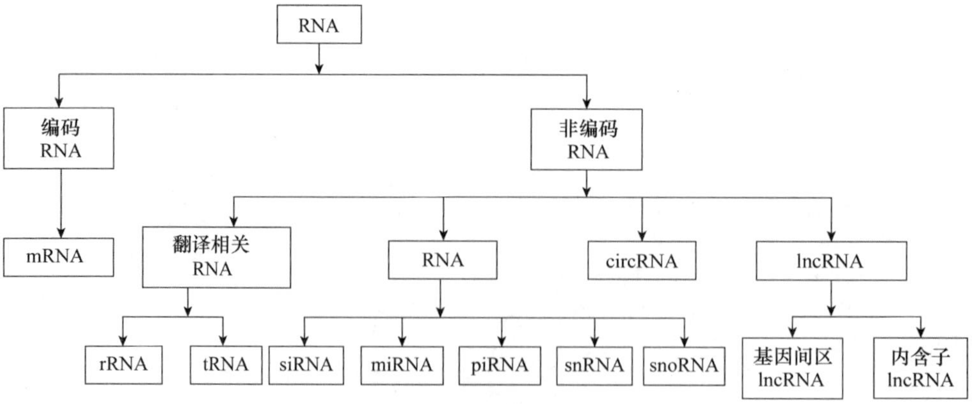

图 7-1　细胞内的 RNA

在这些非编码小 RNA 中，miRNA 主要在转录后负调控目标基因的表达，是最重要的一类调控小 RNA。目前 miRBase（release 22.1）已报道的人类 miRNA 为 2883 个，预期这类 RNA 的总数目还会增加。癌症的发展也和 miRNA 有关，这种相关性可以用于根据 miRNA 的特性分类人类癌症（Saetrom et al.，2007）。lncRNA 也是当前的研究热点，它和许多染色质重塑复合物相关，通过定位这些复合物到特定的基因位点来改变 DNA 的甲基化和组蛋白的状态，在表观遗传调控中起着重要作用（Chen and Xue，2016）。lncRNA 不仅在转录水平，在转录后水平上也能调节蛋白质编码基因的表达，从而广泛地参与包括细胞分化、个体发育在内的重要生命过程，其异常表达与多种人类重大疾病的发生密切相关。lncRNA 存在带 PolyA 尾和不带 PolyA 尾两种形式，具有跨物种的低保守性、组织特异性表达和丰度低等特点。lncRNA 的种类远远超过编码 RNA，保守估计哺乳动物基因组序列中 4%～9% 的序列产生 lncRNA 转录本，而相应的蛋白质编码 RNA 的比例仅是 1%～5%。RNA 的调控网络可能决定我们大多数复杂的特性，并在疾病中发挥重要作用，组成了一个物种内和物种间遗传变异调控的未知世界（Mattick and Makunin，2006）。

二、非编码 RNA 的识别

非编码 RNA 的大规模鉴定主要有理论预测的方法和实验的方法。理论预测主要借助计算机，从已有的非编码 RNA 中提取特征信息，然后以特征信息做全基因组搜索，比较成功的如 snoScan、snoGPS、tRNAScan、mirScan、RNAz 和 RNAmotif 等。理论预测方法简便快捷，但是最终的确定还是依赖于实验。实验的方法是构建非编码 RNA 的 cDNA 文库、克隆测序或者直接测序（直接分离纯化非编码 RNA 后测序）以及全基因组 tiling array 芯片技术。在长链非编码 RNA 的专用商业芯片推出之前，可以对已有的芯片进行探针重注释，从而识别长链非编码 RNA 的表达情况。

三、非编码 RNA 的功能预测

非编码 RNA 摆脱"junk DNA"的名头还不久，大部分非编码 RNA 的功能尚未被实验所证实。由于非编码 RNA 缺乏翻译产物，相对于 mRNA 又显得数量庞大，目前对非编码 RNA 的功能预测主要还是理论手段。常见方法总结如下。

1）通过互作、共表达、共定位等信息，得到与非编码 RNA 相关的一组基因及其他互作因子（miRNA 等），并进行功能富集。由于相似的特征并不直接说明功能相关，所以使用这一方法时应注意结合多种因素以增强可靠性，并注意统计检验。

2）收集尽可能全的功能注释数据与相关性数据，建立编码 - 非编码网络，划分功能模块，并为模块内的非编码 RNA 赋予功能。有些非编码 RNA 并没有足够进行功能富集的互作伙伴，但通过模块法可以预测其功能。

3）通过非编码 RNA 的序列，通过算法预测其与其他 RNA 或蛋白质等的结合情况，再通过所得已知因子来推测非编码 RNA 的功能。由于竞争性内源 RNA（ceRNA）是 lncRNA 的一类重要功能角色，此类方法常常用于预测 lncRNA 与 miRNA 的匹配关系并推断功能。

目前常用的非编码 RNA 功能预测平台包括 ncFANs（已整合进 noncode）、ChIPBase（https://rna.sysu.edu.cn/chipbase/）、starBase（http://starbase.sysu.edu.cn/）、LncRNADisease（http://www.cuilab.cn/lncrnadisease）、DIANA-LncBase（https://diana.e-ce.uth.gr/lncbasev3）等，此外一些较大的综合数据库也提供预测功能。lncRNA 相关常用资源见表 7-1。

表 7-1　lncRNA 相关常用资源

预测软件	特点	网址
Noncode	目前最全面的 lncRNA 资源。提供 17 个物种（截至 2017 年 11 月）的非编码 RNA 数据，并提供序列比对等多种功能	http://www.noncode.org/
LNCipedia	包含人类超过 14 万条 lncRNA 的注释信息，包括二级结构、编码潜能、miRNA 结合位点等	https://lncipedia.org/
LncRNASNP2	收集整理了超过 14 万人类 lncRNA 和超过 11 万小鼠 lncRNA 上各数百万条的 SNP 信息，提供 lncRNA 突变功能，相关疾病、癌症样本表达等多种信息	http://bioinfo.life.hust.edu.cn/lncRNASNP
CANTATAdb	提供 10 种模式植物 lncRNA 的表达、序列比对、编码潜能等综合信息	http://yeti.amu.edu.pl/CANTATA/
HUGO-lncRNA	提供已经官方定名的 lncRNA Symbol	http://www.genenames.org/
NPInter	收集了 22 个物种非编码 RNA 之间和非编码 RNA 与生物分子（DNA/RNA/ 蛋白质等）的互作关系	http://bigdata.ibp.ac.cn/npinter4
EVLncRNAs	实验证实的 lncRNA，包含 77 个物种 1543 个 lncRNA 的信息	https://www.sdklab-biophysics-dzu.net/EVLncRNAs2/
LncATLAS	lncRNA 的亚细胞定位信息	http://lncatlas.crg.eu/
AnnoLnc	用于注释人类 lncRNA 的 webserver，输入为 lncRNA 的 FASTA 序列	http://annolnc.gao-lab.org/

四、非编码 RNA 的编码潜能

对于非编码 RNA 的认识，目前有了一些新的发现。2015 年，来自美国德克萨斯大学西南医学中心的 Eric Olson 和同事们在分析梳理肌肉特异性的长非编码 RNA 以了解它们的功能时，发现了一种在骨骼肌中特异性表达的 lncRNA。尽管这一 RNA 以往被归类为非编码 RNA，它的序列中包含的一小段却看上去好像一个编码区域。研究人员证实在体内这一 lncRNA 编码了一个包含 46 个氨基酸的微肽，他们将之命名为 myoregulin（MLN）。Myoregulin 形成了在结构上与表达于心肌和慢收缩骨骼肌中的另外两种小蛋白质 phospholamban（PLN）和 sarcolipin（SLN）相似的一种跨膜 α 螺旋。2016 年，Eric Olson 又发现了另一条 lncRNA 编码微肽的能力，新发现的微肽 DWORF 与之前发现的微肽 MLN 功能相反，可以增强 ATP 酶 SERCA 的活性。

circRNA 也属于非编码 RNA，传统上认为其并无编码能力。但最新研究表明，有些 circRNA 也可以编码并表达蛋白质或多肽。Irene Bozzoni 等发现 Circ-ZNF609（一种 circRNA）可直接翻译蛋白质，该蛋白质参与了肌肉发生过程；Sebastian Kadener 等在果蝇大脑中也发现了大量的 circRNA 翻译蛋白质或多肽。

这种编码能力被忽视的现象，一方面是由于科学家们对新种类的 RNA 了解还太少，如 circRNA 可能存在不同的翻译机制；另一方面是由于现存的预测手段都没有很好地预测出这些 RNA 的编码潜能。可读框（ORF）可能存在于任何 mRNA 序列当中，但很多 ORF 都不会翻译蛋白质。由于 ORF 越长，进行翻译的概率就越大，传统的 ORF 预测软件都会限制 ORF 的发现阈值，如 300nt（可翻译为 100aa）。这无疑使得长度小于 100aa 的微肽无法被预测出来。事实上，在这些微小的翻译产物被注意之前，标准的实验手段往往会漏过它们。电泳实验中，微肽会早早跑到凝胶底部；而质谱分析的清洗步骤会把这些分子质量不足的微肽清洗掉。

目前，通过对核糖体测序（Ribo-seq）等数据的全面分析，越来越多的非编码 RNA 被证实有编码潜能。非编码 RNA 有编码潜能的这一发现使得 mRNA 与非编码 RNA 之间的界限变得模糊，非编码 RNA 可能需要一次重新定义，而实验手段也需要一次革新。

五、非编码 RNA 的注释

基于计算方法可成功发现一些 ncRNA 基因，不过这些 ncRNA 主要集中在一级序列或二级序列已得到很好表征的 ncRNA，此后出现了用户可定制的 RNA 基序搜索程序。最近 ncRNA 基因发现程序得到进一步完善，如基于相关物种基因组序列比较分析及基于 ncRNA 的碱基组成特征或采用一些新的 RNA 序列比对和二级结构预测等方法。

NONCODE 是一个专用于非编码 RNA（不包括 tRNA 和 rRNA）的集成知识数据库（Li et al.，2017）（图 7-2）。数据来源于发表的文献、RNA-seq 数据、micro-array 数据、dbSNP 数据和 GWAS 数据，目前共收集和整合了 39 个物种（人类、小鼠、牛、大鼠、鸡、果蝇、斑马鱼、线虫、酵母、拟南芥、黑猩猩、大猩猩、马来亚猩猩、恒河猴、鸭嘴兽、猪等）ncRNA（特别是 lncRNA）的相关信息。不仅可以查询到 ncRNA 基因的定位、序列等基本信息，还可以查询表达谱、外泌体表达谱、保守信息、功能预测、疾病关联和 RNA 结构等注释信息；并提供 RNA 序列的 Blast 分析和 lncRNA 的鉴定。该数据库的网址：http://www.noncode.org/。

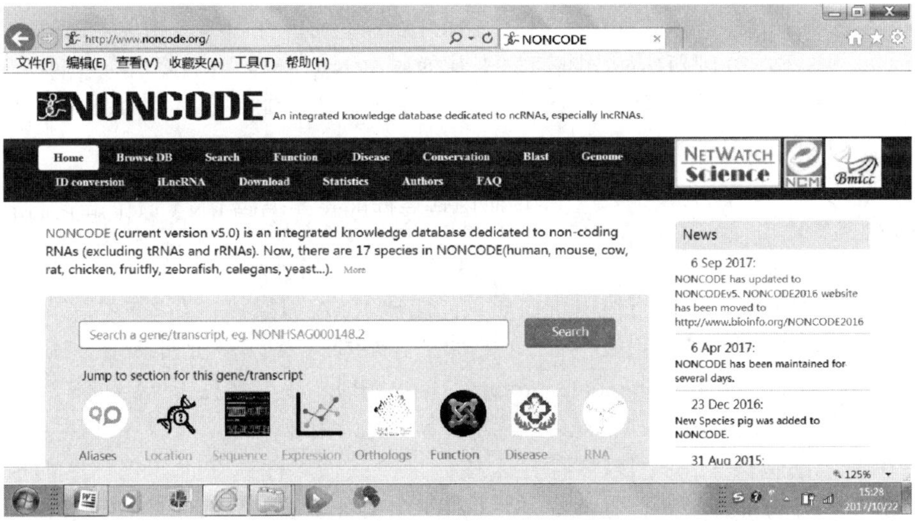

图 7-2　NONCODE 整合数据库网站

第二节　非编码 RNA 的分类

非编码 RNA 由于来源、性质和功能等方面的不同，在分类上可根据侧重点不同有不同的分类方法，目前较常见的分类方法如下。

一、根据 ncRNA 在细胞内的分布不同分类

1．核仁小 RNA　自从 20 世纪 60 年代末 Weinberg 等在哺乳动物中发现了第一个核仁小 RNA（small nucleolar RNA，snoRNA）U3 以来，这一领域的研究进展引起了人们的广泛关

注。核仁小 RNA 是一类小分子非编码 RNA，且多富集于核仁，代谢稳定。典型的 snoRNA 具有如下主要特征：分子大小为 60～400nt；具有类似核仁提取物的性质（抗盐性）；需要与特定蛋白质结合形成核仁小核糖核蛋白（ribonucleoprotein paricles，snoRNP），并以此形式存在和行使功能；snoRNA 分子具有多种与蛋白质相互作用的保守序列元件（Maxwell and Fournier，1995）。

snoRNA 依据结构单元可划分为三大类：box C/D snoRNA、box H/ACA snoRNA 和 MRP RNA。其中 box C/D 和 box H/ACA 是已知 snoRNA 的主要类型，以碱基配对的方式分别指导核糖体 RNA 的甲基化和假尿嘧啶化修饰。研究发现，snoRNA 除了在核糖体 RNA 的生物合成中发挥作用之外，还能够指导 snRNA、tRNA 和 mRNA 的转录后修饰。此外，还有相当数量的 snoRNA 功能不明，被称为孤儿 snoRNA（orphan snoRNA）。在哺乳动物的孤儿 snoRNA 中，印迹 snoRNA（imprinted snoRNA）是最为特殊的一群，由基因组印迹区编码，具有明显的组织表达特异性。原核生物古菌中类 snoRNA 的鉴定表明了这些非编码 RNA 家族成员的古老起源；而哺乳动物中大量的 snoRNA 反转座子的存在更为人们探索 snoRNA 在基因组中扩增和功能进化提供了新的思路。boxC/D snoRNA 类能形成“发夹－铰链－发夹－尾部”状二级结构，其分子两端的 boxC、boxD 以及末端配对序列能形成保守的“茎－内环－茎”状二级结构，称为“K-turn”结构。大多数 boxC/D snoRNA 和 box H/ACA snoRNA 分别具有指导 rRNA、snRNA 或 tRNA 前体中特定核苷 2′-*O*- 核糖甲基化修饰与假尿嘧啶化修饰的功能；少部分 snoRNA 参与 rRNA 前体的加工剪切，与 rRNA 的正确折叠和组装相关。MRP RNA 是极为特殊的 snoRNA，在数量和功能上都迥异于其他 snoRNA。MRP RNA 只有一种分子存在于细胞中，并与 9 种蛋白质结合形成 MRP RNA 复合物，参与 5.8S rRNA 的加工和线粒体 DNA 的复制；还作为 RNase P 的 RNA 成分，参与了 tRNA 的 5′ 端成熟过程（Falaleeva and Stamn，2013）。

2. 核小 RNA 核小 RNA（small nuclear RNA，snRNA）是真核生物转录后加工过程中 RNA 剪接体（spliceosome）的主要成分，其长度在哺乳动物中为 100～300 个核苷酸。snRNA 一直存在于细胞核中，与核内蛋白质共同组成 RNA 剪接体，在 RNA 转录后加工中起重要作用。它参与真核生物细胞核中 RNA 的加工。snRNA 和许多蛋白质结合在一起成为核小核糖核蛋白（small nuclear ribonucleoproteins，snRNP），参与信使 RNA 前体（pre-mRNA）的剪接，使后者成为成熟 mRNA。snRNA 共分为 7 类，由于含 U 丰富，故编号为 U1～U7。snRNA 只存在于细胞核中，其中 U3 存在于核仁中，其他 6 种存在于非核仁区的核基质里。除 U6 由 RNA 聚合酶Ⅲ转录外，其他的都是由 RNA 聚合酶Ⅱ催化转录的，具有修饰的碱基，并在 5′ 端有一个三甲基鸟苷酸（TMG）的类似“帽”结构，3′ 端有自身抗体识别的 Sm 抗原结合的保守序列。snRNA 的特点如下：①稳定，半寿期常与核糖体相近；②含量丰富，如 U1 分子在每个核中的含量可有 10^6 个；③普遍性，在动物、植物细胞中均含有 snRNA；④高度保守，如人和爪蟾的 U1 snRNA 有 90% 的序列相同。

通常 snRNA 不是游离存在，而是与蛋白质结合成复合物 snRNP。snRNA 不参与蛋白质合成活动，而是在 RNA 加工方面具有重要作用。U3 snRNA 与核仁内 28S rRNA 的成熟有关，而 U1 则是在核基质中与前体 mRNA 的剪接加工有关。snRNA 中的蛋白质部分具有核酸酶和连接酶活性，能把转录在内含子－外显子接点处切断，并把两个游离端连接起来（Egeland et al.，1989）。

3. 胞质小 RNA 胞质小 RNA（small cytoplasmic RNA，scRNA）分布在细胞质，主要在蛋白质合成过程中起作用。

4. Cajal 小体　Cajal 小体（Cajal body，CB）是 CB 特异性小 RNA，存在于细胞核中，能与 U 族 snRNA 碱基配对，可能对 U1、U2、U4 及 U5 进行位点特异性 2′-*O*- 核糖甲基化，并参与假尿嘧啶形成（Cioce and Lamond，2005）。

二、根据 ncRNA 长短不同分类

根据 ncRNA 长短不同，国际通用的分类方法通常将其分为两类。常见的人类非编码 RNA 种类如表 7-2 所示。

表 7-2　人类非编码 RNA 种类（Gibb et al.，2011）

类型	亚类	缩略词
短链非编码 RNA	microRNA	miRNA
	piwi interacting RNA	piRNA
	tiny transcription initiation RNA	tiRNA
	small interfering RNA	siRNA
	promoter-associated short RNA	PASR
	termini-associated short RNA	TASR
	antisense termini associated RNA	aTASR
	small nucleolar RNA	snoRNA
	transcription start site antisense RNA	TSSa-RNA
	small nuclear RNA	snRNA
	retrotransposon-derived RNA	RE-RNA
	3-′UTR-drived RNA	UaRNA
	x-ncRNA	x-ncRNA
	human Y RNA	hYRNA
	unsuslly small RNA	usRNA
	small NF90-associated RNA	snaRNA
	vault RNA	vtRNA
长链非编码 RNA	long or large intergenic ncRNA	lincRNA
	transcribed ultraconserved region	T-UCR
	pseudogenes	None
	GAA-repeat containing RNA	GRC-RNA
	long intronic ncRNA	None
	antisense RNA	aRNA
	promoter-associated long RNA	PALR
	promoter upstream transcript	PROMPT
	stable excised intron RNA	None
	long stress-induced non-coding transcript	LSINCT

1. 短链非编码 RNA　短链非编码 RNA（small non-coding RNA，sncRNA）是一类转录本序列比较短，一般不超过 40nt 的非编码 RNA。sncRNA 分子虽小，却参与了包括细胞增殖、分

化、凋亡、细胞代谢以及机体免疫在内的几乎所有生命活动的调节和控制，在生命体内扮演着至关重要的角色。短链非编码RNA的调节作用发生异常，则有可能导致生命体代谢活动紊乱，甚至导致疾病（如癌症）的发生。

2. 长链非编码RNA　长链非编码RNA（long non-coding RNA，lncRNA）是一类转录物长度超过200nt的非编码RNA分子，它可在多层面上（表观遗传调控、转录调控及转录后调控等）调控基因的表达。lncRNA最初被认为是RNA聚合酶Ⅱ转录的副产物，是一种“噪音”，不具有生物学功能。然而，近年来的研究表明，lncRNA参与了X染色体沉默、染色体修饰和基因组修饰、转录激活、转录干扰、核内运输等过程，其调控作用正在被越来越多的人研究。

三、根据ncRNA的功能和表达特征分类

1. 看家ncRNA　看家ncRNA［house-keeping（infrastructural）ncRNA］表达通常比较稳定，其表达水平受体内外环境变化的影响不明显，它们具有对细胞存活至关重要的一系列功能，如snRNA、SRP RNA等。

2. 调节或调控ncRNA　调节或调控ncRNA（regulatory ncRNA）可分为转录调控子、RNA分布调控因子、转录后调控因子、蛋白质功能调节因子等。这类RNA一般在组织发育或细胞分化的特定阶段表达，或者是对外界环境的应激表达，随后调控一系列的生物过程。

3. 兼具看家功能和调节功能的ncRNA　这类RNA主要是snoRNA，是一类广泛分布于真核生物细胞核仁的小分子非编码RNA，具有保守的结构元件。snoRNA主要作用为修饰rRNA、tRNA和snRNA，最近研究表明snoRNA可形成sdRNA。一些sdRNA类似于miRNA，与Argonaute蛋白相关，可影响翻译过程。另外一些较长的片段，和hnRNP形成复合物并影响基因的表达，显示了snoRNA具有看家RNA稳定表达的特性，又具有调节RNA的调节作用（Falaleeva and Stamm，2013）。

第三节　microRNA

microRNA（miRNA）在细胞内具有多种重要的调节作用。每个miRNA可以有多个靶基因，而同一个靶基因也可以被几个miRNA共同调节，形成复杂的调节网络。据推测，miRNA调节着人类三分之一的基因。最近的研究表明大约70%的哺乳动物miRNA基因是位于TU（transcription unit）区，且其中大部分是位于内含子区（Rodriguez et al.，2004）。一些内含子miRNA基因的位置在不同物种中是高度保守的，其序列上也呈现出高度的同源性。miRNA高度的保守性与其功能的重要性有着密切的关系。miRNA与其靶基因的进化有着密切的联系，研究其进化史有助于进一步了解其作用机制和功能。

一、microRNA的生物合成

miRNA是一种小的内源性、长度为21～25个核苷酸的单链RNA（ssRNA），由发夹状初始转录产物经过加工后形成，它的序列存在于发夹状茎环结构中的茎上。这种茎环结构通常是由70多个核苷酸组成的不完全的发夹结构，上面有一些凸起和环状结构。茎部形成双链RNA，但不是严格互补，可存在错配和GU摆动配对。miRNA通过与靶基因的3′-UTR配对，

促进 mRNA 的降解或者 mRNA 翻译抑制，从而抑制靶基因的表达。在动物中，miRNA 初级转录产物为 primary miRNA（pri-miRNA）。pri-miRNA 在核内被 Drosha（2 类 RNase Ⅲ）加工为前体物 precursor miRNA（pre-miRNA），然后在 Exportin-5（EXP-5）介导下运输到细胞质，在细胞质中进一步由 Dicer 酶（RNase Ⅲ型蛋白）加工成为成熟的 miRNA 并加载到 Argonaute 蛋白生成效应物 RNA 诱导沉默复合物（RISC）[图 7-3（a）]。在植物体内 miRNA 的合成有些不同 [图 7-3（b）]，植物中没有发现对应的 Drosha 及其辅酶因子（DGCR8 /Pasha）的同系物，这表明在植物细胞中没有依赖于 Drosha 的加工过程。基因研究显示，Dicer like 1（DCL-1）专一负责 miRNA 的加工。Exportin-5 同系物 HASTY（HST）介导 miRNA 从细胞核到细胞质。miRNA 在细胞核或细胞质中加载 Argonaute 家族蛋白质（AGO）（Wahid et al.，2010）。

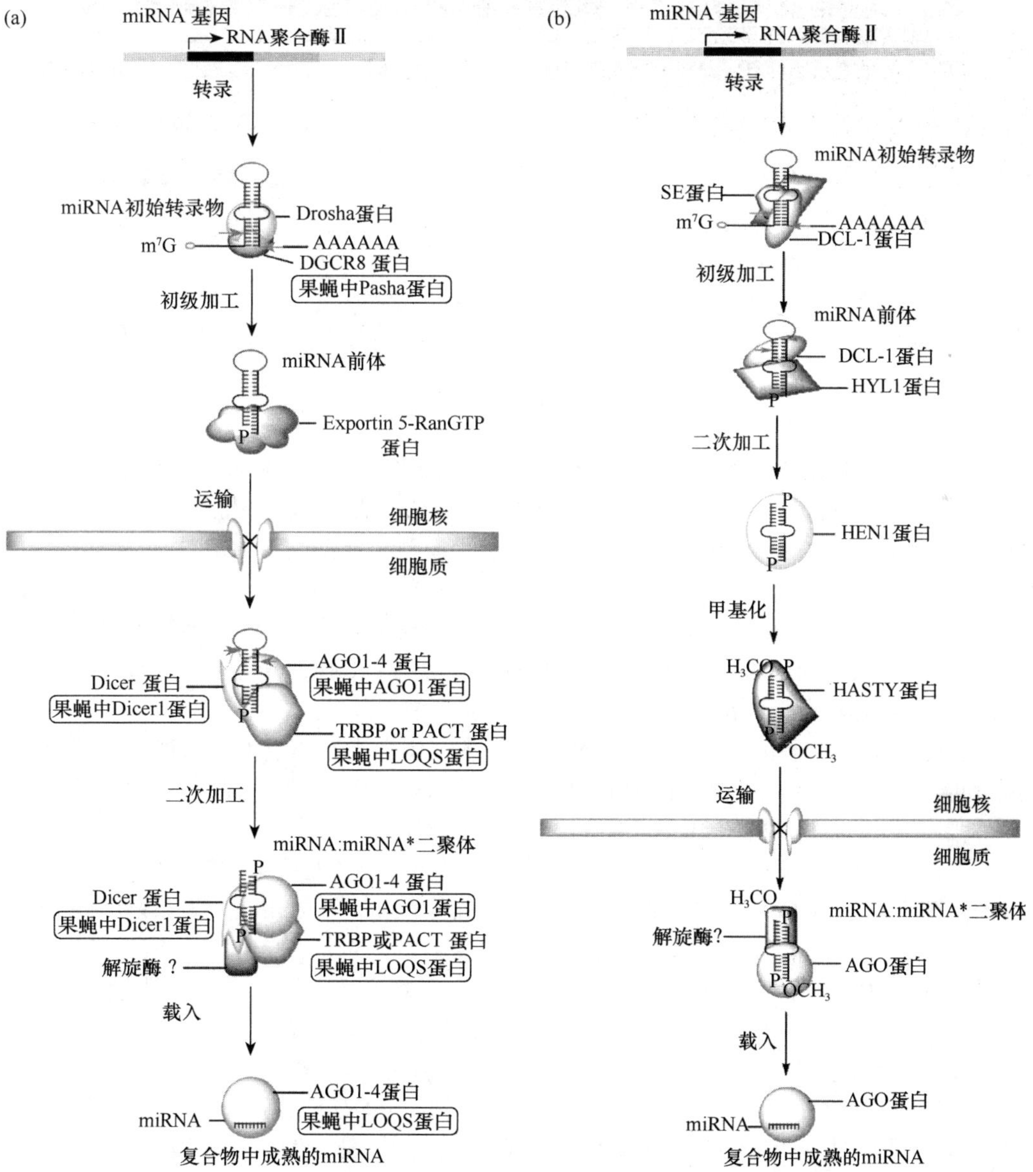

图 7-3 动物（a）和植物（b）miRNA 的生物合成路径

二、microRNA 的生物信息学分析方法

对目的 microRNA（miRNA）的生物信息学分析，能为其功能研究提供重要线索。miRNA 基因的常规生物信息学分析策略如下。

1．获取 miRNA 的序列信息　当前最常用的 miRNA 权威数据库是 miRBase（http://www.mirbase.org/，图 7-4），该数据库提供 miRNA 注册、序列查询、基因组定位、相关文献查询和靶基因预测等功能，目前已更新到 21.0 版，涵盖 223 物种，包含 28 645 条 miRNA 发夹前体，35 828 条成熟 miRNA。

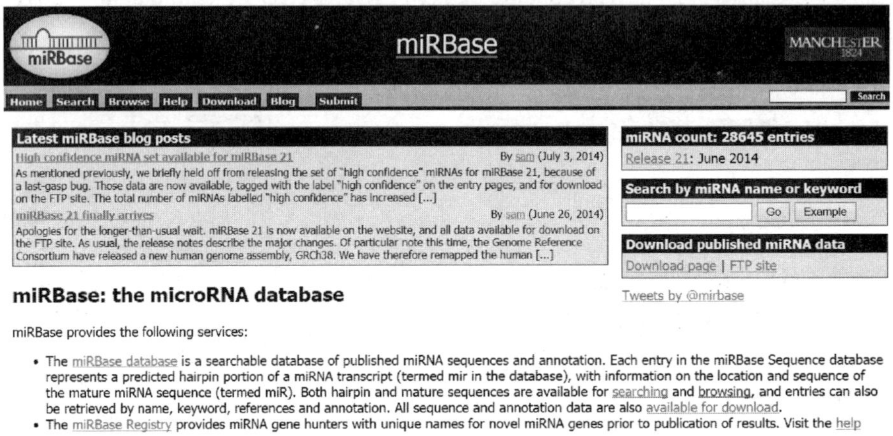

图 7-4　miRBase 网站主页

2．miRNA 新基因的预测和鉴定　生物信息学预测是利用 miRNA 在不同物种间的保守性、miRNA 前体具有的发卡结构（hairpin）、miRNA 与靶基因的互补性等特征设计算法，从而预测发现大量潜在的 miRNA。近年来，基于高通量测序数据的挖掘算法成为 miRNA 新基因鉴定的最主要的方法。一条候选的 miRNA 新基因一般需要满足以下条件。

1）前体具有典型的发卡结构：通过 blast 将候选 miRNA 新基因匹配到基因组，找到其前体大致的位置；从基因组中切割出可能的前体序列，通过 RNAsharp 或 RNAfold 软件进行二级结构折叠，需要满足发卡结构，且候选 miRNA 应该位于茎区。

2）能找到加工过程中 miRNA：miRNA* 二聚中间体：将高通量测序数据匹配到前体序列上，除了能找到 miRNA，还要能同时找到表达值较低的 miRNA*，两者互补，位于茎区，二聚体一般 3′ 端有 2 个碱基的突出，5′ 端有 2 个碱基的缩进。

3）在 AGO 蛋白中富集：因为 miRNA 只有载入特定的 AGO 蛋白才能发挥调控功能，候选的 miRNA 新基因在 AGO 富集的小 RNA（sRNA）高通量测序列数据的读数应该明显高于对照。

4）Dicer 或 DCL-1 酶加工依赖性：由于前体需要经过 Dicer 酶（动物）或 DCL-1（植物）加工才能生成 miRNA 成熟体。因此，在 Dicer 或 DCL-1 突变株中，miRNA 表达量应显著下降，甚至为 0。

由于高通量测序一次可以获得数以百万计的 sRNA 序列，要对每一条 sRNA 进行上述验证需要进行海量的计算。因此，基于高通量测序数据的 miRNA 挖掘算法的关键是根据一定的信息先大幅缩小候选 miRNA 的搜索范围，降低后期的计算量。例如，利用 miRNA 在不同物种间的保守性，用少数已报道的 miRNA 寻找高通量测序数据中同源的 sRNA。

基于植物 miRNA 对靶基因的切割调控特性及两者之间的高互补性，我们也建立了一种

miRNA 逆向挖掘技术（Shao et al.，2013）。先通过降解组获取靶基因上的特异切割位点，然后以该位点为中心从靶基因上截取 21nt 的诱饵序列，再通过 blast，用诱饵序列从 AGO 富集的小 RNA 中钓取对应的互补候选 miRNA（图 7-5）。该方法的优点是找到 miRNA 的同时，也

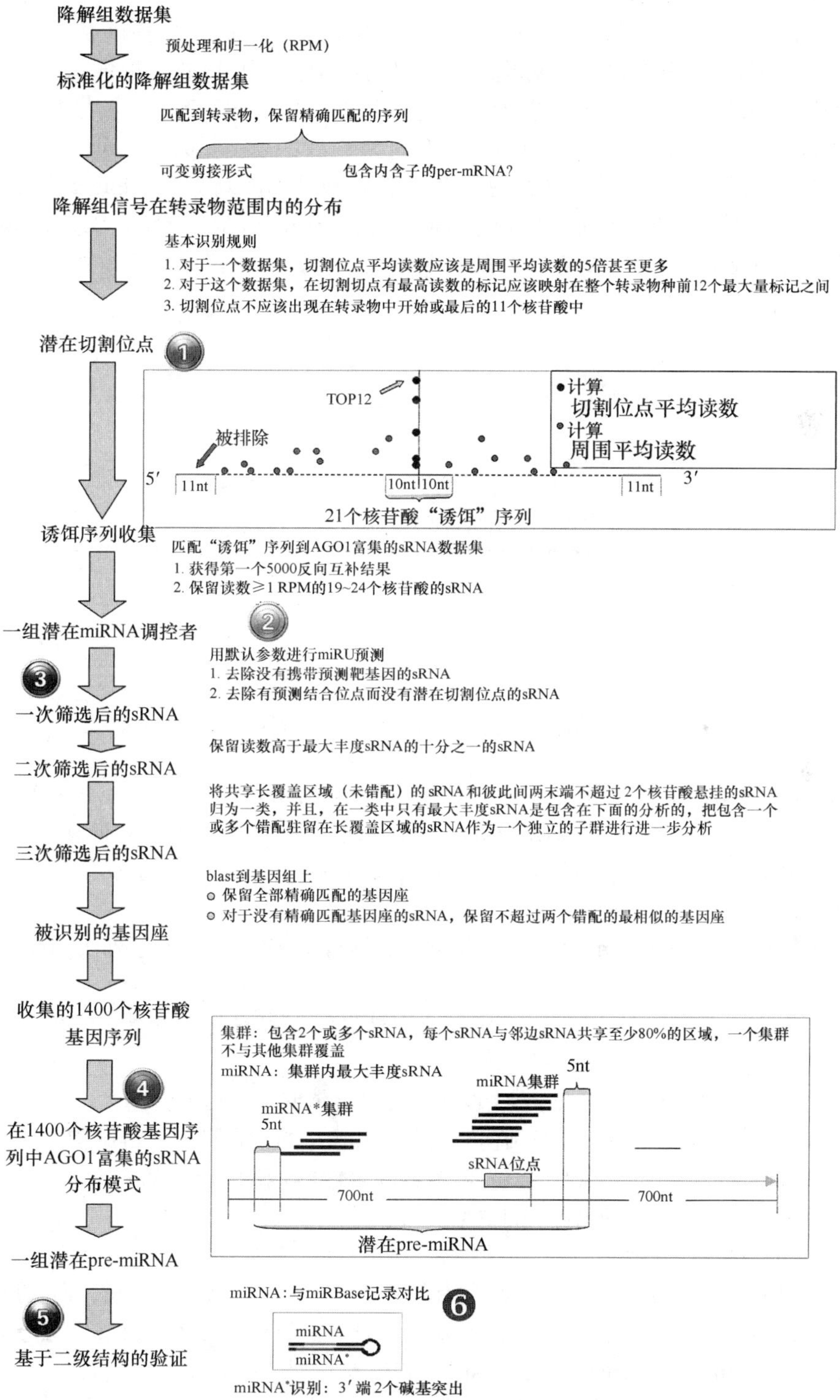

图 7-5 基于靶基因（miRNA）切割信号的植物 miRNA-target 逆向挖掘流程

找到了它的靶基因。

由于动物 miRNA 对靶基因主要通过翻译抑制而不是切割进行调控，降解组无法发现靶基因上的切割位点，因此，该逆向挖掘技术只适合植物 miRNA 基因的大规模挖掘。但我们发现，miRNA 前体上由 Dicer（动物）/DCL-1（植物）介导产生的切割信号可被降解组测序探测到，且切割信号的位置与 miRNA（-5p）/miRNA*（-3p）的边界高度相关，可作为寻找 miRNA 新基因的标记。利用降解组对全基因组进行切割位点的扫描，并从基因组上截取包含切割位点的候选 miRNA 前体，通过发卡二级结构筛选后将 sRNA 高通量测序数据匹配到前体上，利用切割位点与 miRNA（-5p）/miRNA*（-3p）边界的高度相关性，可获得候选 miRNA。基于这一思路，我们建立了一种大规模挖掘 miRNA 新基因的新算法（Lan et al., 2016），并编写了免费共享软件 miRNA Digger（http://www.bioinfolab.cn/miRNA_Digger/index.html）（图 7-6）。与前期建立的 miRNA 逆向挖掘技术相比，该方法不仅可用于植物，也能用于动物 miRNA 新基因的大规模挖掘。

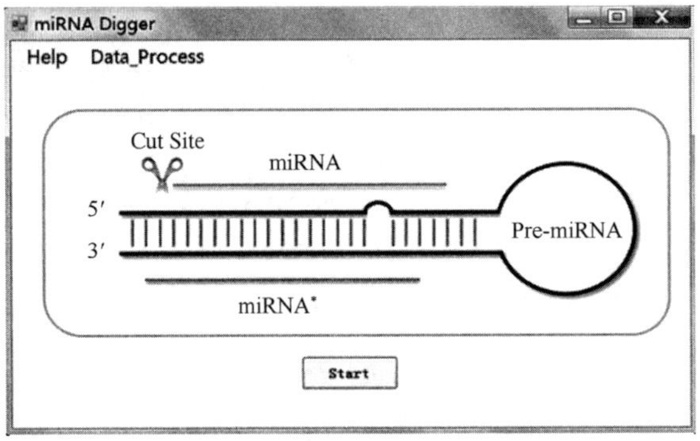

图 7-6　基于前体加工信号的 miRNA 挖掘软件 miRNA Digger

3. miRNA 靶基因的预测和鉴定　RISC 复合体在 miRNA 的指导下识别靶基因，如果 miRNA 与靶基因几乎完全互补，则切割靶基因，如果互补程度较低，则抑制靶基因翻译。由于 miRNA 与其靶基因并非完全匹配，这给确定 miRNA 靶基因带来了一定的难度。目前的 miRNA 靶基因预测的主要原理如下。

1）种子序列的互补性：miRNA 5′ 端第 2 到第 8 个核苷酸（种子序列）与靶基因 3′-UTR 的 7nt 序列完全互补配对。

2）序列保守性：miRNA 结合位点在多个物种之间如果具有保守性，则该位点更可能为 miRNA 的靶位点。

3）热动力学因素：miRNA-target 对形成的自由能越低，其可能性越大。

4）位点的可结合性：target 二级结构影响与 miRNA 的结合形成双链结构的能力。

5）UTR 碱基分布：miRNA 结合位点在 UTR 的位置和相应位置的碱基分布同样影响 miRNA 与靶基因位点的结合和 RISC 的效率。

6）miRNA 与靶基因组织分布的相关性。

相对于动物，植物 miRNA 与靶基因具有较高的互补性，一般通过切割方式进行调控。因此植物 miRNA 的靶基因预测相对简单，可靠性也较高。目前常用的预测工具是 miRU 和改进版 psRNATarget（http://www.zhaolab.org/psRNATarget/）（图 7-7）。

降解组目前已广泛应用于植物 miRNA 靶基因的大规模鉴定，其原理是植物 miRNA 主要

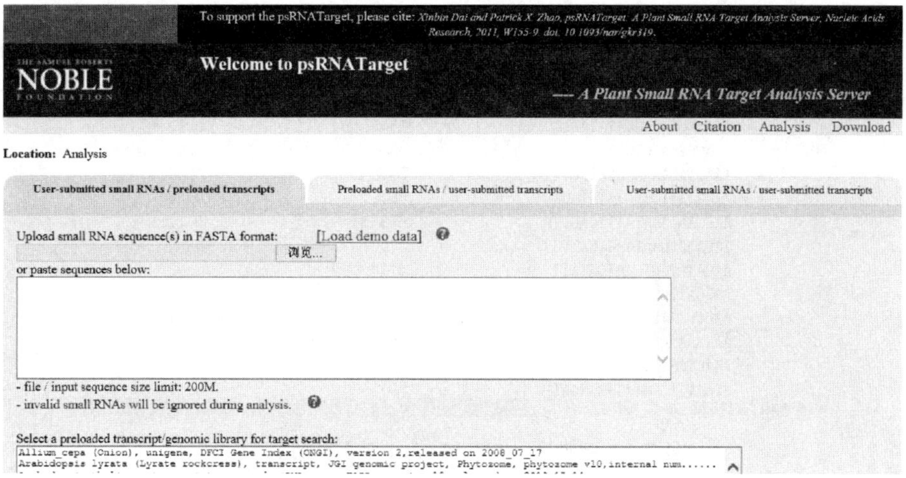

图 7-7　psRNATarget 靶基因预测网站

介导靶基因的切割，且切割位点位于 miRNA 结合区域的中间（一般从 miRNA 5′ 端数过来第 10 到 11 个核苷酸之间），而降解组恰好可以检测到该特异切割峰。以拟南芥 ath-miR173-5p（UUCGCUUGCAGAGAGAAAUCAC）靶基因鉴定为例，具体如下。

1）用 psRNATarget 预测到其靶基因为 5 个，记录靶基因名称和结合位置信息（图 7-8）。

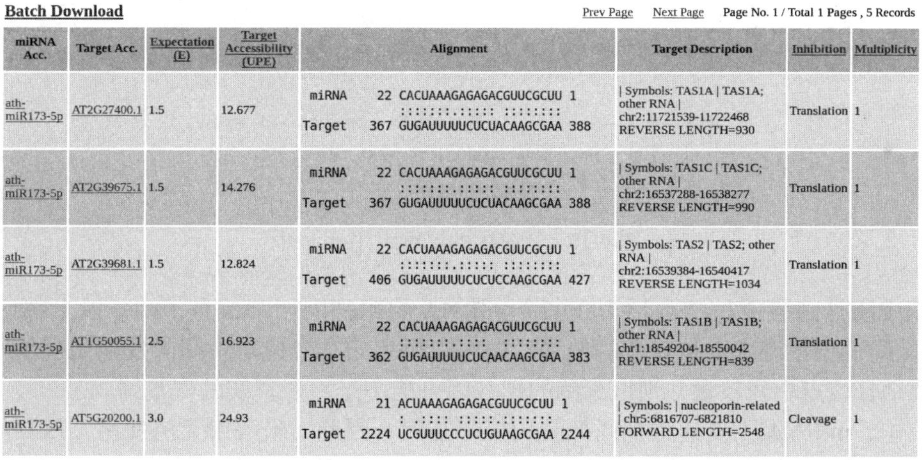
Batch Download　　Prev Page　Next Page　Page No. 1 / Total 1 Pages , 5 Records

miRNA Acc.	Target Acc.	Expectation (E)	Target Accessibility (UPE)	Alignment	Target Description	Inhibition	Multiplicity
ath-miR173-5p	AT2G27400.1	1.5	12.677	miRNA 22 CACUAAAGAGAGACGUUCGCUU 1 :::::::.::::: :::::::: Target 367 GUGAUUUUUCUCUACAAGCGAA 388	| Symbols: TAS1A | TAS1A; other RNA | chr2:11721539-11722468 REVERSE LENGTH=930	Translation	1
ath-miR173-5p	AT2G39675.1	1.5	14.276	miRNA 22 CACUAAAGAGAGACGUUCGCUU 1 :::::::.::::: :::::::: Target 367 GUGAUUUUUCUCUACAAGCGAA 388	| Symbols: TAS1C | TAS1C; other RNA | chr2:16537288-16538277 REVERSE LENGTH=990	Translation	1
ath-miR173-5p	AT2G39681.1	1.5	12.824	miRNA 22 CACUAAAGAGAGACGUUCGCUU 1 :::::::.::::: :::::::: Target 406 GUGAUUUUUCUCUCCAAGCGAA 427	| Symbols: TAS2 | TAS2; other RNA | chr2:16539384-16540417 REVERSE LENGTH=1034	Translation	1
ath-miR173-5p	AT1G50055.1	2.5	16.923	miRNA 22 CACUAAAGAGAGACGUUCGCUU 1 :::::::.:::: :::::::: Target 362 GUGAUUUUUCUCAACAAGCGAA 383	| Symbols: TAS1B | TAS1B; other RNA | chr1:18549204-18550042 REVERSE LENGTH=839	Translation	1
ath-miR173-5p	AT5G20200.1	3.0	24.93	miRNA 21 ACUAAAGAGAGACGUUCGCUU 1 : .:::: ::::::.::::::: Target 2224 UCGUUUCCCUCUGUAAGCGAA 2244	| Symbols: | nucleoporin-related | chr5:6816707-6821810 FORWARD LENGTH=2548	Cleavage	1

图 7-8　ath-miR173-5p 靶基因预测结果

2）通过链接，提取 5 个靶基因序列，将归一化处理的降解组数据（TWF_summary）匹配到该序列上，保留完全匹配的降解组序列和该序列的读数，并记录该降解组序列在靶基因序列上匹配的 5′ 端位置（图 7-9）。

3）以靶基因位置信息为 *X* 轴，5′ 端匹配到该位置上降解组序列的读数为 *Y* 轴，做 T-plot 散点图，根据信噪比，寻找特异切割峰（图 7-10）。

从 T-plot 图中可以发现，靶基因 AT2G27400.1 在碱基位置 379 处出现特异切割峰，表明靶基因在位置 378 和 379 之间被特异切割。比较 ath-miR173-5p 在靶基因 AT2G27400.1 上预测的结合位置 367～388，该切割位点正好位于 miRNA 结合区域的中间（从 miRNA 5′ 端数过来第 10 到 11 个核苷酸之间），从而证明 ath-miR173-5p 的确可以调控靶基因 AT2G27400.1。

1	Target_id:AT2G27400.1		
2	Target_Length: 930 nt		
3	Degradome_GSM:TWF_summary		
4	Perfect_match_Degradome_sequence	5'_match_position	Degradome_sequence_count
5	AAAAAGCATTGGATATATTC	554	0.17
6	AAACCTAAACCCCTAAGCGG	3	0.28
7	AAACTAGAAAAAGCATTGGA	547	0.56
8	AACATATTTCAGTATATGCA	684	0.34
9	AACCAAAACATATTTCAGTA	678	0.11
10	TACAAGCGAATGAGTCATTC	379	45.56
11	AAGATATCGTGAATGATATT	514	0.06
12	AAGCATTGGATATATTCTAG	557	0.4
13	AAGCGAATGAGTCATTCATC	382	0.11
14	AATAAAAAATGGATGTTGGT	705	0.28
15	AATCTCATCTTAACTCAAAA	84	0.06
16	ACAATTTCAATATAAATGAT	899	0.11

AT2G27400.1 / Sheet1

图 7-9　靶基因 AT2G27400.1 降解组匹配结果

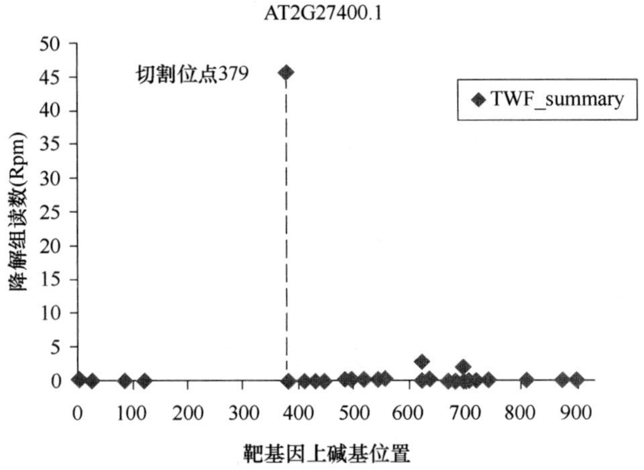

图 7-10　靶基因的降解组 T-plot 图

我们曾统计过模式植物水稻 100 多个 miRNA 的靶基因切割信息，90% 以上都切在第 10 到第 11 之间，少数有 1 个核苷酸的偏移。如果在预测的结合位点中间未发现切割信号或切割位点偏离结合位点中间较远，则该预测的靶基因可能不是一个真实的靶基因。

动物中，miRNA 主要通过翻译抑制调控靶基因，因此，降解组无法使用，预测的靶基因需要通过实验进行验证。目前适合动物 miRNA 靶基因预测的主要软件见表 7-3。

表 7-3　常用动物 miRNA 靶基因预测软件

预测软件	特点	网址
targetScan	基于靶 mRNA 序列的进化保守等特征搜寻动物的 miRNA 靶基因，是预测 miRNA 靶标假阳性率较低的软件	http://www.targetscan.org/
PicTar	基于 miRNA 或 miRNA 靶标联合作用等特征搜寻动物的 miRNA 靶基因，假阳性率也较低	http://pictar.mdc-berlin.de/
Tarbase	一个收集已被实验验证的 miRNA 靶标数据库	http://microrna.gr/tarbase/
starBase	一个高通量实验数据 CLIP-Seq（或称为 HITS-CLIP）和 mRNA 降解组测序数据支持的 miRNA 靶标数据库，整合和构建多个流行的靶标预测软件的交集和调控关系，假阳性率也较低	http://starbase.sysu.edu.cn/

第四节　lncRNA

长链非编码 RNA（lncRNA）是一类转录本长度大于 200 个核苷酸的非编码 RNA 的统称，也是目前已知最大的一类非编码 RNA，具有十分重要的功能。lncRNA 在动植物基因组中普遍存在，如在哺乳动物中超 50% 的转录本不具有蛋白质编码性。虽然 lncRNA 不编码蛋白质，但以 RNA 的形式参与多种重要生物学过程的调控，是人类基因组计划完成后，开展功能基因组学研究的热点之一。NONCODE 数据库收录了目前人类基因组中 9 万多条 lncRNA。但目前有功能报道的仅 200 条左右，人们对绝大多数 lncRNA 的功能及其和疾病的关系仍然是知之甚少。

一、lncRNA 的产生和分类

了解 lncRNA 产生和分类是进一步解析 lncRNA 功能的基础。首先，受到细胞类型和发育阶段特异的刺激，lncRNA 的产生具有细胞类型和发育阶段特异性。lncRNA 在产生过程上大体与 mRNA 类似，但也有异于 mRNA 形成的地方。例如，MALAT1 和 NEAT1 这两个 lncRNA 的 3′ 端是由 RNase P 加工，进而产生类似 tRNA 的小 RNA 产物和成熟的 lncRNA，其具有稳定的 3′ 端三重结构。根据 lncRNA 基因组上与蛋白质编码基因的位置关系，lncRNA 可以分成多种类型，如图 7-11 所示，Marko 等描绘了 lncRNA 的主要产生位置及类型，具体可以分成以下五大类：①反义 lncRNA（antisense lncRNA），主要产生于蛋白质编码基因的反义链；②内含子 lncRNA（intronic lncRNA），主要产生于蛋白质编码基因的内含子区域；③基因间区 lncRNA（intergenic lncRNA，也称 lincRNA），主要产生于两个蛋白质编码基因的中间区域；④分歧 lncRNA（divergent lncRNA），主要产生于蛋白质编码基因附近相反的方向；⑤增强子 lncRNA（enhancer lncRNA），主要产生于蛋白质编码基因的增强子区域。lncRNA 主要分布于核内和细胞质内，核内 lncRNA 占大多数，有些 lncRNA 可能同时存在于核内和细胞质内。不同类型 lncRNA 根据分布位置的不同，其发挥的作用也不同。

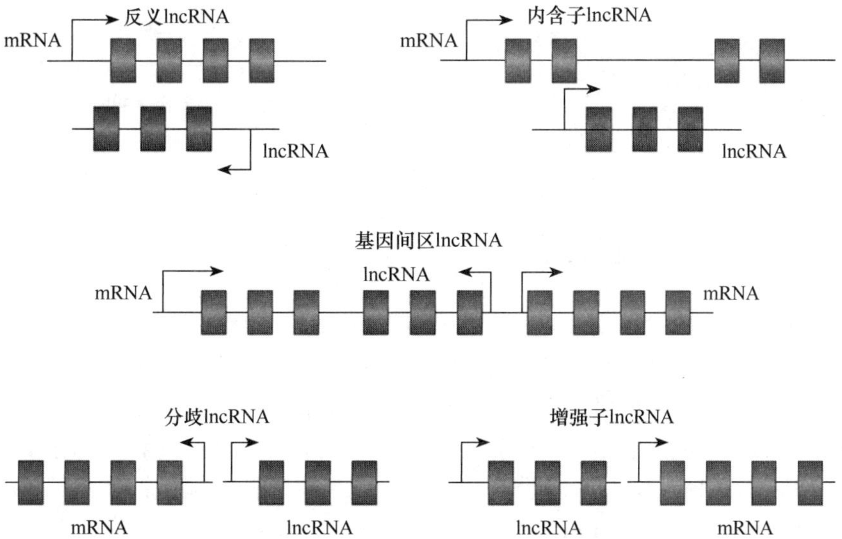

图 7-11　lncRNA 的产生及类型

二、lncRNA 的功能

尽管 lncRNA 不能翻译蛋白质，但它仍然是重要的功能分子。事实上，从早期研究发现 lncRNA Xist 在 X 染色体失活中具有核心作用开始，不断涌现出大量的证据揭示 lncRNA 能够参与众多的细胞过程，如基因印记、分化和发育、抗病毒响应以及植物春化等。在已报道的 lncRNA 功能中，大部分 lncRNA 主要参与染色质修饰复合物的形成、核结构域的形成以及调控转录增强子活性，其余的 lncRNA 主要参与干扰转录机制或维持核斑点结构。目前已发现的 lncRNA 的作用机制主要涉及以下 8 种：①作为顺式（*cis-*）和反式（*trans-*）作用因子调控基因表达，并且这两种方式可以组合出现；②通过改变染色质重塑和组蛋白修饰，从而调控基因表达；③调控选择性剪接；④生成小的双链内源性干扰 RNA（siRNA）；⑤调控蛋白质活性；⑥作为大分子复合物或细胞组分的支架 RNA 或组成部分；⑦改变蛋白质定位；⑧生成小的单链 ncRNA，如 miRNA。

图 7-12 是 Francesco 等整理的常见的 lncRNA 功能示意图，包含 11 种调控作用：①参与邻近基因转录的激活或抑制；②参与染色体间的互作；③参与形成核结构（如杂斑）；④参与端粒区域 R-loop 结构的形成；⑤引导转录因子到特定的位置；⑥作为转录因子的“诱饵”；⑦作为染色质修饰复合物的支架；⑧作为 miRNA 的“海绵”吸附 miRNA，抑制 miRNA 的功能；⑨调控 mRNA 的降解；⑩调控 RNA 结合蛋白的细胞定位；⑪ 调控 DNA 结合蛋白的细胞定位。

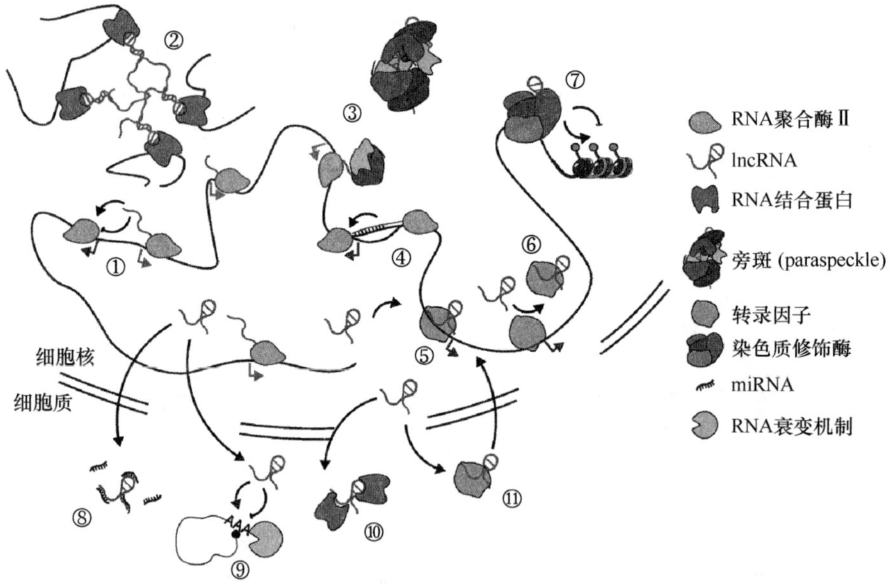

图 7-12　lncRNA 的功能

从不断积累的 lncRNA 研究成果中可以看到 lncRNA 具有很强的异质性及功能多样性，而这取决于 lncRNA 适应不同结构和分子相互作用的能力。从其相互作用分子种类来说，lncRNA 可以和蛋白质相互作用，包括转录因子、组蛋白以及其他蛋白质等；lncRNA 可以和 RNA 相互作用，包括 mRNA、miRNA 以及其他 lncRNA 等；lncRNA 特异性地与 miRNA 结合，影响 miRNA 的表观遗传修饰作用；lncRNA 可作为竞争性内源 RNA（ceRNA）与其他具有相似 miRNA 调控模式的编码基因进行交互作用，进而互相影响彼此的表达；lncRNA 还可以和 DNA 相互作用。

因此，和 lncRNA 有关的异常有可能和疾病有关系，lncRNA 也正在成为了解疾病发生发展的新型分子，也正在成为疾病生物标志物和药物靶标的潜在分子。此外，lncRNA 的降解也与人类多种疾病（如癌症和心血管疾病等）密切相关，同时，降解的过程中也可以产生小 RNA，这些小 RNA 可能靶向其他 RNA，进而调控其功能。虽然在 lncRNA 功能方面已取得了大量的研究成果，但是仍有许多问题尚未解决。例如，是所有的还是仅仅已发现的这些 lncRNA 有功能？这些已发现的功能是否可以专门归因于 lncRNA 基因的 RNA 产物？目前主要是基于高通量实验技术（RIP-seq、ChIRP 等）获得的 lncRNA 结合蛋白、DNA 的生化和结构等特征。

三、lncRNA 在线数据库和分析软件

1. LNCipedia　作为一个综合性的人类 lncRNA 数据库，包含 56 946 个基因及 127 802 个转录本的注释信息，其中整合了多个数据库及 2482 篇文献的数据，并赋予了统一的 ID。网址为 https://lncipedia.org。

2. CANTATAdb　提供了 36 种植物和 3 种藻类的共计 239 631 个 lncRNA 的注释信息，是利用 RNA-Seq 数据结合生物信息学预测方法识别的。网址为 http://cantata.amu.edu.pl。

3. CPC2　基于序列特征和支持向量机方法衡量 RNA 蛋白质编码潜能性的在线工具，同时提供了本地版本的下载，目前广泛应用于 lncRNA 识别。网址为 http://cpc2.gao-lab.org。

4. RNAfold　利用最小自由能或配分函数预测 RNA 或 DNA 二级结构的在线工具。网址为 http://rna.tbi.univie.ac.at/cgi-bin/RNAWebSuite/RNAfold.cgi。

5. RNAInter　提供了全面的 RNA 互作信息，互作类型有“RNA-RNA”“RNA- 蛋白质”“RNA-DNA”“RNA- 复合物”和“RNA- 组蛋白修饰”，包含了 154 个物种共 41 322 577 条 RNA 的互作信息，其中有 7 577 354 条 lncRNA 相关的互作信息。网址为 http://www.rna-society.org/rnainter。

6. IntaRNA　能够快速而准确地预测动植物或细菌中两个 RNA 分子是否能够互作的在线工具，同时提供了本地版本的下载。网址为 http://rna.informatik.uni-freiburg.de/IntaRNA/Input.jsp。

第五节　circRNA

微课视频

环状 RNA（circRNA）是区别于传统线性 RNA 的一类新型内源性 RNA，以共价键形成闭环状结构。自 20 世纪 90 年代发现第一例 circRNA 以来，人们一直将 circRNA 当成转录过程中产生的噪音。直到最近，随着新一代高通量测序技术的发展，circRNA 重回人们视野，研究者们才开始探寻其功能和作用。

与线性 RNA 不同，circRNA 并不存在 5′ 端及 3′ 端的终点，也没有 PolyA 尾。而经典的 RNA 检测方法只能分离具有 PolyA 尾结构的 RNA 分子，这也是 circRNA 在以往的研究中通常被忽略的一个原因。近年来，随着 RNA 测序（RNA-seq）技术的广泛应用和生物信息学技术的快速发展，人们发现 circRNA 广泛且多样地存在于真核细胞中。其调控的复杂性，以及

在疾病发生中的重要作用越来越受到大家的重视（Jing et al.，2017）。

一、circRNA 的生物合成

研究表明，circRNA 通常由一种非经典的可变剪切方式（反向剪切，back splicing）产生。根据 Liu 等的总结，现有的 circRNA 形成过程主要有以下 4 种（图 7-13）。

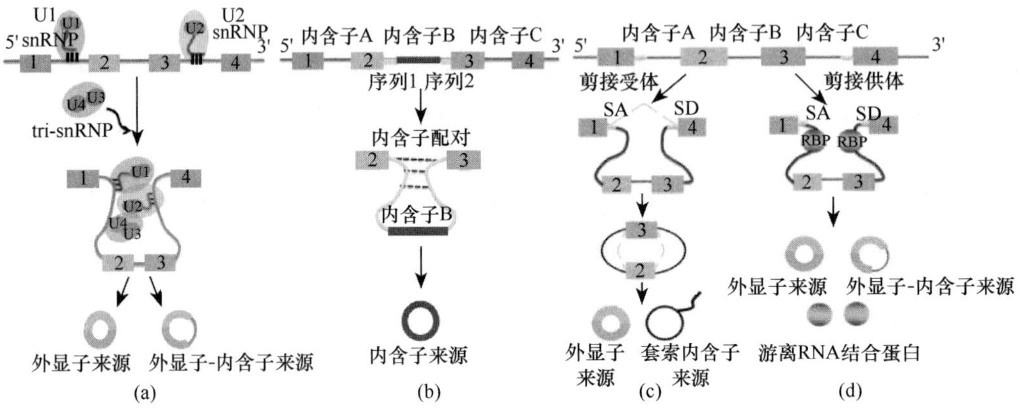

图 7-13　circRNA 形成的 4 种途径

1）剪接体依赖的环化途径［图 7-13（a）］：大多数真核环状 RNA 是由选择性剪接（可变剪接）产生的。可变剪接是真核基因表达过程中的一个重要步骤，由剪接体或Ⅰ/Ⅱ型核酶驱动。反向剪切也需要剪接体，虽然具体机制仍不明确，研究者们也有了大致猜想：剪接体的 snRNP（核小核糖蛋白）对 pre-mRNA 进行相继装配之后，下游外显子的 5′端供体位点与上游的 3′端受体位点结合在一起，从而促进环状 RNA 的生成。

2）内含子配对驱动的环化途径［图 7-13（b）］：很多 circRNA 的形成依赖于一个反向互补的基序促进环化。基序两端分别是靠近 5′端剪接位点的 7nt 长度的 GU 富集片段，和靠近分支位点的 11nt 长度的 C 富集片段；原转录本上的供体－受体配对可能由于 5′端到 3′端的可变剪接而变得足够靠近，从而推动环状 RNA 生成。

3）套索驱动的环化途径［图 7-13（c）］：在经典的跳过外显子的可变剪接过程中，会生成一个套索状的副产物。这一过程在典型的线性可变剪接中常常看到，也是本类途径的特征。类似上一种途径，原本不相邻的外显子在空间上靠近，引发对其供体位点和受体位点的可变剪接，被跳过的区域进一步经过套索剪接形成由外显子组成的环状 RNA。外显子侧翼内含子中 Alu 元件的重复和反向互补序列的富集都是 2）和 3）途径的特征，可以用于分析和预测成环机制。

4）蛋白因子结合环化途径［图 7-13（d）］：有一些 RBP（RNA 结合蛋白）可以结合内含子区特定的靶序列，使得供体－受体序列在空间上靠近，从而促进环化。在此过程中，RBP 既可以固定剪接基序的位置，也可以对线性 RNA 剪接起到妨碍作用。当然，一些 RBP 与靶序列的结合也会抑制环状 RNA 的产生，如腺苷脱氨酶类蛋白。

二、circRNA 的特性

circRNA 的发现补足或解释了以前很多存疑的研究。很久以前，人们就发现了数千例基因序列的“混乱”现象，如内含子和外显子的顺序被打乱。最开始人们以为这是剪接错误的体现，是由于癌症细胞中的剪接功能被扰乱所致。然而，在癌症样本的对照样本中，人们也发现了内含子扰乱的现象。同样，RNA-seq 的结果也常见这一现象，研究者们起初将其归于常见的基因组重排，就无视了外显子顺序的改变，或者丢弃这部分数据，将其视作实验错误。在发现 circRNA 的特性之后，人们才了解到这些实验结果并不一定是剪接的错误。此外，基因组中有一些基因是没有内含子的，这些基因也同样会生成 circRNA。一个例子就是 *CDR1* 基因，其编码一种小脑退化相关蛋白。miR-671 调控这个基因，但具体调控机制一直不为人所知，因为似乎 miR-671 是只能和该基因 DNA 反义链结合的。后来，人们发现 *CDR1* 会转录成一个环状 RNA，这才解开了调控之谜。

目前，人们已经发现了 circRNA 的许多特性。circRNA 含量丰富，在细胞中多有发现，人类细胞中的 circRNA 甚至能达到 25 000～100 000 种，数量远超线性 RNA。不同物种间的 circRNA 通常具有一定的进化保守性，但也有一些 circRNA 不保守。circRNA 由 DNA 转录而来，但一般不翻译成蛋白质。虽然不易被 RNase 降解，只要 siRNA 对应的靶序列在 circRNA 中存在但 circRNA 仍然可被该 siRNA 降解。不过当 siRNA 作用于线性 RNA 的末端时，拥有共同靶序列的 circRNA 可能并不会被沉默，这也许是空间结构上的原因。circRNA 主要在细胞质中被发现，而不出现在核糖体中。circRNA 的结构稳定，与 mRNA 相比可以持续存在较长时间。与线性 RNA 合成的速度相比，circRNA 合成速度其实非常慢。但由于封闭环状结构，使得其对核酸外切酶免疫，因此稳定性远远超过线性 RNA。某些 circRNA 的表达丰度可以超过对应的 mRNA 10 倍。随着时间的积累，细胞内 circRNA 可以达到很高的浓度，特别是神经细胞，因为没有分裂稀释，浓度更高。

三、circRNA 的分类

circRNA 分子根据其在基因组中的来源及其构成序列的不同，一般可分为 5 类：即外显子来源的环状 RNA 分子（exonic circRNA，ecircRNA）、内含子来源的环状 RNA 分子（intronic circRNA，ciRNA）、由外显子和内含子共同组成的环状 RNA 分子（exon-intron circRNA，EIciRNA）、反义链来源的环状 RNA 分子，以及基因间区来源的环状 RNA 分子。

目前报道的 circRNA 大部分是来自外显子的 ecircRNA，主要定位在细胞质中，在转录后起调控作用；而含有内含子的 ciRNA 和 EIciRNA 则定位在细胞核中，调节其亲本线性 mRNA 的转录。

四、circRNA 的主要功能

目前的研究表明，circRNA 具有 miRNA 的海绵吸附、调控亲本基因表达、翻译蛋白质、产生假基因、影响选择性剪接等功能（图 7-14）。由于 circRNA 在疾病发生的起始和发展阶段发挥重要作用，因此可以作为潜在的靶向治疗生物标志（biomarker）。

1）circRNA 发挥竞争性内源 RNA（ceRNA）的作用，像海绵一样吸附 miRNA。2013 年，两个研究团队在 *Nature* 上发文报道，*CDR1* 基因起源的环状 RNA（ciRS-7）可以结合吸附 miR-7，从而降低 miR-7 的活性，间接上调 miR-7 相关靶基因的表达。由于环状 RNA 的稳定性，在机体内潜在对 miRNA 的吸附能力要强于线性 mRNA 和 lncRNA。

2）circRNA 顺式调控亲本基因的表达。含内含子序列的环状 RNA（ciRNA、EIciRNA）一般常驻细胞核内，与 RNA 结合蛋白相互结合，调节亲本基因 mRNA 的表达。另一方面，

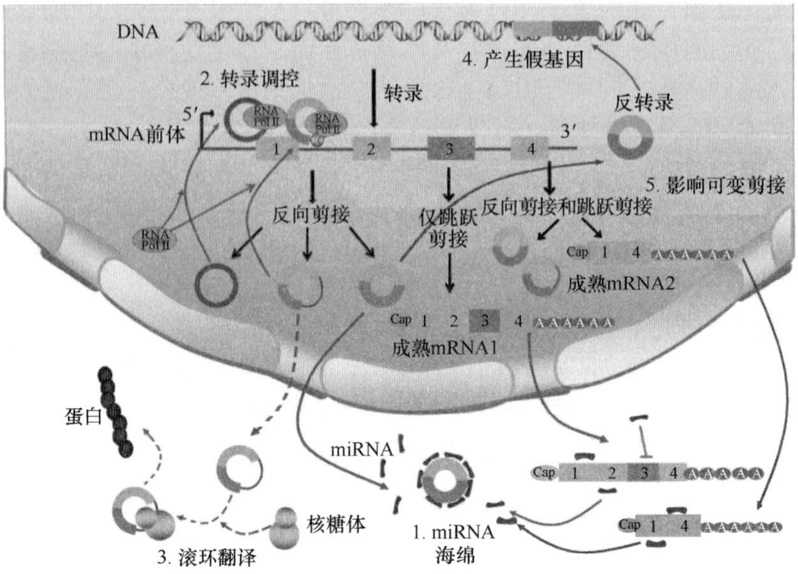

图 7-14　circRNA 的 5 种生物学功能

环状 RNA 形成过程中内含子间竞争性互补配对可以与线性 RNA 之间达成一种平衡，影响 mRNA 的表达，甚至蛋白质翻译。

3）circRNA 作为模板，通过滚环扩增（rolling circle amplification）机制翻译蛋白质。绝大多数的 circRNA 属于非编码 RNA，但有些 circRNA 可以编码并表达蛋白质或多肽。

4）circRNA 产生假基因。Li Yang 等发现，一些假基因可由 circRNA 反转录转座而来，并在哺乳动物基因组中遗传，有可能通过提供增加的转录因子 CTCF 结合位点重塑了基因组结构。

5）circRNA 影响选择性剪切。circRNA 的合成可以和 pre-mRNA 剪接竞争，导致线性 mRNA 表达降低，还可通过排除特定的外显子改变加工的 mRNA 的组成。

五、circRNA 在线数据库和分析软件

1. deepBase v3.0　包含了大约 15 万的 circRNA 基因（人、鼠、果蝇、线虫等），构建了最全面的 circRNA 的表达图谱。网址为 http://rna.sysu.edu.cn/deepbase3/index.html。

2. circBase　收集和整合已经发布的 circRNA 数据构建的数据库。网址为 http://www.circbase.org/。

3. CircNet 2.0　提供了新 circRNA 的鉴定；整合 circRNA-miRNA-mRNA 的互作网络；circRNA 亚型的表达水平；circRNA 亚型的基因组注释；circRNA 亚型的序列。网址为 http://awi.cuhk.edu.cn/~CircNet/php/index.php。

4. CircPro　提供一个 pipeline，整合 Ribo-seq 和 RNA-seq 数据来预测 circRNA 及其编码潜能。网址为 http://bis.zju.edu.cn/CircPro/。

5. miARma-Seq　一个综合分析软件，可以发现任何测序物种的 mRNA、miRNA 和 circRNA，并可以区分表达量，预测 miRNA 的 mRNA 靶基因或功能分析，可在 3 种不同的操作系统中运行。网址为 https://sourceforge.net/projects/miarma/。

第六节　其他小分子 RNA

小分子 RNA（small RNA）是 20～40 个核苷酸的非编码 RNA 分子，出现在大多数真核生物中，在转录或转录后调节基因的表达，主要包括 miRNA 和 siRNA 等，本节主要讲述除 miRNA 之外的其他小分子 RNA。

一、siRNA

（一）siRNA 的生物合成

小干扰 RNA（small interfering RNA，siRNA）是一种小 RNA 分子（21～25 个核苷酸），由 Dicer（RNAase Ⅲ家族中对双链 RNA 具有特异性的酶）加工双链 RNA（dsRNA）而成。siRNA 是 RISC 的主要成员，激发与之互补的目标 mRNA 的沉默（Okamura and Lai，2008）。RNA 干扰机制中的关键分子 dsRNA 的常见来源有以下几类：细胞内源性基因的双向表达；具有反向重复结构的细胞内源性基因表达形成的发夹状 RNA（shRNA）；转基因表达的 mRNA 异常聚合；转座子转录；RNA 病毒基因组或病毒感染复制过程中的中间 RNA 产物；实验方法通过质粒载体或病毒载体转染表达的 dsRNA 或 shRNA 等。

（二）siRNA 的主要功能

小干扰 RNA 为双股 RNA，在生物学上有许多不同的用途。目前已知 siRNA 主要参与 RNA 干扰（RNAi）现象，以带有专一性的方式调节基因的表达。此外，也参与一些与 RNAi 相关的反应途径，如抗病毒机制或是染色质结构的改变。其生理意义在于生物的抗御机制，调控细胞分化与胚胎发育，维持基因组的稳定，以及 RNA 水平上的调控机制（Iadevaia and Gerber，2015）。

RNA 干扰在实验室中是一种强大的实验工具，利用具有同源性的双链 RNA 诱导序列特异的目标基因的沉寂，迅速阻断基因活性。siRNA 在 RNA 沉寂通道中起中心作用，是对特定 mRNA 进行降解的指导要素。siRNA 是 RNAi 途径中的中间产物，是 RNAi 发挥效应所必需的因子。siRNA 的形成主要由 Dicer 和 Rde-1（RNAi 缺陷基因 -1）调控完成。由于 RNA 病毒入侵、转座子转录、基因组中反向重复序列转录等原因，细胞中出现了 dsRNA，Rde-1 编码的蛋白质识别外源 dsRNA，当 dsRNA 达到一定量的时候，Rde-1 引导 dsRNA 与 Rde-1 编码的 Dicer 结合，形成酶 -dsRNA 复合体。在 Dicer 酶的作用下，细胞中的单链靶 mRNA（与 dsRNA 具有同源序列）与 dsRNA 的正义链互换，原来 dsRNA 中的正义链被 mRNA 代替而从酶 -dsRNA 复合物中释放出来，然后，在 ATP 的参与下，细胞中存在的 RISC，利用结合在其上的核酸内切酶的活性来切割 dsRNA 上处于原来正义链位置的靶 mRNA 分子中与 dsRNA 反义链互补的区域，形成 21～23nt 的 dsRNA 小片段，这些小片段即为 siRNA。RNAi 干扰的关键步骤是组装 RISC 和合成介导特异性反应的 siRNA 蛋白。siRNA 并入 RISC 中，然后与靶标基因编码区或 UTR 完全配对，降解靶标基因。siRNA 只降解与其序列互补配对的 mRNA，其调控的机制是通过互补配对而沉默相应靶位基因的表达，是一种典型的负调控机制。siRNA 识别靶序列具有高度特异性，降解首先在相对于 siRNA 来说的中央位置发生，所以这些中央的碱基位点就显得极为重要，一旦发生错配就会严重抑制 RNAi 的效应，相对而言，3′端的核苷酸序列并不要求与靶 mRNA 完全匹配。

（三）siRNA 的应用

RNAi 除可以用作基因沉默外，还可以用于基因功能分析。dsRNA 介导的转录后基因沉默（post-transcriptional gene silencing，PTGS）于 1988 年首先在植物和线虫中进行了报道。植物上进行 RNAi 的实验技术包括稳定转化法递送双链 DNA 和瞬时表达。稳定转化的方法包括基因枪法（轰击法）、聚乙二醇法、电穿孔法及农杆菌法，原理是通过植物转基因的方法，把目的基因转入受体细胞，使之表达产生 dsRNA，进而产生 RNAi 现象来研究基因的功能或实现相应的基因沉默。瞬时表达可分为离子轰击法递送双链 RNA、农杆菌渗入法递送双链 RNA 及通过病毒载体递送 dsRNA 等，是通过递送目的 dsRNA 到细胞中，观察特定基因片段的作用。

二、ta-siRNA

反式作用干扰小 RNA（ta-siRNA）是由 miRNA 介导生成长度为 21 个核苷酸的小 RNA，为植物特有的内生性 sRNA。ta-siRNA 的产生需要由 miRNA 的剪切引发，之后通过 siRNA 途径形成。ta-siRNA 来自 *TAS* 基因的转录本，通过特异的 miRNA 引导的相位切割产生 21nt 的 ta-siRNA。miRNA 引导的切割在 ta-siRNA 的生成过程中是不可或缺的。在 ta-siRNA 产生过程中，TAS 家族基因会与特异的 miRNA 相匹配，以目前发现的拟南芥中的 *TAS* 基因为例，*TAS1* 和 *TAS2* 依赖于 miR173 的剪切，*TAS3* 依赖于 miR390 的剪切，*TAS4* 依赖于 miR828 的剪切（Jouannet and Maizel，2012）。

植物中绝大多数的靶基因被 miRNA 切割后都会降解，只有少数 miRNA 才可以激发 ta-siRNA 的合成。目前的研究提出了 3 种激发模型。第一种是以 miRNA390-TAS3 为代表的“Two-hit”模型（Michael et al.，2006）。该模型要求很苛刻，一般植物 miRNA 都是与 AGO1 结合切割靶基因，但该模型要求激发 miRNA 与 AGO7 结合，且在靶基因上有两个结合位点，并且只有下游结合位点发生切割。第二种以 miRNA173-TAS1/TAS2 为代表的“One-hit”模型，该模型对激发 miRNA 的长度有要求，必须是 22nt（Chen et al.，2010）。目前发现的绝大多数激发 ta-siRNA 合成的 miRNA 或 siRNA 都符合这种模型。第三种模型认为除了 22nt 的 miRNA 可以激发以外，不对称的 miRNA:miRNA* 二聚体也可以激发 ta-siRNA 的合成（Pablo et al.，2012）。

当 *TAS* 基因的初级转录本被 miRNA 切割后，并没有降解，在 SGS3 和 RDR6 的作用下复制形成 dsRNA，之后 DCL-4 在 miRNA 剪切位点处开始以 21nt 为单位进行连续相位切割 dsRNA，形成一系列在 3′ 端具有 2 个悬挂碱基的双链 siRNA。随后，双链 ta-siRNA 中的一条链与 AGO 蛋白形成复合物，介导其他基因的切割降解。

ta-siRNA 介导的基因表达调控参与了植物生长期的转换、逆境适应、花叶等侧生器官背腹性发育等重要生物过程，是 miRNA 调控机制的重要组成部分。目前研究发现，一些蛋白质编码基因也可以生成 ta-siRNA，并且有的 ta-siRNA 也可以激发靶基因形成下一级的 ta-siRNA。

三、piRNA

与 Piwi 蛋白相作用的 RNA 称为 piRNA。piRNA 在基因组中显示出与众不同的定位类型，主要成群地分为长 20～90kb 的基因簇，其中长片段的小分子 RNA 只能来源于单链。相似的 piRNA 在人类和小鼠中均有发现，大部分基因簇出现在同一染色体位置上。虽然 piRNA 的功能仍然需要研究阐明，但是生殖细胞中的 piRNA 富集现象和 Piwi 突变导致的男性不育表明 piRNA 在配子形成的过程中起作用。

（一）piRNA 的生物合成

piRNA 的生成有两个主要途径：初级合成路径和次级 piRNA 扩增乒乓循环路径（图 7-15）。初级 piRNA 倾向于在核酸 5′ 端含有一个尿苷，而次级 piRNA 在 5′ 端有 10nt 序列和初级 piRNA 互补，并且在第 10 个核苷酸位置倾向于包含有意义的腺苷。下面以果蝇 piRNA 的生物合成为例来讲述合成路径。

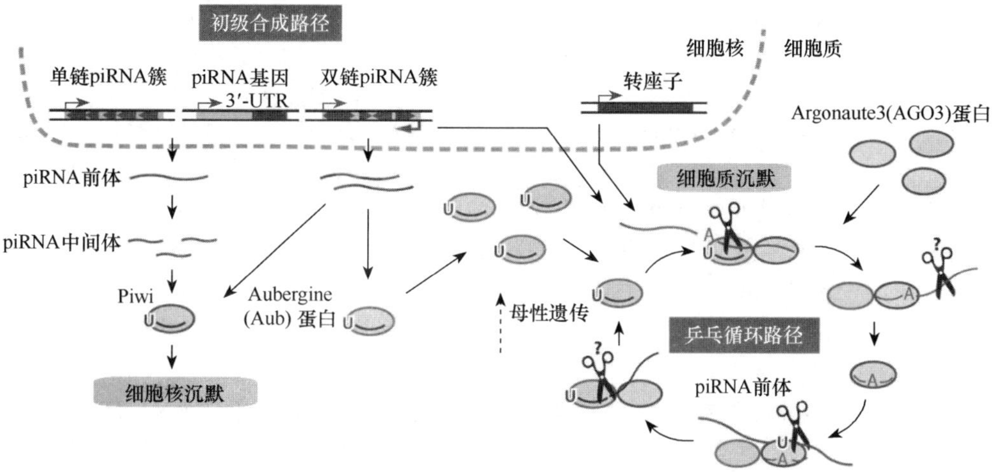

图 7-15　果蝇 piRNA 的生物合成路径

piRNA 的初级合成：在果蝇卵巢，初级合成路径存在于生殖细胞和周围的体细胞，而乒乓循环只存在于生殖细胞。在果蝇卵巢体细胞的初级路径，Piwi 亚家族中仅 Piwi 表达，piRNA 前体是从 piRNA 簇转录，如 flamenco（flam）基因座的长单链经过多步完成的转录。从 piRNA 簇来的长初级转录产物，可能进入细胞质中被加工成中等长度，但是过程中很多详细步骤仍然未知。加工过程需要位于线粒体表面的 Zucchini（Zuc）核酸内切酶，常生成 5′ 端为 U 的前体 RNA。转运和随后的成熟步骤可能发生在细胞核周围，形成于线粒体表面的颗粒称为 Yb 体。在前体的加工过程中，Minotaur（Mino）和 GasZ 同时聚集于线粒体表面发挥作用。在未知的 3′→5′ 核酸外切酶作用下，前体物进一步剪切加工成成熟 piRNA 大小。DmHen1/Pimet 甲基转移酶和 2′-*O*-methylates 甲基酶进一步作用生成成熟 Piwi-piRNA 复合物或 Piwi-piRISC。Piwi-piRNA 复合物进入细胞核中调节目标基因，无 Piwi 蛋白的 piRNA 留在细胞质中。在果蝇生殖系细胞中初级 piRNA 也来源于如 42AB 座双链 piRNA 并加载到 Aub 和 Piwi 蛋白形成 piRISC。

piRNA 的次级合成：Aub-piRISC 复合体启动细胞质中的乒乓（ping-pong）循环和 AGO3 一起作用生成次级 piRNA。乒乓循环被认为发生在细胞核周围的一个电子致密的称为 nuage 的非膜结构。Piwi 蛋白和许多其他 piRNA 产生过程中的因子在该结构聚集。在乒乓循环路径，AGO3 和 Aub 以互补的方式在它们的剪切活性作用下切开正反转位子转录物。piRNA 以一种前馈机制产生，这样导致了转座子转录本的消减，从而沉默转座子。产生在卵巢的 piRNA 在卵中以 Aub-piRISC 的形式积累，这也导致了在卵中乒乓循环的启动并促进 piRNA 的合成（Iwasaki et al.，2015）。

（二）piRNA 的主要功能

piRNA 主要存在于哺乳动物的生殖细胞和干细胞中，通过与 Piwi 亚家族蛋白结合形成 piRNA 复合物（piRC）来调控基因沉默途径。对 Piwi 亚家族蛋白的遗传分析以及 piRNA 积累的时间特性研究发现，piRC 在配子发生过程中起着十分重要的作用，还能维持生殖系和干细胞功能，调节翻译和 mRNA 的稳定性。

四、其他常见小分子 RNA

（一）tmRNA

转移－信使 RNA（transfer-messenger RNA，tmRNA）是一类具有类似 tRNA 和 mRNA 双重功能的小分子 RNA，它在一种特殊的翻译模式－反式翻译模式过程中发挥重要作用。它是一类普遍存在于各种细菌及细胞器（如线粒体、叶绿体等）中长 260～430 个核苷酸的稳定小分子 RNA。tmRNA 主要包括 12 个螺旋结构和 4 个“假结”结构，同时还包括 1 个可译框架序列的单链 RNA 结构。tmRNA 中 H1 由 5′ 端和 3′ 端两个末端形成，与 tRNA 的氨基酸受体臂相似。H1 和 H2 的 5′ 端部分之间有一个由 10～13 个核苷酸形成的环，类似 tRNA 中的二氢尿嘧啶环，称为“D”环。H3 和 H4、H6 和 H7、H8 和 H9、H10 和 H11 之间分别形成 pK1、pK2、pK3、pK4。H4 和 H5 之间则由一段包含编码标记肽 ORF 的单链 RNA 连接。H12 由 5 个碱基对和 7 个核苷酸形成的环组成，类似 tRNA 中的 TΨC 臂和 TΨC 环，称为“T”环。tmRNA 结构按照功能进行划分可分为 tRNA 类似域（TLD）和 mRNA 类似域（MLD）。TLD 主要包括 H1、H2、H12、“D”环和“T”环，MDL 则包括 ORF 和 H5，这两部分分别具有类似 tRNA 和 mRNA 的功能。tmRNA 与基因的表达调控以及细胞周期的调控等生命过程密切相关，是细菌体内蛋白质合成中起“质量控制”的重要分子之一。识别翻译或读码有误的核糖体，也识别那些延迟停转的核糖体，介导这些有问题的核糖体的崩解。

（二）snRNA

核小 RNA（snRNA）是真核生物转录后加工过程中 RNA 剪接体的主要成分，参与 mRNA 前体的加工过程。另外，还有端粒酶 RNA（telomerase RNA），它与染色体末端的复制有关；以及反义 RNA（antisense RNA），它参与基因表达的调控及 RNA 剪接和 RNA 修饰等。

思考题

1. 列举非编码 RNA 的种类。
2. 思考非编码 RNA 对于生物体的意义。
3. 使用数据库下载 lncRNA、miRNA 和基因的互作关系，并构建互作网络。
4. 尝试对非编码 RNA 进行功能预测。

主要参考文献

Chen H M, Chen L T, Patel K, et al. 2010. 22-Nucleotide RNAs trigger secondary siRNA biogenesis in plants. Proc Natl Acad Sci USA, 107 (34): 15269-15274

Chen J, Xue Y. 2016. Emerging roles of non-coding RNAs in epigenetic regulation. Science China Life Sciences, 3: 1-9

Cioce M, Lamond A I. 2005. CAJAL BODIES: a long history of discovery. Annual Review of Cell & Developmental Biology, 21: 105-131

Egeland D B, Sturtevant A P, Schuler M A. 1989. Molecular analysis of dicot and monocot small nuclear RNA populations. Plant Cell, 1: 633-643

Falaleeva M, Stamm S. 2013. Processing of snoRNAs as a new source of regulatory non-coding RNAs: snoRNA fragments form a new class of functional RNAs. Bioessays, 35: 46-54

Gibb E A, Brown C J, Wan L L. 2011. The functional role of long non-coding RNA in human carcinomas. Molecular Cancer, 10: 38

Iadevaia V, Gerber A P. 2015. Combinatorial control of mRNA fates by RNA-binding proteins and non-coding RNAs. Biomolecules, 5: 2207-2222

Iwasaki Y W, Siomi M C, Siomi H. 2015. PIWI-interacting RNA: its biogenesis and functions. Annual Review of Biochemistry, 84: 405-433

Jing L, Tian L, Wang X, et al. 2017. Circles reshaping the RNA world: from waste to treasure. Molecular Cancer, 16 (1): 58

Jouannet V, Maizel A. 2012. Trans-Acting Small Interfering RNAs: Biogenesis, Mode of Action, and Role in Plant Development. Berlin Heidelberg: Springer

Lan Y, Chaogang S, Xinghuo Y, et al. 2016. miRNA Digger, acomprehensive pipeline for genomic-wide, novel miRNA mining. Scientific Reports, 6: 18901

Li X Y, Dechao B, Liang S, et al. 2017. Using the NONCODE database resource. Curr Protoc Bioinformatics, doi: 10.1002/cpbi.25

Mattick J S, Makunin I V. 2006. Non-coding RNA. Human Molecular Genetics, 15 (1): R17-R29

Maxwell E S, Fournier M J. 1995. The small nucleolar RNAs. Annual Review of Biochemistry, 64: 897-934

Michael J A, Calvin J, Ramya R, et al. 2006. A two-hit trigger for siRNA biogenesis in plants. Cell, 127: 565-577

Okamura K, Lai E C. 2008. Endogenous small interfering RNAs in animals. Nature Reviews Molecular Cell Biology, 9: 673-678

Pablo A M, Daniel K, Detlef W. 2012. Plant secondary siRNA production determined by microRNA-duplex structure. Proc Natl Acad Sci USA, 109 (7): 2461-2466

Rodriguez A, Griffithsjones S, Ashurst J L, et al. 2004. Identification of mammalian microRNA host genes and transcription units. Genome Research, 14: 1902-1910

Saetrom P, Jr S O, Rossi J J. 2007. Epigenetics and microRNAs. Pediatric Research, 61: 24R-29R

Shao C G, Chen M, Meng Y J. 2013. A reversed framework for the identification of microRNA-target pairs in plants. Brief Bioinform, 14 (3): 293-301

Wahid F, Shehzad A, Khan T, et al. 2010. MicroRNAs: synthesis, mechanism, function, and recent clinical trials. Biochimica Et Biophysica Acta, 1803: 1231-1243

第八章　蛋白质组学

本章提要

在现代生物学研究中，科学家们从一开始就希望找到一条能够更好地阐明蛋白质序列、结构与功能之间关系的途径。分子生物学中心法则指明生命及一切生命活动过程都是由一系列的信息流所组成的，而这个信息流的源头就是生物体的DNA序列。DNA编码的蛋白质序列能够确定最终蛋白质的三维立体结构，而具有立体结构的蛋白质决定了它所行使的功能。尽管在各个基因组计划中测序项目引起了广泛的关注，但这些基因组计划的最终目的都是确定基因组是如何通过蛋白质来实现生命活动的各项功能。蛋白质组是指在一个特定样本（细胞、组织或器官）中所表达的一整套蛋白质。蛋白质组学则是对样本中的所有蛋白质进行研究，它不仅包括对表达蛋白质的大规模鉴定及定量分析，也包括对蛋白质的功能、细胞定位、修饰，以及蛋白质的相互作用进行确定。本章主要讲述如何利用生物信息学方法与理论进行蛋白质的表达、翻译后修饰、定位及蛋白质的相互作用分析。

第一节　蛋白质组学概述

“蛋白质组学”（proteomics）和“蛋白质组”（proteome）是澳大利亚科学家Marc Wilkins及其同事在20世纪90年代初提出的，与“基因组学”（genomics）和“基因组”（genome）相对应，意为“一个基因组、一种生物或一种细胞、组织所表达的全套蛋白质”（Wilkins et al.，1995；1996）。

“Proteome”一词源于“PROTEin”与“genOME”的杂合，其中“-omics”是“组学”的意思，代表对生物学和生物体系运作的一种全局的研究方式，即从整体的角度来研究一个生物体、细胞或组织。

（一）蛋白质组学的产生

蛋白质是生理功能的执行者，是生命现象的直接体现者，对蛋白质结构和功能的研究将直接阐明生命在生理或病理条件下的变化机制。蛋白质本身的存在形式和活动规律，如翻译后修饰、蛋白质间相互作用及蛋白质构象等问题，仍依赖对蛋白质的研究来解决。蛋白质组学的研究可望提供精确、详细的有关细胞或组织状况的分子描述。因为诸如蛋白质合成、降解、加工、修饰的调控过程只有通过对蛋白质的直接分析才能揭示。

因此，蛋白质组学应运而生，它以细胞内全部蛋白质的存在及其活动方式为研究对象。可以说蛋白质组学研究的开展不仅是生命科学研究进入后基因组时代的里程碑，也是后基因组时代生命科学研究的核心内容之一。2001年国际权威杂志*Science*把蛋白质组学列为六大研究热点之一，其“热度”仅次于干细胞研究，名列第二，因此，蛋白质组学的发展备受关注（van Wijk，2001）。

（二）蛋白质组学研究的新进展

从近年来已发表的蛋白质组学研究相关论文分析，蛋白质组学技术已经广泛应用于蛋白质鉴定、蛋白质翻译后修饰和蛋白质–蛋白质互作等领域，近年来主要在以下5个方面取得显著进展。

1. 蛋白质的分离与鉴定　由于在蛋白质组学和比较蛋白质组学研究中采用了“蛮力（brute force）”的鉴定技术，极大促进了差异表达蛋白质的研究。其中双向凝胶电泳（two-dimension electrophoresis，2-DE）技术广泛地应用于可溶性蛋白质和细胞膜外表面蛋白质的分离和鉴定。一般在第一相中采用固定化pH梯度（IPG）胶条，第二相采用SDS-聚丙烯酰胺凝胶电泳（SDS-PAGE），获得分辨率达到数千点的蛋白质图谱，然后运用生物质谱技术进行蛋白质的鉴定。但对溶解性较差的细胞膜蛋白，可采用色谱技术和分步提取技术进行分离。一维电泳和二维电泳结合Western blotting技术，或是利用蛋白质芯片和抗体芯片及免疫共沉淀技术也能鉴定蛋白质。

2. 蛋白质互作或蛋白质复合体研究　不断有新的技术应用于蛋白质–蛋白质互作或者蛋白质复合体的分析研究上。例如，在第一相中采用蓝色非变性聚丙烯酰胺凝胶（blue native PAGE）技术分离蛋白质复合体，第二相利用SDS-PAGE技术进一步分离复合体中的蛋白质，可进行大规模的蛋白质互作分析。对低丰度的蛋白质复合体，有效的策略是先应用转基因技术对生物体进行表位标记（epitope tagging），然后进行亲和沉淀纯化。

3. 蛋白质翻译后修饰分析　翻译后修饰是蛋白质功能调节的重要方式，mRNA表达产生的蛋白质要经历翻译后修饰，如磷酸化、糖基化等。对蛋白质翻译后修饰的研究对阐明蛋白质的功能具有重要作用。当前，蛋白质翻译后修饰的鉴定技术主要有标记技术、质谱技术、特定抗体技术、特定染色剂技术等。

4. 蛋白质功能鉴定研究　蛋白质功能鉴定研究如分析蛋白酶的活性及确定酶所催化的底物，蛋白质–蛋白质互作及配基–受体的结合分析等。可以利用基因敲除或基因反义技术分析基因产物——蛋白质的功能。另外对蛋白质的亚细胞定位研究也在一定程度上有助于对蛋白质功能的了解，如Clontech的荧光蛋白表达系统就是分析蛋白质在亚细胞定位的一个较常用技术。

5. 蛋白质复合体整体结构分析　应用限制性蛋白酶水解技术，结合交叉连接（cross-linking）或同位素交换技术（isotope exchange）进行蛋白质复合体的结构分析。

第二节　蛋白质的大规模分离鉴定技术

蛋白质具有多样性与易变性的特点，从而使蛋白质组学的研究技术远比基因技术复杂和困难。一方面，由于基因的拼接和翻译后的修饰，生物体中蛋白质的数目远大于基因的数目。一个细胞中的蛋白质可多达上万种，而它们的拷贝数可能相差几百倍到几十万倍。例如，人的基因组可能有25 000～40 000个编码基因，其蛋白质数量可能达十几万甚至更多。另一方面，基因是相对静态的，一种生物体仅有一个基因组；而蛋白质是动态的，随时间、空间的变化而变化。

理想的蛋白质分离方法首先要具备超高分辨率，能够将成千上万个蛋白质包括它们的修饰物同时分离，并与后续的鉴定技术有效衔接。这种理想的分离方法还应当对不同类型的蛋白质，包括酸性、碱性、疏水、亲水、相对分子质量小或大的蛋白质均能有效分离。

二维凝胶电泳是利用蛋白质的等电点和分子质量对蛋白质进行分离，是一种十分有效的手段，它在蛋白质组分离技术中起到了关键作用。

一、蛋白质二维电泳 – 质谱技术

（一）蛋白质二维电泳技术

二维电泳和质谱技术联用已成为近年最流行、最可靠的蛋白质分离与鉴定技术平台。最早的二维电泳（2-DE）方法是 Farrell 于 1975 年首先提出的，它是根据蛋白质的等电点和分子质量的差异，连续进行成垂直方向的两次电泳将其分离。二维电泳一次可以分离几千个蛋白质。用固定化 pH 梯度（immobilized pH gradient，IPG）干胶条代替两性电解质，加上与干胶条相配套的电泳仪，如 PROTEAN IEF Cell、IPG-phor 等进行第一向等电聚焦，不仅极大地提高了电泳的分辨率，也提高了结果的可重复性。尽管如此，2-DE 技术仍存在许多不足，如膜蛋白、碱性蛋白、低丰度蛋白的分离与检测，以及重复性、规模化、自动化等问题。对 2-DE 技术的改进，包括对 2-DE 样品的前处理及 2-DE 后的蛋白质点检测的研究一直在进行。除二维凝胶电泳技术外，用于蛋白质组分离的技术还有亲和层析、毛细管等电聚焦、毛细管区带电泳和反向高效液相色谱等。

荧光差异凝胶电泳（difference gel electrophoresis,DIGE）技术是对 2-DE 在技术上的改进，结合了多重荧光分析的方法，在同一块胶上共同分离多个分别由不同荧光标记的样品，并第一次引入了内标的概念。两种样品中的蛋白质采用不同的荧光标记后混合，进行 2-DE，用来检测蛋白质在两种样品中表达情况，极大地提高了结果的准确性、可靠性和可重复性。在 DIGE 技术中，每个蛋白质点都有它自己的内标，并且软件可全自动根据每个蛋白质点的内标对其表达量进行校准，保证所检测到的蛋白质丰度变化是真实的。DIGE 技术已经在各种样品中得到应用，包括人、大鼠、小鼠、真菌、细菌等，主要用于功能蛋白质组学，如各种肿瘤研究、寻找疾病分子标志物、揭示药物作用的分子机制或毒理学研究等。

（二）质谱技术

对分离的蛋白质进行鉴定是蛋白质组研究的重要内容。蛋白质微量测序、氨基酸组成分析等传统的蛋白质鉴定技术不能满足高通量和高效率的要求，从而使生物质谱技术成为蛋白质组学的另一支撑技术。

生物质谱技术在离子化方法上主要有两种软电离技术，即基质辅助激光解吸电离（matrix-assisted laser desorption/ionization，MALDI）和电喷雾电离（electrospray ionization，ESI）。MALDI 是在激光脉冲的激发下，使样品从基质晶体中挥发并离子化；ESI 使分析物从溶液相中电离，适合与液相分离手段（如液相色谱和毛细管电泳）联用。MALDI 适于分析简单的肽混合物，而液相色谱与 ESI-MS 的联用（LC-MS）适合复杂样品的分析。

软电离技术的出现拓展了质谱的应用空间，而质量分析器的改进也推动了质谱仪技术的发展。生物质谱的质量分析器主要有 4 种：离子阱（ion-trap，IT）、飞行时间（time of flight，TOF）、四极杆（quadrupole）和傅里叶变换离子回旋共振（Fourier transform ion cyclotron resonance，FTICR）。它们的结构和性能各不相同，每一种都有自己的长处与不足。它们可以单独使用，也可以互相组合形成功能更强大的仪器。MALDI 通常与 TOF 质量分析器联用，分析肽段的精确质量，而 ESI 常与离子阱或三级四极杆质谱联用，通过碰撞诱导解离（collision-induced dissociation，CID）获取肽段的碎片信息。

离子阱质谱灵敏度较高，性能稳定，具备多级质谱能力，因此被广泛应用于蛋白质组学研究，不足之处是质量精度较低。与离子阱相似，傅里叶变换离子回旋共振（FTICR）质谱也是一种可以“捕获”离子的仪器，但是其腔体内部为高真空和高磁场环境，具有高灵敏度、宽动态范围、高分辨率和质量精度（质量准确度可很容易地小于 1mg/L），这使得它可以在一次分析中对数百个完整蛋白质分子进行质量测定和定量。FTICR-MS 的一个重要功能是多元串联质谱，与通常的只能选一个母离子的串级质谱方式不同，FTICR-MS 可以同时选择几个母离子进行解离，这无疑可以大大增加蛋白质鉴定工作的通量；但是它的缺点也很明显，如操作复杂、肽段断裂效率低、价格昂贵等，这些缺点限制了它在蛋白质组学中的广泛应用。

二、一维（二维）色谱 – 质谱技术

除了蛋白质双向电泳 – 质谱的蛋白质分类鉴定策略，一维电泳（色谱）– 质谱技术、二维色谱 – 串联质谱技术在蛋白质组学研究中也得到广泛应用。这两种技术在某种程度上弥补了 2-DE 技术的一些缺陷。

（一）一维电泳（色谱）– 质谱技术（HPLC-MS）

1. 一维 SDS-PAGE 电泳（色谱）– 质谱技术　一维 SDS-PAGE 电泳结合 MALDI-TOF-MS 技术，或者蛋白质复合物经酶切后用 LC-MS-MS 技术进行分析均被前人的研究证明是有效的蛋白质分离与鉴定策略。前者的技术流程是先从生物样本中获得蛋白质混合物，然后采用免疫沉淀或免疫亲和的提取方法，获得某种蛋白质的复合体；再应用 SDS-PAGE 技术对蛋白质复合物进行分离、染色、胶上原位酶切后，用 MALDI-TOF-MS 分析肽质量指纹谱并鉴定蛋白质；后者是对蛋白质复合物直接进行酶切，对获得的肽混合物进行 LC-MS-MS 分析，通过测定肽片段的序列鉴定蛋白质。

研究人员采用上述方法对鼠脑中的 *N*- 甲基 -D- 天冬氨酸受体（*N*-methyl-D-aspartate receptor，NMDAR）复合物进行了分离鉴定。分别采用免疫亲和色谱、抗 NMDAR R1 亚基抗体免疫沉淀和 NMDAR R2B C 端肽与 NMDAR 结合蛋白 PSD-95 亲和结合的方法及 SDS-PAGE 法分离 NMDAR 受体的复合物，然后利用质谱技术分析肽段的分子质量并鉴定蛋白质。实验结果表明，鼠脑中 NMDAR 受体复合物由 77 个蛋白质组成，包括神经递质受体、连接物、细胞黏附蛋白、二级信使、细胞骨架蛋白和新蛋白质等。

2. 一维 IEF 电泳 – 质谱技术　目前，采用的以 2DE-MS 为基础的蛋白质分析策略，第一维等电聚焦电泳是根据等电点的不同而分离蛋白质，第二维 SDS-PAGE 电泳是依据相对分子质量的不同再次分离蛋白质。在 SDS-PAGE 电泳中，可以通过标准分子质量标记物，获得被分离蛋白质的相对分子质量信息。但与质谱技术测定肽段分子质量的方法相比，SDS-PAGE 上检测蛋白质相对分子质量的误差大、分辨率差。更重要的是，很难获得翻译后修饰蛋白质相对分子质量变化的准确信息。如何精确测定全细胞蛋白质的相对分子质量，一直是蛋白质组技术方法研究中的难题。研究人员报道了一种采用 IPG 胶条进行等电聚焦电泳，然后采用 MALDI-TOF-MS 对胶条进行表面直接分析的方法。该方法采用窄范围的 IPG 胶条进行一向等电聚焦电泳，电泳完毕，清洗胶条并用基质溶液浸泡、室温晾干后，将胶条截成 3.5～4.0cm 长度，用双面胶固定于质谱的样品靶上并进行 MALDI-TOF-MS 分析。采用 pH5.7～6.0 的 IPG 胶条分离大肠杆菌的总蛋白质，鉴定出 250 个蛋白质；而采用传统的 2-DE 方法仅鉴定了 100

个蛋白质。测定小于 50kDa 的蛋白质，相对分子质量准确度为 0.1%～0.2%，pH 准确度为 ±0.3。该方法免除了样品从 2-DE 胶向质谱鉴定过渡时的繁复操作，将一向 IEF 电泳与准确、灵敏、高分辨的相对分子质量测定技术相结合，虽然在胶上蛋白质酶切和多肽序列的直接测定方面还存在一定问题，但是仍有可能发展成为 2-DE 的替代方法之一，用于蛋白质组学的研究。

（二）二维色谱－串联质谱技术（2D-HPLC/MS）

采用液相色谱的方法分离蛋白质和多肽有诸多优点：①速度快，一般几个小时可完成全部分离过程，而 2-DE 的蛋白质分离一般需 1～2d；②由于在溶液状态下，样品处理方便、快速，避免了 2-DE 从胶上回收样品的繁复操作，分析过程易于自动化和与质谱联接；③对各种蛋白质均适用，包括疏水性、酸性、碱性、分子质量大于 100kDa 或小于 10kDa 的蛋白质等。

从组织、细胞或其他生物样本获得的蛋白质混合物，用蛋白酶（通常是胰蛋白酶）裂解，得到的多肽混合物样品进行二维色谱分离。质谱分析一般采用电喷雾串联质谱，通过测定肽段序列的分子质量对蛋白质进行鉴定。二维色谱－串联质谱（2D-HPLC/MS）分析策略的流程见图 8-1。

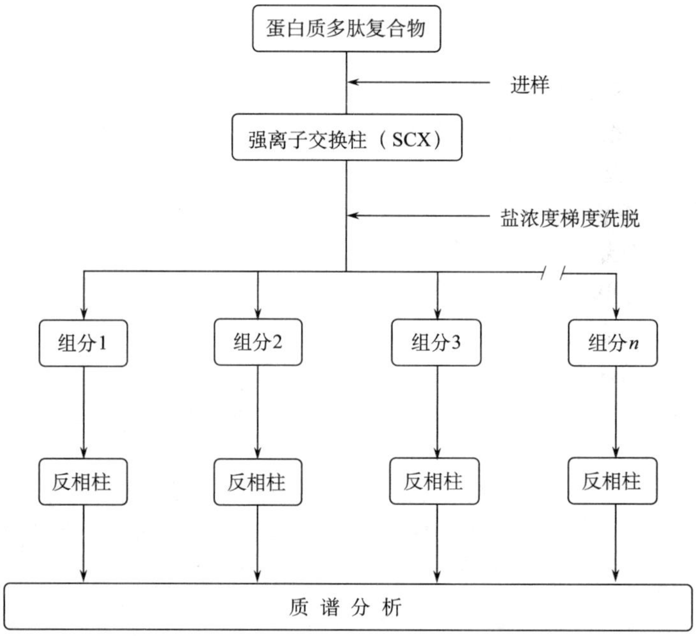

图 8-1　二维色谱－串联质谱分离细胞蛋白质

二维色谱分离蛋白质有多种组合模式，第一维色谱一般是离子交换色谱，也可用凝胶过滤色谱，第二维通常是反相色谱。由于反相色谱采用有机溶剂作流动相，避免了盐等添加剂对后续质谱分析的影响。为了提高二维色谱的分离速度和分辨能力，第二维的反相色谱分离系统一般采用较短的色谱柱和较高的流速。整个分离系统采用一根离子交换柱与两根反相色谱柱，通过多通道阀进行柱切换的模式操作。当蛋白质或多肽组分从离子交换色谱柱上洗脱并进入第一根反相色谱柱时，第二根反相色谱柱上的组分正被洗脱进入检测系统。两根反相色谱柱的轮流切换，使得被分离物可以富集在柱的顶端。适当调整柱切换速度与流速，可以达到每分钟一个循环，获得一个色谱图。为了减小死体积，采用细内径（0.127mm）的管路并尽可能减少管路的长度。

与 2-DE/MS 技术相比，2D-HPLC/MS 方法的不足之处就是通过蛋白质直接酶切得到的肽混合物过于复杂，较难实现对细胞全部蛋白质的识别与鉴定。相信经过不断的技术改进，2D-HPLC/MS 将作为 2-DE 的补充方法，成为蛋白质组研究中一种大规模蛋白质分离与鉴定的有效策略。

三、同位素编码亲和标签技术

同位素编码亲和标签（isotope coded affinity tag，ICAT）技术是近年发展起来的一种用于蛋白质分离与鉴定的新方法。ICAT 方法的关键是 ICAT 试剂的应用。该试剂由 3 部分组成。中间部分被称为连接部分，分别连接 8 个氢原子或重氢原子，前者称为轻链试剂，后者称为重链试剂。中间部分一头连接一个巯基的特异反应基团，可与蛋白质中半胱氨酸上的巯基连接，从而实现对蛋白质的标记，另一头连接生物素，用于标记蛋白质或多肽链的亲和纯化。当采用 ICAT 技术进行蛋白质的定量分离与鉴定时，首先要对蛋白质进行标记，然后进行蛋白质酶切，对蛋白质酶切后的多肽混合物进行亲和色谱分离，混合物中仅仅被同位素标记的肽段能够被色谱柱保留，并进入质谱进行分析，其他大量肽段都不被色谱柱保留。通过比较标记重链和轻链试剂肽段在质谱图中信号的强度，可以实现对差异表达蛋白质的定量分析，采用串联质谱技术测定肽段的序列，可以检测到肽段的分子质量并鉴定出蛋白质。ICAT 的优点在于其可以对混合样品（来自正常和病变细胞或组织等）直接测试；能够快速定性和定量鉴定低丰度蛋白质，尤其是膜蛋白等疏水性蛋白质等；还可以快速找出重要功能蛋白质（疾病相关蛋白质及生物标志分子）。

ICAT 技术由于采用了一种全新的 ICAT 试剂，同时结合了液相色谱和串联质谱，不但明显弥补了双向电泳技术的不足，而且使高通量、自动化蛋白质组分析更趋简单、准确和快速，代表着蛋白质组分析技术的主要发展方向。近些年来，针对磷酸化蛋白质分析及与固相技术相结合的 ICAT 技术本身又取得了许多有意义的进展，已形成 ICAT 系列技术。

四、表面增强激光解吸离子化飞行时间质谱技术

表面增强激光解吸离子化飞行时间质谱技术（surface-enhanced laser desorption/ionization-time of flight-mass spectra，SELDI-TOF-MS）简称飞行质谱技术。2002 年诺贝尔化学奖得主田中耕一（Tanaka）发明了飞行质谱技术，其诞生伊始便引起学术界的重视，迅速成为最引人注目的亮点。飞行质谱技术的基本原理是，将样品经过简单的预处理后直接滴加到表面经过特殊修饰的芯片上，利用激光脉冲辐射使芯池中的分析物解吸形成荷电离子，根据不同质荷比，这些离子在仪器场中飞行的时间长短不一，由此绘制出一张质谱图来。该图经计算机软件处理还可形成模拟谱图，同时直接显示样品中各种蛋白质的分子质量、含量等信息。比较两个样品之间的差异蛋白质，也可获得样品的蛋白质总览。SELDI 技术分析的样品不需用液相色谱或气相色谱预先纯化，因此可用于分析复杂的生物样品。而且，SELDI 技术可以分析疏水性蛋白质、等电点过高或过低的蛋白质及低分子质量（$<$25kDa）的蛋白质，还可以发现在未经处理的样品中许多被掩盖的低丰度蛋白质，增加发现生物标志物的机会。SELDI 技术只需少量样品，在较短时间内就可以得到结果，且试验重复性好，适合临床诊断及大规模筛选与疾病相关生物标志物，特别是它可直接检测不经处理的尿液、血液、脑脊液、关节腔滑液、支气管洗出液、细胞裂解液和各种分泌物等，从而可检测获得样品中目标蛋白质的分子质量、等电点、糖基化位点与磷酸化位点等信息。

综合上述分析可见，不同的蛋白质分离与鉴定方法策略各具特色，但均存在一些不足之处。相信在研究人员的不断努力下，蛋白质分离与鉴定的技术将得到不断完善，从而促进蛋白质组学研究及其应用的快速发展。

五、蛋白质芯片技术

蛋白质芯片（protein microarray）技术是一种高通量的蛋白质功能分析技术。与 DNA 芯片（DNA 微阵列）的原理相类似，蛋白质芯片在固体支持物上采用了高密度的网格来固定整个蛋白质组，从而得以对特定样品中的表达蛋白进行大规模的分析。蛋白质芯片的类型包括抗原芯片、抗体芯片，以及各种各样以蛋白质、底物或核苷酸为捕获基团的芯片。它们可以用来进行蛋白质表达谱分析，研究蛋白质与蛋白质的相互作用，甚至 DNA/RNA- 蛋白质及配体 - 蛋白质之间的相互作用。

在蛋白质芯片上，各种特定的蛋白质（如抗体）或配体被固定在固体载体上，通过“免疫杂交”来捕获样品中的蛋白质分子。然而，与 DNA 芯片相比，蛋白质芯片技术的发展还处于相对的初期阶段。在蛋白质组水平上的芯片制作、自动检测及数据分析方面的发展都远不如 DNA 芯片那样顺利。蛋白质的特点是相同的结构基序（structural motif）可以存在于多种蛋白质中，而某个蛋白质也可以含有多种不同的结构基序。这种特点一方面决定了这个蛋白质与其他蛋白质之间存在着功能差别，另一方面也表明不同蛋白质之间可能产生交叉反应。同时，蛋白质中包含了各种各样的化学成分，也很容易导致其由于性质不稳定而发生的变性。

最近，一种被称为蛋白支架（protein scaffold）的新技术被开发用以捕获目标分子。蛋白支架是抗体的类似物，但分子更小、更稳定（不易变性），并且与目标蛋白的结合更特异。它们可以在非细胞系统中制作完成并且在支架（脚手架结构）上附上两个荧光标记。这一技术利用了荧光共振能量转移（fluorescence resonance energy transfer，FRET）的原理，即两个位置很近且吸收光谱有重叠关系的荧光染料分子，当一个荧光分子被激发后，另一个会通过激发能量的转移而被激发出荧光。这种能量转移的效率依赖于两个染料分子之间的距离。如果标记蛋白的一部分参与了目标蛋白的结合，那么蛋白质的构象变化会引起两个荧光标记分离，从而阻断两个染料分子之间的激发能量转移，而这种变化就可以根据荧光值是否变化来判断。

蛋白质芯片的数据分析相对于制备来说要简单一些，我们可以采用与 DNA 芯片相类似的芯片图像分析方法及聚类算法来鉴定共调控的蛋白质。

六、通过数据库搜索鉴定蛋白质

利用质谱技术进行蛋白质的鉴定在很大程度上依赖于生物信息学的应用。例如，当我们利用质谱技术确定了肽质量指纹谱（peptide mass fingerprinting，PMF）或肽段序列时，就需要在蛋白质消化片段数据库中进行搜索，以确定其理论上所属的蛋白质。这种搜索可以完全匹配的方式或者接近完全匹配的方式进行。但实践中经常会发生蛋白酶的不完全水解，即水解产物在应该发生断裂的位点不发生断裂。另外，从基质辅助激光解吸电离质谱（MALDI-MS）中得到的肽段是带电荷的，其质量也会与理论值略有偏差。因此，为了提高数据库搜索的识别能力，搜索引擎必须在匹配肽段的分子质量方面具有一定的灵活性，以满足肽段的不完全水解及电荷修饰等各种可能的实际情况。为了达到这一目的，搜索引擎就需要用户在检索时提供尽可能详细的信息，如肽指纹的分子质量，肽段序列，完整蛋白质的分子质量、等电点，甚至序列所属的物种名等，这些对于确定蛋白质的唯一性来说都非常重要。

利用数据库匹配的方式进行肽段鉴定时都遵循一个基本假设，即被研究物种的所有蛋白质序列都是已知并存储于数据库中的。因此，这种方法只在一些进行了完全测序且基因组注释比较完善的模式生物中应用得比较好，而在非模式生物中的应用则非常有限。

ExPASy（expert protein analysis system，http://www.expasy.org）是由瑞士生物信息研究中心维护的一个整合全面的蛋白质组学信息的网络服务器，提供了众多的蛋白质序列、序列特征、结构、功能注释等方面信息与分析工具，在其蛋白质组学工具中就包含了 Mascot、ProFound 等多种与质谱数据相关的肽质量指纹数据分析工具。

第三节 蛋白质的翻译后修饰

蛋白质在翻译合成后，需要经过一些功能基团的共价修饰才能获得相应的活性、结构与功能，这个生物学过程称为蛋白质翻译后修饰（post-translational modification，PTM）。目前已知的蛋白质翻译后修饰类型超过 200 种，常见的类型包括磷酸化、糖基化、泛素化、乙酰化和硫酸盐化等。蛋白质的翻译后修饰通过改变分子大小、疏水性及蛋白质的整体构象等对蛋白质生物学功能的正常行使产生影响。它可以直接影响蛋白质之间的相互作用，以及蛋白质在不同的亚细胞区域的分布。

一、基于序列的蛋白质翻译后修饰预测

对于蛋白质翻译后修饰的预测能够快速地将未知蛋白质的功能限定于某个特定范围之内。例如，了解特定底物－翻译后修饰酶的关系可以揭示相应的途径（pathway）信息，而特定的翻译后修饰还可以用来确定蛋白质的亚细胞定位或行使功能的类型。因此，利用计算机辅助从蛋白质序列中预测可能的翻译后修饰情况对于蛋白质组数据的生物学注释非常必要。

发生翻译后修饰的底物蛋白质具有被特定修饰酶所识别的序列基序，这些序列基序通常只包含 5 个残基，倾向存在于没有固定三维结构的非球形区域（non-globular region）内，并且，区域内包含的都是一些有极性的、小的或者骨架柔韧度较大的残基，这样，蛋白质翻译后修饰位点才易于与修饰酶互相接近。但是，如果预测只考虑修饰识别序列基序的话，由于其长度过于短小，就容易在序列模式匹配中产生过多的假阳性。以蛋白质磷酸化位点的一致性特征序列［ST］-X-［RK］为例，这样短的序列基序几乎在每个蛋白质序列中都会出现很多次，如果仅根据这一序列特征，那么得到的预测结果大多数情况下都会是假阳性结果。

为了减少假阳性的出现，在预测中除了修饰位点的序列基序特征外，我们还要考虑修饰位点周边环境序列的特点，并尽可能地利用一些统计学方法来增加预测的准确性。支持向量机（support vector machine，SVM）是一种与线性或二次判别分析相类似的数据分类方法。这种方法先将所有的数据映射到一个三维甚至多维空间上，然后利用线性的或非线性的函数所形成的最佳超平面（hyperplane）将真实的信号与噪声进行区别。简而言之，支持向量机就是把这个修饰位点的预测转化成了一个分类问题（是或不是修饰位点）。以特定激酶家族磷酸化位点的预测为例，支持向量机采用了已知的激酶磷酸化位点组成特征、周边序列组成特征等作为阳性集合，将其中不发生磷酸化的丝氨酸、苏氨酸、酪氨酸残基的周边序列组成特征作为阴性集合，支持向量机模型经过充足的周围序列组成特征的训练之后，就可以用来比较准

确地识别激酶中的磷酸化位点。国内外不同的研究组在蛋白质翻译后修饰位点预测方面开展了大量的研究工作，我国学者在本领域也取得了显著的成就，开发了数十个翻译后修饰相关的计算工具（http://www.biocuckoo.org/link.php）。

二、在蛋白质组学分析中鉴定翻译后修饰

翻译后修饰也可以通过实验得到的质谱指纹数据进行鉴定。在 ExPASy 蛋白质组学服务器工具页面上列出了很多根据质谱分子质量数据来确定翻译后修饰的程序，可以用来搜索序列中已知的翻译后修饰位点，并且在数据库片段匹配时根据修饰的类型将额外的质量进行整合。例如，FindMod 可利用实验确定的肽段指纹信息来比较实际测得的肽段质量与其理论值是否存在差异。如果有，FindMod 就利用一系列预先确定的规则来预测特定的修饰类型。FindMod 可用来预测 28 种不同类型的修饰，包括甲基化、磷酸化、酯化和硫化等。GlyMod 是另一种特异针对糖基化进行预测的程序，它同样是利用实验确定的肽段与理论获得肽段在质量上的差异来进行预测。

第四节　蛋白质分选

除线粒体和植物叶绿体中能合成少量蛋白质外，绝大多数的蛋白质均在细胞质基质中的核糖体上开始合成，然后运至细胞的特定部位，这一过程称蛋白质分选（protein sorting），也被称为蛋白质定向转运。

正确的亚细胞定位是蛋白质行使功能不可缺少的一部分。很多蛋白质只有被转运到特定的细胞位置才能行使其功能，因而对蛋白质运输及亚细胞定位机制的研究已经成为现代细胞生物学研究的主题。对蛋白质细胞定位的了解有助于缩小其可行使功能的范围，从而对蛋白质功能进行准确注释。

对于大多数真核生物蛋白质来说，新合成的蛋白质前体必须转运到特定的膜结合区域并经过蛋白质水解过程才能形成成熟的功能蛋白，这些特定的区域包括叶绿体、线粒体、细胞核、过氧化物酶体等。为了实现蛋白质的转运，新生的蛋白质序列中必须具备特定的肽信号，它们能够指导蛋白质向特定的区域转运。一旦蛋白质在细胞器之内转运完成，蛋白酶就会将信号序列去除，以产生成熟的蛋白质（另一个例子是发生翻译后的修饰）。即使在原核生物中，蛋白质也可以被定向转运到内膜或外膜、细胞内的周质间隙或细胞外，其蛋白质的分选机制与真核生物类似，也是依赖于信号肽的出现。

蛋白质分选信号序列的特征一致性很弱，它们一般都是在一个或多个具有正电荷的残基后面紧跟有一个疏水核区域，但是在序列长度和残基构成上的变化很大。以线粒体定向转运肽为例，它位于蛋白质的 N 端。典型序列基序的长度为 20～80 个残基，富含精氨酸等带正电荷的残基及丝氨酸、苏氨酸等带羟基的残基，但是缺少带负电荷的残基，同时具有形成两性 α 螺旋的倾向。当前体蛋白质被转运进入线粒体后，这些定向转运信号序列就被剪除。另一种蛋白质分选信号——叶绿体定位信号（也被称作转运肽）也是位于蛋白质的 N 端，长度为 25～100 个残基，它们经常包含很少量的负电荷残基及许多像丝氨酸那样带羟基的残基。定向转运到叶绿体的蛋白质有一个非常有趣的特性，即其转运信号是双向的。也就是说，它们由两个毗邻的信号肽组成，其中一个信号在剪切前将蛋白质定向转运到叶绿体的基质空间，而另一个信号则将剪切后的剩余部分定向转运到类囊体上。细胞核定向转运信号在长度上变化

也很大（7～41 个残基），与前几类信号不同，核定位信号位于蛋白质序列的内部，通常是一个或两个包含了基础残基及一致性基序的 K（K/R）X（K/R）片段。核定位信号序列在蛋白质发生转运后并不会被剪除。

蛋白质亚细胞定位的计算预测方法可以粗略地分为两类。第一类方法主要利用蛋白质的氨基酸序列中的信号特征（signal），同时还需要诸如表达谱数据、系统发育图谱、数据库记录描述内容中的上下文及 GO 注释词条等额外信息。当提供了上述额外信息时，预测结果的准确性就要比单独基于序列的预测方法高很多，但这种额外数据是可遇而不可求的。因此，利用数据库内容上下文或者 GO 词条进行预测时需要相应的蛋白质已经具有一定的注释信息，而这些注释信息中经常会包含相应的亚细胞定位信息，它们或者明确地出现在 GO“细胞组分”（cellular component）相应的词条中，或者在 Swiss-Prot 数据库记录的描述行或关键词行中给予一定的提示。

还有一些方法只利用序列进行对库的同源性搜索或者查找与之共同出现（co-occurrence）的蛋白质结构域。如果查询蛋白质序列与已知亚细胞定位的蛋白质是同源的，我们就可以利用同源序列的性质进行注释转移，这样的预测结果通常比较准确，特别是当两个同源序列的相似性非常好的时候。如果利用这种方法找不到相近的同源序列，那么就需要利用一些能够对真实的蛋白质分选信号序列进行统计性学习的方法（如机器学习方法中的神经网络、隐马尔可夫模型及支持向量机等）进行预测。

SignalP（https://services.healthtech.dtu.dk/service.php?SignalP-5.0）是一个基于网络的亚细胞定位信号预测程序。它也是最早使用神经网络进行蛋白质分选信号预测的程序之一。从第二版 SingalP 开始，预测中又加入了另一种机器学习方法——隐马尔可夫模型来增加预测的准确性。其中，神经网络算法包含了两种不同的分数，一种是为识别出的信号肽打分，另一种是为蛋白酶的断裂位点进行打分；而隐马尔可夫模型则用来区分信号肽及将蛋白质插入膜中的 N 端跨膜锚定片段。由于真核生物、革兰氏阴性菌及革兰氏阳性菌的信号肽特征具有明显的差异，因此，SignalP 收集了 3 个不同物种的训练数据集。这样，在进行序列分析之前可以先选择适当的数据集以提高预测的准确性。SignalP 可以同时预测信号肽并对蛋白酶的剪切位点进行预测。第三版的 SignalP 改进了对信号肽断裂位点预测的方法，因此预测结果的准确性得到了进一步提高，对信号肽断裂位点预测的准确率达 75% 以上。

TargetP（https://services.healthtech.dtu.dk/service.php?TargetP-2.0）是进行真核生物蛋白质亚细胞定位预测的程序。它使用了神经网络方法，主要对蛋白质序列的 N 端是否存在下列几种前导肽进行预测：叶绿体转运肽（chloroplast transit peptide）、线粒体靶肽（mitochondrial targeting peptide）及分泌途径信号肽（secretory pathway signal peptide）。如果分析的蛋白质序列中包含了 N 端的前导肽，则 TargetP 还会对可能的前导肽断裂位点进行预测。TargetP 分别利用 SignalP 和 ChloroP 两种不同的程序来对序列中的信号肽及叶绿体转运肽的断裂位点进行预测。

PSORT（http://www.psort.org/）是一个 1992 年就开发出来的亚细胞定位预测程序，它最先采用了决策树（decision tree）的方法进行预测，即计算一组来源于定位信号序列的参数并将之与从文献中总结的一系列定位规则进行比较。这些规则大部分关注的是现有的各种能够将蛋白质定位于特定细胞区域的序列基序，还有一部分规则主要记录了特定信号序列基序的氨基酸组成内容。PSORT 能够鉴别植物、动物及酵母中不同的定位区域，分别有 17 种、14 种及 13 种。1997 年更新的 PSORT Ⅱ则使用了 k 最近邻域法（k-nearest neighbor method）这种统计分类技术来进行预测。它同样将查询序列与一个包含了大量不同细胞定位信号肽的数据库进行比较，如果大多数最近邻（nearest neighbor）的信号肽匹配具有一个特定的细胞定位，那么这个序列就被认为是具有相同亚细胞定位的信号肽。但是，PSORT Ⅱ不能够对植物蛋白的亚细胞定位进行预测，而且对动物及酵母蛋白的定位预测也只能给出 12 种类型。WoLF PSORT 是 PSORT Ⅱ的扩展版本，它主要通过对蛋白质序列中的分选信号（sorting signal）、序列的氨基酸组成及诸如 DNA 结合基序等序列基序的分析将氨基酸序列转变成多种定位特征，然后利用简单的 k 近邻分类器（k-nearest neighbor classifier）对蛋白质的定位进行预测。WoLF PSORT 恢复了对植物蛋白亚细胞定位的预测，对 3 个物种中定位预测的类型都超过 10 种。此外，更新于 2010 年的 PSORTb v3.0 针对细菌和古菌的序列来预测亚细胞定位情况，并分为在线版本和本地版本。

微课视频

第五节　蛋白质相互作用

细胞中的大部分功能是由蛋白质来执行的，蛋白质间的相互作用是细胞实现功能的基础。细胞进行生命活动过程的实质就是蛋白质在一定时空下的相互作用，因此，描绘出蛋白质间的相互作用是蛋白质组学又一个重要的研究内容。蛋白质之间的相互作用不仅包括那些能够形成稳定复合物的强相互作用，也包括那些可能只在瞬时发生的弱相互作用，其中，参与形成复合物的蛋白质要比那些只出现瞬时相互作用的蛋白质表现出更为紧密的表达共调控性质。蛋白质 - 蛋白质相互作用的研究在探寻细胞信号转导途径、复杂蛋白质结构的建模及理解蛋白质在各种生物化学过程中的作用方面都是非常必要的。

一、利用实验鉴定蛋白质互作

通过实验鉴定蛋白质的相互作用主要包括遗传学方法、生物化学方法和生物物理方法，其结果可以在原子、互作双组分、互作多组分（复杂互作）及细胞水平 4 个方面得到表现。原子水平的实验，如 X 射线晶体衍射及核磁共振技术可以精确地显示互作原子或残基之间的结构关系；互作双组分实验，如酵母双杂交则只能检测出哪些蛋白质之间发生了互作，但无法描述其中细节；同样，互作多组分实验，如亲和层析 - 质谱能够检测出参与形成复合物的多个蛋白质组分，但也只能止步于组分鉴定阶段；而细胞水平实验，如荧光免疫则可以对蛋白质的细胞定位进行确定。

蛋白质互作研究中最经典的方法无疑是酵母双杂交（yeast two hybrid，Y2H）系统。它采用了一套必须要转录激活因子（transcription activator）才能激活的报告基因表达体系（图 8-2）。由于转录因子同时具有 DNA 结合结构域（DNA binding domain，BD）及转录激活结构域（trans-activation domain，AD），于是，人为地将转录因子的这两个结构域分隔开来，将可能发生相互作用的两个基因的 cDNA 分别与其中 BD 的 DNA 及 AD 的 DNA 进行融合以产生诱饵蛋白（bait protein）及其潜在的猎物蛋白（prey protein）。当诱饵蛋白和猎物蛋白能够发生互作结合时，转录因子的两个结构域也能够结合在一起行使其功能，从而导致报告基因的表达。当然，还可能利用这一套系统在一个 cDNA 文库中筛选与诱饵蛋白发生互作的蛋白质，即将 cDNA 文库中所有的 cDNA 作为可能与待研究蛋白质发生互作的猎物蛋白同 AD 进行融合，然后利用其能否与诱饵蛋白互作导致报告基因的表达进行筛选。这种方法通常用来发现和研究目前还不太了解的蛋白质的相互作用及功能。

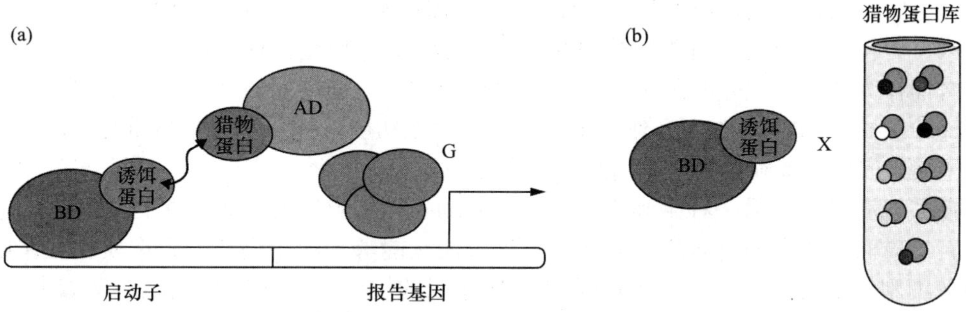

图 8-2　酵母双杂交系统检测互作蛋白

在检测蛋白质之间的相互作用方面，酵母双杂交系统具有非常高的灵敏度，即使是微弱的、瞬间的蛋白质相互作用也能够通过报告基因的表达敏感地检测到，但是这种方法也存在着一些局限性。首先，它不是一种直接检测蛋白质相互作用的方法，而某些蛋白质自身的转录激活功能使得 AD- 猎物蛋白融合基因与 BD- 诱饵蛋白融合基因表达产物无需特异地结合就能启动转录系统，从而产生假阳性结果（虚假的相互作用）。其次，酵母双杂交系统对相互作用的蛋白质在细胞内的定位要求非常严格，只有定位于细胞核内的相互作用蛋白才能确保报告基因的激活，而定位于细胞质内或细胞膜上的蛋白质则很难采用该技术进行分析。最后，酵母双杂交系统只能检测两个组分的互作情况，因而那些必须有多个蛋白质共同参与的相互作用利用这一方法也是检测不到的。

与酵母双杂交系统相比，遗传学方法属于小规模的蛋白质互作实验，它通过观察两个互作候选基因（*X*-*Y*）的突变体表型来进行研究。例如，抑制突变（suppressor mutation）是指 *Y* 基因的突变可以将最初 *X* 基因突变时所产生的非正常表型恢复至正常或接近正常。这是因为 *X* 基因的第一次突变引起了蛋白质 X 在构象上的变化，这一变化阻止了它与蛋白质 Y 的相互作用，从而形成了丧失功能的表型。当我们在 *Y* 基因上引入与之互补的突变，蛋白质间的相互作用便能够被重建起来，从而使突变表型得到恢复或部分恢复。在另一种被称为合成致死筛选（synthetic lethal screen）的遗传学方法中，还是上述两个可编码互作蛋白的基因（*X*-*Y*），如果分别将 *X* 基因或 *Y* 基因进行单突变，这种单突变虽然在蛋白质构象上有所变化，但仍然能够部分保持蛋白质 X 和 Y 之间的互作，不会造成个体的死亡。然而，当将这两种突变引入一个个体时，突变蛋白质 X 和 Y 之间的互作就被阻断，导致个体致死。

遗传学方法虽然可以推断蛋白质之间的互作，但却不能提供直接的证明。相反，一些通过蛋白质之间具有亲和力（特异性结合的倾向）特性的物理方法则能够为蛋白质互作提供直接的证据。通常情况下，这种亲和方法是将一种分子进行固定，利用它作为诱饵来诱捕那些与之互作的蛋白质，随后将这些蛋白质进行纯化及鉴定。

亲和层析是将诱饵分子固定于某一种载体介质，如琼脂糖柱子中。目的蛋白通过它表面上的生物功能位点，特异并可逆地结合在诱饵分子上。将蛋白质提取物加入柱子中，并利用低盐缓冲液进行洗脱，与诱饵有相互作用的蛋白质（因为结合在一起）被留在柱子中，其他的则被缓冲液洗脱，而那些结合的蛋白质可以利用高盐的缓冲液随后被洗脱下来。通过改变缓冲液的盐浓度，就可能鉴别哪些蛋白质与诱饵的结合能力较弱而哪些结合能力很强。目前一种叫作 GST-pull down 的亲和层析方法比较流行，它的诱饵蛋白是谷胱甘肽 S 转移酶（GST）的融合表达蛋白。由于此酶与其底物谷胱甘肽具有高亲和力，因此融合蛋白可以牢固地附着在谷胱甘肽包被的琼脂颗粒上，而那些与 GST 融合蛋白互作的蛋白质就会在层析柱中保留下来，无相互作用的蛋白质则被洗脱。这种方法的好处是任何一个蛋白质都可以与 GST 进行融合而作为诱饵。但是必须记住在实验中要加一组只利用 GST（无融合蛋白）的对照层析，这样才能排除那些与 GST 互作的蛋白质。通过亲和层析纯化后的蛋白质则可以继续通过凝胶电泳及质谱技术来确定相互作用的蛋白质组分。

免疫共沉淀反应是另一种亲和方法，它是利用抗体能够特异性地与蛋白质复合物中某一组分进行反应而使蛋白质复合物沉降下来。该方法在能够保存蛋白质与蛋白质相互作用的条件下制备细胞的溶解液。一种与蛋白质 X 特异作用的抗体被加入这种细胞溶解液中，于是，蛋白质 X 及与它有相互作用的任何蛋白质都被沉淀下来。免疫共沉淀法的优点是所研究的相互作用蛋白均是经翻译后修饰的天然蛋白，即可以表征生理条件下蛋白质间的相互作用。但是该方法需要针对目标蛋白制备出一定量的多克隆抗体或单克隆抗体，过程相对复杂，而且目标蛋白只有达到一定浓度才能与抗体结合形成沉淀，因而只适用于研究具有高表达量的目标蛋白。此外，亲和层析与免疫共沉淀反应存在一个共同的问题，即它们不仅可以分离与诱饵直接互作的蛋白质，同样还会分离出不直接互作的蛋白质。这时就需要交联（cross-linking）来确定直接的互作并证实蛋白质复合物的空间架构。

前面提到过的微型化的蛋白质芯片是高通量地利用亲和技术进行蛋白质互作的研究。蛋白质芯片的制备与 DNA 微阵列使用了相似的方法，即利用机械手将少量的液态样品点在玻片等固体基质的载体上。而对互作蛋白的捕获可以在很大的范围内进行（如利用表面化学反应可捕获所有相关的蛋白质），也可以在很小的范围，甚至是特异结合的范围内进行（如利用抗体）。

由于上述实验方法都不能保证消除实验中的假阳性与假阴性，那么为了从理论上弥补各种技术的缺陷，在实验中应当将多种技术方法得到的结果结合起来。

二、蛋白质互作的预测

虽然上述多种实验方法使得到的蛋白质相互作用数据得到了大规模的增加，但是这些技术方法在一定程度上都存在着偏向性或缺陷，从而导致结果中“假阴性”或“假阳性”错误的比例较高。但是在这些蛋白质相互作用数据中必然潜藏着具有生物学意义的信息，我们可以从中总结出一些调控这些相互作用的基本规则，这些规则有助于开发自动预测蛋白质相互作用的算法。

蛋白质相互作用预测的生物信息学方法总结起来可以分成 4 类：①基于基因组信息的方法；②基于进化关系的方法；③基于蛋白质序列的从头预测的方法；④基于蛋白质三维结构信息的方法。其中，基于基因组信息的预测方法中包括邻接基因（gene neighborhood）、基因/结构域融合事件（gene/domain fusion event）、系统发育谱（phylogenetic profile）及镜像树（mirror tree）等方法；基于进化信息的预测方法包括突变关联（correlated mutation）、保守的蛋白质相互作用及进化速率关联（correlated evolutionary-rate）等方法。

（一）根据邻接基因进行互作蛋白的预测

一般说来，基因次序在不同的原核生物基因组中的保守性很差。如果确实在不同基因组中发现了具有同样邻接关系的基因，则它们很可能属于同一个操纵子（operon）。这是因为在原核生物基因组中，功能相关的基因承受着相同的选择压力，倾向于在基因组中连在一起，构成一个操纵子。操纵子中编码的蛋白质通常是功能相关或具有物理互作关系的。这种基因之间的邻接关系在物种演化过程中具有一定的保守性，可以作为基因产物之间功能关系的指示标识。这一预测规则支持了大多数原核生物基因组的互作蛋白的预测。但对于真核基因组来说，利用基因次序进行互作蛋白的预测不如基因表达中的共调控蛋白有说服力。

（二）根据基因 / 结构域融合事件进行互作蛋白的预测

基于基因融合事件的互作蛋白预测方法的理论基础是，对于一个特定物种中包含了融合结构域 AB 的蛋白质家族来说，经常会发现它与其他物种中相互分离的两个基因 *A′* 和 *B′* 相对应。这类蛋白质就被称为“复合”蛋白（即融合蛋白），而它们包含的每一个结构域都被称为“成分”蛋白。这一预测主要是在具有完整基因组序列的物种中进行基因融合事件的鉴定，因为这样才能发现不同物种中相对应的“同源”蛋白。如果一个复合蛋白特定地与另一个物种中的两个成分蛋白相似，即使这两个成分蛋白的编码基因并不一定相邻，但这两个成分蛋白很可能发生相互作用以执行与 AB 相同的功能（图 8-3）。反过来说，如果两个祖先基因 *A* 和 *B* 编码了相互作用的蛋白质，那么在进化的过程中为了加强这种互作的有效性，在其他基因组中这两个基因很有可能融合在一起。

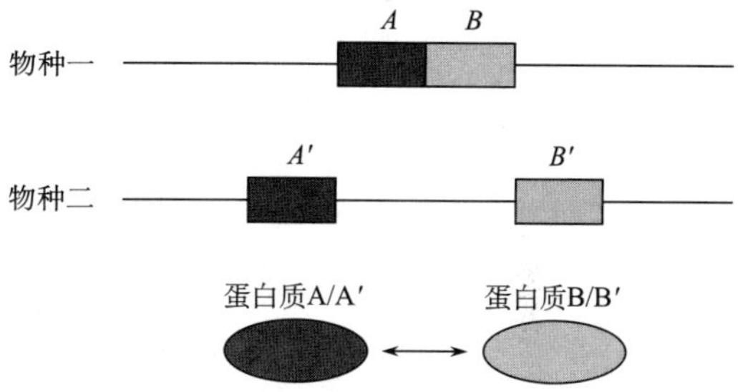

图 8-3　根据基因融合事件进行互作蛋白的预测

这一方法更进一步的解释是当两个成分蛋白作为结构域在一个蛋白质中融合时，它们必须位置非常地接近，以执行同样的功能。如果这两个结构域存在于两个不同的蛋白质中时，为了维持相同的功能，它们相互靠近及相互作用的特性也必须维持下来。因此，研究基因 / 蛋白质的融合事件，就可以对蛋白质 - 蛋白质的相互作用进行预测。这种利用基因融合事件来揭示其成分蛋白之间的功能相互关系的预测方法被称为“Rosetta stone”方法。这种预测原则被证实是相当可信的，它已经被成功地应用到从原核到真核生物中大量蛋白质互作的预测中。

研究表明，基因融合事件在代谢蛋白（metabolic protein）中尤为普遍，利用此方法进行预测的局限性在于只能够预测在进化过程中发生融合的蛋白质之间的功能关联，不能判断发生融合的蛋白质是否真正发生了物理上的直接接触。

（三）根据系统发育谱进行互作蛋白的预测

由于存在于同一信号 / 代谢途径或者同属于一个蛋白质复合物的蛋白质只有同时出现才能执行它们特定的功能，因此，具有功能相关性的蛋白质在进化的过程中倾向于在其他基因组中同时出现或缺失。因为当复合物中一个组分蛋白质缺失时，就会导致整个复合物不能形成。在环境的选择压力下，复合物中其他那些无功能的互作伴侣也会在进化中丢失，因为它们已经不是行使功能所必需的。根据系统发育谱的预测方法就是查找不同基因组中直系同源物共同出现及共同缺失（co-absence）的情况，即在完全测序的基因组中鉴定每一个蛋白质在每一个基因组中出现及丢失的情况，这样就得到一个系统发育谱。当比较不同蛋白质的系统发育谱时，那些具有相同或相似谱形的蛋白质很可能具有功能上的相关性（图 8-4）。但是，这种根据基因共缺失或共出现的互作蛋白预测方法同样不能确定功能相关的蛋白质之间是否存在物理上的直接接触，而且其预测准确性依赖于完成测序的基因组的数量及系统发育谱构建的可靠性。

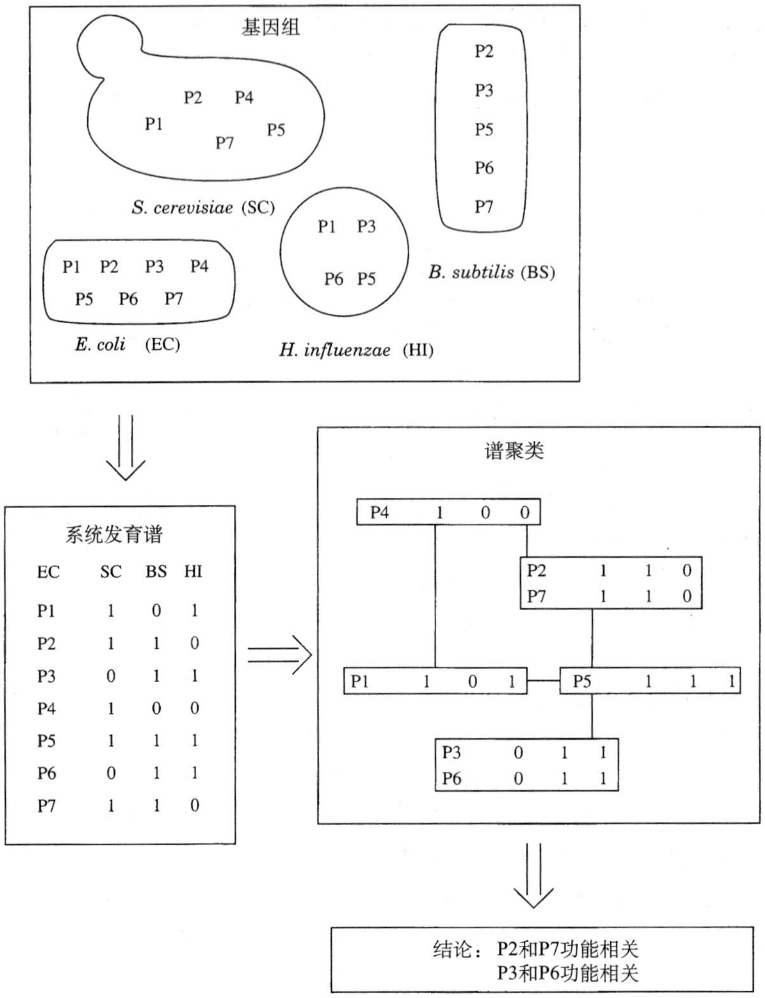

图 8-4　根据系统发育谱进行互作蛋白预测的示意图（Pellegrini et al.，1999）

我们关注 7 个蛋白质（P1～P7）之间的相互关系，于是在大肠杆菌（EC）、酿酒酵母（SC）、流感嗜血杆菌（HI）和枯草杆菌（BS）4 个完全测序的基因组中，针对大肠杆菌的每一个蛋白质序列都构建一个系统发育谱，以表明哪一种基因组中能够编码此蛋白质的同源物。随后，将这些系统发育谱进行聚类，找到具有相同或相似谱型的蛋白质。由于 P2 与 P7、P3 与 P6 具有一致的谱型，因此它们可能具有功能上的相关性（存在于同一途径或同一个蛋白质复合物中），而用直线相连的谱型之间有一定的差异，被称为邻居（neighbor）。

镜像树是一种基于系统发育分析的更加定量化的互作蛋白预测方法。根据观察，互作蛋白的进化距离相似性水平要显著高于那些没有互作关系的蛋白质的进化距离，这表明互作蛋白受其功能约束，因而其进化过程应该保持一致。如果突变发生在其中一个蛋白质的互作表面，为了维持蛋白质的相互作用，相应的突变很有可能也发生在其互作伴侣上，结果造成两个互作蛋白具有反映相似进化历史的进化树形，即呈现共同进化的特征。通过构建和比较它们的系统发育树，如果发现拓扑结构几乎一致的发育树，这种相似的树就被称为镜像树（图 8-5），具有相似树形的蛋白质是功能相关的，很可能发生了互作。为了量化地研究共进化程度，可以计算进行建树分析的两组蛋白质同源物的进化距离，并对距离矩阵的相关系数

（correlation coefficient，r）进行检查，如果 $r>0.8$，即很有可能两个蛋白质之间发生了互作。当两个蛋白质家族用于构建系统发育树的进化距离矩阵出现很强的统计学相关性时，如果主要两个树型拓扑结构基本一致（形成类似的镜像），这两个蛋白质的功能相关性就能被确定下来。

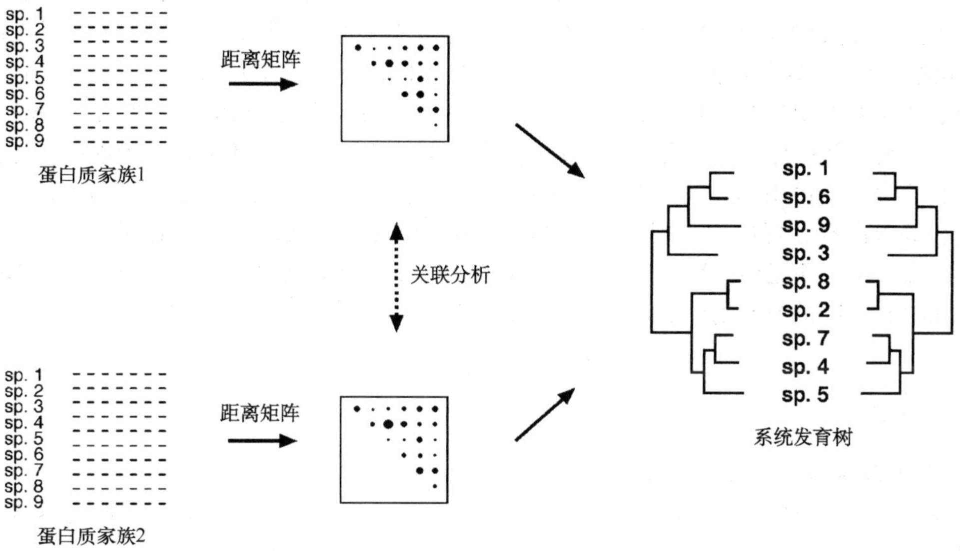

图 8-5　利用镜像树进行互作蛋白预测的示意图

（四）根据序列同源性进行互作蛋白的预测

已知的蛋白质互作图谱能够为新测序完成的基因组中蛋白质互作的预测提供必要的信息。如果某个基因组中的一对蛋白质是互作蛋白，那么它们在另一个基因组中的同源蛋白也可能发生类似的互作。这种同源蛋白对被称为互作物（interolog）。这种预测方法依赖于确定正确的直系同源蛋白并且要利用现有的互作蛋白数据库。例如，我们在新测序得到的基因组中通过系统的相似性搜索来鉴定那些已知的互作蛋白对（known interacting protein partner）可能的直系同源蛋白对，从中确定潜在的保守互作蛋白。如果互作蛋白具有已知的三维结构，则这种方法能够帮助对蛋白质的四级结构进行建模。

（五）利用多种方法进行互作蛋白的预测

前面提到的各种预测方法都需要依赖于某种特定的前提（方法上的局限性），如只能确定功能上的相关性而无法给定直接的互作证据，或者只有在完全测序基因组上才能进行分析等。这种分析前提会使预测结果出现某种程度上的偏差，而且由于分析使用的数据对象不同，很难对不同方法的表现性能进行评估。为了产生比较可信的蛋白质互作预测结果，用户一般都需要利用多种不同的方法进行预测以减少偏差和错误。

STRING（search tool for the retrieval of interacting genes/proteins，互作基因 / 蛋白搜索工具，http://string-db.org/）是一种综合利用了邻接基因、基因融合及系统发育谱等证据来进行蛋白质互作预测的数据库及网络服务器。最新版本的 STRING 除了计算预测外，还整合了大量实验获得的共表达数据及从文献中挖掘到的蛋白质互作信息。经过分析，STRING 可以给出包括直接及间接的蛋白质-蛋白质相互作用的所有证据。直接互作是指蛋白质之间发生物理互作的情况，而间接相互是指那些功能相关的在同一（代谢）途径中拥有相同底物的酶类或者指在同一遗传途径中相互具有调控关系的蛋白质。STRING11.5 包含了来源于 14 094 个基因组的 6000 多万个蛋白质的相关信息。

使用 STRING 进行计算预测分析时，查询序列首先会根据 COG（cluster of orthologous group）信息进行直系同源物的分组，然后序列会在数据库中搜索已知的保守基因连锁模式（查找邻接基因）、基因融合情况及系统发育谱。STRING 利用一个权重记分系统来评估各个基因组中上述 3 种类型蛋白质相关的显著性，以及从实验中获得的互作数据和文献挖掘的信息。为了降低假阳性并增加预测的可信度，3 种计算类型的相关蛋白质还会在一个内部参考数据集中做再次的检查。STRING 的最终结果是返回一个互作蛋白（功能相关蛋白）列表，针对每一个功能相关蛋白都会提供所得到的计算预测、实验获得及文献挖掘方面的证据，以及一个简单的蛋白质互作（功能相关性）分数。根据其中参与的多个功能相关伴侣情况，STRING 还能够以交互的形式提供图形化显示的蛋白质结合互作网络及特定的详细信息。

思考题

1. 什么是蛋白质组？什么是蛋白质组学？
2. 二维凝胶电泳在进行蛋白质分离时有什么局限性？液相色谱技术比二维凝胶电泳有哪些优越性？
3. 蛋白质的功能是否会随着时间、生理状态或其他条件因素发生变化？
4. 线粒体、叶绿体及细胞核定向转运信号肽的序列特征分别是怎样的？
5. 都有哪些实验方法能够鉴定蛋白质之间的物理互作？
6. 理解各类蛋白质互作预测方法的思想基础。

主要参考文献

Abbott A. 2001. And now for the proteome. Nature, 409 (6822): 747

Collins F S, Green E D, Guttmacher A E, et al. 2003. A vision for the future of genomics research-a blueprint for the genomic era. Nature, (422): 835-847

Fields S. 2001. Proteomics in genomeland. Science, 291 (5507): 1221-1224

Pellegrini M, Marcotte E M, Thompson M J, et al. Assigning protein functions by comparative genome analysis: protein phylogenetic profiles. 1999. Proc Natl Acad Sci USA, 96(8):4285-4288

van Wijk K J. 2001. Challenges and prospects of plant proteomics. Plant Physiology, 126: 501-508

Wasinger V C, Cordwell S J, Cerpa-Poljak A, et al. 1995. Progress with gene-product mapping of the mollicutes: mycoplasma genitalium. Electrophoresis, 16: 1090-1094

Wilkins M R, Sanchez J C, Gooley A, et al. 1995. Progress with proteome projects: why all proteins expressed by genome should be identified and how to do it. Biotech Genet Eng Rev, 13: 19

Wilkins M R, Sanchez J C, Williams K L, et al. 1996. Current challenges and future applications for protein maps and post-translational vector maps in proteome projects. Electrophoresis, 17: 830-838

第九章　系统生物学

本章提要　后基因组时代，生物综合论将成为生物学的主流研究方法。系统生物学成为生物信息学的最新前沿领域，目的是通过整合大量包括基因、蛋白质和代谢物组成成分之间的相互作用理解细胞中复杂的生物系统。通过生物、遗传或化学的系统扰动，检测基因、蛋白质和信息通路的响应，整合这些数据最终形成描述系统结构和对扰动响应的动力学模型，以此来研究生物学系统。本章系统介绍了系统生物学的基本哲学思想、研究问题的基本方法与先进技术，以基因表达调控网络、代谢途径、信号转导通路和蛋白质相互作用网络为例介绍了系统生物学建模和系统分析的基本理论。

第一节　系统生物学基本概念

一、历史的机遇

从 1953 年 Watson 和 Crick 发现 DNA 的双螺旋结构以来，传统生物学进入了全新的分子生物学时代，使我们可以在坚实的分子基础上讨论诸如遗传、发育、疾病、进化等生命现象。生物学似乎又一次成为基于物理学基本规律的学科。今天，我们已经掌握了许多关于遗传、进化、发育及疾病等生命过程基本机制的知识，特别是我们已基本上搞清楚了诸如 DNA 复制、转录、翻译等最重要的生命过程的分子机制。

随着人类基因组计划及其他多种模式生物基因组计划的顺利进行，我们已得到越来越多的基因组序列，其他诸如蛋白质组学、转录组学、代谢组学、定位组学等计划也正如火如荼地进行。这些计划的开展并不标志我们对生物学系统的彻底理解，相反，它们催生了称为“系统生物学”的学科的形成。人们认识到，基因与蛋白质很少单独起作用，它们倾向于组成相互作用网络来行使生物学功能，特别是当我们看到这样的局面：鉴定了基因组大部分基因之后，我们仍然无法仅仅凭序列信息来推断基因的功能。对功能的研究必须分析其相互作用的网络，或者更准确地说，把基因组或蛋白质组看作一个系统来进行分析。

系统生物学是生物信息学的最新前沿领域之一，目的是通过整合大量包括基因、蛋白质和代谢物组成成分之间的相互作用理解细胞中复杂的生物系统。系统生物学的出现，是生物信息学领域的一个重大变化。系统生物学不是像过去研究分子生物学那样一次研究一个基因或蛋白质，而是研究生物学系统所有元素的行为和关系，通过系统的整合、图形显示这些数据，最终实现动力学模拟，提供扰动和监视系统的高通量技术，建立新的计算方法，达到对细胞内复杂生物过程进行系统研究的目的。

系统生物学的出现也标志着生物学的研究正在经历一场革命。如果说过去生物学研究主要以生物实验来进行，那么对于具有复杂网络的系统功能的分析，离开了理论分析和指导，几乎无法进行实验。因此，生物学尤其是分子生物学的研究方法将转变为在理论分析的指导下，将实验与理论相结合的研究过程，因而系统生物学的出现也就成为必然。

二、生物还原论与生物综合论

还原论成为 20 世纪后半叶生物学发展的主流。按照还原论的方法，为了研究生物系统某一方面的功能，只需寻找并鉴定出与此功能直接相关的基因或蛋白质即可。从某种意义上说，它是从整体机能到分子机制。

基因组计划揭开了综合论研究方法的序幕。综合论方法研究基因和各种生物大分子是怎样通过网络调控方式形成一个生物系统的。虽然还原论方法研究生物学问题取得巨大成功，但在后基因组时代我们需要综合全部生物信息重构生物体，综合论研究思路将成为生物学研究的主流。系统生物学往往是从一个简单分子模型开始，研究分子之间的非线性相互作用可以产生什么样的系统特点，通过将描述这些作用的方程参数化，最终实现对系统特点的真实估计（图 9-1）。

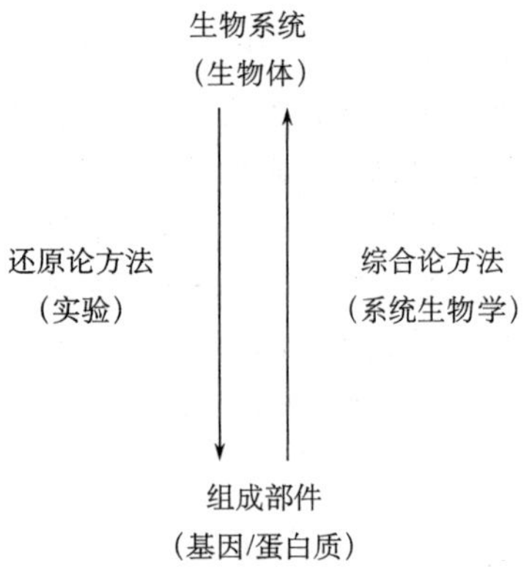

图 9-1　生物学研究中的还原论和综合论方法

物理学和化学中，基本粒子如何组装成物质、元素如何组成化合物的一般规律已经被发现，但在生物学研究中，我们还未能取得这种令人鼓舞的进展。实际上，我们至今还不清楚基因组上的信息是否足以建立一个完整的生物体系。在物理学基本粒子的标准模型中，包括两类基本粒子：物质组成和作用力介质。换句话说，只有各组成部分的信息是不够的，各部分之间的相互作用信息是非常重要的（如物理学中作用力介质）。基因组包含了其组成部分的信息，但很难说它含有各部分间相互作用的信息。

传统生物学关注的是一个一个的通路，而系统生物学则希望研究各个通路之间的相互作用，构成一个复杂的相互作用网络，从而从更高的层面上理解生命过程。通俗地说，传统生物学看到的是树木，系统生物学看到的则是森林。图 9-2 为细胞内多种信号转导通路在相互作用网络视角的示意图。

三、什么是系统生物学

人类基因组计划促使我们接受这样的观点，即生物系统包含两类信息：编码执行生物功能分子机器的基因，识别基因表达、调控相互作用的网络。这些信息遵循如下层次：DNA→mRNA→蛋白质→生物分子相互作用→通路→网络→细胞→组织→生物体→种群→生态系统。生物信息具有多层次性、信息通过复杂网络执行、鲁棒性、网络中存在枢纽节点等性质。这里要注意的是，每个层次信息都对理解生命系统的运行提供有用的视角。因此，系统生物学的重要任务就是要尽可能地获得每个层次的信息并将它们进行整合。

根据美国系统生物学研究所创始人胡德（Leroy Hood）的定义，系统生物学是研究一个生物系统中所有组成成分（基因、mRNA、蛋白质等）的构成，以及在特定条件下这些组分间的相互关系的学科（Ideker et al.，2001）。也就是说，系统生物学不同于以往的实验生物学——仅关心个别的基因和蛋白质，它要研究所有的基因、所有的蛋白质、组分间的所有相互关系。显然，系统生物学是以整体性研究为特征的一种大科学。同一时期，北野宏明也提出了系统生物学的研究目标在于从系统层次上理解生物分子行为到生物系统特征功能之间的关系，需要建立一系列的原则与方法（Kitano，2002）。

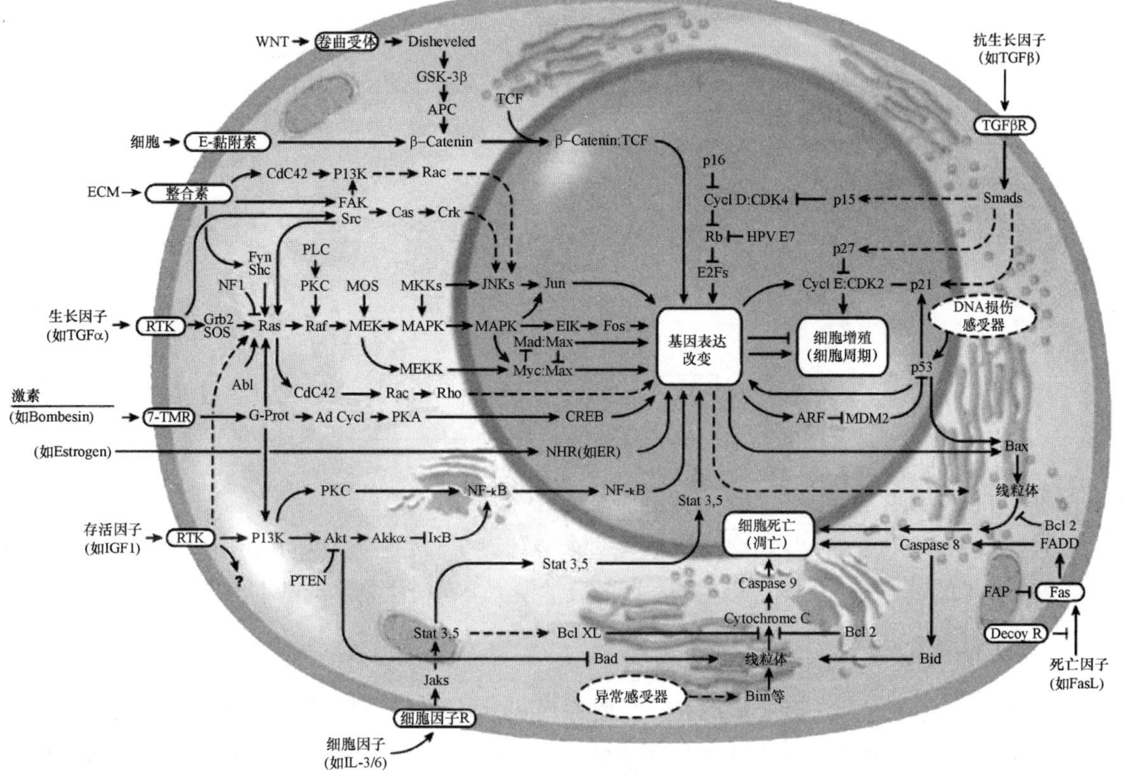

图 9-2　在网络层面对细胞内生命过程的理解

对于多细胞生物而言，系统生物学要实现从基因到细胞、组织，甚至到个体的各个层次的整合。我们知道，系统科学的核心思想是“整体大于部分之和”；系统特性是不同组成部分、不同层次间相互作用而“涌现”的新性质；对组成部分或低层次的分析并不能真正地预测高层次的行为。如何通过研究和整合去发现与理解涌现的系统性质，是系统生物学面临的一个根本性的挑战。

系统生物学整合性的另一层含义是指研究思路和方法的整合。经典的分子生物学研究是一种垂直型的研究，即采用多种手段研究个别的基因和蛋白质。首先是在 DNA 水平上寻找特定的基因，然后通过基因突变、基因剔除等手段研究基因的功能；在基因研究的基础上，研究蛋白质的空间结构、蛋白质的修饰及蛋白质间的相互作用等。基因组学、蛋白质组学和其他各种“组学”则是水平型研究，即以单一的手段同时研究成千上万个基因或蛋白质。而系统生物学的特点，则是要把水平型研究和垂直型研究整合起来，形成一种“三维”的研究。此外，系统生物学还是典型的多学科交叉研究，它需要生命科学、信息科学、数学、计算机科学等各种学科的共同参与。

四、系统生物学基本框架

要解决生物体重构问题，首先要用计算机将有关相互作用的生物学知识计算机化，然后设计一些新实验。图 9-3 描述了系统生物学实验，在这些实验中应用了活细胞对于各种环境变化的应激反应，还融合了全基因组序列和不完全的生物学知识，所有这些都被用来揭示潜在的相互作用关系。也许在将来的某一天，利用这样一个全新水平的信息技术，我们就可以解决生物体重构问题。

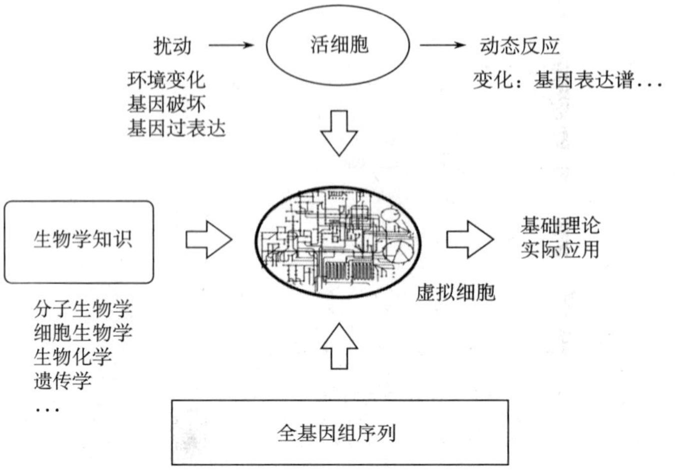

图 9-3　系统生物学实验框架

我们的最终目的是理解相应系统中观察到的整体变化的分子及其相互作用。为此，我们必须整合各种水平的整体性质的测量和生物系统的数学模型。系统生物学的基本工作框架如下。

（一）系统结构鉴定

系统结构鉴定首先是对选定的某一生物系统的所有组分进行了解和确定，描绘出该系统的结构，包括基因相互作用网络和代谢途径，以及细胞内和细胞间的作用机制，以此构造出一个初步的系统模型。多细胞有机体机构的识别不仅需要鉴定基因调控网络、代谢网络的结构，还需要在细胞水平精确理解整个生物的物理结构。这一步可以达到两个目的：描述统治系统行为的相互作用；精确预测给定扰动下系统的行为。

（二）系统行为分析

系统生物学一方面要了解生物系统的结构组成，另一方面要揭示系统的行为方式。相比之下，后一个任务更为重要。也就是说，系统生物学研究的并非一种静态的结构，而是要在人为控制的状态下，揭示出特定的生命系统在不同的条件和时间下具有什么样的动力学特征。一般是通过系统地改变被研究对象的内部组成成分（如基因突变、基因删除等）或外部生长条件（生长条件、温度、激素或药物刺激等），然后用大规模发现工具观测在这些情况下系统组分或结构所发生的相应变化（包括基因表达、蛋白质表达和相互作用、代谢途径等），并把得到的有关信息与模型进行整合。

（三）系统控制

把通过实验得到的数据与根据模型预测的情况进行比较，并对初始模型进行修订，使其预测结果与实验观察更加一致。

（四）系统设计

根据修正后的模型的预测或假设，设定和实施新的改变系统状态的实验，重复（二）和（三），不断地通过实验数据对模型进行修订和精炼。系统生物学的目标就是要得到一个理想的模型，使其理论预测能够反映出生物系统的真实性。

微课视频

第二节　复杂网络及特征

对于自然界中的大量复杂系统，都可以将其抽象并用不同的网络（图）模型来描述。网络（图）由许多的节点和边组成，其中节点表示系统中不同的个体，而边则表示个体间的关系或相互作用。当两个节点之间存在相互关系或作用，则在此两节点间连一条边。若两个节点之间不存在相互关系或作用，两节点间不存在边。同时，根据边的方向性以及数值属性可以将图分为有向图、无向图、加权图等。

在构造网络时，当以一些规则的结构来近似代替真实系统中各因素之间的关系，所得为规则网络，并以二维平面上规则网格等来表示。当以一定的概率确定两个节点之间是否连边，由此生成的网络被称作随机网络。真实系统对应的网络既不是规则网络，也不是随机网络，而是具有与两者皆不同的统计特征，将具有这些与规则网络或随机网络不同统计特征的网络命名为复杂网络（complex network）。

复杂网络是在拓扑层次上，对大量真实复杂系统的抽象简化，它比规则网络和随机网络复杂得多，是研究复杂系统的结构和行为的关键。

（一）复杂网络的统计特征

在网络中，两点间的距离被定义为连接两点的最短路径所包含的边的数目，把所有节点对的距离求平均，就得到了网络的平均距离（average distance）。另外一个参数叫作集聚系数（clustering coefficient），专门用来衡量网络节点聚类的情况。例如，在朋友关系网中，你朋友的朋友很可能也是你的朋友；你的两个朋友很可能彼此也是朋友。集聚系数就是用来度量网络的这种性质的。用数学的语言来说，对于某个节点，它的集聚系数被定义为它所有相邻节点之间边的数目占可能的最大边数目的比例，网络的集聚系数 C 则是所有节点集聚系数的平均值。

研究表明，规则网络具有大的集聚系数和大的平均距离，随机网络具有小的集聚系数和小的平均距离。1998 年，Watts 和 Strogatz 通过以某个很小的概率切断规则网络中原始的边，并随机选择新的端点重新连接，构造出了一种介于规则网络和随机网络之间的网络（WS 网络），它同时具有大的集聚系数和小的平均距离，因此它既不是规则网络，也不是随机网络。随后，Newman 和 Watts 给出了一种新的网络的构造方法，在他们的网络（NW 网络）中，不破坏原有的连边，并以一个很小的概率在原有规则网络上添加新的连边，从而缩短网络的平均距离。把大的集聚系数和小的平均距离两个统计特征合在一起称为小世界效应，具有这种效应的网络就是小世界网络（small-world network）。大量的研究表明，真实网络几乎都具有小世界效应。

研究还发现，大量真实网络的节点度服从幂律分布，这里某节点的度是指该节点拥有相邻节点的数目，或者说与该节点关联的边的数目。节点度服从幂律分布就是说具有某个特定度的节点数目与这个特定的度之间的关系可以用一个幂函数近似地表示。幂函数曲线是一条下降相对缓慢的曲线，这使得度很大的节点可以在网络中存在。对于随机网络和规则网络，度分布区间非常狭窄，几乎找不到偏离节点度均值较大的点，故其平均度可以看作其节点度的一个特征标度。在这个意义上，把节点度服从幂律分布的网络叫作无标度网络（scale-free network），并称这种节点度的幂律分布为网络的无标度特性。无标度网络具有普遍性，社会网络、生物网络等各类网络都具有无标度特性。

（二）网络的拓扑分析

通过计算网络上的统计指标可以得到复杂网络中更有意义的节点。基于生物大分子的互作关系或统计学上的相关性，可构建相应的复杂网络模型。根据网络中节点的相应指标可对其进行有目的的分析。对于无向无权图来说，节点的度表示和此节点有连接的节点数量，是网络研究中最基本和最广泛使用的度量标度，许多指标在计算中都要利用节点度的信息来描述网络中的高阶拓扑关系。在网络分析中可以根据节点的度筛选出中心节点（hub），以蛋白质互作网络为例，节点度较高表明该蛋白质分子能跟更多的蛋白质发生互作，因此在生物体内发挥着更重要的作用。网络分析中另一个重要的指标是介数中心性（betweenness centrality），它反映了网络中任意两点间所有最短路径中经过目标节点的路径数目占最短路径总数的百分比，刻画了目标节点连接网络中任意两点的能力，更高的介数中心性表明该节点在复杂网络中扮演着桥梁的作用，常用来寻找瓶颈节点（bottleneck）。这类节点并不一定有很高的度，因此无法通过寻找中心节点的方式找到这些瓶颈节点。

然而，越来越多的研究开始聚焦到网络中由多个节点组成的功能组件而非单独的某个节点。这种高阶的连接模式更好地反映了复杂生物网络的自组织性。大量研究表明，在生物体内发挥作用的并非单个生物大分子或者单独的某个基因，而是由多个节点共同组成的模体在发挥着生物学功能。模体被定义为复杂网络中某种异于随机网络的相互连接模式，是复杂网络中的简单功能组件。模体普遍存在于不同类型的网络中。除了保留网络局部特征的模体外，网络还具有社区结构（community）。社区结构是指网络中普遍存在的社区中节点连接紧密、社区间节点连接稀疏的现象。例如，在蛋白质互作网络中，功能类似的蛋白质可能形成一个紧密相连的“社区”。启发式的社区发现算法可以对图结构数据进行有效的聚类，并且广泛应用于蛋白质互作网络挖掘、单细胞聚类等领域。

（三）生物中的复杂网络

尽管最近才被引入，复杂网络的研究已经稳步增长。由于其良好的解释性与强大的模型表达能力，网络结构在对现实世界的建模中受到了广泛的应用。生物体的内在复杂性和系统组织性使得复杂网络为系统生物学的研究提供了一个特别有前途的框架。生物的复杂网络建模涵盖了从细胞内的分子相互作用到细胞间通讯以及生物体与物种之间的联系。随着实验和经验数据的急剧累积，建立多尺度的模型来模拟观察到的生物反应与表型是一个挑战。

在细胞水平上，将不同代谢物、蛋白质和基因之间相互作用模式中观察到的结构规律转化为观察到的表型下的组织原则是一项关键任务，可以在网络科学的背景下显著解决，它为大规模的数学和计算分析提供了框架。具体而言，模式生物代谢网络的基因组尺度重建可以表示为复杂的网络，以阐明其结构和功能之间关系的不同方面。当前生物复杂网络的研究主要集中于转录调控网络（transcription regulatory network）、蛋白质相互作用网络（protein-protein interaction，PPI）以及代谢网络（metabolic network）。

生物体的巨大复杂性更多的是由于基因表达的精细调控，而非基因含量的差异。转录网络是调控细胞基因表达的关键系统。转录因子（transcription factor，TF）响应细胞环境的变化，调节靶基因（target gene，TG）的转录，将功能蛋白相互作用与遗传基因组 DNA 中编码的遗传信息联系起来，从而控制基因在生物发育过程中的时空表达。这些调节因子以复合物的形式与转录起始位点附近的特定顺式元件结合，通过 RNA 聚合酶稳定增加或减少 mRNA 产生的速率。TF 和 TG 之间的相互作用可以表示为一个有向图。当转录因子和靶基因之间发生调节相互作用时，两种类型的节点（TF 和 TG）通过有向边连接。

蛋白质之间的相互作用对于维持活细胞的分子系统正常工作至关重要。蛋白质相互作用对于细胞间的通讯、微环境变化的感知、蛋白质的运输和修饰等生物过程具有重要意义。复杂网络理论在描述复杂系统时具有普遍性和集成性，适合研究蛋白质之间的相互作用。在复杂网络分析中，每个蛋白质被表示为一个节点，蛋白质之间的物理相互作用由网络中的边表示。蛋白质研究中的一大热点是蛋白质功能的预测。在蛋白质相互作用网络中共享连接的蛋白质往往具有相似的功能。经验观察表明，70%～80% 的蛋白质和与其互作蛋白质至少共享一种功能。这样，通过分析已知蛋白质的邻域，就可以推断出它们一阶邻居蛋白质的一些功能。

新陈代谢主要由基因、环境和营养决定。它由酶催化的化学反应组成，产生必需的成分，如氨基酸、糖和脂质，以及合成和利用它们来构建细胞成分所需的能量。由于化学反应被组织成代谢途径，其中一种化学物质通过酶和协同因子转化为另一种化学物质，因此这种结构可以自然地建模为一个复杂网络。通过这种方式，代谢网络是有向图和加权图，其顶点可以是代谢物、反应和酶，以及两种表示代谢物流动和催化反应的边。京都基因与基因组百科全书（KEGG）数据库就记载了大量的代谢网络信息。

随着组学技术的涌现和生物数据量的积累，生物学研究发生了重大变化。这种演变不仅意味着分析复杂度的增加，而且需要研究者在更广泛的时间和空间尺度上整合生物进程的动态。复杂网络研究为组织生物数据提供了强有力的工具，并被广泛而有效地应用于不同层次生物系统的表征和建模。

第三节　系统生物学基本技术与方法

一、测量技术

（一）全面测量

为了掌握研究的整个生物体，需要获取一组全面的数据。目前，已有方法能在 mRNA 水平进行全面测量，从而得到基因表达谱。测量蛋白质表达水平及其相互作用的方法也取得了进展（酵母双杂交、质谱等）。同时，很多干扰基因转录的方法也已发明，如使特定基因功能失效的基因敲除及对线虫特别有效的 RNA 干扰技术。此外，还有正在进行蛋白质的高精度时空定位数据的获取。

线虫是一种被充分研究的多细胞有机体。整个细胞系已被鉴定，其神经系统的拓扑结构已被完全描述，已测定了全基因组序列，采用整体原位杂交技术全面揭示其发育过程中基因表达模式的技术正在发展等。其他模式生物的类似计划也在紧锣密鼓地进行。

（二）系统生物学测量

系统生物学研究需要全面的数据，并要严格控制产生数据的质量，以供仿真、建模及系统鉴定使用。将传统的实验自动化，从而实现高质量、高通量的实验输出。系统、全面、精确的测量是系统生物学实验的基本特征。精确定量的重要性不言而喻。全面性进一步分为以下 3 类。①组分的全面性。诸如基因、蛋白质等成分必须得到全面测量，否则测量的有效性就值得怀疑。②时空完备性。传统生物学实验往往倾向于仅测量特定时间发生前后系统的变化，而精细时间序列和特定空间分布下获得系统行为对系统生物学则更加重要。③内容的全面性。对诸如转录水平、蛋白质相互作用强度、磷酸化、甲基化、乙酰化、定位等特征的全面测量至关重要。“系统”意味着测量所得的数据必须一致、完整。

下面以从基因表达谱推到基因调控网络进一步说明这些准则。首先需要全面测量基因表达谱。野生型表达数据难以满足要求，需要每个基因缺失突变和过表达所产生的完整数据集。许多情况下，表达水平随时间和空间的变化对建模是重要的。除了对特定时空测量数据外，还需进行固定时间、空间间隔的采样测量，这种数据对建模、系统行为分析是十分有益的。得到基因调控网络后，就需要找出网络中特定的参数，为了理解动力学特性，必须得到网络的每一参数，如结合常数、转录速率、翻译速率、化学反应速率、降解常数、扩散系数及主动运输速率等。

（三）定量的高通量测量技术

人类基因组计划不仅改进了我们系统扰动细胞的能力，也给我们提供了系统地表征细胞响应的技术，如 DNA 测序仪、微阵列技术、高通量蛋白质组学，当然还有诸如四维显微自动获取细胞系及线虫早期胚胎形成、超高分辨率荧光显微镜等许多正在发展的技术。由于这些技术可实现整体分析，因此成为生物系统性质、动力学等快速、准确分析的首选方法。

二、系统生物学实验方法

为了适应不断增长的全面、精确测量的要求，需要开发一系列新技术、新仪器，以供自动化程度高、精确度高的测量手段所需。首先，常规实验的自动化程度需要大幅度提高，否则高通量实验就是一种噩梦般的劳动。其次，需要采用尖端技术（如纳米技术、飞秒技术等）来设计下一代实验装置。有朝一日，我们也许可以测量基因和蛋白质的活动。细胞系的鉴定是分析基因表达调控网络必须完成的主要工作之一。四维显微成像系统允许我们收集恒定时间间隔的多层共焦图像，但是还需要更高的自动化程度。结合整体原位杂交和正在发展的单细胞表达谱，我们在不远的将来会实现对基因调控网络的完全鉴定。

三、系统结构的鉴定

为了理解一个生物学系统，需要首先鉴定系统的结构。有很多不同的系统结构需要测定，如发育过程中细胞之间的关系、细胞之间的接触、细胞膜、细胞内结构等。例如，为了表示基因调控网络，必须鉴定网络的所有组成部分，以及每一部分的功能、相互作用及所有相关的参数。必须用所有可能的实验数据来完成这些细微的工作。同时，已有实验的推论结果可用于预测未知基因及相互作用，这些预测结果可通过实验来验证。

（一）网络结构的鉴定

1. 自下而上的方法 自下而上的系统生物学由分子之间的相互作用属性开始，研究这些相互作用如何导致生物体的功能行为。这些相互作用影响或作用于生物系统的过程，使生物体可以依时序发育，或者通过修复损伤或补偿耗散维持其状态；基于独立的实验数据来构建网络模型，如通过文献和一些专门的实验获取感兴趣的特定网络数据。自下而上的方法适合于大多数基因及调控网络已经得到较好理解的情况，特别适合于已经了解部分结构而只需进行完善的情形。当大多数参数已经可用，研究的主要目的就是建立一个仿真模型，用于分析参数改变时系统的动态特性。

2. 自上而下的方法　自上而下的系统生物学由分子水平的实验数据开始，将生物系统的相关分子视为整体，在数据分析过程中，得到关于生物体分子组成及功能的新假设。

（二）参数鉴定

鉴定网络结构固然重要，网络中参数的鉴定同样重要。因为所有计算结果必须与实际实验结果一致，鉴定出来的网络必须对系统响应、行为特征进行量化分析和仿真。大多数情况下，可以基于实验数据估计参数，这些方法包括穷举搜索、遗传算法、模拟退火等。精确测量、估计参数在许多情况下是必需的，但也有无需精确估计的情况。

四、系统行为分析

一旦我们理解了系统的结构，接下来的重点就是关注系统动态行为。为了获得系统层次的理解，需要理解系统的鲁棒性、稳定性和回路功能背后的机制。仿真在系统生物学中扮演重要的角色，因为网络行为十分复杂、组分众多，直接理解网络行为几乎是不可能的，一般通过施加扰动，改变网络的参数和结构，从而分析网络动态行为，因此，建立精确的模型是必需的。仿真不仅是理解系统行为的基本工具，也是设计过程的基本工具。由于仿真是生物系统研究的可行方法，因此需要开发高度实用化、精确、用户界面友好的仿真系统。仿真器和相关软件需要大量计算，常常需要在计算机集群上运行。这些仿真系统必须能够仿真单个和多个细胞的基因表达、新陈代谢、信号转导等过程。很多情况下，仿真系统还需要能够模拟像染色体结构这样的更高层次。系统生物学仿真需要开发和整合一系列软件，如存储实验数据的数据库、细胞与组织仿真系统、参数优化软件、分叉和系统分析软件、假设生成器和实验设计专家软件及数据可视化软件，如分叉分析、代谢控制分析、敏感性分析流平衡分析、代谢控制分析等方法已用于系统动态分析。

五、系统生物学计算：数据与工具

与计算科学、数学、统计学学者合作，生物学工作者正在发展技术用于获取、存储、分析、图形化显示及模拟生物信息，未来的主要挑战是如何整合不同层次的信息。

（一）计算数据日益重要

尽管核酸、蛋白质序列数据仍然是最大、最有用的数据，但人们对其他类型的数据产生了极大兴趣，这种兴趣主要源自功能基因组学和系统生物学。例如，DIP、BIND 和 MIP 储有蛋白质－蛋白质相互作用信息，TransFac 和 SCPD 为蛋白质 -DNA 相互作用信息，KEGG 和 BioCyc 为代谢途径数据库。

这些爆炸性数据给我们提出两个挑战：①如何以适当的格式系统地储存这些信息；②如何保持数据及时更新。研究者可能收集大量基因、分子相互作用、通路等生物信息，但没有一个科学家能熟悉细胞中巨大的、复杂的相互作用信息，所以说数据对系统生物学尤为重要。

（二）整体分析日显重要

有了表达谱、分子相互作用和大量其他数据，我们的任务是发展强有力的分析和实验策略整合、分析这些数据进行生物学发现。迄今，人们的注意力主要集中在基因表达方式的分析方法。通过选择不同生物条件和时间下有明显变化的基因，基因表达数据可用于特殊生物过程中基因的识别。在这类实验中，成百上千个基因的表达水平随测试条件变化。

有相似响应的基因常常聚成功能群或者显示同样的表达方式。通过整合基因表达群与补充的整体数据，可以进行专一性或者精确的功能预测。基因表达数据可与蛋白质相互作用和蛋白质种系轮廓或基因定位信息结合，用于寻找共调控元。

（三）计算模型越来越重要

模型最初的目的是说明实验观察，研究人员往往画图表达他们的思想，这种图示有助于清楚的思考。鉴于细胞中相互作用的强度变化和复杂性高系统生物学要求更理性的模型来表达这一复杂系统。

由于高通量技术的发展，产生了大量定量的生物学数据，生物学从描述性学科逐步转向预测性学科。计算机系统用于储存、分类或压缩迅速增长的数据，我们需要把数据组合成一个网络模型，预测网络行为和实验可测结果。

（四）计算模型的类型

研究人员已提出大量细胞模型，如化学动力学模型，试图把细胞过程表达成不同的化学反应系统。网络状态用细胞中每一分子的瞬时量值（如浓度）来定义，分子借助一个或多个反应相互作用。每一个反应按照反应速率等参数，用联系反应物和补充物量值的微分方程表示，这一微分方程系统通常非常复杂，难以有解析解。然而，对于给定的初始网络状态，每一基因产物或其他分子的量可以模拟状态变化的轨迹，即网络中状态随时间变化。按此方法已模拟了包括细菌趋向性、果蝇发育模式和λ噬菌体侵染大肠杆菌等生物学系统。最近有工作表明，转录、翻译和其他细胞过程也许应该用随机事件模拟更加合适。

与上述涉及化学反应系统的模型相反，另一类模型则把遗传网络模拟为分立的电路。与神经元网络非常类似，这一方法用节点和箭头（即有向线）表示网络，节点表示不同类别分子的量或水平，有向边表示一个节点对另一个节点的影响。对每个节点，我们还需要一个描述所有输入如何决定其水平的函数。一般地，点可表示为两分立态，如分子存在或缺失、基因开或关。给定所有节点的初始态，每一个节点的下一步水平直接由其函数确定。按此，所有节点的网络状态按分立的时间序列演化，下一状态由当前态计算。目前，已有一些分立电路模型的研究工作和模拟软件。对这个模型的批评主要是：模型要求即时更新节点数据，单细胞中分子相互作用并不同步，而且分子的两态表示也不足以获取网络的全部生物学行为。

（五）模型细节的选择

一个模型涉及一些关键选择，如包含哪一基因及哪一基因产物。基因可在转录、翻译水平调控，翻译后蛋白质还存在一系列修饰形式，通过可变剪接，一个基因可编码一系列不同的 mRNA。一些非遗传分子（如代谢物）可能影响网络；更进一步，一些相互作用限定于核仁、细胞膜、高尔基体及其他细胞器。所以一个完整的模型应包含分子如何实施可变剪接、修饰蛋白质产物及不同细胞器之间如何相互作用。

然而，模型的细节并不总是容易获得，解码信息是艰巨的任务。一般来说，模型参数的数量应该与可得数据的量和类型一致。例如，如果仅测量 mRNA 表达水平，那么关于蛋白质结构的详细信息可能使模型拥有太多的隐变量。

第四节　基因表达调控网络

一、基于 DBRF 方法从稳态基因表达数据推测基因网络

由于分子序列数据和大规模表达谱数据的迅速增加，迫切需要有效的计算方法从中提取数据，现已有研究人员从事大规模基因表达数据推测基因调控网络的工作。基因表达数据主要有时序和稳态两种。可以使用如信息论、遗传算法或模拟退火算法从时序表达数据建立调控网络。利用时序表达数据的一个缺点是目前采样技术不能满足在非常短的时间间隔内采样的要求。此外，已经发展了一些通过稳态数据推测调控网络的方法。

（一）基于差异表达调控识别方法推测基因调控网络

基于差异表达（difference-based regulation finding，DBRF）的调控识别从基因表达水平的差异推测可能的基因网络。首先通过野生型和突变型基因表达的差异（表 9-1），推测直接和间接的基因调控关系，然后去除间接调控关系。

表 9-1　表达矩阵 *M*

	x_0	x_1	x_2	x_3
wt	3.750	3.750	8.939	0.078
a_0	—	3.750	8.769	0.011
a_1	3.750	—	8.769	0.086
a_2	3.750	3.750	—	5.476
a_3	3.750	3.750	8.939	—

矩阵 ***M*** 的每行表示缺失该行基因的情况下其他基因的表达水平，每列表示该基因在各种基因缺失试验下的表达水平。

确定基因调控关系的一个简单办法就是观察野生型（*wt*）和突变型表达水平的差异。DBRF 首先要做的就是依据这种差异推测交互矩阵 ***I*** 体。由 ***M*** 可以导出矩阵 ***I*** 体，***I*** 体矩阵的行表示调控基因，列表示目标基因（如 a_0 激活 a_2 和 a_3，a_2 抑制 a_3，见表 9-2）。

表 9-2　基因间相互作用的交互矩阵

	a_0	a_1	a_2	a_3
a_0			+	+
a_1			+	
a_2				—
a_3				

显然，如果基因 *a* 缺失，基因 *b* 的表达水平降低，基因 *a* 就激活基因 *b* 的表达，这一过程不仅推测出直接的调控关系，同时也推测出间接的调控关系。接下来，需要通过剪除上述推测冗余网络中的间接关系，从而得到精简的网络。为了剪除间接关系，对于每个基因做如

下处理：①找出它们之间是否有一条以上途径；②检查这些途径的调控（激活或抑制）影响作用是否一样；③假如影响作用一样，剪除冗余途径。

（二）网络模型

下面我们将讨论如何产生表达数据谱的网络模型。将一个基因调控网络描述为包含 N 个节点 a_n（$n=0，1，\cdots，N$）、具有权重的节点间有向边、对每个节点都成立的表达函数方程 g_n 的结构图。节点代表基因，有向边代表调控关系。有向边权重因子的正负代表作用于目标基因的激活或抑制。基因 a_n 的表达水平由一个非线性 Sigmoidal 函数 g_n 决定，该函数用于描述基因表达。基因表达水平可以用下面的方程表示：

$$\frac{\mathrm{d}v^a}{\mathrm{d}t}=R_a g\left(\sum_b w^{ab}v^b+h^a\right)\lambda_a v^a$$

式中，v^a 为基因 a 的表达水平；R_a 为从基因 a 合成的最大速率；$g(u)$ 为一个 Sigmoidal 函数，$g(u)=(1/2)(u/\sqrt{u^2+1})$；$w^{ab}$ 为一个描述基因调控系数的连接权重矩阵；$\sum_b w^{ab}v^b$ 描述整体的激活与抑制关系；h^a 总结了普遍的转录因子 a 上的效果；λ_a 为基因 a 的产物 mRNA 降解速率。

图 9-4 给出了具有 4 个基因的小型网络模型。每一个圆圈代表一基因 a_n，每条边具有一权重因子。推测网络性能的评价指标是敏感性和特异性。敏感性定义为：目标网络中的边同时也在推测网络中出现的百分比。特异性定义为：推测网络中的边同时也在目标网络中出现的百分比。

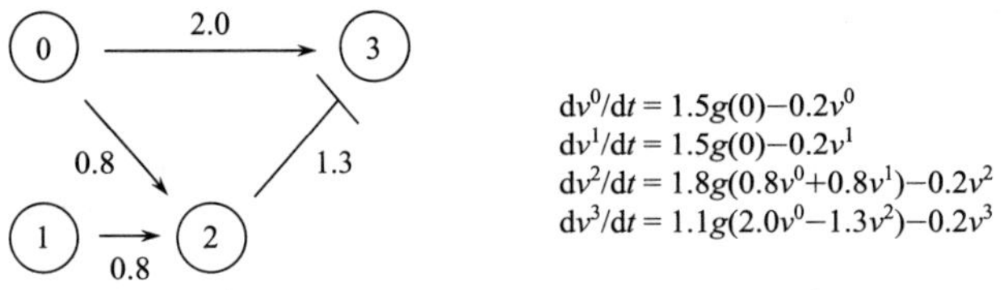

图 9-4　基因调控网络模型

二、海胆顺式基因调控网络

反式逻辑定义蛋白质相互作用因子与它们控制的基因（或网络中其他转录因子）的相互作用。相反，顺式逻辑定义通过其状态（束缚或无束缚因子）产生特殊基因表达时空模式的启动子序列之间的精确关系。这两类网络均有输入和输出，输入可能是来自信号转导途径，输出（核 RNA 浓度）表示许多转录后调控水平（RNA 加工、RNA 可变剪接、蛋白质加工和蛋白质化学修饰等）。

海胆因其发育简单（胚胎只有 12 种细胞）成为研究顺式（*cis-*）基因调控和反式（*trans-*）基因调控的有力模型，它们一个夏天可获得 30×10^9 个卵子，卵子可同时受精，也可停止发育。许多转录因子容易分离、表征，其基因可用亲和染色法、传统的蛋白质化学、蛋白质微测序、DNA 探针合成或文库筛选克隆。

迄今为止，海胆 *endo*16 基因有最完整顺式基因调控系统，这一系统用计算机或其他电路控制。大量转录因子的多种输入整合后输入 RNA 合成机。*endo*16 在胚胎内皮层表达，它首先出现在胚胎内皮层，然后是原肠消化道，最后在中肠密集，在前肠、后肠中消失。

长度 2.3kb 的海胆基因组包含 *endo*16 表达必需的全部控制元。图 9-5 显示这一区域有 34 个结合点及与其结合的 13 个转录因子。结合点落入 7 个 DNA 区域，包括 6 个功能区（调节

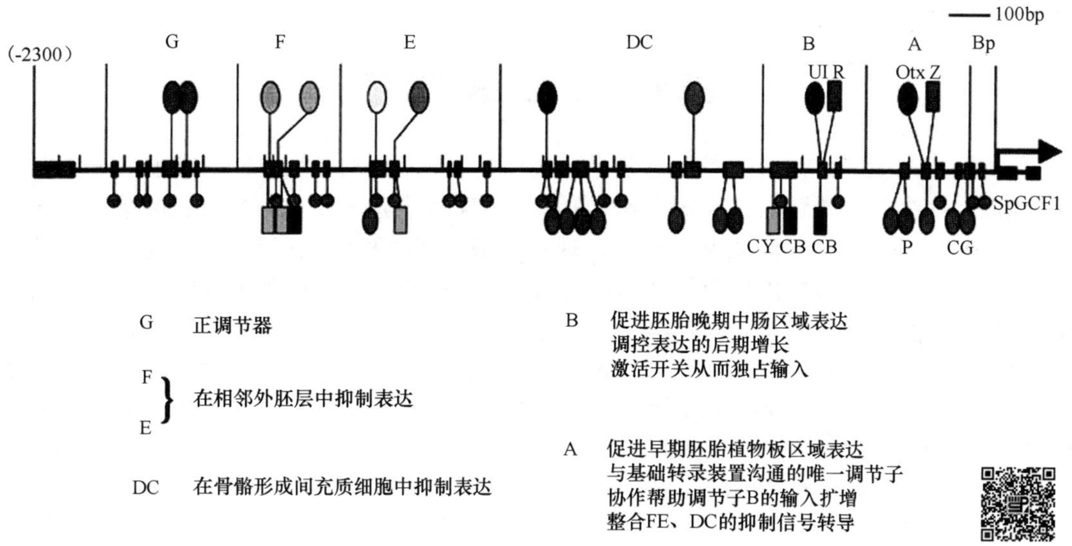

图 9-5　2300bp *endo*16 顺式基因调控序列中蛋白质 -DNA 相互作用图

子 A、B、DC、E、F、G）和 1 个基本启动子区。每一个区有一个或多个结合位点定义。把序列插入报告基因，再转入转基因海胆，然后测量基因表达时空表达输出。例如，这一方法显示调节子 G 是正调节器，而 F 和 DC 在相邻外胚层中响应表达抑制。A 在第 6 功能区与基本转录器之间起通讯作用，负责整合来自 G、F、E、DC 和 B 的正和负输入。

由这些研究，可构建一个描绘这些调节子，以及它们之间相互作用执行操作的模型（图 9-6）。模型清楚地表明调节子 B 通过调节子 A 作用于基因转录器，这种相互作用可以是布尔式、标量式或时间变化量。

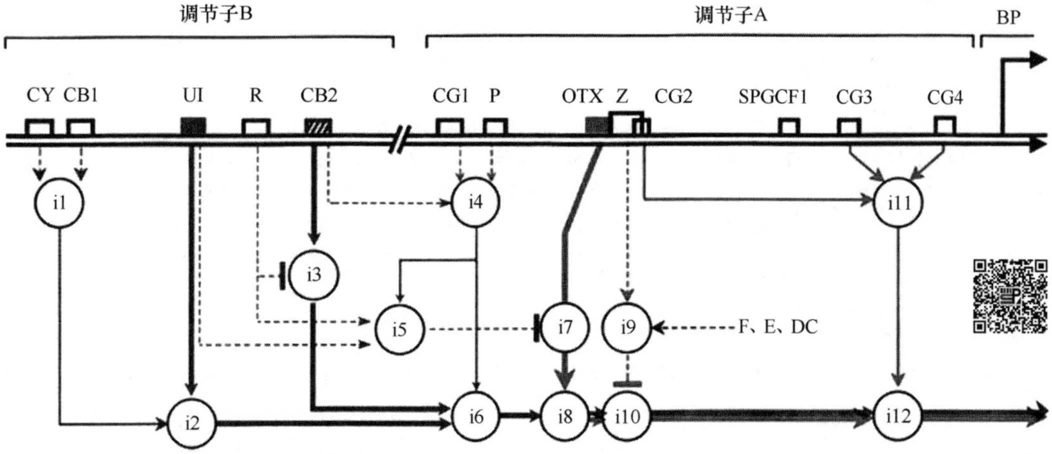

图 9-6　调节子 A 和 B 的控制逻辑模式（Ideker et al.，2001）

线上显示了结合位点，线下圆圈表示逻辑操作。调节子 A、B 的输出分别用红色和蓝色表示。短化线表示可由布尔式输入调节的相互作用，细实线表示标量，粗实线表示时间依赖的定量输入。箭头表示的输出产生正效应，垂直箭头表示负效应。例如，CY 和 CB1 相互作用激发调节子 B 时空控制元 UI 的输出

第五节　代 谢 网 络

作为另一个例子，我们使用系统方法探索酵母中半乳糖的利用机制。和前面海胆发育一样，用调控网络模型预测由于定向扰动实验导致的基因表达的变化。与海胆的例子不同，其网络成分控制基因表达的顺式调控序列，现在网络由基因和反式相互作用的基因产物组成。尽管反式模型不能说明关于单个基因调控的细节，但它提供了基因如何相互作用，从而控制细胞过程的新信息。

酵母半乳糖利用系统包含至少 9 个基因，4 个编码催化转化半乳糖为葡糖 -6- 磷酸的分子（*GAL1*、*GAL5*、*GAL7* 和 *GAL10*），第 5 个编码控制系统状态的转运分子。如果酵母细胞中有半乳糖，系统开启；如果缺少半乳糖，系统关闭。大量转录因子如 GAL3、GAL4、GAL80 和 GAL6 参与关 / 启的调控（图 9-7）。

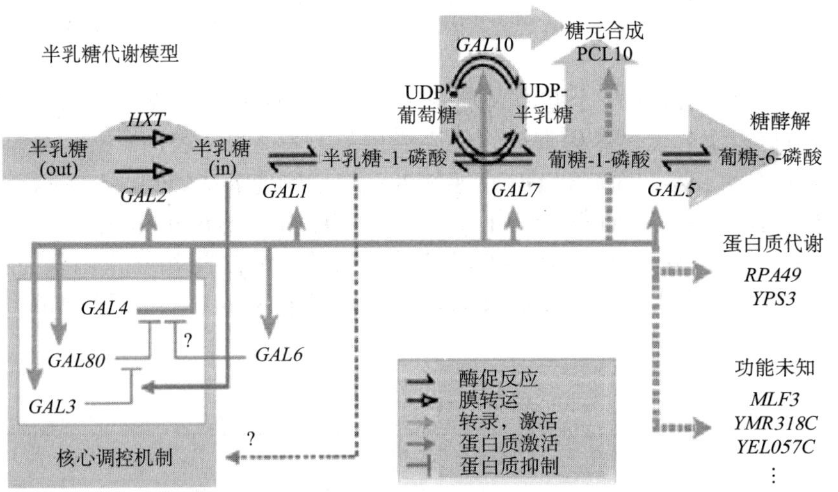

图 9-7　半乳糖利用模型（Ideker et al.，2001）

酵母通过涉及 GAL2 转运蛋白及由 *GAL1*、*GAL7*、*GAL10* 和 *GAL5* 产生的酶的一系列步骤代谢半乳糖。这些基因主要由 *GAL1*、*GAL7* 和 *GAL10* 组成的机制在转录水平进行调控。*GAL6* 通过类似于 *GAL80* 的方式通过抑制 GAL 酶产生另一个调控因子。点画线表示后加修正

（一）网络的遗传和环境扰动

我们希望确定半乳糖中分子相互作用是否足以说明来自对 GAL 通路扰动的基因表达的变化。为此，我们构建了 9 个遗传扰动酵母株，每一个删除一个不同基因，与野生型（无基因删除）一起，这些菌株在 2% 半乳糖有（＋Gal）和无（－Gal）条件下稳定生长。在 20 种扰动（10 株 ×2 培养基）下，用全酵母基因组微阵列监视相对野生型（＋Gal）mRNA 表达的变化。

997 个 mRNA 显示出在一个或多个扰动下浓度发生变化，对应的扰动基因分成 16 个不同的类，在同一类的基因中显示了相似的响应。特别是编码代谢细胞和合成通路的基因处于同一类，显示了酵母细胞中关联信息通路的网络。

（二）网络模型的构建和可视化显示

为了显示这些信息通路的性质，我们构建了一个连接其他代谢过程的半乳糖利用的分子相互作用网络。为此，关注 3026 个物理相互作用。这些相互作用定义了一个分子相互作用网络的模型。网络中每一个节点表示一个基因，有向线段表示第一个基因编码的蛋白质通过 DNA 结合能影响第二个基因的转录，无向线段表示基因编码的蛋白质有物理相互作用。

每一个扰动下的表达数据可视化加入网络。例如，图 9-8（a）显示半乳糖存在时 GAL4Δ 删除的结果，每一个节点的灰度表示其相应基因的 mRNA 表达的变化。当获取到其他信息时，也可添加进网络。图 9-8（b）说明增加蛋白质富含信息下的可视化显示，主要关注氨基酸生物合成对应的网络区。通过比较每一节点显示的 mRNA 和蛋白质表达响应，我们可以确定 mRNA 是否与蛋白质数据相关。

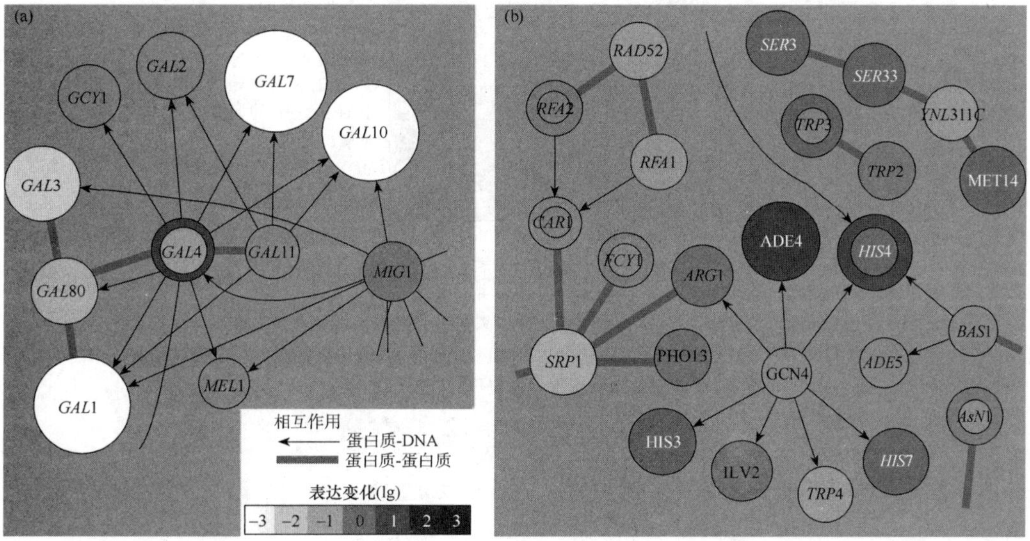

图 9-8　整合的物理相互作用网络实例（Ideker et al.，2001）

（a）半乳糖利用；（b）氨基酸生物代谢。节点表示基因，从一个节点到另一个节点的黄色有向箭头表示蛋白质 -DNA 相互作用，两节点之间的蓝线表示对应的蛋白质有物理相互作用。每一节点的灰度表示对应基因 mRNA 表达的变化，中间灰度表示无变化，暗色和亮色表示表达的增强和减弱。（b）的节点有两个不同区域，外环表示 mRNA 表达的变化，内环表示蛋白质表达的变化；（a）中用红色外沿圆环表示对 *GAL4* 的外部扰动

（三）观察与预测的比较

按前述系统生物学框架，我们希望确定是否观察到的 20 种扰动的表达变化与分子相互作用网络预测的变化一致。网络模型仅仅作粗略预测，如涉及蛋白质 A 与基因 *B* 的蛋白质 -DNA 相互作用预测 A 的表达变化能导致 *B* 表达的变化。如果 A 另外涉及蛋白质 C 的相互作用，那么 C 的表达变化也能通过 A 的改变引起 *B* 的表达变化。然而，网络不能说明这些相互作用是激活还是抑制；或者在多个相互作用影响一个基因的情况下，这些相互作用如何结合在一起产生全部的表达变化。类似地，网络不能指认是否蛋白质－蛋白质相互作用导致功能蛋白复合物的形成或者一个蛋白质修饰另一个，因为蛋白质 -DNA 或蛋白质－蛋白质相互

作用数据中没有编码这类信息。

有趣的是，我们有许多这类数据库中没有的信息可以利用。对 GAL 转录，经典遗传学和生物化学实验已确定 Gal4p 是一强转录激活子，Gal80p 与 Gal4p 结合可以抑制这一功能。我们可以通过挖掘 *GAL* 基因扰动对细胞中其他基因影响的文献信息来补充模型。例如，利用这类信息我们可以表明蛋白质 -DNA 相互作用是激活还是抑制；同样也可以明确是否每一个蛋白质－蛋白质相互作用均能改变蛋白质的活性，或改变是正还是负。一旦将这类信息整合进模型，将大大增加其预测能力。图 9-9 对 20 种扰动比较了观察和预测的 *GAL* 基因表达响应，尽管观察的响应比预测的更加复杂，但在许多性质上二者是一致的。

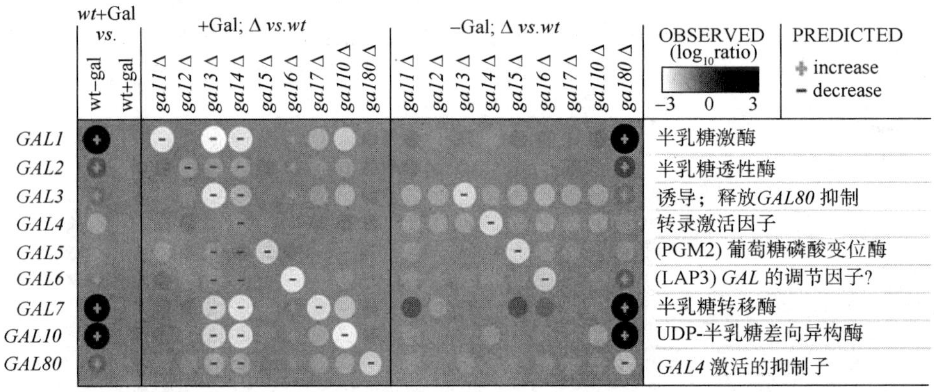

图 9-9　观察及预测的基因响应的扰动矩阵（Ideker et al.，2001）

用微阵列测量 20 种对 GAL 途径扰动下生长的酵母 mRNA 表达谱。矩阵中每一个点表示由于特殊的干扰（列）下 *GAL* 基因（行）表达的定量变化；中等灰度表示没有变化，黑色或亮点表示增加或减少表达。矩阵的左半边显示在有半乳糖存在时与野生型相比每一删除菌株的表达变化，右半边是没有半乳糖时的类似变化情况，未注释的点表示预测物表达变化的基因

（四）通过附加扰动修正模型

用预测与观察表达响应差异可以修正模型。例如，现在模型预测 GAL 酶的扰动（即 gal1Δ、gal7Δ 或 gal10Δ）不应影响其他 *GAL* 基因的表达水平。尽管 gal1Δ 确实如此，但 gal7Δ 或 gal10Δ 删除明显影响 GAL1、GAL2、GAL3、GAL7、GAL10 和 GAL80 的表达水平，这是因为 gal7Δ 和 gal10Δ 删除锁定了 Gal-1-P，导致了这一通路和其他代谢水平的增加。一个假设是代谢之一对 *GAL* 基因表达施加控制。为了强调这一假设，我们在半乳糖 gal1gal10Δ 双删除株生长中测试表达的变化。尽管 GAL10 删除锁定了 Gal-1-P 的转换，但 GAL1 锁定了半乳糖利用通路的上一步，以致 Gal-1-P 水平大大减少。这样，如果代谢是观察到的 gal10 突变 *GAL* 基因表达变化的原因，这些变化应该在 gal1gal10Δ 株中消失。事实上，当我们使用微阵列检测双删除基因表达轮廓时，其确实发生，直接支持了这一修正模型。

这样，半乳糖利用的系统生物学方法给我们提供了理解通路如何调控、该通路如何与酵母细胞中其他信息通路联系的新思路。因此，这一方法可能在说明其他生物系统中的信息通路网络，最终说明多细胞生物细胞相互联系网络方面是一种强有力的方法。

第六节　信号转导途径

一、细菌化学趋向：一个鲁棒的信号转导模型

细菌的化学趋向，即细菌移向或离开化学源的过程，已经让研究者们关注了120多年。近几十年来，研究者把注意力放在阐明负责化学趋向响应的分子相互作用上，产生了大量的遗传、结构、生理和生物化学的数据。这些数据集合导致大量使用系统生物学方法模拟化学趋向网络的努力。

（一）化学趋向的行为和分子生物学

化学趋向响应的生理学相对来说较好表征。细菌在化学梯度下通过偏向随机行走、向前游动和随机再定位的变化而移动。为了游动，细菌逆时针转动其鞭毛马达。当它移动时，细菌感觉的是化学梯度的吸引或排斥，增加吸引或减少排斥导致沿确定方向的持续游动。

如图9-10所示，对化学趋向系统的分子生物学的细节已有些了解。已经了解的甲基接受化学趋向蛋白（MCP）共5个跨膜受体，有多个甲基化位点，其修饰状态控制信号转导。这个信号网络调节鞭毛马达的输出，也调节网络对改变吸引或排斥物浓度的敏感性。

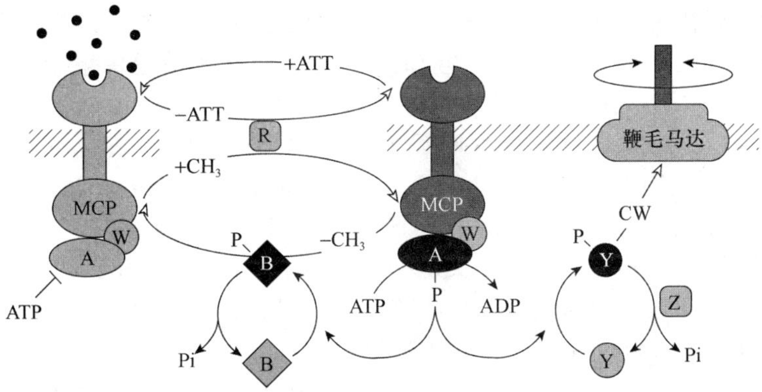

图9-10　细菌化学趋向系统（Ideker et al.，2001）

跨膜引诱物受体MCP与CheW和激酶CheA形成一信号复合体，CheA能自发磷酸化并转移磷酸，从而响应调控子CheY。磷酸-CheY与鞭毛马达蛋白相互作用诱导顺时针旋转。CheZ蛋白促进CheY的去磷酸化。CheA也负责转移磷酸到CheB MCP甲基化酶。激活的磷酸-CheB驱使MCP去甲基化，这种去甲基化作为适应机制的一部分减少了MCP-CheW-CheA复合物的激酶活性。CheR是一个执行的甲基化转移酶。在增加引诱物存在的情形下，CheA自发磷酸化被抑制，鞭毛蛋白逆时针旋转，接下来的MCP甲基化允许对更高引诱物浓度的适应。当在减少的引诱物中移动时，CheA自发磷酸化被激活，这又反过来促进磷酸-CheY诱导翻动，然后通过MCP去甲基化而适应

（二）作为系统的性质模拟“鲁棒性”

已有负责化学趋向的分子相互作用响应的定量研究。例如，Spiro等模拟在不同配体占据、磷酸化和甲基化状态之间各种化学趋向分子的转化。使用质量作用动力学方程，他们成功概括了这些分子对吸引梯度、步幅增加和饱和度的响应。按此，Spiro等研究了定量分离成分和许多相互作用的整体产生。这个复杂的相互作用网络使得我们可以观察、模拟和预测系统的性质（即行为性质而不是研究单个系统成分）。

化学趋向网络的一个有趣的系统性质是它对不同吸引浓度适应的鲁棒性。这里，鲁棒性意指系统的输出对其输入或生物化学参数的个别选择不敏感。特别是，鲁棒适应指的是系统输出对输入变化的响应不依赖整体输入值。这样，*E. coli* 细胞通过改变它们的翻动频率（输出）响应对吸引浓度（系统输入）的变化。然而，由于鲁棒性适应，引诱物的均一解总是导致不同的引诱物浓度产生相同的翻动频率。

（三）细菌趋向性的完全适应和积分负反馈机制

在细菌趋向性信号转导网络中，受体复合物（由 MCP、CheA 和 CheW 组成）磷酸化响应调节子 CheY。被磷酸化的 CheY 与鞭毛马达结合产生顺时针旋转。受体复合物的活性是受甲基化调节的，被 CheR 甲基化增强其活性，被 CheB 去甲基化降低其活性。

细菌趋向性表现出完全适应性。实验表明：随诱导物剂量的持续作用，输出首先有短暂升高，接着是一段适应期，之后返回到刺激前的活性水平 Y_0。于是，活性的稳态水平 Y_{ss} 渐近趋于 Y_0，并且在诱导物浓度大范围变化的情况下都能观察到这一现象。

Barkai 和 Leibler 的模拟工作显示化学适应的鲁棒性是分子信号网络结构的结果。假设简单的二态模型——MCP-CheW-CheA 蛋白复合物激活或失活，该模型可以理解实验已经观察到的多种行为。另外，该模型还可以做一系列关于适应性性质的预测。定义输入变化前后稳态输出比来描述化学趋向网络适应性精度。网络模型预测这个比值总是等于 1，表明适应性精度是一个鲁棒性量；那就是说，翻动频率仅仅受引诱物水平增加的影响，甚至会返回它的初始稳态值。事实上，可在不同幅值下改变速率常数，但仍能保持精确适应性。有意思的是，许多预测的化学趋向性质不是鲁棒的，如适应时间（输入变化和重建稳态输出之间的时间）和翻动频率（依赖酶的水平）在模型中均不是鲁棒的。

在相关的研究中，Alon 等通过在两级幅值下变化酶浓度，观察 *E. coli* 对饱和引诱物增加响应直接测试预测。他们观察稳态翻动频率、适应时间和适应精度。就像模型预测的一样，翻动频率和适应时间对酶活水平高度敏感，而适应精度相对保持恒定。

回到模型，对这种鲁棒行为响应的关键结构性质似乎是涉及 MCP-CheW-CheA 蛋白复合物修饰的反馈 - 控制环路。因为修饰速率依赖于蛋白复合物的活性，不依赖于其各种修饰形式的浓度，输入改变后系统活性倾向于返回初始稳态。

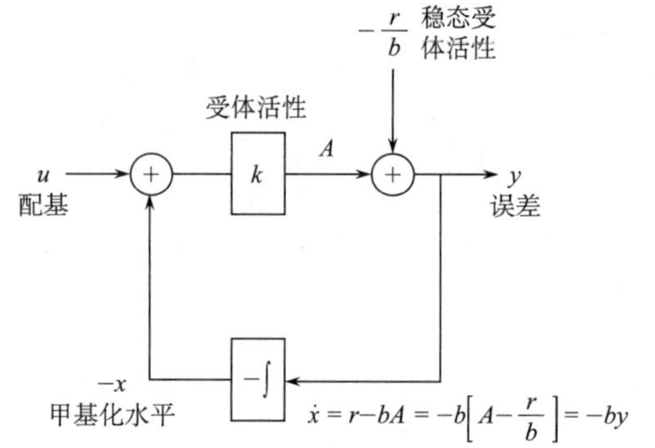

图 9-11　积分负反馈控制和细菌趋化性的方块图

控制工程师很熟悉鲁棒性是积分负反馈的典型特征。什么是积分负反馈机制呢？现用图 9-11 来进行说明。带增益 k 的方块表示网络获得输入，并得到输出 A。A 和期望的稳态输出之间的差值为误差 y。对 y 积分并将它的负数反馈到系统中。反馈项 $x=\int y\mathrm{d}t$，因此 $\dot{x}=y$。稳态下，$\dot{x}=0$，$y\to 0$，且与输入 u 和增益 k 无关。所以，只要系统是稳定的，不论输入 u 和增益 k 是多少，误差值都会趋于 0。变量 x 表示受体的所有甲基化状态。x 的改变，即等于甲基化的速率 r 减去去甲基化的速率。假设 CheB 只对被激活的受体复合物去甲基化，利用这个假设我们将去甲基化速率写成一个关于受体活性水平 A 的函数。因此，得到如下微分方程：

$$\dot{x}=r-bA=-b(A-r/b)=-by$$

我们能将趋向性信号转导网络添加到积分控制结构图中，在 CheB 只对被激活的受体复合物去甲基化的假设下，可以得到积分控制式。

（四）生物学网络的正向工程

迄今为止讨论的例子涉及构建自然发生的生物系统的力学模型。然而，前述的系统生物学框架同样可以用于按照预定模型构建合成系统，但有一个差别：前一情形，改变模型去适应生物学系统（即反向工程）；而后一情形，改变生物学系统去检验模型（即正向工程），合成生物学就是正向工程。

尽管具有需要性质或特殊功能的工程化生物学系统的概念并不新鲜，但一系列正在进行的研究方案使其从概念进入实用。Elowitz 等构建了一个 *E. coli* 基因调控系统（图 9-12）。

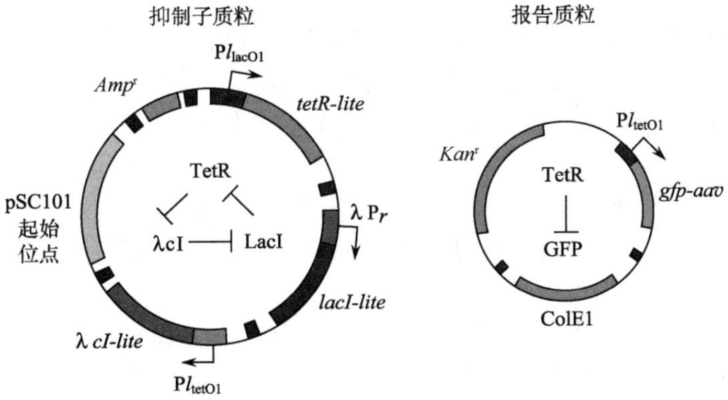

图 9-12　三蛋白振荡网络（Elowitz and Leibler，2000）

抑制子质粒编码 3 个蛋白质，每一个蛋白质与外源启动子融合，在闭合的负反馈环中一个蛋白质抑制下一个蛋白质的转录（TetR 抑制 cI，cI 抑制 LacI，LacI 抑制 TetR）。报告质粒用于跟踪 TetR 浓度的振荡

Elowitz 等的基本网络涉及 3 个转录抑制蛋白，并将其组织成一个负反馈环路。为探究这个结构潜在的振荡行为，该小组构建描述 3 个基因的每一个多次改变蛋白质浓度的定量模型（动力学和随机）。这些模型涉及大量生物化学参数，包括翻译速率、mRNA 和蛋白质降解速率及转录速率对对应蛋白抑制子浓度的依赖。类似地，高蛋白质降解速率（相对 mRNA 降解）倾向于产生期望的谐振行为。这些模拟激励小组在 3 个抑制基因的每一个 3′ 端插入一个 C 端标签。这些标签会增加每个蛋白质的降解速率。按此，调节生物系统的参数与模型参数匹配。

为了在有机体内探索网络的行为，两个质粒被转入 *E. coli* 细胞：一个编码 3 个抑制蛋白，另一个包含抑制子控制下的绿色荧光蛋白（GFP）基因。通过检测荧光水平，该小组显示个别细胞的谐振周期为 150min（细胞循环周期的 3 倍）。

二、光传导中的单光子响应和钙介导反馈的重现性

下面讨论光传导中的单光子响应的鲁棒性问题。在视网膜中，杆状光感受细胞和锥状光感受细胞一起感光，再将信息传给大脑中的视皮层。视感细胞有非常特殊的几何结构。特别是感光细胞的外节片段由许多膜盘组成，这些膜盘都装载于光传导信号级联成分中。

杆状光感受细胞在感受一个单光子时产生一个固定的响应。早期，Baylor 和他的同事注意到单光子响应有惊人的重现性，图 9-13 即为光传导途径的简略图。

将整个途径分成多个模块，单光子响应由受体激活与关闭控制。单个受体由单光子激活，

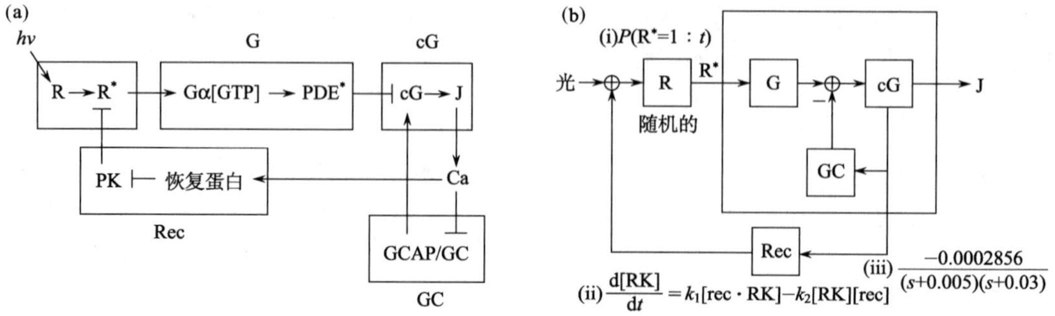

图 9-13　光传导路径

（a）路径被分成模块的示意图；（b）将路径的示意图换成数学模型

被激活的受体被视紫红质激酶（RK）磷酸化，接着与抑制蛋白结合而关闭。被激活的视紫红质（R^*）激活多个 G 蛋白，G 蛋白再刺激 cGMP（环磷鸟苷）磷酸二酯酶（PDE）。被激活的 PDE（PDE^*）降解第二信使 cGMP，使其浓度降低，导致 cGMP 门控通道关闭，流量发生变化。两个由钙起作用的反馈循环值得注意。钙经过 cGMP 通道进入细胞，因此细胞内的钙浓度是一个关于流量 J 的函数。在一个循环中，用于合成 cGMP 的鸟苷酸环化酶（GC）受到鸟苷酸环化酶活性蛋白（GCAP）这种钙结合蛋白的调节。另一个循环中，视紫红质激酶受到该结合蛋白恢复蛋白的调节。

下面建立数学模型。给定时刻，R^* 的水平用一个概率函数 $P(i,\ t)$ 表示。许多 G 蛋白和 cGMP 磷酸二酯酶分子都由单个 R^* 激活。扩增之后，箭头指向的下一个物种的浓度能用常微分方程（ODE）表示。最后，通过线性变换函数近似某些方程。

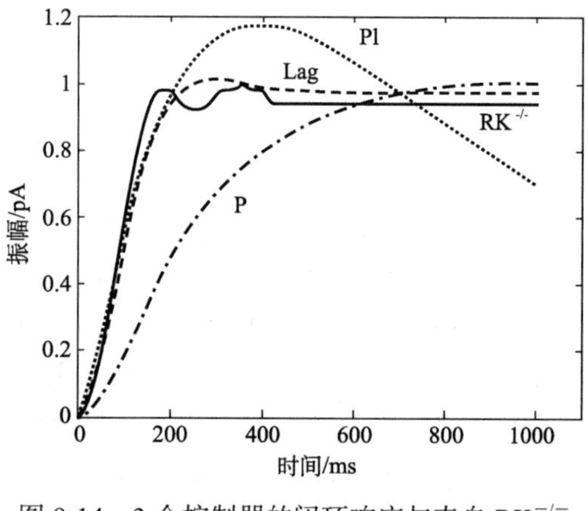

图 9-14　3 个控制器的闭环响应与来自 $RK^{-/-}$ 杆状细胞的单光子响应、3 种控制器的闭环响应

现在我们来看图 9-13 中方框（G、cG 和 GC）中的动力学。方框的输入是视紫红质分子的数量，输出是流量 J。我们的任务就是设计一个控制器，使由输入和系统成分的变化引起的输出变化最小。评价控制器的指标是鲁棒性、与实际数据的符合性和物理可行性。我们选择三种控制器，即比例控制器（P）、比例积分控制器（PI）和滞后补偿器（Lag）。比例控制器是将输出乘以一个常数再反馈到系统中；比例积分控制器是比例控制器和积分控制器的结合；滞后补偿器可看作可调的 PI 控制器。

图 9-14 中，实线表示 $RK^{-/-}$ 杆状细胞的单光子响应。采用比例控制器的系统输出呈现缓慢上升，积分控制器的响应上升很快但最终回到零，只有滞后补偿器系统能与实际数据相符合。我们认为，钙介导的 GCAP 对 GC 的调节作用可被看作一个滞后补偿器来增强单光子响应的鲁棒性。

三、动态平衡和信号转导中的双相响应调节与正反馈及其应用

从细菌到人等各种不同的生物系统都需要保持动态平衡（保持内部环境不变的过程），并且需要对可能引起动态平衡瞬态变化的各种外部信号足够灵敏。其中，最常见的现象是信号

转导途径中分子浓度维持在各自接收信号前的最优值。动态平衡还可进一步分成两类：①某个变量（如调节蛋白的浓度）可能会因为外部扰动引起瞬间的变化，但仍会维持在一定的水平，我们称该变量处于稳态，这种调节方式称为自动调节；②某个外部参数影响一个变量时，采用补偿的方式使变量最终返回稳定状态，这种调节适应称为动态平衡适应。

通常认为动态平衡适应调节的系统总是稳定的或自动调节的，所以自动调节是动态平衡系统的基本特征。下面介绍双相调节与正反馈结合的自动调节机制。其基本意思如下：第一种分子的激活促进第二种分子的激活；同时，第二种分子在活性低时会促进第一种分子激活，而在活性高时会抑制第一种分子激活（Levchenko et al., 2000）。

（一）双相调节 - 正反馈偶联理论

假设有两个描述系统的变量：$x(t)$ 和 $y(t)$，其表示为

$$\begin{cases} \dot{y}=f(S, x, y) \\ \dot{x}=g(x, y) \end{cases}$$

式中，$\dot{x}$ 和 $\dot{y}$ 表示系统动态发展过程中 x 和 y 的变化；S 表示一个外部参数，它能影响 f 的性质。假设 $x(t)$ 对 $y(t)$ 有促进和抑制两方面的作用（取值低时促进，取值高时抑制），而 $y(t)$ 对 $x(t)$ 只有促进作用。如果将 x 固定为某个值 x_0，那么可以认为第一个等式最终发展为 $f(S, x_0, y_0)=0$。如果我们现在计算与 x_0 对应的所有 y_0 值，就得到一个双相曲线 $y_0=f^1(S, x_0)$。类似地，对所有固定的 y^* 值，可以得到曲线 $x^*=g^{-1}(y^*)$，这条曲线的斜率为正。$f^1(S_1, x_0)$ 和 $g^{-1}(y^*)$ 被称为零渐变曲线，两条零渐变曲线在下降部分的交点就是系统的稳定状态（图 9-15）。

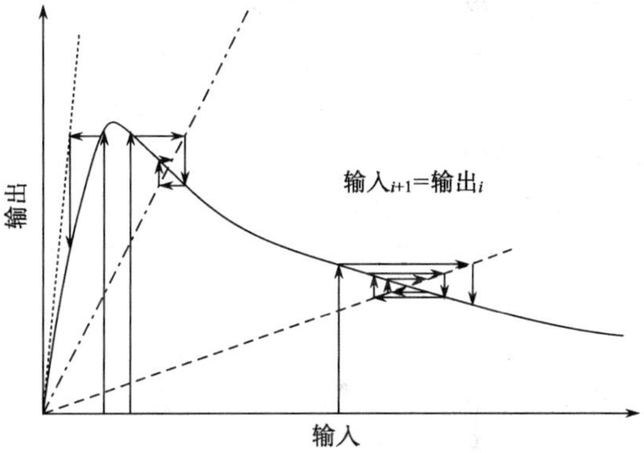

图 9-15　由系统零渐变群的交点来定义 3 个稳定态

我们假定 S 的值不影响 f 的双相特性，并且只影响零渐变曲线 $f^1(S_1, x_0)$ 的相对幅度和最大值的位置，我们还假设 $f^1(S_1, x_0)$ 对 S 的依赖是处处单调的。

由图 9-16 可见，增加外部参数 S 使 f^1 值增加。另外，图 9-16（a）中增加 S 使 f^1 的最大值位置增大，图 9-16（b）中增加 S 使 f^1 的最大值位置减小。从图 9-16（a）中可以看出，S 的增加，使系统的稳态响应从极低值逐渐变化到极高值。从图 9-16（b）可以看出，只有在足够高的 S 水平上才能产生分级的响应。而且，稳态响应作为 S 的函数，有一个明显的阈值。

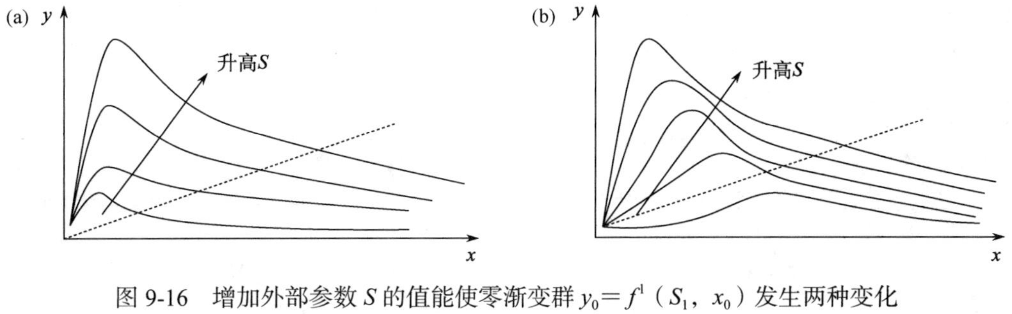

图 9-16　增加外部参数 S 的值能使零渐变群 $y_0=f^1(S_1, x_0)$ 发生两种变化

（a）在活动Ⅰ中随着零渐变群上升的方向，最大值增大；（b）在活动Ⅱ中随着零渐变群下降的方向，最大值减小。显然在活动Ⅱ中静止状态从（0，0）附近的低值变到高值的过程中有一个关于参数 S 的阈值函数

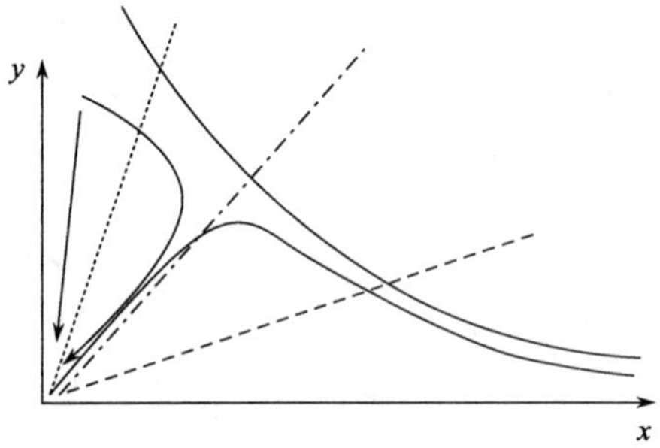

图 9-17　正反馈与双相响应相结合的系统与简单负反馈系统的行为之间的主要区别

由于双相响应下降部分与简单的负反馈不易区分，我们下面讨论双相响应相对于负反馈的优越性。从图 9-17 中可以看出，双相响应中的稳定值不会超过一定上限，但是在负反馈机制下 y 的稳定值却可以任意大。此外，双相响应中对外部参数 S 的响应有明显的阈值，而负反馈机制则没有。还有，双相响应渐变曲线 f^1（S，x_0）的上升部分的存在可能使响应外部扰动的 x 值呈一定峰值。

下面介绍 3 个例子，进一步说明双相调节 - 正反馈偶联理论在生物学中的应用。

（二）结合蛋白质的 TATA 框和转录调控

TATA 框是许多高表达真核基因启动子中主要的元件，位于转录起始位点上游 25～35bp 的区域。TATA 框的突变往往会引起转录速率的急剧下降。TATA 框是 TATA 结合蛋白（TBP）的结合位点。TBP 以单体形式与 TATA 框和其他调控因子相结合。同时，TBP 能够自己结合进行低聚，低聚体包括四聚体和八聚体。我们还不清楚 TBP 低聚反应是否会阻止它与 DNA 的结合，但是负责与 DNA 结合的 TBP 表面确实有两种低聚体形式。所以，可能是通过 TBP 低聚体与 TATA 框相结合来阻止 TBP 单体的调控作用。

TBP 在转录起始中的重要作用表明它的表达被紧密调控。对 TBP 启动子中调控元件的研究揭示出一个 TATA 框和两个控制元件的存在，其中 TATA 框是基础转录所必需的，而两个控制元件是用于结合另一个转录元件——TBP 启动结合因子（TBFP）。两个控制元件中，一个是位于 TATA 框上游有较高亲和力的结合位点，具有激活转录的作用；另一个是位于 TATA 框和转录起始位点之间有较低亲和力的结合位点，具有抑制转录的作用。我们推测在第二个位点上的 TBFP 是起反作用的，因为它阻碍了 TBP 结合到 TATA 框上。TBP 可能对 TBFP 起正调控作用，所以呈现出 TBP 转录对 TBFP 浓度呈双相相关关系与 TBFP 转录对 TBP 浓度的正相关的结合。TBP 转录还受到包括 Ras 在内的外部信号的调控，所以 TBP 转录会受到外部参数的调节。由于 TBP 的表达需要维持在一定的水平范围，甚至在有激活信号（如 Ras）的情况下也一样，所以用双相调节 - 正反馈偶联解释最佳。如果使用负反馈调控，TBP 表达将无上限（图 9-18）。

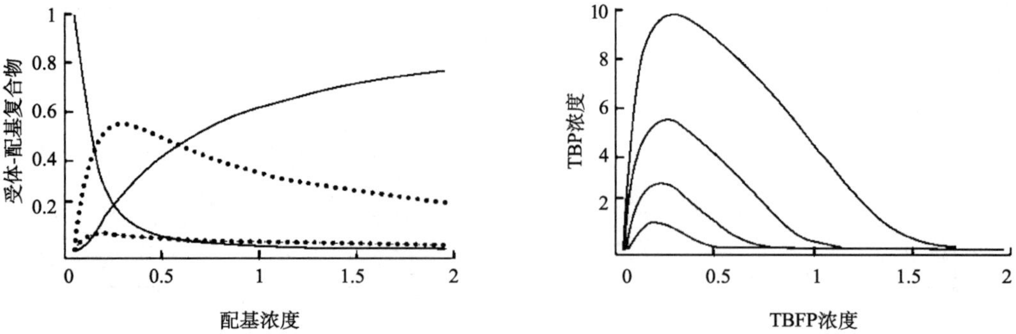

图 9-18　TBP 浓度与 TBFP 浓度的活性相关

（三）细胞质内 Ca^{2+} 浓度的调节

由 Ca^{2+} 激活的 Ca^{2+} 释放是通过内质网中对三磷酸肌醇（IP_3）和 Ryanidine 受体（RyR）敏感的 Ca^{2+} 通道来调节的。IP_3R 的开放概率是一个关于细胞质内 Ca^{2+} 浓度的双相曲线函数，在 Ca^{2+} 浓度低时，通道被活化；在 Ca^{2+} 浓度高时，通道被去活化。在这种情况下，当受体的 4 个单体中都出现高亲和力激活和低亲和力抑制的 Ca^{2+} 结合位点时，双相调节产生。IP_3R 的开放概率受 IP_3 的浓度和 ATP 调节。增加 IP_3 将使最优值位置正移，并且使开放概率的最大值增大。IP_3 的作用在于它能变构地降低 Ca^{2+} 对抑制位点的亲和力，但是保持对激活位点亲和力不变。通过降低 Ca^{2+} 对激活位点的亲和力可以使最优值位置负移，从而增加 ATP 的浓度。

有报道指出，在 IP_3 处于低浓度和高浓度水平时，Ca^{2+} 是稳定的，并且以分级的方式与 IP_3 相关，而在 IP_3 浓度处于一个中间范围时则能导致 Ca^{2+} 上下波动。图 9-19 利用反馈曲线的非单调性解释了这一行为。在反馈变为负反馈的区域中，稳定状态失稳，并且可能发生上下振动。在正反馈区域中，所有的状态均是稳定的，并且响应是分级的。

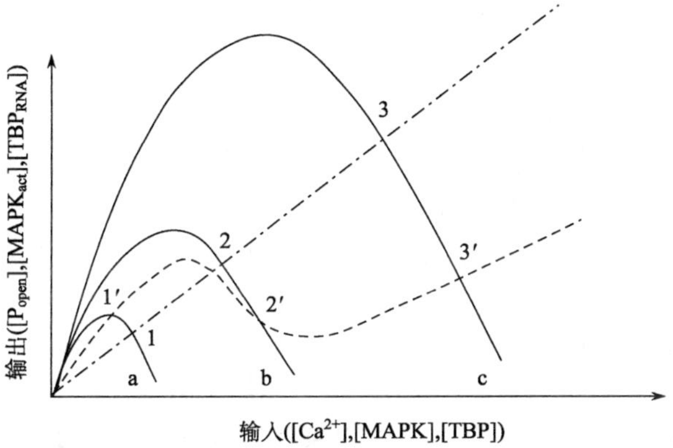

图 9-19　最优控制与正反馈的结合能产生分级响应并且有助于维持信号转导成分的动态平衡

实线对应于输入对输出的最优控制。修饰成分的水平，如 IP_3 或 MAP 激酶激酶激酶 MAPKKK 的活性从 a 增加到 b 再到 c。反馈曲线对应于 MAPK 调控的单调正反馈和 Ca^{2+} 调控的非单调反馈（--------线）。标有数字的交点对应于稳定状态 1，2，3，1′，3′（都是稳定的）和 2′（非稳定的）。在 2′ 处的不稳定可以引起在这个稳定状态周围的振动

另外，易兴奋细胞在受到各种各样能瞬时增加细胞质 Ca^{2+} 浓度的因子刺激后，则可频繁观察到瞬态响应峰值。峰值响应只可能当外部参数 S 为某些值时才产生。在 Ca^{2+} 调控中，只有当 IP_3 的浓度在某个范围内时，才可能产生响应峰值和振动。如果使用简单的负反馈调节，就不可能产生响应峰值。

（四）MAPK 浓度的调节

丝裂原激活的蛋白激酶（MAP 激酶，MAPK）级联是由 3 个顺序起作用的激酶组成的。级联中最后一个成分 MAPK 在酪氨酸和苏氨酸残基处双磷酸化后被级联的第二个成分 MAP 激酶激酶（MAPKK）激活。MAPKK 在苏氨酸和丝氨酸残基处双磷酸化后被级联的第一个成分 MAP 激酶激酶激酶（MAPKKK）激活。两个磷酸化反应是通过激酶和它的作用物的完全分裂而分开的。从理论上和实验上，得到 MAPKK 和 MAPK 活性的分布特性导致信号转导输

出是基于这些激酶浓度的双相相关性。简单地说，在酶的底物浓度高时，由于激活酶的饱和性，没有被激活的酶底物（MAPK）不能使第二个酶作用物磷酸化。

通过以上 3 个例子，我们描述了两种分子相互作用之间双相调节 - 正反馈偶联产生普遍的自动调控和信号响应的机制。虽然负反馈调节在很长时间里被认为是维持动态平衡中自动调节的方式，但是在这里我们发现双相调节 - 正反馈偶联可以代替简单的负反馈，这种替代能对某些调节进行改善。尤其是双相响应最大值的存在意味着对系统的稳定状态的激活有一个上限，而简单的负反馈能使系统的响应几乎有一个实际无穷大值。所以双相调节 - 正反馈偶联在动态平衡中对确定和维持适当的活性值是至关重要的。双相调节 - 正反馈偶联的另一个优点是能产生出峰值响应或可刺激性。这个特性大量应用于 Ca^{2+} 调控的细胞中，其中由 Ca^{2+} 引起的 Ca^{2+} 响应对各种神经刺激或肌肉伸缩过程是重要的。

第七节　蛋白质 - 蛋白质相互作用网络

一、蛋白质相互作用网络的基本概念及性质

长期以来，人类已经积累了大量关于生物大分子的知识。随着研究的进一步深入和生物技术的发展，研究兴趣正逐渐从单个分子转向分子间的相互作用，以及由它们所形成的复杂网络。特别是近年来，大规模高通量蛋白质组技术的发展和应用，使得蛋白质相互作用数据呈指数增长。细胞系统可以看作是由基因、蛋白质和小分子之间复杂的相互作用形成的网络，后基因组时代生物学的最重要任务就是从网络水平理解细胞内的生物学过程或功能。网络生物学的目标就是通过分析生物网络的拓扑学结构和动力学特性，去认识生命现象，了解生命构建、运作和进化的原理。由于生物网络的大规模、复杂性和非线性，可以说分子网络的研究中不但充满了机遇，也充满了挑战。

网络是一个图，是节点和连接节点的边的集合。节点可以是分子、基因或蛋白质，边是分子相互作用、遗传相互作用或其他的两个元素之间的关系（图 9-20）。

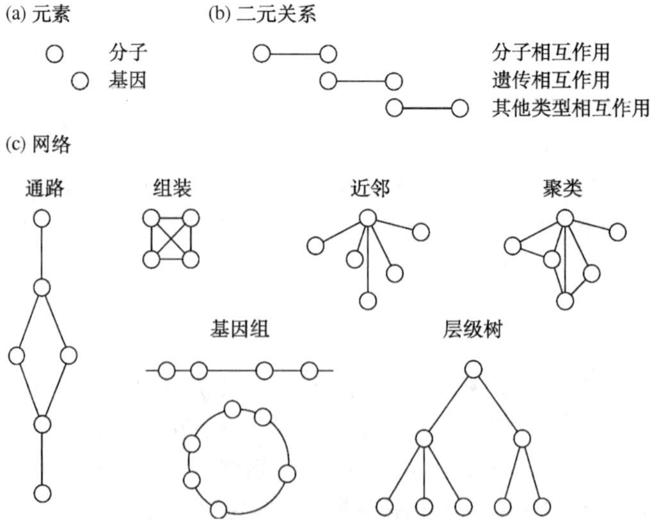

图 9-20　网络表示图

网络包括一组元素（节点）和一组二元关系（边）

除正规网络结构外，网络从结构上还可分为随机（指数式）网络和无标度网络（图 9-21）。传统的随机网络（如 ER 模型），尽管节点连接是随机设定的，但大部分节点的连接数目会大致相同，即节点的分布方式遵循泊松分布，有一个特征性的“平均数”。连接数目比平均数高许多或低许多的节点都极少，随着连接数的增大，其概率呈指数式迅速递减。故随机网络亦称指数网络。而无标度网络是 1998 年 Barabasi 等在研究 WWW 网络结构时意外发现的：WWW 网络基本上是由少数高联通性的页面连接组成的，80% 以上页面的连接数不到 4 个，而占节点总数不到 1/10 000 的极少数节点，却和 1000 个以上的节点连接。网络的连接分布不见随机网络具有的“平均数”特征，而是遵循了“幂次定律”分布，即：任何节点与其他 k 个节点相连接的概率正比于 $k^{-\lambda}$［$P(k) \sim k^{-\lambda}$］，于是他们把这种网络称为“无标度网络”。可见，无标度网络是不均匀的，大多数节点只有一个或两个连接，但少数节点有大量连接，从而保证系统是全部连通的。这种高联通度的节点（蛋白质）称为 Hub，它作为网络中的枢纽，在生物的进化与维系相互作用网络的稳定性等方面有着不可替代的作用，这些蛋白质往往参与重要的生命活动，并发挥关键的生物学功能。分析表明，一个蛋白质参与的相互作用越多，这个蛋白质对细胞的生存也就越重要。而无标度的拓扑组织方式似乎增加了系统的稳健性，使得整个网络在部分组件出现问题或者环境改变甚至遭受外来攻击时，能够尽最大可能地保持稳定性。显然，由于绝大部分的节点只拥有少量的连接，在一般情况下被影响的节点都是这些连接度少的节点，也就是非致命的节点，即使它们出问题也不会波及太大的范围，除非扰动过大或者是度很大的节点或重要节点遭到破坏。但对 Hub 的袭击可能导致网络坍塌，因此，可以推测 Hub 进化应更慢一些。

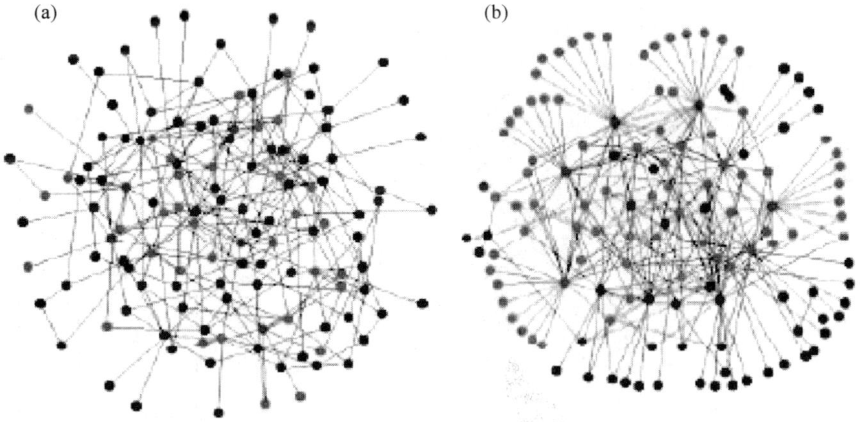

图 9-21　指数式网络（a）和无标度网络（b）

二、蛋白质相互作用网络实例

（一）幽门螺杆菌蛋白质相互作用网络

人类胃肠道病原菌幽门螺杆菌（*Helicobacter pylori*）是螺杆菌的一个种类，其基因组序列早就测序完毕，大约包含 1590 个潜在的蛋白质或 ORF。Rain 等使用酵母双杂交策略从编码基因组多肽文库中筛选了 261 个蛋白质，共计有 1200 个相互作用（大约占全蛋白质组相互作用的 46.6%）。他们发展了称为 PIMRider 的软件，可以实现图示及基于网络图的功能分析。

初步分析表明，功能相关的基因编码的蛋白质容易发生相互作用。例如，与细菌趋向性相关的几个蛋白质 CheA、CheW、CheY 及 TlpA 处于一个局部子网络中，CheA 与 CheW 和 CheY 相互作用、TlpA 与 CheW 相互作用。其他如 HypE 和 HypF、ScoA 和 ScoB、RpsR 和 RpsF、MoaE 和 MoaD、FtsA 和 FtsZ 等功能上相关的蛋白质对之间也有相互作用。

（二）酵母蛋白质相互作用网络

Uetz 等（2000）用酵母双杂交技术识别酵母（*Saccharomyces cerevisiae*）中由基因组序列预测的 ORF 中的蛋白质 - 蛋白质相互作用，发现涉及 1004 个蛋白质的 957 个相互作用。结果表明，相互作用的蛋白质往往涉及同样的生物学功能，各类功能蛋白的链接进一步形成大的细胞过程。后来该研究小组的进一步工作涉及 1548 个蛋白质的 2358 个相互作用，表明功能、亚细胞定位相近的蛋白质易聚集在一起，63% 的相互作用发生在功能相近的蛋白质之间，76% 的相互作用发生在同样的亚细胞定位之间（Schwikowski et al.，2000）。

Jeong 等（2001）利用 1870 个蛋白质、涉及 2240 个相互作用构建了酵母蛋白相互作用网络（图 9-22）。研究表明，网络属无标度网络，节点连接度服从幂律分布，$p(k) \sim k^{-\gamma}$，$p(k)$ 为节点联系 k 个蛋白质的概率。

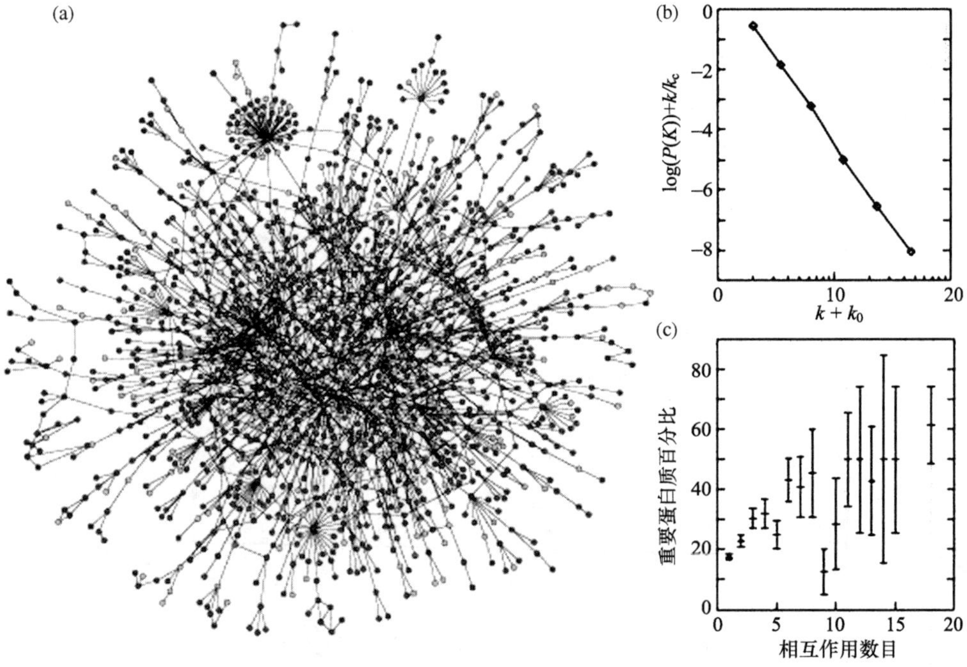

图 9-22　*S. cerevisiae* 的蛋白质相互作用网络及其全局拓扑性质（Jeong et al.，2001）

（a）酵母的蛋白质相互作用网络。节点表示酵母蛋白质，边表示蛋白质之间的相互作用；（b）酵母蛋白质相互作用网络的度分布，即蛋白质参与的相互作用数目的分布情况，横坐标为蛋白质的度，纵坐标为网络中具有该度的蛋白质的比例，该图是拟合结果；（c）酵母蛋白质的度与其功能重要性之间的关系，横坐标是蛋白质所参与的相互作用数目，纵坐标给出了具有对应度的酵母蛋白质中有多少是重要蛋白

Gavin 等（2002）利用串联亲和纯化和质谱技术分析研究酿酒酵母的多蛋白复合体，共分析 1739 个基因（图 9-23），其中与人类相关的直系同源物 1143 个；纯化了 589 个蛋白质，分属 232 个不同的复合物。

研究发现了 344 种蛋白质的新功能，其中有 231 种是以前未报道过的。不同颜色表示蛋

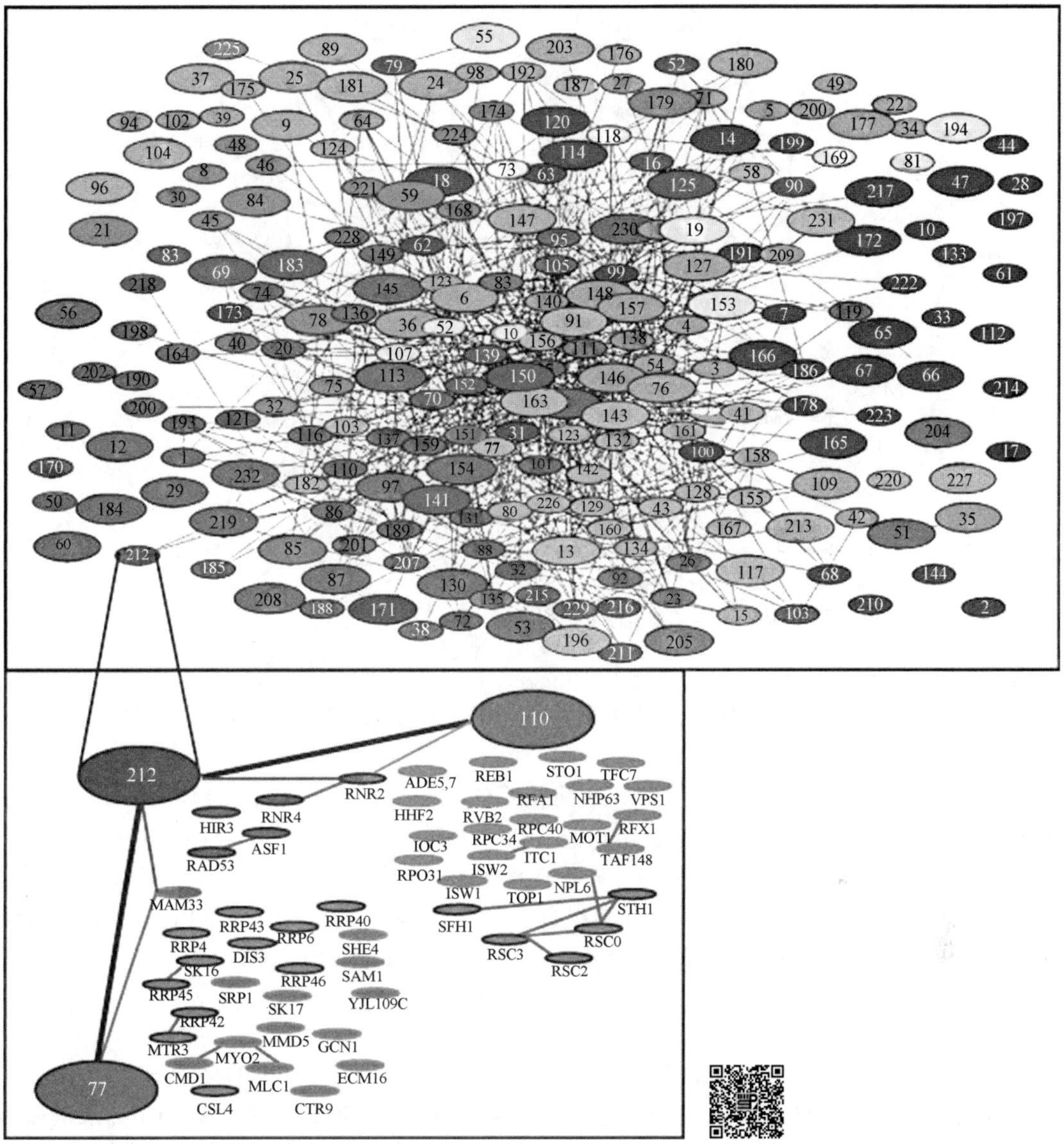

图 9-23　酵母多蛋白复合物网络图（Gavin et al.，2002）

白质复合物在细胞中的作用，如细胞周期、信号转导、转录、DNA 修复、染色体结构、蛋白质和 RNA 运输、RNA 代谢、蛋白质合成和周转、细胞极性和结构及能量代谢的介导等。

Ho 等（2002）使用高通量质谱蛋白复合体识别（high-throughput mass spectrometric protein complete identification，HMS-PCI）分析研究酿酒酵母。他们选择了 725 种不同功能的蛋白质作为诱饵，其中包括 100 种蛋白激酶、36 种磷酸酶及亚基、86 种涉及 DNA 损伤的修复蛋白等，共发现 3617 种蛋白质相互作用，重点研究信号转导和 DNA 损伤修复相互作用网络。

图 9-24 是 DNA 损伤修复相关蛋白质相互作用网络，涉及细胞周期过程、转录、蛋白质降解和 DNA 修复本身等过程。网络整体上由已知和新相互作用子集构成，包括 86 个 DNA 损伤修复相关蛋白。蓝色箭头表示已知的相互作用，红色箭头表示新发现的相互作用。Ho 等的工作表明，与 DNA 损伤修复相关蛋白确实包含了许多蛋白复合体。例如，RFC（复制因子 C）

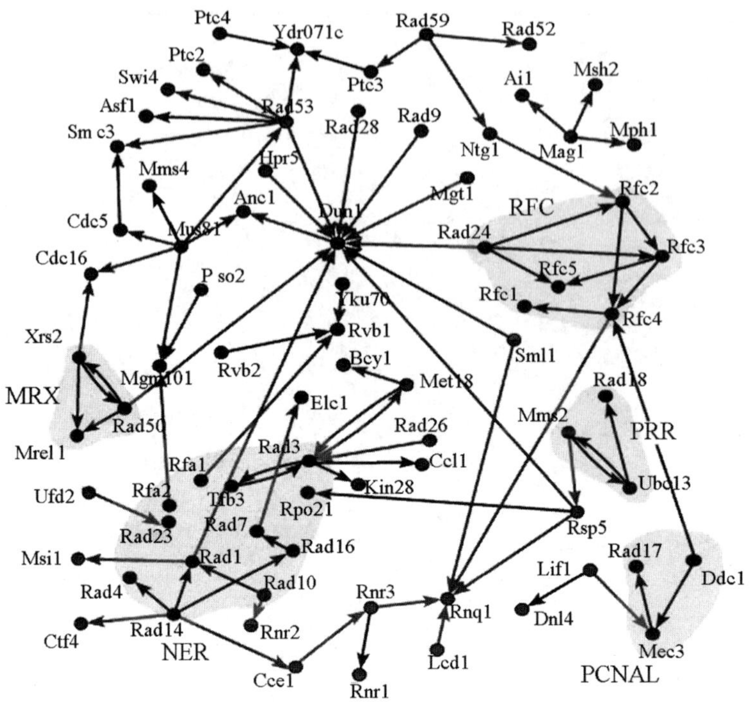

图 9-24　酵母细胞中与 DNA 损伤修复相关蛋白质的相互作用网络（Ho et al.，2002）

复合体由 Rfc1、Rfc2、Rfc3、Rfc4 和 Rfc5 间相互作用组成；PCNAL 复合体由 Mec3、Rad17 和 Ddc1 组成，其主要功能是传递损伤信息；PRR（后复制修复）复合体由 Mms2、Ubc13 和 Rad18 组成；MRX 复合体由 Mre11、Rad50 和 Xrs2 组成，主要负责介导同源双链修复；NERo 复合体也在已知的核酸切割修复中出现，涵盖了多个小的复合体 NEF1（Rad1-Rad10-Rad14）、NEF3/TFIIH（Rad3-TFB3-Kin28-Ccll）和 NEF4（Rad7-Rad16）。

（三）线虫蛋白质相互作用网络

秀丽隐杆线虫（*Caenorhabditis elegans*）是第一个进行全序列分析的多细胞生物，是研究蛋白质相互作用网络的理想模式生物，已测序列长 97Mb，含有 19 099 个编码蛋白质的基因。Li 等（2004）采用高通量酵母双杂交系统技术检测 4000 种蛋白质的相互作用，同时用共亲和纯化试验进一步检验双杂交数据。目前，蠕虫相互作用组（WI5）含有约 5500 种蛋白质的相互作用，绘制成的相互作用网络如图 9-25 所示。

（四）果蝇蛋白质相互作用网络

黑腹果蝇（*Drosophila melanogaster*）是高等真核生物遗传学研究的经典材料，基因组大小为 180Mb，有 13 601 个编码蛋白质的 ORF。

Giot 等（2003）用酵母双杂交系统研究果蝇的蛋白质相互作用，对 13 601 种 ORF 进行 PCR，并且对果蝇胚胎期和成蝇期的 cDNA 文库中的各种 cDNA 片段分别插入诱饵载体和猎物载体，获得庞大的克隆。随后进行双杂交测试，选出二倍体带有标记的阳性克隆，进行序列分析，得到 7048 种蛋白质，共计 20 405 种相互作用，并将其绘制出一张复杂的网络图。

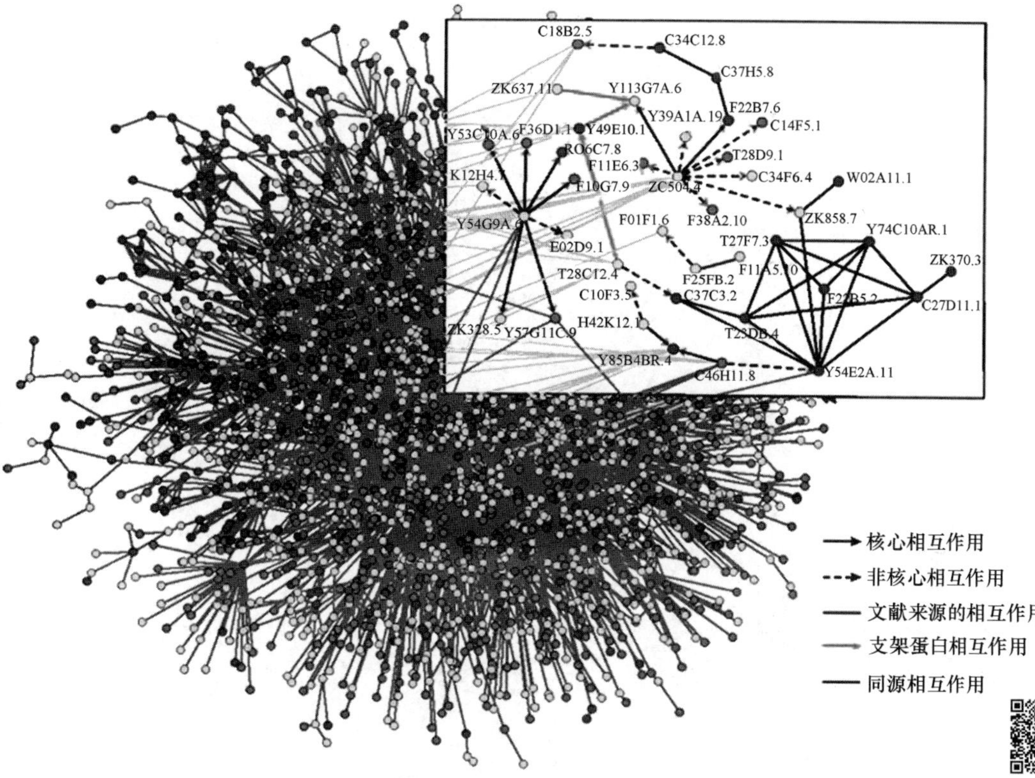

图 9-25 线虫蛋白质相互作用网络（Li et al.，2004）

图中节点（蛋白质）按其种系发生类给以不同颜色

Uetz 和 Pankratz（2004）以酵母双杂交系统研究果蝇蛋白质相互作用，并将研究结果与其他物种（酵母、人）的蛋白质 - 蛋白质相互作用网络比对，发现有些蛋白质相互作用途径在进化上是十分保守的。

（五）人类蛋白质相互作用网络

人基因组大小为 3.164 7Gb，估计含有约 2 万个基因。Raul 等（2005）借助高通量酵母双杂交系统技术从约 8100 个用 PCR 扩增出的 ORF 产物中检测到相互作用约 2800 个，绘制的蛋白质相互作用网络图见图 9-26。

三、基于相互作用网络的功能分析

有了相互作用网络之后，重要的任务就是如何在网络层面理解生物学过程及生物分子的功能。已有一些工作试图从网络的基本组成单元——网络模体、网络主题的研究等方面探讨生物学功能，以下将对这些内容做一概括性介绍。

网络模体用来描述网络中比随机网络更多出现的连接模式，是复杂网络的基本构件。可以对网络模体（motif）定义如下：“网络模体是网络中不同位置重复出现的节点组合的特殊拓扑结构”。网络模体概念可以拓展到由多种相互作用组成的整合网络，这种模体表征局部网络近邻中不同生物学相互作用的关系。同一类模体组成的更加复杂的结构称为网络主题（theme），网络主题与特定的生物学功能相关。如果把网络主题约化为一个节点而形成的简约图就是主题图（thematic map）。

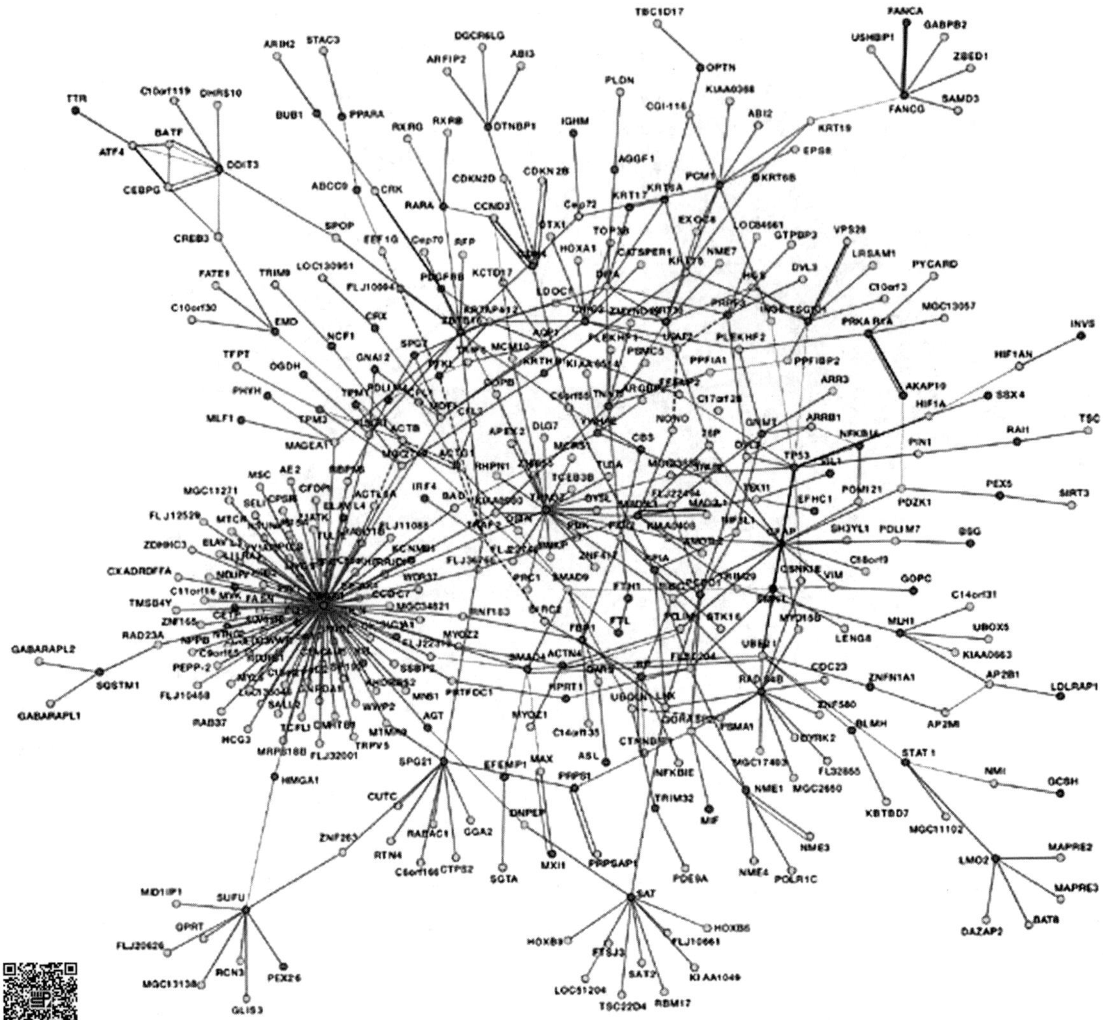

图 9-26　人类疾病相关 CCSB-HI1 蛋白相互作用网络（Raul et al.，2005）

（一）蛋白质相互作用网络模体分析

Sharan 等（2005）比较了线虫、果蝇和酵母蛋白相互作用网络，相互作用数据取自 DIP 数据库，包含酵母 4389 个蛋白质、14 319 个相互作用，线虫 2718 个蛋白质、3926 个相互作用，以及果蝇的 7038 个蛋白质、20 720 个相互作用，结果识别出跨物种保守的 183 个蛋白簇及 240 个途径，涉及蛋白质 649 个。

图 9-27 显示跨物种保守的蛋白簇和途径的整体图。由图 9-27 可以看出，网络呈明显的模块化特点，可分成 71 个不同的区域，每一区域只与特定的生物学功能相关。最大的保守簇涉及蛋白质降解（右下角）、RNA 多聚腺苷酸化和剪接（左下角），以及蛋白质磷酸化和信号转导（右上角）。其他区域涉及 DNA 合成、核 - 细胞质输运和蛋白质折叠。图 9-27 中也显示了不同模块之间有保守的连接。

在同一蛋白簇中蛋白质有相同或相似功能的假设下，我们可以预测新蛋白质的生物学功

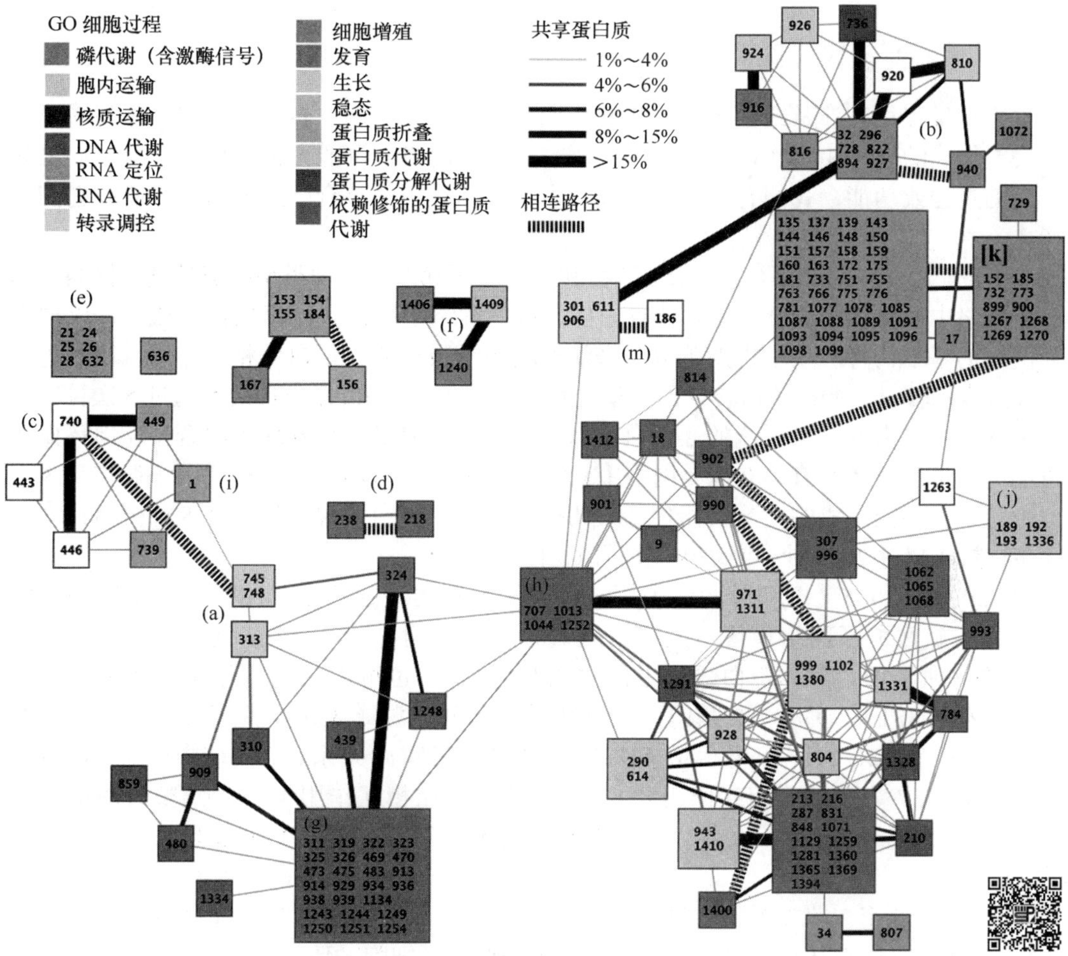

图 9-27　酵母、线虫和果蝇网络中保守簇的模块化结构（Sharan et al.，2005）

能。共计预测了酵母的 176 个、线虫的 1139 个和果蝇的 1294 个以前未见功能注释的蛋白质的功能。

Lee 等（2006）研究了酵母的 4738 个蛋白质、1129 个相互作用形成的网络，发现网络中大多数保守模体可分为 3 节点、4 节点，共计 8 种形式的网络“模体”（图 9-28）。如果定义进化上完全保守的模体数占总模体数的百分比为网络模体保守分数，发现同一模体下，不同模式的进化是有差异的。

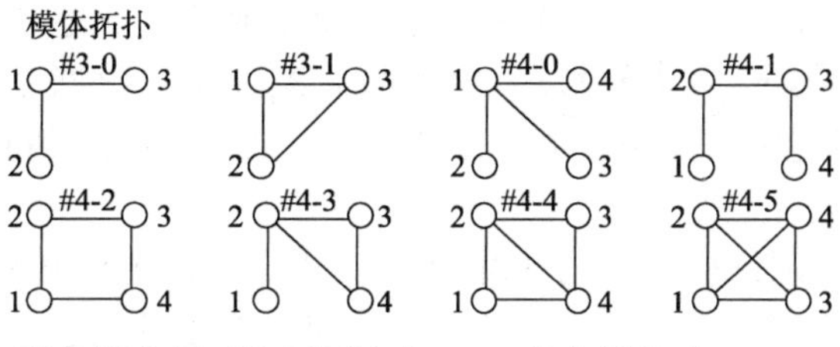

图 9-28　酵母蛋白相互作用网络中 3、4 节点模体（Lee et al.，2006）

（二）整合生物网络模体、主题分析

生物学过程往往涉及诸如蛋白质相互作用、遗传相互作用、转录 - 调控、序列同源及表达相关等形式的多种相互作用。如果单独研究每一种网络，可能会丢掉许多涉及它们之间结合产生的过程或功能，我们有必要发展包含多种相互作用的整合生物网络，并研究它们的模体特征。

Yeger 等（2004）分析了由转录 - 调控和蛋白质相互作用两种类型组成的整合网络，结果显示，网络中模体大多为 2、3、4 节点模体，说明网络主要由小网络模体组成，可以把它们视为网络的基本构件。文中用黑色双向带箭头边表示蛋白质 - 蛋白质相互作用，用红色单向带箭头边表示转录 - 调控（由转录因子指向目标基因）。如果模体出现次数超过 5 次，即可被视为模体。结果发现：①可能的 2 蛋白模体共有 5 种，网络中只发现了混合 - 反馈环模体；②可能的 3 蛋白模体共有 100 种，网络中只发现了包括蛋白环、相互作用因子调控第 3 个基因、由转录 - 调控组成的向前反馈环、共调控相互作用蛋白和混合反馈环 5 种模体；③可能的 4 蛋白模体超过 4000 种，网络中发现有 63 种。

Zhang 等（2005）以酵母网络为例，考虑了 5 种类型的相互作用，定义了网络主题的概念，并明确区分了网络模体、网络主题概念上的不同（图 9-29）。蛋白质相互作用可以是直接的物理作用（简称蛋白质 - 蛋白质相互作用），也可以是遗传作用，还可以是合成致病或致死（SSL）。另外，2 基因可通过转录、序列同源或表达相关等方式作用。工作中使用了 3066 个 SSL 相互作用、40 438 个蛋白质序列同源关系、57 367 个关联 mRNA 表达关系、49 537 个蛋白质相互作用和 4357 个转录调控相互作用（TRI）。整合网络中包含 5831 个节点、154 759 个相互作用。正像小世界网络特征一样，它们发现大量 3 节点连接模式。

共发现的 50 个 3 节点模体，进一步分成 7 个子集（图 9-29）。第 1 个模体子集是转录前馈模体，例中 Swi4 和其转录活化子 Mcm1 一起调控大量细胞循环相关基因。总结为向前反馈主题，表示有一对转录因子，其中一个调控另一个，然后共同调控目标基因。第 2 个模体子集是共点模体，目标基因由两个通过物理或序列同源相互作用的转录因子调控。例中 Hap2、Hap3、Hap4 和 Hap5 形成 CCAAT 结合因子复合物，共同调控大多涉及碳氢化合物代谢的目标基因。第 3 个模体子集由同一转录因子调控、由关联表达、蛋白质相互作用或序列同源联系的两个目标基因，称为调控复合物主题。实例中组蛋白八聚体 Hhf1、Hhf2、Hht1、Hht2、Hta1 和 Htb1 共同由 Hir1 和 Hir2 调控。第 4 个模体子集由涉及蛋白质相互作用或关联表达的 4 个 3 节点模体组成，称为蛋白质复合物主题，主要实例是 ATP 合成酶复合物。第 5 个模体子集包含由 SSL 或序列同源关系联系的 3 节点模体，称为整合 SSL/ 同源网络近邻簇主题，实例为 Myo2 和有 SSL 或序列同源联系的大量与 Myo2 联系的基因。第 6 个模体子集描述两个节点通过 SSL 或序列同源联系，第 3 个节点通过 PPI 或关联表达与这两个节点联系，称为补偿复合物主题，实例为 Ssn8 和 Cdc73 由 RNA 聚合酶 Ⅱ 复合物联系。第 7 个模体子集中，其中两个节点由 PPI 或表达关联联系，第 3 个节点通过 SSL 或序列同源与这一节点联系，称为补偿蛋白和复合物 / 过程主题。

约有 5000 个 4 节点网络模体，图 9-30 为对应于“补偿蛋白和复合物 / 过程”主题的 4 节点模体。每一模体由两对节点组成，成对节点之间由 PPI 或表达关联联系，两对之间由 SSL 或序列同源联系。

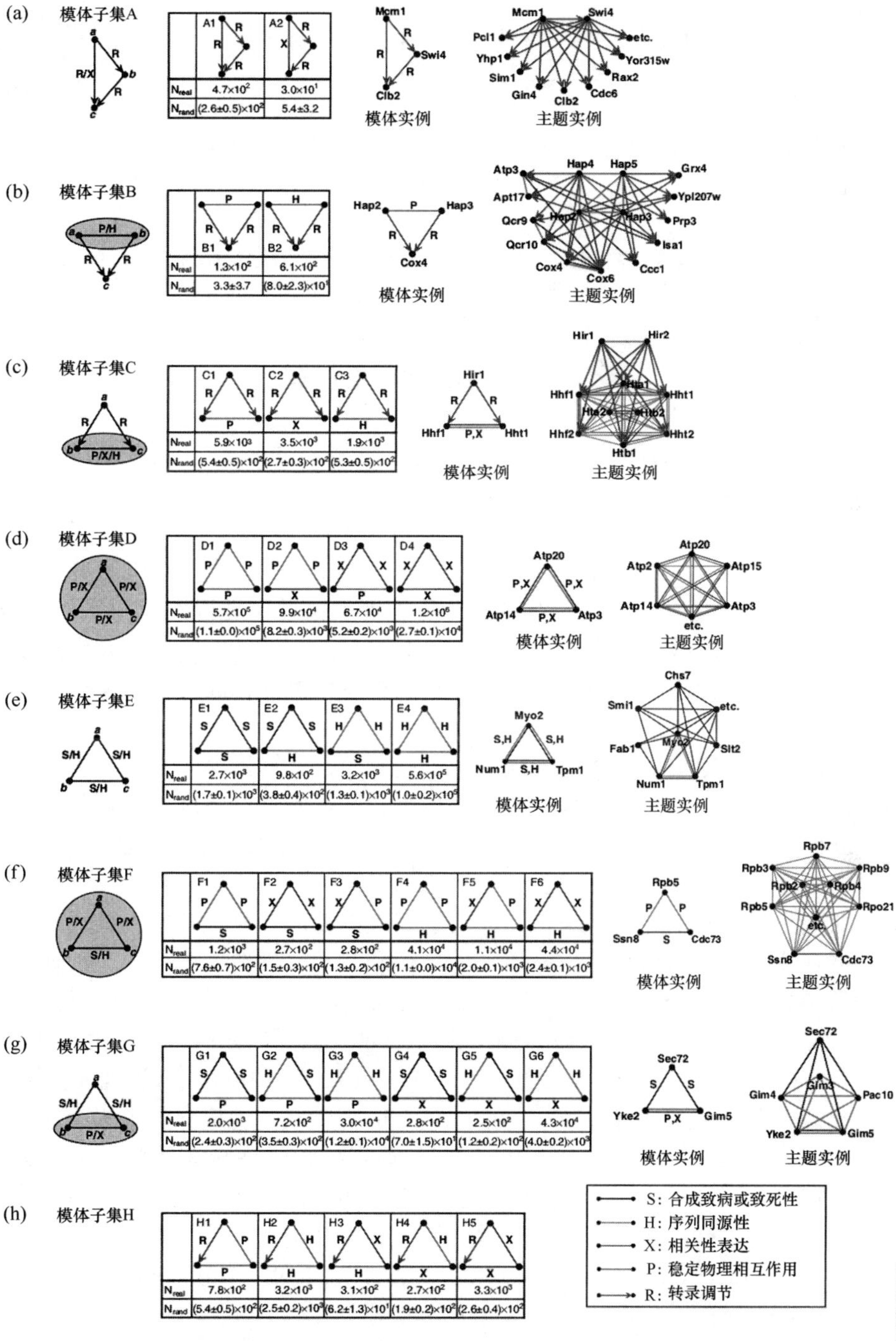

图 9-29　酵母网络中 3 节点模体和对应的网络主题（Zhang et al.，2005）

图中从左至右依次为模体子集、模体统计学列表、模体实例和形成的网络主题实例，每一种颜色的连线表示 5 种相互作用类型的一种，注解见右下角。（a）向前反馈主题；（b）共点主题；（c）调控复合物主题；（d）蛋白质复合物主题；（e）整合 SSL/ 同源网络近邻簇主题；（f）补偿复合物主题；（g）补偿蛋白和复合物 / 过程主题；（h）其他未分类主题

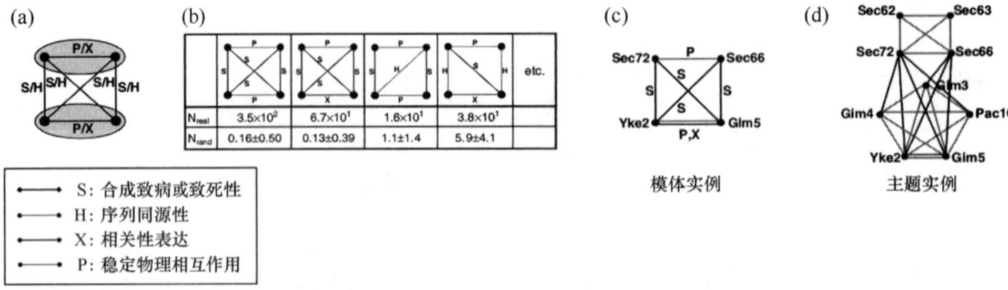

图 9-30　对应于“补偿蛋白和复合物 / 过程”主题的 4 节点模体（Zhang et al.，2005）

（a）~（d）依次为模体、模体统计学列表、模体实例和形成的网络主题实例

第八节　虚 拟 细 胞

系统生物学结合先进的测量技术及大规模生物网络建模与分析，建立“虚拟细胞”（virtual cell）是学科发展的长远目标和必然趋势。

虚拟细胞亦称为人工细胞（artificial cell）或电子细胞（e-cell），它是在实验数据及理论的基础上，结合生命科学、计算机科学、数学等学科的原理和技术，对细胞的结构和功能进行分析和整合，构建的一种对细胞内外部生命活动现象及过程进行模拟和预测的虚拟系统，以期探索细胞生命活动的潜在规律（Tomita，2001；Palsson，2000）。因此，虚拟细胞亦称人工细胞或人工生命。解析并建立一套细胞工厂和生物纳米机器将成为科学家奋斗的目标（张先恩，2008）。

一般认为，虚拟细胞主要由 4 部分组成：控制界面，计算机存储、分析和控制系统，数学计算系统，反应界面。其构建过程一般要经过生物数据收集、整理，数据的计算分析，向虚拟细胞数学模型的转化，以及虚拟细胞的测试和维护。虚拟细胞构建是十分复杂的，不同的细胞、不同的虚拟对象和实现的功能，其构建的形式有很大差异，需要反复验证和不断完善。以虚拟细胞为平台和工具，借助于强大信息处理能力的计算机辅助人脑进行工作，不但可以使人们更好地掌握和利用细胞生命活动的规律和知识，创造人工生命，加速生命科学和信息科学的发展，改变人类生活和生存环境，而且必将成为医学、生物学、药学、营养学、生态、环境、农业等学科研究和产业领域中不可替代的工具（冯团诚和庄南生，2007）。

目前世界上比较著名的有两种虚拟细胞：① E-CELL，一种原核细胞能量代谢的模型，是 Masura Tomita 领导的研究小组于 1997 年在日本 Keio 大学成功地建立的世界上第一个虚拟细胞模型；② Virtual Cell（Schaff　et al.，1999），一种真核细胞钙转运的模型，是美国康涅狄格大学 Leslie M. Loew 和 James C. Schaff 领导的研究团队于 1999 年建立的。由于虚拟细胞的强大功能和应用前景，虚拟细胞模型如雨后春笋不断地被研究人员开发出来，如 Cyber-Cell、Karyote、CellX、RouletteCyte、VirusX、M3、JigCell、Mcell、BioNetGen、SysBio-OM、In Silico Cell、CELLmicrocosmos 等。

微课视频

第九节　生物学网络的构建、分析与可视化

网络天然存在于生物学系统中，如信号转导网络、基因调控网络和代谢网络等。对复杂网

络的研究不仅能帮助寻找关键节点，也是对生物学系统整体的探索。如今，海量多组学数据的生成提供了前所未有的大量关系数据，网络分析已经是生物信息学研究中不可或缺的重要手段。

生物学网络脱胎于图论，以结构、关系、路径等拓扑性质为特征，是一种用网络图像体现关系模型的方法。生物学网络可用来研究多种类型的关系数据，如不同分子之间的结构相似性关系；药物－靶点之间的靶向关系；不同基因之间的共表达关系；不同类型 RNA 之间的调控关系等。生物学网络的研究是现代系统生物学重要的组成部分，也是目前相对最成熟的领域。本节将以最常用的网络软件 Cytoscape 为例，介绍网络构建、分析及可视化的方法。

一、Cytoscape 简介

Cytoscape 是由美国西雅图系统生物学研究所开发并于 2002 年发布的开源软件，主要用于分子互作网络可视化和复杂网络分析。目前软件的最新版本是 3.9.0。 Cytoscape 可以运行在各种操作系统平台上。官方网址：http://cytoscape.org/。

Cytoscape 需要在 Java 运行环境的支持下使用，因此在安装 Cytoscape 之前，用户的计算机应具备 Java（https://java.com）。 Cytoscape 提供了不同操作系统平台的安装包下载，可以按照自己操作系统的配置选择对应版本下载安装。

相比于其他网络可视化软件，Cytoscape 的优势体现在：操作丰富，包含大量插件，支持多种格式的导入与导出，并且能良好支持生物数据专用的文件格式（如 SBML）。Cytoscape 在系统生物学领域的应用尤为突出，并且可以应用于生物学之外的领域，它还提供了官方 JavaScript 库用于网页开发。而同样有类似特性的软件包括 R 和 Gelphi。但是它们相对于 Cytoscape，不足在于：R 主要面向统计计算，要进行网络分析和可视化，需要安装一些第三方的软件包，并且它完全由命令行输入代码操作，需要使用者有一定编程基础；而 Gelphi 并非针对生物学网络开发的软件，相对于 Cytoscape 功能较少，开发成熟程度也较差。

相比之下，R 同样具有丰富的软件包和精细的图像导出预设，熟练使用后可以实现更加复杂的互作网络生成和分析，在学术研究领域也是比较好的选择； Gelphi 更加轻便、简化，适合生物学互作关系网络研究的初学者，此外它具备更加美观的预设和内建的统计分析模块。

由于 Cytoscape 是开源软件，由核心开发团队和众多开发者共同开发维护，随着软件版本的更新，相信 Cytoscape 的功能会越来越丰富与强劲。

二、Cytoscape 基本操作

（一）认识界面

Cytoscape 在 2013 年发布 3.0 版本后，发生了较大的变化。以 3.5.1 版本为例，Cytoscape 软件的界面更加模块化（图 9-31）。界面顶端是菜单和工具栏，用于执行各种对网络和文件的操作。占据界面左侧的是控制台，可以管理、调整并筛选网络中的节点和连线。界面最突出的区域是可视化区域，用于展示和移动网络可视化。可视化区域的下方是数据栏，以列表的形式展现网络中节点与连线的具体信息。

（二）基本网络操作

1．节点和连线的操作　在可视化区域右键点击唤出快捷菜单，实现节点和连线的创建（Add）。在可视化区域中可实现节点的移动（左键拖动），节点和连线的删除或剪切（Delete 键或 Ctrl＋X），视图的放大缩小（鼠标滚轮）。

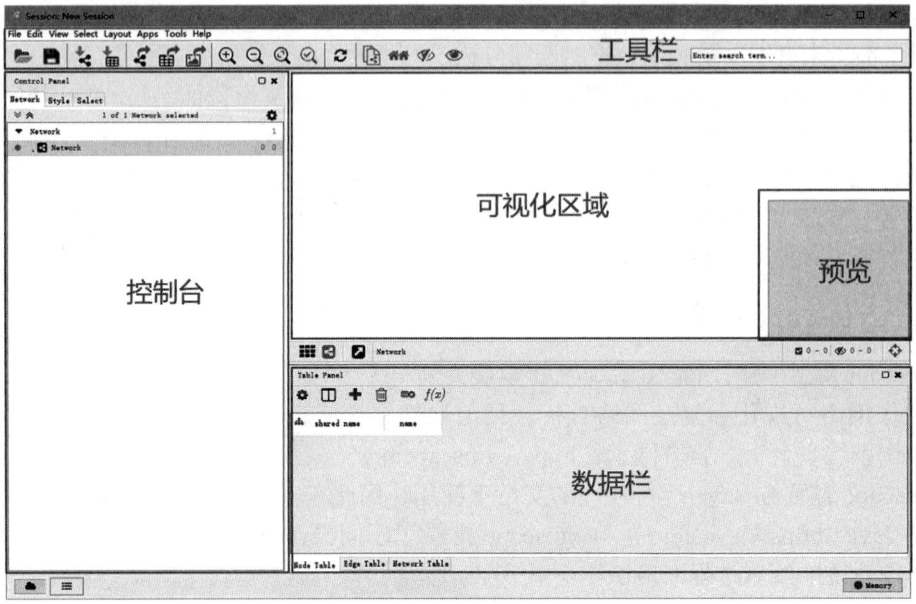

图 9-31　Cytoscape 主界面

2. 节点和连线的样式改变　在可视化区域右键点击唤出快捷菜单，对选中节点和连线的样式进行单独设置。在控制面板的 Style 栏中实现网络全局、映射调整和对选中节点和连线的样式进行单独设置。

3. 网络分析　在菜单栏中选择 NetworkAnalyzer，运行网络分析，在数据栏生成新的列展示网络节点和连线的具体属性，计算节点的度与连线的加权。

4. 子网络的构建　选择感兴趣的节点，使用菜单栏或工具栏的选项构建子网络，选择相应层级的邻接节点构建多层子网络。

（三）文件操作

1. 导入网络文件　通过菜单栏或工具栏导入文件，选择文件位置，选择数据格式和属性，导入网络视图。在导入网络的过程中，可以通过对话框与 Cytoscape 交互，调整输入数据的分隔格式。Cytoscape 对不同文件的格式有良好的适应性，可以导入用各种符号分隔的数据表。

2. 导入表格　通过菜单栏或工具栏导入表格文件，这些表格文件多为网络节点或连线的属性注释。选择文件位置，选择数据格式和属性，导入数据栏，用于后续操作。同样，也可以用于导入网络过程中类似的对话框与 Cytoscape 交互，调整输入数据的分隔格式。

3. 导出网络图像　将所需导出的网络视图调整为适当大小，确保不超出可视化区域边缘。利用菜单栏或工具栏导出图像，选择文件导出位置和图像格式（支持 JPEG、PDF、PNG 等格式）。

三、Cytoscape 实现互作网络可视化

我们使用 Cytoscape 安装目录中的示例数据构建一个简单的蛋白质互作网络。在 sampleData/ 目录中找到 galFiltered.sif，在 Cytoscape 中使用“导入网络”操作（图 9-32）。点击顺序为：File→Import→Network→File。观察数据栏可知该文件表示酵母蛋白的两两互作。

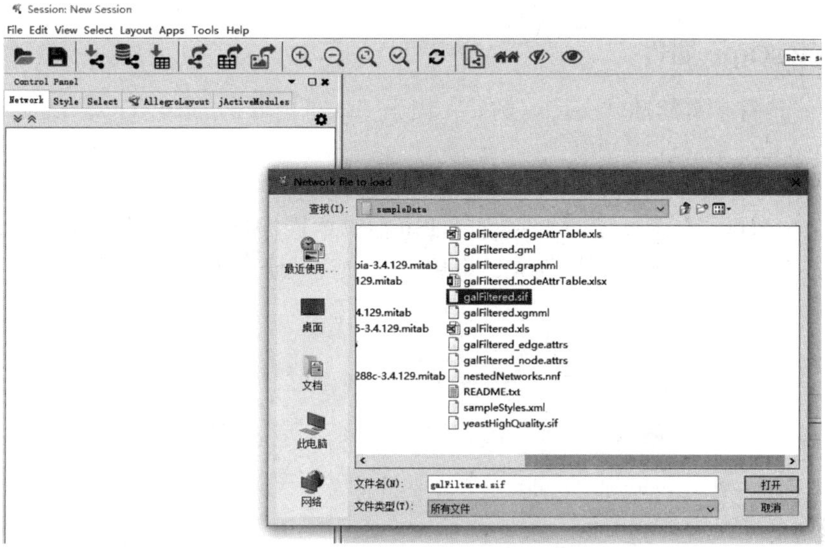

图 9-32　导入示例数据 galFiltered.sif

在可视化界面即可查看导入的网络，使用菜单栏的 Layouts 菜单调整网络布局。使用控制面板 Style 页面对网络的节点、连线及整体进行手动调整。

也可以使用“导入表格”操作加入附加表格文件，作为网络的属性，映射到对应的节点或连线上。在弹出的对话框中完成正确的映射后，观察 Cytoscape 下方数据栏，即可找到增加的节点或连线属性，可以根据此在控制面板的 Style 页面对网络的节点、连线及整体进行批量调整。

如果没有附加表格，也可以直接通过网络分析工具创建网络的基本统计属性（图 9-33）。点击顺序为：Tools → Network Analyzer → Network Analysis → Analyze Network。增加基本统计属性后也可以此为参数设置网络的 Style。

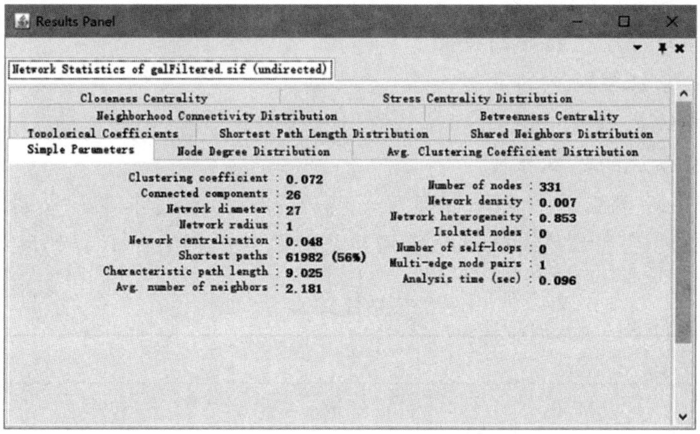

图 9-33　对 galFiltered 进行网络分析

完成上述工作后，再手动对网络的节点位置进行微调，移开重叠的节点。也可以结合 http://bis.zju.edu.cn/binfo/textbook/video/Cytoscape/ 中的数据进行较大规模网络的构建。

四、Cytoscape 插件

Cytoscape 具备丰富的插件支持。例如，用于 GO 富集分析的 BiNGO，以及用于文献挖掘的 Agilent Literature Search。

可以在菜单中打开插件管理器（图 9-34），搜索所需的插件进行下载安装，也可以通过来自网络或其他位置的 jar 文件安装，安装后即可在菜单栏插件列表中点击运行。Cytoscape 在丰富的插件支持下，功能变得更加强大，也更受多个领域研究人员的青睐。

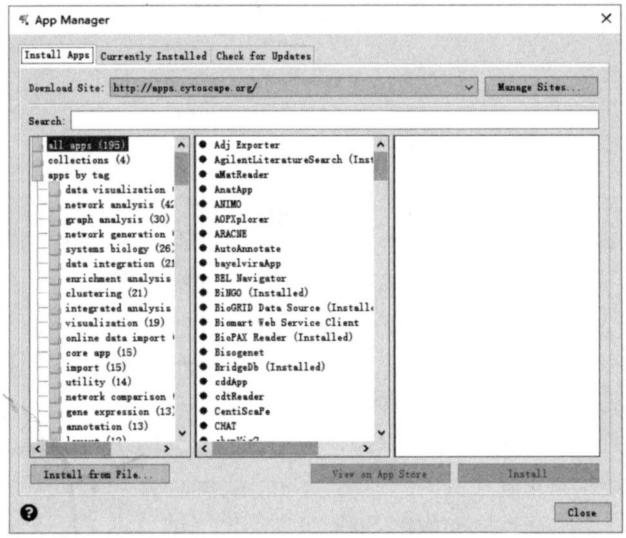

图 9-34　插件管理器

思考题

1. 简述系统生物学定义。
2. 简述系统生物学与分子生物学的差异。
3. 为什么说整合是系统生物学的灵魂?
4. 概述系统生物学的基本工作框架。
5. 总结酵母双杂交系统的基本原理。
6. 矩阵 $\boldsymbol{M}$ 的每行表示缺失该行的基因情况下其他基因的表达水平，每列表示该基因在各种基因缺失试验下的表达水平。试以此数据为基础构建基因表达数据的网络模型。

表达矩阵 $\boldsymbol{M}$

	x_0	x_1	x_2	x_3
wt	3.750	3.750	8.939	0.078
a_0^-	—	3.750	8.769	0.011
a_1^-	3.750	—	8.769	0.086
a_2^-	3.750	3.750	—	5.476
a_3^-	3.750	3.750	8.939	—

7. 以细菌化学趋向为例，查阅文献开展构建信号转导模型的工作。
8. 总结网络分类法。
9. 学习几种重要的蛋白质相互作用数据库（如 DIP 和 BIND 等）。
10. 从网上学习诸如 KEGG 的储存途径或网络的数据库。
11. 何为网络模体？
12. 如何用网络模体概念推测蛋白质功能？
13. 以酵母蛋白相互作用数据为对象，使用 CytoScape 软件构建相互作用网络图。
14. 学习 PATHBLAST 类似软件，尝试比较酵母、线虫、果蝇蛋白质相互作用网络，从中找出一些保守的网络模体。
15. 何为网络模块化？
16. 列举常见的几种 3 节点网络模体，并说明其对应的网络主题。

主要参考文献

北野宏明．2007．系统生物学基础．刘笔锋，等译．北京：化学工业出版社

陈铭．2007．系统生物学（systems biology）的几大重要问题．生物信息学，5（3）：129-136

冯团诚，庄南生．2007．虚拟细胞模型研究进展．生物信息学，2：90-93

张先恩．2008．细胞工厂和生物纳米机器．生命科学，20（30）：364-368

Albert R, Jeong H, Barabasi A L. 2000. Error and attack tolerance of complex networks. Nature, 406: 378-382

Aronheim A, Zandi E, Hennemann H, et al. 1997. Isolation of an AP-1 repressor by a novel method for detecting protein-protein interactions. Mol Cell Biol, 17: 3094-3102

Betzig E, Patterson G H, Sougrat R, et al. 2006. Imaging intracellular fluorescent proteins at nanometer resolution. Science, 313 (5793): 1642-1645

Boeke J D, LaCroute F, Fink G R. 1984. A positive selection for mutants lacking orotidine-5′-phosphate decarboxylase activity in yeast: 5-fluoro-orotic acid resistance. Mol Gen Genet, 197: 345-346

Boogerd F C, Bruggeman F J, Hofmeyr J H S, et al. 2008. 系统生物学——哲学基础 . 孙之荣 , 等译 . 北京 : 科学出版社

Brent R, Ptashne M. 1985. A eukaryotic transcriptional activator bearing the DNA specificity of a prokaryotic repressor. Cell, 43: 729-736

Chi K R. 2009. Super-resolution microscopy: breaking the limits. Nature Methods, 6: 15-18

Chien C T, Bartel P L, Sternglanz R, et al. 1991. The two-hybrid system: a method to identify and clone genes for proteins that interact with a protein of interest. Proc Natl Acad Sci USA, 88: 9578-9582

Drewes G, Bouwmeestery T. 2003. Global approaches to protein-protein interactions. Current Opinion in Cell Biology, 15: 199-205

Elowitz M B, Leibler S. 2000. A synthetic oscillatory network of transcriptional vegulators. Nature, 403 (6767): 335-338

Fearon E R, Finkel T, GillisonM L, et al. 1992. Karyoplasmic interaction selection strategy: a general strategy to detect protein-protein interactions in mammalian cells. Proc Natl Acad Sci USA, 89: 7958-7962

Fields S, Song O K. 1989. A novel genetic system to detect protein-protein interactions. Nature, 340: 245-246

Fromont-Racine M, Mayes A E, Brunet-Simon A, et al. 2000. Genome-wide protein interaction screens reveal functional networks involving Sm-like proteins. Yeast, 17 (2): 95-110

Gavin A C, Bösche M, Krause R, et al. 2002. Functional organization of the yeast proteome by systematic analysis of protein complexes. Nature, 415: 141-147

Goit L, Bader J S, Brouwer C, et al. 2003. A protein interaction map of *Drosophila melanogaster*. Science, 302: 1727-1736

Ho Y, Gruhler A, Heilbut A, et al. 2002. Systematic identification of protein complexes in *Saccharomyces cerevisiae* by mass spectrometry. Nature, 415: 180-183

Hope I A, Struhl K. 1986. Functional dissection of a eukaryotic transcriptional activator protein, GCN4 of yeast. Cell, 46: 885-894

Huang B, Wang W, Bates M. 2008. Three-dimensional super-resolution imaging by stochastic optical reconstruction microscopy. Science, 319: 810-813

Ideker T, Galistki T, Hood L. 2001. A new approach to decoding life: system biology. Annu Rev Genomics Hum Genet, 2: 343-372

Ito T, Chiba T, Ozawa R, et al. 2001, A comprehensive two-hybrid analysis to explore the yeast protein interactome. Proc Natl Acad Sci USA, 98: 4569-4574

Jeong H, Mason S P, Barabasi A L, et al. 2001. Lethality and centrality in protein networks. Nature, 411: 41-42

Jiang R, Tu Z D, Chen T, et al. 2006. Network motif identification in schochastic networks. PNAS, 103: 9404-9409

Johnsson N, Varhavsky A. 1994. Split ubiquitin as a sensor of protein interactions *in vivo.* Proc Natl Acad Sci USA, 91: 10340-10344

Keegan L, Gill G, Ptashne M. 1986. Separation of DNA binding from the transcription-activating function of a eukaryotic regulatory protein. Science, 231: 699-704

Kitano H. 2002. Systems biology: a brief overview. Science, 295 (5560): 1662-1664

Leanna C A, Hannink M. 1996. The reverse two-hybrid system: a genetic scheme for selection against specific protein/protein interactions. Nucleic Acids Res, 24: 3341-3347

Lee W P, Jeng B C, Pai T W, et al. 2006. Differential evolutionary conservation of motif modes in the yeast protein interaction network. BMC Genomics, 7: 89

Legrain P, Selig L. 2000. Genome—wide protein interaction maps using two-hybrid systems. FEBS Letters, 480: 32-36

Levchenko A, Bruck J. Sternberg P W.2000. Combination of biphasic response regulation and positive feedback as a general regulatory mechanism in homeostasis and signal transduction. *In Foundations of* Systems *Biology*. The MIT Press

Li S M, Aemstopher C M, Bertin N, et al. 2004. A map of the interactome network of the metazoan *C. elegans*. Science, 303: 540-543

Licitra E J, Liu J O. 1996. A three-hybrid system for detecting small ligand-protein receptor interactions. Proc Natl Acad Sci USA, 93: 12817-12821

Luban J, Goff S P. 1995. The yeast two-hybrid system for studying protein-protein interactions. Current Opinion in Biotechnology, 6: 59-64

Ma J, Ptashne M. 1988. Converting a eukaryotic transcriptional inhibitor into an activator. Cell, 55: 443-446

Masaru T. 2001. Whole-cell simulation: a grand challenge of the 21st century. Trends Biotechnol, 19 (6): 205-211

Miyodai F, Nakayama Y, Tomita M. 2003. E-cell simulation system and its application to the modeling of circadian rhythm. Seikagaku, 75 (1): 5-16

Osborne M A, Dalton D, Kochan J P. 1995. The yeast tribrid system-genetic detection of tansphosphorylated ITAM-SH2-interactions. Biotechnology, 13: 1474-1478

Ouzounis C A, Karp P D. 2000. Global properties of the metabolic map of *Escherichia coli*. Genome Res, 10: 568-576

Ozenberger B A, Young K H. 1995. Functional interaction of ligands and receptors of the hematopoietic superfamily in yeast. Mol Endocrinol, 9: 1321-1329

Palsson B. 2000.The challenges of in sifico biology. Nat Biotechnol, 18: 1147-1150

Putz U, Skehel P, Kuhl D. 1996. A tri-hybrid system for the analysis and detection of RNA-protein interactions. Nucleic Acids Res, 24: 4838-4040

Rain J C, Selig L, de Reuse H, et al. 2001. The protein-protein interaction map of *Helicobacter pylori*. Nature, 409: 211-215

Raul J F, Venkatesan K, Hao T. 2005. Towards a proteome-scale map of the human protein-protein interaction network. Nature, 437: 1173-1178

Rust M J, Bates M, Zhuang X. 2006. Sub-diffraction-limit imaging by stochastic optical reconstruction microscopy (STORM) . Nature Methods, 3: 793-795

Schiestl R H, Gietz R D. 1989. High efficiency transformation of intact yeast cells using single stranded nucleic acids as a carrier. Curr Genet, 16: 339-346

Schwikowski B, Uetz P, Fields S. 2000. A network of protein-protein interactions in yeast. Nat Biotechnol, 18: 1257-1261

Sharan R, Suthram S, Kelley R M, et al. 2005. Conserved patterns of protein interaction in multiple species. PNAS, 102: 1974-1979

Sherman F, Fink G R, Hicks J B. 1986. *Methods in Yeast Genetics*. Cold Spring Harbor: Cold Spring Harbor Lab

Spiro P A, Parkinson J S, Othmer H G. 1997. A model of excitation and adaptation in bacterial chemotaxis. Proc Natl Acad Sci USA, 94: 7236-7268

Sulston J E, Schierenberg E, White J G, et al. 1983. The embryonic cell lineage of the nematode *Caenorhabditis elegans*. Dev Biol, 100 (1): 64-119

Thomas A K, Stefan J, Marcus D, et al. 2000. Fluorescence microscopy with diffraction resolution barrier broken by stimulated emission. Proc Natl Acad Sci USA, 97: 8206-8210

Uetz P, Giot L, Gagney G, et al. 2000. A comprehensive analysis of protein-protein interactions in *Saccharomyces cerevisiae*. Nature, 403: 623-627

Uetz P, Pankratz M J. 2004. Protein interaction maps on the fly.Nature Biotechnology, 22 (1): 43-44

Walhout A J, Sordella R, Lu X, et al. 2000. Protein interaction mapping in *C. elegans* using proteins involved in vulval development. Science, 287: 116-122

Yeger L E, Sattath S, Kashtan N, et al. 2004. Network motifs in integrated cellular networks of transcription-regulation and protein-protein interaction. Proc Natl Acad Sci USA, 101: 5934-5939

Zhang J, Lautar S. 1996. A yeast three-hybrid method to clone ternary protein complex components. Anal Biochem, 242: 68-72

Zhang L V, King O D, Wong S L, et al. 2005. Motifs, themes and thematic maps of an integrated *Saccharomyces cerevisiae* interaction network. J Biol, 4: 6

第十章　合成生物学

本章提要　合成生物学是21世纪的新兴科学，其目的是通过人工设计和构建自然界中不存在的生物系统来解决能源、材料、健康和环保等问题。本章简要介绍合成生物学的基本概念和内容，并通过经典实例使读者对其有较为深入的了解。

微课视频

第一节　合成生物学概述

合成生物学的发展以细胞生物学、分子生物学、遗传学、信息科学、电气工程学、计算科学等相关学科的发展为基础。2000年以后，在Drew Endy、Jay Keasling、Ron Weiss和James J. Collins等的推动下，合成生物学作为一门崭新的学科得到了飞速的发展。

一、合成生物学的定义

合成生物学是指按照一定的规律和已有的知识，①设计和建造新的生物零件、装置和系统；②重新设计已有的天然生物系统为人类的特殊目的服务。

简单地说，合成生物学就是通过人工设计和构建自然界中不存在的生物系统来解决能源、材料、健康和环保等问题（张春霆，2007）。

为了正确理解复杂的生物系统机制，“合成”将是“分析”的必要补充。只有通过人工构建各种生物分子、基因线路和代谢通路，才能更好地验证人类对于各种生物现象的理解。此外，合成生物学工程化的理念和工具必将加速生物学的发展。

二、合成生物学的工程本质

合成生物学区别现有生物学其他学科的主要特点，即“工程化”。合成生物学家力图通过工程化方法，将复杂的人工生物系统合理简化、设计和重新构建，用以探索人工生物系统的应用（Brent，2004；Baker et al.，2006；Matthias and Sven，2006；Bhutkar，2005）。

合成生物学的工程化研究涉及最关键的3个工程化概念：对生物系统的标准化、解构和抽提（Endy，2005；Keasling，2005；Nelson and Cox，2000）。标准化包括建立生物功能的定义、建立识别生物部件的方法及标准生物部件的注册登记、构建具有统一接口（如统一的酶切位点等）的生物部件库等；解构指将复杂系统分解成简单的要素，在统一框架下分别设计；抽提则包括建立装置和模块的层次，允许不同层次间的分离和有限的信息交换、开发重设计和简化的装置与模块等，如图10-1所示。生物系统的层次化结构设计是合成生物学工程化本质的典型体现。具有一定功能的DNA序列组成最简单的生物部件（part），不同功能的生物部件按照一定的逻辑和物理连接组成复杂的生物装置（device），不同功能的device协同运作组成更加复杂的生物系统（system），含有多种不同功能system的生物体彼此通讯、互相协

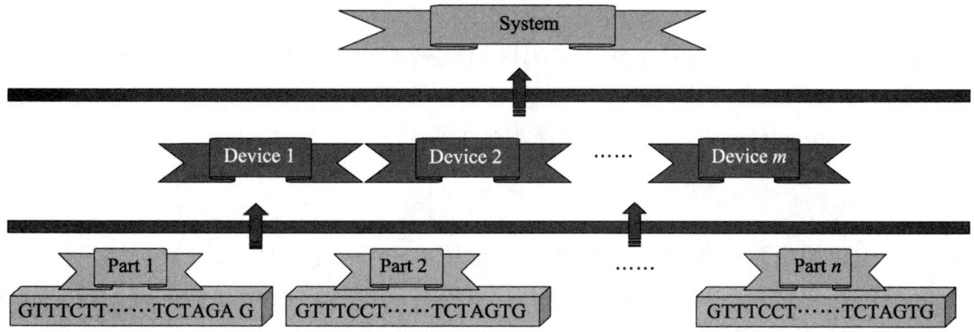

图 10-1 基因线路的层次性结构示意图（Endy，2005）

调组成更复杂的多细胞生物系统。

1）生物部件：基因线路中最简单、最基本的标准化模块称为生物部件。part 是指具有特定功能的核苷酸、蛋白质或者 DNA 序列，能够通过标准化组装方法与其他 part 组装成具有更复杂功能的模块。part 按照其功能可以划分为终止子、蛋白质编码基因、报告基因、信号传递组件、引物组件、标记组件（tag）、蛋白发生组件、转化器、启动子等类别。常用的转录调控 part 主要有 LacI-Plac、cI-Pl 及 TetR-Ptet 对等。

2）生物装置：有了上述标准化的 part，就可以利用转录激活因子、转录抑制子、转录后机制（如 DNA 修饰酶）和核糖核酸调节因子（riboregulator）等构建稍微复杂些的生物装置/设备。

3）生物系统：为了得到更加复杂的调控行为，可将装置按照串联、反馈或前馈等形式进行连接，组成更加复杂的级联线路或者调控网络，即所谓的生物系统。

为了推动合成生物学的发展，来自美国麻省理工学院（MIT）、哈佛大学、加利福尼亚大学旧金山分校（UCSF）等的专家学者联合成立了一个非营利性的“生物积块基金委员会”（The BioBricks Foundation，BBF），大力推动各种标准化生物零件库的构建和共享。我们将具有标准的 4 种酶切位点的人工构建的生物零件称为生物积块（biobrick）。每一个 biobrick 都有详细的注释，包括该片段的示意图、碱基顺序（不包括前缀和后缀）、片段功能的阐述，以及其他使用者提供的使用经验等（宋凯，2010）。

只要按照标准化的操作，就可以保证连接后的 biobrick 仍然具有相同的 4 个标准酶切位点，可以用同样的方法与其他标准片段连接。如此循环往复，即可以由简单到复杂，逐层构建更加复杂的基因线路（Knight，2003；Shetty et al.，2008）。

三、合成生物学的研究内容

（一）生物分子的合成与模块化

合成生物学的研究重心是具有截然不同于自然系统特性和功能的崭新生物系统的开发和工程化，因此，它离不开各种标准化生物分子的研制和开发，这方面的研究主要包括以下几个部分。

1. 蛋白质的人工合成与模块化 合成生物学的某些设计，需要功能新颖且相对独立、可以被自由组装的蛋白质模块，对蛋白质的需求远比自然界能够提供的种类多得多。因此需要人工构建和开发崭新的标准蛋白质模块，如人工设计多锌指 DNA 结合蛋白等（Sera and Uranga，2002；Dreier et al.，2005；Segal et al.，1999）。

2. 核酸分子的人工合成　核酸分子的人工合成包括 DNA 和 RNA 序列的人工合成。合成基因可以用来重设计目标基因序列、编码区域或者调控重要信号（蛋白质初始化、核糖体结合位点、启动子等），为适应特殊宿主或模拟生物体而改变密码子用法等。而人工构建的具有特定功能的 Riboregulator 则可以实现翻译水平的调控。

（二）生物底盘的简化与模块化

各种人工构建的生物模块难免会被植入生物体中进行繁殖和培养。生物体自身的各种代谢通路、信号转导通路和各种内源噪声对于人工模块功能的执行无疑是一种干扰。同时，天然生物基因功能的多效性和冗余性也给各种模拟算法的有效应用带来了障碍。因此，许多合成生物学家致力于生物底盘的简化和模块化，力图净化宿主细胞的代谢内环境，其中尤以最小基因组[①]和必需基因的研究成果最为显著（Hashimoto et al.，2005；Glass et al.，2005；Forster and Church，2006；Pennisi，2005）。

（三）基因线路的设计与构建

20 世纪中期，F. Jacob 和 J. Monod 提出了调节基因表达的操纵子模型，F. Jacob 认为细胞的行为是通过目的性的调控实现的，而他的这一思想被认为是合成生物学的主要研究内容之一——“基因线路”的雏形（Jacob and Monod，1961；Monod and Jacob，1961）。

遗传线路（genetic circuit）俗称“基因线路”（gene circuit），在合成生物学中是指由各种调节元件和被调节的基因组合成的遗传装置（genetic device），在给定条件下可调、可定时定量地表达基因产物[②]。

（四）合成代谢网络

目前合成代谢网络主要是利用转录和翻译控制单元调控酶的表达以合成或分解代谢物。此类系统中主要是以代谢物浓度作为控制元件的输入。例如，将酿酒酵母中合成焦磷酸异戊酯（isopentyl pyrophosphate）的甲羟戊酸类异戊二烯途径（mevalonate isoprenoid）的整个代谢网络转入大肠杆菌中，通过结合插入的紫穗槐 -4，11- 二烯合酶（amorpha-4，11-diene synthase），制造大量的抗疟疾药物——青蒿素的前体物质。

（五）多细胞系统研究

基于细胞间交流的多细胞系统的开发，主要是研究多细胞间的同步基因表达、信号交流、异步功能配合等。利用人工构建的群体效应机制，目前研究者已经开发了许多具有崭新功能的多细胞系统，如能够达到高细胞浓度的双稳态开关系统等（Balagadde et al.，2005）。

（六）数学模拟和功能预测

考虑到构建实际系统的高成本和耗时性，利用计算模型的辅助，通过各种数学工具抽提模拟单元的动力学特性和网络连通性，提供系统变量的描述等则是为实验提供预测信息、指导实验优化、降低实验成本的主要方法（Hasty et al.，2002）。

---

① 利用合成生物学策略，通过实验测定能够维持生物体存活的最小数量的一组基因

② 此定义由南开大学生命科学学院生物化学与分子生物学系黄熙泰教授拟定

四、合成生物学引发的思考

与20世纪七八十年代基因工程的相关争论非常类似，合成生物学一出现立刻引起了社会各界的广泛关注。

概括而言，合成生物学被科学家、非政府组织和媒体所广泛关注的道德、社会、法律方面相关的问题大体可归结为：伦理道德规范、对环境无控制的排放、生物恐怖主义、生物垄断及人工生物的创造等（Bhutkar，2005；Balmer and Martin，2008；Bügl et al.，2007；Kumar and Rai，2007；Rai and Boyle，2007；Church，2005；Chopra and Karnma，2006）。

所幸的是，合成生物学界从未对合成生物可能对人类造成的威胁避而不谈，相反，相应的道德规范和防范措施已经成为所有国际会议的主要议题之一，几乎任何一篇关于合成生物学的综述都指出需要道德规范的探讨、国际调控和付诸实际的行动。第二届合成生物学国际会议也发表宣言支持科学界采用维护人类安全行为的策略。可以预见，未来合成生物学仍然会在人类激烈的争论中继续前进。

第二节　合成生物学基础研究经典实例

2000年世界著名科学期刊*Nature*的第403期发表了James J. Collins课题组的“Toggle Switch”和Elowitz课题组的“Repressilator”两篇科学论文。这两篇文章的研究内容虽然没有取得立竿见影的实际应用价值，却为全世界的科研人员开辟了一片充满生机的广阔天空，称其为合成生物学的“开山之作”一点也不为过！2010年，为纪念这两篇旷世经典，*Nature*专门出版了一期纪念专刊，总结和展望合成生物学这10年来的发展，由此可见这两篇文章影响的深度和广度。下面我们也以这两篇文章的内容为例，引出合成生物学基础研究的一些经典实例。

一、在大肠杆菌中构建双稳态开关

（一）基因线路设计

图10-2中有两种不同的启动子，启动子1和启动子2分别控制着阻遏子2和阻遏子1基因序列的表达状态；阻遏子2和阻遏子1基因表达的产物会分别阻遏启动子2和启动子1的启动。阻遏子2下游报告基因的表达产物可以作为输出信号表征系统当前所处的状态。由于上下游基因的启动和相互阻遏，整个系统共有两种稳定的输出状态。①状态A：启动子1启动而启动子2关闭的状态，此时，启动子2下游的报告基因无法开启，系统无特定的输出产

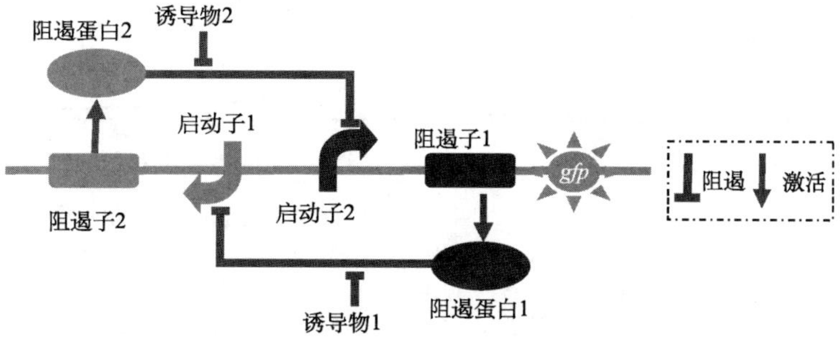

图10-2　双稳态开关的基因线路设计（Gardner et al.，2000）

物。②状态 B：启动子 2 启动而启动子 1 被关闭的状态，此时，启动子 2 下游的报告基因同时被开启，可以检测到报告基因的产物。

系统的两个外部输入信号——诱导子 1 和诱导子 2 加入可以实现系统在两种状态之间的转换，是人工控制状态切换的手段。当系统稳定于 A 状态时，通过加入诱导子 2，可以解除阻遏子 2 对启动子 2 的阻遏作用，使得阻遏子 1 表达，阻遏启动子 1，终止阻遏子 2 的表达，一段时间以后系统从 A 状态翻转至 B 状态，即使解除诱导子 2 的输入，系统依然会稳定于状态 B。同理，加入诱导子 1 作用一段时间，也可以使系统从状态 B 切换到状态 A。如果将诱导子 1 和诱导子 2 的加入看作是对开关的“拨动”，那么每次拨动，系统就会稳定于相应的状态，而不需要其他外界信号来维持。

（二）基因线路实现

为了实现上述设计的基因线路逻辑功能，必须选择恰当的基因功能模块。作者共选取了 3 种启动子 - 阻遏子 - 诱导子方案，分别如下。

A. 启动子：*Ptrc-2*；阻遏子：*lacI*；诱导子：异丙基 -β-D 硫代半乳糖苷（isopropylthio-β-D-galactoside，IPTG）。

B. 启动子：*Pls1con*；阻遏子：*cIts*；诱导子：温度。

C. 启动子：*PltetO1*；阻遏子：*tetR*；诱导子：脱水四环素（anhydrotetracycline，aTc）。

为了能够形象地显示系统的状态，选取绿色荧光蛋白作为系统的报告蛋白。通过检测基因 *gfp Pmut3* 表达出来的绿色荧光蛋白（GFP）mut3 的荧光值表征系统状态。

（三）数学模型建立

为了更好地研究双稳态开关系统的性状，预测和指导实验，Collins 等建立了数学模型模拟系统的行为，并得出如下指导性结论。

系统模拟图如图 10-3 所示。其中 u、v 分别表示两种阻遏蛋白的量；a_1 和 a_2 为两种启动

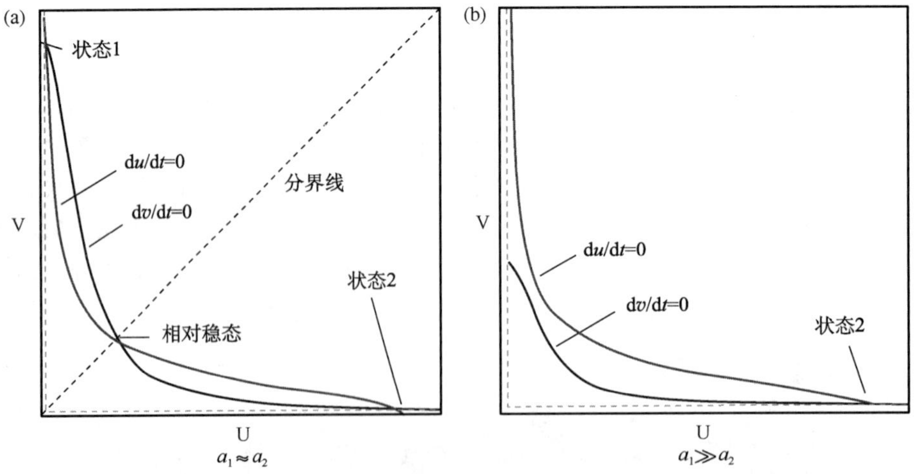

图 10-3　双稳态开关状态图（$a_1 \approx a_2$）（Gardner et al.，2000）

（a）中当两种启动子的启动能力比较相近，即 a_1 和 a_2 的数值比较接近时，双稳态开关的仿真模拟如图中两条黑实线所示。两种黑线共有 3 个交点，当系统的状态位于两条实线在 45° 对称线上的交点时，为系统的不稳定点。另外两个点为稳定的状态点，当系统状态发生微小的波动后，系统会恢复到原来的状态。（b）为当两种启动子的能力（包括核糖体结合位点）相差比较大时（如 $a_1 \gg a_2$）系统模拟的状态图，此时系统只有一个稳态

子（包含核糖体结合位点共同作用）在没有阻遏蛋白时的表达速率。当两种启动子的启动能力比较相近，即 a_1 和 a_2 的数值比较接近时，整个系统有两个稳定状态，分别对应 V 含量相对较多的状态 1 和 U 含量相对较多的状态 2。当两种启动子的能力（包括核糖体结合位点）相差比较多的时候，如 $a_1 \gg a_2$，系统只有一个稳定状态，不存在双稳态情况。

（四）功能检测

所有的双稳态开关都被转入大肠杆菌 JM2.300 菌种中验证其功能。所有的 6 种双稳态开关（4 种 pTAK 载体及 2 种 pIKE 载体的双稳态开关），以及 3 种对照实验的结果如图 10-4 所示。以加入 IPTG 的初始时刻为 0 时刻点，从图 10-4 中可以看出，在加入 IPTG 以前，系统中的荧光量较少，在加入 IPTG 6h 以后，所有的双稳态开关及对照质粒 pTAK102 的系统中荧光值都升至了较高水平。当重新放置于新的培养基中培养 5h 以后，除了开关 pIKE105 及对照质粒 pTAK102 以外，其他开关的荧光量都基本维持较高水平，说明系统从初始对应于荧光量较低的状态翻转并维持在另一种对应于荧光量较高的稳定状态。接下来的 7h 内，在另一种诱导子（升高温度或者引入 aTc）的作用下，荧光值处于高水平的开关全部降到了低水平，而作为对照实验的 pTAK106 和 pIKE108 质粒荧光值升到了高水平。在放入新的培养基以后，所有的开关荧光值都基本维持稳定，说明系统又翻转回对应于荧光值较低的稳态。由此可见，双稳态开关的功能已经基本实现。

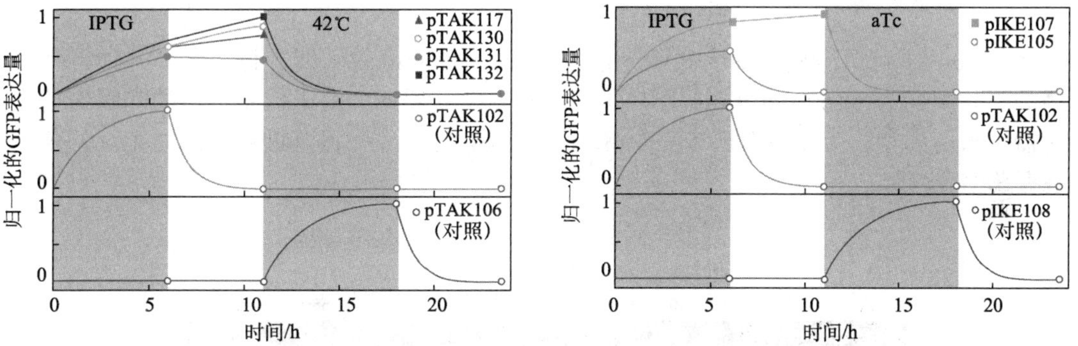

图 10-4　双稳态开关实验结果图（Gardner et al.，2000）

二、构建 Repressilator 基因振荡器

如果将 3 个表达产物相互阻遏的基因模块串联成一个环状结构，利用基因模块间的彼此阻遏和解阻遏即可实现振荡器的功能，这就是 Elowitz 等构建的首例基因振荡器。该振荡环实现了在没有外加输入作用下，生物系统中基因表达按照特定周期变化的功能。下面我们就来讲解 Repressilator 的构建和实验结果。

（一）基因线路设计

由 Elowitz 等设计完成的 Repressilator 的基因线路如图 10-5 所示。

上述振荡器的状态转换可具体表述如下。当 Pl_{lacO1} 启动子启动时，产生的 TetR-lite 蛋白会阻遏下游 Pl_{tetO1} 启动子，CI-lite 蛋白无法产生，P_R 启动子的阻遏被解除，P_R 下游的基因顺利表达，产生 LacI-lite 蛋白并阻遏下游 Pl_{lacO1} 启动子，Pl_{lacO1} 启动子的状态从“开启”转换为“关

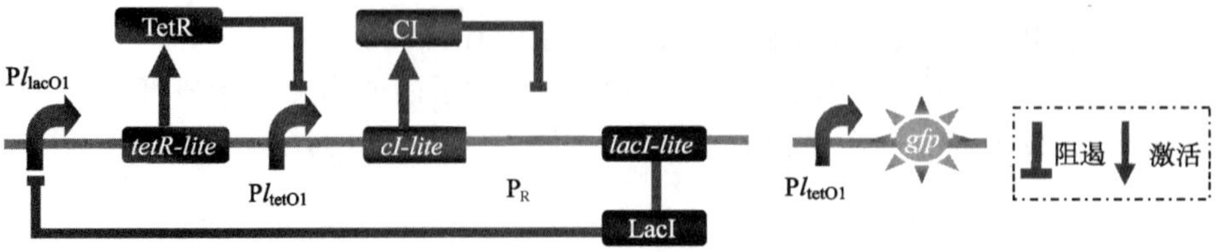

图 10-5　自激振荡环基因线路图（宋凯，2010）

闭”，下游基因停止产生 TetR-lite 蛋白，Pl_{lacO1} 启动子的阻遏被解除，状态由“关闭”转换为“开启”，下游基因产生 CI-lite 蛋白去阻遏 P_R 启动子，导致 P_R 启动子的状态从“开启”转换为“关闭”；P_R 启动子的被阻遏使得 LacI-lite 蛋白无法继续产生，Pl_{lacO1} 启动子的阻遏被消除，其状态由“关闭”翻转为“开启”，下游基因表达 TetR-lite 蛋白阻遏 Pl_{tetO1} 启动子。如此往复，实现整个振荡器周而复始的状态转换。

作为输出信号，荧光蛋白的表达量可以表征系统的状态。当系统状态在 3 个阻遏基因顺序开启的过程中振荡的时候，TetR 蛋白的浓度也会发生振荡，其对启动子 Pl_{lacO1} 阻遏作用的强弱出现相应的振荡，导致下游绿色荧光蛋白（GFP）的表达量也随着 TetR 浓度的变化而变化，即随着 Repressilator 的周期变化而变化。

（二）功能检测

从图 10-6 中可以看到，细胞的荧光值按照大约 150min 的周期进行振荡，统计得到细胞振荡的平均周期为（160±40）min，不同于细胞分裂的周期。由于荧光蛋白的降解周期大于振荡器的振荡周期，荧光蛋白还未完全降解时系统即进入下一振荡循环，因此系统的荧光值呈现振荡上升趋势。

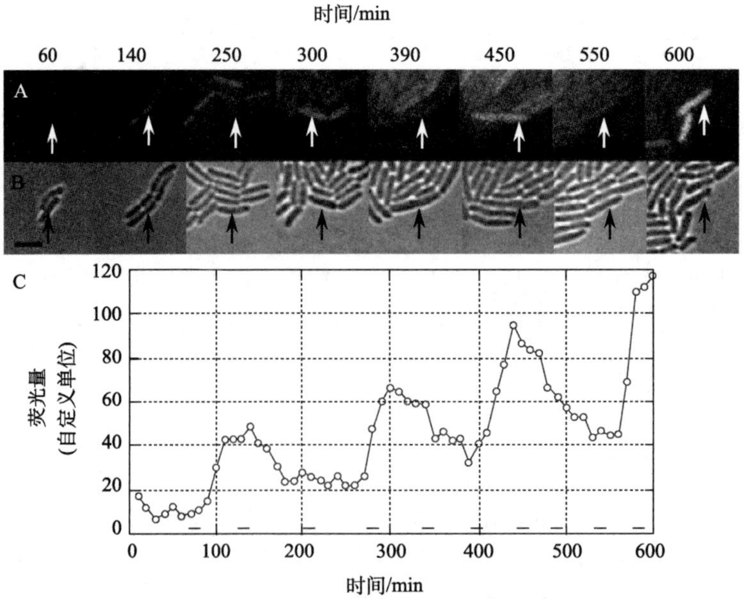

图 10-6　Repressilator 荧光检测结果（不考虑细胞分裂因素）（Elowitz and Leibler，2000）

三、逻辑门功能基因线路

图 10-7（a）所示为一种“与”门功能的基因线路，IPTG、aTc 为系统输入，GFP 为系统输出，其逻辑图和真值表如图 10-7（b）和图 10-7（c）所示。启动子 1 组成型表达 *lac* 和 *tet R* 基因的多顺反子，启动子 2 同时被 LacI 或 TetR 蛋白阻遏。当 LacI 或 TetR 存在时，与启动子 2 结合阻止其启动，*gfp* 基因的表达被关闭。只有当 IPTG 和 aTc 同时存在时，才能同时阻止 LacI 和 TetR 与启动子 2 结合，启动子 2 顺利启动，*gfp* 基因的表达被开启，系统有 GFP 蛋白存在（Hasty et al.，2002）。

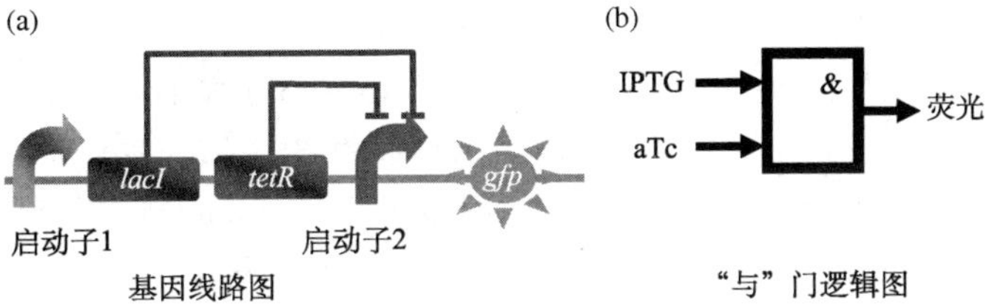

(c)

IPTG	aTc	GFP
0	0	0
0	1	0
1	0	0
1	1	1

“与”门真值表

图 10-7　逻辑“与”门功能基因线路（宋凯，2010）

图 10-8（a）为模拟逻辑“或”门功能的基因线路。LacI 阻遏启动子 2，TetR 阻遏启动子 3。IPTG 可以解除 LacI 对启动子 2 的阻遏，开启其后的 *gfp* 基因；aTc 可以解除 TetR 对启动子 3 的阻遏，开启其后的 *gfp* 基因。因此当 IPTG 或 aTc 中的任何一个存在时，均可以导致 *gfp* 基因的表达，从而实现以 IPTG 和 aTc 为输入、GFP 为输出的逻辑“或”门功能，其逻辑图和真值表如图 10-8（b）和图 10-8（c）所示。

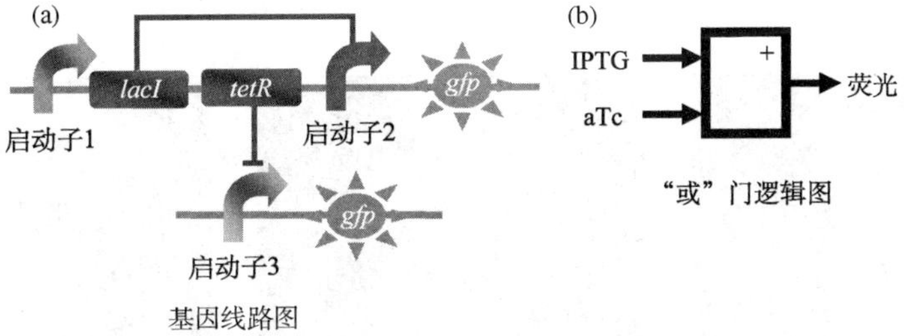

(c)

IPTG	aTc	GFP
0	0	0
0	1	1
1	0	1
1	1	1

“或”门真值表

图 10-8　逻辑“或”门功能基因线路（宋凯，2010）

逻辑门功能基因线路的构建方式还有很多种，已有的文献和成功实例也很多，随着合成生物学的飞速发展，逻辑门已经成为了基因线路中最为基础的部件之一。

四、人工多细胞图案系统

为了深入研究和模拟信号分子的介导机制，Basu 等（2005）设计了可以在中心细胞一定范围内形成发光带的人工多细胞图案系统。图 10-9 为发光带系统基因线路图。

信号发生器细胞在接收到外界信号以后，开启 *luxI* 基因表达，催化信号分子 AHL 的生成。这种信号分子可以穿越细胞膜扩散到环境中。由于扩散形成的浓度梯度，距离发生器越远的地方，AHL 信号分子的浓度越低。

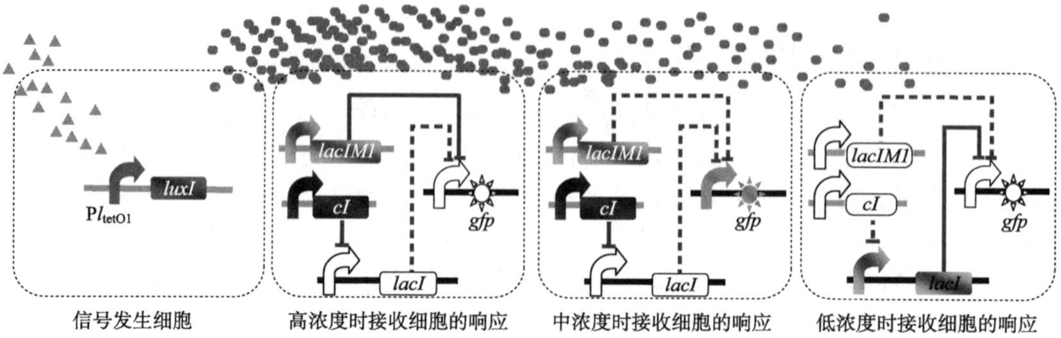

图 10-9　人工多细胞图案系统基因线路图（宋凯，2010）

信号接收器细胞表达 LuxR 蛋白，这种蛋白质能与 AHL 信号分子结合，开启下游 λ 噬菌体 *cI* 基因和修饰过的乳糖操纵子 *lacIM1* 基因的表达。当接收器距离发生器细胞过近时，由于 AHL 信号分子浓度较高，导致 CI 蛋白和 LacIM1 蛋白过量表达，LacIM1 蛋白阻遏荧光蛋白的启动子，此区域内无荧光蛋白产生。相反，当接收器距离发生器过远时，由于信号分子过少，CI 蛋白和 LacIM1 蛋白都只有极少量表达，无法阻遏下游基因，野生型的 *lacI* 基因顺利表达，其产生的 LacI 蛋白阻遏荧光蛋白的表达，此区域内仍无荧光蛋白产生。只有当接收器离发生器距离适当的时候，适量的信号分子浓度引起适量的 CI 蛋白和 LacIM1 蛋白的表达，由于 CI 对于下游启动子的阻遏作用明显比 LacIM1 要强烈，所以野生型 *lacI* 基因基本不能表达，同时，*lacIM1* 基因表达的量也不足以阻遏下游荧光蛋白的表达，因此会在这个特定区域内形成环状荧光带。

如果在不同响应阈值的接收细胞中接入不同颜色的荧光蛋白并按设定顺序涂抹在琼脂固体培养基上，则可得如图 10-10 所示的实验结果。其中，图 10-10（a）为可见光下的培养皿图，图 10-10（b）和图 10-10（c）为在荧光显微镜观察下的放大图。

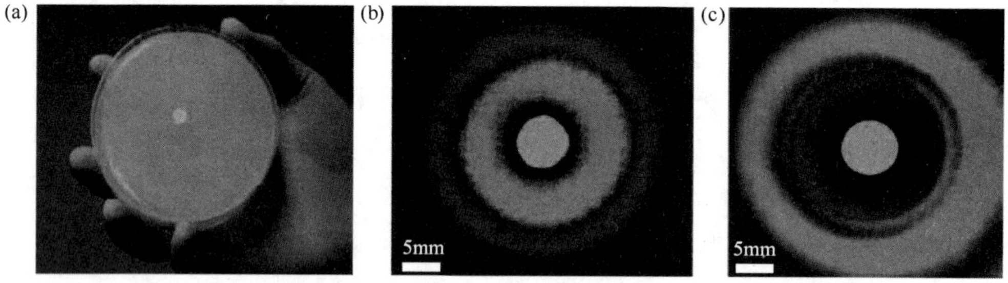

图 10-10　发光系统实验结果图（Basu et al.，2005）

如果在多个区域同时放置信号发生细胞，就可以形成如图 10-11 中多种不同形状的颜色区域。图 10-11（a）为有 2 个信号发生器区域的实验结果图；图 10-11（b）为有 2 个信号发生器区域的浓度不一致时的实验结果图，左侧浓度高的信号发生器区域相应的环状荧光带的半径要大些；图 10-11（c）为有 3 个信号发生器区域的实验结果图；图 10-11（d）为有 4 个高浓度信号发生器区域的实验结果图。

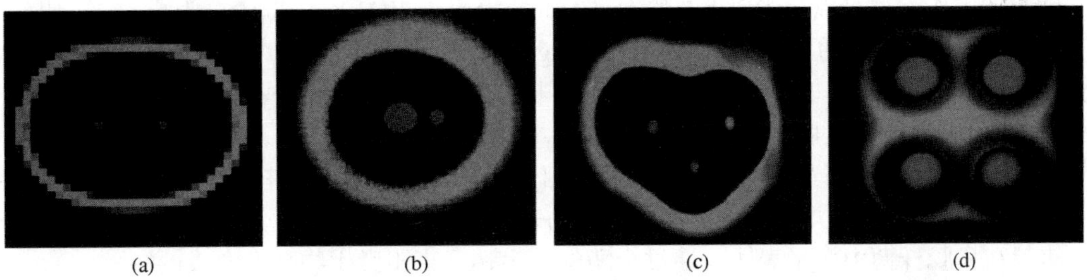

图 10-11 发光带组成的多种形状颜色区域（Basu et al.，2005）

第三节 合成生物学应用研究经典实例

一、合成青蒿素的微生物工厂

疟疾是发生最频繁的人类寄生虫病，对于全球卫生事业的冲击仅次于结核病，每年在全球约有 5 亿宗病例，导致超过 100 万人死亡。世界卫生组织曾指出疟疾平均每 30s 杀死一个 5 岁以下的儿童。由于疟原虫快速产生的抗药性，许多广为人知的高效抗疟药物氯喹（chloroquine）、奎宁（quinine，又称为金鸡纳霜）和甲氟喹（mefloquine）等都已经基本失效，在某些地方，甚至发现有的疟原虫对目前所有价格低廉的一线药物都有交叉抗药性。为此，全世界范围内掀起了研制新型抗疟疾药物的热潮。继氯喹、奎宁、甲氟喹等药物之后，主要来源为植物提取的青蒿素是目前最有效的抗疟特效药。

Keasling（2005）和他的研究小组首先在大肠杆菌中设计了一条合成青蒿素前体紫穗槐二烯（amorphadiene）的生物合成途径。整条生物合成途径（图 10-12）共分为以下几步。①将大肠杆菌中常见的化学物质乙酰辅酶 A 转变成甲羟戊酸；②将甲羟戊酸转化成焦磷酸异戊酯（isopentanyl pyrophosphate，IPP）或二甲（基）丙烯焦磷酸酯（dimethylallyi pyrophosphate，DMAPP）；③将 IPP 或者 DMAPP 转化成法尼基环焦磷酸酯（farnesyl pyrophosphate，FPP）；④利用 *ADS* 基因编码的产物，将 FPP 转化成紫穗槐二烯（Ro et al.，2006）。IPP 和 DMAPP 是所有类异戊二烯的通用前体物，只要再引入恰当的催化酶基因，Keasling 等开发的新菌株就可作为其他类异戊二烯化合物的生物合成平台。由此可见，这项研究成果具有巨大的应用潜力。

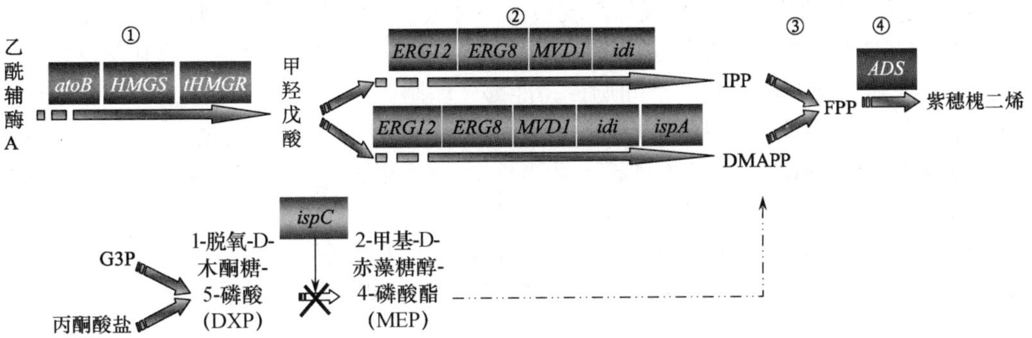

图 10-12 人工构建大肠杆菌紫穗槐二烯合成途径（宋凯，2010）

他们的工作大概可以分为以下几部分（Martin et al.，2003）。

1）净化大肠杆菌的代谢内环境。Keasling 等引入了 *ispC* 基因，利用其产物将大肠杆菌原有的非甲羟戊酸途径切断，从而斩断所有未知因素对于非甲羟戊酸途径生物合成 IPP 和 DMAPP 的影响，净化大肠杆菌的代谢内环境。

2）合成和优化编码紫穗槐二烯合酶的基因 *ADS*。为了克服在原核生物中实现植物基因的表达这一困难，提高萜类合酶和紫穗槐二烯的表达量，Keasling 课题组合成和优化了 *ADS* 基因，使其在大肠杆菌中大量表达。通过合酶的高表达，克服微生物萜类合成的瓶颈。

3）将酿酒酵母中的甲羟戊酸途径转入大肠杆菌。为了提高细胞内 FPP 的浓度，将酿酒酵母中编码甲羟戊酸途径的 8 个基因做成操纵子转入大肠杆菌中并使其表达。同时为简化操作的复杂性，将这 8 个基因分成两类操纵子，上游操纵子通过三步酶促反应将普遍存在的前体物乙酰辅酶 A 转化成为甲羟戊酸；下游操纵子将甲羟戊酸转化成为 IPP 和（或）DMAPP。

4）平衡和优化合成途径。人工构建的合成紫穗槐二烯多步反应的许多中间产物（包括 IPP），在高浓度时可导致菌体中毒。因此，必须协调 IPP 有关的基因以平衡其合成与消耗，确保在其能够杀伤大肠杆菌以前及时转化为紫穗槐二烯。

2006 年，在此项成果的基础上，研究人员修改了他们的最初方案，将酿酒酵母菌引入这项研究。利用工业酿酒酵母中工程化的甲羟戊酸途径、取自黄花蒿（*Artemisia annua*）的紫穗槐二烯合酶和细胞色素 P450 氧化还原酶（cytochrome P450 monooxygenase，CYP71AV1）共同作用来生产高浓度更直接的青蒿素前体衍生物——青蒿酸（artemisinic acid）（Ro et al.，2006）。

相比于常规的青蒿植物提取，4.5% 干重的酵母能够生产 1.9% 的青蒿酸和 0.16% 的青蒿素，耗时仅 4～5 天，而植物提取却要几个月。此外，相比于植物提取青蒿素，微生物合成青蒿酸的方法不会受到诸如气候等因素的影响，制造出的青蒿素比从青蒿中提取的青蒿素纯度更高，且更加可靠和廉价。此外，这种新改良的大肠杆菌和酵母菌还可被改造用来生产其他类异戊二烯类化学物质。任何一家公司均可以对这些工程菌做相应的改造，加入一定数量的与目标产物合成有关的基因，即可得到任何一种类异戊二烯物质，用于其他疾病的治疗和其他物质的生产。由此可见，Keasling 等的研究成果无疑是合成生物学在实际应用方面的一个里程碑，被评为当年的"世界十大科技进展"之一。

二、大肠杆菌成像系统

2005 年前后，加利福尼亚大学旧金山分校（UCSF）的 Christopher A. Voigt 课题组利用合成生物学手段在生物胶片方面取得了突破性进展，获得了人类继光学成像、电子学成像之后的又一种成像方式——微生物成像。

Voigt 课题组开发的这种微生物成像系统包含一种人工合成感应激酶，使大肠杆菌菌落能够发挥生物胶片的功能，通过光照产生分辨率高达 100 兆像素 / 平方英寸①的二维化学图像。不仅如此，这种对于微生物基因表达的空间调控，能够"印制"出复杂的生物元素，可用于研究微生物特定空间和时间控制下磷酸化步骤的信号转导途径等多种复杂的代谢通路。为此，年仅 30 岁的助理教授 Voigt 被 MIT 的《技术评论》杂志授予 2006 年 35 岁以下 35 名（TR35）重大技术创新奖。Voigt 课题组的"大肠杆菌成像系统"包括 3 个主要部分（Anselm et al.，2005）。

1. 光感应器 大肠杆菌本身并没有感光系统，无法对光照刺激作出响应。因此，研究者将取自集胞藻的藻胆青素（phycocyanobilin，PCB）合成基因（*ho*1 和 *pcyA*）构建在质粒上

① 1 平方英寸＝6.45cm^2

转入大肠杆菌，这两个基因表达的产物能够将血红素转化为藻胆青素（藻胆青素是藻胆蛋白光敏色素的生色团，能够接受光照刺激）。有了含有这两个基因的质粒的帮助，大肠杆菌就有了能够感受光照刺激的 PCB，也就具有了感受光照刺激的功能。

2. 应答调节器　除了感受光照刺激，还需构建应答调节器以便执行基因表达调控的功能。大肠杆菌中的“渗透压感应器”EnvZ-OmpR 双组分系统能够调节孔蛋白[①]（porin）作为对渗透压刺激的响应。EnvZ-OmpR 系统由 EnvZ 和 OmpR 两种蛋白质组成，前者是一种组氨酸激酶，在高渗环境下能发生自身磷酸化，起感应器的作用；后者是反应调节子，含有天冬氨酸残基，能接受来自 EnvZ 的磷而被磷酸化，磷酸化的 OmpR 可作为转录因子而将来自 EnvZ 的信号输出，对 *ompC* 基因的启动子进行调控。

研究者通过特殊的处理手段将 EnvZ-OmpR 双组分系统与光敏色素脱辅基蛋白 Cph 进行交联，组成 Cph-EnvZ 嵌合体光感应系统，并优化其连接肽链的长度，挑选出响应最强烈的 Cph8 嵌合体作为最终实际应用的感应系统。

3. 成像器　为了使这个感光系统产生“可视化”的图像效果，研究人员选用了特殊的大肠杆菌菌种，同时引入了 *lacZ* 基因。将 *lacZ* 基因与大肠杆菌染色体上的 *ompC* 基因做成融合基因，由 OmpR 蛋白控制这个融合基因的表达。*lacZ* 基因编码的 LacZ 蛋白能够催化 S-gal（一种稳定的可溶于水的 DNA 染色剂）产生黑色化合物。

由此，整个成像系统的所有部分构建完成，如图 10-13（a）所示。当有外界光照刺激时，感光蛋白接受光照刺激并阻遏 EnvZ 蛋白的自磷酸化过程，EnvZ 蛋白通过使 OmpR 蛋白也无法磷酸化，从而将 *ompC* 基因的启动子关闭，作为融合基因的 *lacZ* 基因也无法表达，此区域中无黑色化合物产生；相反，无光照的区域，EnvZ 的自磷酸化过程顺利进行，通过 OmpR 蛋白的磷酸化开启 *ompC* 基因的启动子，*lacZ* 基因顺利表达，编码的 LacZ 蛋白催化事先加入培养基中的 S-gal 染色剂产生黑色化合物，此区域为黑色。由此可见，有光照的区域为菌落原有的颜色，无光照的区域呈现黑色，随着照射在菌落上光照区域形状的不同，培养基会呈现不同的图像，如图 10-13（b）所示。

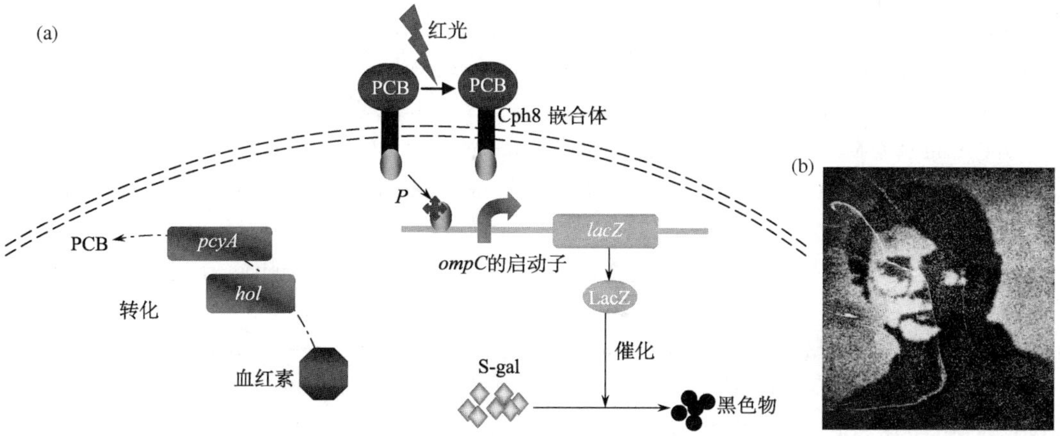

图 10-13　大肠杆菌成像系统构建示意图及实验演示图（Levskaya et al.，2005）

① 孔蛋白是存在于细菌细胞膜的外膜、线粒体和叶绿体的外膜上的通道蛋白，其允许较大的分子通过

思考题

1. 试举出一两个自然生物系统中存在的“非”门逻辑结构现象。
2. 阅读参考文献 Bügl 等（2007），试画出带有“记忆”功能的“与”门逻辑线路图。
3. 针对合成生物学所涉及的伦理道德问题和社会安全问题，您有哪些建议？

主要参考文献

宋凯 . 2010. 合成生物学导论 . 北京 : 科学出版社

张春霆 . 2007. 合成生物学 : 我国急需发展的前沿科学 . 前沿科学 , 3: 55

Baker D, George C, Collins J J, et al. 2006. Engineering life: building a fab for biology. Sci Am, 294 (6): 44-51

Balagadde F K, You L, Hansen C L, et al. 2005. Long-term monitoring of bacteria undergoing programmed population control in a microchemostat. Science, 309 (5731): 137-140

Balmer A, Martin P. 2008. Synthetic biology: social and ethical challenges. An independent review commissioned by the Biotechnology and Biological Sciences Research Council (BBSRC)

Basu S, Gerchman Y, Collins C H, et al. 2005. A synthetic multicellular system for programmed pattern formation. Nature, 434 (7037): 1130-1134

Bhutkar A. 2005. Synthetic biology: navigating the challenges ahead. J Biolaw Bus, 8 (2): 19-29

Brent R. 2004. A partnership between biology and engineering. Nat Biotechnol, 22 (10): 1211-1214

Bügl H, Danner J P, Molinari R J, et al. 2007. DNA synthesis and biological security. Nat Biotechnol, 25 (6): 627-629

Chopra P, Kamma A. 2006. Engineering life through synthetic biology. In Silico Biol, 6: 401-410

Church G. 2005. Let us go forth and safely multiply. Nature, 438 (24): 423

Dreier B, Fuller R P, Segal D J, et al. 2005. Development of zinc finger domains for recognition of the 5′-CNN-3′ family DNA sequences and their use in the construction of artificial transcription factors. J Biol Chem, 280: 35588-35597

Elowitz M B, Leibler S. 2000. A synthetic oscillatory network of transcriptional regulators. Nature, 403: 335-338

Endy D. 2005. Foundations for engineering biology. Nature, 438: 449-453

Forster A C, Church G M. 2006. Towards synthesis of a minimal cell. Mol Syst Biol, 2: 45

Gardner T S, Cantor C R, Collins J J. 2000. Construction of a genetic toggle switch in *Escherichia coli*. Nature, 403: 339-342

Glass J I, Assad-Garcia N, Alperovich N, et al. 2005. Essential genes of a minimal bacterium. Proc Natl Acad Sci USA, 103: 425-430

Hashimoto M, Ichimura T, Mizoguchi H, et al. 2005. Cell size and nucleoid organization of engineered *Escherichia coli* cells with a reduced genome. Mol Microbiol, 55: 137-149

Hasty J, McMillen D, Collins J J. 2002. Engineered gene circuits. Nature, 420 (14): 224-230

Jacob F, Monod J. 1961. Genetic regulatory mechanisms in the synthesis of proteins. J Mol Biol, 3: 318-356

Keasling J. 2005. The promise of synthetic biology. Bridge Natl Acad Eng, 35: 18-21

Knight T. 2003. Idempotent Vector Design for Standard Assembly of BioBricks, MIT Artificial Intelligence Laboratory. http://hdl. handle. net/1721. 1/21168

Kumar S, Rai A. 2007. Synthetic biology: the intellectual property puzzle. Tex Law Rev, 85: 1745-1768

Levskaya A, Chevalier A A, Tabor J J, et al. 2005. Engineering *Escherichia coli* to see light. Nature, 438: 441-442

Liang J, Luo Y, Zhao H M. 2011. Synthetic biology: putting synthesis into biology. Wiley Interdisciplinary Reviews: Systems Biology and Medicine, 3 (1): 7-20

Martin V J J, Pitera D J, Withers S T, et al. 2003. Engineering a mevalonate pathway in *Escherichia coli* for production of terpenoids. Nat Biotechnol, 21: 796-802

Matthias H, Sven P. 2006. Synthetic biology: putting engineering into biology. Bioinformatics, 22 (22): 2790-2799

Monod J, Jacob F. 1961. General conclusions: teleonomic mechanisms in cellular metabolism, growth, and differentiation. Cold Spring Harbor Symposia on Quantitative Biology, 26: 389-401

Nelson D L, Cox M M. 2000. *Lehninger Principals of Biochmistry*. 3th ed. New York: Worth Publishers

Pennisi E. 2005. Synthetic biology remakes small genomes. Science, 310: 769-770

Rai A, Boyle J. 2007. Synthetic biology: caught between property rights, the public domain, and the commons. PLoS Biol, 5 (3): e58

Ro D K, Paradise E M, Ouellet M, et al. 2006. Production of the antimalarial drug precursor artemisinic acid in engineered yeast. Nature, 440 (13): 940-943

Segal D J, Dreier B, Beerli R R, et al. 1999. Toward controlling gene expression at will: selection and design of zinc finger domains recognizing each of the 5′-GNN-3′ DNA target sequences. Proc Natl Acad Sci USA, 96: 2758-2763

Sera T, Uranga C. 2002. Rational design of artificial zinc-finger proteins using a nondegenerate recognition code table. Biochem, 41: 7074-7081

Shetty R P, Endy D, Knight T F. 2008. Engineering biobrick vectors from biobrick parts. J Biol Eng, 2: 5

第十一章　分子进化与系统发育

本章提要

本章主要介绍分子进化与系统发育的基本概念和理论，阐述几种分子系统发育树构建方法的基本原理，并说明了构建系统发育树的基本步骤，以MEGA等常用软件和在线工具为例，介绍系统发育树的应用。

1895年，达尔文（Charles Robert Darwin，1809～1882）出版了生物进化的重要著作《物种起源》（*The Origin of Species*），首次提出了进化论的观点。不久，德国学者海克尔（Ernst Heinrich Haeckle，1834～1919）依据进化论的思想绘制出了一棵“生命之树”，不仅丰富了达尔文的进化论学说，也使生命之树成为进化论中的一个标志性概念，重建地球上所有生命进化史的生命之树成为进化生物学家的梦想。然而，由于形态和生理特征的进化方式极其复杂，加上古生物的化石资料不够完整，“生命之树”存在不少争议，对分类单元何时与祖先分歧等细节性问题含糊不清。DNA等分子序列由于本身相对稳定性的进化演变过程和巨大的信息量等优势，大大提高了对物种间系统发育关系的推断能力。

第一节　分子进化与系统发育概述

20世纪50年代以前，科学家们主要通过古生物学、形态学、胚胎发生学、比较解剖学、生物地理学、生理学和遗传学等方面的知识来研究生物进化的历程。50年代以后，随着分子生物学和分子遗传学的兴起，生物学家开始从分子水平上探讨生物进化的原因和机制，并取得了显著的进展。在长期的进化过程中，生物大分子在分子水平上的变异会被积累起来，形成与其祖先存在很大差异的生物大分子。因此，在核酸和蛋白质分子组成的序列中，蕴藏着大量生物进化的遗传信息。根据各种生物间在分子水平上的进化关系，可以建立分子进化的系统发育树，估测物种间的亲缘关系，直观地阐明物种间的进化历程。

一、分子水平的进化

分子水平的进化主要是指在生物进化过程中，构成生物体的大分子物质，如蛋白质、核酸的演变过程。由于分子生物学的迅猛发展，许多生物大分子的结构已经基本了解。在对某些同源蛋白质（或核酸）进行比较时，发现不同生物间同源蛋白质（或核酸）在结构上存在差异。分子进化是发生在生物分子层次上的进化，是生物进化层次中最基础层次上的进化。在分子水平上，进化过程涉及在DNA中发生插入、缺失、倒位、替换等变异。如果发生变异的DNA片段编码某种多肽，那么这类变异就可能使多肽链中的氨基酸序列发生变化。

（一）分子进化的特点

生物进化过程中生物大分子的演变，包括前生命物质的演变、蛋白质分子和核酸分子的演变，以及细胞器和遗传机构（如遗传密码）的演变。分子进化的研究可以为生物进化过程提供佐证，为深入研究进化机制提供重要依据。在生物大分子的层次上来观察进化改变时，看到的是一个非常不同于表型进化的过程。分子进化有两个显著特点，即进化速率的相对恒定性和进化的保守性。

1. 生物大分子进化速率相对恒定　研究发现，以核酸和蛋白质一级结构分子序列中的核苷酸或氨基酸的替换数作为进化改变量，进化时间以年为单位，生物大分子随时间的改变（即分子进化速率）几乎是恒定的。一些资料表明，生物大分子进化中一级结构的改变或替换只与进化经历的时间相关，而与表型进化速率不相关。为什么生物大分子的进化速率如此稳定呢？一种可能的解释是：大分子一级结构中组成单元的替换是一个没有特殊驱动和控制的随机过程。不同物种同类型（同源）的核酸和蛋白质大分子，被认为有着相同的起源。研究这些大分子一级结构的改变，检测出不同物种间大分子序列中的核苷酸或氨基酸的替换数，再结合地质学上有关化石方面的数据，就可以确定生物大分子随时间而改变的速度，即分子进化速率。

随着不同生物来源的大量蛋白质序列的确定，Zuckerkandl 和 Pauling（1965）发现，来源于不同生物系统的同一血红蛋白分子的氨基酸随着时间的推移，以几乎一定的比例相互置换着，即氨基酸在单位时间以同样的速度进行置换，即某一蛋白质在不同物种间的取代数与所研究物种间的分歧时间接近正线性关系，进而将分子水平的这种恒速变异称为“分子钟”（molecular clock）。

2. 生物大分子进化的保守性　生物大分子进化的保守性是指功能上重要的大分子或大分子的局部在进化速率上明显低于那些功能上不重要的大分子或大分子局部。例如，DNA 密码子中的同义替换比变义替换发生的频率高，因为前者不会引起对应的蛋白质分子氨基酸序列的任何改变。内含子内的碱基替换速率也相当高，大致等同于或略高于同义替换。假基因是丧失功能的基因，其替换速率更高。功能上重要的生物大分子和大分子的局部的进化保守性说明大分子进化并非完全随机。

（二）分子进化的中性学说

20 世纪 60 年代以后，随着分子生物学和分子遗传学的发展，许多生物大分子的一级结构逐渐清晰，使得估计进化过程中 DNA 和氨基酸等分子替换的速率及遗传变异模式成为可能。通过比较不同生物的某些功能相同的蛋白质或核酸的氨基酸或核苷酸序列的差异，人们发现，亲缘关系近的差异较小，亲缘关系远的差异较大，与物种的表型进化情况基本一致。人们又陆续发现蛋白质中氨基酸的置换是随机而非模式性的；DNA 在哺乳动物种系的总变异速率远远高于形态上的变异速率，并远远超出人们预期的大约 0.5 核苷酸 /（基因组 · 年）；蛋白质电泳表明物种内存在大量的变异，即广泛的种内多态性，且这些多态性并无可见的表型效应，与环境条件亦无明显相关。以上这些都是新达尔文主义与综合进化理论所难以解释的。

Kimura（1968）根据核酸、蛋白质中的核苷酸及氨基酸的置换速率，以及这些置换所造成的核酸及蛋白质分子的改变并不影响生物大分子的功能等事实，提出了分子进化中性学说（neutral theory of molecular evolution）。分子进化的中性学说认为多数或绝大多数突变都是中性或近中性的，即无所谓有利或不利，自然选择对它们不起作用，因此对于这些中性突变不会发生自然选择与适者生存的情况。生物的进化主要是中性突变在自然群体中进行随机的“遗传漂变”的结果，而与选择无关，这些突变全靠一代又一代的随机漂变而被保存或趋于消失，从而形成分子水平上的进化性变化或种内变异。King 和 Jukes（1969）用大量的分子生物学资料进一步充实了这一学说。

中性学说揭示了分子进化的基本规律，是解释生物大分子进化现象的重要理论。中性学说强调遗传漂变和突变压在分子进化中的作用，是对综合进化论的重要补充和修正。中性学说一方面承认自然选择在表型进化中的作用，另一方面又强调分子水平上进化现象的特殊性。

（三）基因组计划与分子进化

人类基因组计划（human genome project，HGP）由美国科学家于1985年率先提出，于1990年正式启动。美国、英国、法国、德国、日本和中国科学家共同参与了这一耗资达30亿美元的基因组测序计划。人类基因组计划最主要的目的是测出人类基因组DNA的30亿碱基对的序列，发现所有人类基因，找出它们在染色体上的位置，破译人类全部遗传信息，解码生命，了解生命的起源，了解生命体生长发育的规律，认识种属之间和个体之间存在差异的起因，认识疾病产生的机制，以及长寿与衰老等生命现象，从而为疾病的诊治提供科学依据。

基因组计划已经基本完成，人类已经进入"后基因组学"时代。当前，基因组学研究重心已开始从揭示生命的所有遗传信息转移到在分子整体水平上对基因功能的研究，这种转向的一个标志是产生了功能基因组学这一新学科。随着生物学技术和计算技术的发展，逐渐形成了一种新的全局方法——基因组表达图谱（转录分析，如在mRNA水平上通过DNA芯片技术检测大量基因的表达模式）和大规模蛋白质图谱（蛋白组分析）方法。在使用全局方法进行研究时，研究人员同时检测大量基因的表达水平，从而在整体水平上获得关于基因功能及基因之间相互作用的信息，通过对不同物种、不同进化水平的生物的相关基因之间进行比较分析，揭示基因在生命系统中的地位和作用，解释整个生命系统的组成和作用方式。

（四）研究分子进化的意义

迄今为止，人类对于自然界和人类社会自身的发展还一直处于探索中。丰富多彩的生物界是怎样形成的？地球上最初的原始生命又是怎样产生的？综合众多学者长期深入的研究认为，生命的起源和发展需要经过两个过程。第一个过程是生命起源的化学进化过程（发生在地球形成后的10多亿年之间），即由非生命物质经过一系列复杂的变化，逐步变成原始生命的过程。第二个过程是生物进化过程（发生在30亿年以前原始生命产生到现在），即由原始生命继续演化，从简单到复杂，从低等到高等，从水生到陆生，经过漫长的过程直到发展为现今丰富多彩的生物界，并且继续发展变化的过程。在长期的自然选择过程中，微小的有利变异得到积累变为显著变异，从而产生了适应特定环境的生物新类型，这就是生物进化的原因。而以核酸和蛋白质为代表的生物大分子，在生物进化过程中起到"参与者"与"见证者"的作用；通过研究核酸和蛋白质这些生物大分子在物种间的变异速率，探讨进化过程，对研究生命起源具有重要意义。

二、分子系统发育分析的基本概念

（一）分子系统发育树的基本概念

从生物大分子的信息推断生物进化的历史，或者说"重塑"系统发生（谱系）关系，是分子系统学的任务。假如生物大分子进化速率是相对恒定的，那么大分子进化改变的量只与大分子进化所经历的时间呈正相关。如果我们将不同种类生物的同源大分子的一级结构做比较（假定这些大分子的结构顺序已知），其差异量（氨基酸或核苷酸替换数）只与所比较的生物由共同祖先分异以后所经历的独立进化的时间成正比。用这个差异量来确定所比较的生物种类在进化中的地位，并由此建立系统树，称为分子系统树。建立分子系统树的理论前提是生物大分子进化速率相对恒定。

在研究生物进化和系统分类中，常用一种类似树状分支的图形来概括各种（类）生物之间的亲缘关系，这种树状分支的图形称为系统发育树（phylogenetic tree）。通过比较生物大分子序列差异的数值构建的系统树称为分子系统树（molecular phylogenetic tree）。分支的末端和分支的联结点称为结（node），代表生物类群，分支末端的结表示仍生存的种类。系统树可能有时间比例，或者用两个结之间的分支长度变化来表示分子序列的差异数值。

（二）有根树和无根树

系统发育树可分为有根树（rooted tree）和无根树（unrooted tree）两类（图 11-1）。如图 11-1（a）所示的是一棵有根树，而图 11-1（b）显示的是一棵无根树，图中的 A、B、C、D 为所研究的分类单元。有根树是具有方向的树，包含唯一的节点，将其作为树中所有物种的最近共同祖先。最常用的确定树根的方法是使用一个或多个无可争议的同源物种作为“外群”（outgroup），这个外群要足够近，以提供足够的信息，但又不能太近，以致不能和树中的种类相混。把有根树去掉根即成为无根树。所谓“无根”，是指树系中代表时间上最早的部位（最早的共同祖先）不能确定，只反映分类单元之间的距离而不涉及谁是谁的祖先的问题。一棵无根树在没有其他信息（外群）或假设（如假设最大支长为根）时不能确定其树根。无根树是没有方向的，其中线段的两个演化方向都有可能。树系的末端代表现代生存的物种，称为顶结（terminal node），也称为外结（external node）或顶端（tip）；树内的分支点叫内结（internal node）；两结之间的连接部分称为分支或支（branche），也可称之为节（segment）或连接（link）。达到并终止于顶结的支叫周支（peripheral branch），未达到顶结的其他的支称为内支（interior branch）。系统发育树的支长表示进化距离的差异，通常进化树的标尺代表了每 1000 个核酸或蛋白质分子中的突变速率。

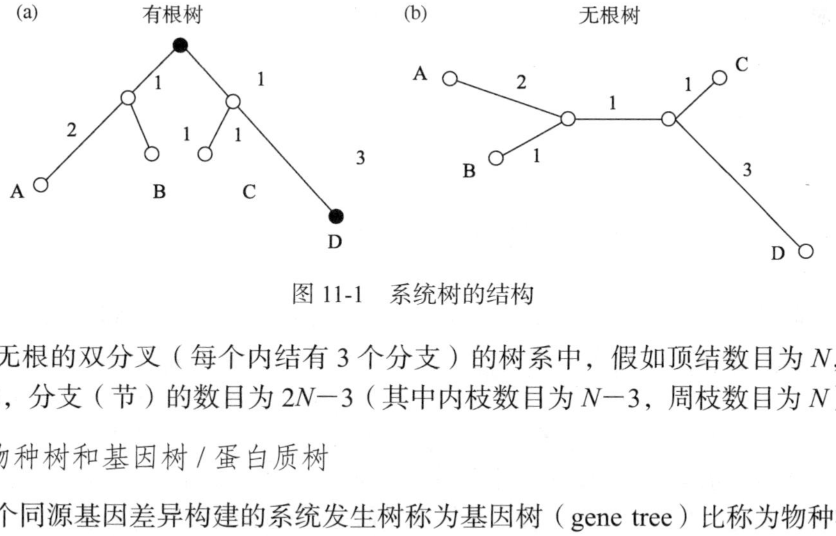

图 11-1　系统树的结构

在一个无根的双分叉（每个内结有 3 个分支）的树系中，假如顶结数目为 N，那么内结数目为 $N-2$，分支（节）的数目为 $2N-3$（其中内枝数目为 $N-3$，周枝数目为 N）。

（三）物种树和基因树 / 蛋白质树

基于单个同源基因差异构建的系统发生树称为基因树（gene tree）比称为物种树（species tree）更为合理，因为这种树代表的仅仅是单个基因的进化历史，而不是它所在物种的进化历史。物种树最好通过综合多个基因数据的分析结果而产生。

构建分子系统树，是在进行序列测定获得原始序列资料后，由计算机排序，使各分子的序列同源位点一一对应，然后计算相似性或进化距离。在此基础上，使用适当的计算机软件根据各生物分子序列的相似性或进化距离构建系统树。

Woese（1998，2000）根据某些代表生物 16S rRNA 或 18S rRNA 的序列比较，首次提出了一个涵盖整个生命界的系统树，而后又进行了多次修改和补充，图 11-2 就是近年提出的一个全生命系统树，该系统树勾画了生物进化的大致轮廓。从图 11-2 中可以看出，这是有根的树，根部的结代表地球上最先出现的生命，它是现有生物的共同祖先，生物最初的进化就从这里开始。16S rRNA 或 18S rRNA 序列分析表明，它最初先分成两支：一支发展成为今天的细菌（真细菌）；另一支是古菌——真核生物分支，它在进化过程中进一步分叉，分别发展成古菌和真核生物。因此，该系统树所反映的进化关系表明，古菌和真核生物属“姊妹群”，它们之间的关系比它们与真细菌之间的关系更加密切。从该系统树中还可以看出，古菌分支的结点离根部最近，其分支距离也最短，这表明它是现存生物中进化变化最少、最原始的一个类群。真核生物则离共同祖先最远，它们是进化程度最高的生物种类。

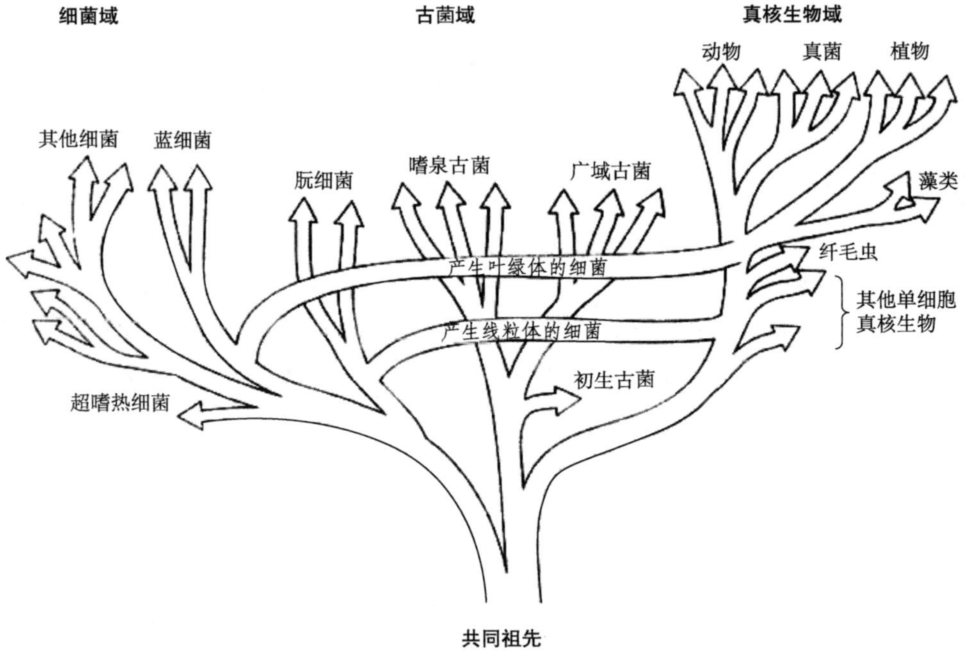

图 11-2　生命系统树

近年来，随着分子生物学的不断发展和基因组测序计划的实施，基因组的巨量信息推进分子进化研究再次成为生命科学中最引人注目的领域之一。这些重大问题包括遗传密码的起源、基因组结构的形成与演化、进化的动力、生物进化等。随着越来越多生物基因组的测序完成，人们开始从基因组水平上探索进化奥秘，从而发展和深化传统进化思想与分子进化分析方法。由于生命的蓝图是用 DNA 来书写的，因而人们可以通过比较 DNA 序列来研究不同生物之间的进化关系，构建“进化树”。分子进化研究最根本的目的就是从物种的一些分子特性出发，从而了解物种之间的生物系统发生的关系。

分子生物学研究的深入也对现有进化理论提出挑战，促进其理论进一步完善。例如，人们发现，某些病毒的进化历史可能不是一种树状结构，而是一种网状结构如人畜共患病病毒位于不同的“树枝”上。因此，如果用“进化树”理论来研究病毒进化历史，就会存在缺陷。如何构建更为全面的进化网络，是摆在科学家面前的一项崭新课题。

微课视频

第二节　分子系统发育树的构建方法

利用统计方法重建系统发育树分别独立地起始于形态学性状的数值分析法（Sneath and Sokal，1973）和分析基因频率数据的群体遗传学（Cavalli-Sforza and Edwards，1967）。分子进化的研究也出现在20世纪60年代，DNA技术革命使人们认识到DNA记录着进化的历史和信息。随着人类基因组计划的实施，分子数据每年以指数的方式逐步增长，所以利用核苷酸和氨基酸序列数据来重建系统发育树越来越受到人们的重视。分子系统发育分析是根据生物大分子序列差异来评估物种或分子间的进化的。尤其强调的是生物大分子，它与传统的形态学和基因频率数据有着明显的不同。

利用生物大分子数据重建系统进化树，目前最常用的有4种方法，即距离法、最大简约法、最大似然法和贝叶斯推断法。其中，最大简约法主要适用于序列相似性很高的情况；距离法在序列具有比较高的相似性时适用；最大似然法和贝叶斯法可用于任何相关的数据序列集合。

一、基于距离的系统发育树构建方法

基于距离的系统发育树构建方法的基本思路是：首先获取分类群间进化距离的度量，然后再依据距离度量来重建一棵系统发育树，并使得该树能最好地反映已知序列之间的距离。这类方法有非加权分组平均（unweighted pair group method with arithmetic mean，UPGAM）法、Fitch-Margoliash（FM）法、最小进化（minimum evolution，ME）法、最小二乘（least squares，LS）法和邻接（neighbor-joining，NJ）法等。在此，我们仅介绍非加权分组平均法、最小二乘法和邻接法的计算方法。

（一）非加权分组平均法

在所有的基于距离的系统发育树的重建方法中，非加权分组平均（UPGMA）法是最简单的一种方法。这种方法最早由Sokal和Michener（1958）提出，并经过Sneath和Sokal（1973）的改良而最终形成的。UPGMA的基本思想是首先通过两两比对，计算出遗传距离；然后对遗传距离进行合并，重新计算出遗传距离，并将其作为进化树的分支长度；最后根据分支长度绘制进化树。UPGMA主要适用于在基因替代速率恒定时，尤其是用基因频率数据来构建分子系统发育树时。该方法是建立在沿着树的所有分支的突变率相等的假设之上的，因此在不同分支间进化速率有较大差异或有同源序列的平行进化时常得出错误的拓扑结构。

1. 算法　在UPGMA方法中，进化距离测度通过对所有序列对计算而获得。例如，若存在5条序列，它们之间的距离表示成矩阵形式为

	序列1	序列2	序列3	序列4
序列2	d_{12}			
序列3	d_{13}	d_{23}		
序列4	d_{14}	d_{24}	d_{34}	
序列5	d_{15}	d_{25}	d_{35}	d_{45}

在上面的距离矩阵中，d_{ij} 表示第 i 条和第 j 条序列之间的距离。

序列的聚合起始于一对距离最小的序列。假设上述矩阵中 d_{12} 为所有距离值 d_{ij} 中的最小值，则序列 1 和序列 2 的聚合形成距离 $b=d_{12}/2$ 的一个分支点（假设自这个分支点到序列 1 和序列 2 的距离相同）。序列 1 和序列 2 聚合成一个复合序列或称为集合 $l=(1-2)$，而 l 和另一序列 k 的距离为 $d_{lk}=(d_{1k}+d_{2k})/2$。由此可以得到新的距离矩阵，即

	集合 l	序列 3	序列 4
序列 3	d_{l3}		
序列 4	d_{l4}	d_{34}	
序列 5	d_{l5}	d_{35}	d_{45}

假设 d_{l3} 为上一距离矩阵中的最小值，则集合 $l=(1-2)$ 和序列 3 合并为一新的集合 $m=(1-2-3)$，分支点为 $b=d_{l3}/2=(d_{13}+d_{23})/(2\times2)$。新集合与其余各序列 k 之间的距离为 $d_{mk}=(d_{1k}+d_{2k}+d_{3k})/3$。由此得到的新的距离矩阵为

	集合 m	序列 4
序列 4	d_{m4}	
序列 5	d_{m5}	d_{45}

若距离 d_{m4} 为以上距离矩阵中 3 个距离值的最小值，则将集合 m 与序列 4 合并为一新的集合 $n=(1-2-3-4)$，分支点为 $b=d_{m4}/2=(d_{14}+d_{24}+d_{34})/(3\times2)$。因为在本例中仅有 5 条序列，则序列 5 会最后并入进化树，分支点为 $b=(d_{15}+d_{25}+d_{35}+d_{45})/(4\times2)$。

若在第 2 个距离矩阵中不是 d_{l3} 最小，而是 d_{45}，在这种情况下，首先将序列 4 和序列 5 合并为一个新的集合 $m=(4-5)$，分支点为 $b=d_{45}/2$，则形成的新的距离矩阵为

	集合 l	序列 3
序列 3	d_{l3}	
集合 m	d_{lm}	d_{3m}

其中，$d_{3m}=(d_{34}+d_{45})/2$；$d_{lm}=(d_{14}+d_{15}+d_{24}+d_{25})/4$。

假设 d_{lm} 为上述距离矩阵中的最小值，则集合 l 和 m 进行合并，最后序列 3 并入进化树。

通过上述分析过程可以看出，两个集合 A 和 B 之间的距离可以由以下公式计算，即

$$d_{\mathrm{AB}}=\sum_{ij}d_{ij}/(rs)$$

式中，r 和 s 分别为集合 A 和集合 B 内的序列数；d_{ij} 为集合 A 中的序列 i 和集合 B 中的序列 j 间的距离，这两个集合之间的分支点为 $d_{\mathrm{AB}}/2$。

2. 实例　设有 4 段序列，分别为 A:TAGG;B:TACG;C:AAGC;D:AGCC。利用 UPGMA 方法构建系统发育树。

首先利用序列间不同的分子数目作为序列间遗传距离的度量，则可以得到如下所示的距离矩阵。

	A	B	C
B	1		
C	2	3	
D	4	3	2

其中，A 和 B 之间的遗传距离值 d_{12} 最小，所以首先将 A 和 B 序列合并聚合，其分支点为 $b=d_{12}/2=0.5$，设合并之后的集合为 AB，此集合与 C 和 D 之间的遗传距离分别为（2＋3）/2＝2.5 和（4＋3）/2＝3.5，其余值保持不变。则形成如下所示的距离矩阵

	AB	C
C	2.5	
D	3.5	2

此时，C 与 D 之间的遗传距离值 d_{34} 最小，所以再将 C 与 D 进行合并聚合，其分支点为 $b=d_{34}/2=1$，设合并之后的集合为 CD。此时，集合 AB 与集合 CD 之间的遗传距离为（2.5＋3.5）/2＝3。最后集合 AB 和集合 CD 进行合并聚合，归为一类，分支点为 $b=3/2=1.5$。最终，可以得到如图 11-3 所示的系统发育树。

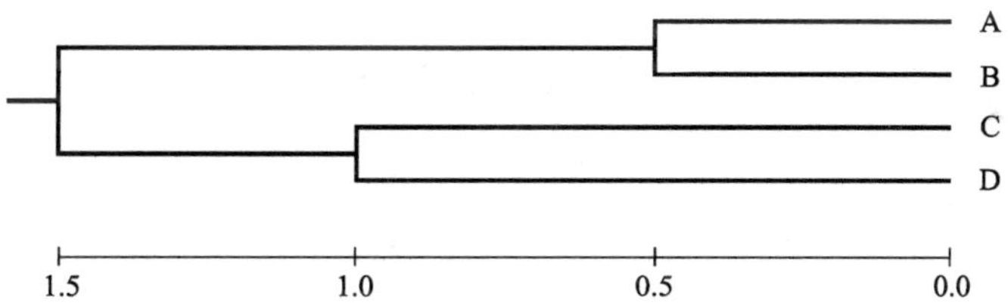

图 11-3　利用 UPGMA 方法构建的系统发育树

（二）最小二乘法

如果进化谱系间的核苷酸替代速率不同，利用 UPGMA 法常常会给出错误的拓扑结构。在这种情况下，应该使用一些能容许各个分支核苷酸替代速率有所不同的方法，最小二乘法便是这样一种方法。

最小二乘法的基本思想是将成对距离矩阵作为给定数据，通过匹配那些尽可能近的距离来估计一棵树上的枝长，即对给定的和预测的距离差数的平方和最小化。预测距离是沿连接两个物种的通路的枝长总和计算的。距离差数平方和的最小值是树与距离相拟合的测度，它可以用作树的分值。

1．算法　设 d_{ij} 是分类单元 i 和 j 的实际观察距离（或序列之间经过计算得到的遗传距离）；e_{ij} 是分类单元 i 和 j 在系统发育树中的距离，用于系统发育树推断的一般最小二乘法主要是将残差平方和最小化，即

$$R_S=\sum_{i=1}^{n}\sum_{j\neq i}(d_{ij}-e_{ij})^2=\min$$

该方法为标准最小二乘法，在标准最小二乘法中，所有可能的拓扑结构的 R_S 相比后，R_S

最小的拓扑结构即为最终的树。

除了上述的标准最小二乘法外，1967 年 Fitch 和 Margoliash 又提出了加权最小二乘法，计算残差平方和的方法为

$$R_S=\sum_{i=1}^{n}\sum_{j\neq i}W_{ij}(d_{ij}-e_{ij})^2$$

式中，W_{ij} 为 $1/d_{ij}$。

2. 实例 对 Brown 等（1982）的线粒体数据在 K80 模型（Kimura，1980）下计算得到其遗传距离（表 11-1）。将这些遗传距离将作为观察数据，利用最小二乘法得出树［(人、黑猩猩)、大猩猩、猩猩］及它们的枝长 t_0、t_1、t_2、t_3 和 t_4（图 11-4）。

表 11-1 Brown 等所测线粒体 DNA 序列的成对距离

	人	黑猩猩	大猩猩
黑猩猩	0.0965		
大猩猩	0.1140	0.1180	
猩猩	0.1849	0.2009	0.1947

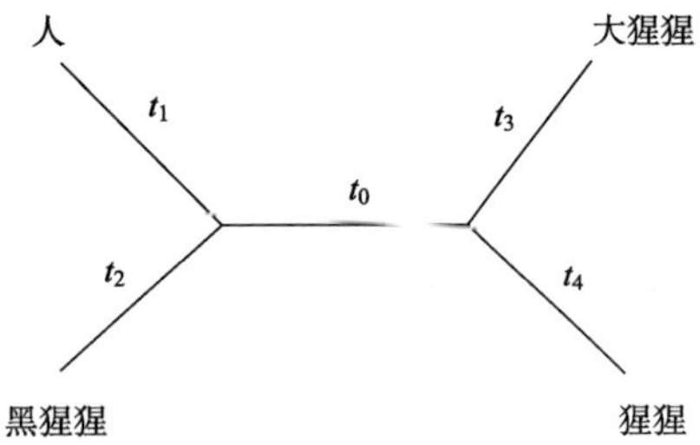

图 11-4 估计枝长的最小二乘标准的示意图

在这棵树上，人与黑猩猩之间的预测距离为 t_1+t_2，人与大猩猩之间的预测距离为 $t_1+t_0+t_3$，依此类推。

则距离的残差平方和为

$$\begin{aligned}R_S&=\sum_{i=1}^{n}\sum_{j\neq i}(d_{ij}-e_{ij})^2\\&=(d_{12}-e_{12})^2+(d_{13}-e_{13})^2+(d_{14}-e_{14})^2\\&\quad+(d_{23}-e_{23})^2+(d_{24}-e_{24})^2+(d_{34}-e_{34})^2\end{aligned}$$

其中，距离 d_{ij} 为已知，则 R_S 是 5 个未知枝长 t_0、t_1、t_2、t_3 和 t_4 的函数。通过最小二乘法拟合，得到最小化的 R_S 的枝长估计值为：t_0=0.008 840、t_1=0.043 266、t_2=0.053 280、t_3=0.058 908、t_4=0.135 795。对应的距离的残差平方和为：R_S=0.000 354 7。

（三）邻接法

邻接法也是一种利用距离进行分子系统发育分析的方法，它由 Saitou 和 Nei 在 1987 年首先提出。在构建系统发育树时，由于该方法取消了非加权分组平均法关于分子钟速率相等的假设，所以该方法在进化分支上允许发生趋异的次数可以不同，该方法通过确定距离最近（或相邻）的成对分类单元来使系统树的总长度尽可能达到最小。与非加权分组平均法相比，邻接法在算法上相对复杂，它跟踪的是树上的节点而不是分类单元。

1. 算法 邻接法的基本思想是：在构建系统发育树时，首先将序列构建一棵星状树，算出总树枝长度；然后将两个序列作为聚合群（邻居）与其他序列分离开来，再算总枝长，合并两个序列使算出的总枝长在各种合并方式中是最短的；将合并的序列作为一个序列再重复上述过程；全部序列合并完后，即整个循环直到只剩下一个类为止，画出进化树。

在每一次循环中，都要在树中寻找两个分类单元的直接祖先。对于节点 x，到其他节点的距离 d_x 的计算方法为

$$d_x=\frac{1}{n-2}\sum_{x\neq y}d_{xy}$$

式中，d_{xy} 为分类 x 和分类 y 之间的距离，是动态更新的距离矩阵 $\boldsymbol{D}$ 中的元素。为了使所有分支长度的和最小（或称为最小进化原则），选择 d_{xy}-d_x-d_y 最小的一对节点 x 和节点 y 进行归并（图 11-5）。

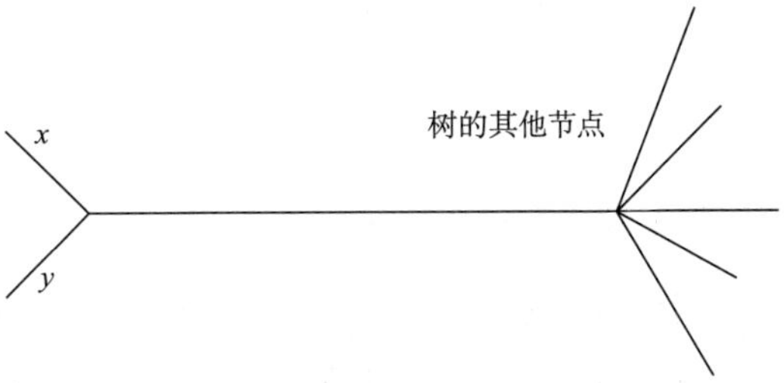

图 11-5　寻找一对节点 x 和 y，使这两个节点靠近，但同时远离其他节点

邻接方法构建系统发育树的一般步骤如下所述。

1）计算第 i 终端节点（即分类单元）的净分歧度 r_i，计算方法为

$$r_i=\sum_{k=1}^{N}d_{ik}$$

式中，N 为终端节点数；d_{ik} 是节点 i 和节点 k 之间的距离，$d_{ik}=d_{ki}$。

2）计算并确定最小速率校正距离（rate-corrected distance）M_{ij}，方法为

$$M_{ij}=d_{ij}-\frac{r_i+r_j}{N-2}$$

3）定义一个新节点 u，u 节点由节点 i 和 j 聚合而成，节点 u 与节点 j 的距离为

$$S_{iu}=\frac{d_{ij}}{2}+\frac{r_i-r_j}{2(N-2)}$$

$$S_{ju}=d_{ij}-S_{iu}$$

节点 u 与系统发育树其他节点 k 的距离为

$$d_{ku}=\frac{d_{ik}+d_{jk}-d_{ij}}{2}$$

4）从距离矩阵中删除节点 i 和 j 的距离，N 值（总节点数）减去 1。

5）如果尚余 2 个以上的终节点，返回步骤 1）重新计算，直至系统发育树完全构建。

2. 实例　设有 4 段序列，分别为 A:TAGG；B:TACG；C:AAGC；D:AGCC，利用邻接法构建系统发育树。

1）两两比对，并计算遗传距离。

2）构建一棵星状树，算出总树的树枝长度。星状树如图 11-6 所示，其分支长分别为

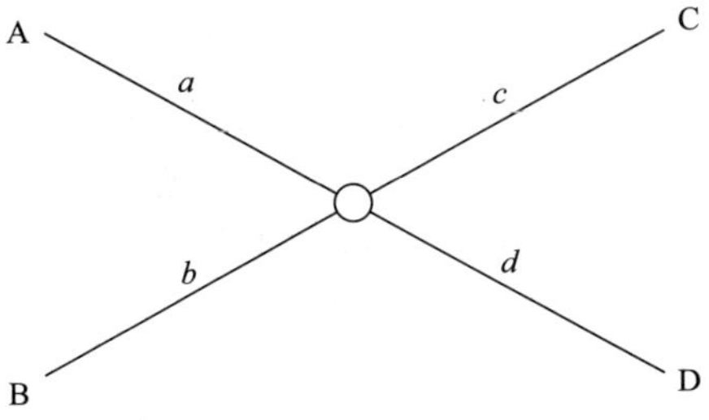

图 11-6　4 段序列的星状树

$$a+b=d_{AB}=1$$
$$a+c=d_{AC}=2$$
$$a+d=d_{AD}=4$$
$$b+c=d_{BC}=3$$
$$b+d=d_{BD}=3$$
$$c+d=d_{CD}=2$$

利用序列间的距离求出星状树（图 11-6）的总枝长 S_0，即

$$S_0=a+b+c+d=(d_{AB}+d_{AC}+d_{AD}+d_{BC}+d_{BD}+d_{CD})/3=5$$

3）筛选出第 1 对邻居。

先将序列 A 和序列 B 作为邻居与其他序列分离开来，如图 11-7 所示。

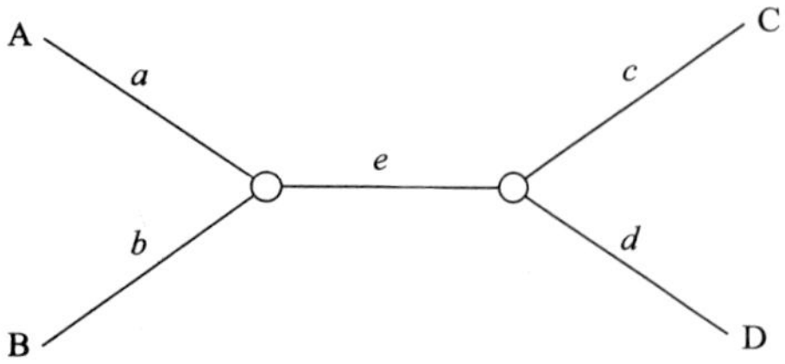

图 11-7　以 A、B 作为邻居的树

设 S_{AB} 为当 A 与 B 为邻居时的总枝长，根据图 11-7，可以利用序列两两之间的距离求出 S_{AB}。

$$\begin{aligned}S_{AB}&=a+b+c+d+e\\&=(d_{AC}+d_{AD}+d_{BC}+d_{BD})/4\\&\quad+d_{AB}/2+d_{CD}/2\\&=(2+4+3+3)/4+1/2+2/2\\&=4.5\end{aligned}$$

同理求得 $S_{AC}=5$、$S_{AD}=5.5$、$S_{BC}=5.5$、$S_{BD}=5$、$S_{CD}=4.5$。

由此可知，在上述树中，当序列 A 和 B 为邻居或者序列 C 和 D 为邻居时，整棵树的总枝长最短。以序列 A 和 B 为邻居与序列 C 和 D 为邻居时计算出的最终结果是相同的，现在分析一下以 A 和 B 为邻居时的情况。枝长 a 和枝长 b 分别为

$$\begin{aligned}a&=[d_{AB}+(d_{AC}+d_{AD})/2-(d_{BC}+d_{BD})/2]/2\\&=[1+(2+4)/2-(3+3)/2]/2\\&=0.5\end{aligned}$$

$$\begin{aligned}b&=[d_{AB}+(d_{BC}+d_{BD})/2-(d_{AC}+d_{AD})/2]/2\\&=[1+(3+3)/2-(2+4)/2]/2\\&=0.5\end{aligned}$$

将序列 A 和 B 合并为一个集合 H，这时需要计算出 H 到其他序列之间的距离，其距离矩阵为

	H	C
C	2	
D	3	2

4）重复第 2）步和第 3）步驯化操作，继续选出邻居，直至全部序列合并成一类。利用 3 个序列构建一颗星状树，如图 11-8 所示。利用这 3 段序列之间的距离求出星状树总枝长，即

$$S_0'=h+c+d=(d_{HC}+d_{HD}+d_{CD})/2=3.5$$

先将集合 H 与 C 作为邻居与其他序列分离开来，得如图 11-9 所示的树。

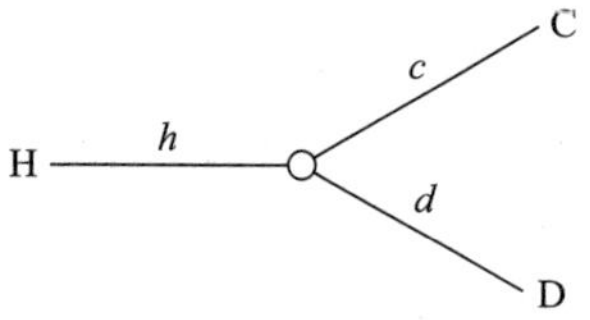

图 11-8　3 段序列的星状树

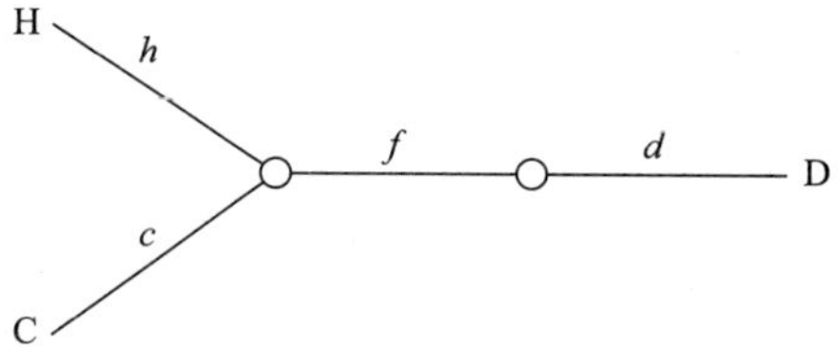

图 11-9　以 H、C 作为邻居时的树

则总枝长 S_{HC} 为

$$\begin{aligned}S_{HC}&=h+c+f+d\\&=(d_{HD}+d_{CD})/2+d_{HC}/2\\&=(3+2)/2+2/2\\&=3.5\end{aligned}$$

同理可以求得 $S_{HD}=3.5$，$S_{CD}=3.5$。

由此可以看出，当 H、C、D 任意两段序列为邻居，或者三序列呈星状树时，整棵树的总

枝长均为 3.5，采用上述的树都得到相同的结果。

现分析 H 与 C 为邻居时的情况，其枝长分别为

$$h=(d_{HC}+d_{HD}-d_{CD})/2$$
$$=(2+3-2)/2$$
$$=1.5$$
$$c=(d_{HC}+d_{CD}-d_{HD})/2$$
$$=(2+2-3)$$
$$=0.5$$

将集合 H 与序列 C 合并为一新的集合 J，则集合 J 与序列 D 之间的距离为

$$d_{JD}=(d_{HD}+d_{CD}-d_{HC})/2$$
$$=(3+2-2)/2$$
$$=1.5$$

5）画出进化树。根据以上的计算结果，可以画出如图 11-10 所示的系统发育树。

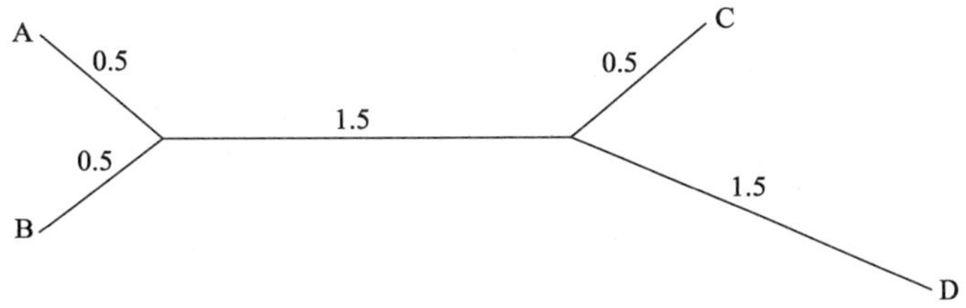

图 11-10　利用邻接法构建的系统发育树

二、最大简约法

最大简约（maximum parsimony）法是一种常用的系统发生学分析的方法，根据离散性状［包括形态学性状和分子序列（DNA 和蛋白质等）］的变异程度，构建生物的系统发育树，并分析生物物种之间的演化关系。在最大简约法的概念下，生物演化应该遵循简约性原则，所需变异次数最少（演化步数最少）的演化树可能为最符合自然情况的系统树。在具体的操作中，分为非加权最大简约分析（或称为同等加权）和加权最大简约分析，后者是根据性状本身的演化规律（如 DNA 不同位点进化速率不同）而对其进行不同的加权处理。

在最大简约分析中，只有在两个以上分类单元中存在差异的性状或位点才能为构建系统发育树提供有效的信息，对于 DNA 序列来说，这样的位点称为简约性信息位点（parsimony-informative site）。对于简约性信息位点，要在两个以上分类单元中存在差异，并且要有两个以上不同的状态。因此，数据集中在所有分类单元中状态恒定的位点和只出现一次的变异的位点都是非简约性信息位点（uninformative site）。

对一组数据的分析可能得到多棵同等简约树，即这些系统树具有同样的演化步数，在后续的分析中应构建这些同等简约树的合意树，并侧重分析保持率较高的分支。另外，加权简约分析在某种程度上可以提高最大简约法的效力，并可能更真实地反映生物的自然演化过程。由于趋同演化现象的存在，最大简约法有时会使原本具有不同进化过程的生物被归为一支，因此，一般而言，最大简约法大多使用于相近物种之间演化关系的分析。

（一）最大简约法的基本思想

对于系统发育树最直接的计算方式就是沿着各个分支累加特征变化的数目，而简约的含

义即代价最小，所以，利用最大简约法构建系统发育树的过程，就是一个对给定分类单元所有可能的树进行比较的过程。针对某一个可能的树，首先对每个位点祖先序列的核苷酸（或氨基酸）做出推断，然后统计每个位点用来阐明差异的核苷酸（或氨基酸）的最小替换数目。在整个树中，所有简约信息位点的最小核苷酸替换数的总和称为树的长度或树的代价。通过比较所有可能的树，选择其中长度最小、代价最小的树作为最终的系统发育树，即最大简约树（maximum parsimony tree）。

最大简约法在分析过程中最大的优势在于可以相当准确地推断出祖先序列。推断祖先核苷酸序列，对于单个核苷酸来说是微不足道的，可是对于基因或基因组，从了解进化过程来看，具有非常重要的作用。利用最大简约法推断出祖先序列，不仅可以填补分子进化研究中的空白，还可以从现存的后代序列中客观推断出中间状态，这也是最大似然法对进化理论的最大贡献。

利用最大简约法构建系统发育树的一般步骤是：①序列比对；②写出所有可能的树；③分析信息位点；④将每棵树的信息位点上的字符替换数相加，寻找最小替换的树。

（二）最大简约树的搜索策略

当所分析的序列数或者物种数（m）比较小时，如一般情况下 $m<10$，就可以直接计算出所有可能树的长度并确定最大简约树，这类寻找最大简约树的方法称为穷举式搜索。但是，树的数量会随着序列或者物种数目的增长而呈指数增长，当 m 很大时就基本不可能检查所有的树。此时有两种方法用来搜索最大简约树，一个是分支界限法，另一个是启发式搜索法。

1. 分支界限法　分支界限法最早由 Hardy 和 Penny 于 1982 年引入简约分析，该方法的基本思想是：树长明显超过预先检测的树被忽略掉，通过估计一群可能有更短树长的树来决定最大简约树，它包含两个基本步骤。①为最大简约树的树长设定一个上限 L，L 的值可以采用随机选择的任何一棵初始树的长度；②树的生长过程，即在描述部分物种之间关系的树中每次增加一个分支。在分析过程中，如果发现比建立初始上限的树替换数更小的树，L 的值将随之修正。

与穷举搜索法一样，分支界限法能够保证在分析完成时没有遗漏的更加简约的树；它还有比穷举搜索快的优点，所以能够分析多达 20 条序列，但是该方法当 m 在 20 左右或者 20 以上时耗时较长。

2. 启发式搜索法　当序列数或物种数比较大的时候，由于所能生成的树的数目会呈指数级增长，这时再采用穷举搜索几乎不能完成。因而必须采用近似而更加有效的算法，但是这样的算法不一定能找到最大简约树。常采用的方法为启发式搜索法。

启发式搜索法并不逐个分支地构建所有可能的树，而是通过子树分支交换（branch swapping），把它们嫁接到该步分析汇总找到的那棵树的其他位置上，从而产生一棵拓扑结构与初始树相类似的树。首先构造出一棵初始树，从初始树开始搜索更短的树。在第一轮分析中，初始树产生出若干棵新树，其中所有比初始树短的新树都在第二轮中被剪枝和嫁接。不断重复这个过程，直到某一轮通过剪枝和嫁接无法产生与前一轮等长或更短的树。

在启发式搜索中，采用的方式是逐步加入来寻找最大简约树。基本思路是：首先建立 3 个物种的初始树，接下来将第 4 个物种插入初始树的 3 个分支中的一个，用 MP 法计算树长；对另外 2 个分支也采用同样的方法进行计算，记录 3 个树长中的最小值；然后，有最小树长的 4 个物种树将用于下一个物种的插入；不断重复这一过程，至包含所有物种的树产生为止，这时就是临时的 MP 树。接下来采用分支交换策略来找到一个树长更小的树，满足一定条件则停止交换，此时得到的树就是最大简约树。

3. 实例　设有 4 段序列，分别为 $d1$:TAGG;$d2$:TACG;$d3$:AAGC;$d4$:AGCC，利用最

大简约法构建系统发育树。

首先写出所有可能的树，由于这是 4 个类群，所以有 3 种进化树的类群，如图 11-11 所示。

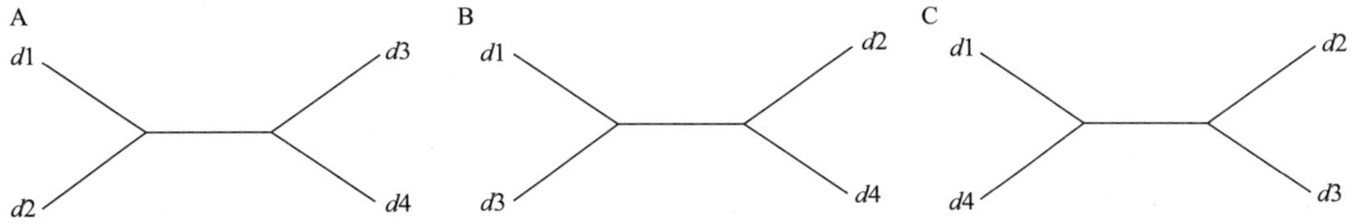

图 11-11 4 段序列构建的所有可能的树

根据多序列的比对可知，这 4 段序列的 4 个位点均为信息位点。首先来分析第一个信息位点中的碱基替换情况，如图 11-12 所示，在 3 种结构的树中信息位点的替换情况依次是 1 次、2 次和 2 次。

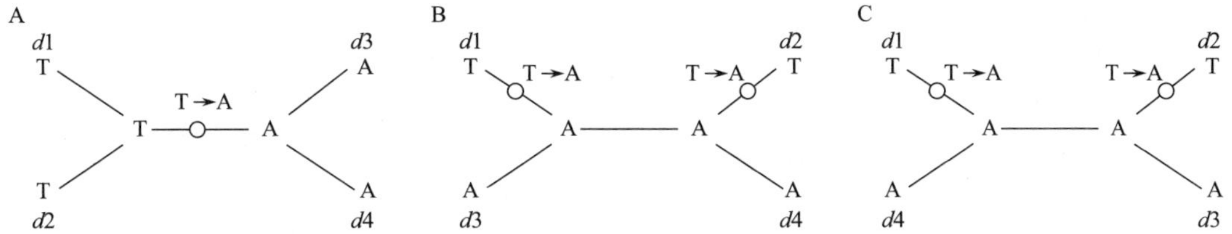

图 11-12 4 段序列的第一位上 3 种树的碱基替换数目

同理可得第二信息位点在 A、B 和 C 3 种树的碱基替换情况依次是 1 次、1 次和 1 次；第三信息位点的碱基替换为 2 次、1 次和 2 次；第四信息位点的替换情况为 1 次、2 次和 2 次。

最后汇总一下 A、B 和 C 3 种树的碱基替换分别为 5、6 和 7。在这 3 种树中，树 A 具有最少的替换数，所以树 A 即为最大简约树。

三、最大似然法

最大似然（maximum likelihood，ML）法是一种比较成熟的参数估计的统计方法。该方法在当样本很大时，可以获得参数估计的最小方差。最大似然的参数估计方法最早是由高斯（C. F. Gauss）提出来的，而后由费舍尔（R. A. Fisher）于 1912 年重新提出，并证明了这一方法的性质。利用最大似然法构建系统发育树，最早是由 Cavalli-Sforza 和 Edwards 于 1967 年提出的，最初用于构建基于基因频率的系统发育树。Felsenstein 将该方法引入基于核苷酸的系统发育树的构建，然后又拓展到氨基酸序列数据。

利用最大似然法构建系统进化树基于两条基本假设：不同的性状进化是独立的；物种发生分化后的进化是独立的。最大似然法试图避免其他方法的局限性。与距离法不同的是，最大似然法试图充分利用所有资料而不是将资料减缩为距离的集合；与最大简约法的不同之处在于其进化概率模型采用了标准的统计方法。所以，最大似然法的计算量也是最大的。

最大似然法是一类完全基于统计方法的系统发育树构建方法。在 ML 法中，以一个特定的替代模型分析既定的一组序列数据，使所获得的每一个拓扑结构的似然率均为最大，挑出其最大似然值最大的拓扑结构，并将其选为最终树。所考虑的参数不是拓扑结构而是每个拓扑结构的枝长，并对似然值求最大来估计枝长。单个位点的似然值是指在核苷酸替代模型中该位点每个可能被取代或再现的概率之和，进化树的似然值就是所有位点似然值的乘积。最大似然法的核心是在比对中充分考虑每个核苷酸的概率。例如，转换出现的概率大约是颠换的 3 倍。设一个 3 条序列的比对中，如果发现其中有一列为一个 C、一个 T 和一个 G，则认为 C 和 T 所在的序列之间的关系很有可能更接近。

（一）算法

在最大似然法中，以一个特定的替代模型分析既定的一组序列数据，使所获得的每一个拓扑结构的似然值均为最大，筛选出其最大似然值的拓扑结构为最终树。

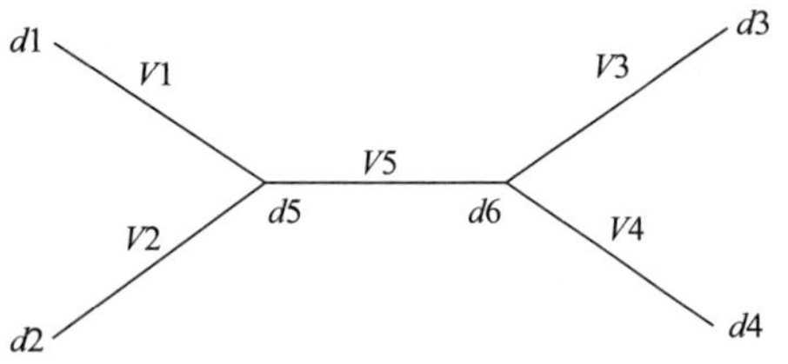

图 11-13　最大似然法中进化树的枝长与节点

我们首先解释一下怎样计算一个给定的 DNA 树的似然值。考虑一个简单的 4 类群的树，并假定这个 DNA 序列为 n 个核苷酸长度，且没有插入或缺失，如图 11-13 所示。

根据图 11-13，假设进化是从树的一个内部节点 $d5$ 开始，则任意一个位点 X（序列比对排列后的 X 列）的似然函数为

$$l_X = f_{d5} \cdot P_{d5d1}(V1) \cdot P_{d5d2}(V2) \cdot P_{d5d6}(V5) \cdot P_{d5d3}(V3) \cdot P_{d5d4}(V4)$$

式中，l_X 为似然函数；f_{d5} 为节点 $d5$ 为某个字符时的概率；$P_{d5d1}(V1)$ 为从节点 $d5$ 的字符替换到节点 $d1$ 的字符的概率，依此类推。

上式中的概率 $P_{ij}(V)$ 和 $P_{ii}(V)$ 可用下式来表示：

$$P_{ij}(V) = f_j \cdot (1 - e^{-V})$$

$$P_{ii}(V) = f_i + (1 - f_i)e^{-V}$$

式中，$P_{ij}(V)$ 为字符 i 替换到字符 j 的概率；$P_{ii}(V)$ 为字符 i 不变的概率；f_j 为字符 j 的出现频率；f_i 为字符 i 的出现频率；V 为枝长。V 表示分支上的字符预期替代数，因此 $V \geqslant 0$。用最大似然法对上述 4 个序列进行系统发育分析，就是要计算一棵树中每一个位点（序列比对排列后的每一列）中所有可能的字符替换情况的 l_X，再求这些 l_X 之和 l_{sum}，然后求所有位点的 l_{sum} 之积 L，最后比较每棵树的 L，取最大值的树作为结果。

（二）实例

下面举例说明最大似然法构建系统发育树的过程。

设 $d1$: AAC; $d2$: AAT; $d3$: GGC; $d4$: GGT 为 4 个物种的 DNA 序列，请根据这 4 段序列用最大似然法构建系统发育树，假设枝长都为 0.1。

经多序列比对之后，计算 4 条序列中 A、T、G、C 的平均核苷酸频率：

$f_A = 4/12 = 1/3$；$f_T = 2/12 = 1/6$；$f_G = 4/12 = 1/3$；$f_C = 2/12 = 1/6$

在本例中，涉及 3 个不同的拓扑结构，如图 11-14 所示。

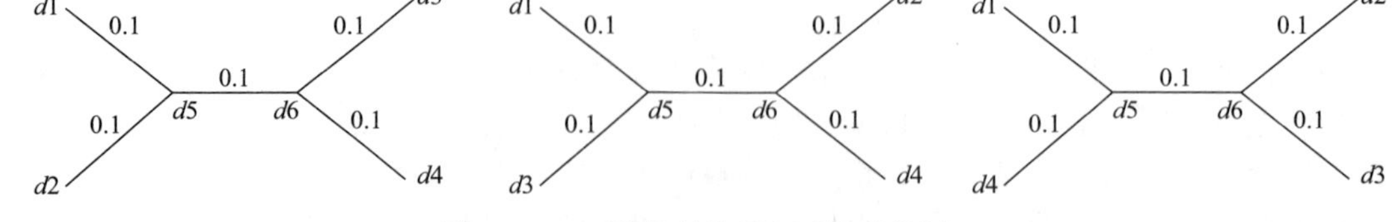

图 11-14　4 段序列的所有可能进化树

假设树 A 的两个内部节点分别为 $d5$ 与 $d6$，并假设进化是从树 A 的一个内部节点 $d5$ 开始，则任意一个位点（即任一列）X 的似然函数为

$$
\begin{aligned}
l_{1\text{sum}} &= l_{1\text{AA}} + l_{1\text{AG}} + \cdots + l_{1\text{TT}} \\
&= f_{\text{A}} \cdot P_{\text{AA}}(0.1) \cdot P_{\text{AA}}(0.1) \cdot P_{\text{AA}}(0.1) \cdot P_{\text{AG}}(0.1) \cdot P_{\text{AG}}(0.1) \\
&\quad + f_{\text{A}} \cdot P_{\text{AA}}(0.1) \cdot P_{\text{AA}}(0.1) \cdot P_{\text{AC}}(0.1) \cdot P_{\text{CG}}(0.1) \cdot P_{\text{CG}}(0.1) \\
&\quad + \cdots \\
&\quad + f_{\text{T}} \cdot P_{\text{TA}}(0.1) \cdot P_{\text{TA}}(0.1) \cdot P_{\text{TT}}(0.1) \cdot P_{\text{TG}}(0.1) \cdot P_{\text{TG}}(0.1) \\
&= 8.71 \times 10^{-3}
\end{aligned}
$$

这个公式的总项数是 16 项，因为节点 5 和节点 6 各有 4 种不同的核苷酸。

同理可得第 2 位点和第 3 位点的似然值为：$l_{2\text{sum}}=8.71\times10^{-3}$，$l_{3\text{sum}}=6.67\times10^{-5}$

则树 A 的对数似然函数值为：$\ln L_{\text{A}}=\ln(l_{1\text{sum}}\cdot l_{2\text{sum}}\cdot l_{3\text{sum}})=-19.10$

同理可以获得树 B 和树 C 的对数似然函数值为：$\ln L_{\text{B}}=-21.12$，$\ln L_{\text{C}}=-24.55$

通过比较可知，树 A 的对数似然值为最大，则树 A 即为所求的最大似然进化树。

在上例中，为了方便计算，我们首先确定了系统发育树的枝长，而在实际中，枝长是通过最大似然法进行估计的，所以计算量就要复杂得多。

四、贝叶斯推断法

贝叶斯推断（Bayesian inference，BI）法是最近几年发展起来的一种构建系统发育树的统计学方法。与最大似然法相比，贝叶斯推断法的优势主要在于其一方面运行速度较快，能够处理较大的数据集；另一方面可以提供了衡量可信性的有效参数——后验概率（posterior probability，PP），后验概率最大的树即为最优的系统发育树。

系统发育树的贝叶斯推断是建立在后验概率的基础上的，基本思想为

$$P(\text{Tree}\mid\text{Data})=\frac{P(\text{Data}\mid\text{Tree})\cdot P(\text{Tree})}{P(\text{Data})}$$

被用于整合树的先验概率 P（Tree）和似然 P（Data|Tree），可以获得树的后验概率分布。树的后验概率 P（Tree|Data）可视为该树为真的可能性。

因为后验概率不仅涉及所有的树，而且每一棵树还整合了枝长和替代模型参数值的所有可能组合，所以不可能采用常规的分析方法解决。最常用的是 MCMC（Markov chain Monte Carlo）方法，其基本思想是构造出一条马尔可夫链，该链的状态空间为统计模型参数和不变的后验分布参数，然后通过计算机模拟获得后验概率。实际计算时，通常是同时建立多个马尔可夫链，每隔若干代抽取 1 棵树，当其全部由动态进入静态后，再运算若干代，然后忽略动态下的抽样，仅对静态下的抽样计算合意树，分支出现的频率即后验概率，该方法同时还给出模型参数的平均数、方差和置信区间。贝叶斯推断法将先前的系统发育树构建和评估这两个过程合二为一，最后得到的树不仅反映了系统发育关系的最佳估计，而且提供了有关分支的确切支持强度。

有关贝叶斯推理、马尔可夫模型理论部分内容见第十二章第四节、第五节。

第三节　系统发育树构建及应用

一、构建系统发育树的步骤

利用生物大分子序列进行系统发育树的构建，一般分为 4 个步骤：①选择适合的分子序

列；②多序列比对；③选择适合的建树方法；④系统发育树的评估。

（一）选择适合的分子序列

生物体不同株系后代的 DNA 在进化过程中将会累积突变，并导致大分子序列产生分歧（DNA、RNA 和蛋白质序列）。而分子系统发育分析即利用这些存在一定分歧的同源序列来构建系统发育树。

系统发育树可以用 DNA、RNA 或蛋白质序列数据来构建。通常情况下，对于系统发育分析，DNA 序列所包含的信息量要比蛋白质序列多。所以，利用 DNA 序列比利用蛋白质序列将更加精确地获取系统发育树，原因包括多个方面：

1）基因的编码区可以发生同义或非同义替换事件，利用 DNA 序列不仅可以获取引起氨基酸改变的非同义替换的信息，更能获得不引起氨基酸改变的同义替换的信息。

2）通过比较非同义替换（d_N）和同义替换率（d_S）可以显示出基因序列是经历了正选择还是纯化选择。纯化选择表现为氨基酸序列的改变会受到限制，而反映在 DNA 序列上是 $d_N < d_S$，由于大部分蛋白质序列要维持功能的稳定性，故经历纯化选择作用的比较多；正选择在 DNA 序列上的表现为 $d_N > d_S$，正选择更容易引起蛋白质序列的改变，并促进基因形成新的功能。

3）非编码区由于受到较小的进化选择压力，会发生更多的中性突变，也可用于系统发育树的构建。

4）利用 DNA 序列还可以对转换和颠换的速率进行估计。

基于 DNA 序列能够比蛋白质序列提供更多的信息量，在当一个基因的改变非常慢时，或者当研究进化关系的物种具有非常近的亲缘关系时，利用 DNA 序列往往是比较好的选择。而当被研究的物种间进化距离比较远，以至于任何一个 DNA 序列相对而言都是饱和的，导致在系统发育树构建时会损失信息量，此时利用蛋白质的 20 种氨基酸来替代只有 4 种核苷酸的 DNA，则会产生比较好的效果。

（二）多序列比对

多序列比对不仅是生物信息学的核心问题之一，也是系统发育分析中的一个基础步骤和关键环节。多序列比对的结果将直接影响系统发育分析的结论。如果对一组序列进行了错误的比对，依然可以生成一棵系统发育树，但是这样建立的系统发育树没有任何生物学意义。因此在为系统发育分析准备多序列比对时，有一些问题也需要特别注意。

若采用的是基因的编码序列构建系统发育树，由于核苷酸序列翻译成氨基酸序列时是按照三联体密码的形式进行的，因此这类核苷酸序列比对后产生的空位数目也应该是 3 或 3 的倍数。如果产生的空位不是 3 或 3 的倍数，说明多序列比对的结果不正确，或没有生物学意义。对这类数据最好的办法是按照氨基酸序列比对，然后根据氨基酸比对的结果，相应调整核苷酸序列比对结果。

进行系统发育树的构建，根据二级或三级序列结构进行比对比直接利用一级序列进行比对的可信度要好，这主要是因为复杂结构的保守性高于简单特征（核苷酸、氨基酸）的同源保守性；此外，通过复杂结构的比对程序还可以搜索到一些特殊的关联位点，这些位点是进化的功能区域。例如，核糖体基因的二级结构通常为茎环（stem loop）结构，茎区多为保守的，而环区则高度可变。若在进行比对的类群中有相应的二级结构，则应该根据二级结构来进行比对。

当序列分歧度很大或者有大的插入 / 缺失（indel）片段时，如何处理这些区域中 indel 状态的位点将取决于进化模型的所有要素（包括核苷酸转换或颠换速率），而且相关的参数在前导树与比对推导的进化树中应该保持一致。所以，在进行多序列比对时，一方面，比对参数应该随着进化的分支动态变化，以保证降低碱基错配的概率；另一方面，比对参数应该随时调整，以防止过多近似序列导致的信息量不足。

（三）选择适合的建树方法

本章前面介绍了几种构建系统发育树的方法，其中最大简约法主要适用于序列相似性很高的情况；距离法在序列具有比较高的相似性时适用；而最大似然法和贝叶斯推断法可用于任何相关的数据序列集合。从计算速度来看，距离法的计算速度最快，其次是最大简约法和贝叶斯推断方法，然后是最大似然法。在实际应用中，既要考虑计算速度，又要考虑分子数据的特点和方法的应用范围。

在构建系统发育树的所有方法中，距离法是一种纯数学算法，通过序列两两之间的差异决定发育树的拓扑结构和枝长，它将发育树的构建和最优树的确定融合在一起，构建发育树的过程也就是寻找最佳树的过程。距离法的计算速度比较快，然而值得注意的是，距离法在将原始数据转换成距离矩阵时难免会丢失一些进化信息。

最大简约法和最大似然法是从数学角度在评价树的最优标准的基础之上找到使目标函数最优的树。最大简约法能快速分析出序列之间的系统发育关系，所构建的系统发育树中的短分支更接近于真实。但当DNA序列的进化速率在不同分支上相差很大或亲缘关系太远时，最大简约法的单一突变图谱可能会得出似是而非的结论。由于没有考虑核苷酸的突变过程，使得长分支末端的序列由于趋同进化而显示较好的相似性，趋同现象违背了简约法则，导致的结果是对“长枝吸引”的敏感。

最大似然法充分考虑了所有可能的突变路径，能完全利用数据的系统发育信息。然而，最大似然法构建系统发育树的核心在于对核苷酸替代模型的选择，不同位点的核苷酸替代速率不一致，在核苷酸替代一般模型中包含了反映进化过程的参数，但是并非替代模型越复杂，结果就越理想。此外，由于计算每个树的似然值算法的复杂性，以及基于最优标准算法的复杂性，使得最大似然法在分类群较多时十分费时，这也是其应用的最大障碍。

贝叶斯推断法的分析结果取决于所有可能参数值，寻找对参数的最广泛的支持，因而可以得到比最大似然法更好的结果，尤其是相对参数的数据量较少时，往往可以得到比最大似然法更加可靠的结果。然而，贝叶斯推断法的后验概率对先验概率十分敏感，而先验概率分布与进化模型参数（分支长度、拓扑结构和核苷酸替代模型）息息相关，所以其值完全依赖于数学上的计算，没有考虑生物学背景知识，因此该方法具有一定的主观性，在客观证据十分确凿的情况下就不宜再使用。

（四）系统发育树的评估

在系统发育树的构建过程中，我们可以根据各种构建系统发育树方法的特点选择合适的方法。一棵用距离法、最大简约法或最大似然法构建的系统发育树可以看作是一个点估计，对这个点估计最好加上一个可靠性测度。

1. 重复抽样检验　评价系统发育树中每一分支的可靠性，在统计学上用重复抽样的方式来排除随机误差的影响。目前主要有两种重复抽样检验方法来检验系统发育树的可靠性：自展检验（bootstrap）和折刀法（jack knife）。

自展检验是一种现代统计技术，该方法利用计算机随机地进行重采样，以确定采样误差和一些参数估计的置信区间。该方法用来推断系统发育树的可靠性，可以与任何一种系统发育树构建方法联合使用，但在树的构建方法上必须是一致的。

自展检验的基本原理是：从原始数据集中的重新抽样替换来产生伪数据集，这样的数据集称为自展样本（bootstrap sample）；然后用这样的伪数据集来构建系统发育树，称为自展树（bootstrap tree）；重复上述过程，产生成百上千的重新抽样的伪数据集，并同时生成对应的自展树；最后检验自展树对最终系统发育树各个分支的支持率。具体做法是：将最终系统发育树与各个自展树进行比较，其中在各个自展树中都有出现或大量出现的那些部分将具有较高的置信度。产生相同分组的自展树的数目常常被标注在系统发育树的相应节点旁，表示该树中每个部分的相对置信度。

如果不同位点具有一致的系统发育信号，自展样本将不会发生什么冲突，导致所有的或大部分分支都具有较高的自展支持率（bootstrap support proportion）；如果数据缺乏信息或者不同位点包含相冲突的信号，自展样本间将有较多差异，导致大多数分支的自展支持率比较低。自展值越高表示对相关分支的支持越强。

折刀法与自展检验的不同之处在于抽样的方式。该方法是由 Muller 和 Ayala 提出的，Lanyon 对该方法进行了改进，基本思想为：每次去掉一个可变分类单元（OUT），然后再对剩余的所有 OUT 进行分析。由此可见，折刀法产生的新数据小于原始数据。

2. 内支检验　了解一棵树的可靠性是检验其每个内部分枝的可靠性。内支检验（interior branch test）是通过检验内支长度是否显著大于零而评价构建的系统发育树的一种检验方法。内支检验的基本思想是：若一棵树的拓扑结构是正确的，则表明正确拓扑结构的所有分支长度估计的期望值为 0 或者正值，而不正确的拓扑结构中至少有一个内部分支长度为负值，且该分支产生了序列间的一个不正确分区。因此，如果一棵树的内部分支被确定是负值，那么该树的拓扑结构很可能就是错误的。

假设我们要评价图 11-15 中系统发育树的拓扑结构的可靠性，如果两个内部分支 b 和 c 都比 0 大，则这棵树的拓扑结构被认为是可靠的。因此，首先设定无效假设 $b \leq 0$ 和 $c \leq 0$，则对应的备择假设为 b 和 c 的长度均大于 0。在假定无效假设为正确的情况下，即假设内部分支 $b \leq 0$ 的情况下可以用计算 b 的估计值的标准差 s_b 来检验。当替代数很大时，b 大致遵循正态分布，此时便可以通过正态标准离差 $u = b/s_b$ 来检验无效假设，此时应该采用一尾测验的方式。

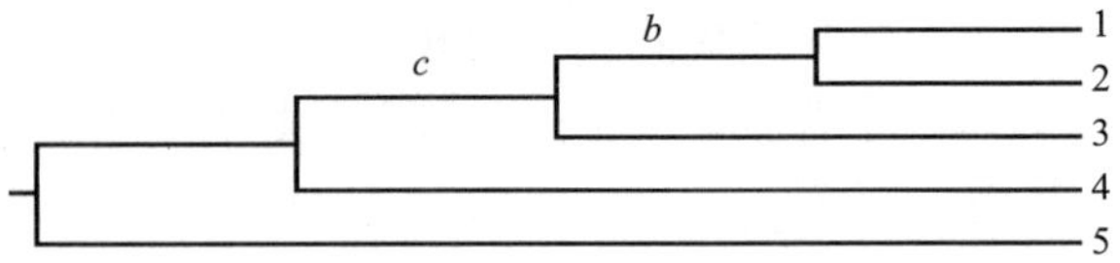

图 11-15　内部分支 b 和 c

系统发育树的内支检验方法能方便地应用于由距离法构建的系统发育树，因为只有正确树的所有内部分支才可能是正值。但在最大简约法和最大似然法构建的系统发育树中，不管拓扑结构如何，所有内部分支都是正值，因此就很难建立一种检验无效假设的分析方法。

二、常见系统发育树的软件简介

（一）PHYLIP

PHYLIP（the phylogeny inference package）是目前应用较多的免费构建系统发育树的软件

包，是由美国华盛顿大学（University of Washington）的 Joseph Felsenstein 教授开发的。该软件 1980 年首次发布，其可以在 DOS、UNIX、Windows 和 Macintosh 等多个平台下安装并应用。PHYLIP 由 35 个独立的程序组成，这些程序都能实现特定的功能，基本上包括了系统发育分析的所有方面。PHYLIP 主要包括几个程序组：分子序列组、距离矩阵组、基因频率组、离散字符组、进化树绘制组。

分子序列组：蛋白质序列组，如 protpars、proml、promlk、protdist；核苷酸序列组，如 dnapenny、dnapars、dnamove、dnaml、dnamlk、dnainvar、dnadist、dnacomp。

距离矩阵组：fitch、kitsch、neighbor。

基因频率组：gendist、contrast、contml。

离散字符组：pars、mix、penny、move、dollop、dolpenny、dolmove、clique、factor。

进化树绘制组：drawgram、drawtree、consense、treedist、retree。

Phylip 软件包的文档是非常详细的，对于每个独立的程序，都有一个独立的文档，详细地介绍了该程序的使用及其说明。此外，Phylip 软件包还包括程序的 C 语言源代码。

利用 Phylip 构建系统发育树，首先须根据分析数据，选择适当的程序，若分析的是 DNA 数据，就在核酸序列分析类中选择程序，如 dnapenny、dnapars、dnamove、dnaml、dnamlk、dnainvar、dnadist、dnacomp 等；若分析的是离散数据，如突变位点数据，就在离散字符组里面选择程序，然后再选择适当的分析方法，如对于系统发育树的构建方法可以选择简约法（DNAPARS）、似然法（DNAML、DNAMLK）、距离法（DNADIST）等。选择好程序后，执行，读入分析数据，默认的读取数据的源文件为 infile，选择适当的参数，进行分析，结果自动保存为 outfile、outtree。outfile 是一个记录文件，记录了分析的过程和结果，可以直接用文本编辑器（如写字板）打开。outtree 是分析结果的树文件，可以用 Phylip 提供的绘树程序打开查看，也可以用其他的程序来打开，如 treeview。

Phylip 的下载地址为：http://evolution.genetics.washington.edu/phylip.html。

（二）PAUP

PAUP（phylogenetic analysis using parsimony）是最著名的进行系统发育分析的商业软件。该软件最初的版本叫 PAUP，主要是应用简约法进行系统发育分析。2001 年，Swofford 教授推出整合了最大似然法和距离法的 PAUP 4.0，并于 2002 年推出光盘版的 PAUP 4.0 Beta。目前 PAUP 4.0 有好几个版本，这些版本分别适用于 Macintosh、Windows 和 Portable 等操作平台，具有一个简单的、菜单式操作的界面。

利用 PAUP 进行系统发育树的构建，默认的数据输入格式为 Nexus。此外，PAUP 也可以输入 PHLIP、GCG-MSF、NBRF-PIR 和 HENNIG86 等其他格式的数据文件。使用 PAUP 构建系统进化树的程序都有多种选项：MP 选项包括任意特征权重方案的说明；距离法中可以选择 NJ、ME、FM 和 UPGMA 等模式。有关这些方法和模型的详细说明可以从“帮助”中获得。将参数设为“estimate”，执行“describe tree”命令，可以评估任何系统发育树的参数。

PAUP 的下载地址为：http://paup.sc.fsu.edu/。

（三）MEGA

MEGA（molecular evolutionary genetics analysis）是目前应用较多的构建系统发育树和分子进化遗传分析的免费软件包之一，由美国亚利桑那州立大学的 Kumar 教授开发并于 1994 年首次发布。该软件最初为 DOS 版本，随后有适合 Windows、Mac 和 Linux 的版本可下载。过去 20 多年来，该软件经历了 9 次主要升级，目前 MEGA 的最新版本为 2021 年发布的 MEGA11。MEGA4 是其中最为经典的版本，在分子进化和系统发育研究中得到了广泛的应用。MEGA5 增加了 TBR（tree bisection reconnection）和 SPR（subtree pruning regrafting）来进行种系发生的重建，新增了最大似然法建树功能。MEGA6 新增了 Timetree 功能，可基于 Reltime 方法估计进化树分歧点的发生时间。MEGA X 的主要功能模块包括：通过网络进行数据的搜索、多序列比对、序列编辑、DNA 或蛋白质的替代模型预测、遗传距离的估计、系统发育树的构建、选择压分析、进化假说检验等。该软件能够对核酸（DNA 和 mRNA 等）序列和氨基酸序列及遗传距离进行系统发育树的构建。在建树的方法上，其提供了最常用的距离法（UPGMA、ME 和 NJ）、MP 法和 ML 法，对所获得的树均可进行自展检验及标准误估计可靠性检验。MEGA 突出的特点是菜单化操作方式，操作简单方便，极易掌握，可以满足一般进化分析的需要。

MEGA 的下载地址为：http://www.megasoftware.net/。

（四）TREE-PUZZLE

TREE-PUZZLE 是对分子序列采用最大似然法构建系统发育树的软件包，包含有可以在 Windows、Linux 和 Macintosh 等多个平台下运行的版本。该软件包应用 quartet puzzling（一种最大似然估计方法）构建系统发育树，还可以计算特定树的序列间最大似然距离和分支长度。该软件包支持所有常见的核苷酸序列和蛋白质序列进化模型。此外，该程序还包括数个统计测试。该程序具有详细使用手册及程序源代码。

TREE-PUZZLE 的下载地址为：http://www.tree-puzzle.de/。

（五）MrBayes

MrBayes 是一种采用贝叶斯推断法进行系统发育树构建的软件。该软件以 NEXUS 格式输入数据，数据可以是核苷酸序列或氨基酸序列，也可以是限制性位点序列或以 0、1 表示的形态数据。MrBayes 软件可以通过不同方法汇总模型参数的后验分布，包括系统发育树的布局和分支长度，该软件还可以推导位点进化速率。

MrBayes 软件的下载地址为：http://mrbayes.sourceforge.net/。

（六）PhyML

2003 年，Guindon 等根据最大似然法原理，采用更加简便的爬山算法来同时估计树的拓扑结构和树的分支长度。与传统的最大似然法相比，该方法更加简便、快速和有效。基于此算法，Guindon 等推出了利用该算法计算最大似然系统发育树的 PhyML（PHYlogenetic inference using maximumu likelihood）程序，并于 2005 年推出了 PhyML 的网络在线运行版。该软件能够利用 DNA 序列或氨基酸序列构建最大似然树，在构建最大似然树的软件中是速度比较快的。

PhyML 在线版的地址为：http://atgc.lirmm.fr/phyml/。

三、系统发育分析示例

以下将用两个例子来说明系统发育分析的具体过程。数据为来自 13 个脊椎动物物种线粒体基因组中细胞色素 b 基因编码的氨基酸序列，其一是采用本地计算机上的 MEGA 软件构建系统发育树，其二是利用网络上在线运行的软件构建系统发育树。

脊椎动物中的线粒体 DNA（mtDNA）包含有 13 个编码蛋白质的基因。mtDNA 的全序列在很多生物中都已经获得。mtDNA 序列及其基因编码的氨基酸序列是目前研究生物系统发育、种群遗传变异和分化，以及难以用外部形态特征来区别的近缘种、种下分类单元鉴定等方面应用最为广泛的分子序列之一。mtDNA 的细胞色素 b（cytochrome b，Cytb）基因是一种编码蛋白质的基因，是目前结构和功能研究得最清楚的基因之一。*Cytb* 基因在碱基组成上具有偏好性，且具有种间差异。*Cytb* 基因中同时存在较快和较慢进化的密码子位点，以及保守区域和突变区域，从而使得 *Cytb* 基因可以应用于系统分类研究。1989 年，第一对关于脊椎动物 *Cytb* 基因部分片段的扩增引物出现后，*Cytb* 基因被广泛地应用于系统分类学研究，目前认为它是对物种种上和种下分类阶元进行系统进化研究得较好的序列。本例选取来自哺乳动物、爬行动物、鸟类和鱼类共计 13 个物种的 *Cytb* 基因编码的氨基酸序列构建系统发育树。

（一）利用 MEGA X 构建系统发育树

MEGA 由于其菜单化操作方式，操作简单方便、极易掌握，是目前应用最多的构建系统发育树的软件之一。本例拟利用 MEGA X 软件对脊椎动物中线粒体细胞色素 b 基因构建系统发育树。

1. 序列获取　来自 13 个物种的脊椎动物的线粒体细胞色素 b 基因编码的氨基酸序列均用 Entrez 检索方式获取，检索登录号见表 11-2。

表 11-2　13 种脊椎动物细胞色素 b 基因编码的氨基酸序列检索登录号

种类	中文名称	拉丁名	蛋白质登录号
哺乳动物	长须鲸	*Balaenoptera physalus*	P24950
	蓝鲸	*Balaenoptera musculus*	P41285
	西藏黄牛	*Bos taurus*	YP_209217
	人	*Homo sapiens*	YP_002124314
鸟类	原鸡	*Gallus gallus*	NP_006926
	鸵鸟	*Struthio camelus*	NP_115452
	绿头鸭	*Anas platyrhynchos*	YP_001382257
爬行动物	拟鳄龟	*Chelydra serpentina*	YP_002213663
两栖动物	非洲爪蟾	*Xenopus laevis*	NP_008146
	青蛙	*Rana nigromaculata*	NP_116779
鱼类	虹鳟	*Oncorhynchus mykiss*	NP_008302
	泥鳅	*Crossotoma lacustre*	NP_008315
	鲤鱼	*Cyprinus carpio*	NP_007094

在 NCBI 中分别获取相应的蛋白质序列，并将序列按照 FASTA 格式保存到新建的纯文本文件中，然后将纯文本文件名修改为“cytb.fasta”。

2. 使用 MEGA X 进行多序列比对　MEGA 软件的“Alignment Explorer”模块集成了用于进行多序列比对的程序“ClustalW”，利用该程序可以实现多序列比对。

打开 MEGA 软件，选中 cytb.fasta 文件，将该文件拖到 MEGA 软件中，会弹出“Alignment Explorer”模块对话框，如图 11-16 所示。

在“Alignment Explorer”模块对话框中选择“Alignment”→“Align by ClustalW”命令，会弹出如图 11-17 所示的进行多序列比对参数设置的“ClustalW Options”对话框。参数一般采用默认设置即可，单击“OK”按钮，即可进行多序列比对。

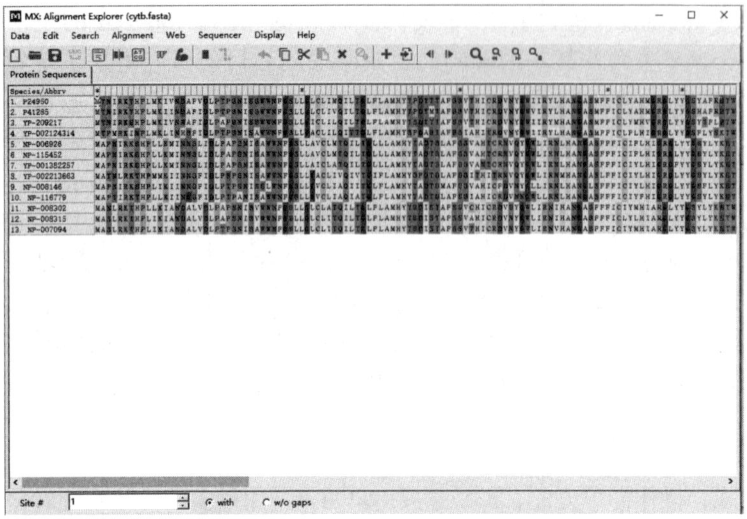

图 11-16　“Alignment Explorer”模块对话框

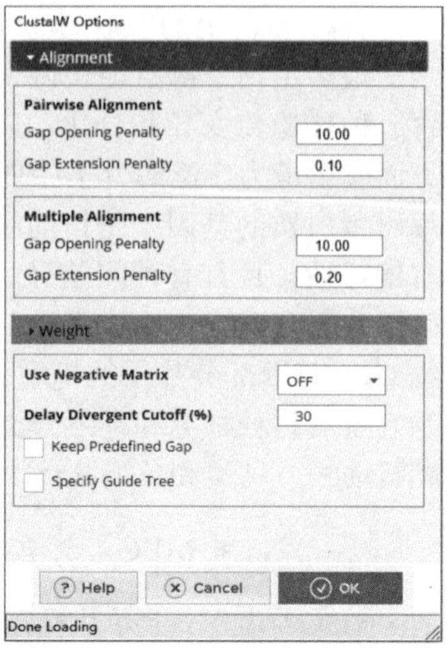

图 11-17　“ClustalW Options”对话框

多序列比对结束后，在“Alignment Explorer”模块对话框中选择“Data”→“Export Alignment”→“MEGA Format”命令，将多序列比对的结果输出，输出的文件名为“cytb. meg”。

3. 使用 MEGA X 进行系统发育树的构建　关闭“Alignment Explorer”模块对话框。选中 cytb. meg 文件，将该文件拖到 MEGA 软件中，MEGA 软件一方面会自动打开“Sequence Data Explorer”模块对话框，另一方面会显示全部菜单，如图 11-18 所示。

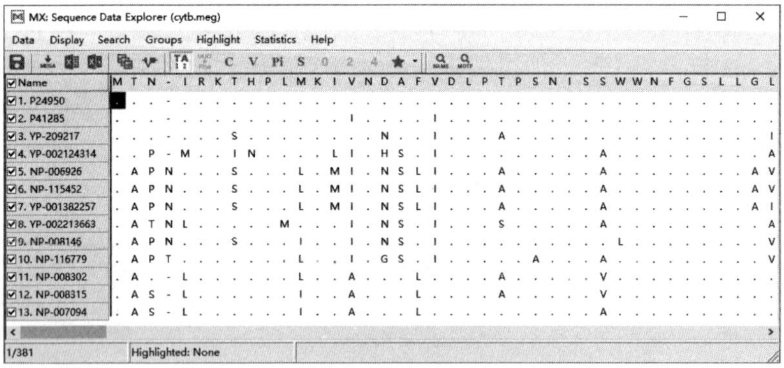

图 11-18　利用 MEGA 软件打开序列

序列输入 MEGA 软件，就可以进行进化树分析。MEGA 软件提供了 5 种构建系统发育树的方法，并同时可以对系统发育树进行检验。这 5 种方法分别是：邻接法、最小进化法、非加权组内平均法、最大简约法和最大似然法。此处仅以构建邻接（NJ）树为例，介绍操作过程。在 MEGA 的主窗口中选择“Phylogeny”→“Construct/Test Neighbor-Joining Tree”，选择多序列比对后的输出文件“cytb. meg”，将弹出如图 11-19 所示的“Analysis Preferences”对话框，用于进行系统发育树构建中参数的设置。在此处，“Test of Phylogeny”选择“Bootstrap method”；“No. of Bootstrap Replications”设置为 500 次；计算距离的替代模型“Model/Method”选择泊松校验（Poisson correction），随机数种子由系统默认；“Gaps/Missing Data

Treatment”采用“Pairwise deletion”模型。设置完成，单击“OK”按钮，开始计算。

计算所耗用的时间与序列的数目及序列中信息位点的含量成正比，计算完成后，会弹出“Tree Explorer”窗口（图 11-20）。该窗口有两个结果，一个是原始树（original tree），另一个是 bootstrap 验证过的一致树（bootstrap consensus tree），树枝上的数字表示 bootstrap 检验中该树枝的支持率（百分比）。

在得到了系统发育树后，可以根据需要对其进行编辑和美化。双击序列名可以更改序列的名称，最终得到的系统发育树如图 11-21 所示。值得注意的是，这种单纯的基于某一个或一种 DNA 序列或蛋白质序列构建的系统发育树只能提供物种进化的部分信息，而不能完全代表物种进化的全过程。

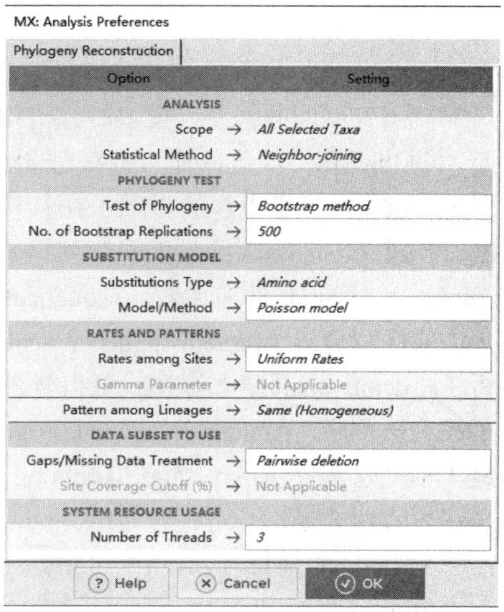

图 11-19 “Analysis Preferences”对话框

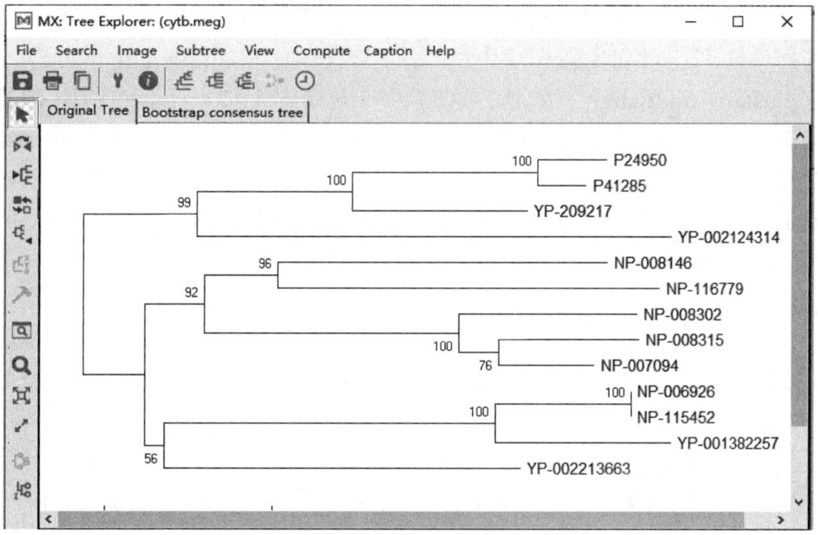

图 11-20 “Tree Explorer”窗口

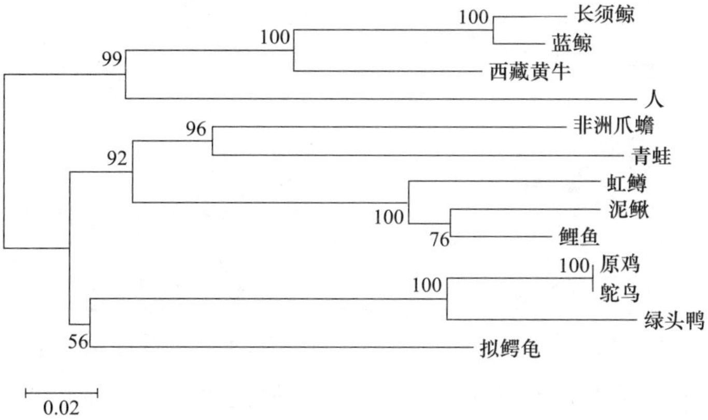

图 11-21 利用 13 个脊椎动物的线粒体细胞色素 b 氨基酸序列构建的 NJ 树

（二）利用在线分析软件构建系统发育树

随着互联网的普及，很多研究机构提供了很多对生物学数据进行在线分析的工具，如在前面所述的 PhyML，即可以通过在线分析构建系统发育树。在这方面，法国巴斯德研究所（Institute of Pasteur）做出了卓越的贡献，在其构建的在线生物信息分析平台 Mobyle 中系统集成了进行数据库搜索（databases search）、序列格式转换和序列编辑（sequence format conversion and sequence edition）、序列比对和比较（sequences alignment and comparison）、系统发育分析（phylogeny）、蛋白质序列分析（protein sequence analysis）、核酸序列分析（nucleic sequence analysis）和结构分析（structure analysis）等在线分析软件，如图 11-22 所示。在系统发育分析模块中，该平台提供了简约法程序（parsimony method programs）、距离矩阵法程序（distance matrix method programs）、最大似然法程序（maximum likelihood method programs）、距离计算（computation of distance）和系统发育树的操作与可视化（manipulation and visualization of phylogenetic tree）等在线分析工具。

Mobyle 的地址为：http://mobyle.rpbs.univ-paris-diderot.fr/。

在此，我们利用 Mobyle 的在线生物软件分析平台来对上例中脊椎动物线粒体细胞色素 b 基因构建系统发育树。

1．利用 ClustalW 进行多序列比对　在图 11-22 所示的 Mobyle 在线生物软件分析平台网站页面中选择多序列比对和比较模块中的“多序列比对（multiple alignment）”，在弹出的新页面中选择“clustalw-multialign”工具，这时将弹出如图 11-23 所示的利用 ClustalW 进行多序列比对的操作界面。选择“序列文件（sequence file）”项目组中的“粘贴（paste）”单选项。将细胞色素 b 基因编码的蛋白质序列按照 fasta 格式粘贴到其下面的序列框中。在数据类型的下拉列表中选择“蛋白质（protein）”，其余多序列比对参数（multiple alignments parameters）按照默认方式。单击“RUN”按钮，将会对该数据进行多序列比对。

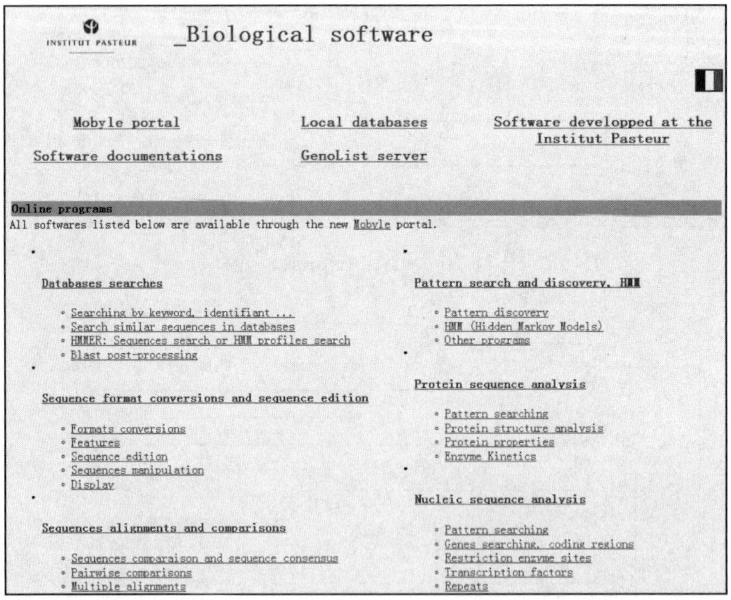

图 11-22　法国巴斯德研究所的 Mobyle 在线生物软件分析平台网站页面

2．利用 PhyML 在线分析软件进行系统发育树的构建　执行上述操作之后，ClustalW 在线软件将进行多序列比对。比对完成后，将生成如图 11-24 所示的多序列比对结果页面。

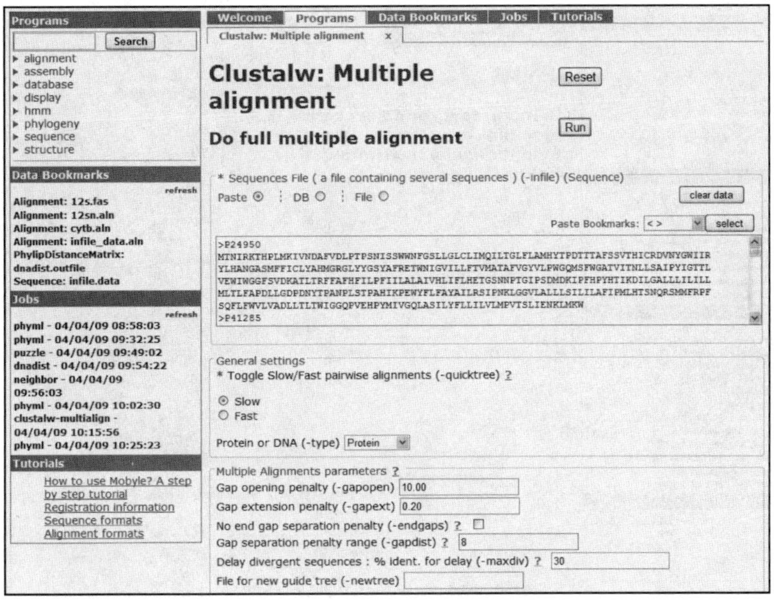

图 11-23　ClustalW 操作界面

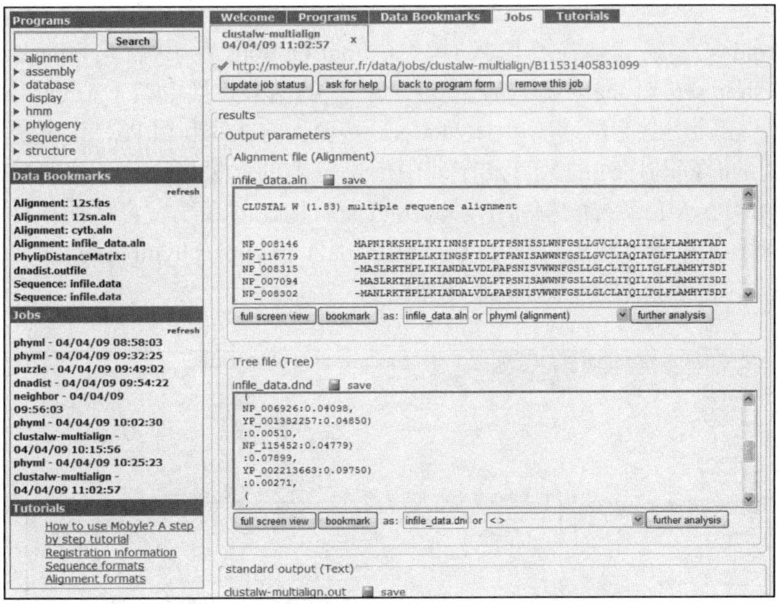

图 11-24　ClustalW 多序列比对结果页面

其中，“Alignment file”框中的内容即为多序列比对的结果，该结果的文件名为“infile_data.aln”，单击文件名旁的“save”按钮即可将该多序列比对结果文件下载到本地计算机上。

拟对该数据采用最大似然法构建系统发育树，可以选择 PhyML 程序进行。单击在多序列比对结果窗口的下方“further analysis”按钮，可以对该多序列比对结果进行进一步分析，但需要先选中进行下一步分析的方法。在“further analysis”按钮前的下拉列表框中选择 PhyML，单击“further analysis”按钮，将弹出如图 11-25 所示的 PhyML 程序操作页面。

在 PhyML 操作页面的“sequence alignment”项目组中选择“Results”单选项，表示利用前面多序列比对的结果构建系统发育树。在“数据类型（Data type）”单选项组中选择“氨

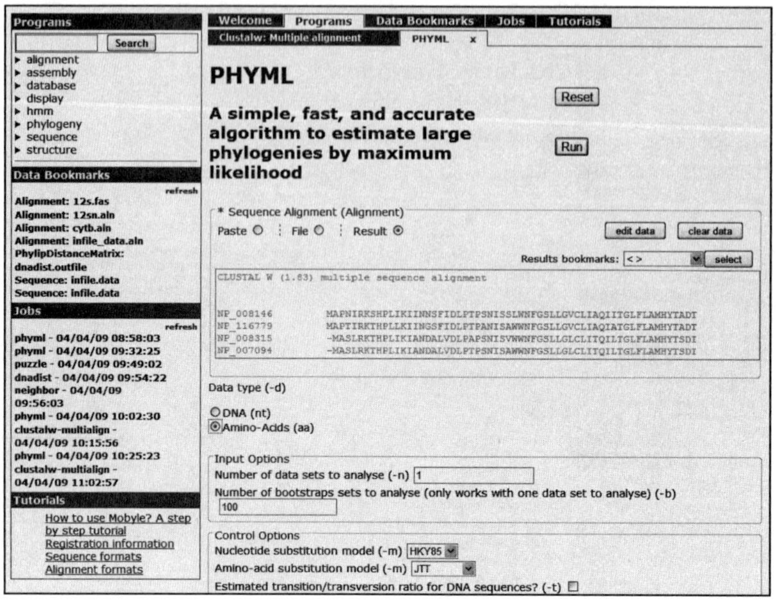

图 11-25　PhyML 操作页面

基酸（Amino Acides）”模式。在“输入选项（Input Options）”中输入 bootstrap“抽样次数（Number of bootstrap sets to analyse）”为 100。选择“氨基酸替换模型（Amino-acid substitution model）”为 JTT，其余参数为默认。单击“RUN”按钮，将在线利用 PhyML 构建最大似然树。

计算所耗用的时间与序列的数目及序列中信息位点的含量成正比。运算完成后，将弹出如图 11-26 所示的 PhyML 系统发育树结果输出页面。构建的系统发育树的拓扑结构将显示在“Output tree”框中，并同时生成一个名为“infile_data_phylipi_phyml_tree. txt”的文件，该文件可以通过单击“save”按钮下载到本地计算机上。

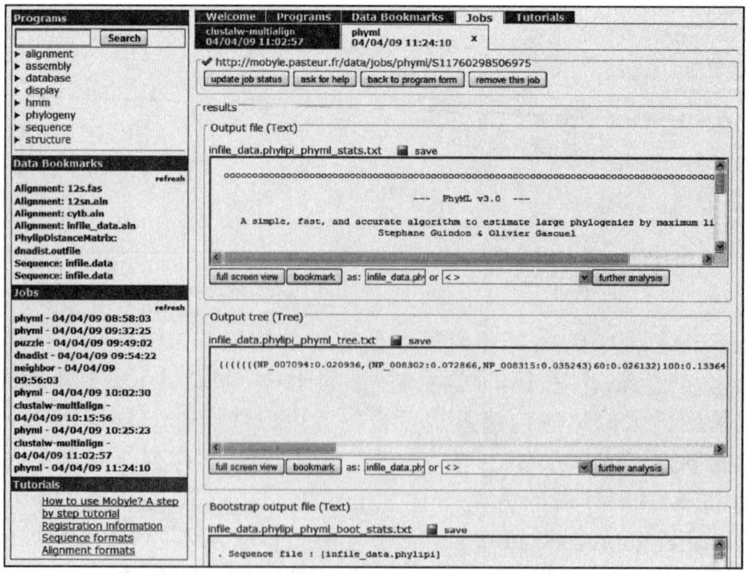

图 11-26　PhyML 在线分析的结果输出页面

3. 系统发育树的展示　系统发育树文件“infile_data_phylipi_phyml_tree. txt”可以通过树展示软件（如 TreeView、MEGA 等）进行展示。

将系统发育树的文件名改为后缀名为“. nwk”格式，将该文件拖到 MEGA 软件中，则在 MEGA 软件的“Tree Explorer”模块中显示系统发育树，如图 11-27 所示。按照以前介绍的方式，可以将序列名改为物种名称。最终利用 PhyML 在线分析软件构建的最大似然树如图 11-28 所示。

在确定系统发育树的拓扑结构以后，可以使用 iTOL（Interaction Tree of Life，http://itol.embl.de/）对系统发育树进行美化。iTOL 是一个展示、注释和管理进化树的在线工具，并可以将绘制的系统发育树以高质量的位图或矢量图的方式导出。

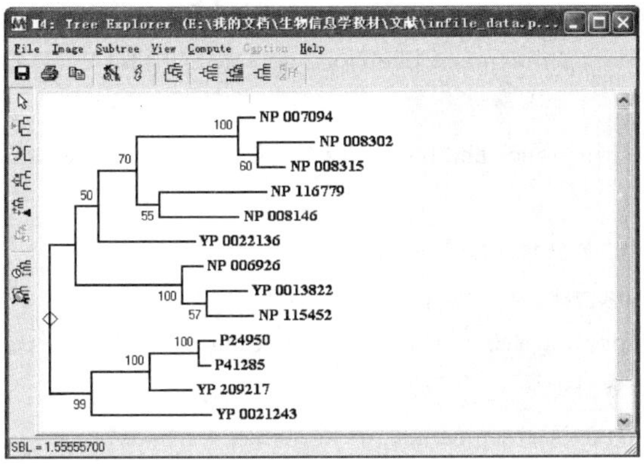

图 11-27　PhyML 软件构建的最大似然树在 MEGA 中的展示

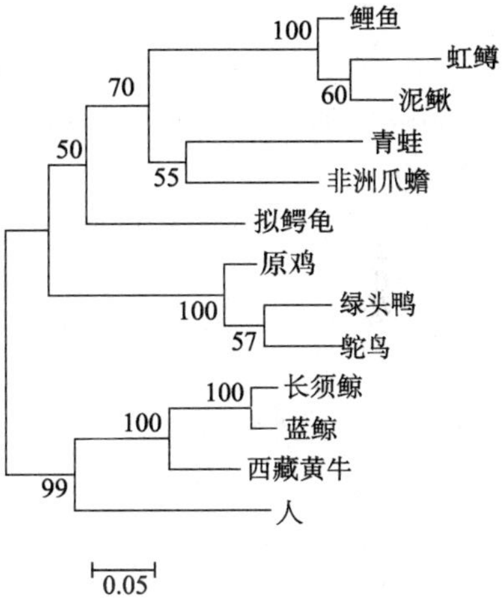

图 11-28　利用 PhyML 软件构建的最大似然树

思考题

1. 什么是中性学说？中性学说对分子进化有什么影响？
2. 什么是分子钟假说？
3. 利用生物大分子数据重建系统进化树的方法有哪些？各有何特点？
4. 什么是 bootstrap sample 及 bootstrap tree？
5. 尝试用表 11-2 的数据，并选择一建树工具进行系统进化树的构建。

主要参考文献

李桂源，钱骏．2004．基于 WWW 的生物信息学应用指南．长沙：中南大学出版社
李建伏，郭茂祖．2006．系统发生树构建技术综述．电子学报，34（11）：2047-2052
李涛，赖旭龙，钟扬．2004．利用 DNA 序列构建系统树的方法．遗传，26（2）：205-210
王禄山，高培基．2008．生物信息学应用技术．北京：化学工业出版社
许忠能．2008．生物信息学．北京：清华大学出版社
薛庆中．2009．DNA 和蛋白质序列数据分析工具．北京：科学出版社
杨子恒．2008．计算分子进化．钟扬，张文娟，梅旖，等译．上海：复旦大学出版社
张原，陈之端．2003．分子进化生物学中序列分析方法的新进展．植物学通报，20（4）：462-468
赵国屏．2002．生物信息学．北京：科学出版社
钟扬，张亮，赵琼．2001．简明生物信息学．北京：高等教育出版社

Bonet M, Steel M, Warnow T, et al. 1998. Better methods for solving parsimony and compatibility. J Comput Biol, 5: 391-407

Brown W M, Prager E M, Wang A, et al. 1982. Mitochondrial DNA sequences of primates: tempo and mode of evolution. J Mol Evol, 18: 225-239

Cavalli-Sforza L L, Edwards A W. 1967. Phylogenetic analysis. Models and estimation procedures. Am J Hum Genet, 19: 233-257

Cummings M P, Otto S P, Wakeley J. 1995. Sampling properties of DNA sequence data in phylogenetic analysis. Mol Biol Evol, 12: 814-822

Edwards A W F, Cavalli-Sforza L L. 1964. Reconstruction of evolutionary trees. *In*: Heywood V H, McNeill J. *Phenetic and Phylogenetic Classification*. No. 6. London: Systematics Association Pub, 67-76

Felsenstein J. 1981. Evolutionary trees from DNA sequences: a maximum likelihood approach. J Mol Evol, 17: 368-376

Felsenstein J. 1988. Phylogenies from molecular sequences: Inference and reliability. Annual Review of Genetics, 22: 521-565

Felsenstein J. 1993. *Phylogeny Inference Package(PHYLIP)*. Version 3.5. Seattle: University of Washington

Fitch W M, Margoliash E. 1967. Construction of phylogenetic trees. Science, 155: 279-284

Guindon S, Lethiec F, Duroux P, et al. 2005. PHYML Online—a web server for fast maximum likelihood-based phylogenetic inference. Nucleic Acids Res, 33: W557-W559

Holder M, Lewis P O. 2003. Phylogeny estimation: traditional and Bayesian approaches. Nat Rev Genet, 4: 275-284

Huelsenbeck J P, Larget B, Miller R E, et al. 2002. Potential applications and pitfalls of Bayesian inference of phylogeny. Syst Biol, 51: 673-688

Huelsenbeck J P, Ronquist F. 2001. MRBAYES: Bayesian inference of phylogenetic trees. Bioinformatics, 17: 754-755

Huelsenbeck J P, Ronquist F, Nielsen R, et al. 2001. Bayesian inference of phylogeny and its impact on evolutionary biology. Science, 294: 2310-2314

Khan H A, Arif I A, Bahkali A H, et al. 2008. Bayesian, maximum parsimony and UPGMA models for inferring the phylogenies of antelopes using mitochondrial markers. Evol Bioinform Online, 4: 263-270

Kimura M. 1968. Evolutionary rate at the molecular level. Nature, 217: 624-626

Kimura M. 1980. A simple method for estimating evolutionary rates of base substitutions through comparative studies of nucleotide sequences. J Mol Evol, 16: 111-120

King J L, Jukes T H. 1969. Non-Darwinian evolution. Science, 164: 788-798

Krane D E, Raymer M L. 2004. 生物信息学概论 . 孙啸 , 陆祖宏 , 谢建明 , 等译 . 北京 : 清华大学出版社

Kumar S. 1996. A stepwise algorithm for finding minimum evolution trees. Mol Biol Evol, 13: 584-593

Kumar S, Gadagkar S R. 2000. Efficiency of the neighbor-joining method in reconstructing deep and shallow evolutionary relationships in large phylogenies. J Mol Evol, 51: 544-553

Lakner C, van der Mark P, Huelsenbeck J P, et al. 2008. Efficiency of Markov chain Monte Carlo tree proposals in Bayesian phylogenetics. Syst Biol, 57: 86-103

Li W H. 1986. Evolutionary change of restriction cleavage sites and phylogenetic inference. Genetics, 113: 187-213

Lim A, Zhang L. 1999. WebPHYLIP: a web interface to PHYLIP. Bioinformatics, 15: 1068-1069

Mount D W. 2003. 生物信息学 : 序列与基因组分析 . 钟扬 , 王莉 , 张亮 , 主译 . 北京 : 高等教育出版社

Nakhleh L, Jin G, Zhao F, et al. 2005. Reconstructing phylogenetic networks using maximum parsimony. Proc IEEE Comput Syst Bioinform Conf, 93-102

Naylor G J, Brown W M. 1998. Amphioxus mitochondrial DNA, chordate phylogeny, and the limits of inference based on comparisons of sequences. Syst Biol, 47: 61-76

Nei M, Kumar S. 2002. 分子进化与系统发育 . 吕宝忠 , 钟扬 , 高莉萍 , 等译 . 北京 : 高等教育出版社

Pauplin Y. 2000. Direct calculation of a tree length using a distance matrix. J Mol Evol, 51: 41-47

Pearson W R, Robins G, Zhang T. 1999. Generalized neighbor-joining: more reliable phylogenetic tree reconstruction. Mol Biol Evol, 16: 806-816

Penny D. 1982. Towards a basis for classification: the incompleteness of distance measures, incompatibility analysis and phenetic classification. J Theor Biol, 96: 129-142

Pevsner J. 2006. 生物信息学与功能基因组学 . 孙之荣主译 . 北京 : 化学工业出版社

Ranwez V, Gascuel O. 2002. Improvement of distance-based phylogenetic methods by a local maximum likelihood approach using triplets. Mol Biol Evol, 19: 1952-1963

Retief J D. 2000. Phylogenetic analysis using PHYLIP. Methods Mol Biol, 132: 243-258

Ronquist F, Huelsenbeck J P. 2003. MrBayes 3: Bayesian phylogenetic inference under mixed models. Bioinformatics, 19: 1572-1574

Saitou N, Nei M. 1987. The neighbor-joining method: a new method for reconstructing phylogenetic trees. Mol Biol Evol, 4: 406-425

Schmidt H A, Strimmer K, Vingron M, et al. 2002. TREE-PUZZLE: maximum likelihood phylogenetic analysis using quartets and parallel computing. Bioinformatics, 18: 502-504

Schmidt H A, von Haeseler A. 2007. Maximum-likelihood analysis using TREE-PUZZLE. Baxevanis D B, Davison R D M, Page G A, et al. *Current Protocols in Bioinformatics*. New York: Wiley and Son

Sneath P H A, Sokal R R. 1973. Numerical Taxonomy. *In*: *The Principles and Practice of Numerical Classification*. San Francisco CA: W. H. Freeman and Co

Sokal R R, Michener C D. 1958. A statistical method for evaluating systematic relationships. University of Kansas Science Bulletin, 38: 1409-1438

Sourdis J, Nei M. 1988. Relative efficiencies of the maximum parsimony and distance-matrix methods in obtaining the correct phylogenetic tree. Mol Biol Evol, 5: 298-311

Steel M, Penny D. 2000. Parsimony, likelihood, and the role of models in molecular phylogenetics. Mol Biol Evol, 17: 839-850

Takezaki N, Nei M. 1994. Inconsistency of the maximum parsimony method when the rate of nucleotide substitution is constant. J Mol Evol, 39: 210-218

Tamura K, Dudley J, Nei M, et al. 2007. MEGA4: molecular evolutionary genetics analysis(MEGA) software version 4.0. Mol Biol Evol, 24: 1596-1599

Toha J, Soto M A, Chinga H. 1989. Algorithm for construction of phylogenetic trees. Z Naturforsch, 44: 312-316

Tuffley C, Steel M. 1997. Links between maximum likelihood and maximum parsimony under a simple model of site substitution. Bull Math Biol, 59: 581-607

Wilgenbusch J C, Swofford D. 2003. Inferring evolutionary trees with PAUP*. *In*: Wilgenbusch J C, Swofford D. *Current Protocols in Bioinformatics*. New York: Wiley and Son

Woese C R. 1998. The universal ancestor. Proc Natl Acad Sci USA, 95: 6854-6859

Woese C R. 2000. Interpreting the universal phylogenetic tree. Proc Natl Acad Sci USA, 97: 8392-8396

Zuckerkandl E, Panling L. 1965. Evolutionary divergence and convergence in proteins. *In*: Bryson V, Vogel H I. *Evolving Genes and Proteins*. New York: Academic Press

第十二章　统计学习与推理

本章提要　本章概述了参数模型的参数估计、无监督学习中的聚类分析与主成分分析；从 Fisher 线性分类器出发，重点介绍了非线性非参数模型贝叶斯推理、隐马尔可夫模型、动态神经网络、支持向量机的基本原理与应用；最后简要介绍了 MATLAB 在生物信息学中的应用。

微课视频

第一节　统计学习与推理基础

考虑单因变量、多自变量数据集 (y_i, x_{ij})，$i=1, 2, \cdots, n$；$j=1, 2, \cdots, m$。其中，n 为样本个数，m 为自变量个数。若样本的顺序是不能变动的，则称之为纵向数据或有序样本，如时间序列、分子序列（每一个核苷酸或氨基酸残基被看作一个样本）等，反之为非纵向数据；纵向数据可通过拓阶、定阶转化为非纵向数据再进行研究。若 $(y_i, x_{i,j})$ 均存在，则称之为有监督学习或有教师指导学习；若 y_i 不存在而仅有 $x_{i,j}$，对 $x_{i,j}$ 的聚类即无监督学习或无教师指导学习，在生物信息学研究中聚类的一个典型应用是构建分子系统发育树。在有监督学习中，若 $y_i=[-1, 1]$ 或 $[0, 1]$，则为两类判别；若 $y_i=[1, 2, \cdots, k]$，k 为大于 2 的整数，则为多类判别，多类判别可通过构建多个分类器转化为二类判别；若 y_i 为实数，则为回归分析。

所谓基于数据的机器学习，即给定一个来自某一函数依赖关系的经验数据集，推断这一函数依赖关系，从而对未知或无法测量的数据进行预测和判断。从给定数据到估计函数依赖关系包括判别分析、回归分析和密度估计 3 个方面的问题。一般地，变量 y 与 x 存在一定的未知依赖关系，即遵循某一未知的联合概率 $F(x, y)$，x 和 y 之间的确定性关系可视为其特例，机器学习问题就是根据 n 个独立同分布观测样本 (x_1, y_1)，(x_2, y_2)，$\cdots$，(x_n, y_n) 在一组函数 $\{f(x, w)\}$ 中求一个最优的函数 $f(x, w_0)$ 对 y 与 x 之间的依赖关系进行估计，并使期望风险 $R(w)$ 最小：

$$R(w)=\int L(y, f(x, w))\,\mathrm{d}F(x, y) \tag{12-1-1}$$

式中，$\{f(x, w)\}$ 称为预测函数集；w 为函数的广义参数；$\{f(x, w)\}$ 可表示任何函数集；$L(y, f(x, w))$ 为用 $f(x, w)$ 对 y 进行预测而造成的损失。不同类型的学习问题有不同形式的损失函数。

对判别分析问题，输出 y 是类别标号。例如，两类情况下 $y=\{0, 1\}$ 或 $\{1, -1\}$，其预测函数称为指示函数，损失函数可定义为

$$L(y, f(x, w))=\begin{cases}0, & y=f(x, w)\\ 1, & y\neq f(x, w)\end{cases} \tag{12-1-2}$$

使风险最小，就是在贝叶斯决策中使错误率最小。

对回归分析问题，y 是连续变量（这里假设为单值函数），可采用最小平方误差准则，其损失函数可定义为

$$L(y, f(x, w)) = (y - f(x, w))^2 \quad (12\text{-}1\text{-}3)$$

对密度估计问题，学习的目的是根据训练样本确定 x 的概率密度。若估计的密度函数为 $p(x, w)$，则损失函数可定义为密度函数的自然对数，即

$$L(p(x, w)) = -\ln p(x, w) \quad (12\text{-}1\text{-}4)$$

学习的目的在于使期望风险最小化，但由于可利用的信息只有样本，期望风险无法计算。传统学习方法采用经验风险最小化（empirical risk minimization，ERM）原则，用样本来定义经验风险，即

$$R_{emp}(w) = \frac{1}{n}\sum_{i=1}^{n} L(y_i, f(x_i, w)) \quad (12\text{-}1\text{-}5)$$

作为对期望风险的估计，设计学习算法使其最小化（邓乃扬和田英杰，2004）。对损失函数（12-1-2），经验风险就是训练样本错误率；对损失函数（12-1-3），经验风险就是平方训练误差；而对损失函数（12-1-4），ERM 准则就等价于最大似然法。

解决判别分析、回归分析和密度估计等问题目前有 4 种主要的手段。

一、Fisher 经典参数统计理论

Fisher 经典参数统计理论隐含如下 3 个假定。

1）为了从数据中找到一种函数依赖关系，研究人员要对分析的问题有非常清楚的了解，并知道产生数据随机性质的物理规律和欲求的函数仅与有限个参数有关，因而能够定义一个与参数呈线性关系的函数集，它包含了对所求函数的最佳逼近，且描述函数集的自由参数个数较少。但是，大规模多变量问题的计算机分析将导致“维数灾难”现象的发生；在含有几十个或者几百个变量的实际多维问题中，要定义一个相当小的函数集，且函数集中包含对欲求函数的较好逼近，这是一种天真的想法。

2）大多数实际问题的随机分量所隐含的统计规律是正态律并得到中心极限定理的支持。中心极限定理指出：在很宽的条件下，大量随机变量之和可以用正态律来逼近。但是，有些实际问题的统计成分并不能仅用经典的统计分布函数来描述，实际分布经常是有差别的。

3）这一理论体系下的归纳手段即最大似然法，它是估计参数的有效工具。但是，对于某些特定问题，最大似然法不是最好的参数估计方法（Vapnik，1995）。

在经典参数统计理论中，信号（y_i）分解为确定性和随机性两个组分之和。确定性部分是由某个函数的值定义的，这个函数除了有限几个参数是已知的；噪声部分是由一个已知密度函数定义的。如一元线性回归的数学模型

$$y_i = \alpha + \beta x_i + \varepsilon_i, \qquad i = 1, 2, \cdots, n \quad (12\text{-}1\text{-}6)$$

式中，ε_i 为其他随机因素对 y_i 的影响的总和，一般假设它们是一组相互独立并服从同一正态分布的随机变量。给定一组观察数据，待估计的一元线性回归方程为

$$\hat{y} = a + bx \quad (12\text{-}1\text{-}7)$$

式中，a、b 分别为参数 α、β 的估计。

Fisher 把判别分析、回归分析和密度估计问题等表达为特定参数化模型的参数估计问题，并提出了估计所有模型未知参数的方法——最大似然法。可见，经典参数统计理论是样本数目趋于无穷大时的渐近理论，其最大特点是对函数依赖关系给出了显性的表达式，因而可解释性好。

二、经验非线性方法

经验非线性方法的典型代表是人工神经网络（artificial neural network，ANN）。ANN 模仿动物神经网络行为特征，进行分布式并行信息处理，具有自学习和自适应的能力。对一批相互对应的输入－输出数据（y_i，$x_{i,j}$），ANN 依靠系统的复杂性，通过调整内部大量节点之间相互连接的权重，完成学习（训练），其中间过程是一个黑箱。ANN 具有很好的非线性逼近能力，克服了经典参数统计理论中参数估计方法的困难，但存在模型结构难以确定（缺乏一种统一的数学理论，更多地依赖于使用者的技巧）、可解释性差（没有一个显性的表达式）、易于出现过度训练和训练不足、陷入局部最小等诸多缺陷。

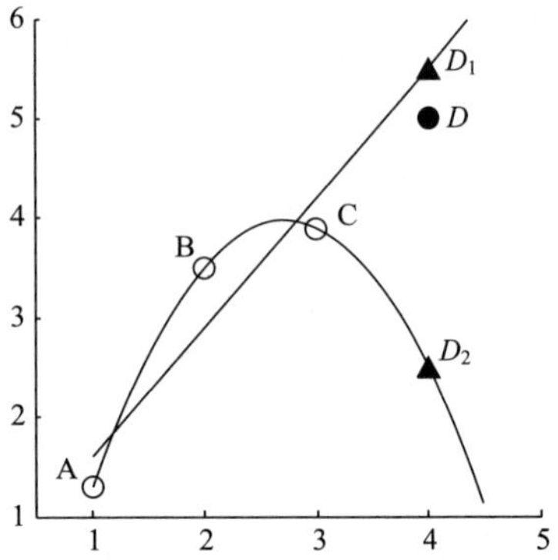

图 12-1　过拟合示意图

与经典参数统计理论一样，ANN 也基于经验风险最小并要求训练样本充分大。用 ERM 准则代替期望风险最小化并没有经过充分的理论论证，只是直观上合理的想当然的做法。实际上，即使可以假定当 n 趋向于无穷大时经验风险趋近于期望风险，在很多问题中的样本数目也离无穷大相去甚远。在有限样本的条件下，训练误差小并不总能得到好的预测效果，某些情况下，训练误差过小反而会导致推广能力的下降，即真实风险的增加，这就是过拟合或过学习问题（Vapnik，1995）。如图 12-1 所示，设 A、B、C 为训练样本，过平面上 3 点总能找到一条抛物线使训练误差为 0；D 为待测点真值，显然，基于 ERM 学习得到的“最优”函数预测值 D_2 反而不如简单线性方程预测值 D_1。

可见，在有限样本情况下，经验风险最小并不一定意味着期望风险最小；学习机器的复杂性不但与所研究的系统有关，而且也要和有限数目的样本相适应。需要一种能够指导在小样本情况下建立有效的学习和推广方法的理论。

三、小样本统计学习理论

统计学习理论是研究小样本统计估计与预测的理论。

（一）VC 维

统计学习理论定义了一系列有关函数集学习性能的指标，其中最重要的是 VC 维（Vapnik-Chervonenkis dimension）：对 1 个指示函数集，如果存在 h 个样本能够被函数集中的函数按所有可能的 2^h 种形式分开，则称函数集能够把 h 个样本打散；函数集的 VC 维就是它能打散的最大样本数目 h。VC 维表示机器的学习能力，VC 维越大，学习机器越复杂，但置信范围也随之增大。目前尚没有通用的关于任意函数集 VC 维计算的理论，只对一些特殊的函数集知道其 VC 维。对于给定的学习函数集，如何用理论或实验方法计算其 VC 维是当前统计学习理论中有待研究的一个问题（Vapnik，1995）。

（二）推广性的界

对各种类型的函数集，统计学习理论系统地研究了其经验风险与期望风险之间的关系，即推广性的界。关于两类分类问题，结论是对指示函数集中的所有函数（包括使经验风险最小的函数），经验风险 R_{emp}（w）和期望风险 R（w）之间以至少 $1-\eta$ 的概率满足如下关系：

$$R(w) \leqslant R_{emp}(w) + \sqrt{\frac{h(\ln(2n/h)+1)-\ln(\eta/4)}{n}} \tag{12-1-8}$$

式中，h 为函数集的 VC 维；n 为样本数。

这一结论从理论上说明了学习机器的实际风险（期望风险）由两部分组成：一部分是经验风险（训练误差），另一部分称为置信范围，它和学习机器的 VC 维 h 及训练样本数 n 有关，可以简单地表示为

$$R(w) \leqslant R_{emp}(w) + \Phi(h/n) \tag{12-1-9}$$

它表明在有限训练样本下，学习机器的 VC 维越高（复杂性越高），置信范围越大，导致真实风险与经验风险之间可能的差别越大。这就是出现过学习现象的原因（Vapnik，1995）。

（三）结构风险最小

从上面的结论可以看出，ERM 准则在样本有限时是不合理的，需要同时最小化经验风险和置信范围。其实，在传统方法中，选择学习模型和算法的过程就是调整置信范围的过程，如果模型比较适合现有的训练样本（相当于 h/n 值适当），则可以取得比较好的效果。但因为缺乏理论指导，这种选择只能依赖先验知识和经验，造成了如 ANN 等方法对使用者技巧的过分依赖。统计学习理论提出了一种新的策略，即把函数集构造为一个函数子集序列，使各个子集按照 VC 维的大小（即 Φ 的大小）排列，在每个子集中寻找最小经验风险，在子集间折中考虑经验风险和置信范围，以取得期望风险的最小。这种思想称为结构风险最小化（structural risk minimization，SRM），即 SRM 原则（图 12-2）。

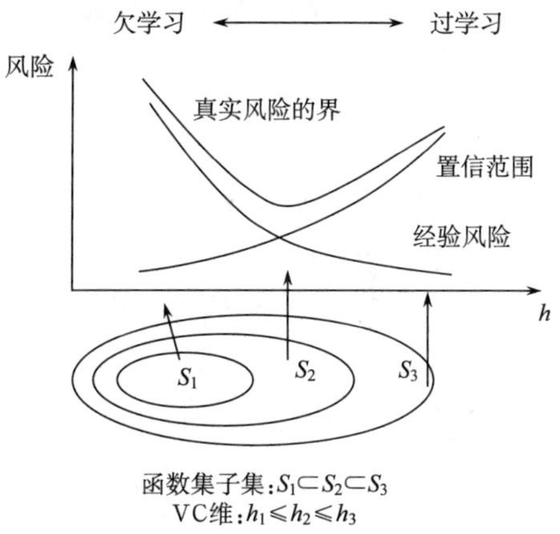

图 12-2　结构风险最小化示意图（Vapnik，1995）

实现 SRM 原则可有两种思路。第一种思路是在每个子集中求最小经验风险，然后选择使最小经验风险和置信范围之和最小的子集。显然这种方法比较费时，当子集数目很大甚至无穷时不可行。因此，有第二种思路，即设计函数集的某种结构使每个子集都能取得最小的经验风险（如使训练误差为 0），然后只需选择适当的子集使置信范围最小，则这个子集中使经验风险最小的函数就是最优函数（Vapnik，1995）。

（四）小样本与转导推理

很多实际问题的目标仅仅是求出未知函数在目标点（如测试集）的值。经典参数统计理论体系采用归纳和演绎两步解决这个问题：第一步（从特殊到一般，即归纳），利用一定的归纳原则从一个给定的函数集解决一个一般性问题；第二步（从一般到特殊，即演绎），从一般性问题出发，计算目标点的值。当拥有信息量只够解决欲求问题，却不足以解决一个一般性问题时，用一个给定的函数集来直接估计目标点上的函数值，从而形成了一种新的从特殊到特殊的推理方法——转导推理（Vapnik，1995）。

转导推理即小样本集推理的主要原则是：如果对欲求解的某一问题只拥有有限的信息，那么应该直接求解问题，而绝不能求解一个更一般的问题来作为中间步骤，因为可能所拥有的信息足以直接求解问题，但不足以解决一个更一般的中间问题（邓乃扬和田英杰，2004）。

统计学习理论基于结构风险最小原则建立了一套有限样本下机器学习的理论框架和通用

方法，较好地解决了小样本、非线性、高维数和局部极小点等实际问题，成为 20 世纪 90 年代末发展最快的研究方向之一。支持向量机正是统计学习理论的具体成果与实现。

四、基于概率的方法

基于概率的方法主要包括贝叶斯（Bayes）推理及隐马尔可夫模型（hidden Markov model，HMM），其中贝叶斯推理需利用来源于经验和历史资料的先验信息。在本章的后续部分将给以单独的介绍。

第二节　统计模型与参数推断

对给定的统计模型，参数估计方法有矩估计、线性最小二乘估计、非线性最小二乘估计（麦夸脱法）、加速单纯形法、最大似然法等（唐启义和冯明光，2007）。

一、参数估计量的评选标准

（一）无偏性

参数估计量的期望值与参数真值是相等的，这种性质称为无偏性，具有无偏性的估计量称为无偏估计量。估计量的数学期望值在样本容量趋近于无穷大时与参数的真值相等的性质称为渐进无偏性，具有渐进无偏性的估计量称为渐进无偏估计量。

（二）有效性

无偏性表示估计值是在真值周围波动的一个数值，即无偏性表示估计值与真值间的平均差异为 0，近似可以用估计值作为真值的一个代表。同一个参数可以有许多无偏估计量，不同的估计量具有不同的方差，方差越小说明越有效。如果一个无偏估计量相对于其他所有可能无偏估计量，其期望方差最小，那么称这种估计量为一致最小方差无偏估计量。

（三）相合性

用估计量估计参数涉及一个样本容量大小问题，如果样本容量越大，估计值越近真值，那么这种估计量是相合估计量。

（四）充分性与完备性

充分性指估计量充分利用样本中每一变量的信息。完备性指估计量是充分的、唯一的无偏估计量。

二、最小二乘法

最小二乘法（least square）是参数估计常用的方法之一，其基本思想是保证由新估参数得到的理论值与观察值离均差的平方和值为最小。其具体方法是：为使离差平方和 Q 为最小，可通过求 Q 对待参数的偏导数，并令其等于 0，以求得参数估计量（唐启义和冯明光，2007）。

例：用最小二乘法求总体平均数 μ 的估计量。

若从平均数为 μ 的总体中抽得样本为 y_1，y_2，y_3，…，y_n，则观察值可剖分为总体平均数

μ 与误差 e_i 之和，即

$$y_i=\mu+e_i \tag{12-2-1}$$

总体平均数 μ 的最小二乘估计量就是使 y_i 与估计值 μ 间的离差平方和为最小，即

$$Q=\sum_{i=1}^{n}(y_i-\mu)^2 \tag{12-2-2}$$

为获得其最小值，求 Q 对 μ 的导数，并令导数等于 0，可得

$$\frac{\partial Q}{\partial \mu}=-2\sum_{i=1}^{n}(y_i-\mu)=0 \tag{12-2-3}$$

即总体平均数的估计量为

$$\hat{\mu}=\frac{1}{n}\sum_{i=1}^{n}y_i \tag{12-2-4}$$

因此，算数平均数为总体平均数的最小二乘估计。

一般地，若 m 个自变数 x_1，x_2，x_3，…，x_m 与依变数 y 存在统计模型关系，

$$y=f(x_1,\ x_2,\ x_3,\ \cdots,\ x_m;\ \theta_1,\ \theta_2,\ \cdots,\ \theta_k)+\varepsilon \tag{12-2-5}$$

式中，θ_1，θ_2，…，θ_k 为待估参数。

通过 n 次观测（$n>k$）得到 n 组含有 x_{1i}，x_{2i}，…，x_{mi}，y_i（$i=1$，2，…，n）的数据，以估计 θ_1，θ_2，…，θ_k。其最小二乘估计值为使

$$Q=\sum_{i=1}^{n}\hat{\varepsilon}^2=\sum_{i=1}^{n}[y_i-f(x_{1i},\ x_{2i},\ \cdots,\ x_{mi};\ \theta_1,\ \theta_2,\ \cdots,\ \theta_k)]^2 \tag{12-2-6}$$

为最小的 $\hat{\theta}_1$，$\hat{\theta}_2$，…，$\hat{\theta}_k$。

三、最大似然法

最大似然法是参数估计的重要方法，其思路可用下例来理解。

例：有 1 个射手射击 3 次，命中 0 次，试问该射手的命中概率最有可能为 3 个命中概率（1/5、8/15 和 4/5）中的哪一个？

回答该问题可以从两个方面来看：一方面，该射手的命中率为 0，与此最接近的命中概率为 1/5，即 1/5 最有可能；另一方面，分别假定该射手的命中率为 1/5、8/15 和 4/5，根据二项分布原理分别计算出该射手射击 3 次命中 0 次的概率分别为

$$C_3^0\left(\frac{1}{5}\right)^0\left(1-\frac{1}{5}\right)^3=\frac{1728}{3375},\ C_3^0\left(\frac{8}{15}\right)^0\left(1-\frac{8}{15}\right)^3=\frac{343}{3375},\ C_3^0\left(\frac{4}{5}\right)^0\left(1-\frac{4}{5}\right)^3=\frac{27}{3375}$$

因此，选择使事件发生概率最大的可能命中概率为 1/5，从而认为该射手的命中率最有可能为 1/5。

这种参数估计方法称为最大似然法。最大似然法包括两个步骤，首先建立包括有该参数估计量的似然函数（likelihood function），然后根据实验数据求出似然函数达极值时的参数估计量或估计值。上例根据二项分布计算概率，因而包含有待估概率的二项分布便是似然函数，它是关于待估参数的函数。由于试验结果是由总体参数决定的，所以参数估计值应该使参数真值与试验结果尽可能一致，似然函数正是沟通参数与试验结果一致性的函数（唐启义和冯明光，2007）。

（一）似然函数

对于离散型随机变量，似然函数是多个独立事件的概率函数的乘积，该乘积是概率函数值，它是关于总体参数的函数。例如，一只大口袋里有红、白、黑 3 种球，采用复置抽样 50 次，得到红、白、黑 3 种球的个数分别为 12、24、14，那么根据多项式的理论，可以建立似

然函数为

$$\frac{50!}{12!24!14!}(p_1)^{12}(p_2)^{24}(p_3)^{14}$$

式中，p_1、p_2、p_3 分别为红、白、黑 3 种球的概率（$p_3=1-p_1-p_2$），它们是需要估计的。

对于连续型随机变量，似然函数是每个独立随机观测值的概率密度函数的乘积：

$$L(\theta)=L(y_1, y_2, \cdots, y_n; \theta)=f(y_1; \theta)f(y_2; \theta)\cdots f(y_n; \theta) \quad (12\text{-}2\text{-}7)$$

若 y_i 服从正态分布 $N(\mu, \sigma^2)$，μ 为均值，σ 为标准差，则 $\theta=(\mu, \sigma)$，上式可变为

$$L(\mu, \sigma)=\frac{1}{\sqrt{2\pi}\sigma}e^{-\frac{(y_1-\mu)}{2\sigma^2}}\cdots\frac{1}{\sqrt{2\pi}\sigma}e^{-\frac{(y_n-\mu)}{2\sigma^2}}=\left(\frac{1}{\sqrt{2\pi}\sigma}\right)^n e^{-\frac{1}{2\sigma^2}[(y_1-\mu)^2+\cdots+(y_n-\mu)^2]} \quad (12\text{-}2\text{-}8)$$

（二）最大似然估计

所谓最大似然估计就是指使似然函数值为最大以获得总体参数估计的方法。为了计算上的方便，一般将似然函数取对数，称对数似然函数，取对数后似然函数由乘积变为加式，其表达式为

$$\ln L(\theta)=\ln L(y_1, y_2, \cdots, y_n; \theta)=\sum_{i=1}^{n}\ln f(y_i, \theta) \quad (12\text{-}2\text{-}9)$$

求最大似然估计量可以通过令对数似然函数对总体参数的偏导数等于 0 来获得，即当 $\theta=(\theta_1, \theta_2, \cdots, \theta_l)$ 时，有

$$\frac{\partial}{\partial\theta_k}\ln L(y_1, y_2, \cdots, y_n; \theta_1, \theta_2, \cdots, \theta_l)=\sum_{i=1}^{n}\frac{\partial}{\partial\theta_k}f(y_i; \theta_1, \theta_2, \cdots, \theta_l)=0\ (k=1, 2, \cdots, l) \quad (12\text{-}2\text{-}10)$$

由此获得总体参数的最大似然估计量。

例：求红、白、黑球实例中 p_1、p_2、p_3 的最大似然估计值。

由 $\frac{50!}{12!24!14!}(p_1)^{12}(p_2)^{24}(p_3)^{14}$ 可获得对数似然函数：

$$\ln L(p_1, p_2, p_3)=C+12\ln p_1+24\ln p_2+14\ln p_3=C+12\ln p_1+24\ln p_2+14\ln(1-p_1-p_2)$$

其中 C 为常数。分别求 $\ln L(p_1, p_2, 1-p_1-p_2)$ 对 p_1，p_2 的偏导数，并令其为 0，得似然方程组

$$\begin{cases}\dfrac{\partial}{\partial p_1}\ln L(p_1, p_2, 1-p_1-p_2)=\dfrac{12}{p_1}+\dfrac{14}{1-p_1-p_2}\cdot(-1)=0\\[2ex]\dfrac{\partial}{\partial p_2}\ln L(p_1, p_2, 1-p_1-p_2)=\dfrac{24}{p_2}+\dfrac{14}{1-p_1-p_2}\cdot(-1)=0\end{cases}$$

联立求解，得

$$\hat{p}_1=6/25,\ \hat{p}_2=12/25,\ \hat{p}_3=7/25$$

显然，最大似然估计值 $\hat{p}_1$、$\hat{p}_2$、$\hat{p}_3$ 等于其观测频率。

四、两种参数估计方法的比较

最大似然法要求已知总体的分布才能获得估计量，估计结果大多具有无偏性、有效性和相合性等优良的估计量性质，但并不意味着该法估计的结果就一定最好。例如，最大似然法估计平均数尽管是无偏估计，但其估计的方差是有偏的，在样本容量小时不能很好地反映总体变异。最小二乘法对分布没有严格的要求，在估计线性回归模型参数时因其灵活方便多被采用。

第三节　聚类分析、主成分分析与 Fisher 判别

一、聚类分析

聚类分析（cluster analysis）是数理统计中研究“物以类聚”的一种多元统计方法，即将一批样品或变量按照它们在性质上的亲疏程度进行分类。根据分类对象的不同，它可分为 Q 型和 R 型两大类，Q 型是对样本进行分类处理，R 型是对变量进行分类处理。

分类的方法很多。一类方法是事先不用确定分多少类，在样品距离的基础上定义类与类之间的距离，首先将 n 个样品自成一类，然后每次将具有最小距离的两类合并，合并后重新计算类与类之间的距离，将此过程一直继续到所有样品归为一类为止，这种聚类方法称为系统聚类或层次聚类。另一类方法是事先要确定分多少类（k 均值聚类），或将样品初步分类（动态聚类或快速聚类），然后根据分类函数尽可能小的原则，对已分类别进行调整，直到分类合理为止。此外，还有不打乱样本秩序条件下的有序样本的最优分割法、基于模糊数学的模糊聚类等（唐启义和冯明光，2007）。

（一）数据变换

由于不同指标（变量）一般都有各自不同的量纲和数量级单位，为使数据具有可比性，需对数据进行变换处理。常用的变换方法有以下几种。

1）中心化变换。j 为观测点，x_{ij} 为观测点 j 处的第 i 个观测值，x_j 为观测点 j 处所有观测值的平均值，x_{ij}' 为观测点 j 处观测值与平均值的差值。

$$x_{ij}'=x_{ij}-\overline{x}_j,\ i=1,2,\cdots,n;\ j=1,2,\cdots,m;\ \overline{x}_j=\sum_{i=1}^{n}x_{ij}/n \tag{12-3-1}$$

2）规格化变换。

$$x_{ij}'=(x_{ij}-\min_{1\leqslant i\leqslant n}\{x_{ij}\})/(\max_{1\leqslant i\leqslant n}\{x_{ij}\}-\min_{1\leqslant i\leqslant n}\{x_{ij}\}) \tag{12-3-2}$$

3）标准化变换。

$$x_{ij}'=(x_{ij}-\overline{x}_j)/s_j,\ \overline{x}_j=\sum_{i=1}^{n}x_{ij}/n;\ s_j=\sqrt{\frac{1}{n}\sum_{i=1}^{n}(x_{ij}-\overline{x}_j)} \tag{12-3-3}$$

4）对数变换。

$$x_{ij}'=\ln x_{ij},\ x_{ij}>0 \tag{12-3-4}$$

（二）聚类分析中的距离（相似性）尺度函数

距离尺度函数的选择取决于研究者想发现哪种类型的关系。

1．几何距离　几何距离可以衡量研究对象在空间上的距离远近关系，空间上相近的物体运用几何距离可以判断为同一类，而空间上较远的物体则判断为不同类。

常见的几何距离函数有明氏距离。明氏距离（Minkowski distance）和堪培拉距离 (Camberra distance)。

明氏距离的计算公式为

$$\mathrm{d}(x,y)=\left\{\sum|x_i-y_i|^{\lambda}\right\}^{\frac{1}{\lambda}}$$

式中，x 和 y 分别为样本向量或基因向量；x_i 和 y_i 为对应的第 i 个分量。明氏距离通过综合考

查各分量的差异来衡量两物体的远近关系：当$\lambda=1$时，明氏距离即马氏距离（Mahalanobis distance）；当$\lambda=2$时，明氏距离即欧氏距离（Euclidean distance）；当$\lambda=\infty$时，明氏距离即切氏距离（Chebyshev distance）。明氏距离在考查两物体的相似性时没有考虑不同分量量纲差异的影响，所以用明氏距离作相似性尺度时应该先对数据进行标准化处理，消除不同分量之间的量纲差异。

Camberra 距离则不需要考查各分量量纲差异的影响。公式如下：

$$d(x, y) = \sum_{i=1}^{n} \frac{|x_i - y_i|}{|x_i + y_i|}$$

2. 线性相关系数 几何距离比较适合于衡量样本间的相似性，或者基因在样本空间（如不同组织间）的相似性。当基因表达数据是一系列具有相同变化趋势的数据时，运用几何距离会丢失重要信息。

采用皮尔森相关系数（r）可衡量基因表达模式的相似性。公式如下：

$$r=\frac{1}{n}\sum_{i=1}^{n}\left(\frac{x_i-\overline{x}}{\sigma_x}\right)\left(\frac{y_i-\overline{y}}{\sigma_y}\right)$$

式中，$\overline{x}$为基因向量x的期望值；σ_x为x的标准差；$\overline{y}$为基因向量y的期望值；σ_y为y的标准差；n为向量的维数，即时间点数。

3. 非线性相关系数 某些在功能上有相关关系的基因虽然在表达上不具有严格的线性相关关系，但在时间点的波动趋势上却是相似的。两基因的表达具有同升或同降变化趋势，但明显不具有线性相关关系，在这种情况下可以用非线性相关关系模式来衡量基因间的距离。

非线性相关关系模式一般用斯皮尔曼秩相关系数进行衡量。

$$\rho=1-\frac{6\sum d^2}{n(n^2-1)}$$

式中，d为每对观察值x_i与y_i的秩次之差；n为时间点数。

4. 互信息 线性与非线性相关系数都只能衡量基因间的单调相关关系，而一些基因之间存在非单调的表达关系。

对于这种非单调的表达相似关系，可以用互信息进行衡量。

$$I(x;\ y) = H(x) - H(x|y)$$

式中，$H(x)$表示x的熵，$H(x|y)$表示x的条件熵。

在信息论中，熵是接收的每条消息中所包含信息的平均量，又被称为信息熵、信源熵、平均自信息量。这里，消息代表来自分布或数据流中的事件、样本或特征。在信息世界，熵越高，则能传输越多的信息，熵越低，则意味着传输的信息越少。

（三）聚类分析中的聚类算法

聚类算法主要包括：分割算法（如 k 均值聚类、SOM 聚类等）、分层算法（如层次聚类等）、基于密度算法、基于网格算法等。

1. 层次聚类 层次聚类算法是将研究对象按照它们的相似性关系用树形图进行呈现。进行层次聚类时不需要预先设定类别个数，树状的聚类结构可以展示嵌套式的类别关系。

层次聚类按层次的形成方式可以分为凝聚法和分裂法。凝聚法是自下而上的聚类方法，从单个点作为个体簇开始，每一步合并两个最邻近的簇。分裂法是自上而下的聚类方法，从一个包含所有点的簇开始，每一步分裂一个簇，直到仅剩下单点簇为止。

在层次聚类中，类的合并和分解按照一定的距离函数度量。在对含非单独对象的类进行合并或分裂时，常用的类间度量方法有：最小距离、最大距离、平均距离和质心距离。最小距离以两类间距离最近的两对象的距离作为两类的距离；最大距离以两类间距离最远的两对象的距离作为两类的距离；平均距离遍历两类中所有对象之间的距离，然后取平均值作为两类的距离；质心距离为分别计算两类的质心，然后以质心间的距离作为两类的距离。

2. k 均值聚类 k 均值聚类是根据聚类中的均值进行聚类划分的分割算法，使用于各种数据类型，受初始化问题的影响较小，算法简单，运算速度较快。具体的分析流程如下：① 初始化类中心，随机选定 k 个类中心，如可选取 k 个研究对象作为类中心；② 计算每个对象与这些类中心的距离，并根据最小距离重新对相应对象进行划分；③ 重新计算每类样本的均值，作为更新的类中心；④ 循环上述流程 2 ～3 次，直到每个聚类不再发生变化。

k 均值聚类可以看作是个优化问题，它的优化目标是最小化类内样本两两间的距离之和 w（C）。

k 均值聚类算法的聚类结果依赖于初始化的类中心，选取不同的类中心可能会有不同的聚类结果。可以采用多个初始化方式，选定具有最小 w(C）对应的聚类结果作为最佳的类结构。另外，k 均值聚类需预先指定类别个数，但是很多情况下实际上不知道真正的类别数，一些启发式的方法可以帮助确定 k 的取值。例如，假设有 8 个研究对象，遍历 8 个对象可能的聚类类别数，计算各种情况下的 w（C）值，选择 w（C）值下降最快时的 k 值作为最佳类别数。

3. 自组织映射聚类 自组织映射聚类（SOM）也属于分割算法，需要预设类别个数。在 SOM 神经网络中，若预设类别个数为 6，输出层的神经元 1～6 以栅格方式排列于二维空间，输出层的神经元有初始权重，根据输入样本向量与输出层神经元的距离，找到具有最短距离的神经元作为兴奋神经元，其他神经元根据与该兴奋神经元的距离确定不同的兴奋度；然后根据兴奋度的不同对神经元权重进行调整，完成一个学习过程；随着样本的继续输入，不断进行这种学习过程；最后神经元可以根据输入样本向量的特征，以拓扑结构展现于输出空间。

4. 双向聚类 一组基因表达上的相似性可能只限制在某些实验条件内，运用所有实验样本对基因进行聚类会因为引入噪音而影响基因表达相似性的度量，而样本的相似性也常常不需要运用所有基因来计算，因而采用双向聚类来识别基因表达谱矩阵中同质的子矩阵，运用特定的基因子类识别样本子类。

双向聚类方法寻找疾病样本和致病基因簇之间的对应关系，该方法按样本和基因两个方向同时进行迭代聚类。

总之，聚类分析方法在基因表达谱数据中有重要的应用，即使没有类别结构的随机样本也可以得到类别结构。聚类分析应用于基因表达谱数据，为复杂疾病的亚型识别、致病机制及分子标记的识别提供了有效的工具。

二、主成分分析

（一）基本原理

主成分分析（principal component analysis，PCA）是把多个指标化为少数几个综合指标的一种统计分析方法。在多指标（变量）的研究中，往往由于变量个数太多，且彼此之间存在着一定的相关性，因而使得所观测的数据在一定程度上有信息的重叠。当变量较多时，在高维空间中研究样本的分布规律就更麻烦。主成分分析采取一种降维的方法，找出几个综合因子来代表原来众多的变量，并且这些综合因子需要尽可能地反映原来变量的信息，从而达到简化的目的。其中，每一个综合因子是原来变量的线性组合，而且彼此之间互不相关；第一主成分是所有线性组合中方差最大者；第二主成分是与第一主成分不相关的所有线性组合中方差次大者，依此类推（唐启义和冯明光，2007）。

（二）分析步骤

设观测样本矩阵为

$$\boldsymbol{X}=\begin{bmatrix} x_{11} & x_{12} & \cdots & x_{1p} \\ x_{21} & x_{22} & \cdots & x_{2p} \\ \vdots & \vdots & & \vdots \\ x_{n1} & x_{n2} & \cdots & x_{np} \end{bmatrix}$$

式中，n 为样本数；p 为变量数。

1）将原始数据进行标准化处理。

$$(x_{ij})'=(x_{ij}-\overline{x}_j)/s_j$$

式中，$\overline{x}_j=\sum_{i=1}^{n}x_{ij}/n$；$s_j=\sqrt{\sum_{i=1}^{n}(x_{ij}-\overline{x}_j)^2/(n-1)}$。

2）计算样本矩阵的相关系数矩阵。

$$\boldsymbol{R}=\begin{bmatrix} \gamma_{11} & \gamma_{12} & \cdots & \gamma_{1p} \\ \gamma_{21} & \gamma_{22} & \cdots & \gamma_{2p} \\ \vdots & \vdots & & \vdots \\ \gamma_{n1} & \gamma_{n2} & \cdots & \gamma_{np} \end{bmatrix}$$

3）对应于相关系数矩阵 $\boldsymbol{R}$，用雅可比方法求特征方程 $|R-\lambda I|=0$ 的 p 个非负的特征值 $\lambda_1>\lambda_2>\cdots>\lambda_p\geqslant 0$，对应于特征值 λ_i 的相应特征向量为

$$C^{(i)}=(C_1^{(i)}, C_2^{(i)}, \cdots, C_p^{(i)}),\ i=1, 2, \cdots, p$$

满足 $C^{(i)}C^{(j)}=\sum_{k=1}^{p}C_k^{(i)}C_k^{(j)}=\begin{cases}1\,(i=j)\\0\,(i\neq j)\end{cases}$

4）选择 m（$m<p$）个主分量。当前 m 个主分量 Z_1，Z_2，…，Z_m 的方差和占全部总方差的比例

$$a=\left(\sum_{i=1}^{m}\lambda_i\right)\Big/\left(\sum_{i=1}^{n}\lambda_i\right)$$

接近于 1 时（如 $a\geqslant 0.85$），选取前 m 个因子为第 1，2，…，m 个主分量。这 m 个主分量的方差和占全部总方差的 85% 以上，基本上保留了原来因子 x_1，x_2，…，x_p 的信息，由此因子数目将由 p 个减少为 m 个，从而起到降维的目的。

三、Fisher 判别

判别即根据观察数据对所研究的对象进行分类。按判别准则来分有 Fisher 判别和 Bayes 判别；按判别的组数来分有两类判别和多类判别；按区分不同总体所用的数学模型来分有线性判别和非线性判别；按判别时处理变量的方法来分有逐步判别和序贯判别等。Bayes 推理和支持向量机分类本章后续将有介绍，此处仅介绍线性 Fisher 两类判别（唐启义和冯明光，2007；徐克学，1999）。

基于 Fisher 准则，判别的结果应使两组间区别最大，使每组内的离散性最小。确定线性

判别函数 $y=c_1x_1+c_2x_2+\cdots+c_px_p$，其中 c_1，c_2，…，c_p 为待求判别函数的系数。

用 A 和 B 代表两组总体，两组中各有一批抽样数据，每个样本有 p 个变量（p 个判别指标）。若在 A 组中有 n_A 个样本：

$$\begin{matrix} X_{11}(A) & X_{12}(A) & \cdots & X_{1p}(A) \\ X_{21}(A) & X_{22}(A) & \cdots & X_{2p}(A) \\ \cdots & \cdots & \cdots & \cdots \\ X_{n_A1}(A) & X_{n_A2}(A) & \cdots & X_{n_Ap}(A) \end{matrix}$$

A 组样本各判别指标（变量）的平均值为 $\overline{X}_1$（A），$\overline{X}_2$（A），…，$\overline{X}_p$（A）。类似地，对 B 组有 n_B 个样本，各判别指标（变量）的平均值为 $\overline{X}_1$（B），$\overline{X}_2$（B），…，$\overline{X}_p$（B）。若以 $\overline{y}(A)=\sum_{k=1}^{p}C_k\overline{X}_k(A)$ 表示 A 组样本的重心，以 $\overline{y}(B)=\sum_{k=1}^{p}C_k\overline{X}_k(B)$ 表示 B 组样本的重心，则两组间的离差可用 $[\overline{y}(A)-\overline{y}(B)]^2$ 来表示。A 组内部离散程度和 B 组内部离散程度分别用 $\sum_{i=1}^{n1}[y_i(A)-\overline{y}(A)]^2$ 和 $\sum_{i=1}^{n2}[y_i(B)-\overline{y}(B)]^2$ 来表示，其中 $y_i(A)=\sum_{k=1}^{p}C_kX_{ik}(A)$，$y_i(B)=\sum_{k=1}^{p}C_kX_{ik}(B)$。要使两组间离差最大，必须使 $[\overline{y}(A)-\overline{y}(B)]^2$ 最大；要使各组内的离散程度最小，必须使 $\sum_{i=1}^{n1}[y_i(A)-\overline{y}(A)]^2+\sum_{i=1}^{n2}[y_i(B)\ \overline{y}(B)]^2$ 达到最小。

综合考虑满足 Fisher 准则的条件，各判别函数必须使

$$I=\frac{(\overline{y}(A)-\overline{y}(B))^2}{\sum_{i=1}^{n1}(y_i(A)-\overline{y}(A))^2+\sum_{i=1}^{n2}(y_i(B)-\overline{y}(B))^2} \tag{12-3-5}$$

取得最大值。由数学分析的极值原理，可推导出如下方程组：

$$\begin{matrix} S_{11}C_1+S_{12}C_2+\cdots+S_{1p}C_p=D_1 \\ S_{21}C_1+S_{22}C_2+\cdots+S_{2p}C_p=D_2 \\ \cdots \quad \cdots \quad \cdots \quad \cdots \\ S_{p1}C_1+S_{p2}C_2+\cdots+S_{pp}C_p=D_p \end{matrix}$$

解此方程组可求出 c_1，c_2，…，c_p 而得到线性判别函数：

$$y=c_1x_1+c_2x_2+\cdots+c_px_p$$

再由该线性判别函数计算出 A 与 B 两类重心：

$$y(A)=\sum_{k=1}^{p}C_k\overline{x}_k(A),\ y(B)=\sum_{k=1}^{p}C_k\overline{x}_k(B)$$

对它们进行以所含样本数为权数的加权平均，得

$$y_{AB}=[n_Ay(A)+n_By(B)]/(n_A+n_B) \tag{12-3-6}$$

加权平均数 y_{AB} 称为两组判别的综合指标。待判别样本的判别分组方法如下所述。

如果 $y(A)>y_{AB}$，且对待判别样本（x_1，x_2，x_3，…，x_p）使 $y=c_1x_1+c_2x_2+\cdots+c_px_p>y_{AB}$ 成立，则该样本可判属于 A 组（类）；若 $y\leqslant y_{AB}$，则该样本判属于 B 组（类）。

如果 $y(B)>y_{AB}$，且对待判别样本（x_1，x_2，x_3，…，x_p）使 $y=c_1x_1+c_2x_2+\cdots+c_px_p>y_{AB}$ 成立，则该样本可判属于 B 组（类）；若 $y\leqslant y_{AB}$，则该样本判属于 A 组（类）。

两组判别分析均假设两组原始样本属于不同总体，两组多元变量的均值在统计上差异显

著，否则判别无意义，因此需要进行统计检验。检验方法采用以 Mahalanobis 的 D^2 距离为基础构成的统计量 F，则

$$F=\left[\frac{n_A n_B}{(n_A+n_B)(n_A+n_B+2)}\right]\cdot\left[\frac{n_A+n_B-p-1}{p}\right]D^2 \qquad (12\text{-}3\text{-}7)$$

式中，$D^2=(n_A+n_B-2)\sum_{i=1}^{p}c_i d_i$。

该统计量 F 遵从自由度为 P 和 n_A+n_B-p-1 的 F 分布，即 $F(p,\ n_A+n_B-p-1)$。由于 n_A、n_B 和 p 为已知，c_i 为判别函数的系数，$d_i=x_i(\mathrm{A})-x_i(\mathrm{B})$，故 F 可以计算出来，再查 F 分布表可以判断其是否显著，从而决定判别函数是否可以在实际中应用。

微课视频

第四节　贝叶斯推理

托马斯贝叶斯（Thomas Bayes），英国数学家，他首先将归纳推理法用于概率论基础理论，并创立了贝叶斯统计理论。贝叶斯决策就是在不完全情况下，对部分未知的状态用主观概率估计，然后用贝叶斯公式对发生概率进行修正，再利用期望值和修正概率作出最优决策。基于贝叶斯定理的朴素贝叶斯模型是应用最为广泛的分类模型之一，其所需估计的参数很少，对缺失数据不太敏感，算法也比较简单，因此用途甚广（普雷斯，1992）。

一、贝叶斯定理

设 A、B 是两个事件，且 $P(A)>0$，称 $P(B|A)=\dfrac{P(AB)}{P(A)}$ 为在事件 A 发生的条件下事件 B 发生的概率。A、B 的联合概率公式为：$P(AB)=P(A)P(B|A)$。

设 S 为试验 E 的样本空间，$B_1, B_2, \cdots, B_n$ 为 E 的一组事件，若满足 $B_iB_j=\varphi$、$i\neq j$、$i,j=1, 2, \cdots, n$；且 $B_1\cup B_2\cup,\cdots, B_n=S$，则称 $B_1, B_2, \cdots, B_n$ 为样本空间 S 的一个划分。

设试验 E 的样本空间为 S；A 为 E 的事件；$B_1, B_2, \cdots, B_n$ 为样本空间 S 的一个划分且 $P(B_i)>0\ (i=1, 2, \cdots, n)$，则 $P(A)=P(B_1)P(A|B_1)+\cdots+P(B_n)P(A|B_n)$ 称为全概率公式。

贝叶斯定理：设试验 E 的样本空间为 S、A 为 E 的事件；$B_1, B_2, \cdots, B_n$ 为样本空间 S 的一个划分且 $P(B_i)>0\ (i=1, 2, \cdots, n)$，贝叶斯公式为

$$P(B_i\,|\,A)=\frac{P(A\,|\,B_i)\ P(B_i)}{P(A)}=\frac{P(A\,|\,B_i)\ P(B_i)}{\sum_{j=1}^{n}P(B_j)\ P(A\,|\,B_j)},\ i=1,\ 2,\ \cdots,\ n \qquad (12\text{-}4\text{-}1)$$

二、朴素贝叶斯分类器

设每个样本具 $m+1$ 个属性，$A_i\ (i=1, 2, \cdots, m)$ 为条件属性，C 为决策属性；a_{ik} 表示第 A_i 个属性的第 k 个取值；c_j 是 C 的一个取值，表示第 j 类。另外，用 $|A|$ 表示集合 A 中元素的个数。所有样本数据的集合为 $\Omega=A_1\times A_2\times\cdots\times A_m$，则每个数据样本也就是 Ω 中的元素表示为一个 m 维特征向量 $X=(x_1, x_2, \cdots, x_m)$，这里 x_i 表示属性 A_i 的取值。$T\subseteq\Omega$ 是训练集样本的集合。$(X,\ c_j)$ 表示样本 X 属于 c_j 类，则分类问题就是决定 $p(c_j\,|\,X)$。若有多个类 c_1，c_2，$\cdots$，$c_{|C|}$，给定一个未知的数据样本 X，若有 $P(c_j\,|\,X)>P(c_i\,|\,X)$，$i=1,\ 2,\ \cdots,\ |C|$，$i\neq j$，那么称 c_j 为 X 的最佳分类。我们称 $P(c_j)$ 为先验概率，$P(c_j|X)$ 为后验概率，因此求

X 的最佳分类即为求取最大的后验概率。根据贝叶斯定理有

$$P(c_j \mid X)=\frac{P(c_j)\ P(X \mid c_j)}{P(X)} \tag{12-4-2}$$

由于 $p(X)$ 对于所有的类而言是常数，因此只需 $P(c_j)P(X \mid c_j)$ 最大即可。若类的先验概率未知，则通常假定这些类是等概率的，即 $P(c_1)=P(c_2)=\cdots=P(c_{|C|})$，或者用属于 c_j 类的样本数在总样本数中的比例来近似，即

$$P(c_j)=\frac{|C_j|}{|T|},$$

这种情况下只需对 $P(X|c_j)$ 最大化，否则要对 $P(c_j)P(X|c_j)$ 最大化。

当训练数据集的属性较多时，$P(X|c_j)$ 的计算量可能比较大，因此朴素贝叶斯分类器基于一个简单的假设，即在给定目标值时属性值之间相互条件独立，则

$$P(X \mid c_j)=P(x_1, x_2, \cdots, x_m \mid c_j)=\prod_{i=1}^{m} P(x_i \mid c_j) \tag{12-4-3}$$

对于给定的训练集 D，决策属性包含 $c_1, c_2, \cdots, c_{|C|}$ 类，则最佳分类为

$$P(c_{\max} \mid X)=\max\{P(c_j \mid X)\}=\max\left\{\frac{P(c_j)\ P(x_1, x_2, \cdots, x_m \mid c_j)}{P(X)}\right\} \tag{12-4-4}$$

或者为

$$P(c_{\max} \mid X)=\max\{P(c_j \mid X)\}=\max\left\{\frac{P(c_j)\prod_{i=1}^{m} P(x_i \mid c_j)}{P(X)}\right\} \tag{12-4-5}$$

三、贝叶斯应用示例

表 12-1 为一气候训练集。训练集大小为 14 个样本，共 5 个属性，其中 4 个条件属性，1 个决策属性；决策属性的取值只有 2 种——N 和 P，表示每个样本要么属于 P 类，要么属于 N 类。问对于测试样本：天气为 Sunny，气温为 Hot，湿度为 High，风为 Weak 时属于哪一类？

表 12-1　气候训练集

	条件属性				决策属性 / 类别
	天气状态	气温	温度	风	
1	Sunny	Hot	High	Weak	N
2	Sunny	Hot	High	Strong	N
3	Overcast	Hot	High	Weak	P
4	Rain	Mild	High	Weak	P
5	Rain	Cool	Normal	Weak	P
6	Rain	Cool	Normal	Strong	N
7	Overcast	Cool	Normal	Strong	P
8	Sunny	Mild	High	Weak	N
9	Sunny	Cool	Normal	Weak	P
10	Rain	Mild	Normal	Weak	P
11	Sunny	Mild	Normal	Strong	P
12	Overcast	Mild	High	Strong	P
13	Overcast	Hot	Normal	Weak	P
14	Rain	Mild	High	Strong	N

设测试样本为 X={Sunny，Hot，High，Weak}，要比较属于两类 N 和 P 的概率大小。根据公式（12-4-4），由于 $P(X)$ 对于这两类均一样，所以只要求公式（12-4-4）的分子即可。

先求类别为 N 的概率 $P(N|X)$：

$$P(N|X)=P(N)\times P(\text{Sunny}|N)\times P(\text{Hot}|N)\times P(\text{High}|N)\times P(\text{Weak}|N)/P(X)$$
$$=5/14\times 3/5\times 2/5\times 4/5\times 2/5/P(X)=0.0274/P(X)$$

再求类别为 P 的概率 $P(P|X)$：

$$P(P|X)=P(P)\times P(\text{Sunny}|P)\times P(\text{Hot}|P)\times P(\text{High}|P)\times P(\text{Weak}|P)/P(X)$$
$$=9/14\times 2/9\times 2/9\times 3/9\times 6/9/P(X)=0.007039/P(X)$$

显然有 $P(N|X)>P(P|X)$，根据后验概率最大原则，X 属于 N 类。

第五节　隐马尔可夫模型

一、马尔可夫模型及隐马尔可夫模型

马尔可夫模型是苏联数学家马尔可夫在 1906～1912 年间提出的一种能用数学分析方法研究自然过程的方法，该研究方法推动了概率论的新分支——随机过程论的发展。

马尔可夫性即无后效性，它的直观解释是：在已知系统目前的状态（现在）的条件下，它未来的演变（将来）不依赖于它以往的演变（过去）。具有马尔可夫性的离散状态随机过程称为马尔可夫链，这种过程也称为无记忆的单随机过程。假设这种单随机过程的取值（状态）是离散的，则又可以将它称为无记忆的离散随机过程。相对马尔可夫过程，人们又提出了一种状态及其行为都为不可测（随机）的双随机过程。从外界来看，这种过程的状态是随机且不可见（隐藏）的，而行为是可见而不可测的，因此，这种双随机过程也被称为隐马尔可夫模型（hidden Markov model，HMM）。通常，HMM 对应的状态也被假设为离散的，且其演变也是无记忆的，因而也被称为无记忆的离散双随机过程。

一个隐马尔可夫链 $\{X_t, Y_t\}$ 包含两部分：一个潜在的、不可观察的有限状态马尔可夫链 $\{X_t\}$ 和一个外显的、可观察的随机过程 $\{Y_t\}$，Y_t 的分布依赖于 X_t。HMM 是用概率统计的方法来描述时变信号的过程。它是一个动态的统计模型，可以用有限状态机来描述。有限状态机可以从一种状态转移到另一种状态，每个状态转换有不同的概率。某状态是否转移到下一状态取决于该状态的状态转移概率，而在某一状态下能看到哪一个观测值，也取决于该状态的观测概率。

HMM 首先在语言识别领域取得成功应用（Rabiner，1989），后来又广泛应用于图像纹理分割、图像编码及最佳特征识别等领域，并取得了丰硕的成果，从而成为一种常用的建模方法。HMM 也被较早地应用于生物信息学上的一些问题，如 DNA 编码区、蛋白质超家族的构建等（Haussler，1998；Eddy，1998）。

二、隐马尔可夫模型的数学描述

通常隐马尔可夫模型（HMM）是一个五元组（Ω_X，Ω_O，A，B，π）。其中：

1）状态的有限集合 $\Omega_X=\{q_1, \cdots, q_N\}$，$N$ 代表隐马尔可夫模型中的状态数。虽然在 HMM 中状态数是隐含的，但在实际应用中它是有确切物理含义的。

2）观察值的有限集合 $\Omega_O=\{v_1, \cdots, v_M\}$，$M$ 代表每个状态中可以观察到的符号数。

3）状态转移概率 $A=\{a_{ij}\}$，　$a_{ij}=P(q_{t+1}=j|q_t=i)$ $1\leqslant i\leqslant N$，$1\leqslant j\leqslant N$。

4）输出概率 $B=\{b_{jk}\}$，　$b_{jk}=P(o_t=v_k|q_t=j)$ $1\leqslant k\leqslant M$，$1\leqslant k\leqslant M$。

5）初始状态分布 $\pi=\{\pi_i\}$，　$\pi_i=P(q_1=i)$ $1\leqslant i\leqslant N$。

基于这些特征参数，HMM 产生观察序列 $O=(o_1, o_2, \cdots, o_T)$ 的过程如下所述。

1）根据初始状态概率分布 π，选择一个初始状态 $q_i=i$。

2）置观察时间 $t=1$。

3）根据当前状态下观察符号的概率分布 B，选择 $o_t=v_k$。

4）根据状态转移概率分布 A，从当前状态 $q_t=i$ 转移到下一个状态 $q_{t+1}=j$。

5）置 $t=t+1$，如果 $t<T$（观察时间序列为 $t=1, 2, \cdots, T$），则回到第 3）步，否则结束。

综上所述，一个 HMM 完全可以由 2 个模型参数 N、M 及 3 个概率分布参数 A、B、π 来确定。为了方便起见，通常将隐马尔可夫模型定义为 $\lambda=(A, B, \pi)$。依据观察符号的概率分布特点（离散还是连续），HMM 可分为离散隐马尔可夫模型和连续隐马尔可夫模型。

三、隐马尔可夫模型的三个基本问题及解决方案

【问题Ⅰ】 评估问题（evaluation）

已知观察序列 O 和模型 $\lambda=(A,B,\pi)$，如何计算由此模型产生此观察序列的概率 $p(\sigma|\lambda)$?

【问题Ⅱ】 解码问题（decoding）

已知观察序列 O 和模型 λ，如何确定一个合理的状态序列，使之能最佳地产生 O，即如何选择最佳的状态序列 $q=(q_1, q_2, \cdots, q_T)$？

【问题Ⅲ】 学习问题（learning）

如何根据观察序列不断修正模型参数（A, B, π），使 $P(\sigma|\lambda)$ 最大？

问题Ⅰ实质上是一个模型评估问题，因为 $P(\sigma|\lambda)$ 反映了观察序列与模型的吻合程度。可以通过计算、比较 $P(\sigma|\lambda)$，从多个模型参数中选择出与观察序列匹配最好的模型，前人已研究出“前向后向”算法来解决这个问题。

问题Ⅱ的关键在于选用怎样的最佳准则来决定状态的转移。一种可能的最佳准则是：选择状态 q_t^*，使它们在各 t 时刻都是最可能的状态，即

$$q_t^*=\arg\max\{P(q_1=i|O, \lambda)\} \tag{12-5-1}$$

有时这里会出现不允许的转移，即 $a_{ij}=0$；那么，对这些 i 和 j 所得到的状态序列就是不可能状态序列。也就是说，上面公式得到的解只是在每个时刻决定一个最可能的状态，而没有考虑整体结构、相邻时间的状态和观察序列的长度等问题。针对这个缺点要求人们研究一种在最佳状态序列基础上的整体约束的最佳准则，并用此规则找出一条最好的状态序列。目前解决这个问题的最好方案是 Viterbi 算法。

问题Ⅲ实质上就是如何训练模型，估计、优化模型参数的问题，这个问题在三个问题中最难，因为没有解析法可用来求解最大似然模型，所以只能使用迭代法（如 Baum-Welch 算法）或最佳梯度法。

1．评估问题及前向、后向算法　下面以一个简单的天气预报为例讲述这三个基本问题及相应解决方法（图 12-3）。

例 1　天气状态集合 $\Omega_X=\{\text{Sunny, Cloudy, Rainy}\}$，观察到的海草（seaweed）湿度状态集合 $\Omega_O=\{\text{Dry, Dryish, Damp, Soggy}\}$。

初始状态概率：

$$\pi = \begin{matrix} \text{Sunny} & \text{Cloudy} & \text{Rainy} \\ (\ 0.63 & 0.17 & 0.20\ ) \end{matrix}$$

状态转移概率：

$$A=\{a_{ij}\}=\begin{matrix} & \text{Sunny} & \text{Cloudy} & \text{Rainy} \\ \text{Sunny} & 0.500 & 0.250 & 0.250 \\ \text{Cloudy} & 0.375 & 0.250 & 0.375 \\ \text{Rainy} & 0.125 & 0.675 & 0.200 \end{matrix}$$

输出概率：

$$B=\{b_{ij}\}=\begin{matrix} & \text{Dry} & \text{Dryish} & \text{Damp} & \text{Soggy} \\ \text{Sunny} & 0.60 & 0.20 & 0.15 & 0.05 \\ \text{Cloudy} & 0.25 & 0.25 & 0.25 & 0.25 \\ \text{Rainy} & 0.05 & 0.10 & 0.35 & 0.50 \end{matrix}$$

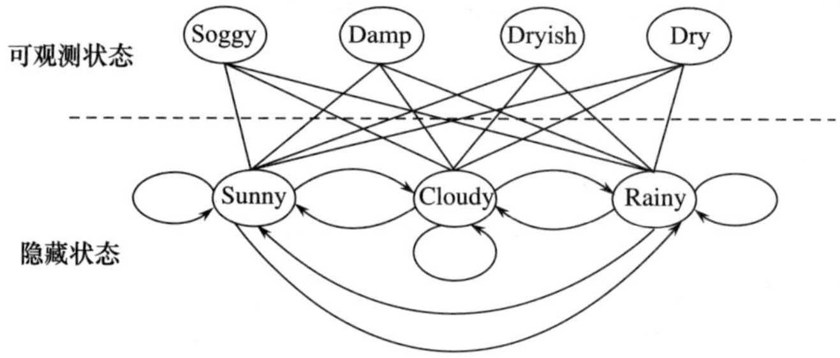

图 12-3　隐马尔可夫模型示例

评估问题：已知给定的 HMM 参数 $\lambda=(\pi, A, B)$ 和连续 4 天观察到的海草湿度状态序列 $O=o_1, o_2, o_3, o_4$=Dry，Damp，Soggy，Dryish，求在给定模型参数 λ 下，出现这一观察值序列 O 的概率 $\Pr(\sigma|\lambda)$。

从定义出发计算概率 $\Pr(\sigma|\lambda)$，可以采用最简单的穷举法。

$\Pr(\sigma|\lambda)$=Pr（Dry，Damp，Soggy，Dryish|Sunny，Sunny，Sunny，Sunny）+Pr（Dry，Damp，Soggy，Dryish|Sunny，Sunny，Sunny，Cloudy）+Pr（Dry，Damp，Soggy，Dryish|Sunny，Sunny，Sunny，Rainy）+ ⋯ +Pr（Dry，Damp，Soggy，Dryish|Rainy，Rainy，Rainy，Cloudy）+Pr（Dry，Damp，Soggy，Dryish|Rainy，Rainy，Rainy，Rainy）

穷举法具有指数时间复杂度 $O(\propto N!T)$，计算量很大，属于 NP 类算法。为了有效地解决这个问题，引入前向算法和后向算法来简化运算。它们的定义及有关的递推公式如下所述。

（1）*前向算法*　前向概率 $a_t(i)$ 即在给定模型 λ 下，前 t 个时刻的观察序列为 $O(1, t)=(o_1, o_2, o_3, \cdots, o_t)$，且在 t 时刻处在状态 S_i 的概率。计算公式为

$$a_t(i)=P(o_1, o_2, \cdots, o_t, q_t=S_i|\lambda) \tag{12-5-2}$$

下面为类似动态规划的按离散时刻递推方式计算前向概率 $a_t(i)$ 的步骤。

1）初始化。

$$a_1(i)=\pi_i b_i(o_1),\quad 1\leqslant i\leqslant N \tag{12-5-3}$$

2）递推。

$$a_{t+1}(j)=\left[\sum_{i+1}^{N} a_t(i)\ a_{ij}\right]\cdot b_j(o_{t+1}),\ 1\leqslant t\leqslant T-1;\ 1\leqslant j\leqslant N \tag{12-5-4}$$

3）终止。

$$P(O|\lambda)=\sum_{i=1}^{N}a_T(i) \quad (12\text{-}5\text{-}5)$$

这种算法的计算量较小，约为 N^2T 数量级，具体为 $N(N+1)(T-1)+N$ 次乘法，$N(N-1)(T-1)$ 次加法。

（2）*后向算法* 后向算法的原理与前向算法类似，但其终止步骤稍复杂一些。

定义后向概率 $\beta_t(i)$，表示在给定模型 λ 下，在 t 时刻处于状态 S_i 的条件下，从 $t+1$ 时刻到终止时刻 T 的观察序列为 $O(t+1,T)=(o_{t+1},o_{t+2},\cdots,o_T)$ 的概率。计算公式为

$$\beta_t(i)=P(O(t+1,T)=(o_{t+1},o_{t+2}\cdots,o_T),q_t=S_i|\lambda) \quad (12\text{-}5\text{-}6)$$

前向算法的核心思想是求出每个状态到 t 时刻为止时保证前 t 个输出字符序列为 $O(1,t)=(o_1,o_2,o_3,\cdots,o_t)$ 的概率；后向算法则是求出对 t 时刻而言的每个状态从其下一个状态 $t+1$ 时刻开始到终止时刻 T，保证后 $T-t$ 个输出字符序列为 $O(t+1,T)=(o_{t+1},o_{t+2},\cdots,o_T)$ 的概率。

1）初始化。

$$\beta_T(i)=1,\quad 1\leqslant i\leqslant N \quad (12\text{-}5\text{-}7)$$

2）递推。

$$B_t(i)=\sum_{j=1}^{N}a_{ij}b_j(o_{t+1})\beta_{t+1}(j),\ t=T-1,T-2,\cdots,1;\ 1\leqslant i\leqslant N \quad (12\text{-}5\text{-}8)$$

3）终止。

$$F(O|\lambda)=\sum_{j=1}^{N}\pi_i b_i(o_1)\ \beta_1(i) \quad (12\text{-}5\text{-}9)$$

后向算法的计算量与前向算法相当。

本例用前向算法计算如下：第一天为 Sunny，海藻状态为 Dry 的概率为 0.63×0.6=0.378。同样地，第一天为 Cloudy 或 Rainy，海藻状态为 Dry 的概率分别为 0.17×0.25=0.0425，0.2×0.05=0.01。这样第一天的情况计算完毕。

第二天情况复杂一些，第二天为 Sunny 的概率必须基于第一天的状态已知，包括第一天分别为 Sunny、Cloudy 或 Rainy，海藻状态为 Dry 转移到第二天为 Sunny 的概率之和（0.378×0.5+0.0425×0.375+0.01×0.125）=0.206 187 5，此时海藻状态为 Damp 的概率为 0.206 187 5×0.15=0.030 93。同样地，第二天为 Cloudy 或 Rainy，海藻状态为 Damp 的概率计算如下。

Cloudy（0.378×0.25+0.0425×0.25+0.01×0.675）×0.25=0.027 97

Rainy（0.378×0.25+0.0425×0.375+0.01×0.2）×0.35=0.039 35

第二天情况计算完之后，可以计算第三天各种情况下的概率。按照上述计算方法，第三天分别为 Sunny、Cloudy 或 Rainy，海藻状态为 Soggy 的概率如下。

Sunny（0.030 93×0.5+0.027 97×0.375+0.039 35×0.125）×0.05=1.544×10^{-3}

Cloudy（0.030 93×0.25+0.027 97×0.25+0.039 35×0.675）×0.25=1.032×10^{-2}

Rainy（0.030 93×0.25+0.027 97×0.375+0.039 35×0.2）×0.5=1.305×10^{-2}

前三天各种情况都计算出来之后，最后计算第四天各种天气情况下的概率。第四天分别为 Sunny、Cloudy 和 Rainy，海藻状态为 Dryish 的概率如下。

Sunny（$1.544\times10^{-3}\times0.5+1.032\times10^{-2}\times0.375+1.305\times10^{-2}\times0.125$）×0.2=$1.255\times10^{-3}$

Cloudy（$1.544\times10^{-3}\times0.25+1.032\times10^{-2}\times0.25+1.305\times10^{-2}\times0.675$）×0.25=$2.944\times10^{-3}$

Rainy（$1.544\times10^{-3}\times0.25+1.032\times10^{-2}\times0.375+1.305\times10^{-2}\times0.2$）×0.1=$6.86\times10^{-4}$

最后一天的情况计算出来以后，最后出现观察值序列（Dry，Dryish，Damp，Soggy）的概率 Pr（$\sigma|\lambda$）为 Sunny、Cloudy 和 Rainy 三种情况概率之和，即

$$\Pr(\sigma|\lambda)=1.255\times10^{-3}+2.944\times10^{-3}+6.86\times10^{-4}=0.004\,885$$

2. 解码问题及 Viterbi 算法 前提假设：对于一个确定 HMM 的模型 $\lambda=(A,B,\pi)$，给定一个观测序列 $O=(o_1,o_2,\cdots,o_T)$，求最佳路径问题，即由模型 λ 产生出序列 O 的最佳状态转移序列 Q，$Q^*=(q_1^*,q_2^*,\cdots,q_T^*)$。

例 2 天气状态集合 Ω_X={Sunny，Cloudy，Rainy}，观察到的海草（seaweed）湿度状态集合 Ω_O={Dry，Dryish，Damp，Soggy}，在给定的模型参数 $\lambda=(A,B,\pi)$ 下（同例 1），求产生这一观察值序列的最可能状态序列。

确定一个最佳状态序列的关键在于选用怎样的最佳准则。考虑到状态序列的整体特性，Viterbi 算法采用如下的最佳准则：

$$\delta_t(i)=\max_{q_1q_2\cdots q_{t-1}}\{P(Q(1,t)=(q_1,q_2,\cdots,q_{t-1}),q_t=S_i,O(1,t)=o_1,o_2,\cdots,o_t|\lambda)\}$$

即在 t 时刻选择状态 i，使模型 λ 沿状态序列（$q_1,q_2,\cdots,q_T$）运动产生观察序列（$o_1,o_2,\cdots,o_T$）的概率最大。$\delta_t(i)$ 计算的要点在于前 $t-1$ 个状态序列 $Q(1,t-1)$ 的选择，并且这个序列不是一次性得到的，而是按 t 从小到大的次序递推得到的。其中 $Q(m,n)$ 表示状态转移序列 Q 从第 m 个状态到第 n 个状态的连续子状态序列。

如果已知 $t-1$ 时刻各个状态 S_i 的 $\delta_{t-1}(i)$，则可求出 t 时刻状态 S_j 的 $\delta_t(j)$：

$$\delta_t(j)=\max_{S_i\in\text{pre}[S_j]}\{\delta_{t-1}(i)\cdot a_{ij}\}\cdot b_j(o_t)$$

式中，pre［S_j］为状态 S_j 的前导状态集。

上式不但可以求出 $\delta_t(j)$，还可以确定到底是 t 时刻状态 S_j 的哪个 $t-1$ 时刻前导状态 $S_i\in\text{pre}[S_j]$ 引领的最佳状态转移序列 $Q(1,t-1)$ 产生出 $\delta_t(j)$，记这个前导状态为 $\psi_t(S_j)$，

$$\psi_t(S_j)=\{S_k:\delta_{t-1}(k)\cdot a_{kj}=\max_{S_i\in\text{pre}[S_j]}\{\delta_{t-1}(i)\cdot a_{ij}\},\ 1\leqslant j\leqslant N\} \qquad (12\text{-}5\text{-}10)$$

$\psi_t(S_j)$ 称为路径回溯函数，该函数为集值函数。

下面为 Viterbi 算法的步骤。

1）初始化。

$$\delta_1(i)=\pi_i\cdot b_i(o_1),\ \psi_1(S_i)=\phi,\ 1\leqslant i\leqslant N$$

2）递推，对 $2\leqslant t\leqslant T$，依次求出 $\delta_t(j)$ 和 $\psi_t(S_j)$。

$$\delta_t(j)=\max_{S_i\in\text{pre}[S_j]}\{\delta_{t-1}(i)\cdot a_{ij}\}\cdot b_j(o_t)$$
$$\psi_t(S_j)=\{S_k:\delta_{t-1}(k)\cdot a_{kj}=\max_{S_i\in\text{pre}[S_j]}\{\delta_{t-1}(i)\cdot a_{ij}\},\ 1\leqslant j\leqslant N\}$$

3）递推结束。

$$P(Q^*,O|\lambda)=\max_{\text{all}Q}\{P(Q,O|\lambda)\}=\max_{1\leqslant i\leqslant N}\{\delta_T(i)\}$$
$$q_T^*\in\{S_k:\delta_T(k)=\max_{1\leqslant i\leqslant N}\{\delta_T(i)\}\}$$

4）路径回溯。

$$q_t^*\in\psi_{t+1}(q_{t+1}^*),\ t=T-1,T-2,\cdots,1$$

例 2 用 Viterbi 算法计算如下：第一天的计算公式和结果与例 1 相同。

第二天为 Sunny，海藻状态为 Damp 时的情况，取第一天分别为 Sunny、Cloudy 或 Rainy，海藻状态为 Dry 转移到第二天为 Sunny 的概率中的最大值，然后乘以相应的输出概率，$\max\{(0.378\times0.5),(0.042\,5\times0.375),(0.01\times0.125)\}\times0.15=0.028\,35$，从第一天为 Sunny 转移概率最大，记录此路径。

同样地，第二天为 Cloudy 或 Rainy，海藻状态为 Damp 的概率和相应路径如下。

Cloudy max {(0.378×0.25)，(0.042 5×0.25)，(0.01×0.675)} ×0.25=0.023 625，路径是从第一天为 Sunny 而来。

Rainy max {(0.378×0.25)，(0.042 5×0.375)，(0.01×0.2)} ×0.35=0.033 075，路径是第一天为 Sunny。

第二天情况计算完之后，可以计算第三天各种情况下的概率。按照上述计算方法，第三天分别为 Sunny、Cloudy 或 Rainy，海藻状态为 Soggy 的概率及路径如下。

Sunny max {(0.028 35×0.5)，(0.023 625×0.375)，(0.033 075×0.125)} ×0.05=7.088×10^{-4}，路径是从第二天为 Sunny 而来。

Cloudy max {(0.028 35×0.25)，(0.023 625×0.25)，(0.033 075×0.675)} ×0.25=5.581×10^{-3}，路径是从第二天为 Rainy 而来。

Rainy max {(0.028 35×0.25)，(0.023 625×0.375)，(0.033 075×0.2)} ×0.5=4.430×10^{-3}，路径是从第二天为 Cloudy 而来。

最后计算第四天各种天气情况下的概率。第四天分别为 Sunny、Cloudy 和 Rainy，海藻状态为 Dryish 的概率如下。

Sunny max {($7.088\times10^{-4}\times0.5$)，($5.581\times10^{-3}\times0.375$)，($4.430\times10^{-3}\times0.125$)} ×0.2=$4.186\times10^{-4}$，路径是从第三天为 Cloudy 而来。

Cloudy max {($7.088\times10^{-4}\times0.25$)，($5.581\times10^{-3}\times0.25$)，($4.430\times10^{-3}\times0.675$)} ×0.25=$7.476\times10^{-4}$，路径是从第三天为 Rainy 而来。

Rainy max {($7.088\times10^{-4}\times0.25$)，($5.581\times10^{-3}\times0.375$)，($4.430\times10^{-3}\times0.2$)} ×0.1=$2.093\times10^{-4}$，路径是从第三天为 Cloudy 而来。

最后一天是 Cloudy 的概率最大，通过路径回溯，产生观测值序列 {Dry，Dryish，Damp，Soggy} 的最佳天气状态是 Sunny→Cloudy→Rainy→Cloudy。

3. 学习问题及 Baum-Welch 算法　前提假设：给定一个观测序列 $O=(o_1, o_2, \cdots, o_T)$，要求确定一个隐马尔可夫模型 $\lambda=(A, B, \pi)$，使得 $\Pr(\sigma|\lambda)$ 取最大值。这是一个很困难的问题，因为需要确定的不是一个或几个参数，而是 HMM 的所有参数。解决这类问题一般采用学习算法，学习算法不是一次性地求出最优解，而是设计一种能够根据训练数据（给定观测序列 σ）对现有的模型参数进行局部调整的计算程序，每执行一次程序，目标值都要更优化一些，即 $\Pr(\sigma|\lambda)$ 值更大一些，直到参数调整程序的执行不再起作用则停止，这时得到的模型参数即为问题答案。

（1）初始化　$\pi_i=\gamma_1(i)$，当 $t=1$ 时处于 S_i 的期望值，$\lambda=(A_0, B_0, \pi)$。

（2）迭代计算　令 $\xi_t(i, j)$ 表示 t 时状态为 S_i 以及 $t+1$ 时状态为 S_j 的概率，则

$$\xi(i, j)=\frac{P(q_t=i, q_{t+1}=j, O|\lambda)}{P(O|\lambda)}=\frac{a_t(i)\cdot a_{ij}\cdot b_j(O_{t+1})\ \beta_{t+1}(j)}{P(O|\lambda)}$$

$$=\frac{a_t(i)\cdot a_{ij}\cdot b_j(O_{t+1})\ \beta_{t+1}(j)}{\sum_{i=1}^{N}\sum_{j=1}^{N}a_t(i)\cdot a_{ij}\cdot b_j(O_{t+1})\ \beta_{t+1}(j)}$$

T 时刻处于状态 S_i 的概率

$$\gamma_t(i)=\sum_{j=1}^{N}\xi_t(i, j)$$

$\sum_{t=1}^{T-1}\gamma_t(i)$=整个过程中从状态 S_i 转出的次数的预期

$\sum_{t=1}^{T-1}\xi_t(i, j)$=从 S_i 跳转到 S_j 次数的预期

重估公式：$\tilde{a}_{ij}=\dfrac{\sum_{t=1}^{T-1}\xi_t(i, j)}{\sum_{t=1}^{T-1}\gamma_t(i)}$　　$\tilde{b}_j(k)=\dfrac{\sum_{t=1,\ o_t=v_k}^{T}\gamma_t(i)}{\sum_{t=1}^{T}\gamma_t(i)}$

（3）终止条件　　$|\log P(O|\lambda)-\log P(O|\lambda_0)|<\varepsilon$，其中 ε 是预先设定的阈值。

四、基于 HMM 的基因识别程序及 HMM 的优缺点

目前已经开发出不少基于 HMM 的基因识别程序，典型的有 VEIL、HMMgene、GeneMark. hmm、Geneie 及 GENSCAN。VEIL 用于人类基因寻找，它与 HMMgene 的主要区别是未使用高阶状态；Geneie 将神经网络结合到一个 HMM-like 模型中；GENSCAN 更类似于 HMMgene，但在拼接位点使用了一个不同类型的模型（Baldi et al.，1994；Burge and Karlin，1997；Henderson et al.，1997）。

GeneMark. hmm 在 GeneMark 基础上融入了 HMM 算法框架，同时使用了核糖体结合位点模型提高了转录起始密码的预测性。用包括 10 个完整细菌基因组在内的几套测试资料对该系统进行评估，表明其在基因预测的准确程度上明显优于 GeneMark（Lukashin and Borodovsky，1998）。

Geneie 是一个稳健的 HMM 系统，综合了来自诸如信号传感器（拼接位点、起始密码子等）、信号存储传感器（外显子、内含子、基因间序列等）、mRNA 阵列、序列表达标签（EST）等不同来源的信息。采用了模块化编程思想，每种状态的模块进行单独训练，新的状态模块可以很容易地添加到系统中，从而使系统的适用范围和灵敏度得到很大提高。

GENSCAN 用明确的 HMM 状态构建的基因组序列结构模型，信号的检测则采用加权矩阵、加权排列和最大化独立分解技术（MDD）。使用者普遍认为基于模型的 GENSCAN 识别效果不错。

HMMgene 在同一序列上能够识别几个完整或部分基因，也可以用于预测结合位点和启动/终止密码子。如果已知序列的某些特征，如 EST 采样、蛋白质和重复元素，可以把这些区域锁定为编码区和非编码区，加入这样的约束条件后可以识别出最佳的基因结构。例如，在一个高质量的测试序列资料中，加入蛋白质、cDNA、重复区段和转座子这些约束条件后，预测编码外显子的灵敏度从 62% 提高到 70%。

GeneHacker Plus 的核心也利用了 HMM 技术。从某种意义上讲，它是一种“局部”模型，即在一段编码区内从转录控制区开始到终止密码子结束，在识别潜在的编码区和精确定位转录起点方面效果不错。

HMM 在生物序列分析中的应用非常广泛，不仅可以模拟蛋白质家族对数据库进行搜索，产生多序列比对，还可以用于基因寻找、蛋白质二级结构预测和跨膜片段预测等。HMM 是一种功能非常强大的模型，优于许多其他的统计学模型。它以概率理论作为基础，可互相结合成更大的 HMM。模型本身很形象化，易于理解，建模时可结合先进的生物学知识，还可利用这些知识约束模型的训练过程。但其也存在一些缺点，如下所述。

1）训练所用的样本数有限。由于 HMM 是一个统计模型，抽样样本存在差异，使得训练结果往往不能代表一般情况，存在偏差。

2）HMM 是一个线性模型，不能描述蛋白质序列中的高阶相关性。这些关系包括非相邻氨基酸之间的氢键，以及链与链之间的氢键、二硫键等对蛋白质结构的影响。在蛋白质的折叠中，序列上相距很远的氨基酸在物理上可以很近，这不能由现行模型来预测。

3）只有当事件独立时，模型产生一个序列的概率才是产生各个独立氨基酸的概率的乘积。因此，只有当序列中出现某氨基酸与相邻的氨基酸无关时，才能这样获取数据。实际上相邻序列之间的相关性是非常明显的。例如，疏水性氨基酸经常会连续出现，在蛋白质高级结构中它们会聚集在蛋白质的内部以避开水分子。

第六节　动态神经网络

人工神经网络（artificial neural network，ANN）是一种模仿动物神经网络行为特征，进行分布式并行信息处理的算法数学模型。这种网络依靠系统的复杂程度，通过调整内部大量节点之间相互连接的关系，从而达到处理信息的目的。人工神经网络具有自学习和自适应的能力，可通过预先提供的一批相互对应的输入 - 输出数据，分析掌握两者之间潜在的规律，最终根据这些规律，用新的输入数据来推算输出结果，这种学习分析的过程被称为“训练”。

神经网络模型种类繁多，按是否含有延迟或反馈环节可以分为静态神经网络和动态神经网络，含有延迟或反馈环节的神经网络称为动态神经网络。静态神经网络只能用于处理文字识别、空间曲线的逼近等与时间无关的问题，如 BP 网络、RBF 网络、样条函数网络、子波函数网络等；动态神经网络则可以处理与时间有关的对象，如时间序列建模和预测、动态系统辨识、语音识别等。典型的动态神经网络有 Elman 网络、Hopfield 网络、ART 网络、递归神经网络（RNN）、NARX 神经网络、PID 神经网络、局部反馈总体前馈网络、细胞神经网络等。

本处主要介绍较典型的 Elman 动态神经网络（图 12-4）。该网络是 J. L. Elman 于 1990 年首先针对语音处理问题而提出来的，是一个具局部记忆单元与局部反馈连接的前向神经网络。其前馈连接包括输入层、隐含层、输出层，连接权重可通过学习修正；反馈连接由一组结构单元构成，用来记忆前一时刻的输出值，连接权值固定。这种反馈连接的结构使得其训练后不仅能识别与产生空域模式，还能识别与产生时域模式。该网络除普通的隐含层外，还有一个特别的隐含层，称为关联层（或联系单元层）；关联层从隐含层接收反馈信号，每一个隐含层节点都有一个与之对应的关联层节点连接。关联层的作用是通过联结记忆将上一个时刻的隐含层状态连同当前时刻的网络输入一起作为隐含层的输入，相当于状态反馈。隐含层的传递函数仍为某种非线性函数（一般为 Sigmoid 函数），输出层与关联层为线性函数。

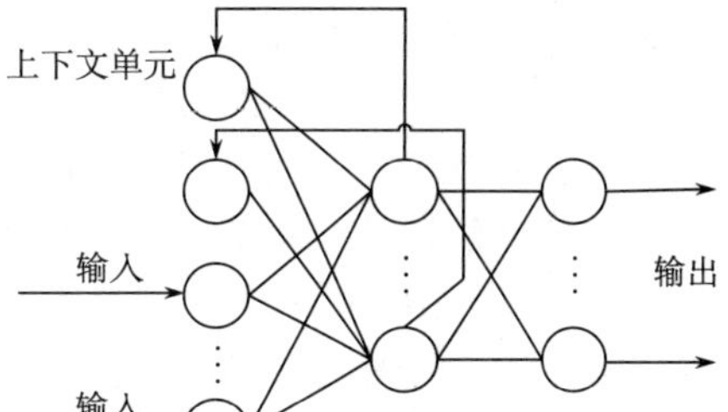

图 12-4　Elman 网络

一、基于 MATLAB7.0 的 Elman 神经网络实现

MATLAB 神经网络工具箱中提供了建立、训练和仿真 Elman 神经网络的有关函数。在 MATLAB 工作空间的命令行输入“help elman”，便可得到与 Elman 神经网络相关的函数及其

详细介绍。

（一）newelm

功能：生成一个 Elman 神经网络

格式：net＝newelm（PR，［S1 S2…SNl］，{TF1 TF2…TFNl}，BTF，BLF，PF）

说明：net 为生成的 Elman 神经网络；PR 为一个 R×2 维的网络输入矢量取值范围的矩阵［Pmin Pmax］；［S1 S2…SNl］表示网络各层神经元的个数；{TF1 TF2…TFNl} 表示网络隐含层和输出层的传输函数，默认为 tansig；BTF 表示网络的训练函数，默认为 traingdx；BLF 表示网络的权值和阈值学习函数，默认为 learngdm；PF 表示性能数，默认为 mse。该函数可以建立一个 *N* 层 Elman 网络，网络中各层依次级联，除最后一层外，网络的每层都具有自反馈。网络的加权函数为 dotprod，输入函数为 netsum，各层传递函数由用户设定。各神经元权值和阈值的初始化函数为 initnw，网络的自适应调整函数为 trains，并根据指定的学习函数对权值和阈值进行更新，网络的训练函数由用户指定。

（二）traingdx

功能：采用自适应学习速率动量梯度下降反向传播算法对网络进行训练

格式：［net，TR，Ac，El］＝traingdx（NET，Pd，Tl，Ai，Q，TS，VV，TV）

说明：net 为训练后的网络；TR 为函数输出的训练记录，它由网络训练的次数 TR. epoch、训练性能 TR. perf、验证性能 TR. vperf、测试性能 TR. tperf 和自适应学习速率 TR. lr 组成；Ac 为最后一次仿真时输出；El 为误差；NET 为训练前网络；Pd 输入延迟矢量；Tl 为层目标矢量；Ai 为初始输入延迟条件；Q 为批量输入数据的个数；TS 为时间步数；VV 为验证矢量（可省略）；TV 为测试矢量（可省略）。

（三）learngdm

功能：动量梯度下降权值和阈值学习函数

格式：［dW，LS］＝learngdm（W，P，Z，N，A，T，E，gW，gA，D，LP，LS）

［db，LS］＝learngdm（b，ones（1，Q），Z，N，A，T，E，gW，gA，D，LP，LS）

说明：dW 为权值变化矩阵；LS 为当前学习状态（可省略）；W 为 S*R 的权值矩阵；P 为 R*Q 的输入向量矩阵；Z 为 S*Q 的输入层的权值矩阵（可省略）；N 为 S*Q 的网络输入矩阵（可省略）；A 为 S*Q 的输出矩阵；T 为 S*Q 的目标输出矩阵（可省略）；E 为 S*Q 误差矢量（可省略）；gW 为 S*R 的与性能相关的权重梯度矩阵（可省略）；gA 为 S*Q 的与性能相关的输出梯度值矩阵（可省略）；D 为 S*S 的神经元距离矩阵（可省略）；LP 为学习参数，该函数的学习参数由 LP. lr 构成，缺省值为 0.01；LS 为学习函数声明（可省略）；db 为阈值变化矩阵；b 为 S*1 的阈值矢量；ones（1，Q）为 1*Q 的全为 1 的向量。

Learngdm 函数采用动量梯度下降方法对权值和阈值进行调整，权值和阈值的调整量由动量因子 mc、前一次学习时的调整量 $\Delta Wp(i, j)$、学习速率 lr 和梯度 gW 决定，即

$$\Delta W(i, j)=mc \cdot \Delta Wp(i, j)+(1-mc) \cdot lr \cdot gW(i, j) \tag{12-6-1}$$

Learngdm 函数的学习参数包括学习速率 LP. lr 和 LP. mc，缺省值分别为 0.01 和 0.9。

（四）init

功能：初始化神经网络函数

格式：net＝init（NET）

说明：NET 为初始化前的网络；net 为初始化后的网络。利用初始化神经网络函数 init（ ）可以对一个已存在的神经网络进行初始化，修正的权值和偏值是按照网络初始化函数 net.initFcn 来进行修正的。

（五）train

功能：神经网络训练函数

格式：[net，tr，Y，E，Pf，Af]＝train（NET，P，T，Pi，Ai，VV，TV）

说明：net 为训练后的网络；tr 为训练记录；Y 为网络输出矢量；E 为误差矢量；Pf 为训练终止时的输入延迟状态；Af 为训练终止时的层延迟状态；NET 为训练前的网络；P 为网络的输入向量矩阵；T 表示网络的目标矩阵，缺省值为 0；Pi 表示初始输入延时，缺省值为 0；Ai 表示初始的层延时，缺省值为 0；VV 为验证矢量（可省略）；TV 为测试矢量（可省略）。网络训练函数是一种通用的学习函数，训练函数重复地把一组输入向量应用到一个网络上，每次都更新网络，直到达到某种准则。停止准则可能是达到最大的学习步数、最小的误差梯度或误差目标等。

（六）sim

功能：对网络进行仿真

格式：[Y，Pf，Af，E，perf]＝sim（NET，P，Pi，Ai，T）

[Y，Pf，Af，E，perf]＝sim（NET，{Q，TS}，Pi，Ai，T）

[Y，Pf，Af，E，perf]＝sim（NET，Q，Pi，Ai，T）

说明：Y 为网络的输出；Pf 表示最终的输入延时状态；Af 表示最终的层延时状态；E 为实际输出与目标矢量之间的误差；perf 为网络的性能值；NET 为要测试的网络对象；P 为网络的输入向量矩阵；Pi 为初始的输入延时状态（可省略）；Ai 为初始的层延时状态（可省略）；T 为目标矢量（可省略）。后两种格式用于没有输入的网络，其中 Q 为批处理数据的个数；TS 为网络仿真的时间步数。

（七）tansig

功能：正切 sigmoid 传递函数

格式：A＝tansig（N）

说明：函数 tansig（N）为返回网络输入向量 $\boldsymbol{N}$ 的输出矩阵 $\boldsymbol{A}$；双曲正切 Sigmoid 函数把神经元的输入范围从（$-\infty$，$+\infty$）映射到（-1，1）。

（八）logsig

功能：对数 Sigmoid 传递函数

格式：A＝logsig（N）

说明：如果网络的最后一层是 Sigmoid 型神经元，那么整个网络的输出就被限制在一个较小的范围内；如果网络的最后一层是 Purelin 型线性神经元，那么整个网络的输出可以取任意值。

（九）purelin

功能：纯线性传输函数

格式：A＝purelin（N）

说明：函数 purelin（N）为返回网络输入向量 ***N*** 的输出矩阵 ***A***；神经元最简单的传输函数是简单地从神经元输入到输出的线性传输函数，输出仅仅被神经元所附加的偏差所修正。

二、Elman 神经网络应用示例——内含子与外显子识别

数据集来源于HMR195数据集（http://www.imtech.res.in/raghava/genebench/datasets.html），并选取长度为 42bp 以上的外显子（899 个）和内含子（751 个），从中各随机抽取 100 个作为独立测试集，其余为训练集，分别提取 1～3 长度的核苷酸组成成分作为序列的表征值（共 84 个）。基于 MATLAB7.0 的代码如下：

```
net=newelm(minmax(p),[51,1],{'tansig','purelin'});%创建一个 Elman 神经网络，隐含层的神经元个数为 51 个，1 个输出层神经元，隐含层激活函数为 tansig，输出层激活函数为 purelin，其中 p 为训练样本数据。
net.trainparam.epochs=3000;%设置网络的最大训练次数为 3000 次
net.trainparam.goal=0.0001;%设置网络训练后的目标误差
net=init(net);%对创建的网络进行初始化，设置权值和阈值的初始值
net=train(net,p,t);%使用训练函数对创建的网络进行训练，t 为给定训练样本数据 p 对应的类别，用 1 和－1 表示两种类别
```

程序运行后，命令行窗口中的结果如下：

```
……
TRAINGDX,Epoch 2950/3000,MSE 0.299884/0.0001,Gradient 0.0355032/1e-006
TRAINGDX,Epoch 2975/3000,MSE 0.299582/0.0001,Gradient 0.00896369/1e-006
TRAINGDX,Epoch 3000/3000,MSE 0.300108/0.0001,Gradient 0.354915/1e-006
TRAINGDX,Maximum epoch reached,performance goal was not met.
y=sim(net,p);%对训练后的网络进行仿真,相当于计算回归拟和值
yy=y(:)>0;%计算判对率
(sum(yy(1:799,1))+649-sum(yy(800:1450,1)))/1450
ans=
     0.9333
y=sim(net,ptest); %给定独立测试数据，输出网络的分类结果测试网络性能
yy=y(:)>0; %计算独立测试判对率
(sum(yy(1:100,1))+100-sum(yy(101:200,1)))/200
ans=
     0.91
```

第七节　深度学习

深度学习是机器学习的一个子领域，其核心是“表征学习（representation learning）”，即模型在没有明确的专家先验经验指导下，可以自动学习并提取输入数据的特征。低层特征（如图像数据中的边缘）会向前移动到下一层，在该层中提取更高层、更抽象的特征（如形状），并随后进行进一步的整合、聚类、回归、分类等下游任务。因此，深度学习被认为能

发现训练数据中的内在层次结构与互作关系，可用于各类生物信息任务，也是目前人工智能（artificial intelligence）领域的主要工具。

然而，深度学习在能够表征提取复杂数据特征的同时，需要大规模的数据用于训练，在诸多小样本领域往往泛化（generalization）性能不佳。21 世纪以来，随着第二代测序、单细胞测序、空间组学等高通量生物数据生产技术的高速发展，生物研究逐渐出现了从传统假设驱动到数据驱动的研究范式转变。这些不断增长的复杂数据描述了生物体从分子到环境的各尺度信息，也大大缓解了深度学习训练数据不足、训练标签可靠性不佳的问题。

此外，由于生命科学中的许多问题需要对实体（如基因、蛋白质）之间的复杂相互作用进行解码，通过结合这些多模态（multimodal）、多维度、多尺度的海量生物数据，深度学习方法被认为对生物医学具有变革性的影响。

囿于篇幅所限，本节将以综述性阐述为主，简要介绍深度学习在生物信息学领域的简单实现及应用，主要分为三部分：①深度学习的基本理论、简介；②深度学习在生物信息领域中应用举隅；③深度学习部分常用资料的整理，以方便读者感兴趣时进一步学习。

一、深度学习理论基础

（一）深度学习框架

深度学习框架是一种界面、库或者工具，它让我们在不必深入了解底层算法的前提下，能够更加快速方便地构建所需的深度学习模型。现有的框架预先用更高效快速的低级语言和算法实现了深度学习所需的基本组件（如全连接层、卷积层等），让数据科学家能够更加快速地构建与迭代模型，同时也为用户提供了强大的社区支持。

目前，主流的深度学习框架为 TensorFlow、Keras 和 PyTorch。TensorFlow 是 Google 于 2015 年开源的深度学习框架，其底层由高效的 C++ 和 CUDA 代码构成，接口支持 Python、C++、Java、Go、R 等计算机语言，易于在不同设备上进行模型的部署。Keras 用 Python 编写，是构建在 TensorFlow 之上的高级 API。Keras 以其计算速度快、用户友好和易于访问而闻名，旨在尽可能减少用户操作，并使其模型真正容易被用户理解，大大降低了深度学习应用的门槛。Keras 模型可以很容易地部署到 web、iOS 和 Android 上。目前 Keras 整套架构已经封装进了 TensorFlow，在 TF.keras 上可以完成 Keras 的所有功能。PyTorch 是 Facebook 人工智能研究院团队于 2017 年开源的 Python 包，与 Tensorflow 有相似之处，因此与其有着激烈的竞争。PyTorch 主要用于研究和生产部署，因其特有的自动微分架构在学术界具有强大的优势，但由于其前期缺乏对移动端的支持，在商用领域普及度不及 TensorFlow。

近年来，国内许多企业也开源了其研制的深度学习框架。飞桨（PaddlePaddle）基于百度 2013 年自主研发的深度学习平台 Paddle，在深度学习框架方面覆盖了搜索、图像识别、语音语义识别理解、情感分析、机器翻译、用户画像推荐等多领域的业务和技术支持。2019 年，百度还推出了多平台高性能深度学习引擎 Paddle Lite（Paddle Mobile 的升级版），为 PaddlePaddle 生态完善了移动端的支持。华为于 2020 年 3 月开源了一款支持端边云全场景的深度学习训练推理框架（MindSpore），旨在为开发者提供友好、高效的体验，提供昇腾 AI 处理器原生支持及软硬件协同优化。同期，旷世也开源了其工业级深度学习框架天元（MegEngine）。架构上天元被划分为计算接口、图表示、优化与编译、运行时管理和计算内核 5 层，可极大简化算法开发流程，尤其适用于大模型算法训练。计图（Jittor）出自清华大学，开发团队来自清华大学计算机系图形学实验室，是国内第一个由高校开源的深度学习框架。与主流的深度学习框架 TensorFlow、PyTorch 不同，Jittor 是一个完全基于动态编译（just-in-time）、使用元算子和统一计算图的深度学习框架。Jittor 前端语言为 Python，使用了模块化的设计，类似于 PyTorch、Keras；后端则使用高性能语言编写，如 CUDA、C++。

（二）深度学习模型

1. 前馈神经网络　前馈神经网络又称深度前馈网络、多层感知机，是人工神经网络中最为基础的模型。前馈神经网络的目标是近似某个函数 f^*，模型的学习过程可以视作一组基函数对某个复杂函数的逼近过程。

前馈神经网络采用一种单向多层结构，由一个输入层、一个或多个隐藏层，以及一个输出层构成，除输出层外，每个层与下一层连接。

基于 PyTorch1.8.0 的前馈神经网络实现的部分代码如下。

（1）定义前馈神经网络类

```
class FNN(nn.Module):
    def __init__(self,input_size,hidden_size,num_classes):
        super(Net,self).__init__()             #继承父类
        self.fc1=nn.Linear(input_size,hidden_size) # 第一个全连接层
        self.relu=nn.ReLU()                    #非线性激活层，使用 ReLU 激活函数
        self.fc2=nn.Linear(hidden_size,num_classes) # 第二个全连接层
    def forward(self,x):                       # 通过层堆叠实现神经网络的前向传播
        out=self.fc1(x)
        out=self.relu(out)
        out=self.fc2(out)
        return out
```

（2）实例化前馈神经网络

```
net=FNN(input_size,hidden_size,num_classes)
```

（3）定义损失函数与优化器

```
criterion=nn.CrossEntropyLoss()              # 交叉熵损失函数
optimizer=torch.optim.Adam(net.parameters(),lr=learning_rate)
```

（4）训练 FNN 模型

```
for epoch in range(num_epochs):
    for i,(datas,labels) in enumerate(train_loader):  # 加载训练数据
        labels=Variable(labels)                     # 将标签转化为 Variable 类
        optimizer.zero_grad()                       # 将隐藏权重初始化为全零
        outputs=net(datas)                          # 前向传播
        loss=criterion(outputs,labels)              # 计算损失函数
        loss.backward()                             # 反向传播
        optimizer.step()                            # 更新隐藏权重
```

2. 卷积神经网络　卷积神经网络（CNN）由若干个卷积和池化操作组成，是一种专门用来处理具有类似网格结构的数据的神经网络，如时间序列数据（一维网格）和图像数据（二维网格）。

卷积是一种特殊的线性算子，卷积运算通常用星号表示：

$$s(t)=(x*w)(t)$$

式中，卷积的第一个参数（函数 x）通常叫作输入；第二个参数（函数 w）称为核函数，输出被称作特征映射。卷积操作过程中发挥作用的功能组件为核函数，又称卷积核。卷积核在神经网络的运算过程中以一个带有固定参数的矩阵表示，通常为 $m\times n$ 的二维矩阵，这一大小的区域又称为卷积核的感受野。在图像领域的应用中，卷积层基于其稀疏连接和共享权重的特性，能够有效地利用数据的隐式结构，具有优异的特征提取能力，具体表现为在图像识别中能很好地发现物体的轮廓和颜色的深浅等，并随着层数的加深将信息抽象成人眼无法判别的高维全局特征。

以计算机视觉任务为例，在卷积神经网络中，网络的输入是一个张量（tensor），其形状为输入数量 $N\times$ 图像高度 $H_{\text{in}}\times$ 图像宽度 $W_{\text{in}}\times$ 通道数 C_{in}，通过卷积层后，图像被抽象成特征图，其形状为输入数量 $N\times$ 特征图高度 $H_{\text{out}}\times$ 特征图宽度 $W_{\text{out}}\times$ 特征图通道数 C_{out}，卷积操作的具体表示为

$$\text{out}(N,\ C_{\text{out}})=\text{bias}(C_{\text{out}})+\sum_{k=0}^{C_{\text{in}}-1}\text{weight}(C_{\text{out}},\ k)*\text{input}(N,\ k)$$

式中，* 为卷积运算符；权重（weight）和偏差（bias）为可学习参数；k 为对每个通道均进行卷积操作。

在机器学习中，超参数是在学习过程开始之前设置其值的参数。相反，其他参数的值是通过训练得出的。卷积算子的超参数包括核大小（kernel size）、步幅（stride）、填充（padding）、扩张（dilation）、深度（depth）决定。通过改变超参数，提取得到的特征图的大小与通道数也会随之改变，从而获得不同尺度的数据特征。

卷积层通过卷积运算将输入的结果传递给下一层，这种操作与人脑视觉皮层中的神经元反应类似。每个卷积神经元只处理其感受野中的数据。与前馈神经网络相比，卷积大大削减了网络所需要学习的参数，从而允许人们搭建更深的网络结构。

卷积网络利用卷积层捕捉图像中的局部信息，并使用池化层将卷积核提取的局部信息融合。池化层使用池化函数来提取输入的特征。池化函数使用某一位置的相邻输出的总体统计特征来代替网络在该位置的输出。常见的池化函数有最大池化、平均池化、加权平均池化等。以最大池化为例，该函数以相邻矩形区域内的最大值作为该点的输出。

3. 循环神经网络 循环神经网络（RNN）是一类用于处理序列数据的神经网络，其中节点之间的连接沿时间序列形成一个有向图。这允许它表现出时间动态行为。从前馈神经网络衍生出来的 RNN 可以利用其隐藏状态来处理可变长度的输入序列。RNN 的目的是用来处理序列数据。其在自然语言中贡献巨大，中文分词、词性标注、命名实体识别、机器翻译、语音识别都属于序列挖掘的范畴。序列挖掘的特点就是某一步的输出不仅依赖于这一步的输入，还依赖于其他步的输入或输出。在序列挖掘领域传统的机器学习方法有隐马尔可夫模型（hidden Markov model，HMM）和条件随机场（conditional random field，CRF），近年来又开始流行深度学习算法 RNN 以及基于注意力机制的 Transformer 模型。

与前馈神经网络和卷积神经网络一样，循环神经网络利用训练数据进行学习。RNN 与上述网络的区别在于它的“记忆”，其模型结构从先前的输入中获取信息，从而影响当前的输入和输出。传统的深度神经网络假设输入和输出是相互独立的，而递归神经网络的输出依赖于序列中的先验元素。从理论上讲，RNN 可以利用任意长序列中的信息，但在实践中，RNN 仅限于回顾几个步骤。典型的 RNN 如图 12-5 所示。

将带有自连接的隐藏层展开后即为 RNN 模型，其中 x_i（$i=1, 2, 3\cdots$）表示时刻 i 的输

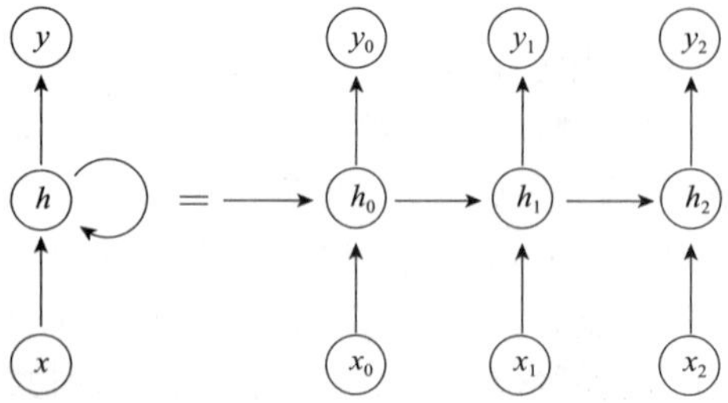

图 12-5　循环神经网络结构示意图

入；h_i 表示时刻 i 的隐藏状态。h_i 的输入为前一时刻的隐藏状态 h_{i-1} 和当前时刻的输入 x_i：$h_i=f(Ux_i+Wh_{i-1})$，式中 f 为激活函数，U、W 为学习的参数。y_i 为时刻 t 的输出，以 softmax 为该模型输出层的非线性函数为例，y_i=sofmax（Vh_i）。

不同于传统的深层神经网络在每一层使用不同的参数，RNN 在所有步骤中共享相同的参数（U，V，W）。这一操作大大加快了模型的计算效率，即在每个步骤中执行相同的任务，只是使用不同的输入。这大大减少了需要学习的参数的总数。

RNN 在自然语言处理（natural language processing，NLP）领域表现出更为卓越的性能，其衍生的变体如长短记忆网络（LSTM）、门控循环单元网络（GRU）在 NLP 领域都有出色的表现，并被整合到流行的应用程序中，如 Siri、语音搜索和 Google 翻译。

二、深度学习在生物信息学中的应用

（一）深度学习与基因组学

深度学习目前已在基因组学、转录组学、蛋白质组学（如 Alpha Fold 预测蛋白质三维结构等）、代谢组学等组学中取得了重大进展。

以深度学习在基因组学中应用为例，基因组学数据具有规模庞大、内容复杂的特点，因而对其分析工具的开发难度较大。目前基于 CNN、RNN 的深度学习模型均已展现出不逊于传统统计或机器学习方法的表现。例如，就 CNN 而言，DeepBind 通过训练多个单任务模型以预测转录因子在体外和体内与 RNA 结合蛋白（RBP）的结合亲和力，并且实现了 SOTA（State-Of-The-Art）结果；DeepSEA 模型被设计用于预测人类基因组非编码区有功能的变异。就 RNN 而言，RNN 已被提出可用于预测单细胞 DNA 甲基化状态、RBP 结合、转录因子结合能力等。此外，对于 miRNA，基于 RNN 的 DeepTarget 在预测 mRNA-miRNA 序列对的 miRNA 结合靶标方面表现 SOTA；与使用手工设计特征的现有方法相比，deepMiRGene 更好地预测了 mRNA 序列中前体 miRNA 的出现及其二级结构。

（二）深度学习与生物网络

新的高通量生物数据检测技术的出现让研究者能够同时检测生物体中多种成分的状态，并确定这些分子如何以及何时相互作用。生物数据的增加和各种生物分子相互作用数据库的形成使我们能够获得多样化的生物网络，它们为进一步了解生物系统、发现复杂疾病和寻找治疗药物提供了丰富的原材料。但是，数据的增加也增加了生物网络分析的难度。因此，需要能够处理大量复杂数据的算法来更好地分析这些网络结构的数据并挖掘它们的有用信息。

使用深度学习技术进行网络数据计算的早期模型是 DeepWalk，其使用图中节点与节点的共现关系来学习节点的向量表示，并通过随机游走（RandomWalk）在图中进行节点采样。在 DeepWalk 的基础上，Node2vec 和 Metapath2vec 等算法陆续被开发出来，目前已提出了许多应用于网络数据结构的深度学习算法。生物网络包含生物体之间的大量信息。生物网络的探索对于理解生物分子的内在关联、药物发现、疾病治疗和微生物的作用机制具有重要意义。这些应用在网络数据上的深度学习模型可以多层次地表示网络结果，捕捉已知生物网络的拓扑特征并结合其他异构信息。

最近，大量关于图数据结构方向的研究极大地推动了图数据结构的分析技术。图神经网络是一种相对较新的深度神经网络，可以从图数据中学习层次非线性和邻域信息，包括蛋白质功能预测、药物发现和开发中的多药预测、代谢途径预测、药物－靶点预测、药物特性预测、药物－药物相互作用预测和疾病诊断。

许多研究提出了基于神经网络处理方法计算节点邻居信息加权平均的模型。这些使用神经网络处理图数据结构的模型统称为图神经网络（GNN）。GNN 的概念最早于 2005 年由 Gori 等提出。后来，针对图数据结构开发了许多 GNN 方法，包括图自动编码器（GAE）、图卷积神经网络（GCN）和图循环神经网络（Graph RNN）等。

图深度模型在生物信息领域的应用目前已有一些进展。例如，在基因网络上，Kong 等提出一种图嵌入深度前馈网络分类器（GEDFN），其利用基因表达进行疾病分类的预测。在转录网络中，许多 RNA 功能障碍会导致一系列重大疾病，而利用生物网络数据，可以更全面地揭示发病机制和疾病相关的生物分子，如对于阿尔茨海默病（AD），深度学习在诊断脑部疾病和提供临床决策支持方面已展现出巨大优势。在蛋白质网络领域，PPI 数据集作为基准数据集之一，大量图深度学习模型均使用 PPI 网络来验证其性能，如 Node2vec 图嵌入方法。此外，目前也有一些整合了多模态生物网络的研究发表，如 HGCNMDA，该模型基于人类 PPI 数据并集成了 4 个生物网络：miRNA- 疾病、miRNA- 基因、疾病－基因和 PPI 网络，在人类 PPI 预测任务中获得了 96.6% 的平均预测精度。

（三）深度学习与生物医学影像

生物医学影像是深度学习应用的另一热门领域。相较于普通图像，生物医学影像处理任务往往具有数据集规模极小、标注成本高、类别复杂度较低、样本不均衡、关键任务（mission critical）与长尾（long tail）问题突出、可解释性要求较高的特点，因而该领域具有较高的开放性与挑战性，且涉及大量临床数据收集、处理、应用部署的伦理问题。目前，深度学习已经大规模应用于大多数用于患者临床治疗的生物医学图像，如磁共振成像（MRI）、X 射线、电子计算机断层扫描（CT）、正电子发射断层扫描（PET）和组织病理学成像。此外，诸如消化道内镜影像、皮肤镜影像、检眼镜影像等光镜领域目前也有一些涉及深度学习的工作，且部分已经进行了临床试验或已批准上市，用于辅助临床医生进行决策。

相较于其他影像数据，生物医学影像深度学习涉及的问题主要包括异常检测（如对胸部 X 线片中肺结节的识别）、分割（包括语义分割，如腹腔脏器分割；实例分割，如肠镜息肉分割等）、识别（如皮肤疾病分类）、分型（如对病理切片进行自监督分级）、重建（如脑血管 3D 重建）等，同一任务可能会涉及多种问题，因而往往需要考虑多任务学习场景。此外，大多数生物医学影像深度学习工作往往是由临床问题驱动的，因而需要有较好的临床价值，在应用部署时也需要考虑到患者知情同意权、数据隐私、医学伦理问题以及临床试验、医疗设备器械审批等。

（四）深度学习与生物医学文本挖掘

目前，生物医学文本语料库规模正在高速增长，截至 2021 年，仅 PubMed 数据库中已超过 3300 万条摘要，大量非结构化文本中隐含着丰富的未被合理利用的生物学信息。生物医学文本挖掘的目标就是自动挖掘大规模的生物医学文本以获取相关信息，然后将其构建为可管理的类似数据库的数据结构。生物医学文本挖掘主要包含以下五类任务：命名实体识别（named entity recognition，NER）与规范化（NEN）、生物医学文本分类、关系抽取（RE）、路径提取和假设生成。生物医学命名实体识别和规范化以及文本分类是其他任务的基础，它们是关系抽取等其他下游任务的必要步骤。而路径提取和假设生成通常在关系抽取之上进行。上述任务的实现长期以来一直依赖于传统的机器学习技术，但目前深度学习在该领域已经取得了显著的优势地位。以下将简要介绍深度学习中的词嵌入、命名实体识别与关系抽取技术。

为了使用深度学习算法来对生物医学文本进行分析，首先需要将文本中的词转换为数字的向量以进行输入，该过程称为词嵌入（word embedding）。词嵌入过程中，每个单词或词组被映射为实数域上的向量，其结果就生成了词向量。

Word2vec 是首先普及使用神经网络学习词嵌入的想法的模型，并在当时的许多 NLP 任务中取得了 SOTA 结果。新一代深度词嵌入的典型代表为 Google 开发的 Transformers（BERT），BERT 是一种引入了自注意力机制的多层双向编码器。它将一系列标记（token）作为输入，并使用 3 种词嵌入表示（标记、位置和语句嵌入）进行编码，然后通过一系列基于多头自注意力层的“Transformer 块”组件来转换这个初始表示。训练过程中，BERT 通过对序列中一定比例的标记进行掩码遮盖，用以缓解传统标准语言模型的单向局限性并增强模型的稳定性。

BioBERT 是一个专门用于生物医学文本挖掘的训练模型。它使用原始 BERT 模型的权重进行初始化，然后在所有 PubMed 摘要与 PubMed Central（PMC）全文语料上进行了迁移学习，最终在几个重要任务（生物医学 NER、生物医学关系和生物医学问答）上得到了超过 BERT 的表现。

生物医学命名实体识别（BioNER）的目标是从文本中识别出关于生物医学的感兴趣实体。生物医学文本挖掘的最终目标是自动发现生物医学实体（如蛋白质 - 蛋白质、药物 - 药物、化学 - 蛋白质相互作用等）之间的关系，这首先需要准确检测参与这些关系的实体。因而 BioNER 是生物医学自然语言处理、文本挖掘的重要基石。

在深度学习方法爆发之前，最先进的 NER 系统是使用预先设计好特征集的 CRF 模型。与其他应用领域一样，大量研究表明，基于深度网络并利用分布式语义的 NER 系统在很大程度上优于基于 CRF 模型的系统。

由于某些关系抽取任务的跨学科性质，使用监督式学习的生物医学文本挖掘技术长尾问题较为明显。此外，生物医学文本挖掘也面临着预先存在的标记训练样本数量少、标记质量良莠不齐的问题。为了解决上述问题，目前基于深度学习的生物医学文本挖掘半监督学习（尝试从标记和未标记的数据中学习）、无监督学习（学习过程完全不需要标签，主要包括表示学习、聚类和协同聚类）以及自监督学习（通过从数据本身自动生成标签来解决标签稀缺问题）也方兴未艾。

尽管深度学习技术给生命科学特别是生物信息学的进步带来了变革性的影响，但一个普遍的共识是，深度学习模型“可解释性”的缺乏限制了其在诸多领域的部署与应用，尤其是临床实践领域。“可解释性”可以定义为人工智能系统的属性，它允许人类专家了解系统的内部运作及其作出某些决策的凭据。然而目前而言，深度神经网络仍然具有相当的黑箱属性，针对可解释性的相关尝试仍在不断推进，而学界关于深度网络是否有必要进行解释也尚无明确定论。

此外，目前的深度学习技术主要是基于一组具有庞大参数量的多层神经网络以及高算力的设备，其本质仍属于弱人工智能范畴，因而在小样本学习、跨域学习、泛化性能，以及推理逻辑上仍存在诸多局限，将领域知识整合到深度学习系统中也存在不少开放问题。实现真正意义上的人工智能，任重而道远。

三、常用深度学习资料

囿于教材篇幅所限，本节所讲深度学习仅为深度学习领域沧海之一鳞，读者如希望对生物信息学与深度学习有进一步了解，可访问下述 github 仓库进行学习，该仓库也会定期维护更新。网址 https://github.com/gokceneraslan/awesome-deepbio。

第八节　支持向量机

支持向量机（support vector machine，SVM）是基于统计学理论（statistics learning theory，SLT）的通用机器学习方法，由 Cortes 和 Vapnik 于 1995 年首先提出来，是近年来机器学习研究的一项重大成果。

一、支持向量机分类

对线性可分的训练数据集，支持向量机分类（support vector classify，SVC）根据结构风险最小化原则，在特征空间构造最优分类面（optimal hyperplane），使得对未知样本的分类误差最小，而且要使两类之间的距离最大，如图 12-6 所示。确定最优分类面的一组样本即为支持向量。

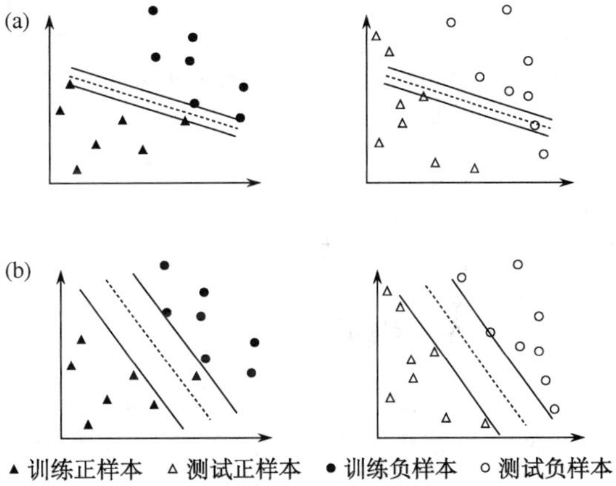

图 12-6　最大间隔可避免过学习

（a）小间隔训练精度高，但测试精度不理想；（b）最大间隔允许训练精度略低，但测试精度高

从包含 n 个指标的样本集中取 l 个样本作为训练集 $T=\{(x_i,y_i)\}\in(X\times Y)^l, i=1,\cdots,l$；$x_i\in X=R^n$ 是输入指标向量，$y_i\in Y=\{1,-1\}$ 是输出指标。找到一个可将样本分离的超平面（决策平面）$(w\cdot x)+b=0$，$w\in R^n$，$b\in R$。按照结构风险最小要求，学习结果应为最优的超平面，通过求解约束条件下的二次优化问题，得到如下决策函数：

$$M(x)=\mathrm{Sgn}\left[(w^*\cdot x)+b^*\right]=\mathrm{Sgn}\left(\sum_{SV}a_i^*y_i(x\cdot x_i)+b^*\right)\qquad(12\text{-}8\text{-}1)$$

以确定 X 的归属。

对线性不可分的训练数据集，SVC 通过引入给定的核函数 $K(x,y)$ 将样本非线性地映射到一个高维特征空间 F（高维内积空间），以使其在该空间中线性可分，然后在 F 中构造（广义）最优超平面，得到如下决策函数：

$$M(x)=\mathrm{Sgn}\left(\sum_{SV}a_i^*y_iK(x\cdot x_i)+b^*\right)\qquad(12\text{-}8\text{-}2)$$

以最终确定 X 的归属。

二、支持向量机回归

支持向量机回归（support vector regression，SVR）与 SVC 相似，但 SVR 所求超平面是使所有样本点到超平面的距离为最小。对于线性回归问题，给定样本集（x_i，y_i），其中 $i=1, \cdots, n$；$x \in \mathrm{R}^d$；$y \in \mathrm{R}$，问题变为寻求一个最优超平面，使得在给定精度 ε（$\varepsilon \geqslant 0$）条件下可以无误差地拟合 y，即所有样本点到最优超平面的距离都不大于 ε；考虑到允许误差的情况，可引入松弛变量 ξ 和 $\xi^* \geqslant 0$，以及惩罚参数 $C>0$，其寻优问题转化为相应的二次规划问题，即

$$\min\left\{\frac{1}{2}\|w\|^2 + C\sum_{i=1}^{n}(\xi_i + \xi_i^*)\right\} \tag{12-8-3}$$

约束条件 $\begin{cases} y_i - w \cdot x - b \leqslant \varepsilon + \xi_i \\ w \cdot x + b - yi \leqslant \varepsilon + \xi_i^* \\ \xi_i, \xi_i^* \geqslant 0 \end{cases}$

将该优化问题转化成对偶问题后可解得最优回归函数为

$$f(x) = w \cdot x + b = \sum_{i=1}^{n}(\alpha_i - \alpha_i^*)(x \cdot x_i) + b \quad 0 \leqslant \alpha_i, \alpha_i^* \leqslant C \tag{12-8-4}$$

仅有少部分样本的 Lagrange 乘子 α 不为零，因此决定该超平面的样本只能是这些支持向量。对于非线性回归问题，可通过核函数变换将样本映射到一个高维特征空间中用线性回归来解决。通常，特征空间具有很高维数甚至无穷，致使空间变换后计算量剧增而面临维数灾难等问题。幸运的是 SVM 中待解对偶问题只包含一个变换后特征空间内积运算，而这种运算能在原空间中通过核函数来实现。

三、SVM 训练算法

SVM 的优异性能在许多实际问题的应用中尽管已得到验证，但因训练算法速度慢、算法复杂而难以实现，以及检测阶段运算量大等缺陷限制了其进一步的广泛应用。传统的利用标准二次型优化技术解决对偶问题的方法可能是训练算法慢的主要原因。首先，SVM 方法需要计算和存储核函数矩阵，当样本点数目较大时，需要很大的内存。例如，当样本点数目超过 4000 时，存储核函数矩阵需要多达 128Mb 内存。其次，SVM 在二次型寻优过程中要进行大量的矩阵运算，多数情况下，寻优算法是占用算法时间的主要部分。

大多数解决对偶寻优问题算法的一个共同思想是循环迭代。将原问题分解成若干子问题，按照某种迭代策略，通过反复求解子问题，最终使结果收敛到原问题的最优解。根据子问题的划分和迭代策略的不同，又可以大致分为以下两类。

（一）块算法

块算法（chunking algorithm）是基于这样一个事实，即去掉 Lagrange 乘子等于零的训练样本不会影响原问题的解。对于给定的训练样本集，如果其中的支持向量是已知的，寻优算法就可以排除非支持向量，只需对支持向量计算权值（即 Lagrange 乘子）即可。实际上支持向量是未知的，因此“块算法”的目标就是通过某种迭代方式逐步排除非支持向量。具体的做法是：选择一部分样本构成工作样本集进行训练，剔除其中的非支持向量，并用训练结果对剩余样本进行检验，将不符合训练结果的样本（或其中的一部分）与本次结果的支持向量

合并成为一个新的工作样本集，然后重新训练。如此重复下去直到获得最优结果。当支持向量的数目远远小于训练样本数目时，“块算法”显然能够大大提高运算速度；然而，如果支持向量的数目本身就比较多，随着算法迭代次数的增多，工作样本集也会越来越大，算法依旧会变得十分复杂。

（二）固定工作样本集方法

工作样本集的大小固定在算法速度可以容忍的限度内，迭代过程中只是将剩余样本的部分“情况最糟的样本”与工作样本集中的样本进行等量交换，即使支持向量的个数超过工作样本集的大小，也不改变工作样本集的规模，而只对支持向量中的一部分进行优化。序贯最小优化（sequential minimal optimization，SMO）算法是固定工作样本集方法的极限，其工作样本集规模为 2。

固定工作样本集的方法和块算法的主要区别在于：块算法的目标函数中仅包含当前工作样本集中的样本，而固定工作样本集方法虽然优化变量仅包含工作样本，其目标函数却包含整个训练样本集，即工作样本集之外的样本的 Lagrange 乘子固定为前一次迭代的结果，而不是像块算法中那样设为 0。固定工作样本集方法还涉及一个确定换出样本的问题（因为换出的样本可能是支持向量）。这样，这一类算法的关键就在于找到一种合适的迭代策略，使得算法最终能收敛并且能较快地收敛到最优结果。

子问题的规模和迭代的次数是一对矛盾。SMO 将工作样本集的规模减小到 2，一个直接的后果就是迭代次数的增加。所以，SMO 实际上是将求解子问题的耗费转嫁到迭代上，然后在迭代上寻求快速算法。对大样本如何加快其训练速度是当前 SVM 研究的一个主要内容。

四、SVM 的优缺点

SVM 采用了核函数非线性映射，因此是非线性的。它基于转导推理专门针对有限样本情况，目标是得到现有信息下的最优解而不仅仅是样本数趋于无穷大时的最优值，因此适用于小样本。SVM 基于 SRM 原则并要求分类间隔最大，避免了过拟合，因此其泛化推广能力优异。其算法最终将转化成一个二次型寻优问题，理论上得到的是全局最优点，解决了在神经网络方法中无法避免的局部极值问题。SVM 的最终决策函数仅由少数支持向量确定，计算复杂度取决于支持向量数目，而与样本空间维数无关，避免了“维数灾难”。

SVM 的主要缺点包括以下 3 点。

1）可解释性差。缺乏一个显性的表达式使得 SVR 迄今未能如多元线性回归、二次多项式回归一样对每个自变量的效应与互作等给出显著性测验方法。对 SVR 拟合或预测性能的评价，也多通过与参比模型比较均方误差而相对给出，缺乏对 SVR 自身回归性能的统计测验方法，因而不同数据集间回归性能不可比。

2）对大训练样本计算复杂度高。支持向量机适于小样本，但并非不能用于大样本。支持向量机优化算法计算复杂度为 O（n）^{3}，n 为训练样本数。对大样本，若所有样本参与训练，SVR 现有优化算法无法解决子问题规模与迭代次数的矛盾；若随机选取部分训练样本，则预测精度将有损失。此外，LIBSVM 是以 gridregression. py 遍历搜索自动给出最优惩罚参数、灵敏度及径向宽度等核函数参数，不使用 gridregression. py 而采用默认核函数参数将明显降低预测精度；遍历搜索 3 参数 9 水平共 729 个完全参数组合使得计算开销进一步增大。当训练样本个数大于 100 并采用留一法时，SVR 训练时间难以忍受。

3）其核函数的选择缺乏先验的理论指导，是经验性的。

五、基于 Python 的 LIBSVM 简介

LIBSVM 是由台湾大学林智仁（Lin Chih-Jen）教授等开发设计的一个简单、易于使用和快速有效的软件包（Chang and Lin，2001），可免费获得 http://www. csie.ntu.edu.tw/~cjlin/libsvm。它提供了 LIBSVM 的 C++ 语言的算法源代码，以及 Python、Java、R、MATLAB、Perl、Ruby、LabVIEW、C#. net 等各种语言的接口，可方便在 Windows 或 UNIX 平台下使用，且研究者可根据自己的需要进行改进（如设计使用符合自己特定问题需要的核函数等）。另外还提供了 Windows 平台下的可视化操作工具 SVM-toy，并且在进行模型参数选择时可以绘制出交叉验证精度的等高线图。本书使用 Python2.5 版本及支持 Python 接口的 LIBSVM（version 2.83 released on november 17，2006）程序包。

（一）LIBSVM 的一般操作步骤

1）按照 LIBSVM 软件要求的格式准备数据集。

2）可选择地对数据进行规格化。

3）选择最优核函数。

4）采用 grid. py（分类）或 gridregression. py（回归）自动寻找最优核函数参数 C、g 和 p（其中参数 p 仅用于回归）。

5）以最优参数 C、g 和 p 对训练集训练并建立模型。

6）利用获取的模型进行测试与预测。

（二）LIBSVM 使用的数据集格式

该软件使用的训练数据和检验数据文件格式如下：

<label><index1>：<value1><index2>：<value2>…

其中，<label>是训练数据集的目标值，对于分类，它是标识某类的整数，两类时为 ±1，多类时为 0，1，…，n；对于回归，label 为任意实数。<index>是以 1 开始的整数，可以是不连续的；<value>为实数，即我们常说的自变量或特征值。测试集中的 label 只用于计算准确度或误差，未知时可填任意数，亦可空着。在程序包中含有训练数据实例：heart_scale，以便参考及练习。

（三）子程序使用方法

主要用到 5 个子程序：svmscale（数据规格化），svmtrain（训练建模），svmpredict（使用已有的模型进行预测），grid. py（对分类问题，基于 Python 自动寻找核函数最优参数 C、g），gridregression. py（对回归问题，基于 Python 自动寻找核函数最优参数 C、g、p）。

grid. py（或 gridregression. py）[options] training_set_file，其中 option 中可选参数为：-s、-t、-v（参考 svmtrain 中 option 说明）及 C、g、p 的搜索范围设置。svmscale train_set>train_set_scale，其中特征值规格化范围为 [−1，1]，label 不规格化（默认值）。

svmtrain [options] train_set_scale。

options：可用的选项如下。

-s svm 类型：SVM 类型设置（默认 0）。

0 C-SVC（用于分类）;

1 nu-SVC（用于分类）;

2 一类 SVM（用于分布估计）;

3 epsilon-SVR（用于回归）;

4 nu-SVR（用于回归）。

-t 核函数类型：核函数设置类型（默认 2）。

0 线性核函数：$k(x_i, x_j)=x_i \cdot x_j$;

1 多项式核函数：$k(x_i, x_j)=(x_i \cdot x_j+1)^d$;

2 径向基核函数：$k(x_i, x_j)=\exp(-\gamma\|x_i-x_j\|^2)$;

3 Sigmoid 核函数：$k(x_i, x_j)=\tanh[b(x_i \cdot x_j)+c]$。

-d degree：核函数中的 degree 设置（默认 3）。

-g 核函数中的 γ 值设置（默认 $1/k$）。

-r 核函数中的 C 值设置（默认 0）。

-c C-SVC、epsilon-SVR 和 nu-SVR 中参数 C 值设置（默认 1）。

-n nu-SVC，一类 SVM 和 nu-SVR 中参数 nu 值设置（默认 0.5）。

-p epsilon-SVR 中损失函数参数 epsilon 值设置（默认 0.1）。

-m 设置 cache 内存大小，以 MB 为单位（默认 40）。

-e 设置允许的终止判据（默认 0.001）。

-h 是否使用启发式，0 或 1（默认 1）。

-b 是否建立一个包含可能性估计信息的模型（默认 0），不支持一类 SVM。

-wi 设置第 i 类参数 C 的权重值（C-SVC 中的 C）（默认 1）。

-v n 次交叉检验模式（默认 5）。

其中，-g 选项中的 k 是指输入数据中的属性数。选项 -v 随机地将数据剖分为 n 份并计算交互检验准确度和均方根误差。以上这些参数设置可以按照 SVM 的类型和核函数所支持的参数进行任意组合。如果设置的参数在函数或 SVM 类型中没有也不会产生影响，程序不会接受该参数；如果应有的参数设置不正确，参数将采用默认值。经 svmtrain 训练后将产生一个训练模型文件 train_set_scale. model，文件中包括支持向量样本数、支持向量样本及 lagrange 系数等必需的参数，基于这个模型便可使用 svmpredict 进行预测了。

svmpredict [options] test_scale train_set_scale. model output_file，train_set_scale. model 是由 svmtrain 产生的模型文件；test_scale 是规格化后的测试文件；output_file 是 svmpredict 的输出文件。svm-predict 公有选项 -b，可选择是否输出可能性估计。

（四）示例

svmscale-s range train_set>train_set_scale　% 对训练集样本规格化，并将规格化后的文件保存为 train_set_scale；规格化信息文件保存为 range，用于测试集的规格化。

svmscale-r range test_set>test_set_scale　% 通过 range 文件将测试集规格化为与训练集相关联的文件。

grid. py-s 1-t 2-v 10 train_set_scale　% 以 SVM 类型为 nu-SVC、核函数为径向基、10 次交叉法寻找最优核函数参数 C 和 g，假设寻优结果为 $C=0.0125$、$g=0.5$。

svmtrain-s 1-t 2-b 1-C 0.0125-g 0.5 train_set_scale　% 以 SVM 类型为 nu-SVC、核函数为径向基、最优 C、g 训练 train_set_scale 并建立模型 train_set_scale. model，预测时要求给出可能性估计。

svmpredict-b 1 test_set_scale train_set_scale. model out_file　% 预测 test_set_scale 并给出可能性估计，out_file 为结果输出文件。

第九节　MATLAB 的应用实例

MATLAB（Matrix Laboratory）是美国 MathWorks 公司出品的商业数学软件，是用于算法开发、数据可视化、数据分析及数值计算的高级技术计算语言和交互式环境（http://www.mathworks.com）。其基本数据单位是矩阵，它的指令表达式与数学、工程中常用的形式十分相似，故解算相同的问题用 MATLAB 要比用 C、FORTRAN 等语言简捷得多。MATLAB 具有工作平台与编程环境友好、程序语言简单易用、科学计算与数据处理能力强大、图形处理功能出色、模块集合工具箱应用广泛、程序接口与发布平台实用等诸多优点。

随着生物信息学的快速发展，MATLAB 7.0 以上版本提供了一个用于生物信息分析的生物信息工具箱（bioinformatics toolbox），它具有简单易学、操作方便且功能强大等特点，即使不懂编程也能用它进行生物信息的分析研究。利用生物信息工具箱，可执行成对序列或多序列的比对，进行序列转换，绘制序列图谱，进行蛋白质分析和氨基酸序列分析，创建并分析系统发生树，进行微阵列数据分析等（Mount，2001）。用户还可以创建自己的算法和应用程序，并与其他用户分享。

一、数据获取

生物信息工具箱可以进入许多网络数据库，如国际基因库 GenBank、蛋白质序列库 GenPept、欧洲分子生物数据库 EMBL、蛋白质数据库 PSD 和其他的网络数据资源，它支持许多普通的基因组文件格式，用户可以直接复制序列和基因表达信息到 MATLAB 中。用户也可以从同源蛋白家族数据库 PFAM 中得到多重比对序列、隐马尔可夫模型图谱、系统发生树数据。此外，MATLAB 还可以从基因测序仪、质谱仪和 Agilent 微阵列扫描仪上读取数据。

搜索网络数据库资源可用 web 函数连接到网络，下面的命令以一个独立的浏览器窗口打开 NCBI 网站的主页：web（'http://www.ncbi.nlm.nih.gov/'）。查找信息（如在 NCBI 网站上所需序列）可在搜索列表“Search”选择基因“Nucleotide”，在目的栏“for”输入“EF221854”后进行搜索。

假定需查询的序列为 EF221854，可用 getgenbank 命令从 NCBI 获取该序列：

getgenbank（'EF221854','TOFILE',FILENAME），表示将所获得的信息写入文件“FILENAME”。

getgenbank（'accession','SEQUENCEONLY',true），表示只提取序列信息。

getgenbank（'accession','PARTIALSEQ',SEQPARAMS），表示提取序列的一部分，SEQPARAMS 为［N，M］。

getgenbank（'accession','fileformat',fmt），表示以 fmt（genbank/fasta）格式提取序列信息。

二、序列分析

序列分析是利用计算机方法来寻找有关核苷酸或氨基酸序列的信息。生物信息工具箱中带有大量的函数命令，可用于序列分析（刘新星等，2008）。

获得所需序列之后，可对所得序列进行一系列分析，如绘制密度图、计算核苷酸数目、显示核苷酸互补链、计算二聚体个数、计算密码子使用频率、ORF 分析、序列翻译、序列比对等。

（一）绘制密度图

可用 ntdensity（seq）函数绘制单体密度和联合体密度图，如图 12-7 所示。

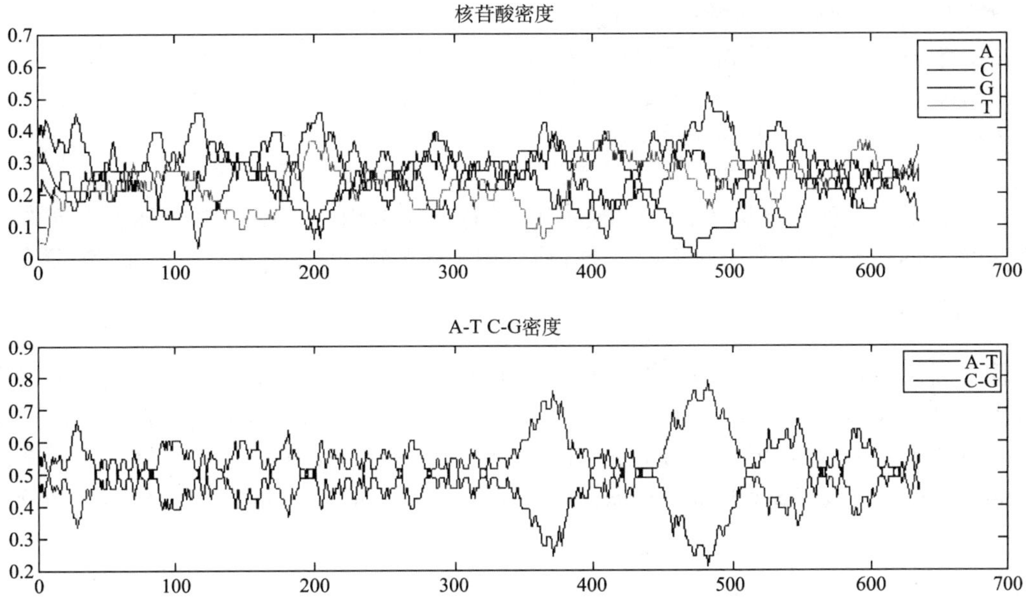

图 12-7　序列 EF221854 的单体密度与联合体密度

（二）计算核苷酸数目

可用 basecount（seq）函数计算序列中的核苷酸数目。

A:153　C:155　G:178　T:149

也可以用命令 basecount（ntseq,'chart','value'）以图形显示核苷酸数目，value 可以设为 bar 或者 pie，分别为条形和饼状图。

（三）显示核苷酸互补链

可用命令 seqrcomplement（seq）显示序列互补链。

（四）计算二聚体个数

可用命令 dimercount（mitochondria,'chart','bar'）计算一个序列中的二聚体个数，并在条形图中显示。

（五）计算密码子使用频率

可用 codoncount（ntseq）函数计算序列中密码子使用的频率；当无法得知 ORF 起始位置时，可设置 codoncount（Seq,'Frame',FrameValue）函数中 FrameValue 确定可读框起始数值（1，2，3）；设置 codoncount（Seq,'Reverse',ReverseValue）函数中 ReverseValue 为 true 或 false，可计算其互补链的密码子使用频率；也可设置 codoncount（Seq,'Figure',FigureValue）函数中 FigureValue 为 true 或 false，以确定是否通过图形显示密码子使用频率。

（六）ORF 分析

可用 f=seqshoworfs（ntseq）命令显示可读框；因为不同的生物体密码子略有不同，可通过设置 eqshoworfs（SeqNT，…'GeneticCode',GeneticCodeValue）GeneticCode 值选择序列所属的生物类别，特异性显示不同物种的可读框。

查找终止密码子：可用 find 函数找出相应的终止密码子。

```
ND2Start=187;StartIndex=find(orfs(1).Start==ND2Start);
ND2Stop=orfs(1).Stop(StartIndex)
ND2Stop=229
```

摘录子序列：利用基因的起始和终止位置的序列引物，从序列中摘录子序列。命令 ND2Seq=mitochondria 将子序列（蛋白质编码区域）摘录到 ND2Seq 中，并被显示在屏幕上。

（七）序列翻译

通过命令 ND2AASeq=nt2aa（ND2Seq），可将 DNA 序列翻译成氨基酸序列，也可根据不同情况设置 SeqAA=nt2aa（ND2Seq,'GeneticCode',GeneticCodeValue）函数中密码子表参数 GeneticCodeValue；也可通过 aacount（ND2AASeq,'chart','bar'）命令图示氨基酸频率，通过 atomiccomp（ND2AASeq）和 molweight（ND2AASeq）命令分别显示氨基酸组成和分子质量大小。

（八）序列比对

两两序列比对的目的是判断两个序列是否具有足够的相似性，从而判断二者是否同源。算法有 Needleman 算法（全局比对算法）和 Smith-Waterman 算法（局部比对算法），其中后者由前者发展而来。两两序列比对的主要过程：①从数据库获取序列信息；②查找序列可读框；③将核苷酸序列转化为氨基酸序列；④绘制氨基酸序列的散点图；⑤用 Needleman 算法和 Smith-Waterman 算法进行比对，计算序列同一性。

全基因组比对可通过使用 nwalign 函数，也可以使用局部比对函数 swalign 作为替代。

三、系统发生分析

（一）首先建立 MATLAB 结构，将要分析的各物种的信息输入

```
data={'German_Neanderthal','AF011222';
      'Russian_Neanderthal','AF254446';
      'European_Human','X90314';
      'Mountain_Gorilla_Rwanda','AF089820';
      'Chimp_Troglodytes','AF176766';};
```

（二）准备序列

```
For i=1:5
  seqs(i).Header=data{i,1}; %一样设置为结构
    seqs(i).Sequence=getgenbank(data{i,2},'sequenceonly',true);
  end
```

（三）计算各序列之间的距离

Distance=seqpdist（Seqs）

其中，包括序列种类（核酸或氨基酸序列）、距离类型、积分矩阵、空格罚分及插入，缺失记分等多种参数设置。

（四）对序列比对的距离进行构树

Tree=seqlinkage（Dist,Method,Names）

其中，Dist 表示各序列距离矩阵；Names 用来描述分支点；Method 表示构树方法，包括最小距离和 UPGMA 等多种距离类型。

（五）画出系统发育树

h=plot（tree）；可通过设置参数 'orient'，决定图形显示方向。

四、高通量测序

高通量测序技术又称为下一代测序（next generation sequencing，NGS），以能一次并行对几十万到几百万条 DNA 分子进行序列测定和一般读长较短等为标志。第二代测序技术的核心思想是边合成边测序，在 Sanger 法等测序方法的基础上，通过技术创新，用不同颜色的荧光标记 4 种不同 dNTP 就会释放出不同的荧光，根据捕捉的荧光信号并经过特定的计算机软件处理，从而获得待测 DNA 的序列信息。通过 MATLAB 可以分析和处理测序仪产出的高通量序列数据，然后对高通量测序数据进行深入分析。

五、芯片数据分析

基因芯片技术也称核酸微阵列芯片技术，产生于 20 世纪 90 年代，在近十几年得以规模化和产业化，已经成为转录组研究的重要支撑技术。基因芯片技术可以测量某一条件下成千上万个基因的转录表达情况，因此将产生较大的数据量和数据分析需求。芯片数据分析的基本流程是：对芯片的高密度杂交点阵进行图像处理，从中提取杂交点的荧光强度信号进行定量分析；通过有效数据的筛选和相关基因表达谱的聚类，提取表达显著差异的基因或共表达基因；最终整合杂交点的生物学信息，发现基因的表达谱与功能可能存在的联系。在 MATLAB 生物信息工具箱提供了大量的函数用于芯片分析。

六、质谱数据分析

在蛋白质组学研究中，质谱方法是用于蛋白质鉴定与定量分析的主要技术手段。在鉴定上，质谱方法主要是通过测量分子的质量而确定分子的类型。目前已有一些专门的软件可用于质谱数据的分析和处理，但通常需要经过专门的训练，熟练掌握后才能使用，门槛较高。基于 MATLAB 生物信息学工具箱来分析和处理质谱图，逐步演示原始图谱的显示、采样、去噪、特征提取和样本分类等处理步骤，方法较为简单，有助于了解质谱数据处理的基本原理和方法。

思考题

1. 氨基酸的聚类分析。从 http://www.genome.jp/aaindex 下载 20 种天然氨基酸的 544 种表征

值，去除含 NA 标记的属性，得 531 个表征值。比较不同距离、不同聚类方法的系统聚类结果，进一步经主成分分析后，取合适的主成分进行系统聚类，比较分析聚类结果。

2. 对第六节提到的内含子与外显子识别数据集，分别以 Fisher 判别、SVC、HMM、ANN、Bayes 推理建模，并比较预测结果。

主要参考文献

邓乃扬，田英杰. 2004. 数据挖掘中的新方法——支持向量机. 北京：科学出版社

刘新星，李红燕，杨英杰. 2008. MATLAB 7.X 生物信息工具箱的应用——基因序列分析（一）. 现代生物医学进展，8（1）：118-121

普雷斯·詹姆士 S. 1992. 贝叶斯统计学——原理、模型及应用. 廖文，陈安贵译. 北京：中国统计出版社

唐启义，冯明光. 2007. DPS 数据处理系统——实验设计、统计分析及数据挖掘. 北京：科学出版社

徐克学. 1999. 生物数学. 北京：科学出版社

杨英杰，李红燕，谢建平，等. 2008. MATLAB 7.X 生物信息工具箱的应用——基因芯片分析（三）. 现代生物医学进展，8（4）：704-708

Baldi P, Brunak S. 1998. *Bioinformatics: the Machine Learning Approach.* Cambridge: MIT Press

Baldi P, Chauvin Y, Hunkapiller T, et al. 1994. Hidden Markov models of biological primary sequence information. Proc Natl Acad Sci USA, 91: 1059-1063

Burge C, Karlin S. 1997. Prediction of complete gene structures in human genomic DNA. J Mol Biol, 268: 78-94

Chang C C, Lin C J. 2001. LIBSVM: a library for support vector machines. Software available at http://www. csie. ntu. edu. tw/~cjlin/libsvm

Eddy S R. 1998. Profile hidden markov models. Bioinformatics, 14: 755-763

Haussler D. 1998. *Computational Genefinding.* Santa Cruz: University of California

Henderson J, Salzberg S, Fasman K H. 1997. Finding genes in DNA with a hidden markov model. J Comput Biol, 4: 127-141

Lukashin A V, Borodovsky M. 1998. GeneMark.hmm: new solutions for gene finding. Nucleic Acids Res, 26: 1107-1115

Mount D W. 2001. *Bioinformatics: Sequence and Genome Analysis.* New York: Cold Spring Harbor Laboratory Press

Rabiner L R. 1989. A tutorial on hidden Markov models and selected applications in speech recognition. Proc IEEE, 77: 257-285

Vapnik V N. 1995. *The Nature of Statistical Learning Theory.* New York: Springer Verlag Press

第十三章　生物信息学编程基础

微课视频

本章提要　生物信息学编程是对基因组、蛋白质组、生物网络等各种数据文件进行处理的基础，其中包括文本数据、网络编程、数据库处理、XML 处理、系统的维护、图像处理等。只有扎实的编程能力才能保证工作的顺利进行。这部分内容涉及性能稳定，能执行多用户、多任务、多线程操作的 Linux 操作系统；生物工程科学在很大程度上使用到的编程语言 Perl 和 Python；数据库技术中的 MySQL 和将许多计算同时进行和分解的并行计算（parallel computing）技术。希望读者能在这一章中对生物信息学编程有一个全面的了解，并在以后的实践中提高自己的编程技术。为便于生物信息学网络编程实践，编者提供了 BioWeb 快捷安装系统，以及相关例子的视频。

第一节　Linux 操作系统

一、Linux 简介

Linux 源于古老的 UNIX 系统，其最初的版本是 1991 年 Linus 在 Minix 的基础上开发的，在其出现开始的十几年内它的发展十分迅速，尤其随着网络的不断普及，全世界的程序人员对于这个操作系统越来越有兴趣，于是不断协同工作使 Linux 的版本不断更新、功能不断完善。

Linux 最基本的优点就是经济，因为 Linux 的内核是完全免费的，其用户或厂商能够自行地搭配其他应用程序的特性，目前世界上已有超过百种的不同组合。当然，光是经济这个优点还是不够的，其能够为广大科学家青睐，是有多方面原因的。首先，其性能稳定，能执行多用户、多任务、多线程操作，而每一个进程的内存占用相对于 Windows 来说更合理，因此即使处理很大规模的数据也不容易出现死机的情况。其次，Linux 程序的兼容性非常好，它几乎与现今的所有主流 UNIX 实现交互式的兼容，同时它也支持大多数的文件系统，如 FAT 和 NTFS 等。最后，其强大的命令行终端与方便的图形界面相结合，在可视化的条件下还可以很便捷地使用命令行实现批量的任务。

Linux 的发行版有很多，根据软件包管理方式的不同可以分为两类：一类是使用 RPM 方式，包括 Red Hat、Fedora、SuSE；另一类则是使用 dpkg 方式，包括 Debian、Ubuntu 等。各个版本的操作在大体上是相同的，但在一些细节方面也存在不同。其中最有名的是 Red Hat Linux，它几乎已经成为 Linux 的代名词，因为其方便简易的安装和操作使用，用户可以免去繁杂的安装和设置工作，尽快开始使用 Linux 的强大功能。Red Hat Linux 主要分为两个系列：一个是收费的企业版 Red Hat Enterprise Linux；另一个是 Fedora 社区开发的免费的 Red Hat Fedora Core，其主要定位于桌面用户，适用于一般的计算环境，但也有一些缺陷，如 yum 源太少，最新推出的版本为 Fedora35（2021-11-02）。

另一个常用的版本是 Ubuntu Linux，它是一个基于 Debian 的 Linux 操作系统。Debian 是一个广受称道、技术先进且有着良好支持的发行版。Ubuntu 在其技术上改进，旨在可以为桌面和服务器提供一个最新且一贯的 Linux 系统。Ubuntu 囊括了大量从 Debian 发行版精挑细选的软件包，同时保留了 Debian 强大的软件包管理系统，以便简易地安装或彻底地删除程序。与大多数发行版附带数量巨大的可用、可不用的软件不同，Ubuntu 的软件包清单只包含那些高质量的重要应用程序。Ubuntu 提供了一个健壮、功能丰富的计算环境，既适合家用又适用于商业环境。项目花费了大量必要的时间，努力精益求精，每 6 个月就会发布一个版本，以提供最新、最强大的软件，现在最新的长期支持版本代号为 Ubuntu 20.04（2020-04-23）。尽管 Linux 的发行版众多，但他们使用的内核都是由 http://www.kernel.org 发布的，选择的软件几乎都是知名软件，此外还有一些标准规范开发者，使发行版之间的差异不至于过大，所以对我们而言选择哪一种 Linux 发行版并没有太大影响。

二、Linux 常用命令行操作

在使用 Linux 之前，我们需要获得 Linux 操作系统，可以选择安装虚拟机或者购买云服务器进行远程连接。这里先强调 Linux 与 Windows 的几点不同之处：① Linux 的命令和文件都是区分大小写的；② Linux 的目录结构是单根的，没有盘符的概念；③ Linux 文件中的换行方式是 \n，而 Windows 下是 \r\n；④ Linux 中输入密码屏幕上没有任何显示，不会显示 * 号。

正如前面提到的，Linux 是强大的命令行操作与方便的图形化界面的结合。当然，要把整个系统在本书中做个详细的介绍显然是不可能的，因此这里只是提供一些命令行的简单用法，更加详细的用法可以参考更详细 Linux 的书籍。以下的用法均是在 Ubuntu 12.04 中运行的结果，与其他版本的 Linux 可能存在差异。

在进入 Linux 系统之后，我们可以看到一个不亚于 Windows 的图形界面，称为 GNOME 桌面环境，可以像 Windows 一样有双击操作、下拉菜单操作等。在上方工具栏的系统工具一项中有一个名为“终端”的工具，点开之后是命令行操作的窗口，是一个类似于 DOS 界面或者 Windows 下 cmd 界面的交互窗口。我们知道，交互窗口都会有提示符。例如，我们以 Test 用户登录以后就会出现下列提示符：

```
[Test@localhost~]$
```

我们可以来逐个分析一下这个提示符。

[ ] 内是用户登录的信息，其中包括：

1）先是当前登录的账号，如 Test，最初进入终端的时候，登录的账号就是登录系统时的账号。但是这并不是一成不变的，用户可以根据自己的需要来登录不同的账号。登录其他账号的方法很简单，su 命令就可以实现：

```
[Test@localhost Documents]$su -Test2
Password:
[Test2@localhost~]$
```

上例显示 su 命令不仅使登录权限切换到指定的账号，系统的当前目录还自动切换到对应账号的主目录。如果我们直接使用不带任务参数的 su 命令，其作用就是使当前用户具有管理员的权限，但并不改变当前目录。

2）然后是所在主机名，登录本机的话就是 @localhost，localhost 是本地的默认的主机名，当用户只是进行本地操作的时候，一般主机是不会变化的。当然，你也可以改变本地的主机名，或者远程登录别的机器，此时的主机名就会起变化。改变主机名需要管理员权限。

```
[root@localhost Test] hostname myhost.mydomain
[root@myhost Test]
```

3）最后是当前所在的目录，如例子中的“~”表示当前用户的主目录，也就是 /home/Test/ 这个目录。Linux 的目录结构与 Windows 的存在很大的差异，在 Linux 中，最开始的“/”表示 Linux，所有的文件、目录都是位于根目录之下，有点像 Windows 下的“我的电脑”，然后根目录下面又有许多目录，可以执行不同的功能，一般来说，/dev 用于存放设备文件，/home 下面是各个用户的文件，/lib 用于存放库文件等。

[ ] 后面的 $ 是标准的命令提示符，表示用户在当前状态下可以输入命令。此外，命令提示符还可以是 #，作用与 $ 类似，但 # 表示当前权限为管理员。其实，讲到这里，我们可以注意到一点，那就是一直提到的权限问题，Linux 下十分重视权限，文件处理都会涉及权限问题，这与 Linux 本身的文件系统有关。

在 Windows 条件下，文件的打开情况是由其后缀名所决定的，即使是最一般的文本文件，也要跟个 .txt，以便于记事本打开。而 Linux 下的文件则完全不同，它并不注重后缀名，或者说 Linux 的文件后缀名更多情况下是没有用的，我们常常看到一些 Linux 的文件也有 . txt 或者 .fasta 结尾的，但其实那些只不过是用户自己用来标识的文件类型。Linux 下常见的文件类型主要有文本文件、链接文件、目录，这可以通过命令来查看。

```
[Test@localhost Docments] ls -l
total 48
drwxr-xr-x  2  root  root  4096  2009-04-01  12:12  bin
drw-r--r--  5  Test Test  1024  2009-04-02  13:09  files
-rw-rw-r--  1  Test Test2  2585  2009-01-08  08:50  temp.in
lr-xr-xr-x  1  root root  1731  2009-04-01  12:40  view->/bin/view
```

首字母或符号表示文件的类型：d 表示文件夹，如 bin 和 files 是两个文件夹，- 表示是文本文件，而 l 表示是一个链接文件，有点类似于快捷方式，如这个文件夹下的 view 文件其实是指向 /bin/view 文件的快捷方式。之后是 3*3 共 9 个字母表示的是对于 3 种不同用户：文件所有人、所在群组、其他用户的权限，分别用 r、w、x 来表示可读、可写、可执行，如果没有这个权限就用“-”来表示。例如，bin 文件夹是 rwxr-xr-x，它就表示对于所有用户都是可读、可执行的，但只对于所有人有写的权限。后面的第一个 root/Test 就是表示其所有人。第二个表示的是所在群组，一个群组里面有多个用户，一个用户也可以同时属于多个群组，这样可以使我们很方便地对文件的操作权限进行设置。

从上面的介绍，我们可以看出 Linux 的终端其实非常类似于 DOS 下面的命令行，而事实上，Linux 下所用到的一些常用的命令与 DOS 非常地相似，表 13-1 列出一些最常用的命令。

表 13-1　Linux 与 DOS 常用命令比较

Linux 命令符	DOS 命令符	功能	Linux 命令符	DOS 命令符	功能
ls	dir	显示文件及目录	mv	move	移动文件
cd	cd	改变当前目录	cp	copy	复制文件
mkdir	md	新建目录	less	type	阅读文件
rmdir	rd	删除目录	echo	echo	输出字符串
rm	del	删除文件			

其实所谓的命令也就是一些可执行的文件，因此，我们也可以通过访问路径下的可执行文件来执行一些命令，甚至我们自己也可以编写一些命令来执行。对于每一个命令来说，一般都会有参数，包括执行对象、一些限定等，如上面提到的 ll 命令其实就是带参数的 ls-l 命令的缩写而已。如果想知道各个命令的用法及各参数的设置方法，可以通过许多帮助手段。有一个对于初学者非常好的命令 man，它可以提供命令的在线手册。例如，输入 man ls，我们就可以轻松地知道 ls 这个命令如何使用，应该用哪一些参数才能达到我们的目的。如果是内置命令，就需要使用 help 命令来查阅帮助；还可以通过互联网搜索获得答案。

这里还要重点提一下的是关于文件的压缩，因为大部分从网站上下载的软件都是打包压缩的文件，我们需要知道这些压缩文件如何来使用。在 Windows 中常用的压缩软件是 ZIP 和 RAR，它们同样也有 Linux 的版本；但是还有两个在 Linux 下更加常用的压缩工具——GZip 和 BZip2，它们可以将单个文件压缩，默认生成后缀为 .gz 和 .bz2 的压缩文件，但是无法独自处理多个文件，为此，还需要一个打包工具——Tar。Tar 工具的作用只是将文件打包，而压缩过程是由 GZip 或者 BZip2 来实现的。这看起来似乎很烦琐，其实适当的参数设置可以使 tar 命令执行的同时也调用压缩工具一起，实现打（解）包（解）压缩一步实现。例如，我们从网上下载了一个 DNS 的工具 httpd-2.2.11.tar.gz，如何将其安装呢？从文件名应该可以看出它是打包之后用 GZip 来压缩的。我们这里用到 tar 的 3 个参数：z 表示先用 GZip 解压后再解包（相应地，j 对应 BZip2），v 表示列出解包的文件列表，f 表示解包到文件夹里。运行命令：

```
[Test@localhost Download] tar -zvf httpd-2.2.11.tar.gz
```

我们可以看到当前目录下多了一个 httpd-2.2.11 的文件夹，里面包含了解包的所有文件。当然，解压后还要来安装，下面只是提供最常见的安装方法，但是由于各个软件编码各异，安装方式也会不同，一个具体文件的安装方法请参照程序提供的 README 文件或是 INSTALL 文件。可使用 . /configure--help 查看帮助信息。

```
[Test@localhost Download]cd httpd-2.2.11
[Test@localhost httpd-2.2.11]./configure
[Test@localhost httpd-2.2.11]make
[Test@localhost httpd-2.2.11]sudo make install
```

最后介绍一个文件编辑器—— vi。vi 被称为编辑器的常青树，它兼容于更大的 Linux 系统，具有强大的文本处理功能。利用 vi 可以在终端上直接打开一个文件进行编辑，除了可以像一般文本编辑一样直接进行文本的写入、删除等操作，还可以直接进行快捷的 Command 操作；同时，其底部命令行还可以用于保存、查找等其他烦琐的操作（类似 DOS 下的 WPS）。不过由于 vi 下的命令很多，要学习起来并不轻松，用户可以在进入 vi 后输入“: help”来得到在线的帮助。注意保存并退出 vi 的命令是先按 Esc 后输入“: wq”并按回车，不需保存则输入“: q”即可。

三、在 Linux 下使用 SAMtools

下面以下载、编译、安装和运行 SAMtools 这款生物学软件为例，讲解如何使用 Linux 操作系统完成生物信息学分析，以下操作以 Ubuntu16.04 为例演示。SAM 是一种存储大规模核酸比对结果的压缩文件格式，SAMtools 则是操作这种文件格式的一系列工具。

（一）SAMtools 的下载与安装

为了加速下载软件包的速度，先配置好国内镜像源：访问中国科学技术大学提供的 Ubuntu 源 http://mirrors.ustc.edu.cn/help/ubuntu.html。配置好软件源后执行 apt-get update，然后就能执行必要的软件包安装了，这里通过下述命令可以安装好 SAMtools 的依赖库。

```
apt-get install -y build-essential libncurses5-devzlib1g-devlibcurl4-openssl-dev
```

首先通过搜索引擎找到 SAMtools 的官网 http://samtools.sourceforge.net/，得知我们可以从 sourceforge 下载到其发布的版本源码压缩包。由于 samtools 自身依赖于 htslib 这个库，所以两者都需要下载（软件安装帮助信息可以从解压缩后的程序文件 README 中获悉），可以在 Linux 中通过 wget 进行下载：

```
wget https://nchc.dl.sourceforge.net/project/samtools/samtools/1.3.1/samtools-1.3.1.tar.bz2
wget https://nchc.dl.sourceforge.net/project/samtools/samtools/1.3.2/htslib-1.3.2.tar.bz2
```

下载得到的文件就在当前目录下，通过 ls 命令可以看到：

```
root@localhost:~# ls
samtools-1.3.1.tar.bz2htslib-1.3.2.tar.bz2
```

下载得到的是 tar.bz2 格式，是一种类似于 rar 的压缩包，怎么解压这种压缩包呢？这时候我们通过搜索引擎查找“tar.bz2 解压命令”，得知解压 xx.tar.bz2 的命令为 tar-jxvf xx.tar.bz2，于是进行解压：

```
tar -jxvf samtools-1.3.1.tar.bz2
tar -jxvf htslib-1.3.2.tar.bz2
```

输入后屏幕上会飞快地闪过解压出来的文件名称。解压后再次运行 ls 命令，结果如下：

```
root@localhost:~# ls
htslib-1.3.2  samtools-1.3.1  htslib-1.3.2.tar.bz2  samtools-1.3.1.tar.bz2
```

（二）SAMtools 的编译与运行

进入解压出来的 samtools-1.3.1 文件夹：

```
cd samtools-1.3.1
```

此时再执行 ls 发现开发者提供了 README 文件，通过 less README 查看结果如下：

```
Building samtools
= = = = = = = = = = = = = = = = =
The typical simple case of building Samtools using the HTSlib bundled within
this Samtools release tarball and enabling useful plugins, is done as follows:
  cd .../samtools-1.3.1  # Within the unpacked release directory
./configure --enable-plugins --enable-libcurl --with-plugin-path= $PWD/htslib-1.3.1
  make all plugins-htslib
```

由此我们就知道之前下载解压 htslib 的原因了。在本书写作时 htslib 的 1.3.2 版本已经发布，我们可以通过这条命令进行编译配置：

```
./configure --enable-plugins --enable-libcurl --with-plugin-path=../htslib-1.3.2
```

这时屏幕上又会出现大量的信息，一般无需关心，如果显示的最后一行是 config.status: creating config.h，而没有报错信息，则表示安装成功了。如果在这个过程中出现了错误信息，则需要仔细阅读，必要的时候可以用搜索引擎查找解决方案，解决后再次运行上述命令。

上述命令是编译过程的准备操作，现在我们就可以使用 make 命令进行编译了：

```
make all
```

编译过程中也有大量的信息，如果没有出现 ERROR，我们也无需关心，编译完成后再次执行 ls，发现当前文件夹已经出现了 samtools 这个文件，我们来试试运行它：

```
./samtools
```

注意 Linux 运行当前文件夹下的二进制文件需要用“./ 文件名”，而不像 Windows 在命令提示符下直接输入文件名。

上述命令执行后就出现了 samtools 支持的操作，说明已经成功编译。为了更方便地在任意目录下都可以执行 samtools，可通过下述命令将其安装到系统中：

```
make install
```

执行后就可以直接输入 samtools 来运行它了。

四、使用 conda 管理软件和安装环境

1．为什么我们需要 conda　随着时代的发展，生物信息学分析正在变得越来越复杂，一个项目需要使用的软件工具也越来越多。由于软件开发者们无法有效地交流沟通，开发出来的软件往往会出现所使用的依赖包版本不一致的问题。这就导致我们在进行生物信息学分析时，需要在同一个设备上安装同一个包的不同版本，从而造成许多混乱和错误。因此，有必要使用一个工具对不同版本的包和安装环境进行管理，方便切换并减少错误的发生。

conda 是 Continuum Analytics 公司开发的开源包管理工具，适用于主流操作系统和多种编程语言。conda 的发行版本有两个，一个是 Miniconda，仅包含 conda 的各种基础功能；另一个是 Anaconda，在 Miniconda 的基础上添加了科学计算常用的一些软件包。许多生物信息学分析软件都提供了使用 conda 安装的选项，非常方便。下面我们就以 Miniconda 在 Ubuntu16.04 操作系统上的安装和操作为例，向大家介绍 conda 的安装和使用。

2．conda 的安装　首先，通过搜索引擎找到 conda 的官网 https://docs.conda.io/en/latest/miniconda.html，找到 Linux 版本的安装文件下载链接。需要注意的是，不同处理器架构的电脑需要使用不同版本的安装包，对于主流的 x86 架构处理器，下载后缀为 x86_64.sh 的文件即可。

在命令行中输入：

```
wget https://repo.anaconda.com/miniconda/Miniconda3-latest-Linux-x86_64.sh
```

下载完成后，文件会存储在当前目录下，可以通过 ls 命令查看，在命令行中输入：

```
ls
```

输出结果：

```
Miniconda3-latest-Linux-x86_64.sh
```

可以看到，我们下载下来的是一个 sh 文件，sh 文件是 linux 的 shell 脚本，可以用系统自带的 Bash 解释器执行。在命令行中输入：

```
bash Miniconda3-latest-Linux-x86_64.sh
```

此时会输出安装界面，依据指示，在需要输入时输入回车或 yes 即可。安装完成后，需要重启用户界面，如果看到命令行开头多了一个（base），则安装成功了。

3．conda 的使用　开始使用 conda 前，推荐国内的读者先配置镜像。由于 conda 的软件仓库是国外的网站，在国内访问时经常会出现网速缓慢的情况。针对这种情况，国内的许多大学都提供了镜像服务，以清华大学的 conda 镜像 https://mirrors.tuna.tsinghua.edu.cn/help/anaconda/ 为例，将用户目录下的 .condarc 文件内容修改为（如果没有就新建一个）。

```
channels:
- defaults
show_channel_urls: true
default_channels:
```

```
- https://mirrors.tuna.tsinghua.edu.cn/anaconda/pkgs/main
- https://mirrors.tuna.tsinghua.edu.cn/anaconda/pkgs/r
- https://mirrors.tuna.tsinghua.edu.cn/anaconda/pkgs/msys2
custom_channels:
conda-forge: https://mirrors.tuna.tsinghua.edu.cn/anaconda/cloud
msys2: https://mirrors.tuna.tsinghua.edu.cn/anaconda/cloud
bioconda: https://mirrors.tuna.tsinghua.edu.cn/anaconda/cloud
menpo: https://mirrors.tuna.tsinghua.edu.cn/anaconda/cloud
pytorch: https://mirrors.tuna.tsinghua.edu.cn/anaconda/cloud
simpleitk: https://mirrors.tuna.tsinghua.edu.cn/anaconda/cloud
```

然后在命令行中输入 conda clean –i 清理索引缓存，确保使用的是镜像站提供的索引即可。

配置好镜像源之后，就可以开始使用 conda 了。conda 以环境为单位管理软件资源和依赖关系，在使用时可以根据需要创建相应的环境来进行软件安装，不同环境之间的软件不会相互影响，避免了软件冲突之类的情况发生。conda 创建环境的命令如下：

```
conda create -n env_name  list of packages
```

其中，-n 代表 name；env_name 是需要创建的环境名称；list of packages 则是列出在新环境中需要安装的软件包。例如，配置一个用于 RNA-seq 分析的环境，需要安装 3.7 版本的 Python 和 3.6 版本的 R，在命令行中输入：

```
conda create -n RNAseq r-base=3.6 python=3.7
```

运行好之后，conda 会自动收集软件的依赖关系，列出需要下载的所有软件，并询问是否执行，此时输入 y 即可继续。

环境配置好后，在命令行中输入：

```
conda activate RNAseq
```

即可切换到名为 RNAseq 的环境，如果想查看当前环境下安装的包，可以在命令行中输入：

```
conda list
```

如果想退出环境，可以在命令行中输入：

```
conda deactivate
```

在环境配置好后，如果还有想要安装的其他软件包，可以在命令行中输入：

```
conda install package_name
```

这里的 package_name 是包的名字。如果想卸载某个软件包，可以在命令行中输入：

```
conda remove package_name
```

需要注意的是，许多软件的名称和它在 conda 上的名字并不一样，在安装前，需要到软件的网站或者搜索引擎上查找正确的安装命令。

五、容器化技术介绍

软件的正常运行有赖于正确的环境配置，包括操作系统的设置和各种依赖库和组件的安装，由于生物信息学分析软件的开发往往由小团队完成，很难有精力保证软件可以在各种硬件和软件配置的设备上运行。开发者常常会说："它在我的机器可以跑了"（It works on my machine），言下之意就是，其他机器很可能跑不了。环境配置如此麻烦，换一台机器就要重来一次，费时费力。很多人想到，能不能从根本上解决问题，使软件可以自带环境配置？

虚拟机（virtual machine）就是带环境配置的一种解决方案。它可以在一种操作系统里面运行另一种操作系统，如在 Windows 系统里面运行 Linux 系统，而应用程序对此毫无感知，因为虚拟机看上去跟真实系统一模一样。对于底层系统来说，虚拟机就是一个普通文件，不需要了就删掉，对其他部分毫无影响。虽然用户可以通过虚拟机还原软件的原始环境。但是，这个方案有几个缺点：①资源占用多，虚拟机会独占一部分内存和硬盘空间。它运行的时候，其他程序就不能使用这些资源了。哪怕虚拟机里的应用程序真正使用的内存只有 1MB，虚拟机依然需要几百 MB 的内存才能运行。②冗余步骤多，虚拟机是完整的操作系统，一些系统级别的操作步骤往往无法跳过，如用户登录。③启动慢，启动操作系统需要多久，启动虚拟机就需要多久，应用程序往往需要等几分钟才能真正运行。

由于虚拟机存在这些缺点，Linux 发展出了另一种虚拟化技术：Linux 容器（Linux Containers，LXC）。Linux 容器不是一个完整的操作系统，而是与系统其他部分隔离开的一系列进程。运行这些进程所需的所有文件都由另一个镜像提供，对于容器里面的进程来说，它接触到的各种资源都是虚拟的，从而实现了与底层系统的隔离。由于容器是进程级别的，相比虚拟机有很多优势：①启动快，容器里面的应用直接就是底层系统的一个进程，而不是虚拟机内部的进程。所以，启动容器相当于启动本机的一个进程，而不是启动一个操作系统，速度就快很多。②资源占用少，容器只占用需要的资源，不占用那些没有用到的资源；虚拟机由于是完整的操作系统，不可避免要占用所有资源。另外，多个容器可以共享资源，虚拟机都是独享资源。③体积小，容器只要包含用到的组件即可，而虚拟机是整个操作系统的打包，所以容器文件比虚拟机文件要小很多。总之，容器有点像轻量级的虚拟机，能够提供虚拟化的环境，但是成本小得多。

目前最流行的 Linux 容器解决方案是 Docker，它提供了简单易用的容器使用接口。简单来说，Docker 将应用程序与该程序的所有依赖打包在一个文件里面。运行这个文件，就会生成一个虚拟容器。程序在这个虚拟容器里运行，就好像在真实的物理机上运行一样，因此免去了环境配置的麻烦。在使用时，既可以自行打包 Docker 镜像，也可以使用其他人发布的 Docker 镜像，可以非常方便地在不同设备上部署服务。对于生物信息学来说，Docker 主要有两个用途：①快速部署生物信息学软件；②开发生物信息学软件时提供测试环境和打包服务。

Docker 是一个开源的商业产品，有两个版本：社区版（community edition，CE）和企业版（enterprise edition，EE）。企业版包含了一些个人开发者通常用不到的收费服务。下面我们以在 Ubuntu16.04 上部署 Apache 为例，简单介绍一下 Docker CE 的安装和使用。

Docker CE 的安装可以参考官方文档 https://docs.docker.com/engine/install，以 Ubuntu 为例，在命令行中运行以下命令：

```
sudo apt-get update

sudo apt-get install \
  apt-transport-https \
  ca-certificates \
  curl \
  gnupg \
  lsb-release

curl -fsSL https://download.docker.com/linux/ubuntu/gpg|sudo gpg --dearmor
-o /usr/share/keyrings/docker-archive-keyring.gpg

echo \
```

```
"deb [arch=amd64 signed-by=/usr/share/keyrings/docker-archive-keyring.gpg] https://download.docker.com/linux/ubuntu \
  $(lsb_release -cs) stable"|sudo tee /etc/apt/sources.list.d/docker.list >/dev/null

sudo apt-get update

sudo apt-get install docker-ce docker-ce-cli containerd.io
```

安装完成后，运行 hello-world 镜像确认 docker 是否安装成功：

```
sudo docker run hello-world
```

如果安装成功，会输出：

```
Hello from Docker!
This message shows that your installation appears to be working correctly.
```

安装完成之后，可以来尝试一下 Apache 的快速部署。首先，搜索 Docker Hub 上的 httpd 镜像，在命令行中输入：

```
docker search httpd
```

输出：

```
NAME                        DESCRIPTION                      STARS  OFFICIAL AUTOMATED
httpd                       The Apache HTTP Server ..         524          [OK]
centos/httpd                                                   7           [OK]
rgielen/httpd-image-php5    Docker image for Apache...         1           [OK]
microwebapps/httpd-         Httpd frontend allowing...         1           [OK]
frontend
lolhens/httpd               Apache httpd 2 Server              1           [OK]
publici/httpd               httpd:latest                       0           [OK]
publicisworldwide/httpd     The Apache httpd webser...         0           [OK]
rgielen/httpd-image-        Docker image for simple...         0           [OK]
simple
solsson/httpd               Derivatives of the offi...         0           [OK]
rgielen/httpd-image-drush Apache HTTPD + Drupal S...           0           [OK]
learninglayers/httpd                                           0           [OK]
sohrabkhan/httpd            Docker httpd + php5.6 (...         0           [OK]
aintohvri/docker-httpd      Apache HTTPD Docker ext...         0           [OK]
alizarion/httpd             httpd on centos with mo...         0           [OK]
```

这里的每一行都是一个镜像，选择拉取官方的镜像，在命令行中输入：

```
docker pull httpd
```

等下载完成后，就可以在本地镜像列表里查到 REPOSITORY 为 httpd 的镜像。在命令行中输入：

```
docker images httpd
```

输出为：

```
REPOSITORY        TAG       IMAGE ID         CREATED           SIZE
httpd             latest    da1536b4ef14     23 seconds ago    195.1 MB
```

然后，需要使用 Apache 时，在命令行中输入：

```
docker run -p 80:80 -v $PWD/www/:/usr/local/apache2/htdocs/ \
-v $PWD/conf/httpd.conf:/usr/local/apache2/conf/httpd.conf \
-v $PWD/logs/:/usr/local/apache2/logs/ -d httpd
```

命令说明如下。-p 80:80：将容器的 80 端口映射到主机的 80 端口。-v $PWD/www/:/usr/local/apache2/htdocs/：将主机中当前目录下的 www 目录挂载到容器的 /usr/local/apache2/htdocs/。-v $PWD/conf/httpd.conf:/usr/local/apache2/conf/httpd.conf：将主机中当前目录下的 conf/httpd.conf 文件挂载到容器的 /usr/local/apache2/conf/httpd.conf。-v $PWD/logs/:/usr/local/apache2/logs/：将主机中当前目录下的 logs 目录挂载到容器的 /usr/local/apache2/logs/。

启动后，可以查看容器启动情况，在命令行中输入：

```
docker ps
```

输出：

```
CONTAINER ID        IMAGE COMMAND         ...PORTS                 NAMES
79a97f2aac37 httpd  "httpd-foreground"  ...0.0.0.0:80->80/tcp  sharp_swanson
```

这就说明容器在正常运行了。

第二节　生物信息学中的编程语言

一、Perl

1. Perl 简介　Perl 的主要站点是：http://www.perl.com，目前由著名书商 O'Reilly 大力支持。Perl 的 CPAN 程式库网站是：http://www.cpan.org，如果我们要解决某一方面问题时，都会先到 CPAN 程式库，看看是否有前辈已经开发出相关的模块。若有，就可以直接套用，或继承之，做局部修改，即可轻松解决问题。

Perl 能做的工作比较多，包括处理文本数据、网络编程、数据库处理、XML 处理、系统维护、图像处理等。很多人使用 Perl 来避免编写烦琐的 C、C++ 或 Java 程序。如果你的程序要求高效率，你可以把费时部分用 C 写，然后与 Perl 结合使用。

Perl 开发的成功软件有：Webmin、AWstats、MRTG、Spamassassin、Movable Type、Slashcode 等。很多时候，Perl 在开发中只是其中的一个工具。虽然最终产品没有丝毫 Perl 的痕迹，但 Perl 的作用是不可抹杀的。

目前，著名网站 http://www.amazon.com、http://www.bbc.com、http://slashdot.org、http://imdb.com 使用 Perl 做 CGI 网站；众多华尔街的金融机构使用 Perl 来做金融数据的处理；生物工程科学在很大程度上使用 Perl；网络上成千上万的系统管理员都在依靠 Perl 让他们的工作更容易、更有效。

2. Perl 基础

（1）字符串（string）

- length：得到字符串的长度

```
print length 'HELLO',"\n";
```

- printf：格式化字符串

```
$value=-124423633.2353455;
```

```
printf "%.4f\n",$value;            # 保留四位小数
$value=-124423633.2353455;
printf "%.4e\n",$value;            # 以科学记数法表示，且保留四位小数
$value=-124423633.2353455;
printf "%.4f%%\n",$value;          # 保留四位小数，后面跟百分号
```

- substr：得到字符串子串

```
$text="Hello,Mary!";
print substr( $text,7,4);          #substr EXPR,OFFSET,LEN
or
$text="Hello,Mary!";
substr( $text,7,4,"Jack");         #substr  EXPR,OFFSET,LEN,REPLACEMENT
print $text;
```

- 比较字符串（表 13-2）

表 13-2　字符串比较运算符

运算符	返回值
eq	左边和右边相等，则返回真
ne	左边和右边不相等，则返回真
cmp	左边小于、等于、大于右边，分别返回−1、0、1
lt	左边小于右边，则返回真
gt	左边大于右边，则返回真
le	左边小于或等于右边，则返回真
ge	左边大于或等于右边，则返回真

（2）数组（array）

- 创建数组

```
@array=(1,3,5);                          #method 1
@array= 1..5;                            #method 2
@array=("one","two","three");            #method 3
@array=qw (one two three);               #method 4
```

- 合并数组

```
@a1=(1,3,5);
@a2=(2,4,6);
@a3=(@a1,@a2);
print join(",",@a3);                     #method 1
push(@a1,@a2)
print join(",",@a1);                     #method 2
```

- 确定数组长度

```
@array=(1,3,5);
$length1= $#array+1;                     #method 1
$length2=@array;                         #method 2
```

```
$length3=scalar(@array);                          #method 3
```

- 在数组中循环

```
@array=(1,3,5);
for($i=0;$i<=$#array;$i++){
    print $array[$i],"\t";
}                                                 #method 1
foreach$element(@array){
  print $element,"\t";
}                                                 #method 2
```

- 数组反向

```
@a1=(1,3,5);
@a2=reverse @a1;
```

- 数组排序

```
@a1=(1,3,5,7,2,4);
@a2=sort @a1;
```

- 删除数组元素

```
@array=(1,3,5);
delete $array[1];
```

- 清空数组

```
@array=(1,3,5);
$#array=-1;                         #method 1
@array=();                          #method 2
@array=undef;                       #false,has one element "undef"
```

（3）哈希表（Hash table）

- 创建哈希表

```
%hash=();
%hash=(
  'fruit','apple',
  'drink','bubbly',
);                                                #method 1
%hash=();
%hash=qw(
  fruit apple
  drink bubbly
);                                                #method 2
%hash=();
%hash=(
fruit=>'apple',
drink=>'bubbly',
);                                                #method 3
$hash{fruit}='apple';
```

```
$hash{drink}='bubbly';                         #method 4
print $hash{drink};
```

- 添加哈希表元素

```
%hash=(%hash,'key','value');                   #method 1
%hash=(%hash,key=>'value');                    #method 2
```

- 合并哈希表

```
%h3=(%h1,%h2);
```

- 在哈希表中循环

```
%hash=();
%hash=(
  fruit=>'apple',
  drink=>'bubbly',
);
while(($key,$value)=each(%hash)){
  print"$key=>$value\n";
}                                              #method 1
foreach $key(keys %hash){
  print "$key=>$hash{$key}\n";
}                                              #method 2
print map"$_=>$hash{$_}\n",keys %hash;         #method 3
```

- 哈希表排序

```
foreach $key(sort keys %hash){
  print "$key=>$hash{$key}\n";
}
```

- 删除哈希表元素

```
delete($hash{drink});
```

（4）正则表达式（regular expression）

- m//：

默认情况下，m// 运算符尝试匹配指定的模式和 $_ 中的文本

```
while(<>){
  if(m/good/){
  print "It contains word 'good'";
}
else{
  print "It doesn't contain word 'good'";
  }
}
```

也可以用 =~ 运算符指定 m// 运算符查找的字符串

```
while($line=<>){
  if($line=~m/good/){
    print "It contains word 'good'";
```

```
}
else{
  print "It doesn't contain word'good'";
  }
}
```

- s///:用一个字符串替换另一个字符串

```
$text="Pretty old.";
$text=~s/old/young/ig;
print $text;                        #string 'young' substitute 'old'
```

- 与 m// 和 s/// 一起使用的修饰符

  e:指出 s/// 的右边是要计算的代码

  g:全局查找

  i:忽略字母大小写

  x:忽略模式中的空白,并允许进行注释

- tr///:用一个字符替换另一个字符

```
$text="Tom";
$text=~tr/o/i/;
print $text;                        #character 'i' substitute 'o'
```

- 与 tr/// 一起使用的修饰符

  c:对查找列表求补

  d:删除没有替换的字符

  s:删除重复的替换字符

```
$arrayref=\@array;
print join(",",@$arrayref);
```

- 对哈希表的引用及反引用

```
%hash=();
%hash=(
  fruit=>'apple',
  drink=>'bubbly',
);
$hashref=\%hash;
foreach $key(sort keys %$hashref){
  print "$key=>$hash{$key}\n";
}
```

- 对子程序的引用及反引用

```
sub subroutine{
  print "Hi!";
}
$coderef=\&subroutine;
&$coderef;
```

（5）子程序（subroutine）

- 定义子程序

```
sub SUBNAME
{
  code;
}
```

- 调用子程序

```
&SUBMANT(argument1,argument2..);
```

（6）包（package）

- 创建包及包函数

```
package package1;
sub subroutine1;
sub subroutine2;
...
```

- 调用包

```
require'/path/package1.pl';
package1::subroutine1();
```

（7）内置函数（built-in function）：数据处理

- abs:绝对值　&　sqrt:平方根　&　exp:计算 e 的幂

```
$a=-4;
$b=abs $a;
$c=sqrt $b;
$d=exp $c;
print $b,"\n",$c,"\n",$d;
```

- cos:余弦　&　sin:正弦　&　atan2:反正切　&　POXIX 函数

```
$angle=45;
$conversion=3.1415926/180;
$radian= $angle*$conversion;          #angle is converted to
radian
print $radian,"\n",cos $radian;
```

- each:哈希表键 / 值对　&　keys:得到哈希表键　&　values:得到哈希表值

```
%hash=();
%hash=(
  fruit=>'apple',
  drink=>'bubbly',
);
@key=keys %hash;
@value=values %hash;
print "@key\n@value";
```

- grep 和 map:在元素中循环和寻找元素　（语法:map/grep BLOCK LIST）

```
@a=(1..10);
```

```
map { $_*=2} @a;
print "@a";
@a=(1..10);
@b=grep { $_>5} @a;
print "@b";
```

- join:数组加入字符串中　&　split:字符串拆分为数组

```
@a=(1,3,5);
$b=join(",",@a);
print $b;
$a="h-e-l-l-o";
@b=split ("-",$a);
print "@b";
```

- lc:转换为小写　&　uc:转换为大写

```
print lc 'HELLO',"\n";
print uc 'hello',"\n";
```

- lcfirst:第一个字符转换为小写　&　ucfirst:第一个字符转换为大写

```
print lcfirst 'HELLO',"\n";
print ucfirst 'hello',"\n";
```

- Math::Complex:复数

创建新复数:5+2i

```
use Math::Complex;
$c=Math::Complex->new(5,2);
print $c;
```

- rand:创建随机数

```
$S|random=rand(100)-50;
print $random;                    # 产生 -50 到 +50 间的随机数
```

- reverse:颠倒表　&　sort:排序表

```
@array=(2,5,1,7,4);
@a=reverse @array;
@b=sort @array;
print "@a\n@b";
```

（8）文件处理（file handle）

- open:打开文件

```
open (FH,"path.../filename") or die "Cannot open the file";
```

"path.../filename" or "<path.../filename":　只读文件

">path.../filename":　重写文件(若必要，则创建文件)

">>path.../filename":　保留原文件,并追加写入（若必要，则创建文件）

- close:关闭文件

```
close (FH);
```

- print:打印到文件

```
print FH "Hello!";
```

- write:将格式化文本写入文件

```
/**
控制输出的格式有:
@<<<:左对齐输出
@>>>:右对齐输出
@|||:中对齐输出
@##.##:固定精度数字
@*:多行文本
*/
open (FH,">E:/perl test/2/format.txt") or die "Cannot open the file";
format FH=
@<<<<<<<<<<@<<<<<iq<
$text1,$text2
$text1="Hello!";
$text2="there!";
write FH;
close FH;
```

- <>:从文件句柄中读取(逐行读入文件)

```
open (FH,"file.txt") or die "Cannot open the file";
while( $line=<FH>){
  print $line;
}
```

- read:逐个字节读取输入(可控制读入字节数)

```
open (FH,"file.txt") or die "Cannot open the file";
while(read(FH,$newtext,1)){
  print $newtext,"***";
}
```

- readline:逐行读取输入

```
open (FH,"file.txt") or die "Cannot open the file";
while( $newtext=readline(FH)){
  print $newtext,"***";
}
```

- getc:读取一个字符

```
open (FH,"file.txt") or die "Cannot open the file";
while( $char=getc FH){
  print $char,"***";
}
```

- eof:测试文件尾

```
open (FH,"file.txt") or die "Cannot open the file";
until(eof FH){
  read (FH,$newtext,1);
```

```
  print $newtext,"***";
}
```

- 统计文件的行数

```
open (FH,"file.txt") or die "Cannot open the file";
$row=0;
while(<FH>){
$row++;
}
print $row;
```

（9）模块（module）：LWP::Simple 和 LWP::UserAgent（获取 Web 页面）

```
#!/usr/bin/perl
use LWP::UserAgent;
$ua=new LWP::UserAgent;
$ua->proxy('http','http://10.71.115.253:3128');
$response= $ua->get("http://www.google.com");
print $response->content();
```

（10）模块（module）：DBI 与 DBD::mysql（数据库操作）

```
use DBI;
use DBD::mysql;
```

- DBI:是很多数据库的一个通用接口
- DBD:是相应数据库的驱动程序,如 MySQL 的驱动程序是 DBD::mysql
- 连接数据库

```
$dbh=DBI->connect("dbi:mysql:database","username","password",{RaiseErro
r=>1});
```

- 准备数据库操作语句

```
$sth= $dbh->prepare("select * from table");
$sth->execute();                                        #search
$string="insert into table values ('value1','values2',...)";
$dbh->do( $string);                                     #insert
$string="update table set Field1='value1',Field2='value2',...where condition";
$dbh->do( $string);                                     #update
$string="delete from table where condition";
$dbh->do( $string);                                     #delete
```

- 函数

fetchrow_array：返回数组中的一行

fetchrow_arrayref：返回数组引用中的一行

fetchall_arrayref：返回数组引用中的整个结果集

```
my $rows= $sth->fetchall_arrayref();
$sth->finish();
my      $tablerows=Tr(th({-bgcolor=>"#dddddd",-align=>"left"},
       ["ID","Name","Sex","Age"]));
```

```
    foreach my $row(@$rows){
      $tablerows.=Tr(td({-bgcolor=>"#dddddd"},$row));
    }
    print h1("Student Database"),table({-border=>0,-cellpadding=>
5,-cellspacing=>0},$tablerows),"Your query yielded ",b(scalar(@$rows))," records.";
```

· 关闭数据库

```
$sth->finish();
$dbh->disconnect();
```

3. BioPerl 概况　BioPerl 是 Perl 的扩充，专门用于生物信息的工具与函数集。BioPerl 在生物信息学的使用加速了生物信息学、基因组学及其他生命科学研究的发展。

首先，BioPerl 继承了 Perl 强大的正则表示式（regular expression）比对和字符串操作能力，Perl 非常擅长于切割、扭转、绞、弄平、总结，以及其他的操作文字文件。而生物资料大部分是文字文件，如物种名称、种属关系、基因或序列的注解、评注和目录查阅，甚至 DNA 序列也是类文字的，因此，Perl 为 BioPerl 带来的优势显而易见。

其次，BioPerl 继承了 Perl 能容错的特点。生物资料通常是不完全的，错误或者说误差从数据产生的时候可能就产生了。另外，生物数据的某项值栏位可以被忽略，可能是空着的；或是某个栏位也就是某个值，被预期要出现好几次（举例来说，一个实验可能被重复地操作）；或是资料以手动输入，所以有错误。BioPerl 并不介意某个值是空的或是有奇怪的字符。其中的正则表示式能够被写成取出并且更正相应的一般错误。

（1）Bio::SeqIO class

转换文件格式　method 1：

```
use Bio::SeqIO;
$in=Bio::SeqIO->new(-file=>'E:/perl test/origin files/sequences.gb',
    -format=>'genbank');                    #create a SeqIO object
$out=Bio::SeqIO->new(-file=>'>E:/perl test/result/sequences.fasta',
    -format=>'fasta');
while (my $seqobj= $in->next_seq()){        #Reads the next sequence object from in
  $out->write_seq( $seqobj);                #writes the $seqobj object into out
  }
```

转换文件格式　method 2：

```
use Bio::SeqIO;
$in=Bio::SeqIO->newFh(-file=>'E:/perl test/origin files/sequences.gb',
    -format=>'genbank');
$out=Bio::SeqIO->newFh(-file=>'>E:/perl test/result/sequences.fasta',
    -format=>'fasta');
while( $seqobj=<$in>){
  print $out $seqobj;                 #equal to "print $out $_ while <$in>"
}
```

（2）获取 sequence 对象（$seqobj）

从文件中获取

```
$seqobj= $in->next_seq()          # $in=Bio::SeqIO->new(…);
```

```
$seqobj=<$in>                    # $in=Bio::SeqIO->newFh(…);
  Note: while(…) 在存在多个$seqobj(或多条记录)的情况下使用
```

从数据库获取

```
use Bio::DB::GenBank;
$gb=new Bio::DB::GenBank;
$gb->proxy('http','http://10.71.115.253:3128');
$seqobj= $gb->get_Seq_by_id('MUSIGHBA1'); #Unique ID
#or...
$seqobj= $gb->get_Seq_by_acc('J00522'); #Accession Number
$seqobj= $gb->get_Seq_by_version('J00522.1'); #Accession.version
$seqobj= $gb->get_Seq_by_gi('405830'); #GI Number
#get more than one records
$seqio= $gb->get_Stream_by_acc(['AC013798','AC021953',…]); #Accession Number
while(my $seqobj= $seqio->next_seq){…}
```

有关数据的模块包括：Bio::DB::GenBank、Bio::DB::EMBL、Bio::DB::SwissProt、Bio::DB::RefSeq、Bio::DB::Taxonomy 等。

（3）使用 sequence 对象（$seqobj）

```
print $seqobj->accession()."\n";
print $seqobj->desc()."\n";
print $seqobj->seq()."\n";
print $seqobj->subseq(1,20)."\n";
...
```

（4）使用 Feature 方法

```
@features= $seqobj->top_SeqFeatures(); #Returns the array of top-level features
@features= $seqobj->$all_SeqFeatures(); #Returns the array of top-level features
use Bio::SeqIO;
use Bio::Seq;
$in=Bio::SeqIO->new(-file=>'E:/perl test/2/test.gb',
             -format=>'genbank');
while( $seqobj= $in->next_seq()){
  print "Feature count:",$seqobj->feature_count(),"\n";
  @features= $seqobj->top_SeqFeatures();
  foreach $feat(@features){
    print "Feature start..end:",$feat->start,"..",$feat->end,"\n";
  }
}
```

（5）使用标签系统（tag system）（图 13-1）

```
use Bio::Seq;
  $in=Bio::SeqIO->new(-file=>'E:/perl test/2/test.gb',
               -format=>'genbank');
while( $seqobj= $in->next_seq()){
```

```
    @features= $seqobj->top_SeqFeatures();
    foreach $feat(@features){
      foreach $tag( $feat->all_tags()){
        print"Feature has tag",$tag," with values:",join(""$feat->each_tag_value($tag)),
"\n";
      }
    }
}
```

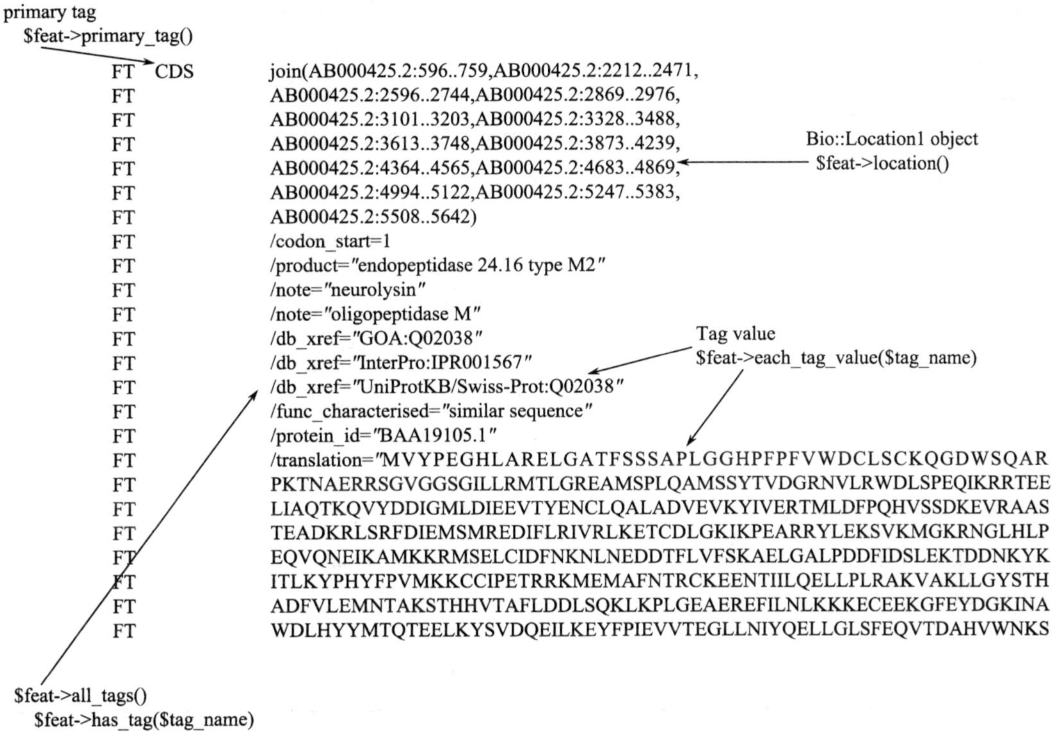

图 13-1　EMBL 条目与 BioPerl 标签对应说明

BioPerl 部分功能模块见表 13-3。

表 13-3　BioPerl 模块说明

应用	模块
1. 序列操作	
对序列进行统计	SeqStats，SeqWord
确定限制性内切核酸酶位点	Bio::Restriction
识别氨基酸裂解位点	Sigcleave
多样性序列功能	OddCodes，SeqPattern
转换坐标系	Coordinate::Pair，RelSegment
2. 搜索相似序列	
运行远程 BLAST	using RemoteBlast.pm

续表

应用	模块
分析 BLAST 和 FASTA 结果	Search，SearchIO
分析 BLAST 结果	BPlite，BPpsilite，BPbl2seq
分析 HMM 结果	HMMER::Results，SearchIO
运行本地 BLAST	StandAloneBlast
3. 序列比对	SimpleAlign
4. 在基因组 DNA 寻找基因和其他结构	Genscan，Sim4，Grail，Genemark，ESTScan，MZEF，EPCR
5. 开发机器可读性的序列注释	
表征序列注释	SeqFeature，RichSeq，Location
表征序列注释	Annotation::Collection
表示大的序列	LargeSeq
表示改变的序列	LiveSeq
表示相关联的序列——突变体，多态性	Allele，SeqDiff
在序列注释中加入特征数据	SeqWithQuality
序列 XML 表征——生成和分析	SeqIO::game，SeqIO::bsml
使用 GFF 表示序列	Bio:DB:GFF
6. 操作序列簇	Cluster，ClusterIO
7. 在 BioPerl 中表示非序列数据：结构、树和图谱	
使用 3D 结构对象并读取 PDB 文件	StructureI，Structure::IO
树对象和系统发生树	Tree::Tree，TreeIO，PAML
图谱对象操作遗传图谱	Map::MapI，MapIO
文献对象搜索文献数据库	Biblio
图形对象以图形代表序列对象	Graphics

二、Python

1. Python 简介　Python 是一门优雅而健壮的编程语言，也是一门动态地面向对象的编程语言。它为其他语言提供了强大的整合支持，并且有数量巨大的标准库。虽然 Python 被分类为脚本语言，但实际上一些大规模软件的开发计划也广泛使用它，所以称它为一种高级动态编程语言更为合适，因为脚本语言泛指仅做简单编程任务的语言。另外，Python 还可以作为一种“胶水语言”对 C 或其他语言提供良好的支持。

这门语言的名字来源于 Monty Python 的飞行马戏团，英文本意为“大蟒蛇”，自 Guido van Rossum 于 1989 年年底创建至今，已经流行了多年，但对于通用软件开发而言，Python 是个新丁。确实，相对于 C、C++、Lisp、Java 和 Perl，Python 是相对年轻，但是它不但继承了传统编译语言的强大性和通用性，同时也借鉴了简单脚本和解释语言的易用性。Python 在生物信息学中的应用也已经有很大发展，包括大量生物学软件和模块的开发及运用。Python 作为一门编程语言在生物信息学应用中的优点包括面向对象（OPP）、可拓展、可移植性、易学易读、健壮性等。

另外，Python 也支持多线程编程和垃圾回收机制，所以说，Python 不但可以开发小型项目，对于大型项目，Python 也能既快又好地完成。因此，现在越来越多的生物学家和生物信息学家从运用其他语言转向运用 Python。

2. Python 安装及开发运行环境的搭建　　在此主要介绍如何在 Windows 和 Linux 平台下搭建 Python 的开发及运行环境，然后用一个将一条 DNA 链转换为反向链的例子说明如何运行 Python 程序，最后简单介绍几种常用 Python 集成开发环境（IDE）。

（1）Windows 下 Python 的下载和安装　　得到所有 Python 最简单直接的方法就是直接访问它的官方网站，即 http://www.python.org/。现在最新的版本是 Python3.10.1（2021-12-06），但是由于绝大多数生物信息包所支持的 Python 版本是 Python2.5 及其以下版本（视具体包的支持版本而定），所以当使用 Python 进行生物信息开发时，下载 Python2.5 会在以后使用时比较方便。因此，本书以 Python2.5 在 Windows XP 上的安装为例说明 Python 的安装过程。双击下载好的 msi 文件（如 python-2.5.2. msi），随后执行该文件安装过程，安装 Python，如果都是按默认安装，它会被安装在 C 盘的根目录下，即 C:\Python25。这时在开始菜单所有程序下会有 Python2.5 出现，安装成功，这与装一个普通程序没什么两样。然后设置环境变量：右击“我的电脑”，选择“属性”，选择“高级”中的“环境变量”，选择“PATH”，点击“编辑”，把“C:\Python25；”加到“变量值”中（注意分号分割）。点击“确定”，然后重启电脑。如果只是想运行 Python，可以从开始菜单的程序中选择 Python 2.5 中的图形界面或命令行运行，最终从图形界面运行交互窗口的结果如图 13-2 所示。

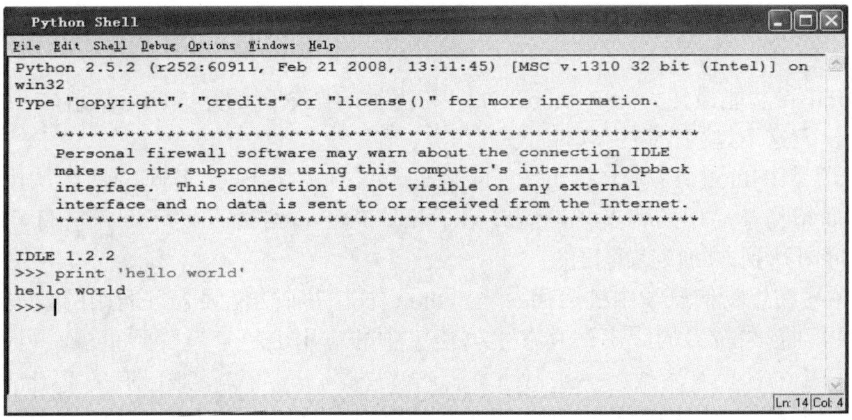

图 13-2　Python 图形用户界面的交互式窗口

（2）Linux 下 Python 的安装和配置　　在基于 Unix（Linux、MacOS X、Solaris、FreeBSD 等）的系统中大都已经安装了 Python，通过命令 Python 可以检查机器是否安装了 Python，如图 13-3 所示，出现这个界面说明机器上已经装了 Python，可执行文件一般装在 /usr/local/bin 子目录下，库文件通常在 /usr/local/lib/python2. x 子目录下，其中的 2. x 是使用 Python 的版本号。

（3）Python 程序的运行　　Python 程序的运行非常简单，如果是下载的脚本可以用 Python 的 IDLE 打开后按 F5 或者在 Run 菜单下选择运行。下面演示怎样在 Python 的交互式界面中将一条 DNA 序列转换为其反转序列。

```
>>>seq="CGACAGCACTCAGTCGATCAGCGACATCGAC"  #建立一条 DNA 序列,并将其赋值给 seq
```

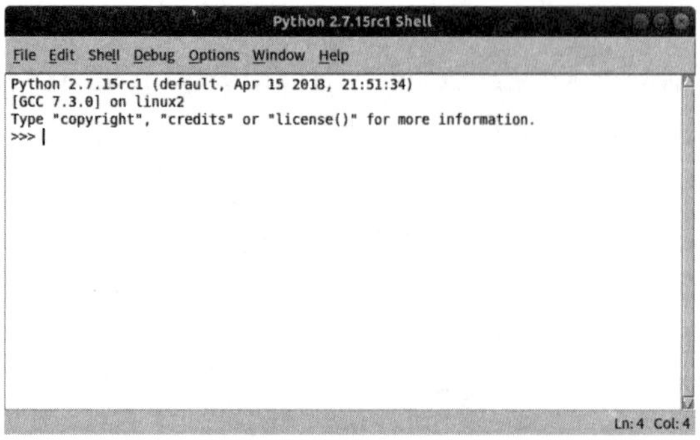

图 13-3　Linux 下 Python 运行的交互式窗口界面

```
>>>print seq
```
#输出赋值给 seq 的字符串

```
CGACAGCACTCAGTCGATCAGCGAC ATCGAC
>>>seqRev=seq[::-1]
```
#转换 DNA 链为其反转序列并将其赋值给 seqRev

```
>>>print seqRev
```
#输出赋值给 seqRev 的字符串，即原 DNA 的反转序列

```
CAGCTACAGCGACTAGCTGACTCAC GACAGC
```

（4）Python 集成开发环境简介　很多程序编写人员会选择在他们喜欢的文本编辑器中工作，如 vim 或 emacs。除此之外，在编写 Python 代码中比较常用的还有以下几种。

• IDLE：Python 发行自带的 IDE，有语法高亮功能，功能上比较简单，但是是 Python 的标准 IDE。

• IPython：增强的交互式 Python。

• Eclipse＋pydev 插件：本身是用 Java 编写，扩展性很强，支持语法高亮，受到很多 Python 程序员的欢迎，但运行 Python 程序有时不稳定。

• Ulipad：功能较齐全的自由软件，由中国的 limodou 编写，提供强大的提示功能。

• PyScripter：只是面向 Python 的自由软件，体积小，如果只是编写 Python 代码，它就足够了。

• Komodo 和 Komodo Edit：后者是前者的免费精简版，功能强大，特别是代码检查功能非常优秀，是开发 Python 项目的一个利器。它是 ActiveState 的多语言、多平台 IDE，所以不限于 Python。

• WingIDE：功能最强大的 Python IDE，有优秀的命令自动完成和函数跳转列表。它只是面向 Python，但这不是一个自由软件。

以上介绍了 Python 在两个常用平台的搭建和一个小程序的实现过程，从中可以看出，Python 具有简单易学易用的特点；最后介绍了几种 Python 继承开发环境，它们可以在编写生物信息学程序时达到方便快速的目的。

3. Python 在生物信息学中的应用　Python 作为一种功能强大且通用的编程语言而广受好评，正在得到越来越多的应用，其在生物信息中的应用也越来越受到重视，目前 Python 应用在生物信息中的途径有两条：一是自己写脚本程序运行，或者下载已有的 Python 脚本运行，由于如何运行脚本在上文中已有提到，下面将简介在生物信息学中常用的模块（module）；二是应用 Python 语言编写的程序，这和运行普通程序没什么两样，下文也将以 Python 开发的生物信息学程序为例做一个简单介绍。

（1）Python 中生物信息学常用的模块

• NumPy：一个用 Python 进行科学计算的基础包，可以进行多维度的矩阵计算，并整合了 Fortran 的所有功能。如要在 Python 中进行运算操作，这个包是必不可少的。官方网址是 http://www.numpy.org/。

• SciPy：常常和 NumPy 一起安装，是 NumPy 的补充，增加了处理函数，在线性代数和多线程图片处理上有增强。官方网址是 http://www.scipy.org/。

• RPy：这是 Python 对 R 语言的接口。通过 RPy 可以在 Python 中方便调用各种 R 语言的对象，运行任意 R 函数（包括图形函数）。官方网址是 https://rpy2.github.io/。

• Matplotlib：一个 Python 用于 2D 画图的库，这个库可以轻松使数据输出成可以达到出版水平的图表。不仅如此，输出的图表可以是动态的，也可以直接输出到网络服务器上。官方网址是 http://matplotlib.org/。

（2）基于 Python 语言编写的生物信息常用程序

• PyMOL：是一个开源的分子可视化软件，是最为强大的分子可视化处理软件。安装了 PyMOL（不必安装 Python），可以方便地以多种方式查看或编辑分子的三维结构，支持 PDB 文件；另外还可以进行简单的分子结构比对，运用简单的命令输出高质量的分子模拟图。这个软件是 Python 编写的在生物信息学中运用最多的程序。官方网址是 http://www.pymol.org/。

• Modeller：通过计算空间位阻进行蛋白质三维结构比对的程序，但这个程序需要安装 Python。通过已知的蛋白质序列可以进行多种模式的比对。Modeller 提供了多种现成脚本，根据需要改变其中的参数可以达到用户要求。另外，还有多个图形用户界面程序对 Modeller 提供支持，可以供用户查看比对结果。官方网址是 http://salilab.org/modeller/。

现阶段，虽然供生物信息学应用的软件还不是很多，但随着大量生物信息学家加入 Python 阵营中和 Python 自身的不断完善，基于 Python 的生物信息运用会得到广泛发展。

三、其他编程语言

1．R　R 是一种灵活易用的语言，专为统计计算和图形展示所设计。R 语言以极其丰富的程序包及其简单、高效、完善的特征受到了大量生物统计学家的青睐。R 语言包含大量生物信息学研究相关的程序包，涵盖了数据预处理标准化、差异表达、网络分析等一系列流程，由于 R 语言的用户群庞大，相对较小的研究领域也可能找到对应的 R 包。Bioconductor（http://www.bioconductor.org/）汇集了各类与基因组分析相关的 R 包，用户可通过运行 install.packages（“BiocManager”）加载安装脚本，并用 BiocManager::install（ ）命令进行安装。图像可视化也是 R 语言的强项，如 ggplot2 等 R 包可以直接输出符合 SCI 标准的统计图像。

R 语言的官方网址是 http://www.r-project.org，用户可以连接距离自己最近的镜像以达到最快的访问速度。

（1）搭建 R 环境

1）安装 R。进入 R 语言官网后，在左侧一栏 Download 中点击 CRAN（图 13-4），进入镜像选择界面，这里以选择清华镜像 https://mirrors.tuna.tsinghua.edu.cn/CRAN/ 为例，进入下载和安装 R 语言的界面，根据自己的操作系统选择对应的安装包下载。下载好打开的界面如图 13-5（这里以 R 4.1.0 为例）：

2）安装 RStudio。RStudio 是 R 的集成开发环境（IDE），它包括一个控制台、支持直接执行代码的语法高亮编辑器，以及用于绘图、历史、调试和工作空间管理的工具。

RStudio 的官方网址为 https://www.rstudio.com/。RStudio，有开源版和商业版，可在桌面上（Windows、Mac 和 Linux）或连接到 RStudio Server 或 RStudio Server Pro（Debian/Ubuntu、Red Hat/CentOS 和 SUSE Linux）的浏览器中运行，其界面如图 13-6 所示。

（2）基本运算

数学运算：运算后给出数值结果。

＋, -, *, /, ^

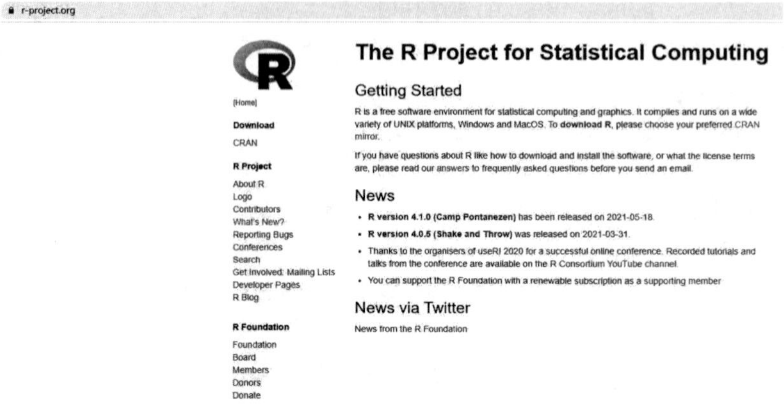

图 13-4　R 语言的官方网站界面

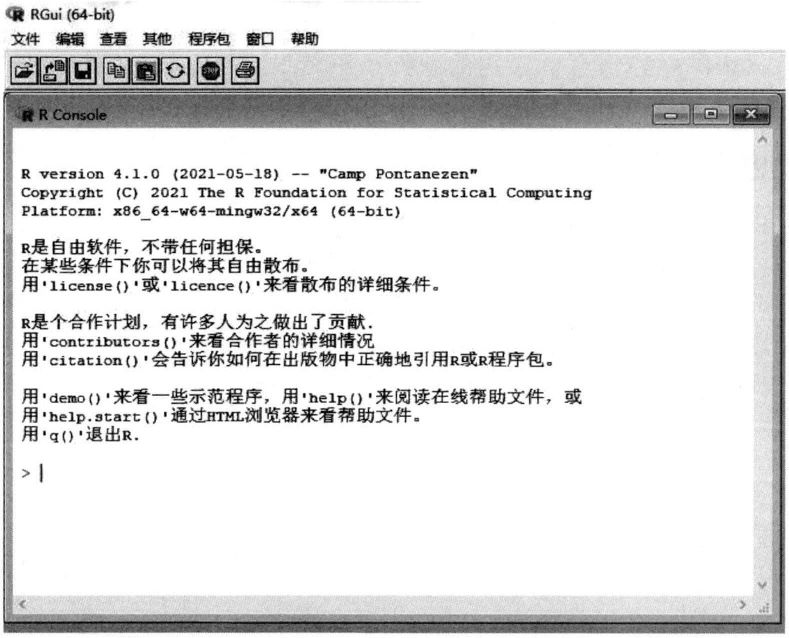

图 13-5　R 环境界面

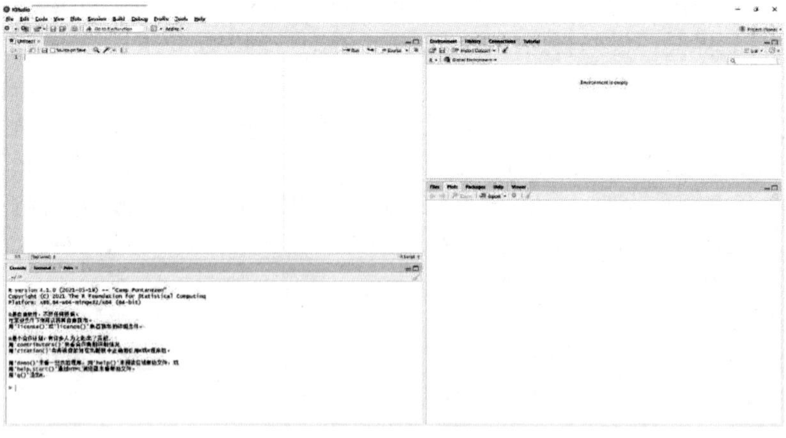

图 13-6　R Studio 界面

比较运算：运算后给出判别结果（TRUE 或 FALSE）。

＞，＜，＜=，＞=，==，!=

逻辑运算：与、或、非。

!，&，&&，|，||

赋值符。

= 或 ＜- 或 ＞-

注释。

#

（3）数据类型

1）基础类型。

数值型：Numeric，如 100，0，-4.335。

复数型：Complex，如 1 + 2i。

字符型：Character，如“China”。

逻辑型：Logical，如 TRUE，FALSE。

2）结构化数据。

向量（vector）：一系列相同属性元素的组合。

数组（array）：*k* 维的数据表，不常用。

矩阵（matrix）：数组的一个特例，维数 k=2。

矩阵是非常常见的数据格式，生物信息学中很多运算都是矩阵运算。

因子（factor）：一个储存分类元素的变量，用 nlevels 函数查看分类。Factor 容易引起不易察觉的错误，除统计建模之外尽量避免 factor 使用。

数据框（data.frame）：由一个或几个向量和（或）因子构成，它们必须是等长的，但可以是不同的数据类型。读取列表数据的默认格式。

列表（list）：可以包含任何类型的对象。

（4）R 常用数学函数　图 13-7 所示。

（5）R 工作空间函数

ls（）：列出工作空间中的对象。

rm（）：删除工作空间中的对象。

rm（list=ls（））：删除空间中所有对象。

save.image（）：保存工作镜像。

sink（）：将运行结果保存到指定文件中。

getwd（）：显示当前工作文件夹。

setwd（）：设定工作文件夹。

计算	统计检验	统计检验
log(x)	mean(x)	lm(y~f+x)
log10(x)	sd(x)	lm(y~x1+x2+x3)
exp(x)	var(x)	bartlett.test
sin(x)	median(x)	binom.test
cos(x)	quantile(x, p)	fisher.test
tan(x)	cor(x, y)	chisq.test
asin(x)	t.test( )	glm(y~x1+x2+x3, binomial)
acos(x)	lm(y~x)	
min(x)	wilcox. test( )	friedman. test
max(x)	kruskal.test( )	…
range(x)		
length(x)		

图 13-7　R 的常用数学函数

（6）外部数据读取与读出　最为常用的数据读取方式是用 read.table（）函数或 read.csv（）函数读取外部 txt 或 csv 格式的文件（txt 文件，制表符间隔；csv 文件，逗号间隔）。

同样有 wr.table（）和 write.csv（）等函数用于数据的读出。一些 R 程序包（如 foreign）也提供了直接读取 Excel、SAS、dbf、Matlab、spss、systat、Minitab 文件的函数。

（7）基本绘图函数及参数

1）基本绘图函数。

plot（ ）：绘制散点图等多种图形。

hist（ ）：直方图。

boxplot（ ）：箱线图。

stripchart（ ）：点图。

barplot（ ）：条形图。

dotplot（ ）：点图。

piechart（ ）：饼图。

2）图形参数见表 13-4 和表 13-5。

表 13-4　R 基本图形元素函数表

基本图形元素函数	功能	基本图形元素函数	功能
lines（ ）	添加线	axis（ ）	坐标轴
curve（ ）	添加曲线	box（ ）	外框
abline（ ）	添加给定斜率的线	title（ ）	标题
points（ ）	添加点	text（ ）	文字
segments（ ）	折线	…	…
arrows（ ）	箭头		

表 13-5　R 绘图参数表

绘图参数	功能	绘图参数	功能
font	字体	xlab	横坐标
lty	线类型	ylab	纵坐标
lwd	线宽度	xlm	横坐标范围
pch	点类型	ylm	纵坐标范围
col	颜色	…	…

（8）高级绘图函数　ggplot2 绘图遵循“图层化”原则，通过“＋”实现“基本图形要素的自由组合”。

结构化的基本图形要素如下。

• 不同的几何对象（geometric object，简称 geom），如散点、折线等。在 ggplot2 中，共有 30 多种几何对象。

• 这些几何对象的属性（aesthetics，简称 aes），如横坐标与纵坐标等。以散点图为例，不同的颜色、大小或形状都可以映射到一项数据。一般来说，颜色与形状适合表示分类变量，大小适合表示连续变量。

• 统计变换（statistical transformation，简称 stats），如在图中加入一条回归线，可用来表示数据的统计相关性。

• 坐标系（cooridnate system，简称 coord），可定义坐标的尺度和范围等。

• 分面（facet），可以用不同的子窗口表现一组图像。

• 主题（theme），应用主题快速变换图像风格，可加载 ggthemes 等包。

关于 ggplot2 的详细用法，可前往 http://r-statistics.co/Complete-Ggplot2-Tutorial-Part1-With-R-Code.html 进行学习。

2. Java　简单地说，Java 是一种面向对象的、分布式的、健壮的、平台无关的、安全可靠的、解释的、高性能的、多线程的、动态的语言。Java 是一种庞大的程序开发语言，涉及的内容很多，这里不再赘述。中国用户可从 https://www.java.com/zh_CN/download/ 下载 Java 运行时环境（JRE），并从 http://www.oracle.com/technetwork/cn/java/index.html 下载所需开发工具包（JDK）等。

3. 生物信息学编程能力训练平台　由于篇幅所限，这里将不再展开叙述各编程语言的基础知识，读者可自行寻找相关教程进行学习。为了帮助读者锻炼编程能力，提高解决生物信息学问题的能力并对自己的进步有所认知，本书提供一个生物信息学编程能力训练平台（https://oj.zju.bio/）。用户可以登录此平台查看生物信息学基础题目，尝试用所学语言编写程序实现功能，并提交自己的代码以查看结果。目前平台支持使用 C/C++/Java/Python 代码完成作业。此外，本书还附带一个演示程序（BioWeb.exe）帮助读者熟悉 Apache＋Python 环境的搭建及简单功能的实现。训练平台入口及 BioWeb 搭建教程视频均可从本书主页 http://bis.zju.edu.cn/binfo/textbook/ 获取。

第三节　SQL 及数据库编程

结构化查询语言（structured query language，SQL）是用于数据库中的标准数据查询语言，由 IBM 公司最早使用在其开发的数据库系统中。我们知道，各种类型的数据库在生物信息学研究中起着重要的作用，所以我们很有必要学习如何使用 SQL 来构建自己的数据库。

本部分重点介绍 RDBMS（关系型数据库管理系统）数据库程序 MySQL 和其中的 SQL 数据库操作。此外，我们简要地介绍一下服务器端脚本语言（PHP）。

一、数据库和数据库技术

1. 数据库　在信息技术飞速发展的今天，作为信息技术主要支柱之一的数据库技术在社会各个领域中有着广泛的应用。对信息进行收集、组织、存储、加工、传播、管理和使用都以数据库为基础，利用数据库可以提供及时的、准确的、相关的信息，满足各种不同的需要。它能够科学地组织和存储数据，高效地获取和处理数据，更广泛、更安全地共享数据。

数据是数据库存储的基本对象。我们称描述事物的符号记录为数据，它可以是数字，也可以是文字、图像、声音等。数据库则是数据的集合，其中的数据按一定的数据模型组织、描述和存储，具有较小冗余度、较高的数据独立性和易扩展性，并为各种用户共享。

2. 生物数据库　现阶段，生物数据库种类繁多，涉及生物学研究的各个方面，而且每年都有非常多的数据库不断地出现。《核酸研究》（*Nucleic Acids Research*）是收录数据库研究论文的杂志，迄今为止它收录了 1641 个在线分子生物数据库（https://www.oxfordjournals.org/nar/database/cap/）。生物数据库数量之多，也源于生物数据库在生物学研究中的重要作用，它方便了我们进行生物学试验。

举个简单的例子，假设我们发现了一新的蛋白质，该蛋白质的氨基酸序列已知，现在要研究它的功能。此时，我们可以先在 NCBI（http://www.ncbi.nlm.nih.gov）中的蛋白质数据库中进行序列比对。通过序列比对，从 NCBI 数据库中找出与我们的蛋白质序列相似性较高的蛋白质，可以称之为同源蛋白。获得的同源蛋白功能是已知的，根据同源蛋白功能的相似性，我们就可以大致推测出所要研究的蛋白质的功能，然后有目的地进行试验，对它的功能进行验证。除 NCBI 中的蛋白质数据库外，我们还可以通过 PDB 数据库获得蛋白质的空间结构信息（http://www.rcsb.org），通过 KEGG 数据库（http://www.genome.jp/kegg）可以查询蛋白质所参与的各种代谢通路信息。总之，生物数据库实现了全球生物数据的共享，方便了生物学研究，对于生物学的发展有着重要的作用。

3. 数据库技术支持 要创建发布数据库中数据的网站，需要以下技术要素。

- RDBMS 数据库程序（如 MS Access、SQL Server、MySQL）
- 服务器端脚本语言（如 PHP 或 ASP）
- SQL
- HTML/CSS

SQL 和 RDBMS 数据库程序，负责编写服务器端数据库；PHP 或 ASP 和 HTML/CSS 共同负责编写可供交互的动态网页，提供客户端查询数据库的窗口。

RDBMS 数据库程序，指的是关系型数据库管理系统。RDBMS 是 SQL 的基础，同样也是所有现代数据库系统的基础，如 MS SQL Server、IBM DB2、Oracle、MySQL 及 Microsoft Access。RDBMS 中的数据存储在被称为表（table）的数据库对象中，表是相关的数据项的集合，它由列和行组成。

对于服务器端脚本语言（script language），它负责服务器端和客户端的交互，即它首先接收客户端的需求，然后服务器运行相应的脚本语言，返回结果给客户端。服务器的脚本语言，如 PHP（hypertext preprocessor，超文本预处理器）和 ASP（active server page，动态服务器网页）。

SQL 即结构化查询语言，它是一门由 ANSI（American National Standards Institute，美国国家标准学会）推出的标准计算机语言，用来访问和操作数据库系统。SQL 语句用于取回和更新数据库中的数据。

HTML（hypertext markup language，超文本置标语言）用来制作网页；CSS（cascading style sheet，层叠样式表）是 W3C 定义和维护的标准，是一种用来为结构化文档（HTML 文档）添加样式（字体、间距和颜色等）的计算机语言。使用 W3C 标准可以保证网页在不同的浏览器中显示同样的效果，即可以解决浏览器间的不兼容问题。

二、MySQL

MySQL 是一种 RDBMS 数据库程序，也被称为数据库服务器。选择 MySQL 作为数据库服务器的理由如下所述。一方面，MySQL 运行速度非常快，它要快于其他大多数的数据库服务器；另一方面，它是开源的软件，即开放源代码的，任何的 bug（缺点）都将很快被纠正。MySQL 是开源的，我们可以免费地获取和拥有它。此外，MySQL 可以用于许多平台，大多数的 UNIX 操作系统、Linux、Windows，以及一些不很流行的操作系统，如 IBM OS/2。

1. MySQL 的安装和客户端 MySQL 是开源的，它的安装只要从其官方网站（http://www.mysql.com）中下载，按一定的安装步骤即可完成。

安装完成后，我们是在 MySQL 客户端中进行数据库操作的。MySQL 的客户端比较多，这里只给出了以下三种常用的。

（1）*命令行客户端* 当我们完成了 MySQL 安装后，就可以直接使用命令行客户端。在 Windows 操作系统中，通过“开始”→“程序”→“MySQL”，可以找到命令行客户端

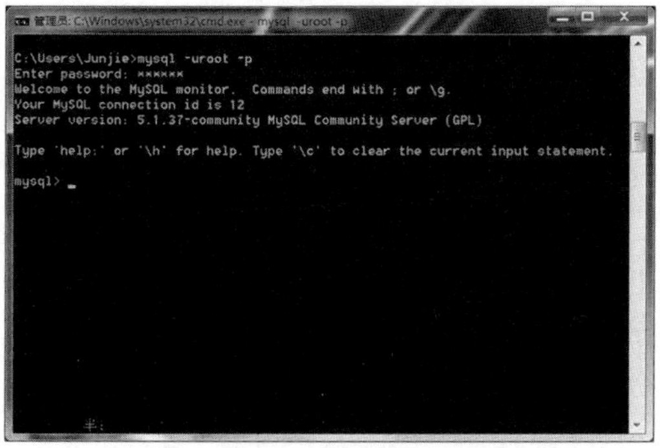

图 13-8　命令行客户端

（图 13-8）。

（2）phpMyAdmin　　phpMyAdmin 是基于浏览器的 MySQL 管理应用程序，使用 PHP 编写。phpMyAdmin 的官方网站 http://www.phpmyadmin.net 提供了源码下载（图 13-9）。

（3）Navicat　　Navicat 是一个独立的 MySQL 数据库管理应用程序，通过一个相当漂亮的界面提供了很多用户友好的工具。可在 http://www.navicat.com.cn/ 下载 Navicat（图 13-10），但它不是免费的。

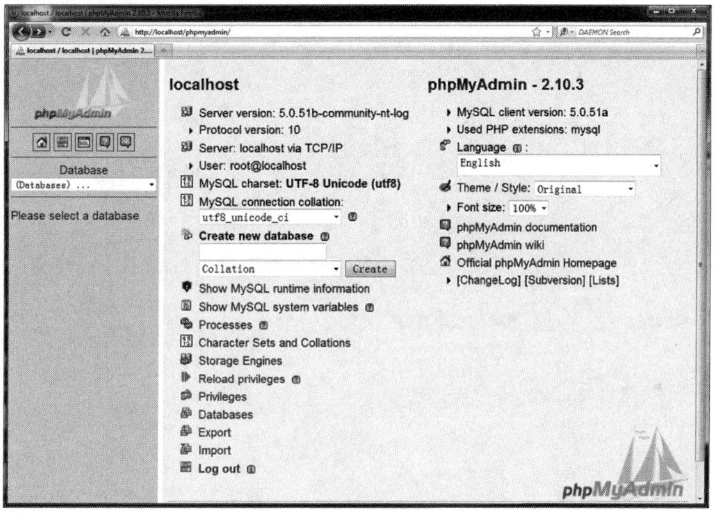

图 13-9　phpMyAdmin 界面

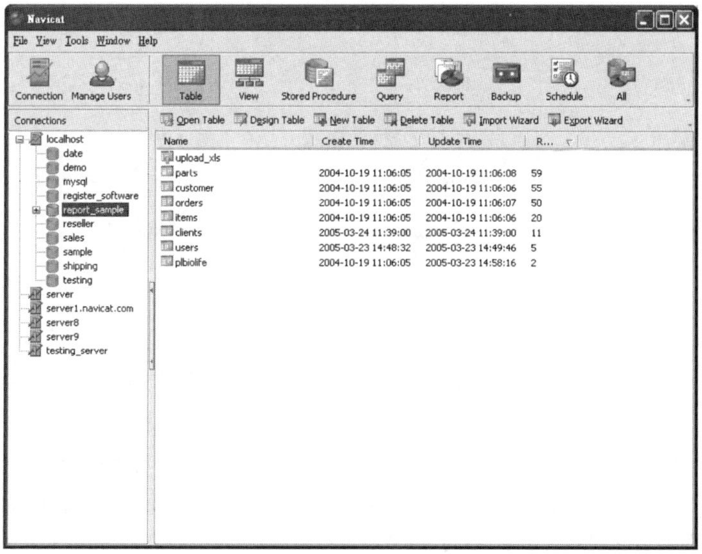

图 13-10　Navicat 界面

2. 基本概念 在真正使用 MySQL 前，我们有必要了解相关的一些基本概念。

（1）表、行和列与列类型 MySQL 是 RDBMS 数据库程序，即它处理的对象是关系数据库。关系数据库由表构成。我们将数据库比作文件柜中的一个抽屉，那表就如同抽屉中的文件夹。表由行和列构成。每一列都为每一行包含了一个值，表中不存在缝隙或短列。我们可以将表想象成一电子表格，行为单独的实体，列标记了实体的属性。

在表 13-6 中，每一行都是一个实体，即一份期刊，共 21 份；每一列分别标记了实体的属性，第一列为期刊的名称（jouranl_title），第二列为期刊的 ISSN 号，第三列是 2010 年被引用总次数（total_cites），最后一列是期刊的影响因子（impact_factor）。

表 13-6 2010 年部分 SCI 期刊表

Journal_title	ISSN	Total_cites	Impact_factor
NATURE	0028-0836	511 145	36.101
CELL	0092-8674	167 587	32.401
SCIENCE	0036-8075	469 704	31.364
NAT BIOTECHNOL	1087-0156	34 520	31.085
CANCER CELL	1535-6108	17 941	26.925
MOL CELL	1097-2765	42 991	14.194
ANNU REV CELL DEV BI	1081-0706	8 414	14.078
GENOME RES	1088-9051	24 166	13.588
CURR OPIN CELL BIOL	0955-0674	13 739	13.54
MOL SYST BIOL	1744-4292	3 877	9.667
SYST BIOL	1063-5157	9 559	9.532
PLANT CELL	1040-4651	34 533	9.396
BRIEF BIOINFORM	1467-5463	2 886	9.283
NUCLEIR ACIDS RES	0305-1048	100 444	7.836
PLANT PHYSIOL	0032-0889	55 626	6.451
RNA	1355-8382	10 743	6.051
BIOINFORMATICS	1367-4803	40 659	4.877
PLOS ONE	1932-6203	42 795	4.411
BMC SYST BIOL	1752-0509	1 212	3.565
BMC BIOINFORMATICS	1471-2105	12 653	3.028
GENOME	0831-2796	4 989	1.662

在 MySQL 中，每一列都有一个名称和一个类型。确定类型首先要明确该列（也可以称为字段）包含的是哪一类信息，主要有文本、数字、日期和时间三类信息；相应地，MySQL 存在文本、数字、日期和时间三种类型，每一种类型都还有各自的子类型（表 13-7）。

表 13-7 常见 MySQL 数据类型

类型	大小	描述
CHAR Length	Length 字节	定长字段，长度为 0～255 个字符
VARCHAR［Length］	String 长度＋1 字节	变长字段，长度为 0～255 个字符
TINYTEXT［String］	长度＋1 字节	字符串，最大长度为 255 个字符
TEXT	String 长度＋2 字节	字符串，最大长度为 65 535 个字符
MEDIUMTEXT	String 长度＋3 字节	字符串，最大长度为 16 777 215 个字符
LONGTEXT	String 长度＋4 字节	字符串，最大长度为 4 294 967 295 个字符
TINYINT［Length］	1 字节	范围：－128～127，或者 0～255（无符号）
SMALLINT［Length］	2 字节	范围：－32 768～32 767，或者 0～65 535（无符号）
MEDIUMINT［Length］	3 字节	范围：－8 388 608～8 388 607，或者 0～16 777 215（无符号）
INT［Length］	4 字节	范围：－2 147 483 648～2 147 483 647，或者 0～4 294 967 295（无符号）
BIGINT［Length］	8 字节	范围：9 223 372 036 854 775 808～9 223 372 036 854 775 807，或者 0～18 446 744 073 709 551 615（无符号）
FLOAT	4 字节	具有浮动小数点的较小的数
DOUBLE［Length，Decimals］	8 字节	具有浮动小数点的较大的数
DECIMAL［Length，Decimals］	Length ＋ 1 字节或 Length ＋ 2 字节	存储为字符串的 DOUBLE，允许固定的小数点
DATE	3 字节	采用 YYYY-MM-DD 格式续表
DATETIME	8 字节	采用 YYYY-MM-DD HH：MM：SS 格式
TIMESTAMP	4 字节	采用 YYYYMMDDHHMMSS 格式；可接受范围终止于 2037 年
TIME	3 字节	采用 HH：MM：SS 格式
ENUM（VALUE1-…）	1 或 2 字节	最大可达 65 535 个不同的值
SET（VALUE1-…）	1、2、3、4 或 8 字节	最大可达 64 个不同的值

（2）键　键是特殊的列，通过它可以实现实体间的链接。主键（primary key）是某些规则必须遵守的唯一标识符。①主键必须总是具有值（不能为空）；②主键的值不会变；③对于表中的每一条记录具有唯一值。只有满足这 3 点的字段才能成为表的主键。往往一个表，我们会给分配一个主键，如添加一个 id 号，就像人的身份证号一样，一条记录对应一个 id 号，id 列即主键。

根据表 13-6 可以创建一个期刊（journal）表，其中 id 列为表的主键（表 13-8）。

表 13-8 journal 表（为了说明问题，只从表 13-6 中抽出 3 条记录，没有包含全部）

id	Journal_title	ISSN	Total_cites	Impact_factor1
1	*MOL SYST BIOL*	1744-4292	3 877	9.667
2	*UCLEIR ACIDS RES*	0305-1048	100 444	7.836
3	*BIOINFORMATICS*	1367-4803	40 659	4.877

外键（foreign key）也是表中的一列（表 13-9）。外键是表 A 中的主键在 B 中的表示。

表 13-9　paper 表

id	Title	journal
1	PmiRKB: a plant microRNA knowledge base	2
2	STEME: efficient EM to find motifs in large data sets	2
3	Small RNAs in angiosperms: sequence characteristics, distribution, and generation	3
4	RseqFlow: Workflows for RNA-seq data analysis	3
5	Cell-to-cell variability of alternative RNA splicing	1

论文（paper）表中的journal列即为外键，这列的值同journal表中的id列匹配。在journal表中id列是主键。一个数据库，往往是由多个相关的表组成的，彼此由外键相连。

（3）*表关系*　表关系在RDBMS中表现为表与表之间的数据如何相关联，它有3种类型：一对一（one-to-one）、一对多（one-to-many）和多对多（many-to-many）。

一对一的关系，指的是表A中的一个且只有一个项目牵涉到表B中的一个且只有一个项目，如公民与他的身份证号码间的关系。在我们的数据库中，一般不会出现这样的两个表，如两个表是一对一的关系时，我们往往将会把它们合成一个表。

一对多的关系，指的是表A中的一个项目牵涉到表B中的多个项目。一对多在我们的数据库中比较常见。在这种关系中，对于表A中任何指定的行，在表B中都有多个行与之相配。反过来，对于表B中任何指定的行，在表A中只有一行与之匹配，如上面外键的例子。

多对多的关系，指的是表A中的多个项目牵涉到表B中的多个项目。对于多对多关系的两个表，我们往往加上一个桥联表（连接两个表的表）将多对多转化为两个一对多关系。

以上3种关系在数据库设计中起着重要的作用。

3. 数据库设计与范式　数据库设计，就是建立数据库的结构，又称数据建模（data modeling）。一个成功的数据库往往都是经过精心设计的，这样可以避免数据库的冗余，使数据库精干而高效。在设计时使用规范化（normalization）过程，是减少冗余的较好方法。规范化，就是在数据库设计当中要遵循某些规则，这些规则被称为范式（normal form）。

第一范式（1NF）。第一范式主要包含三个原则。第一条原则是一个表要描述一个对象，如我们上面的journal表描述的是学术期刊的信息。第二条原则是一个表要求有一个主键。主键经常是一个自动递增（auto increment）的整数列。例如，journal表和paper表都有一个id列，它就是各自表的主键。第三条原则是每一列都必须只包含一个值。也就是说，每个属性必须包含单独一个值，而非一组值。

第二范式（2NF）。满足第二范式，首先数据库必须满足1NF的所有要求。其次，确定具有重复值的任何列，将这些列移到一个单独的表中，并通过主键－外键一对多的关系与原来的表关联起来。

第三范式（3NF）。第三范式要求在满足了第二范式（2NF）后，每个非键列（除主键外的列）都要依赖于主键。使数据库满足3NF的方法是确定表中不与主键直接相关的列，相应地创建新表，再通过主键－外键与原表链接起来。

当然，除了以上3种范式，还有其他的，如Boyce-Codd范式（BCNF）、第四范式（4NF）等。但有了上述的3种范式，对于我们的数据库设计已经足够了，即它们已经可以使数据库消除冗余、高效运行。

4. 数据库操作　以上我们已经对数据库的一些基本概念和数据库设计有了一定的了解，下面我们将要认识MySQL中基本的SQL语句和数据库操作。

（1）创建数据库　当然，我们先得给数据库、表和列进行命名，对它们的命名我们需要遵循一些规则，如下所述。

1）使用字母、数字字符和下划线，不能有空格。

2）名称的长度在 64 个字符之内。

3）不使用关键字（如 table、database、char 等）。

4）列名称最好具有描述性。

我们以创建 db_paper 数据库为例，它包含两个表，分别为 paper 表和 journal 表。

Ⅰ. 登录 MySQL 客户端

Ⅱ. 创建 db_paper 数据库

CREATE DATABASE db_paper;

USE db_paper;

解析：CREATE DATABASE data_name，该语句是创建相应名称的数据库；USE＋数据库名称，即使用相应的数据库，则以下的操作都是基于该数据库。

Ⅲ. 创建 journal 表

根据表 13-10 中设计的列类型，创建 journal 表：

```
CREATE TABLE journal (
id INT UNSIGNED NOT NULL AUTO_INCREMENT,
journal_title VARCHAR(50) NOT NULL,
issn VARCHAR(20) NOT NULL,
total_cites MEDIUMINT NOT NULL,
impact_factor FLOAT NOT NULL,
PRIMARY KEY (id)
);
```

解析：CREATE TABLE table_name，通过该语句可以创建相应的表，括号中内容包括表的每一列，包括列名和它的列类型及其他属性。NOT NULL 说明该列不能为空，AUTO_INCREMENT 表示自动递增。其中，PRIMARY KEY（id）表示将 id 列为 journal 表的主键（图 13-11）。

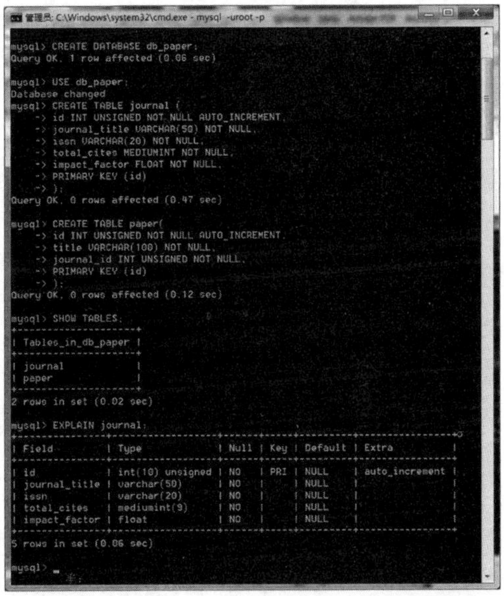

图 13-11　MySQL 创建数据库的相关操作

表 13-10　journal 表各字段的数据类型

列名	类型	列名	类型
id	INT	total_cites	MEDIUMINT
journal_title	VARCHAR（50）	impact_factor	FLOAT
ISSN	VARCHAR（20）		

Ⅳ. 创建 paper 表（类似于创建 journal 表）

```
CREATE TABLE paper(
id INT UNSIGNED NOT NULL AUTO_INCREMENT,
title VARCHAR(100)NOT NULL,
```

```
journal_id INT UNSIGNED NOT NULL,
PRIMARY KEY (id)
);
```

描述 paper 表我们只用了 id 主键、title 和 journal 外键，当然还可以往里加，如作者和出版日期等。为了说明问题，我们只用了上面的三列。

Ⅴ. 查询数据库信息

SHOW TABLES 语句返回数据库中的所有表，使用 EXPLAIN/DESCRIBE table_name 可以输出表的结构信息。

（2）添加数据　创建表后，需要填入内容，即插入相应的记录。可以通过 LOAD DATA 和 INSERT 语句完成该任务，这里将就 journal 表进行举例。

创建一个文本文件“journal. txt”（图 13-12），每行包含一个记录，用定位符（tab）把值分开，并且以 CREATE TABLE 语句中列出的列次序给出。对于丢失的值，我们可以使用 NULL 值。为了在文本文件中表示这些内容，使用 \N（反斜线，字母 N）。

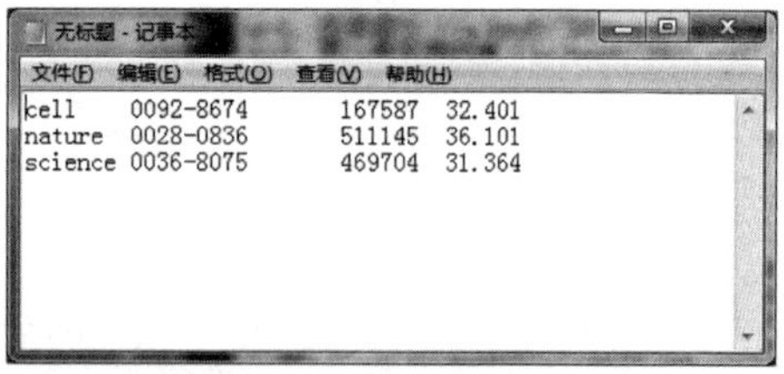

图 13-12　journal. txt 文件

要想将文本文件“journal. txt”装载到 journal 表中，使用这个命令：

```
mysql> LOAD DATA LOCAL INFILE '/path/journal.txt' INTO TABLE pet;
```

也可以使用 INSERT 语句：

```
mysql> INSERT INTO journal VALUES
   -> ('1','cell','0092-8674','167587','32.401'),
   -> ('2','nature','0028-0836','511145','36.101'),
   -> ('3','science','0036-8075','469704','31.364')
```

对于上述两种方法，当给一个空表添加数据时，使用 LOAD DATA 方法较方便。INSERT 语句多用于给一个已有数据的表中再增添些数据。通过类似的方法，我们可以给 paper 表添加数据。

到此，一个关于文献的数据库已经建好了。那么我们应该怎么来使用它呢？下面是关于数据库——SELECT 语句的使用。数据库的查询是数据库操作极为重要的部分。

（3）数据库查询

• 选择所有数据

从一个 journal 表中检索所有记录：

```
mysql> SELECT * FROM journal;
```

从表中检索所有的记录，目的往往是查找表中的数据是否存在错误。如果发现有记录有错，就需要使用 UPDATE 语句进行修改（UPDATE 语句下面将会讲到）。

• 选择特殊行

从表中只选择特定的行，只要在 SELECT 语句中加上 WHERE 限制，如我们要从 journal 表中查找 cell 的信息，则使用下面的语句：

```
mysql> SELECT * FROM journal WHERE journal_title='cell';
```

• 选择特殊列

选择行的话，返回包括记录的全部列属性。当我们只对其中某个列感兴趣，SELECT 后

不使用 * 号，而是加上相应的列名称（column_name）。通过下面的 SQL 语句，可以返回 journal 表中 journal_title 列的信息：

```
mysql> SELECT journal_title FROM journal;
```

可以查询多个列，只要在多个列名间用逗号隔开。也可以加上 WHERE 限制，查询出特殊行的列属性。

- 分类行

我们使用 SELECT 语句进行数据库查询后，数据库服务器会返回相应的结果。当我们希望按照某一特定的方式排序结果时，可以在 SELECT 语句中使用 ORDER BY 子句。例如，如果希望 journal 表查询返回的结果按影响因子（impact_factor）排列，可以使用以下的语句：

```
mysql> SELECT * FROM journal ORDER BY impact_factor;
```

ORDER BY 默认由小到大的顺序排列。

```
mysql> SELECT * FROM journal ORDER BY impact_factor DESC;
```

有了 DESC（降序）后，结果则由大到小显示。

- 执行联结

我们在设计数据库的时候已经使用了主键 - 外键的联结，所以我们在查询的时候就可以用上。联结（join），就是在多个关联的表中查找我们感兴趣的信息。paper 表是通过 journal-id 列（外键）与 journal 表相联结。以下查询执行联结：

```
mysql> SELECT * FROM paper,journal WHERE paper.journal_id=journal.id ;
```

表名和它的列名间使用点语法，即用点隔开。上面查询语句返回的结果中，journal 表的信息代替了 paper 表中的 journal_id 外键。当然，语句中的 * 号也可以换成 paper 表或 journal 表中的某个或某些列名，以查询相应的信息。

（4）数据库维护　数据库的维护，就是在有必要修改数据库的时候对数据库进行的一些操作。有以下语句可用于数据库的维护。

- DROP DATABASE db_name

DROP DATABASE 用于取消数据库中的所用表格和取消数据库，使用此语句时要非常小心。

- DROP TABLE table_name

DROP TABLE 用于取消一个或多个表。当要删除多个表时，只要在 DROP TABLE 后加上多个表的名称，中间用逗号隔开即可。

- TRUNCATE TABLE table_name

TRUNCATE TABLE 用于完全清空一个表。

- DELETE FROM table_name [WHERE where_definition]

DELETE 用于删除满足由 where_definition 给定的条件的行；如果 DELETE 语句中没有 WHERE 子句，则所有的行都被删除，这与 TRUNCATE TABLE 效果一样。

（5）UPDATE table_name SET column_name='value' [WHERE where_definition]

UPDATE 可以用新值更新原有表行中的各列（column）。SET 子句指示要修改哪些列（column_name）和要给予哪些值（value）。同样地，更改多个列时用逗号隔开。WHERE 子句指定应更新哪些行。如果没有 WHERE 子句，则更新所有的行。

- ALTER 语句

ALTER TABLE 用于更改原有表的结构，可以增加或删减列，更改原有列的类型，或重新命名列或表，等等（表 13-11）。

表 13-11　常见的 ALTER 语句子

子句	用法	含义
ADD COLUMN	ALTER TABLE tablename ADD COLUMN column_name VARCHAR（40）	添加新列到表的末尾
CHANGE COLUMN	ALTER TABLE tablename CHANGE COLUMN column_name column_name VARCHAR（60）	允许更改列的数据类型和属性
DROP COLUMN	ALTER TABLE tablename DROP COLUMN column_name	从表中删除一列，包括其所有的数据
RENAME AS	ALTER TABLE tablename RENAME AS new_tablename	更改表的名称

三、PHP

1. PHP 简介　最初的 PHP 可追溯到 1995 年，现在已经由 1.0 发展到现在的 8.0.3 版本（2021-03-04 发布）。PHP 的一般特性包括它的实用性、可选择性、开源与低成本。

（1）实用性　PHP 的创建就是以实用性为目的，语言的语法需求较其他语言低，对于刚入门的人，它比较容易上手。PHP 是一种类型松散的语言，它不需要明确地创建变量、指派类型或撤销变量。给出以下一组代码（// 后是注释信息）：

```
<?php
  $number="24";  // $number 是字符串（string）类型变量
  $num=24;  // $num 是整型（integer）变量
  $string="SQL 及数据库编程";  // $string 字符串（string）类型变量
?>
```

脚本中使用变量时 PHP 会动态创建变量，并会自动地指派变量的类型。上面的代码中我们没有给它们声明变量的数据类型，但它们是合法的。PHP 还能在脚本结束时自动地撤销变量，将资源返回给系统。

（2）可选择性　PHP 为用户提供了充分的选择，表现在实现方案的多样性。例如，PHP 为不少于 25 种数据库产品提供了内置支持，包括 MySQL、PostgreSQL、Oracle、IBM DB2 等。再如，PHP 有强大的字符串解析功能，包括超过 85 个字符串处理函数和基于 POSIX 和 Perl 的正则表达式处理字符串功能。总之，PHP 的可选择性是为了更好地方便用户使用 PHP 进行程序开发。

（3）开源与低成本　PHP 是开源的，我们使用它唯一的成本是花上一定的时间去掌握它。PHP 程序语言的开源性还体现在它的开放式开发和审计过程。我们每个人都能自由地使用源代码，所以它可能存在的安全漏洞和潜在问题都会很快地被发现和修复。"只要有足够的眼睛，所有的 bug 都将无处遁形"，说的就是这个优点。

以上是 PHP 的一般特性，其实也就是它的优点，这也是我们选择 PHP 作为数据库编程中的服务器端脚本语言的原因所在。

2. PHP 安装使用　PHP 的执行结果往往都是显示在浏览器中的，所以 Apache 是必需的。Apache 是 Apache HTTP Server 的简称，它是一个开源的网页服务器。除了 Apache 可以作为我们数据库的网页服务器外，微软的 IIS（internet information server）也可以作为数据的网页服务器，这里我们选择 Apache 进行介绍。

PHP、Apache 都是开源的软件，对它们的安装都可以从相应的官网上免费下载得到，以下是它们的官网网址：PHP（http://php.net），Apache（http://www.apache.org）。

当然，在对它们进行安装的过程中还存在一些相关的配置，具体情况不详细介绍。如果你的服务器操作系统是 Windows，我们也可以安装一个集成包 AppServ（PHP、MySQL、Apache），它也是开源的，可从 http://www.appservnetwork.com 免费获得，此时不存在相互间的配置问题，因为它内部已经自动配置好了。

3. PHP 与 MySQL　我们说 Apache＋PHP＋MySQL 是黄金搭档，它们三者的结合，无论是开发数据库，还是进行其他的动态 Web 站点，都有着强大的优势。Apache、PHP 和 MySQL 都是免费的，而且不管是什么操作系统，都可以很好地使用它们。对于 PHP 和 MySQL，在 PHP 中提供了对 MySQL 的支持。PHP 内置至少 48 个 MySQL 函数。PEAR（PHP extension and application repository，PHP 扩展与应用库）包中的 MDB2，为 MySQL 数据库操作提供了面向对象的 API（application programming interface，应用程序编程接口），更加方便了 PHP 对数据库的操作，也更加拉近了 PHP 和 MySQL 的关系。

第四节　并行计算

并行计算（parallel computing）是一种许多计算同时进行的计算形式，其基于大问题常可以分割成较小的问题并同时（并行）解决的原理。并行计算机没有一个统一的计算模型，不过人们已经提出了几种有价值的参考模型，如 PRAM 模型、BSP 模型、logP 模型及 C^3 模型等。

一、概述

20 世纪 40 年代开始的现代计算机发展可以分为两个明显的时期——串行计算时代和并行计算时代。计算在现代科学研究和实际应用中发挥着越来越重要的作用，大量数据的统计分析、基于数值模拟的决策系统、大规模的预测分析都离不开计算。计算已经与传统科学研究的理论方法、实验并称为科学研究的 3 种手段。传统的串行计算由于受限于物理的速度极限，在大规模问题的求解上已经无法满足当今科学研究的需求了。90 年代以来，并行计算得到了飞速的发展，并行计算机的体系结构也趋于成熟。国际大型研究计划对计算的需求也直接促进了并行计算的发展。本节我们将对并行计算进行简要的介绍，先介绍一下并行计算的载体——高性能计算机，然后介绍并行程序设计语言，最后介绍基本的并行程序设计方法。

二、硬件

并行计算的载体是能够进行高性能计算的硬件平台，这些平台经历了 30 多年的发展，面貌发生了巨大的变化。20 世纪七八十年代是向量巨型机（vector supercomputer）的时代，它们能够使用同一指令来计算大量的数据，如 Cray-1 就是最有名的向量巨型机（图 13-13）。

今天，这些向量巨型机已经退出了历史的舞台，只会偶尔出现在如“侏罗纪公园”这样的电影中。它们奇异的外观，总能唤起人们无限的遐思。后来出现了大规模并行处理机（massively parallel supercomputers，Mpp），是由上万个处理机构成的一个系统（图 13-14）。它是并行计算机发展过程中的主力。今天世界前 500 位的超级计算机包括了大量的 Mpp，其中也有由我国曙光和联想公司开发的超级计算机。Top500 的排行榜也间接反映了各国在世界计算格局中的地位，强大的计算能力将带来科学研究和社会发展的巨大优势。图 13-15 就展现了截至 2021 年 11 月世界各国拥有超级计算机的比例，可以看出中国拥有超过 30% 的超级计算机，居世界第一。

图 13-13 Cray-1

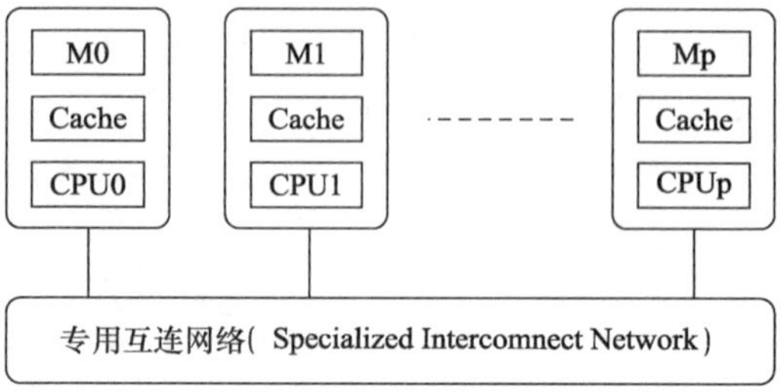

图 13-14 大规模并行处理机的系统结构

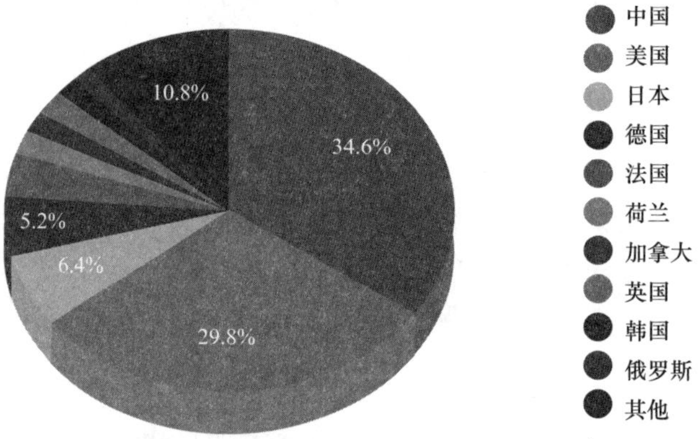

图 13-15 Top 500 按国家分布（资料来源：https://www.top500.org/）

除了上面说的 Mpp，另一类计算机体系也获得了巨大的成功，那就是十分流行的集群（cluster）（图 13-16）。它们的出现带来了更高的有效性、更好的可扩展性和更便利的使用方式。它们在高性能计算机中占有越来越大的比重。从 Top500 的排行中，我们可以发现，集群已经是当今世界高性能计算机的主流结构（图 13-17）。

图 13-16 NBCR 集群

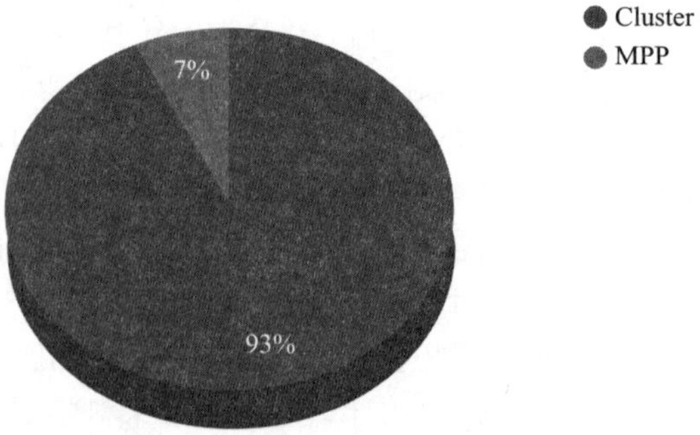

图 13-17 Top500 按体系结构分布
（资料来源：https://www.top500.org/）

第一台集群出现于1994年，是由16台家用计算机通过以太网连接起来的。集群的规模可从单机、少数几台联网的微机直到包括上千个节点的大规模并行系统。常用的大型机群采用安装在机柜中的机架式或刀片式服务器，并有专门配备的UPS及空调。由于集群设置的简易性、很好的扩展性和广泛普及的能力，许多需要进行复杂计算的科学实验室开始配备这种高性能计算机。在生物信息学的研究中，大量数据的复杂计算往往是不可避免的，所以生物信息学常常需要借助集群进行计算。

最后简单介绍下一般集群的主要结构和组成。

1）硬件：联网的多台服务器。

2）操作系统：Linux系统（RedHat、Debian、SuSE等）。

3）编译器：gcc/g++/g77、PGI、Intel等。

4）MPI系统：MPICH、LAM-MPI等。

5）网络文件系统：NFS、PVFS、Lustre等。

6）资源管理与作业调度：PBS、Condor、LSF等。

7）常用数学库：BLAS、FFTW、LAPAC、KScaLAPACK等。

三、软件

仅拥有高性能的计算机并不能直接进行并行运算，还需要有相关编程语言、软件的支持。并行程序语言、库、应用程序编程接口（API）和并行编程模型已经被开发出来用于并行计算机，它们大致上可以按处理内存的假设分成3类：共享存储（shared memory）、分布式存储（distributed memory）和共享分布式存储（shared distributed memory）。共享存储编程语言（shared memory programming language）使用主动分配内存变量来完成通信，而分布式存储编程语言（distributed memory programming language）使用消息传递（message passing）机制。POSIX Threads和OpenMP是两类现在使用最广泛的API，而MPI（message passing interface）是使用最广泛的消息传递体系（message passing system）的API。MPI是并行计算事实上的标准，它的轻便性与广泛的适用性使它成为并行计算最重要的程序设计模式。

此外，Mosix和OpenMosix是两种用于使Linux集群各节点自动平衡负载的技术，两者的差别在于OpenMosix是基于GNU公共许可证（GNU public license）的发行版，而Mosix是专有软件（proprietary software）。它们都是作为内核补丁安装的，一旦安装好，进程就会自动在各节点间迁移，以完成平衡负载。

下面介绍消息传递机制，以及如何使用MPI进行简单的编程。

这里我们首先要回答的问题是，假如两个进程有一个发送/接收的关系，发送进程产生一系列的数据传送到接收进程，接收进程然后再对数据做后续处理，那么，这个过程是怎么实现的呢？如果它们共享一个内存，一个地址会分配给发送进程。另外，有一个机制能让接收进程知道地址数据被分配满了，然后接收进程会读取这些数据并清空这个地址。所以，地址通常都有一个（满/空）位用于设置。这些计算机能够通过网络传送和接收消息。一个进程不能接触到除了它的私有内存以外的其他任何数据，只能通过收发消息与其他进程通信。发送和接收进程在移动数据时都必须通知系统，这种同步的机制是进程的组成部分。发送进程只有当发送缓存有数据时才通知系统发送；而接收进程只有当它的接收缓存是空的，但是它需要更多数据进行处理时才通知系统接收。

这种消息传递系统发展了十多年。在这期间，发生了很多的变化，效率的改进、更好的软件架构、增进的功能，使得消息传递系统出现了很多版本。终于在1993年，标准化的进程展开了，结果就是 MPI 的诞生。MPI 十分灵活，又具有通用性，能在所有的机器上很好地实现（标准在 http://www. mcs. anl. gov/research/projects/mpi 可以查看）。

MPI 本身非常复杂，具有超过 150 个函数，而且数量还在上升。但幸运的是，它只有 6 个基本函数：MPI Init、MPI Finalize、MPI Comm rank、MPI Comm size、MPI Send 和 MPI Recv。使用这 6 个基本的函数，我们就可以编写简单的并行程序。下面将一一介绍这 6 个函数。这里我们使用 C 程序语言来描述。

首先是两个必不可少的函数：

```
MPI_Init(int *argc,char ***argv)
MPI_Finalize()
```

MPI_INIT 这个函数初始化 MPI 并行程序的执行环境，它必须在调用所有其他 MPI 函数（除 MPI_INITIALIZED）之前被调用，并且在一个 MPI 程序中只能被调用一次。其接受主程序 main 接受的参数 argc 和 argv，并将这些参数传送到每个进程中。当然，程序开头还应写上：

```
#include "mpi.h"
```

MPI_Finalize 这个函数清除 MPI 环境的所有状态，即一旦它被调用，所有 MPI 函数都不能再调用，其中包括 MPI_Init。

下面是两个进程操作函数：

```
MPI_Comm_size(MPI_Comm comm,int *size)
MPI_Comm_rank(MPI_Comm comm,int *rank)
```

为了区分进程的行为（如发送或接收），每个进程都会在进程组中获得一个运行时的等级。MPI_Comm_size 可以设定进程组 comm 中的进程的数目 size，而 MPI_Comm_rank 可以设定调用的进程在进程组 comm 中的等级 rank（从 0 到 $n-1$，n 等于进程组中进程的数目）。通常，一开始，程序中调用的 comm 都是使用 MPI_COMM_WORLD 的。

下面给出一个例程来说明上面的语句：

```
#include <stdio.h>
#include "mpi.h"
main(int argc,char** argv) {
  int rank,procs;
MPI_Init(&argc,&argv);
  MPI_Comm_rank(MPI_COMM_WORLD,&rank);
  MPI_Comm_size(MPI_COMM_WORLD,&procs);
  printf("This is process %d out of %d\n",rank,procs);
MPI_Finalize();
}
```

把前面的代码保存为 example. c 文件，编译，运行：

```
%mpicc-O3 example.c
%a.out-procs 2
```

可以得到如下结果：

```
0: This is process 0 out of 2
1: This is process 1 out of 2
```

另外两个是 MPI 通信子操作：

```
MPI_Send (void *buf,int count,MPI_Datatype datatype,int dest,int tag,MPI_Comm comm)
MPI_Recv(void *buf,int count,MPI_Datatype datatype,int source,
int tag,MPI_Comm comm,MPI_Status *status)
```

MPI_Send 函数从 buf 位置发送 count 项类型为 datatype 的数据。在所有的消息传递系统中，这个过程大致上是相同的。在 MPI 中，进程由它的等级（一个整数）指定。数据被传送到等级是 dest 的进程。数据可能的类型有 MPI_INT、MPI_DOUBLEMPI_CHAR 等。tag 是一个整数，它允许接收进程通过 MPI_Recv 函数在到达的消息中进行选择。comm 被称为通信子，本质上是进程的一个子集。通常，消息传递发生在一个单一的子集中，子集 MPI_COMM_WORLD 包括了一个并行任务的所有进程，所以它是首选的通信子。

在 MPI_Recv 函数中，buf 指定了数据接收后存放的位置。count 是一个传入参数，等于接收缓存的大小，如果到来的消息长度比这个大，消息就会被截短。当然，接收操作必须被正确的进程执行，这个已经在 MPI_Send 函数的 dest 参数中指定好了，作为对应，source 参数必须是发送进程的等级号。通信子 comm、tag 参数、数据类型 MPI_Datatype 也必须与发送进程相对应。

更多的函数可以参考权威的手册 *Using MPI*，作者是 William Gropp、Ewing Lusk 和 Anthony Skjellum，由麻省理工学院（MIT）出版社出版发行。

四、并行算法设计

并行算法设计是并行程序的灵魂。一个并行程序编写前需要进行并行算法设计，通过种种技术将任务并行化，并比较各种方法之间的优劣。这里就有一个数学的基础，涉及算法效率的考量等。

1. 基本概念

定义 1：粒度

粒度是各个处理机可独立并行执行的任务大小的度量。大粒度反映可并行执行的运算量大，亦称为粗粒度。指令级并行等则是小粒度并行，亦称为细粒度。

定义 2：加速比

串行执行时间为 T_s，使用 q 个处理机并行执行的时间为 $T_p(q)$，则加速比为

$$S_p(q)=\frac{T_s}{T_p(q)}$$

定义 3：效率

设 q 个处理机的加速比为 $S_p(q)$，则并行算法的效率为

$$E_p(q)=\frac{S_p(q)}{q}$$

定义 4：性能

求解一个问题的计算量为 w，执行时间为 T，则性能（FLOP/s）为

$$\text{perf}=\frac{w}{T}$$

Amdahl 定律：对已给定的一个计算问题，假设串行所占的百分比为 α，则使用 q 个处理机的并行加速比为

$$S_p(q)=\frac{1}{\alpha+(1-\alpha)/q}$$

Amdahl 定律表明，当 q 增大时，$S_p(q)$ 也增大，但它是有上界的。无论使用多少处理机，加

速的倍数不可能超过 $1/\alpha$。

2. 基本方法　各种方法都具有各自的特点，能用于设计相应的并行程序，每种方法都可以用一个专题加以讨论，这里不做展开。基本方法有：① 区域分解方法；② 功能分解方法；③ 流水线技术；④ 分治法；⑤ 同步并行算法；⑥ 异步并行算法。

3. 并行计算的实现　并行计算能够用于大规模和复杂问题的求解，在现代自然科学研究中应用广泛。下面的几类问题可以通过并行计算获得很好的求解：① 矩阵变换及线性方程组的求解；② 矩阵特征值的计算；③ 快速傅里叶变换；④ 网格计算；⑤ 支持向量机奇异值分解；⑥ 区域分解。

五、云计算

关于计算技术，不得不提到"云计算"，它是个热度很高的新名词。由于云计算是多种技术混合演进的结果，其成熟度较高，又有大公司推动，发展极为迅速。Amazon、Google、IBM、微软和 Yahoo 等大公司是云计算的先行者。云计算领域的众多成功公司还包括 Salesforce、Facebook、Youtube、Myspace 等。总的来说，云计算可以算作是网格计算的一个商业演化版。早在 2002 年，国内云计算专家刘鹏就针对传统网格计算思路存在不实用问题，提出计算池的概念，即"把分散在各地的高性能计算机用高速网络连接起来，用专门设计的中间件软件有机地黏合在一起，以 Web 界面接受各地科学工作者提出的计算请求，并将之分配到合适的结点上运行。计算池能大大提高资源的服务质量和利用率，同时避免跨结点划分应用程序所带来的低效性和复杂性，能够在目前条件下达到实用化要求"。如果将文中的"高性能计算机"换成"服务器集群"，将"科学工作者"换成"商业用户"，就与当前的云计算非常接近了。

云计算具有以下特点。

1）超大规模。"云"具有相当的规模，Google 云计算已经拥有 100 多万台服务器，Amazon、IBM、微软、Yahoo 等的"云"均拥有几十万台服务器。企业私有云一般拥有数百上千台服务器。"云"能赋予用户前所未有的计算能力。

2）虚拟化。云计算支持用户在任意位置、使用各种终端获取应用服务。所请求的资源来自"云"，而不是固定的有形的实体。应用在"云"中某处运行，但实际上用户无需了解也不用担心应用运行的具体位置。只需要一台笔记本或者一部手机，就可以通过网络服务来实现我们需要的一切，甚至包括超级计算这样的任务。

3）高可靠性。"云"使用了数据多副本容错、计算节点同构可互换等措施来保障服务的高可靠性，使用云计算比使用本地计算机可靠。

4）通用性。云计算不针对特定的应用，在"云"的支撑下可以构造出千变万化的应用，同一个"云"可以同时支撑不同的应用运行。

5）高可扩展性。"云"的规模可以动态伸缩，满足应用和用户规模增长的需要。

6）按需服务。"云"是一个庞大的资源池，可以按需购买，即云可以像自来水、电、煤气那样计费。

7）极其廉价。由于"云"的特殊容错措施可以采用极其廉价的节点来构成"云"，"云"的自动化集中式管理使大量企业无需负担日益高昂的数据中心管理成本，"云"的通用性使资源的利用率较之传统系统大幅提升，因此用户可以充分享受"云"的低成本优势，经常只要花费几百美元、几天时间就能完成以前需要数万美元、数月时间才能完成的任务。

云计算是分布式计算技术的一种，是指通过网络将庞大的计算处理程序自动分拆成无数个较小的子程序，再交由多部服务器所组成的庞大系统经搜寻、计算分析之后将处理结果回传给用户。通过这项技术，网络服务提供者可以在数秒之内，达成处理数以千万计甚至亿计的信息，达到和“超级计算机”同样强大效能的网络服务。搜寻引擎也属于最简单的云计算技术服务，用户只要输入简单指令即能得到大量信息。未来如手机、GPS 等移动设备都可以通过云计算技术，发展出更多的应用服务。更高级的云计算不仅做资料搜寻、分析的功能，更可计算诸如分析 DNA 结构、基因图谱定序、解析癌症细胞等问题。对这方面感兴趣的读者，请自行查阅相关资料，这里就不再赘述。

思考题

1. 操作系统有哪些？比较它们在生物信息学领域的应用情况。
2. 安装 Linux，并熟悉各种命令。
3. 练习使用 vi 编辑器。
4. 现在的编程语言已经超过 100 种，常用的有哪些？查阅它们的相关资料。
5. 脚本语言有哪些，它们与编程语言有什么区别？
6. 在 Linux 环境下练习本节中 Perl 的各种操作。
7. 选择自己感兴趣的一门语言，在以后的学习中深入掌握。
8. 生物信息数据库都有哪些？选取 NCBI 中的某一数据库进行了解和学习。
9. 根据本章的讲述，创建 journal 表，并进行输入、查询和删除等操作。
10. 尝试搭建 Apache＋PHP＋MySQL。
11. 2009 年 10 月，继美国 2007 年之后，我国成功研制了千万亿次的超级计算机“天河一号”，它有什么样的意义、功能和特点？
12. 简要说明并行算法的概念、算法和实现。
13. 查阅 Amazon Elastic Compute Cloud（Amazon EC2）的相关信息，并申请个人账户。
14. 完成第二节第三小节编程平台的全部练习。

主要参考文献

张林波，迟学斌，莫则尧，等．2006．并行计算导论．北京：清华大学出版社

Daniel J R, Xosé M F. 2020. The 2021 Nucleic Acids Research database issue and the online molecular biology database collection. Nucleic Acids Research, (49): D1-D9

MIT 公共开放课程 (应用并行计算)

Steven H. 2003. Perl 技术内幕 . 2 版 . 王晓娟 , 王朝阳 , 等译 . 北京 : 中国水利水电出版社

Ulman L. 2011. PHP 6 与 MySQL 5 基础教程 . 陈宗斌译 . 北京 : 人民邮电出版社

Bioperl 简介. https://bioperl.org/howtos/Beginners_HOWTO.html

Perl 简介. https://www.perl.com/pub/2000/10/begperl1.html

第十四章　新一代测序技术及其应用

本章提要

自Sanger测序诞生以来，测序技术迎来了数次变革。新产生的测序技术，根据出现时间、读长和通量等特征，被称作第二代、第三代测序技术等，也被统称为新一代测序技术。二代测序以高通量短读长为特征，而其后的三代测序更注重对单分子的读取，读长比起一代测序也有显著的提高。然而，无论是从市场占有率还是从测序成本而言，目前二代测序技术都处于绝对的优势。本章将以二代测序技术为主，对其主要平台、基本原理、应用领域等进行介绍。此外，本章还介绍了生物信息学对第二代测序数据处理的一些方法和流程。生物信息学技术的每一次发展，都将给相关领域的研究带来一次革新。海量数据的产生一方面给生物学研究提供了良好的机遇，另一方面，也给生物学家带来了新的挑战。

第一节　测序技术概述

1975年，第一个cDNA的基因组——噬菌体ΦX174基因组的测序完成，标志着测序时代的开始。经过近半个世纪的发展，测序技术取得了革命性的进展，不断引领生物学的发展。

一、第一代测序技术：传统的Sanger测序

1977年，Frederick Sanger提出了著名的测序方法——双脱氧终止法（Sanger测序法）。这个以Sanger命名的测序方法被广泛应用并不断发展。例如，鸟枪法和毛细管电泳技术的应用大幅度提高了其测序的速度和精度。Sanger DNA测序技术经过了40多年的不断发展与完善，现在已经可以对长达1000bp的DNA片段进行测序，而且对每一个碱基的读取准确率高达99.999%。在高通量基因组鸟枪法测序操作中，使用Sanger测序法的费用大约为0.5美元/1000个碱基。1987年，ABI公司推出了ABI370系列的自动测序仪。人类基因组计划主要是依靠Sanger测序方法完成。可见，Sanger测序法一直以来因可靠、准确、可以产生长的读长而被广泛应用。但是它的致命缺陷是测序速度相当慢，如人类基因组耗时13年，这显然不是理想的速度，人们需要更高通量的测序平台。SAGE和MPSS技术实现了较高通量的测序，可以快速高效地、接近完整地获得基因组的表达信息，可以定量分析已知基因及未知基因的表达情况；但是由于技术复杂及所需要的配套软、硬件昂贵而没有得到大规模的应用。

二、第二代测序技术：高通量微阵列芯片测序

1996年以来，人类基因组计划的发起极大地推动了测序技术的应用和发展，同时，新的测序技术也不断涌现，新的测序平台不断出现。下一代测序技术（NGS，也叫第二代测序

技术、高通量测序技术）是一种高通量测序技术，是对传统测序技术的革命性改变。第二代测序技术利用大量并行处理的能力，一次读取成千上万个短DNA片段。2003年，454 Life Sciences公司首先建立了高通量的第二代测序技术，随后推出了454测序仪（后被Roche公司收购）；2006年，Illumina公司推出Solexa测序仪；2007年，ABI推出SOLiD测序仪。目前这3个测序平台已经成为新一代测序技术的主流，技术具备并行处理大量读长能力，具有高准确性、高通量、高灵敏度和低运行成本等突出的优势，应用越来越广泛，技术也越来越成熟。根据平台不同，读取长度为13～450bp；不同的测序平台在一次实验中，可以读取高达100Gb的碱基数，这样庞大的测序能力是传统测序仪所望尘莫及的（表14-1）。

表14-1　第二代测序技术平台概览（包括部分三代测序平台）

	扩增方法	合成方法	每Mb价格	仪器价格	是否能双末端测序	错误产生	读长
454	乳胶PCR	并行焦磷酸合成测序法	约$60	$500 000	是	Indel	250bp
Solexa	桥式PCR	桥式合成测序法	约$2	$430 000	是	Subst	36bp
SOLiD	乳胶PCR	基于磁珠的并行克隆连接DNA测序法	约$2	$591 000	是	Subst	35bp
Polonator	乳胶PCR	利用连接酶测序	约$1	$155 000	是	Subst	13bp
HeliScope	单分子测序	并行单分子合成测序法	约$1	$1 350 000	是	Del	30bp

资料来源：Shendure and Ji，2008

三、第三代测序技术及其应用

第三代测序技术是指单分子测序技术。DNA测序时不需要经过PCR扩增，实现了对每一条DNA分子的单独测序，所以其被称为真正的单分子测序。第三代测序技术也叫从头测序技术，即单分子实时DNA测序。第三代测序技术原理主要包括：单分子荧光测序和纳米孔测序。

（一）单分子荧光测序

代表性的技术为美国螺旋生物（Helicos）的SMS技术和美国太平洋生物（Pacific Bioscience）的SMRT技术。脱氧核苷酸用荧光标记，显微镜可以实时记录荧光的强度变化。当荧光标记的脱氧核苷酸掺入DNA链时，其荧光就同时能在DNA链上探测到。当其与DNA链形成化学键的时候，其荧光基团就被DNA聚合酶切除，荧光消失。这种荧光标记的脱氧核苷酸不会影响DNA聚合酶的活性，并且在荧光被切除之后，合成的DNA链和天然的DNA链完全一样。

（二）纳米孔测序

代表性的公司为英国牛津纳米孔公司。新型纳米孔测序法（nanopore sequencing）是采用电泳技术，借助电泳驱动单个分子逐一通过纳米孔来实现测序的。由于纳米孔的直径非常细小，仅允许单个核酸聚合物通过，而A、T、C、G单个碱基的带电性质不一样，通过电信号的差异就能检测出通过的碱基类别，从而实现测序。目前，Nanopore平台的测序仪主要包括MinION、GridION和PromethION。

第三代测序技术通过合成互补链技术可对数百万个DNA片段进行测序，有着更快的数据读取速度，是第二代测序技术的强劲对手，与此同时，测序的成本也是逐年降低，所以大量的动植物基因组测序以及重测序工作目前都会结合第三代测序技术，从而将获得越来越多的动植物高质量基因组数据。

因为以上两种第三代测序技术各有优劣（表 14-2），所以通常同时采用 PacBio 和 Nanopore 两种技术进行基因组的测序工作。

表 14-2　第三代测序技术平台特征（Hu et al.，2021）

系统平台	太平洋生物公司			牛津纳米孔公司		
	Sequel	Sequel Ⅱ	Sequel Ⅱ e	MinION	GridION	PromethION
检测指标	荧光			电导率		
应用	全基因组重组装、突变检测、结构变异检测、全长转录物测序、靶向测序、宏基因组测序			DNA、扩增子、cDNA 及 RNA 测序		
最大片段长度	300kb			最长片段＞4Mb		
输出（每个流动池）	75Gb	600Gb		10-30-50Gb		100-200-300Gb
测序时长	20h	30h		1min 至 72h		
设备价格	大约 525 000 美元			9 300 美元	69 955 美元	24 流动池：335 455 美元 48 流动池：530 000 美元
优点	长片段能够帮助解决序列模棱两可的问题，不需要 DNA 扩增，测序周期特别快			测序快，占地面积不大，便携，实时数据分析		
缺点	测序仪昂贵，占地面积大，错误率较高			错误率较高		

第二节　第二代测序原理

Sanger 测序是先将基因组 DNA 片段化，然后克隆到质粒载体上，再转化大肠杆菌。对于每个测序反应，挑出单克隆并纯化质粒 DNA。每个循环测序反应产生以 ddNTP 终止的荧光标记的产物梯度，在测序仪中进行高分辨率的电泳分离。当不同分子质量的荧光标记片段通过检测器时，四通道发射光谱就构成了测序轨迹。在第二代测序技术中，片段化的基因组 DNA 两侧连上接头（adaptor），随后运用不同的步骤来产生几百万个空间固定的 PCR 克隆阵列。每个克隆由单个文库片段的多个拷贝组成，之后进行引物杂交和酶延伸反应。由于所有的克隆都在同一平面上，这些反应就能够大规模平行进行。同样地，每个延伸所掺入的荧光标记的成像检测也能同时进行，以获取测序数据。延伸和成像的持续反复构成了相邻的测序阅读片段。

1．Roche 454 测序仪　Roche/454 FLX Pyrosequencer 主要技术原理是大规模并行焦磷酸合成测序（图 14-1）；即在 DNA 聚合酶的催化下，dNTP 加入 DNA 的 3′ 端，并释放出一分子焦磷酸，该分子焦磷酸又与腺苷 -5′- 磷酸硫酸（APS）结合生成 ATP，最后荧光素酶催化氧化荧光素的裂解，同时发出荧光，从而进行测定。

1）文库制备：首先随机切割样品基因组，获得大量 DNA 片段。GS FLX 系统支持各种不

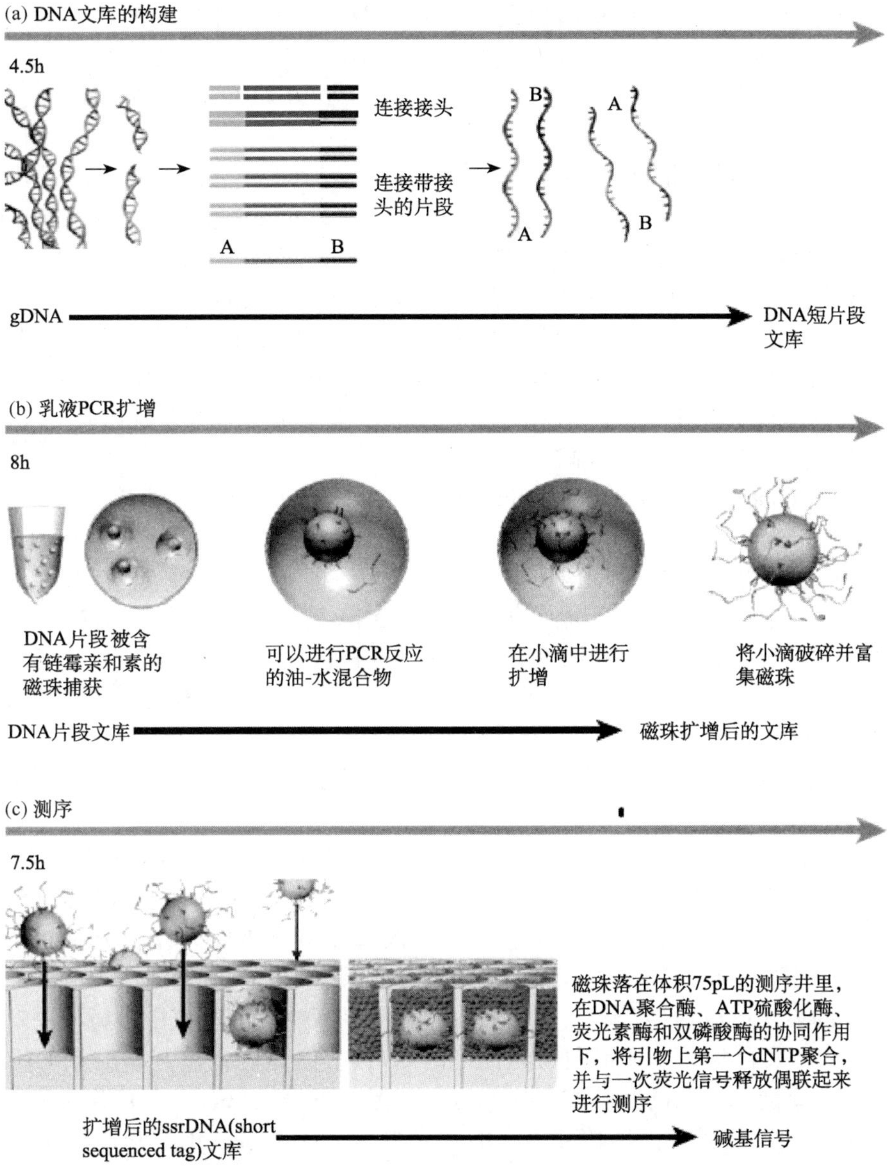

图 14-1　Roche/454 GS FLX Pyrosequencer 技术原理（Mardis，2008）

454 测序方法是在磁珠上扩增单链 DNA 片段；磁珠上结合有与 DNA 接头互补的寡核苷酸链，DNA 片段与磁珠以碱基互补配对一比一对应结合；DNA- 磁珠复合物被扩增试剂乳化，形成油包水的微反应器（这里有 PCR 反应环境）并进行 PCR 扩增；扩增后的磁珠放入 PTP 板中进行测序

同来源的样品，包括基因组 DNA、PCR 产物、BAC、cDNA、小分子 RNA 等。大的样品如基因组 DNA 或者 BAC 等被打断成 300～800bp 的片段；对于小分子的非编码 RNA 或者 PCR 扩增产物，这一步则不需要。然后在 3′ 端和 5′ 端接上接头进行扩增反应，具有接头的单链 DNA 片段组成了样品文库［图 14-1（a）］。

2）乳液 PCR 扩增：单链 DNA 文库被固定在特别设计的 DNA 捕获磁珠上。这些小珠子的表面有很多可以与文库中 DNA 片段末端互补的寡核苷酸片段，因此可以和特异的

DNA 片段配对连接。乳液 PCR 利用的是油水混合物，可形成油包水的稳定乳浊液，从而可以将珠子分开，并且保证每个珠子仅与特定的片段连接，珠子内同样含有 PCR 所需的反应物。经过 1h 扩增之后，每个珠子表面有多于 1 000 000 个的拷贝可用于后续测序[图 14-1（b）]。

3）测序：将得到的携带有 DNA 扩增片段的珠子放入 PTP（picotiter plate：a fused silica capillary structure）板上，由于 PTP 孔直径较小，每个孔只允许结合一个磁珠。将 PTP 板置于 GS FLX 中，开始测序。每当有核苷酸加到 DNA 片段上，荧光素酶就会催化相关反应释放出相应强度的荧光信号，通过信号转换后可以准确快速地获得模板的碱基序列[图 14-1（c）]。

尽管 GSF LX 测序系统有比较高的准确率，一般在 99% 以上，但是该测序方法也有不足之处。如果被测序片段中含有几个连续的相同碱基，在测序时就会连续发出同样的光信号，由于没有终止的原件来终止反应，信号会不断发出，这样就无法得知究竟有多少重复碱基，只能凭经验猜测，这就是误差的来源。

2. Illumina Genome Analyzer　Illumina Genome Analyzer 是一种基于单分子簇的边合成边测序（sequencing by synthesis，SBS）技术，基于专有的可逆终止化学反应原理。测序时将基因组 DNA 的随机片段附着到光学透明的玻璃平板（即 flow cell），这些 DNA 片段经过延伸和桥式扩增后，在 flow cell 上形成了数以亿计 cDNA 簇（Cluster），每个 Cluster 是具有数千份相同模板的单分子簇。然后利用带荧光基团的 4 种特殊脱氧核糖核苷酸，通过可逆性终止的 SBS 技术对待测的模板 DNA 进行测序（图 14-2）。与 454 测序相比，该测序过程中核苷酸的添加是可以控制的，这样就提高了连续相同碱基测序时结果的可信度。

1）文库制备：将基因组 DNA 打成几百个碱基（或更短）的小片段，在片段的两个末端加上接头。

2）测序：将上述 DNA 文库片段加到 flow cell 的表面，这些玻璃平板的表面被分成 8 个独立的区域，而且在其内表面有可以和 DNA 连段片段互补配对的特异性寡核苷酸序列，这样，当 DNA 片段与玻璃平板接触时，DNA 片段一端就会因序列互补配对而结合到玻璃平板上，而另一端序列也会与其他寡核苷酸序列结合，这样就形成了 DNA 桥。经过扩增之后，会在玻璃的表面形成很多分子簇，然后将此玻璃平板放入测序仪中进行测序。在测序体系中，含有 DNA 聚合酶和 4 种不同荧光标记的 dNTP，但是这些核苷酸的 3′-OH 端经过化学修饰而失活，不能和其余的核苷酸反应，这样就保证了每次只有一个核苷酸参与反应，提高了测序的准确性。然后，去掉核苷酸上的发光组分，并再通过化学修饰使 3′ 端活化，参与下一步的测序反应。

3）数据分析：统计每轮收集到的荧光信号结果，就可以得知每个模板 DNA 片段的序列。

3. Applied Biosystems SOLiD™Sequencer　SOLiD（Sequencing by Oligo Ligation and Detection）测序仪一次测序可产生 3～4Gb 的数据。AB SOLiD 测序仪特点之一就是每张玻璃平板能容纳更高密度的微珠，将富集模板片段的微珠在玻片上进行高度可控的排列，在同一系统中轻松实现更高的通量（图 14-3）。

1）文库制备：SOLiD 测序仪支持两种测序文库：片段文库（fragment library）或配对末端文库（mate-paired library）。片段文库就是将基因组 DNA 打断，两头加上接头，制成文库。配对末端文库是将基因组 DNA 打断后，与中间接头连接，再环化，然后用 *Eco*P15 酶切，使中间接头两端各有 25～27bp 的碱基，再加上两端的接头，形成文库。

2）微乳液 PCR 扩增：在微反应器中加入测序模板、PCR 反应元件、微珠和引物，进行乳液 PCR（emulsion PCR）。PCR 扩增反应结束之后，变性模板，富集带有延伸模板的微珠，

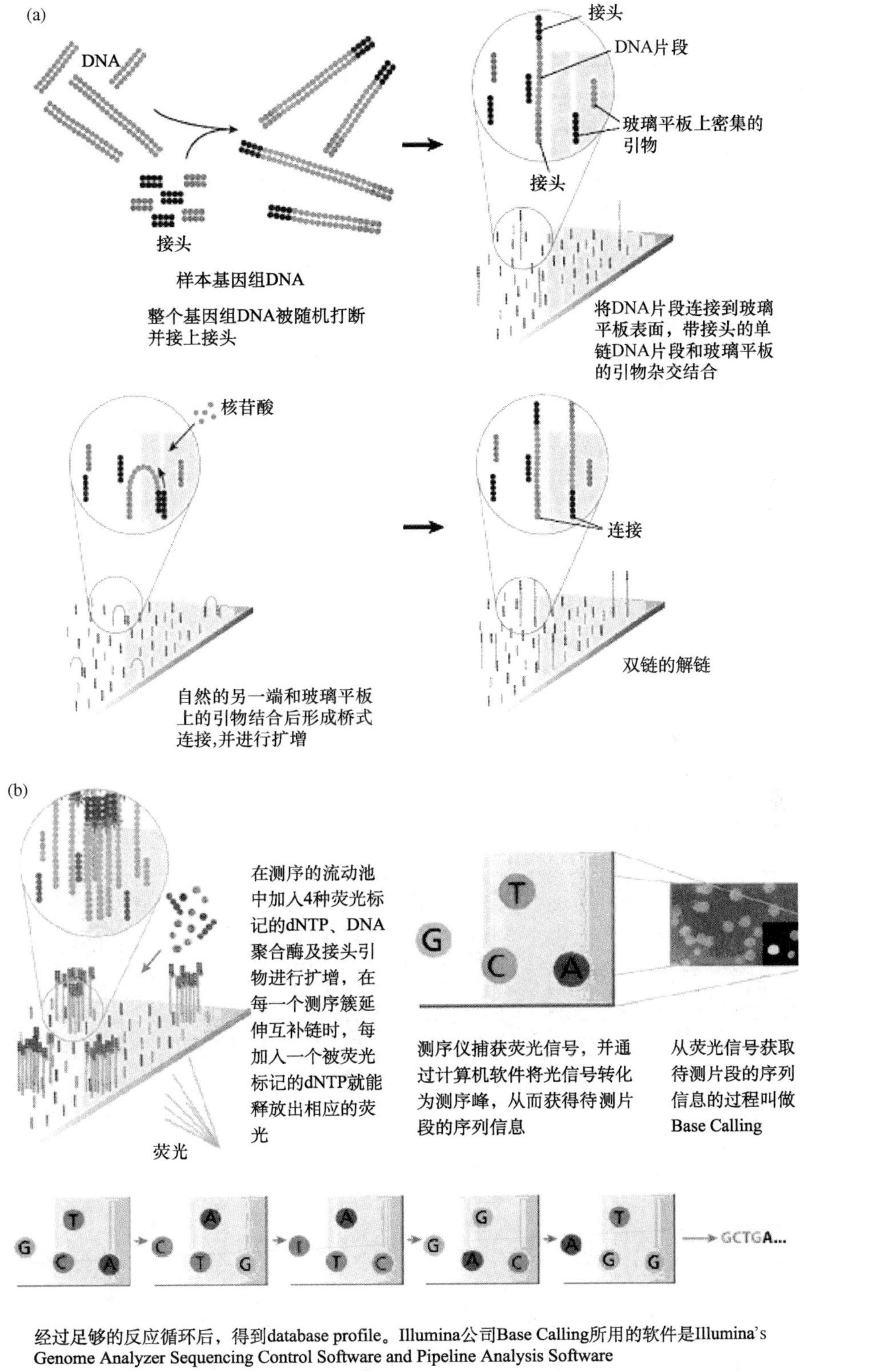

图 14-2 Illumina Genome Analyzer 边合成边测序技术原理（Mardis，2008）

通过桥式扩增产生 DNA 簇，并用 4 种荧光标记的 dNTP 进行 DNA 合成；每次合成后洗掉不用的 dNTP 和 DNA 合成酶，扫描荧光标记得到此轮反应的荧光图像，然后将 3′ 端的基团化学切割后恢复端黏性，继续聚合下一个核苷酸

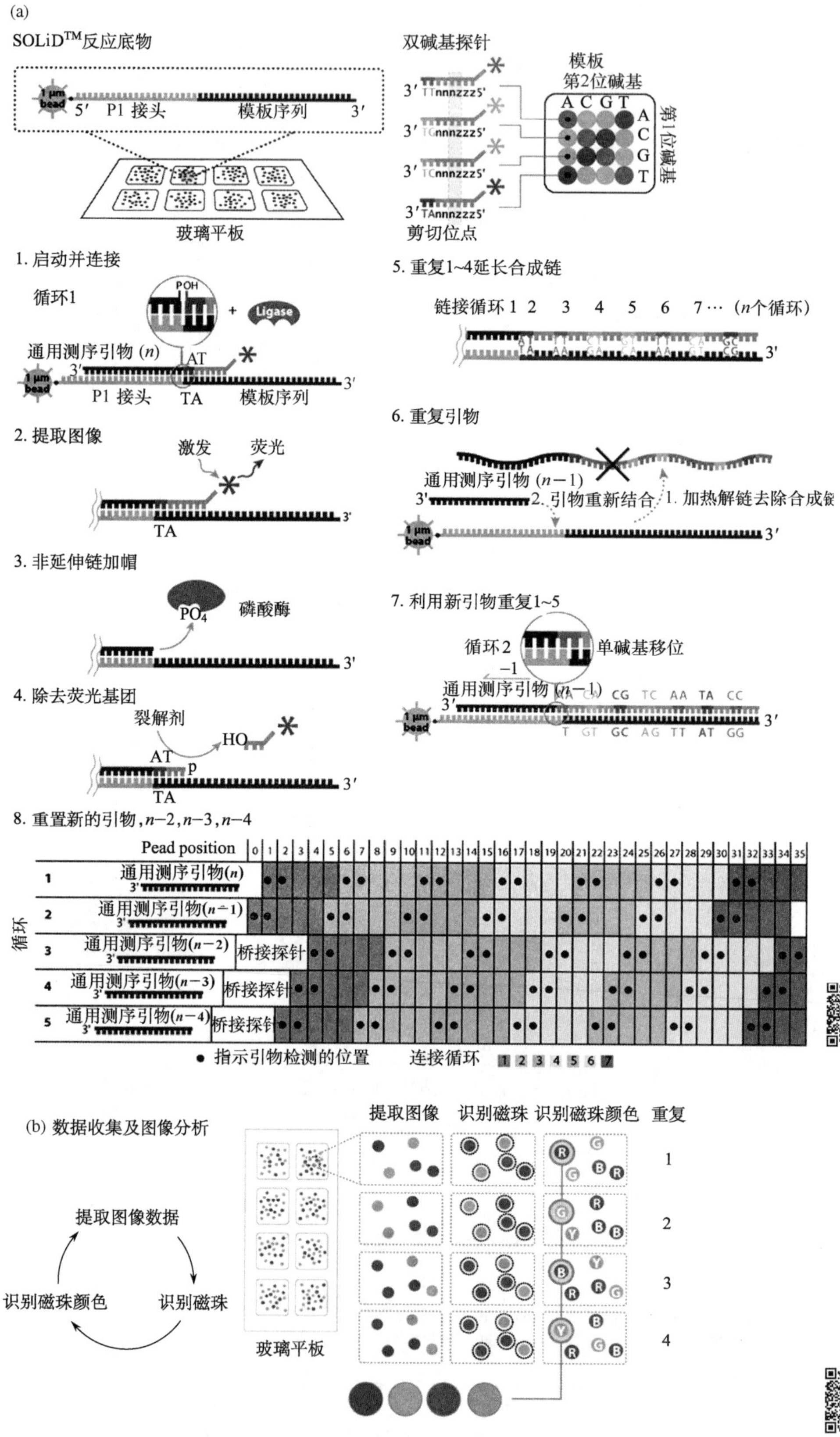
(a)
SOLiD™反应底物
1 μm bead
5′ P1 接头 模板序列 3′
玻璃平板
双碱基探针
3′ TTnnnzzz5′
3′ TGnnnzzz5′
3′ TCnnnzzz5′
3′ TAnnnzzz5′
剪切位点
模板
第2位碱基
A C G T
A
C
G
T
第1位碱基
1. 启动并连接
循环1
POH
Ligase
通用测序引物 (n)
AT
P1 接头 TA 模板序列
2. 提取图像
激发 荧光
TA
3. 非延伸链加帽
PO4 磷酸酶
4. 除去荧光基团
裂解剂
HO
AT
p
TA
5. 重复1~4延长合成链
链接循环 1 2 3 4 5 6 7… (n个循环)
6. 重复引物
通用测序引物 (n−1)
2. 引物重新结合
1. 加热解链去除合成链
7. 利用新引物重复1~5
循环 2
单碱基移位
−1
通用测序引物 (n−1)
CG TC AA TA CC
T GT GC AG TT AT GG
8. 重置新的引物，n−2，n−3，n−4
Pead position
0 1 2 3 4 5 6 7 8 9 10 11 12 13 14 15 16 17 18 19 20 21 22 23 24 25 26 27 28 29 30 31 32 33 34 35
循环
1 通用测序引物(n)
2 通用测序引物(n−1)
3 通用测序引物(n−2) 桥接探针
4 通用测序引物(n−3) 桥接探针
5 通用测序引物(n−4) 桥接探针
● 指示引物检测的位置
连接循环 1 2 3 4 5 6 7
(b) 数据收集及图像分析
提取图像数据
识别磁珠
识别磁珠颜色
玻璃平板
提取图像 识别磁珠 识别磁珠颜色 重复
1
2
3
4

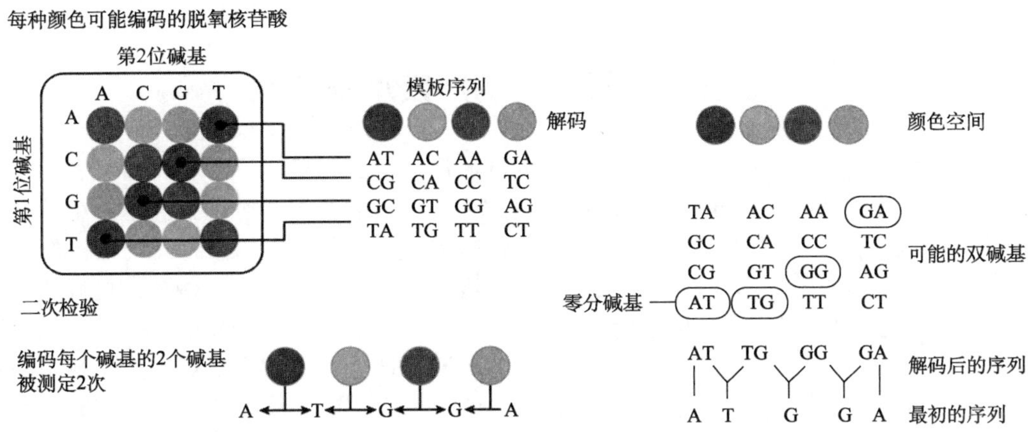

图 14-3　SOLiD™ Sequencer 测序原理（Mardis，2008）

去除多余的微珠。微珠上的模板经过 3′ 修饰，可以与玻璃平板共价结合，从而制成高密度测序芯片。

3）连接测序：SOLiD 测序仪没有采用常用的聚合酶，而用了连接酶。通用引物与模板片段两端的接头序列互补结合，然后连接酶将一个被荧光标记的 8bp 长的核酸探针片段（fluorescently labeled octamer）连接到引物末端。探针的 5′ 端分别标记了 4 种颜色的荧光染料。探针 3′ 端第 1、2 位构成的碱基对是表征探针染料类型的编码区（其中图 14-3（b）的双碱基编码矩阵是该编码区 16 种碱基对和 4 种探针颜色的对应关系），而 3～5 位的“n”表示随机碱基，6～8 位的“z”指的是可以和任何碱基配对的特殊碱基。每次连接反应掺入一种 8 碱基荧光探针，SOLiD 测序仪记录下探针第 1、2 位编码区颜色信息，随后的化学处理断裂探针 3′ 端第 5、6 位碱基间的化学键，并除去 6～8 位碱基及 5′ 端荧光基团，暴露探针第 5 位碱基 5′ 磷酸，为下一次连接反应做准备。单向 SOLiD 测序包括 5 轮测序反应，每轮测序反应含有多次连接反应。

4）采集荧光：每次连接反应完成之后，就可以采集荧光图像。比如，第一轮测序的第一次连接反应由通用测序引物 n 介导，由于每个磁珠只含有均质单链 DNA 模板，所以因为第一次连接反应使合成链多了 5 个碱基，所以第二次连接反应得到模板上第 6、7 位碱基序列的颜色信息，而第三次连接反应得到的是第 11、12 位碱基序列的颜色信息，几个循环之后，引物重置，开始第二轮的测序。第二轮连接引物 $n-1$ 比第一轮错开一位，所以第二轮得到以 0,1 位起始的若干碱基对的颜色信息。5 轮测序反应后，按照第 0、1 位，第 1、2 位…的顺序把对应于模板序列的颜色信息连起来，就得到由“0，1，2，3…”组成的 SOLiD 原始颜色序列。

5）数据分析：SOLiD 测序完成后，获得了由 4 种颜色编码组成的 SOLiD 原始序列。按照“双碱基编码矩阵”，只要知道所测 DNA 序列中任何一个位置的碱基类型，就可以将 SOLiD 原始颜色序列“解码”成碱基序列。由于 SOLiD 系统采用了双碱基编码技术，在测序过程中对每个碱基判读两遍，从而减少原始数据错误。SOLiD 系统原始碱基数据的准确度大于 99.94%，是目前新一代基因分析技术中准确度最高的。

第三节 第二代测序技术的应用

第二代测序技术的应用不仅仅局限于单纯的测序，有了这些测序平台，研究者们不仅能够对已知物种进行基因组研究分析，还可以推测未知物种的基因。曾经人类基因组计划的草图历时 10 年才完成，随着测序技术和计算技术的发展，几乎每年都会有几个物种的基因组被公布。利用新的测序技术我们可以快速获得基因组数据并进行研究。例如，可以获悉哪些基因被转录，这些基因是否与其他已知基因同源，抑或它们是否是全新的。另外，他们还能鉴定表达水平、体细胞突变和可变剪切。深入的重测序还能让研究人员更多地了解与很多疾病相关的遗传作用。虽然第二代测序技术设计最初的目的是进行大规模的全基因组测序分析，现在研究者们通过不同的捕获序列片段的方法将其应用到各种生物领域，如外显子测序等，同时也推动了各种组学的诞生。

1. 全基因组测序与重测序（DNA-seq） 新一代测序技术可以方便地得到已知或未知基因组生物样本的 DNA 片段序列，通过序列组装就可以得到样本的全基因组图谱。全基因组重测序（re-sequence）是对已知基因组序列的物种进行不同个体的基因组测序，并在此基础上对个体或群体进行差异分析。高通量测序可以帮助研究者跨过构建文库这一实验步骤，避免了亚克隆过程中引入的偏差。依靠后期强大的生物信息学分析，对照一个参考基因组（reference genome），高通量测序技术可以非常轻松地完成基因组重测序。全基因组重测序的个体通过序列比对，可以找到大量的单核苷酸多态性位点（SNP）、插入缺失位点（insertion/deletion，InDel）及结构变异位点（structure variation，SV）。

2. 转录组测序（RNA-seq） 转录组即特定细胞在某一功能状态所转录出来的所有 RNA 的总和，包括 mRNA 和非编码 RNA 等。特定转录组学或全基因组表达谱分析，目的是检测基因组产生的全部 RNA 转录本。在第二代测序中将特定组织或者细胞中的 mRNA 分离后制备成片段化的 cDNA 文库，通过对 cDNA 文库进行高通量测序，从而获得一个细胞或生物个体的全转录组信息。RNA-seq 是一种鉴定并且定量解析样品中所有 RNA 的新策略和强大工具。RNA-seq 并不是直接对 RNA 测序，而是利用最新的高通量测序技术对 cDNA 进行测序，从而揭示样品中包含的所有 RNA 信息。该技术具有通量高、覆盖范围广、精度高等特点。其不依赖于基因组参考序列，使所有生物都可以成为研究对象，同时能够在全基因组范围内检测真核细胞中广泛存在的可变剪切现象，为转录本的结构研究、基因转录水平研究、全新转录区域研究等提供重要的研究工具。目前针对特定转录组测序有一些新的测序方法出现，如双链 RNA 测序（dsRNA-seq）和单链 RNA 测序（ssRNA-seq）。图 14-4 为 Illumina Genome Analyzer 的 RNA-seq 测序过程。

3. 非编码 RNA 测序（smRNA-seq） 目前的非编码 RNA 测序，主要是针对小的非编码 RNA。smRNA（如 microRNA、tasiRNA 和 piRNA 等）是生命活动重要的调控因子，在基因表达调控、生物个体发育、代谢及疾病的发生等生理过程中起着重要的作用。实验时，首先将 18～30nt 的 small RNA 从总 RNA 中分离出来，两端分别加上特定接头后，体外反转录成 cDNA 再做进一步处理，然后利用测序仪对 DNA 片段进行单向末端直接测序。通过对 small RNA 大规模测序分析，可以从中获得物种全基因组水平的 microRNA 图谱，实现包括新 microRNA 分子的挖掘、靶基因的预测和鉴定、样品间差异表达分析、microRNA 聚类和表达谱分析等科学应用。

LncRNA 是一类长度超过 200nt 的非编码 RNA 分子，它们不编码蛋白质，但是可以转录并且能够和 DNA、RNA 及蛋白质结合，以 RNA 的形式在多种层面上调控基因表达（转录水平、转录后水平及表观修饰水平）。LncRNA 的转录本多数是没有 PolyA 尾的，由于大部分 RNA-seq 是利用 PolyA 尾来捕获转录本后构建文库，所以在 RNA-seq 中获得的序列主要是编码蛋白质的转录本，只有很少部分的 lncRNA。目前针对 lncRNA 测序最好的策略是用 rRNA 消解法构建测序文库，但是 rRNA 消解法目前还不成熟，费用也很高，所以专门针对 lncRNA 的测序很少。

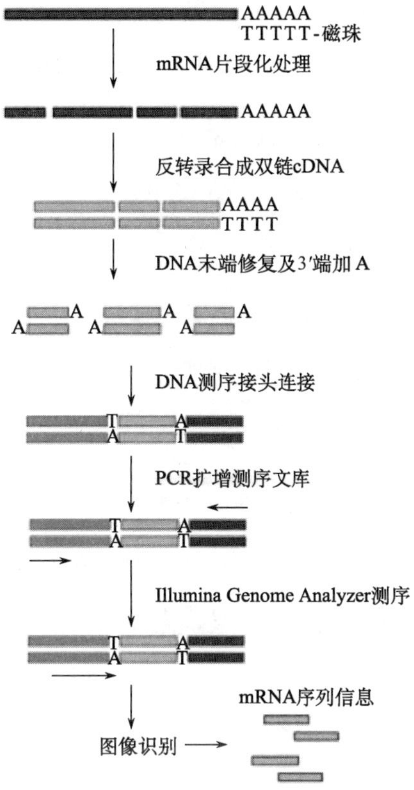

图 14-4 Illumina Genome Analyzer 的 RNA-seq 测序过程（Wang et al.，2009）

4. 表观组学测序和染色质免疫共沉淀测序（ChIP-seq） 染色质免疫共沉淀（chromatin immunoprecipitation，ChIP）是研究体内蛋白质与 DNA 之间相互作用的强有力工具，通常用于转录因子结合位点或表观遗传学（epigenetice）等研究领域。ChIP-seq 首先通过蛋白质免疫共沉淀得到目的 DNA，获得的 DNA 片段加上接头后进行 PCR 扩增得到 ChIP-seq 测序文库后直接进行大规模测序。ChIP-seq 是继 ChIP-Chip 后，检测蛋白质与核酸相互作用的又一技术突破，实现了全基因组范围内更精确、更敏感、更经济地定位目的蛋白结合位点。ChIP-seq 被推广应用于表观组学的研究，如检测组蛋白结合位点、核小体位置及染色体结构等多个方面。除了 ChIP-seq，常用的测序方法还有：MNase-seq、DNase-seq、FAIRE-seq、ChIA-PET 和 Hi-C。

5. DNA 甲基化测序 DNA 甲基化是表观遗传学的重要组成部分，在维持正常细胞功能、遗传印记、胚胎发育及人类肿瘤发生中起着重要的作用，是目前新的研究热点之一。在哺乳动物中，甲基化一般发生在 CpG 岛的胞嘧啶 5 位碳原子上，通过使用 5- 甲基胞嘧啶（5mC）抗体富集高甲基化的 DNA 片段等方法，对所有富集的 DNA 片段进行高通量测序，研究人员能够获得全基因组范围内高精度的甲基化状态，为深入的表观遗传调控分析提供了更有利的切入点。现有的 DNA 甲基化测序方法有以下几种。

甲基化敏感限制性酶切测序（methylation-sensitive restriction enzyme sequencing，MRE-seq）主要是利用甲基化敏感的限制性内切核酸酶对基因组 DNA 进行切割，未甲基化的位点可以被酶切产生不同长度的片段，然后进行测序。这种方法对酶切频率和酶切偏好性的依赖性很大。甲基化免疫共沉淀测序（MeDIP-seq）利用特异性识别 5- 甲基胞嘧啶的抗体来捕获基因组甲基化片段，富集后的片段进行高通量测序。MBD-seq（methylated DNA binding domain sequencing）原理与 MeDIP-seq 相同，只不过用的是用特异性结合甲基化的 DNA 蛋白 MBD2 进行富集 DNA 片段。重硫酸盐测序法是一种化学转变法，其

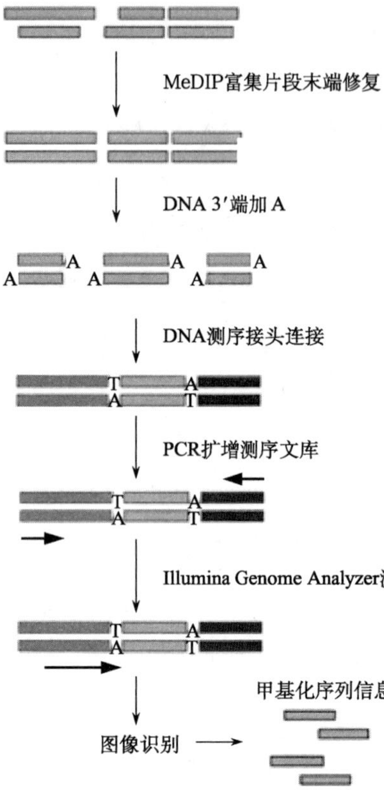

图 14-5　Illumina Genome Analyzer 的 MeDIP-seq 测序过程（Haas and Zody，2010）

原理是经过重硫酸盐处理后的基因组中未甲基化的胞嘧啶会转换为尿嘧啶，而甲基化的胞嘧啶不会变化。主要有两种测序方法：全基因组重硫酸盐测序（MethyIC-seq 或 BS-seq）和简化表达重硫酸盐测序（reduced representation bisulfite sequencing，RRBS）。伴随着测序方法的发展，研究者对甲基化的研究也越来越深入，他们发现不仅仅 5mC 会抵抗重硫酸盐的转化，5- 羟甲基胞嘧啶（5hmC 是 5mC 和胞嘧啶的一种中间态）也会抵抗重硫酸盐的转化。随后，一种利用抗体免疫共沉淀捕获 5hmC 序列的方法——hMeDIP-seq 被提出，但是这种方法的分辨率和质量不是很好。2013 年，研究者提出了氧化重硫酸测序（oxBS-seq）和 TET（ten-eleven translocation）相关的重硫酸测序（TAB-seq）的方法。例如，在 oxBS-seq 方法中，5hmC 首先通过一个特殊的化学方法处理，被氧化成 5fC[1]，然后再通过重硫酸盐的方法，此时它们会被转化为尿嘧啶。利用 oxBS-seq 得到的 DNA 甲基化片段比 MethyIC-seq 少，同时我们也可以知道，少的部分就是 5hmC 片段。图 14-5 为 Illumina Genome Analyzer 的 MeDIP-seq 测序过程。

第四节　生物信息学在第二代测序中的应用

第二代测序快速产生大量的短序列数据，这些数据可能是 GB 或是 TB 级的，这就对数据的传输和存储提出了新的要求，很多基于 web 的软件已不能满足这样大规模的分析。而且大量的短序列对序列组装及进一步的数据分析、功能挖掘也提出了挑战。海量数据和复杂的背景导致机器学习、统计数据分析和系统描述等方法需要在生物信息学所面临的背景之中迅速发展。巨大的计算量、复杂的噪声模式、海量的时变数据给传统的统计分析带来了巨大的困难，需要非参数统计、聚类分析等更加灵活的数据分析技术。高维数据的分析需要偏最小二乘等特征空间的压缩技术。在计算机算法的开发中，需要充分考虑算法的时间和空间复杂度，使用并行计算、网格计算等技术来拓展算法的可实现性。

1. 统计分析

1）单因素两组数据统计分析（*t*-test）。根据一种条件，筛选两组样品之间的差异基因，计算以后提供 *P*-value（显著性值），根据 *P*-value 阈值选择显著的差异表达基因。

2）单因素多组数据统计分析（one-way anova）。只考虑一种影响因素，筛选两组以上样品之间的差异基因。

3）多因素数据统计分析［two（N）-way anova］。根据一个以上不同的条件综合评判，筛选多个条件对于两组样品造成的差异基因。

2. 聚类分析　用挑选的差异基因的表达情况来计算样品直接的相关性。一般来说，同一类样品能通过聚类出现在同一个簇（cluster）中，聚在同一个簇的基因可能具有类似的生物学功能。常用的聚类方法有层次聚类、k-mean 聚类和 DBSCAN 聚类等。

3. 机器学习及其他分析方法　由于生物数据的复杂性，根据不同的样本数据和目的结果，可以采用不同的分析方法，如主成分分析法、遗传算法、人工神经网络、支持向量机、自组织映射、置信网络、隐马尔可夫模型等。在数据挖掘过程中也可能用到两种甚至更多种分析方法。

综上所述，对于第二代测序数据的处理，需要高性能的计算机和精通多种程序语言的生物信息学家。第二代测序技术的发展也推动了生物信息学的发展。

一、NGS 数据获取

NGS 数据可以根据自己的研究需要自行设计文库并进行测序得到。2007 年，NCBI 建立了新一代测序结果的子数据，利用新一代测序技术测得的数据都可以提交到上面。目前 NGS 数据可以在 NCBI（http://www.ncbi.nlm.nih.gov/Traces/sra）、EBI（http://www.ebi.ac.uk/ena）和 DDBJ（http://trace.ddbj.nig.ac.jp/dta/index-e.html）中得到。其他 NGS 数据的获取途径见表 14-3，新一代测序数据分析的主要生物信息学工具见表 14-4。

表 14-3　NGS 计划项目

计划名称	网址
ENCODE（ENCyclopedia Of DNA Elements）Project	http://www.genome.gov/10005107/
modENCODE（Model Organism ENCyclopedia Of DNA Elements）Project	http://www.modencode.org/
NIH Roadmap Epigenomics Program	http://commonfund.nih.gov/epigenomics/index
GWAS（Genome-Wide Association Studies）	http://www.ebi.ac.uk/gwas
NHGRI Genome Sequencing Program（GSP）	http://www.genome.gov/10001691/
International HapMap Project	http://www.genome.gov/10001688/
Genetic Variation Program	http://www.genome.gov/10001551/
1000 Genomes—A Deep Catalog of Human Genetic Variation	http://www.1000genomes.org/

表 14-4　NGS 数据分析的主要生物信息学工具

工具名称	说明	网址
序列匹配、组装和可视化工具		
Velvet	短片段序列的重新组装拼接	https://www.geneious.com/plugins/velvet-plugin/
EULER	短片段的拼接及第二代测序（NGS）和 Sanger 测序混合片段的组装	http://projecteuler.net/
MOSAIK	将 NGS 数据两两比对到参考序列	http://github.com/wanpinglee/MOSAIK/wiki/Quick Start
RMAP	将短片段匹配到参考基因组	http://rulai.cshl.edu/rmap/
SHARCGS	短片段的重组装	http://sharcgs.molgen.mpg.de/

续表

工具名称	说明	网址
SOAP	将有缺口或者没缺口的片段匹配到参考基因组，能够进行单一或者末端匹配的重测序、smRNA 的发现及 mRNA 标签的序列匹配	https://www.animalgenome.org/bioinfo/resources/manuals/SOAP.html
VCAKE	短片段的重组装，具有强大的错误检测能力	https://sourceforge.net/projects/vcake
JMP® Genomics	第二代测序（NGS）数据的可视化及 SAS 统计分析	http://www.jmp.com/software/genomics/
挖掘序列变异的工具		
SNPsniffer	专门为 Roche454 测序技术设计的发现单核苷酸多态性（SNP）的工具	https://github.com/vyellapa/snpSniffer
Atlas-SNP	利用 NGS 技术从重新测序的基因组里发现 SNP	http://sourceforge.net/p/atlas2/wiki/Atlas-SNP/
ssahaSNP	发现纯合 SNP 及缺失	https://www.sanger.ac.uk/tool/ssahasnp/
综合工具		
Next-GENe™	NGS 数据的重组装，SNP 及缺失的挖掘，转录组的分析	http://www.softgenetics.com/NextGENe.php
Lasergene Genomics Suite	分析匹配 NGS 和 Sanger 数据，SNP 的挖掘，具有可视功能	https://www.dnastar.com/software/lasergene/genomics/
CLC Genomics Workbench	利用 Sanger 和 NGS 序列数据进行参考基因组的重组装，SNP 的挖掘和浏览	https://digitalinsights.qiagen.com/products-overview/discovery-insights-portfolio/analysis-and-visualization/qiagen-clc-genomics-workbench/

二、生物信息学在第二代测序中的应用举例

1. RNA-seq 中的生物信息学分析

1）无参考基因组的转录组分析（图 14-6）：测序数据产量统计，去除冗余数据，数据成分和质量评估；采用 RNA-seq 分析软件如 Cufflink 重建转录子；计算 Contig 以及 Scaffold 长度分布；Unigene 的长度分布，功能注释，GO 分类；代谢通路分析；Unigene 表达差异分析以及差异表达的 Unigene 的 GO 功能注释。

2）有参考基因组的转录组分析（图 14-7）：测序数据产量统计，去除冗余数据，与参考基因组序列对比后的注释信息；采用 RNA-seq 分析软件如 Cufflink 重建转录子；reads 在基因组上的分布；测序深度分布，测序随机性评估；基因差异表达分析；新基因预测，基因可变剪切的鉴定，基因融合的鉴定，已知的和新的非编码 RNA 鉴定。

3）small RNA 和 miRNA 测序分析：小分子 RNA（small RNA）的分类注释，通过与 Rfam 数据库及 GenBank 数据库比对，鉴定 rRNA、tRNA、snRNA、snoRNA 等 small RNA；鉴定与重复序列相关的 small RNA、mRNA 降解片段；长度分布统计；与 miRBase 数据库比对，鉴定已知的 miRNA；对反义 miRNA（miRNA*）预测分析；根据测序物种 miRNA 的保守性，对

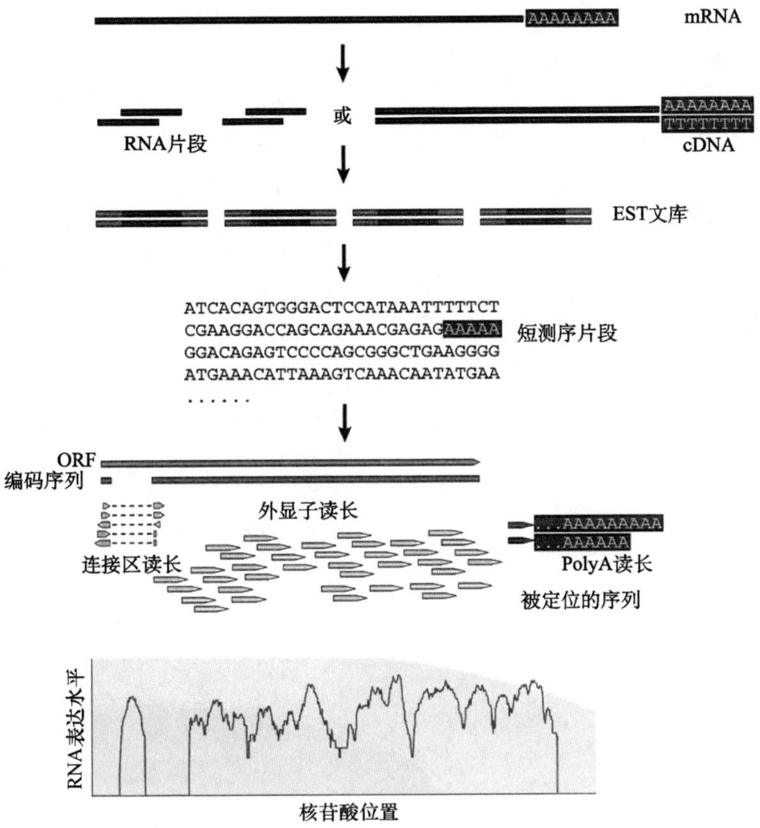

图 14-6　无参考基因组的 RNA-seq 测序分析（Wang et al., 2009）

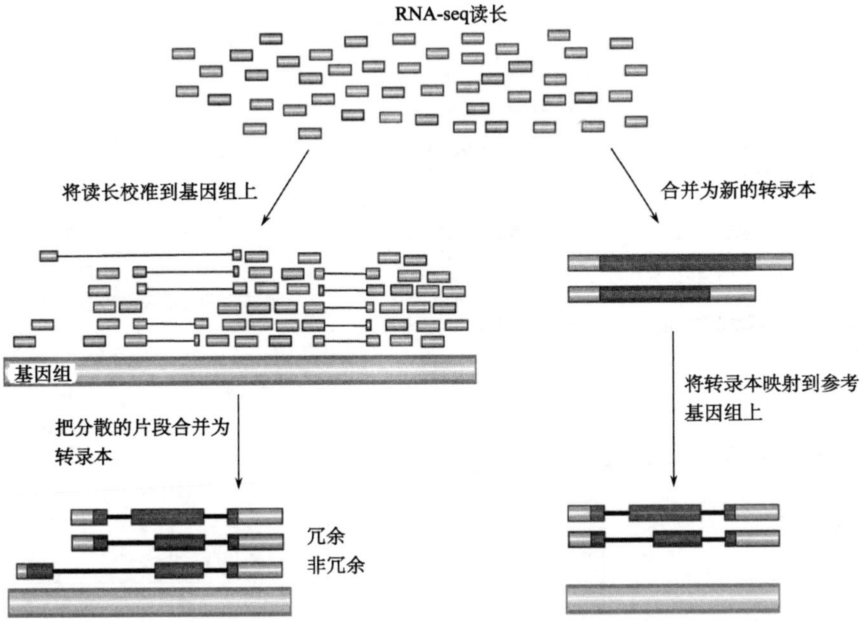

图 14-7　有参考基因组的 RNA-seq 分析策略，左图是“先匹配再组装”，右图是“先组装再匹配”（Haas and Zody, 2010）

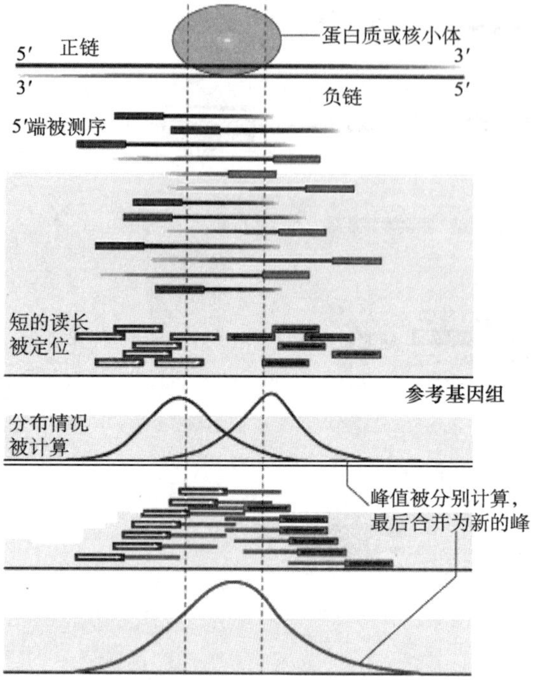

图 14-8 motif 分析（Park，2009）

测序得到的 miRNA 进行分类分析；miRNA 差异表达分析；miRNA 定位及其在基因组上分布特征挖掘；产生 miRNA 序列特征；miRNA 靶基因的预测等。

2. ChIP-seq 中的生物信息学分析 ChIP-seq 与参考序列比对；统计每个样品的 Peak 片段信息、样品的 Unique mapped read 在重复区域、基因区间、基因上的分布情况和覆盖深度；统计分析每个样品中与基因相关的 Peak 信息，找到这些基因；对与 Peak 相关的基因进行 GO 功能显著性富集分析；不同样本中基因的 ChIP-seq 信息差异分析；转录因子结合区域分析和 motif 挖掘（图 14-8）；甲基化和组蛋白修饰检测、比较；不同表观遗传修饰对基因表达调控的影响（图 14-9）。

3. NGS 在功能基因组学中的应用 NGS 可以得到基因水平、转录水平和蛋白质水平的不同数据。现在的研究往往只基于某一

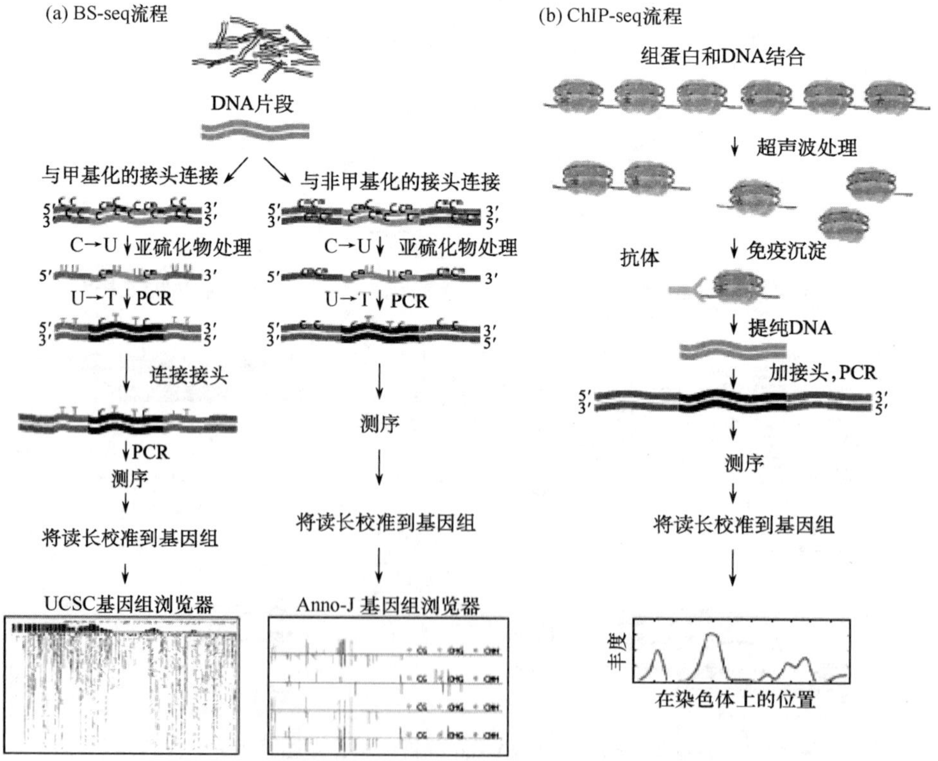

图 14-9 利用第二代测序分析表观遗传修饰（Simon et al.，2009）

水平进行深入研究，其实利用生物信息学手段可以综合不同的水平进行研究，这样得到的结果往往更具有生物学意义。图 14-10 就是一个基于 NGS 在功能基因组学中的综合研究的很好例子，可供读者深入学习参考。

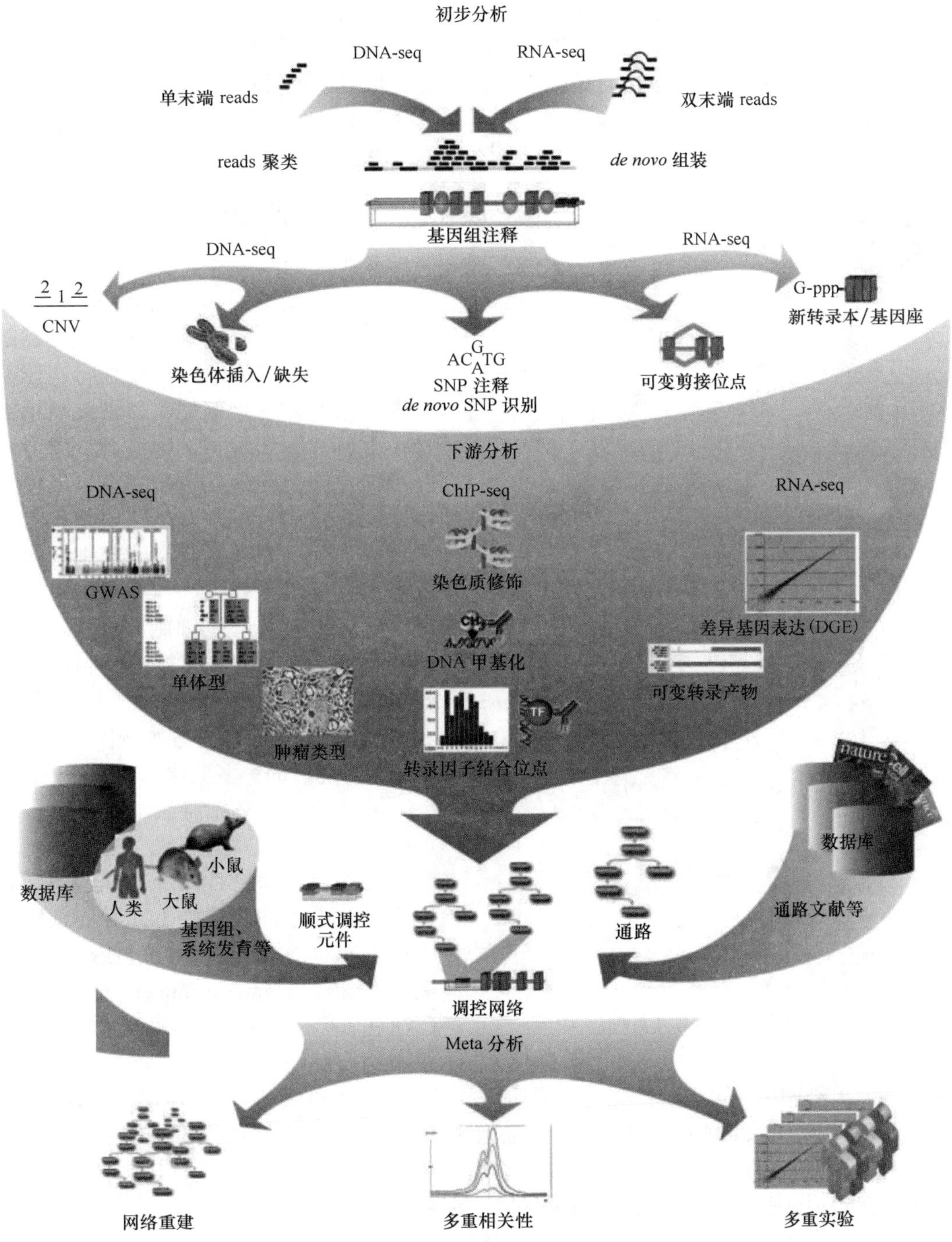

图 14-10　NGS 在功能基因组学中的综合应用（Werner，2010）

微课视频　微课视频

第五节　生物信息学新技术与发展趋势

随着二代、三代测序等技术的突飞猛进，人类对于基础分子生物学规律的认识日渐加深。新技术的产生往往会引导研究模式的革新和研究思维的转变。在新技术的帮助下，人们能做到许多以前不能做的事情，包括对生物学系统进行更加近似的描绘，得到更为透彻的理解。为了更加深入地探究分子生物学和细胞生物学的具体机制，生物信息学研究正在向精准化、全面化、动态化的方向发展。本节将简单阐述并讨论未来生物学的发展趋势。

一、单细胞组学

微课视频

在过去的测序实验当中，提取的 DNA 都是来自大量不同细胞混合的产物，测序结果反映了细胞群体的平均信号。在某些情况下，细胞群体中的异质性将会影响研究者的精准需求。例如，如果能从单细胞水平上研究干细胞与其他细胞的差异，以及不同干细胞的分化过程，就可以使干细胞工程变得更具可预测性，单细胞组学技术将成为干细胞理论研究和干细胞治疗研发的重要技术手段之一。为了解决这个问题，近年来兴起的单细胞测序（single-cell sequencing，SCS）技术（图 14-11），可以在单细胞水平上检测基因组和转录组。如 George Daley 等使用单细胞测序手段揭示了干细胞多能性的更多变化。

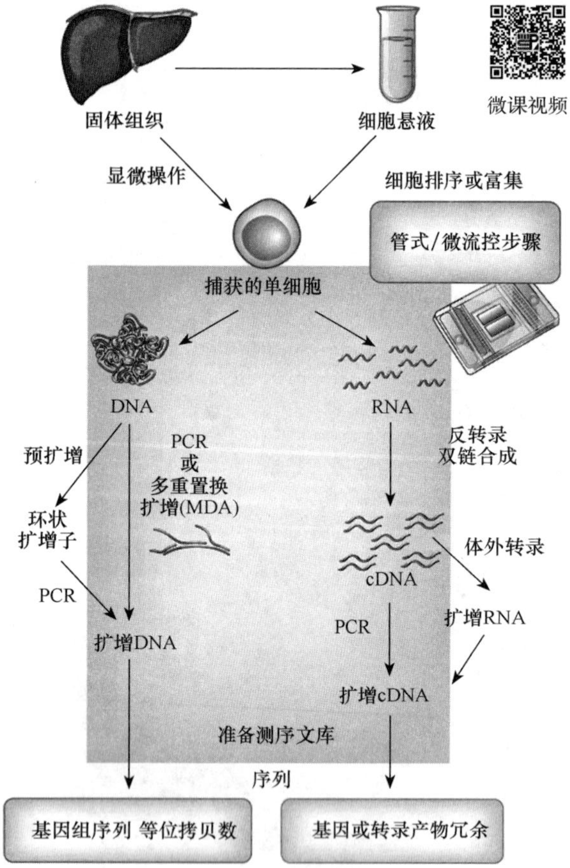

图 14-11　单细胞测序流程（Nawy，2014）

不仅如此，单细胞组学在癌症和免疫治疗上都具有重要的意义。癌症细胞以其异质性闻名，除患者间异质性外，同一肿瘤中也存在不同亚群。不同肿瘤细胞抗原表面排布也有着异质性，这使得嵌合抗原受体 T 细胞（chimeric antigen receptor T-cell，CAR-T）疗法中经过 CAR 改造的 T 细胞识别和杀伤肿瘤抗原时相应产生的免疫反应有所不同。单细胞测序可以帮助癌症内异质性的研究，也可以对肿瘤循环细胞（CTC）、早期胚胎细胞等数量不足的细胞进行研究。单细胞测序使基因表达水平的测量精度及对罕见非编码 RNA 的发现能力都得到了提升。如今，单细胞测序不仅成为研究热点，其临床应用也被国家立为重点专项，拥有广阔的发展前景。

细胞是执行生命活动的最小单位。单细胞组学的发展也预示着人类对生物机制的研究达到了一个高度，是研究精准化趋势的体现。2016 年启动的人类细胞图谱计划将对所有不同的人类细胞进行高度分类，收集包括细胞生理学、组织学、功能信息等多方面的数据。对单细胞的研究，将对未来的生物学发展做出巨大的贡献。

二、宏基因组学

宏基因组学（metagenomics）是以某一环境中全体微生物基因组为研究对象，利用生物信息学方法分析微生物群落的多样性、种群结构、功能活性和相互作用等关系。宏基因组最初应用于海洋土壤等研究领域，现在也广泛应用于医学研究，如人类与共生体肠道菌群、感染性疾病等相互关系的研究领域。最初对环境中微生物群落的研究是根据保守的16S rRNA进行分析，慢慢发展到对环境中全体微生物的全部基因组测序分析。传统的微生物研究只能研究纯培养基培养的微生物，通过分离培养方法进行微生物群落组成鉴定，而生物界中约99%的微生物是不可培养的；宏基因组学突破了无法涵盖不可培养微生物的瓶颈，是微生物学研究的重大突破。

宏基因组测序的一般实验流程是：从环境样品中提取DNA，将DNA克隆到合适的载体中；将载体转化到宿主细菌建立基因组文库；对文库进行测序。测序结果往往是成千上百万的短序列片段，这就需要后续的生物信息学分析。由于对16S rRNA的测序要比全部基因组测序便宜很多，现在还在广泛地应用。宏基因组测序属于DNA-seq的延伸，同样RNA-seq的延伸是宏转录组测序。目前宏基因组和宏转录组的研究还处于起步阶段。如何更好地提高组装精确度和效率，如何更好地对物种分类，如何构建符合生态特性的微生物互作模型，这都需要研究者更进一步的努力。

宏基因组学主要应用于海洋、土壤和医学等环境样品中。宏基因组学研究步骤主要包括：环境DNA提取、测序、短片段组装、基因预测、功能基因分析、物种组成分析等。高通量测序等分子生物学技术的飞速发展推动了宏基因组学应用领域的进一步拓宽，近年来已经广泛应用到人类与共生体肠道菌群、感染性疾病等相互关系的研究领域，成为探索新发传染病病原体的新思路、新方法。美国国立卫生研究所（NIH）建立了人类微生物组学计划（human microbiome project，HMP，http://www.hmpdacc.org/）。目前HMP主要包括了人类鼻腔、口腔、皮肤、胃肠道和泌尿生殖道的宏基因组样本数据和分析流程。

2017年9月，人类微生物组计划已经进入第二阶段，公开了对1631个新样本的宏基因组测序结果。人类微生物组计划致力于研究与人体共生的微生物的菌群结构、分子过程、与健康的关系等。2016年，美国国家微生物组计划则将视野拓展到人类之外的生态系统中，如今也正在随着技术的革新加快进程。

细胞的活动不仅取决于自身的基因组特征，也会受到其周围的同类细胞、基质细胞、细胞间质、细胞外基质等因素影响，这些因素统称为细胞微环境（microenvironment）。近年来，以癌症细胞为典型的基因组学研究已经开始考虑细胞微环境的影响。同宏基因组学类似，细胞微环境相关研究热度的提升也是生物研究更加全面化的体现。这类研究的发展，将帮助人们对不同细胞之间的相互作用得到更全面而系统的认知。

三、三维基因组学

人类基因组计划的完成，代表了人们对基因组认识的第一个阶段，即了解序列的阶段。“DNA元件百科全书”（encyclopedia of DNA elements，ENCODE）计划的完成则标志着人们对各种基因组元件的了解。然而，细胞内部染色体复杂的三维结构，使得各个功能元件、游离的RNA分子和蛋白质复合物等之间的相互作用变得异常复杂。以Hi-C技术为代表的空间构象捕获技术的发展，推动了基因组学的第三次浪潮，也就是三维基因组学。

（一）Hi-C 技术

早期的基因组学研究往往从线性角度分析基因组。一维距离上相距很远的两个基因可能会有很频繁的互作，这是因为 DNA 与蛋白质高度浓缩折叠成染色质，这种折叠的结构在调控过程中扮演了很重要的角色。要彻底解析基因组 DNA 的转录、复制、修复等过程，就需要了解染色质 DNA 的空间聚集模式，调控元件的分布、整体结构动态等信息。

Hi-C 技术源于染色体构象捕获（chromosome conformation capture，3C）技术，其本质是利用高通量测序技术得到全基因组的支架（scaffold）相互作用信息，并根据“同一染色体互作强度高于不同染色体，近距离互作强度高于远距离”的基本原则，通过生物信息分析方法，得到全基因组范围内所有染色体的 DNA 在空间位置上的关系，并获得高分辨率的染色质三维结构信息。通过 Hi-C 技术，人们可将基因组划分为大的功能单位，即拓扑关联结构域（topologically associating domain，TAD）。TAD 可作为集合的功能元件发挥稳定的调控作用，其边界的变化与疾病相关。

如图 14-12 所示，Hi-C 首先使用甲醛交联固定结合在一起的 DNA 和蛋白质等，再通过酶切、末端加生物素标记、末端连接、超声破碎，然后建库进行高通量测序。目前常用的类似技术还有 ChIA-PET 等。

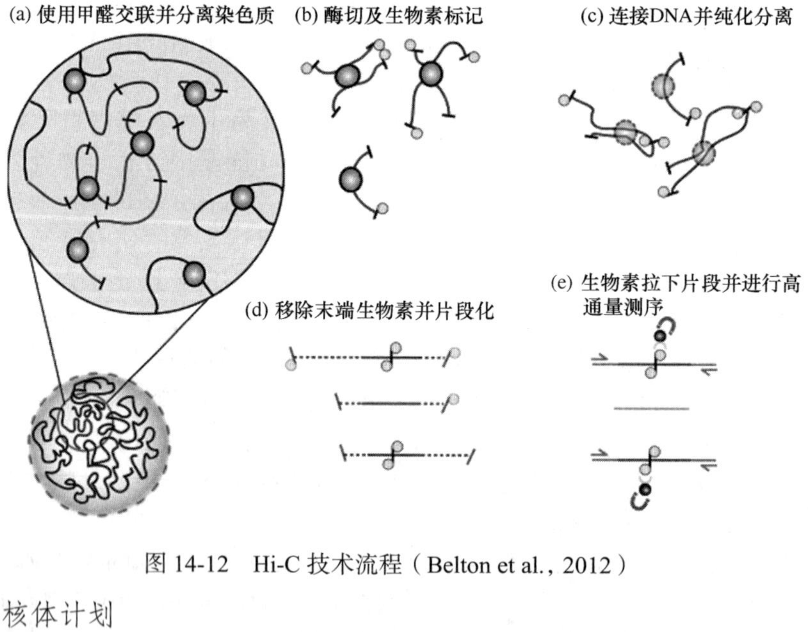

图 14-12　Hi-C 技术流程（Belton et al., 2012）

（二）4D 核体计划

在细胞核中，染色质的空间折叠及组装是基因互相作用的决定性原因，也对基因表达有重要的影响。对于细胞不同的发展阶段，基因的调控和表达特征都不相同，这是因为染色体折叠的结构也在不断变化。了解了染色质上不同调控元件的功能信息以后，更重要的是理解染色质的三维结构及其动态变化。通过对 3D 基因组增加时间维度，研究者们可以掌握细胞个体在特定时间的演化情况。

4D 核体计划就是结合空间（三维）和时间（第四个维度）来研究细胞核的计划（图 14-13）。该计划将开发和使用大量的技术来研究不同种类细胞中核和基因组的结构，包括单细胞水平的基因组互作技术、针对活细胞的成像和标记技术、整合多个不同数据集的计算技术等。4D 核体计划旨在定义一套术语和数据类型的规范，建立 4D 核组的全面综合模型，探索细胞核的

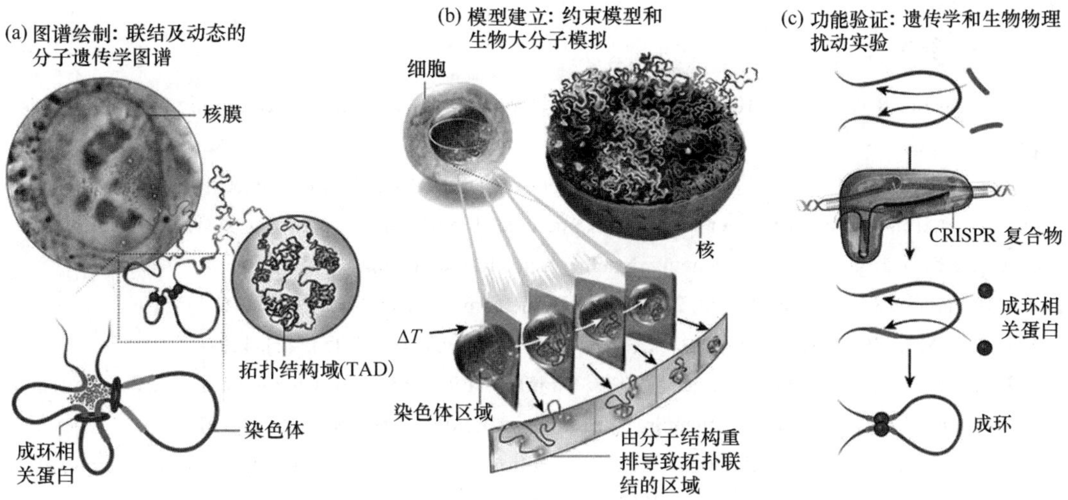

图 14-13　4D 核体计划的 3 个部分（Dekker et al., 2017）

结构形成原理和核组织对各类生命活动的影响。

4D 核体计划是未来生物学研究目标动态化的一个体现。人们早已尝试用时间序列数据等推断基因组的动态改变，结合了 3D 基因组的精准研究无疑更进了一步。4D 核体计划的目标是构建细胞核结构的精准的定量模型，在不同的细胞类型和条件下都能有良好的表现。

四、新技术之间的相互关系

以上各新技术之间可以互相辅助，如第三代单分子测序可以免去单细胞测序中的扩增步骤，提高测序的精确性。单细胞测序可以辅助宏基因组测序，新细菌 *Candidatus kryptonia* 就是通过这两种技术被发现的。同样，Hi-C 技术也可以帮助宏基因组测序试验中不同微生物基因组的组装。在实验方法日益强大的同时，与实验方法相配的计算方法也快速发展。可以想见，生物信息学的进一步发展，将会对生物学做出前所未有的贡献。

思考题

1. 第二代测序技术与以前的测序技术相比有什么异同点？第二代测序技术的优势是什么？
2. 第二代测序技术现在最常见的平台是什么？是哪家公司研发的？
3. 介绍 Roche 454 测序仪的测序原理和步骤。
4. 介绍 Illumina Genome Analyzer 的测序原理和步骤。
5. 介绍 Applied Biosystems SOLiD™ Sequencer 的测序原理和步骤。
6. 目前最主要的测序平台的区别是什么？说明各个平台的优势。
7. 第二代测序技术的主要应用领域有哪些？
8. 生物信息学分析的最基本方法有哪些？
9. 举例说明生物信息学在第二代测序中的应用。

主要参考文献

Belton J M, Mccord R P, Gibcus J H, et al. 2012. Hi-C: a comprehensive technique to capture the conformation of genomes. Methods, 58(3): 268-276

Berger B, Peng J, Singh M. 2013. Computational solutions for omics data. Nat Rev Genet, 14(5): 333-346

Cantacessi C, Aaron L J, Ross S H, et al. 2010. A practical, bioinformatic workflow system for large data sets generated by next-generation sequencing. Nucleic Acids Research, 38(17): e171

Dekker J, Belmont A S, Guttman M, et al. 2017. The 4D nucleome project. Nature, 549(7671): 219

Haas B J, Zody M C. 2010. Advancing RNA-Seq analysis. Nat Biotechnol, 28(5): 421-423

Horner D S, Pavesi G, Castrignanò T, et al. 2010. Bioinformatics approaches for genomics and post genomics applications of next-generation sequencing. Briefings in Bioinformatics, 11(2): 181-197

Hu T, Chitnis N, Monos D, et al. 2021. Next-generation sequencing technologies: an overview. Human Immunology, DOI: 10.1016/j. humimm. 2021.02.012

Mardis E R. 2008. Next-generation DNA sequencing methods. Annu Rev Genomics Hum Genet, 9: 387-402

Methé B A, Nelson K E, Pop M, et al. 2012. A framework for human microbiome research. Nature, 486(7402): 215-221

Morozova O, Hirst M, Marra M A. 2009. Applications of new sequencing technologies for transcriptome analysis. Annual Review of Genomics and Human Genetics, 10: 135-151

Morozova O, Marra M A. 2008. Applications of next-generation sequencing technologies in functional genomics. Genomics, 92(5): 255-264

Nawy T. 2014. Single-cell sequencing. Nature Methods, 11(1): 18

Park P S. 2009. ChIP-seq: advantages and challenges of a matwring technology. Nature Reviews Genetics, 10: 669-680

Pepke S, Wold B, Mortazavi A. 2009. Computation for ChIP-seq and RNA-seq studies. Nat Methods, 6(11 Suppl): S22-S32

Shendure J, Ji H. 2008. Next-generation DNA sequencing. Nat Biotechnol, 26(10): 1135-1145

Shumway M, Cochrane G, Sugawara H. 2010. Archiving next generation sequencing data. Nucleic Acids Research, 38: D870-D871

Simon S A, Zhai J, Nandety R S, et al. 2009. Short-read sequencing technologies for transcriptional analyses. Annu Rev Plant Biol, 60: 305-333

Trapnell C, Willioms B A, Pertea G, et al. 2010. Transcript assembly and quantification by RNA-Seq reveals unannotated transcripts and isoform switching during cell differentiation. Nature Biotechnology, 28(5): 511-515

van Loo P, Marynen P. 2009. Computational methods for the detection of *cis*-regulatory modules. Briefings in Bioinformatics, 10(5): 509-524

Wang Z, Gerstein M, Snyder M. 2009. RNA-Seq: a revolutionary tool for transcriptomics. Nature Reviews Genetics, 10(1): 57-63

Werner T. 2010. Next generation sequencing in functional genomics. Brief Bioinform, 11(5): 499-511

附　录

思政导读

生物信息学是一门采用数学、统计学以及计算机等方法分析生物学、生物物理学数据的综合性学科。随着生物大数据技术的不断发展，“生物信息学”课程的重要性日益突出，但是在实践教学中普遍存在重学生专业性和技术性的培养，而忽视探索精神、创新精神以及社会主义核心价值观等思想教育融入的问题，导致学生的实践应用综合素质不高。因此在“生物信息学”课程教学中要重视构建思想政治教育资源，并建立与之对应的课程标准与评价体系，以实现专业课“知识传授与价值引领相结合”的教学目标。

构建思政课程可以在生物信息学教学过程中有目的地引导学生树立正确的学习观念，培养严谨的科研精神，凝练大国工匠精神，将学生培养成专注型人才以满足科学研究和应用开发的要求。生物信息学突出实践研究创新，与工匠精神具有内在的密切联系。在科技强国战略下，生物信息学是创新型生物科技人才培养的基础课程，诸多知识是现代生物专业工匠人才培养的基础内容。辩证思维可为专业创新提供内驱力，提升学生的职业创新精神。“生物信息学”的主要任务是处理生物学数据，需要学生在平时的实践操作中锻炼自己的实践能力；生物学数据处理是一项非常严谨的工作，需要学生要严格按照生物信息数据进行计算处理，所以要求学生具有坚定的钻研意识和吃苦耐劳的精神。例如，新型冠状病毒是一种新出现的病毒，明确其基因规律以及基因排序等十分重要，会直接影响研究出疫苗的速度。而这就需要相关研究人员要具备创新和钻研精神。

在学生的成长培养中，是各个方面共同发展的，是系统的，对于生物信息学的学习和探索也应当是系统的。例如，在研究新型冠状病毒的影响时，及时对围绕国家生物信息中心新型冠状病毒信息库的构建、新冠病毒基因组分析、针对新型冠状病毒肺炎老药新用的机器学习探索和临床诊断中的 AI 影响分析等被国内外同行高度认可的代表性研究成果进行学习，可以激发学生的探索欲望，调动参与实践研究的积极性，形成严谨的科研风气。

首批中国生物信息学终身成就奖得主简介

2020 年第九届全国生物信息学与系统生物学学术大会对我国生物信息学研究领域的开创者陈润生院士、郝柏林院士、李衍达院士、罗辽复教授、张春霆院士和孙之荣教授进行了表彰，颁授他们首批中国生物信息学终身成就奖。

陈润生

陈润生院士是我国最早从事理论生物学、生物信息学以及非编码 RNA 研究的科研人员之一。二十多年来在生物信息学领域进行了系统的研究，曾参加我国第一个完整基因组泉生热袍菌 B4 基因组序列的组装和基因标识；建立了 DNA 序列的统计分析、分维分析、神经网络、复杂性、局域简并度、密码学等多种方法，其中密码学方法是在国际上首次提出的；曾参加人类基因组 1% 和水稻基因组工作草图的研究。在非编码基因领域，以线虫为对象发现了百余个新的非编码基因；确定了两个非编码基因家族；发现了三个特异的非编码基因启动子，显示非编码基因有一套独立的转录调控系统。在生物网络研究领域，提出将图论中谱分析用于确定蛋白质与蛋白质相互作用网络的拓扑结构等多种新模型；在对非编码序列、非编码基因、非编码 RNA 的研究中，陈润生院士和他的课题组在一些特定长度范围内独立地发现了百数量级的新非编码基因。陈院士团队还利用生物信息学手段并结合实验室多年积累的 RNA 组学技术，深入开展在肿瘤发生、发展以及干细胞重编程过程中长链非编码 RNA 的系统发现和功能机制研究；构建了收录非编码 RNA 及其基因的数据库 NONCODE，以及收录非编码 RNA 与各种生物大分子（DNA、RNA 及蛋白质）相互作用的数据库 NPInter，这两个数据库已成为国际上在非编码 RNA 领域非常有影响力的数据库。

由于陈润生院士在基因组信息学领域的早期工作，1996 年 9 月 29 日至 10 月 3 日在日本筑波召开的第十五届国际科学技术数据委员会（CODATA）大会上应邀作“Kotani Memorial Lecture”，同时获得“小谷正雄”奖（“Kotani Prize”，生物领域）。2008 年获何梁何利基金科学与技术进步奖；2012 年获谈家桢生命科学成就奖；2013 年获得国家科学技术进步奖二等奖。2007 年当选中国科学院院士，2014 年当选国际欧亚科学院院士。

郝柏林

郝柏林院士 1934 年 6 月 26 日出生于北京，籍贯河北正定。1954～1956 年在哈尔科夫工程经济学院学习，1959 年毕业于哈尔科夫国立大学物理数学系。1961～1963 年在莫斯科大学物理系和苏联科学院物理问题研究所做研究生。1959～1978 年在中国科学院物理研究所任研究实习员、助理研究员、研究员。1978～2005 年任中国科学院理论物理研究所研究员，曾任理论物理所所长。2005 年任复旦大学教授。1980 年当选为中国科学院数理学部委员（院士），1995 年当选为第三世界科学院院士。

郝柏林院士主要从事理论物理、计算物理、非线性科学和理论生命科学的研究，是中国生物信息学领域奠基人和开拓者。他在固体电子能谱和声子谱、金属红外性质、高分子半导体理论、统计物理模型、相变和临界现象、临界动力学、闭路格林函数方法、动力电网计算、天线辐射场计算、地震活动性统计分析、群论知识工程系统、计算机程序设计、混沌动力学和符号动力学、生物信息学等领域做出诸多重大贡献。20 世纪六七十年代，他求得了三维伊辛模型的一个封闭近似解；他与合作者一起用骨架图展开方法把连续相变临界指数计算到高阶，是中国物理工作者对重正化群早期发展的唯一贡献。在八九十年代，他与合作者一起，发展了实用符号动力学，特别是得到“字提升”、暗线方程、对称破缺选择定则、常微分方程周期解谱等结果。在 1984～1994 年，他完全解决了多峰连续映射在整个参数空间中周期轨道数目的计数问题。2000 年他提出尽快组建国家级生物医学信息中心的建议，他指出：随着生物信息容量、成本和重要性的上升，免费使用数据的情况已经在改变。中国在对数据库贡献甚微的条件下，长期无偿享用成果的状况很容易出问题。中国必须从战略高度及早采取对策。2004 年，他提出了从完全基因组数据出发、不用序列联配来构建细菌亲缘关系的组分矢量方法，对构建整个生命之树做出贡献。发表学术论文 150 余篇，中英文著作 14 部，如 1998 年出版英文专著《实用符号动力学与混沌》，2009 年出版《负戟吟啸录：一个前沿战士对中国科学的感怀》。曾任《物理学报》副主编、《中国物理快报》主编和多种中外文学术期刊编委。

曾任1995年第19届国际统计物理大会主席。

郝柏林院士曾获得多项重要科技奖励。“套磁介质天线的研究”获1978年中国科学院重大成果奖，“三维晶格统计模型的封闭近似解”获1987年中国科学院科技进步奖二等奖，“实用符号动力学”获1992年中国科学院自然科学奖一等奖和1993年国家自然科学奖二等奖，1997年获国防科工委科学技术进步奖二等奖，“统一描述平衡和非平衡系统的格林函数理论研究”获1999年中国科学院自然科学奖一等奖和2000年国家自然科学奖二等奖。2000年获美国科学信息研究所颁发的1981～1998年经典引文奖。2001年获何梁何利基金科学技术进步奖物理学奖。2007年因在《物理改变世界》丛书中两册的贡献获国家科学技术进步奖二等奖。

李衍达

李衍达院士1936年生，1959年毕业于清华大学后一直在清华大学任教。1979年～1981年作为中国第一批赴美访问学者在麻省理工学院访问学习。1985年晋升为教授，1986年受聘为博士研究生导师。1991年当选中国科学院院士。1992～1994年任清华大学自动化系主任，1995～2004年任清华大学信息科学技术学院院长，曾任清华大学校务委员会委员、中国科学院学部主席团成员和《电子学报》主编等。

李衍达院士曾长期从事信号处理理论方法及应用的研究，如利用部分数据重构信号、小波分析、分形信号处理以及这些方法在油气勘探与开发中的应用。此外，也从事智能信号处理方法及系统的研究，如人工神经元网络、模糊系统、进化算法的理论模型及其在信息网络智能控制中的应用。他研究了高速网络环境下数据的发掘、提取与多媒体数据的压缩和组织，以及工业生产过程及设备的智能控制。在信号重构理论方面，提出了应用幅度谱和部分采样点重构信号的新定理，使所需的采样点由$N/2$减至$N/6$；提出了利用相位重构技术估计时延的新方法；提出了仅用幅度谱重构最小相位信号的新算法。他与合作者在用不完全投影重建图像问题上，提出了新的投影关系定理；在将信号处理、模式识别技术应用于地震勘探数据处理方面，提出了利用测井资料提高地震剖面分辨率的新方法，以及高分辨率速度谱估计方法；与合作者提出了采用凸集投影（projection onto convex set，POCS）图像复原技术恢复波阻抗剖面的方法；提出了基于零、极点估计的子波估计与反褶积方法；提出了用新的τ-S变换剔除多次波的方法，以及综合地质、测井、地震资料预测储层分布等。李衍达院士研究的仅用相位谱、幅度谱或附加部分时域采样点恢复有限长离散信号等问题，在信号重构理论及算法的研究上达到了国际先进水平。他将新的信号处理与模式识别方法用于地震勘探数据处理，取得了开拓性成果。

1997年以来，李院士主要致力于生物信息学的研究，是我国生物信息学领域的开拓者之一，将复杂系统的信息处理和模式识别方法应用在分子生物学中；在基因组序列的信息结构研究，基因调控网络的建模和仿真、中医药理论分析、疾病与靶点分析等方面的研究中也取得了创新性成果，极大地推动了信息科学与生命科学的结合。“虽然我没学过生物，但是我对这一领域很感兴趣，因为它涉及人类的生命和整个世界的变化。”李衍达说，“生命的意义在于不断追求，我们要着眼于具有重大意义的科研领域，生物信息学、系统生物学是信息科技发展的重大机遇，所以一定要开拓并深入。”

李衍达院士曾主持自然科学基金重大项目。先后获国家自然科学奖四等奖、原国家教育委员会（现教育部）科学技术进步奖（三次一等奖、一次二等奖）、北京市科技进步奖、国家优秀科技图书奖及原国家教育委员会优秀教学成果特等奖和一等奖、清华大学突出贡献奖等。出版了《信号重构理论及应用》《神经网络信号处理》等多部著作，发表一百余篇论文。

罗辽复

罗辽复教授1935年出生于上海。1958年北京大学物理系毕业后，支边到内蒙古大学工作。罗辽复教授从1959年开始研究理论物理，连续在《中国物理学报》《科学通报》等刊物发表“粒子物理”论文，从未曾稍懈。1974年《物理学报》复刊的最初几期不断有罗教授以及他与别人合作的成果发表。1976年杨振宁访华回美国后曾说：“中国的科技正以惊人的速度向前发展，在广州、云南甚至是边远地区的内蒙古大学都有许多先进的科学成就”。20世纪70年代中后期，罗教授与南京大学、中国科学技术大学的研究组合作，对高能天体物理的一系列课题进行了研究，发表了多篇论文。当时高能天体物理这一边缘学科在我国是初创时期，这些成果在学术界产生了积极的良好的反响。1982年开始，罗教授开始转向理论生物物理和生物信息学的研究，罗教授带领研究生，探索着这个崭新的方向，在生物分子手性起源、构象电子场理论和构象动力学、遗传密码的逻辑、核酸和氨基酸序列的进化、序列和结构功能的关系等课题上进行了多方面的研究，其研究论文在物理学、生物学刊物上连续发表，使得内蒙古大学在全国物理学界独树一帜，并引起国际同行关注。1990年前后3年中，就有30多个国家300多件来函索取理论生物物理论文抽印本。著名加拿大学者Trainor教授在访华报告中说：“在内蒙古大学有一个很强的小组在罗辽复教授的领导下从事进化问题的理论研究，这个组肯定是此研究领域中国最强的一个组，从其国际声誉就可证明这一点”。

作为国内及国际上较早从事生物信息学研究的前辈，罗辽复教授在以下几个方面做出了重要贡献：①提出了“密码－序列－构象－动力学”的路线；②提出的突变危险性极小化方法可以避免Error minimizing（遗传密码理论的主要流派）中的问题；③提出了DNA行走（DNA序列的几何图示）的研究方法；④提出了基因序列的平均互信息（AMI）方法，并用于基因组分析。

罗辽复教授长期从事理论物理研究领域中的粒子物理、高能天体物理和理论生物3个方向若干方面的研究。发表科学论文300余篇。出版专著《量子场论》《非平衡统计理论》《理论生物物理学论文集》《生命进化的物理观》等，引起国内外学者的关注。“基本粒子理论”研究获1978年全国科学大会先进工作者奖，“基本粒子理论和高能天体物理”获1980年内蒙古科学技术成果一等奖，理论生物物理研究获1989年国家教育委员会科学技术进步二等奖，1999年获国家自然科学奖三等奖；《量子场论》获原国家教育委员会高等学校优秀教材奖二等奖；理论物理科研和教学获内蒙古自治区教学成果奖一等奖、宝钢教育奖特等奖；2007年获国家科学技术进步奖二等奖。2019年7月22日，中共中央宣传部授予罗辽复“最美支边人物”称号。

40年来，罗辽复教授一直工作在教学第一线，为内蒙古大学教授、博士生导师。曾任《内蒙古大学学报》（自然科学版）副主编、内蒙古物理学会理事长、《物理学进展》编委、中国物理学会理事、中国生物物理学会理事、第八届全国政协委员等职。

张春霆

张春霆院士1936年出生于山东烟台，1965年从复旦大学研究生毕业，从1984年起一直在天津大学物理系工作至退休。1995年当选为中国科学院院士。2001年当选第三世界科学院院士。张春霆院士在*Nature Biotechnology*、*Nucleic Acids Research*、*EMBO Reports*、*Bioinformatics*等具有高国际影响力的期刊上发表通讯作者论文100余篇，获他人引用8000余次，为天津大学生物学与生物化学、计算机科学、社会科学领域进入全球排名前1%（ESI Top

1%）做出了突出贡献。此外，经他努力争取，天津大学获教育部生物学硕士点、博士点直至生物学一级学科授权。他曾获得国家自然科学奖二等奖、原国家教育委员会科学技术进步一等奖、何梁何利基金科学与技术进步奖、天津市自然科学奖一等奖等奖励（均为唯一完成人）。他原创性地提出了DNA序列分析的对称性理论，即著名的“Z曲线理论”，开拓了用几何学方法分析DNA序列的新方向，在基因组学和生物信息学中得到广泛应用，在国际生物信息学界产生了广泛的影响。了解Z曲线理论可扫码阅读“Z曲线理论及其在基因组分析中的应用”。

张春霆院士高瞻远瞩，为推动我国生物信息学的发展做出了杰出的贡献。在生物信息学、合成生物学和精准医学兴起时，张院士分别在1997年、2008年和2016年与其他专家组织以“生物信息学”“合成生物学”和“大数据和精准医学时代的生物信息学核心理论问题与应用体系”为主题的香山科学会议，探索我国生物信息学发展方向以及平台和队伍建设，为国家中长期规划和相关政策提供了建议；他强调生物数据的巨量积累必将导致重大的生物学规律的发现，在这个百年难得的机遇与挑战中，中国学者应有所发现，有所发明，有所创造，有所前进。

孙之荣

孙之荣教授1947年出生于江苏泰州，1970年毕业于清华大学，后任教于清华大学信息学院自动化系，1984年转入清华大学生物系至今，为中国生物信息学学会候任理事长，曾任中国细胞生物学学会功能基因组信息学系与系统生物学分会会长、生物信息学教育部重点实验室主任。

孙之荣教授自1985年开始从事理论生物物理的研究，1993年扩展至生物信息学领域。他把信息控制理论引入生命科学和生物分子系统的分析，是我国早期开展信息科学与生命科学交叉研究的专家之一。30多年来，孙之荣教授致力于将复杂系统的控制信息理论和方法应用于生命科学与医学研究，在蛋白质结构模型和预测、基因组序列的信息结构解析、基因调控网络的建模与仿真、复杂疾病的系统生物学研究等诸多方面均获得了突出成果。2001年他在国际上首次将机器学习SVM算法应用于蛋白质亚细胞定位和蛋白质结构模型研究，在生物信息学领域产生了广泛的影响。

孙之荣教授一直致力于推动我国生物信息学事业的发展。1997年他和李衍达院士合作创建了清华大学生物信息学研究所并担任首任副所长，2002年发展为生物信息学教育部重点实验室。自1998年召开的中国第一次华北生物信息学研讨会起，到迄今为止的九次全国生物信息学与系统生物学学术大会的成功召开，孙之荣教授一直做了大量的组织、指导工作。近年来孙之荣教授全力推动中国生物信息学学会的筹建工作，为中国生物信息学的推广和生物信息学领域的发展做出了重要贡献。

国家基因组科学数据中心：整合中国组学资源，打破数据孤岛

针对我国基因组学数据“存管用”的实际需求，解决数据孤岛等重大问题，国家基因组科学数据中心（NGDC）（https://ngdc.cncb.ac.cn/）于2019年6月5日经中华人民共和国科学技术部、财政部通知公布，由中国科学院北京基因组研究所（国家生物信息中心）作为依托单位，联合中国科学院生物物理研究所和中国科学院上海营养与健康研究所共同建设。中心面向我国人口健康和社会可持续发展的重大战略需求，建立生命健康组学大数据储存、整合与挖掘分析研究体系，研发生物多样性与健康大数据汇交、应用与共享平台，发展大数据系

统解析与转化应用的新技术和新方法，建设支撑我国生命科学发展、国际知名的基因组科学数据中心。中心的科学数据专业化团队，对外提供基因组学数据统一存储、整合挖掘、共享应用的一站式数据服务。国家基因组科学数据中心建设的组学原始数据归档库（GSA）成绩斐然，不仅数据量增长迅速，且数据的可用性、标准化等方面均与国际接轨。国家基因组科学数据中心已经成为有国际影响力的基因组科学数据中心。

面向国家大数据战略发展需求，国家基因组科学数据中心围绕人、动物、植物、微生物基因组数据，重点开展了数据资源及数据库体系建设，并开展了数据服务、系统运维、技术研发、数据挖掘等系列工作。目前，国家基因组科学数据中心已拥有自主知识产权的基因组数据汇交、管理与共享系统，保障数据安全性，支撑并服务于国家重点研发计划、国家自然科学基金、中国科学院战略性先导科技专项等 300 余个科研项目的数据存储、管理和共享。中心免费向国内外用户提供方便快捷的多组学数据汇交和存储服务。截至 2020 年 12 月，已汇交来自 343 个单位 1206 个用户递交的超过 6PB 的组学数据，相关数据发表于 203 种国内外期刊的 466 篇文章。GSA 被著名出版商 Elsevier 收录为指定的基因数据归档库。生物大数据搜索引擎 BIG Search 系统整合了中心与合作单位以及 EBI、NCBI 的重要数据资源，实现海量、异构生物数据的一站式跨库高效检索。

2020 年，中心开发了 8 个全新数据库（2019nCoVR、Aging Atlas、BrainBase、CGIR、GTDB、LncExpDB、scMethBank 和 TransCirc），更新和丰富了多个核心数据库资源（BioProject、BioSample、GSA、GWH、GVM、GEN 和生物多样性资源等），涉及疾病、衰老、调控和生物多样性等多个前沿领域，初步形成我国生物数据安全汇交管理和多组学数据平台的国家中心数据资源体系（附图）。

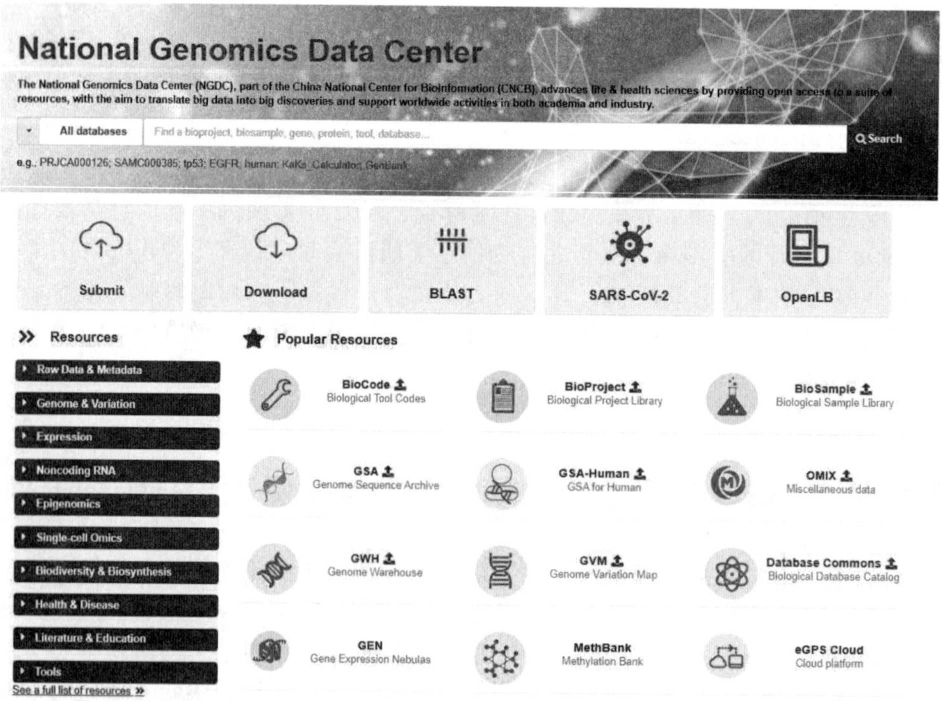

（a）

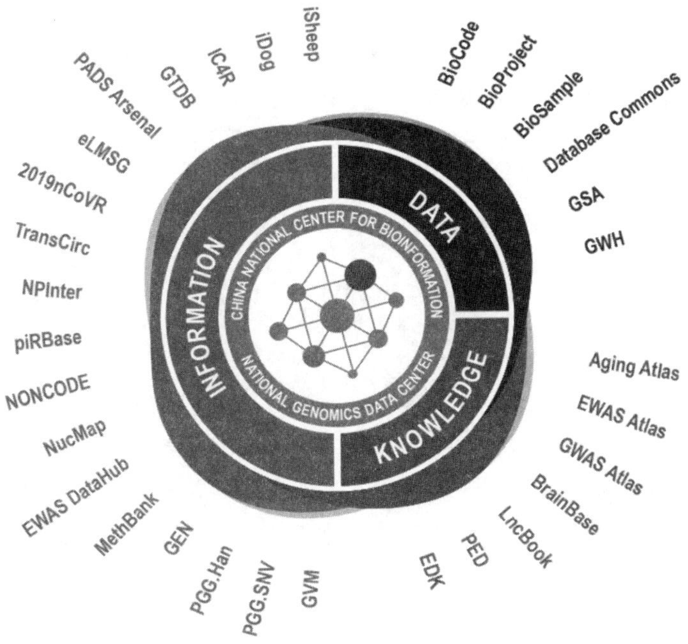

（b）

附图　国家基因组数据科学中心网站首页（a）和资源展示（b）